Autonome in Bewegung

aus den ersten 23 Jahren

Autonome in Bewegung

aus den ersten 23 Jahren

A.G. Grauwacke

Berlin Hamburg Göttingen
Assoziation A
Gneisenaustr. 2a
10961 Berlin

Grauwacke: Meist dunkelgrau bis braungrau gefärbter Sandstein, aus Quarz, Feldspat und unaufgearbeiteten Gesteinsbruchstücken (mindestens 50%) wie z. B. Lydit und Quarzit zusammengesetzt. Kann auch Glimmer, Chlorit und Tonmineralien enthalten. Gebräuchliches Material für Pflastersteine.

Dicht am Granite kommt die Grauwacke vor, ein Name für viele Bildungen.
J.W.v. GOETHE: Der Dynamismus in der Geologie

Impressum:

3. Auflage 2007

Berlin Hamburg Göttingen
Assoziation A
Gneisenaustr. 2a
10961 Berlin
Tel.: 0049-30-69582971
Assoziation-a@t-online.de

Satz und Layout: Umbruch Bildarchiv Berlin
Druck: Winddruck, Siegen

ISBN 978-3-935936-13-2

Inhalt

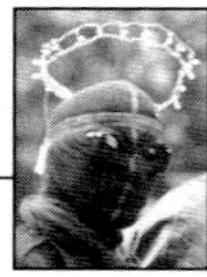

Ya Basta!
Es reicht!
Durch uns. Heute

POUR LES DROITS
TRAVAIL
R É S I S T A N C E

Die Geschichte der Autonomen" – dieses Buch kann es eigentlich gar nicht geben. Der Begriff „Autonome" geistert seit Mitte der 70er Jahre durch die deutsche Linke und war zu keinem Zeitpunkt, weder personell noch politisch, genau einzugrenzen. Autonome sind weniger als eine Bewegung, aber mehr als eine Fraktion oder Strömung. Es gibt kein Programm oder Manifest, weder Mitgliedschaft noch Austritt, keine Vorsitzende, keinen Kassenwart. Ab und zu werden sie für aufgelöst erklärt. Es gibt böswillige Gerüchte, sie seien es schon längst, oder sie seien bereits wiedergegründet. Manche sind Autonome, ohne sich selbst so zu bezeichnen, andere nennen sich so, sind's aber vielleicht gar nicht.

Die Geschichte der Autonomen lässt sich nicht durch soziologische Forschung und akademisches Quellenstudium nachzeichnen. Sie muss erzählt werden von denen, die dabei waren und sind.

Die Autoren dieses Buches sind fünf Männer, die sich über lange Zeit und teils bis heute als Autonome empfinden. Gemeinsam ist uns, dass wir mindestens seit Anfang der 80er Jahre in (West-)Berlin politisch aktiv sind und stets mehr Gewicht auf Praxis als auf Theorie gelegt haben. Wir können von Demos und Kampagnen erzählen, von Besetzungen, von sozialen Beziehungen und Arbeitskollektiven, aber auch von nächtlichen militanten Aktionen. Wir sind uns dabei keineswegs immer einig in unserer Erinnerung und Bewertung, sondern haben beim Schreiben viele deutliche Unterschiede zwischen uns bemerkt und manchen Streit ausgetragen.

Wir erheben mit diesem Buch keinen Anspruch auf Repräsentativität. Andere würden dieselben Geschichten ganz anders erzählen. Einiges, das wir hier selbst nicht oder zu unvollständig erzählen könnten, haben andere aufgeschrieben. Aber insbesondere wollen wir, dass das Buch viele dazu anregt, ihre eigene Geschichte beizusteuern. Geschichte wird von vielen gemacht, nicht von fünfen. Schreibt, Freunde und Freundinnen! Die Internet-Seite http://autox.nadir.org ist nicht nur zum Nachlesen, sondern vor allem für eine aktive Diskussion und Beteiligung vieler gemacht!

Für uns ist dieses Buch mehr als nur ein Rückblick. Wir haben bestimmt nicht vor, uns nun zur Ruhe zu setzen und aus dem Ohrensessel darüber zu plaudern, wie wild es „damals" zur Sache ging. Jeder von uns wird weiterhin linksradikale, undogmatische, antagonistische Politik machen. Unsere Hoffnung ist, dass wir mit diesem Buch dazu beitragen können, diese Politik erkennbarer und attraktiver zu machen - für die, die mal dabei waren, aber wieder davon abgekommen sind, bis hin zu denen, die zum ersten Mal da reinschnuppern.

Es ist klar, dass viele Themen und Aspekte im Buch zu kurz kommen oder ganz fehlen. Auf drei wollen wir besonders hinweisen, sie ergeben sich aus der Zusammensetzung der Autorengruppe. Wir schreiben über (West-)Berlin, und diese Stadt mit ihrer großen linken Szene war stets ein Sonderfall. In anderen Städten ist manches anders verlaufen. Wir gehören alle zur politischen Generation der frühen 80er, und was sich seitdem an kulturellen Umbrüchen und Generationswechseln abgespielt hat, kann besser von denen erzählt werden, die unmittelbar Teil davon waren. Und wir sind alle Männer und haben uns schwer getan mit der Darstellung des Geschlechterkonfliktes. Unsere individuellen Beiträge zum Thema sind unausgegoren, widersprüchlich und stellen uns selbst nicht zufrieden (vor allem die Beiträge der jeweils anderen). Hier sind wir besonders angewiesen auf die Beteiligung anderer, die widersprechen, ergänzen, ihre eigene Geschichte aufschreiben.

Gliederung des Buches

Drei Themen bilden die Schwerpunkte des Buches, zum einen, weil sie von zentraler Bedeutung in unserem bisherigen politischen Leben waren, zum anderen, weil sie exemplarisch für wichtige Aspekte autonomer Politik stehen. Das ist zum einen die West-Berliner Hausbesetzer-Bewegung Anfang der 80er Jahre, die wir als beispielhaft für den Begriff der **Bewegung** ansehen; zweitens die autonome **Kleingruppen**-Militanz, die ihren Höhepunkt etwa 1986/87 erreichte; drittens die Mobilisierung gegen das Treffen von Internationalem Währungsfond und Weltbank 1988 in West-Berlin, die hier gleichzeitig für den Begriff der politischen **Kampagne** an sich steht.
Dazwischen stehen kürzere Beiträge zu Einzelthemen und -kämpfen und Erläuterungen zur Gesamtsituation.
Die Einteilung der 80er Jahre in zeitliche Phasen erhebt keinen Anspruch auf historische Genauigkeit oder Zitierfähigkeit, sie dient der besseren Übersicht. Für die 90er Jahre konnten wir keine vergleichbaren Phasen identifizieren, weshalb sie ohne Schwerpunkt bleiben – vielleicht ist der zeitliche Abstand noch nicht groß genug?
Die einzelnen **Kapitel** haben jeweils einen durchgehenden Text mit einer subjektiv gefärbten, aber doch nach Möglichkeit umfassenden Beschreibung der Ereignisse. Daneben werden in grau unterlegten Kästen persönliche Erlebnisse und Berichte dokumentiert: Anekdoten, die teils von uns selbst, teilweise aber auch von anderen Personen stammen und einen möglichst authentischen Eindruck der jeweiligen Zeit vermitteln sollen. Manchmal gibt es auch „Tickermeldungen", die den „offiziellen" Teil der Geschichte, also die Seite von Staat und bürgerlichen Medien, darstellen.
Die **Internet**-Verweise 🌐 beziehen sich auf Quellen und Texte, die auf der Internet-Seite unter *Archiv/Dokumente* zu finden sind. Sie sind unsystematisch und unterschiedlich gründlich. Wenn uns Texte oder andere Dokumente wichtig erschienen und sie uns vorlagen, haben wir sie nach Möglichkeit ins Netz gestellt. Dieses Archiv ist erweiterbar, Beiträge sind erwünscht!
Am unteren Rand läuft durch das ganze Buch eine kleine **Zeitleiste**, die dazu dienen soll, anhand streng subjektiv ausgewählter Ereignisse anzudeuten, welche „Weltnachrichten" unsere jeweilige Praxis begleitet haben.
Schliesslich gibt es ganz am Ende des Buches ein **Glossar**, das sowohl Fremdworte als auch Szene-Sprache erklärt.
Auf eine Literaturliste haben wir verzichtet, was nicht bedeutet, dass wir die diversen Erscheinungen zum Thema nicht gelesen hätten...

Noch eine Bemerkung zur Schreibweise: Anfang der 80er Jahre sagte „man" „Besetzerbewegung", dann verbreitete sich nach und nach die Ansicht, dass Sprache auch etwas mit Geschlecht und Herrschaft zu tun hat, und „mensch" sprach – oder schrieb zumindest – von „BesetzerInnen-Bewegung". Wir fanden es angemessen, die jeweils zur Zeit übliche Sprache auch so wiederzugeben.

Bedanken wollen wir uns bei all denen, die sich beteiligt haben und viel Arbeit für wenig oder kein Geld geleistet haben: Durch Kritik und Lob, durch Korrektur und Lektorat, durch Layout, durch eigene Texte, durch die Arbeit an der Internet-Seite, durch das Überlassen von Fotos.

autonome in bewegung - aus den ersten 23 jahren - Microsoft Internet Explorer

Datei Bearbeiten Ansicht Favoriten Extras ?

Zurück Suchen Favoriten Verlauf

dresse http://autox.nadir.org

inks Channel Guide Das Beste im Web Fun&Action Internetstart Ist Ihr Betriebssystem echt Kostenlose Hotmail Links anpassen Microsoft Re

Autonome Geschichte von unten

Ausgangspunkt: autonome Geschichte wird von anderen angeeignet, auch von Kronzeugen und Staatsanwälten.

Gegenmaßnahme:

Der Versuch, die „Geschichte von unten", aus der Sicht der damaligen AkteurInnen zu dokumentieren. Bei den Texten zu einem Buch stoßen sie auf ihre Lücken, Unkenntnisse, Einseitigkeiten. Statt kleinlaut aufzugeben, entsteht die Idee: „Wir fangen einfach schon mal an - und andere machen weiter".

Hoffnung:

gegenseitiges Ergänzen, Kritik nach Schema: Ich weiß es genauer, es war nämlich so... (und nicht: Ihr hättet doch... wie könnt Ihr nur...)

Aus diesen Überlegungen wird das Buch:

„Autonome in Bewegung - aus den ersten 23 Jahren".
Ihr haltet es hier in den Händen.

Viel Material wurde gesichtet. Dabei gab es viel Unterstützung. Einiges ist jetzt hier zu finden: Archiv/Dokumente. Ergänzungen sind dringend erwünscht.

Wie können wir unsere Geschichte rekonstruieren? Wie sehen und beurteilen wir sie? Wie soll es weiter gehen? Dazu gibt es eine moderierte Diskussionsseite. Wird sie eifrig genutzt, entsteht tatsächlich ein gemeinsames Projekt . Einige haben schon die ersten Manuskript-Entwürfe gelesen, bereiten sich darauf vor, Kritik und Ergänzungen zu formulieren, vielleicht schon vor Erscheinen des Buches. Diese Seite wird spätestens mit Erscheinen des Buches eröffnet, aber einige Hinweise gibt es schon jetzt.

Prolog

Mit dem „deutschen Herbst" 1977 kommt die 68er-Bewegung endgültig zu ihrem Ende. Die politische Generalmobilmachung von Staat und Medien gegen „Terroristen" und deren „Sympathisanten" hat daran großen Anteil – viele werden bedroht, eingeschüchtert, abgeschreckt, und wenden sich schließlich von ihrer Vergangenheit ab. Darüber hinaus sehen aber auch viele keine Perspektive mehr für radikale, klassenkämpferische Politik in der reichen und satten BRD. Die einen ziehen daraus die Konsequenz, Parteiarbeit zu machen, und prägen fortan die Entwicklung der neuen Partei *Die Grünen*. Andere gehen zurück an die Wurzeln, versuchen, ihren Alltag politisch zu gestalten, gründen Arbeitskollektive. Diejenigen, die einfach weitermachen (z.B. in den kommunistischen Kleinparteien oder den bewaffneten Gruppen), verlieren zunehmend den Kontakt zu anderen Teilen der Linken.

Unabhängig von den großen Entwürfen der 68er-Zeit entwickeln sich im Laufe der 70er lokale Konflikte und Kämpfe. Dabei geht es meist um Baupolitik und Lebensbedingungen: In den großen Städten wird vor allem die Zerstörung gewachsener Wohn- und Nachbarschaftsstrukturen zum Thema, anderswo sind es umweltgefährdende Bauprojekte, vor allem Atomkraftwerke. Die Grundlagen für die Anti-AKW- und Hausbesetzer-Bewegung werden hier in Form kleiner Bürgerinitiativen (BIs) gelegt.
Bereits im Januar 1978 ist bei vielen eine neue Aufbruchstimmung zu spüren. Der TUNIX-Kongress in West-Berlin bringt 15.000 Menschen zusammen, die mehr nach vorne als nach hinten schauen wollen. Ein Ergebnis davon ist die Gründung der „linken radikalen Zeitung" *taz*, die ab dem 26. April 1979 regelmäßig erscheint.

Die neue Generation lernt vieles neu, das auch schon zehn Jahre zuvor gelernt wurde: Die eigene Lebenswirklichkeit als Ausgangspunkt zu nehmen und die Gesellschaft drumherum nach und nach kennenzulernen, durch Auseinandersetzungen und Kämpfe. Diese Lebenswirklichkeit besteht aber, anders als in den 60er Jahren, kaum aus Studium und Uni-Politik. Stattdessen hat sich besonders in den großen Städten eine Subkultur entwickelt, eine kleine linke „Alternativ-Szene", in der gelebt, gearbeitet, gewohnt wird. Stadt-Zeitungen und Musik, Arbeitskollektive und politische Veranstaltungen sind hier wichtiger als Seminare und Theorie. Feministische Frauen, Ökos, Schwule und Lesben finden hier mehr Platz als Hauptwiderspruchsanalytiker.

Von anderswo kommen ermutigende Nachrichten. Die „Autonomia" in Italien 1977 und die Kämpfe um das Autonome Jugendzentrum AJZ in Zürich 1980 bringen einen frischen Bewegungs-Wind aus dem Süden. In London und Kopenhagen rumort es erheblich, und die Amsterdamer Kraaker sind fast schon legendär. Von ihnen übernehmen die deutschen Hausbesetzer das Symbol, den Blitz-Pfeil im Kreis. Die vereinzelten Kämpfe des Jahres 1980 sind wie das Wetterleuchten der Revolte: Das „Dreysameck" in Freiburg wird besetzt und geräumt, am 6. Mai endet die öffentliche Rekrutenvereidigung im Bremer Weserstadion mit heftigen Krawallen, in Berlin gibt es alle paar Monate kleinere Randale.

Nicht Diskussionen über Autonomie-Thesen bringen die ersten Autonomen zusammen, sondern die Vorbereitung praktischer Aktionen. Es gibt genug Vertrauen in die Fähigkeit, Gut und Böse zu unterscheiden. Die sozialen Beziehungen und die gemeinsame Subkultur bieten genügend Sicherheit, um sich ins Abenteuer zu stürzen...

Teil 1 „...die ganze Bäckerei!"

Die Bewegungszeit von 1980 bis 1984

Die Ruhe vor dem Sturm

Am 6. Mai 1980 mündet die öffentliche Rekrutenvereidigung im Bremer Weserstadion in heftigen Krawallen – für viele das magische Geburtsdatum „der Autonomen" schlechthin

Anfang der 80er Jahre entstehen „die Autonomen", und sie sind so unterschiedlich wie die politischen Kämpfe, aus denen sie sich zeitlich und regional entwickeln. Die Zeit von 1980 bis 1984 steht für uns unter dem Oberbegriff der Bewegungen, die sich, mit wechselnden Erfolgserlebnissen, durch die ganze BRD ziehen. Hier werden Häuser besetzt, dort Hüttendörfer errichtet, Zehntausende fahren quer durch die Republik, um zu demonstrieren.
Viele Menschen starten mit naiver Unschuld durch, beteiligen sich intensiv an Kämpfen, radikalisieren sich: „Es geht voran". Die Bewegung ist offensiv, verschärft die gesellschaftlichen Widersprüche. „Steine sind keine Argumente", schallt es ihr hilflos entgegen, das Gegenteil ist längst bewiesen. Die „Politik der ersten Person" verachtet Strategien und politische Perspektiven jenseits des totalen Umsturzes und macht ihre eigene tägliche Praxis zum Programm: „Nur Stämme werden überleben". Manch ein Diskussionsprozess der 70er Jahre, etwa was Geschlechterverhältnisse, den Umgang miteinander oder die Frage der Militanz angeht, beginnt wieder nahezu bei Null.

1968 ist unendlich lange her, ein Mythos, bestenfalls eine Herausforderung, die es zu übertreffen gilt durch größere Demos und heftigere Kämpfe. Selbst der „Deutsche Herbst" 1977, gerade drei Jahre her, verliert sich in der Geschichte anderer Leute. Die Aktionsformen der neuen Bewegung bestehen vor allem darin, eigene Räume zu erkämpfen, Demonstrationen mit oder ohne Krawall zu inszenieren und Flugblätter oder Plakate zu produzieren, von denen nur die wenigsten auf Adressaten außerhalb der eigenen Subkultur zielen. Die gesellschaftliche Umgebung ist eine öde Hochhaussiedlung malochender Normalbürger mit Bild-Zeitung im Hirn, zu der es kaum Verbindung gibt, wozu auch? Die Bewegung wird von selbst immer weiter wachsen.
Gleichzeitig geht es in der BRD bergab mit dem sozialdemokratischen „Modell Deutschland". Die

Machtstrukturen der SPD lösen sich auf, die CDU marschiert unaufhaltsam auf die Regierungsübernahme zu, beflügelt von den Wahlsiegen der Rechten in den USA (Reagan) und Großbritannien (Thatcher). Das spiegelt sich in den Bewegungen aber höchstens in dem Gefühl wieder, den Gegner wanken zu sehen. Die Ablösung der SPD-Regierung Schmidt durch CDU-Kohl und der 1983 folgende Bundestags-Wahlsieg der CDU werden kaum beachtet. Wahlen ändern ja so oder so nichts. Als aber am 18. Mai 1983 während der „Jugendfragestunde" im Bundestag ein paar Leute den Bundesadler mit Farbbeuteln bewerfen, ist das Parlament selbst in den besetzten Häusern West-Berlins für ein paar Tage in aller Munde.

Häuser werden nicht nur in West-Berlin besetzt. 1981 zählt der Verfassungsschutz in der gesamten BRD rund 700 Hausbesetzungen: Jeweils 200 in West-Berlin und Nordrhein-Westfalen, aber auch in Bremen und Hamburg, Frankfurt/Main, Stuttgart, Freiburg und in vielen kleineren Städten. Der absolute „Bewegungsvorteil" der Hausbesetzungen ist, dass sie Alltag und politischen Kampf verbinden und so gleichzeitig zum Ausgangspunkt und Ziel politischer Aktivitäten werden. Dadurch bildet sich ein radikaler linker Kern der Besetzer-Szene, der sich dann auch in vielen anderen Bereichen engagiert. Wo Mietverträge abgeschlossen werden, geht dieser Effekt oft verloren. Wenn die Situation aber unsicher bleibt (wie in der Hamburger Hafenstraße) oder der Kampf um ein Haus sich mit anderen Interessen verbindet, wie etwa der Einrichtung von (auto-

Zeitleiste 1980

1980

13.01. Karlsruhe: Die Grünen konstituieren sich auf einem Kongreß als Bundespartei

22.01. In El Salvador werden mindestens 20 Demonstranten von Soldaten erschossen

23.01. US-Präsident Carter verkündet, die USA würden gegebenenfalls ihre Interessen in der Golfregion mit Waffengewalt verteidigen

24.01. Nachdem die nicaraguanische Zeitung *El Pueblo* die linke Regierung für ihre bourgeoisiefreundlichen und

nomen) Jugend-Zentren, bleibt der Konflikt ein lokaler politischer Brennpunkt.
Regional verschieden spielen neben Hausbesetzungen auch andere Kämpfe eine wichtige Rolle: In Norddeutschland vor allem die Anti-AKW-Bewegung, im Rhein-Main-Gebiet der Kampf gegen den Bau der Startbahn-West des Frankfurter Flughafens. Überregional wächst die Friedensbewegung rasch an.

Seit '81 bezeichneten sich große Teile der Linksradikalen in Hannover als Autonome. Es gab ein autonomes Plenum und ein Sammelbecken, welches sich Autonome Bewegung Hannover nannte, wohin ich bald Kontakte fand. Irgendwann – Anfang '82 wohl – fühlte ich mich selbst als Autonomer, wobei das natürlich kein ausdifferenzierter Standpunkt hinsichtlich des Autonomie-Begriffs oder anderen theoretischen Fragen war, sondern eher als Essentials beinhaltete, dass ich mich bei den Militanten eingereiht hatte, jegliche Gespräche oder Verhandlungen mit Vertretern des Staates grundsätzlich ablehnte und die Erkenntnis gereift war, dass dieses ganze System zerschlagen gehörte. Autonome und Punks fühlten sich zu dieser Zeit noch sehr verbunden, was sicher auch am gemeinsamen Zentrum in der Kornstraße lag. „Die Korn“ war jedem normalen Bürger ein absoluter Dorn im Auge, und Presse und Bullen geiferten und hetzten in schöner Regelmäßigkeit.

Daneben gibt es zahlreiche Aktivitäten, die immer wieder von der Mobilisierungsfähigkeit der größeren Bewegungen profitieren: Internationalistische Solidaritätsarbeit mit Nicaragua (die sandinistische Revolution war 1979 erfolgreich) und El Salvador (die Guerilla scheint kurz vor dem Sieg zu stehen), mit den Kämpfen gegen repressive Regimes in Nord-Irland, Chile, Palästina, Türkei. Unterstützung für Gefangene in den Knästen der BRD (die RAF-Gefangenen machen 1981 einen Hungerstreik für bessere Haftbedingungen, bei dem Sigurd Debus stirbt. Daneben gibt es aktive Knast-Gruppen, die die Unterscheidung in „politische“ und „soziale“ Gefangene ablehnen); linken Feminismus (es gibt z.B. gut besuchte Frauendemos zum 8. März und Walpurgisnacht, links von der *Emma* gibt es die Zeitschrift *Courage*); Antifaschismus (zu dieser Zeit gegen Nazi-Sekten wie die *Aktionsfront Nationaler Sozialisten/Nationale Aktivisten* (ANS/NA) oder die *Wiking-Jugend*, die v.a. in Norddeutschland aktiv sind).
Die Repression bleibt nicht aus. Die Ausrüstung von Polizei und Bundesgrenzschutz wird zunehmend den Bedürfnissen angepasst: Maschinengewehre werden eingemottet, dafür wird der Schutz von Beamten und Fahrzeugen gegen Steine und Mollis verstärkt. Kleine runde Schilde, die kaum den Körper schützen, unvergitterte Wannen und Wasserwerfer mit kaum mehr Druck als ein Wasserschlauch gehören bald der Vergangenheit an. Die Justiz wendet sich zunehmend

Durchsuchung von besetzten Häusern am Fraenkelufer in Berlin-Kreuzberg am 24.03.81

ZEITLEISTE 1980

massenfeindlichen Wirtschaftspläne kritisiert hat, wird sie verboten
25.01. Im Iran wird Banisadr mit 75% zum Präsidenten gewählt
27.01. P.P. Zahl, der wegen versuchtem Mord an einem Bullen im Knast sitzt, erhält den Bremer Literaturpreis
30.01. Die Nazibande Wehrsportgruppe Hoffmann wird verboten
31.01. In Guatemala besetzen 33 Bauern die Spanische Botschaft. Die Bullen stürmen, es gibt 39 Tote

den „neuen sozialen Bewegungen" (wie die Wissenschaft sie bald nennen wird) zu. In West-Berlin wird der gesamte *Besetzer-Rat* mit 160 Leuten festgenommen, und in Nürnberg wird eine komplette Demonstration per Haftbefehl eingeknastet. Tausende Ermittlungsverfahren wegen Haus- und Landfriedensbruch, Widerstand oder Sachbeschädigung füllen deutsche Justiz-Aktenschränke. Solange die Bewegungen im Vorwärtsgang sind, wirkt das aber eher mobilisierend, steigert Wut, Entschlossenheit und das Gefühl, auf der richtigen Seite zu stehen.

Zu den bewaffneten Gruppen haben die militanten Flügel der Bewegungen ein gespaltenes Verhältnis. Anfang der 80er scheint sich die RAF von der Niederlage 1977 einigermaßen erholt zu haben. Die West-Berliner *Bewegung 2. Juni* löst sich auf (einige schließen sich der RAF an) und von den *Revolutionären Zellen* (RZ) spaltet sich ein feministischer Teil, die *Rote Zora*, ab. Jenseits aller politischen Kritik – insbesondere an der Politik der RAF – gibt es stets einen Grundrespekt gegenüber der Risikobereitschaft und Konsequenz

Hannover '80/'81 – Bewegungsgefühle

Die Revolte erreichte auch Hannover. Hier gab es ein paar linke Strukturen, einen Buchladen, zwei unabhängige Jugendzentren. Ich hatte zu diesem Zeitpunkt schon an mehreren Demonstrationen teilgenommen und hatte ein eher diffuses Gefühl davon, was Linkssein bedeutet. Am 11. November 1980 sollte eine öffentliche Rekrutenvereidigung im Niedersachsenstadion stattfinden, was auch ich als eine ungeheure Provokation empfand. Unter allen Beteiligten und auch in der Öffentlichkeit war ein Stichwort ständig präsent, das alles ausdrückte: „Bremen 6. Mai". Laut Graffitis sollte dies „überall" sein, für Spannung war also gesorgt. Einen Monat vor dem legendären 12.12. in Berlin hatten wir in Hannover unser Coming Out. Das Gelöbnis endete in einem Scherbenhaufen, Teile der City wurden verwüstet, Plünderungen fanden statt. Ich fuhr an diesem Abend angeturnt mit dem Gefühl nach Hause, dass sich vieles ändern kann in dieser fetten, selbstzufriedenen Spießerrepublik.

Angeturnt von den Berliner Erfahrungen kam es auch in Hannover zu Hausbesetzungen, die leider meistens sehr schnell von den Bullen beendet wurden. Als am Tag nach einer Räumung eine El-Salvador-Demo stattfand, war allen klar, dass es am Amerika-Haus knallen wird. Zum einen wegen der Yankee-Unterstützung für die Faschisten in Salvador und zum anderen, weil dort am meisten Bullen waren und die Räumung des Hauses in der Nacht zuvor nach einer Antwort verlangte. Vieles bewegte sich und ich wollte dazugehören, auf der Suche nach etwas anderem als dem, was als normal galt. Vieles bei mir war noch unentschieden, z.B. wie militant ich denn sein wollte. Ob nur Gewalt gegen Sachen oder auch unterschiedslos gegen Bullen blieb für eine gewisse Zeit eine Frage. Spätestens, nachdem im RAF-Hungerstreik '81 Sigurd Debus starb, und dann als am 22.9.81 Klaus-Jürgen Rattay von der Berliner Polizei umgebracht wurde, war die Frage entschieden.

Zeitleiste 1980

05.02. Linke Guerillas besetzen die spanische Botschaft in San Salvador, um Gefangene freizubekommen. Die Forderungen werden teilweise erfüllt

06.02. Das Bundesverfassungsgericht erklärt die friedliche Nutzung der Atomkraft für verfassungskonform

13.02. Mehrere streikende Arbeiter werden getötet, als die türkische Armee eine besetzte Fabrik räumt

18.02. Israel eröffnet in Kairo seine erste Botschaft in einem arabischen Land.

29.02. Amsterdam: Erstmals in der jüngeren Besetzerge-

Der Punk & die Autonomen

Mai 1980. Die Popper, deren Erkennungszeichen teure Kaschmirklamotten, Pony über einem Auge und Schnöselgesinnung waren, wollten sich am Hermannplatz zusammenrotten und in der Disco Maxim ihren ekelerregenden Ritualen nachgehen. Sie waren ca. hundert. Um ihnen den Spaß zu vermiesen, trafen sich ein paar hundert Punks (meines Wissens die größte Punkansammlung bis dahin), hundert Teds – damals eigentlich mit den Punks verfeindet – und viele Hippiefreakkiffer. Die Bullen schützten die Veranstaltung. Es gab Krawall. Autos nahmen die stabile Seitenlage ein, die Unseren wurden von den Bullen in den Grunewald gefahren und kehrten zurück um weiterzumachen.

Niemandem, der zu der Zeit politisch aktiv war, wäre auch nur im Traum eingefallen, an der Sache teilzunehmen. Die damals noch „sozialistische Zeitschrift" radikal und ihre Leser wussten nicht so recht, ob die Punks nun Nazis waren oder nicht. Der Anti-Reflex war für sie unverständlich, trugen sie doch die langen Haare und kratzigen Pullover als Zeichen des politischen Aufruhrs. Auch der destruktive Anarchismus der Punks sagte ihnen nicht zu. Diese gegenseitige Abneigung wurde aber nicht aggressiv ausgetragen, sondern eher ironisch-spöttisch. Das Verhältnis änderte sich, als am 12.12.80 auch die Politischen ihr militantes Erweckungserlebnis hatten. Da die Punks natürlich gern dabei waren, wenn alles in Scherben fiel, es gegen „die da oben" ging und dabei noch ein paar Häuser zum Besetzen absprangen, trafen sich dort die Hippies, die Stadtindianer und die Punkkultur.

ZEITLEISTE 1980

schichte von Amsterdam kommt es zu heftigen Auseinandersetzungen zwischen Kraakern und der Polizei. Zunächst besetzten etwa 400 Leute ein Haus in der Vondelstraat Ein erster Versuch der Polizei, das Gebäude wieder zu räumen, scheitert am Widerstand der Besetzer und Unterstützer. Es werden Barrikaden errichtet, die teils mehrere Tage bestehen bleiben

03.03. Besetzerkrawalle in Amsterdam wegen Räumung in der Vondelstraat

07.03. El Salvador: Die Junta verhängt den Ausnahmezustand.

Schwarzer Block
In Frankfurt/Main erlebt 1981 ein Begriff seine öffentliche Geburtsstunde, der auch zwanzig Jahre später noch politische Brisanz besitzt: Der „Schwarze Block“. Dabei handelt es sich um eine Konstruktion der Staatsanwaltschaft, die in einem Amoklauf wegen einiger kleinerer Anschläge in der Region gegen mehr als 50 Leute wegen „Mitgliedschaft in der terroristischen Vereinigung Schwarzer Block“ ermittelt und mehrere Personen monatelang in Untersuchungshaft sperrt. Der Versuch, die militante autonome Szene der Stadt als komplette §129a-Vereinigung zu kriminalisieren, endet zum Glück als Hornberger Schießen und wird eingestellt. Der „Schwarze Block“ als Begriff wird in den folgenden Jahren immer wieder vor allem von den Medien verwendet, um die Autonomen zu klassifizieren. Er wird aber von denen, die angeblich dazugehören, wenn überhaupt dann nur selbstironisch benutzt – zu eindeutig ist die diffamierende Absicht und die historische Entstehung.

der Gruppen und Beifall für viele ihrer Aktionen. Deshalb kann die Geschichte der Autonomen nicht ganz ohne die der bewaffneten Gruppen erzählt werden, obwohl diese sich ihrerseits auch stets von den Autonomen abgegrenzt haben.
Die RZ erkennen neues militantes Potential in der Bewegung und bemühen sich, eine politische Nähe herzustellen, auch durch Anschläge zu Themen wie Hausbesetzungen, Anti-AKW-Kampf, Startbahn-West. Auch die RAF merkt, dass der Wind sich gedreht hat und neue Möglichkeiten sich eröffnen. Mit dem „Mai-Papier“ von 1982 bietet sie ihrem politischen Umfeld eine Handlungsperspektive jenseits von Knast-Solidaritäts-Arbeit und Abgang in die Illegalität, indem sie die „Front von Guerilla und Widerstand“ propagiert. Zu den Autonomen dringen diese Überlegungen aber nur teilweise durch und werden stets auf den Gebrauchswert für die eigene Praxis abgeklopft. Die nachhaltigste Wirkung zu Beginn der 80er dürften die Bastelanleitungen für den militanten Hausgebrauch, wie die der RZ *(Von A über R bis Z)* oder die autonomere Broschüre *Guerilla diffusa*, gehabt haben.
Wir konzentrieren uns im Folgenden auf die beiden Bewegungen, die uns als Autoren am stärksten geprägt und politisiert haben: Die Anti-AKW-Bewegung und die West-Berliner Hausbesetzerbewegung. Zwei andere Bewegungen, die in den frühen 80er dominierten, waren die Friedensbewegung und der Kampf gegen die Frankfurter Startbahn-West, doch daran haben wir nur gelegentlich teilgenommen. Daher widmen wir uns ihnen in kurzer Form zum Schluss des Blocks.

Zeitleiste 1980

09.03. Die ETA-nahe Herri Batasuna bekommt elf von 60 Sitzen im Parlament des Baskenlandes. Sie setzen sich aber nicht drauf

13.03. Österreich erkennt als erstes westliches Land die PLO an

15.03. Die Londoner U-Bahn-Station Neasden wird von 200 Jugendlichen verwüstet

2. Ende der 70er: „Der Bauplatz muss zur Wiese werden!"

Wie alles anfing: Die erste Bewegungsphase 1973 bis 1977

In enger Abstimmung mit den großen Energieversorgungsunternehmen und mit dem Siemens-Konzern beschleunigt die SPD-Bundesregierung Anfang der 70er Jahre den Ausbau des westdeutschen Atomprogramms. Die „Ölkrise" 1973/74 ist der propagandistisch willkommene Anlass für Kanzler Schmidt und Forschungsminister Matthöfer, mit Milliardensubventionen die Entwicklung des modernen 1300 Megawatt-Druckwasserreaktors noch massiver zu fördern. Das Atomprogramm soll die BRD in der Energieversorgung autark machen. Unabhängiger von Rohstoffen wie Öl, welches dummerweise in einer Region sprudelt, auf die man nur begrenzten Zugriff hat und deren Entscheidungsträger sich erdreisten, diesen Rohstoff nicht so billig abzugeben wie andere Güter des Trikonts, der „Dritten Welt". Aber auch unabhängiger von Energieträgern wie Kohle, die in den Augen der Herrschenden den Nachteil hat, dass viele Arbeiter nötig sind, um sie zu fördern. Arbeiter sind ein potentieller Unruhefaktor, den es auszuschalten gilt durch eine Form von Energiegewinnung, die weniger arbeitsintensiv ist.

Der Widerstand gegen die Atompolitik von Regierung und Konzernen entwickelt sich lange vor dem Auftreten der „Autonomen".
Die erste spektakuläre Widerstandsaktion ist 1974/75 die Bauplatzbesetzung gegen das geplante Atomkraftwerk Whyl am Rande des Kaiserstuhls (Baden-Württemberg). Ist Whyl noch ein eher regionaler Konflikt, so werden die ersten Demonstrationen in Brokdorf, 60 Kilometer nordwestlich von Hamburg an der Elbe gelegen, im Herbst 1976 zur Geburtsstunde der bundesweiten Anti-AKW-Bewegung. Der ländliche, bäuerliche Widerstand vor Ort bleibt im Gegensatz zu Whyl relativ schwach. Dafür treten die wie Pilze aus dem Boden schießenden großstädtischen Bürgerinitiativen aus Hamburg, Hannover, Bremen und Göttingen auf den Plan.

Demonstration in Whyl 1975

ZEITLEISTE 1980

18.03. Gegen die französischen Militärinterventionen in Afrika richtet sich ein Anschlag der *Action Directe* auf das Ministerium für wirtschaftliche Kooperation
18.03. *Rote Brigaden* erschießen Staatsanwalt in Salerno
20.03. In Kambodscha wird das unter den Roten Khmer abgeschaffte Geld wieder eingeführt
23.03. Der Ex-Schah von Persien erhält Asyl in Ägypten
23.03. Schwedische Volksabstimmung ergibt knappe Mehrheit für den Ausbau der Atomkraft
23.03. Sprengstoffanschlag auf das Bundesarbeitsgericht,

Bauplatzkämpfe 1976

Ich lebte damals in Bremen und hatte die dortige ‚Bremer Bürgerinitiative gegen Atomanlagen' (BBA) nach der ersten Brokdorfdemo 1976 mitgegründet.

Wie für die Hamburger und Göttinger war es für uns überhaupt keine Frage: Wenn wir nach Brokdorf fahren, nehmen wir alle Klamotten mit, von Helmen, Ostfriesennerzen (wegen der Wasserwerfer), über Seile, Enterhaken bis zu Signalraketen (das war großkalibrige Signalmunition aus der Seefahrt, die gegen die tieffliegenden Bullenhubschrauber eingesetzt wurde). Schließlich sollte der Bauplatz wieder zur Wiese werden, und das ging nur gegen den Widerstand der Bullenarmada. Am 13. November 1976 scheiterte unser Vorhaben, obwohl von den 30.000 sich mehr als 10.000 an den Zaunkämpfen beteiligten. Aber wir lernten schnell, und vier Monate später kam es in Grohnde zu den wohl heftigsten militanten Auseinandersetzungen mit den Bullen in der Geschichte der Anti-AKW-Bewegung. Die Schlacht war von uns richtig militärisch vorbereitet worden mit Trainingscamps zur Überwindung von Flüssen und hohen Zäunen, hängend am Drahtseil. Doch letztendlich scheiterte auch in Grohnde die Besetzung, viele wurden festgenommen bzw. schwer verletzt.

ZEITLEISTE 1980

präsentiert von *Revolutionären Zellen in der IG Metall*

24.03. Todesschwadrone erschießen den Erzbischof von San Salvador (El Salvador)

02.04. Im englischen Bristol geben schwarze Jugendliche einen riot

04.04. In El Salvador bildet sich die FDR als Bündnis linker bis christdemokratischer Gruppen, mit dem Ziel die Junta zu stürzen

05.04. *Action-Directe*-Anschlag auf den Philips-Konzern in Toulouse

Grohnde 1976

Im eigentlichen Sinne sind dies keine Bürgerinitiativen, sondern zunächst noch lose, aber im Verlauf der Kämpfe an den Bauzäunen sich sehr eng zusammenfügende Kreise von Stadtteilgruppen, Bezugsgruppen, Sanitätsgruppen etc., in denen sich zumeist junge Linke und Linksradikale organisieren. Parteimitglieder sind nicht gerne gesehen, auch K-Gruppen-Mitglieder bestenfalls wohl gelitten.

Was viele Außenstehende verwundert, ist die rasant anwachsende Bereitschaft zu massenhafter Militanz und die Entschlossenheit, persönlich ungeheuer viel zu riskieren. Woher kommt das?

Erstens fühlen wir uns zum ersten Mal seit Jahren in unseren Kämpfen an den Unis oder Schulen nicht isoliert, sondern eng mit der Bevölkerung vor Ort verbunden, die zwar meistens unsere Aktionsformen nicht gutheißt, aber auch nicht offen ablehnt. Teilweise freut sie sich sogar, wenn die Polizei als Büttel der Atommafia in die Defensive gedrängt wird. Der Spruch „Wo Recht zu Unrecht wird, wird Widerstand zur Pflicht" gilt auch für uns, er drückt ganz gut das Verbindende mit den Bürgern aus. Wenn wir solche Transparente in Dörfern, in den Kleingärten oder an der Straße sehen, wird uns warm ums Herz.

Zweitens geht es uns aus den Großstädten nicht ausschließlich um die jeweiligen Bauplätze: Wir kämpfen an den Bauzäunen von Brokdorf und Grohnde nicht nur gegen das Atomkraftwerk, sondern auch gegen die Atommafia, gegen die Energieversorgungsunternehmen NWK, RWE, VEBA und wie sie alle heißen, letztendlich besonders gegen den die Atommafia schützenden Staat.

ZEITLEISTE 1980

09.04. Israelische Truppen dringen in den Süd-Libanon ein, um dort Stellungen zu errichten

15.04. Das französische Verkehrsministerium wird von Action directe mit Raketenwerfern beschossen

18.04. Rhodesien wird unabhängig und heisst ab sofort Simbabwe

19.04. Große Bullenaktion gegen die aufständischen algerischen Berber in der Kabylei

23.04. Chrysler entlässt 20% seiner Angestellten

25.04. Der militärische Versuch der USA, die Geiseln, die in

Drittens entsteht nach dem 13. November 1976 eine ganz neue Bewegung, mit eigener Musik, Kleidung, Kultur und neuen politischen Inhalten. Binnen Monaten werden wir immer mehr. Wenn wir an den Bauzäunen rütteln, spüren wir, dass wir an den Fassaden der überkommenen Formen der parlamentarisch-sozialdemokratischen Macht und ihrer Arroganz rütteln. Politiker, Richter, Staatsanwälte, Experten sind zunehmend verunsichert und können mit der Vehemenz der neuen außerparlamentarischen Bewegung nicht umgehen, die Bürger und Chaoten in einem großen Sammelsurium vereint.

Es gibt von Anfang an Versuche, die Bewegung in einen guten, dialogbereiten Teil und einen gewalttätigen zu spalten (siehe die berühmte Spalterdemo Brokdorf/Itzehoe am 19. Februar 1977: Die Friedlichen von der DKP bis zum *Bundesverband Bürgerinitiativen* bleiben in der Kreisstadt Itzehoe, während die von den Medien als „Chaoten" eingestufte Mehrheit in die Wilstermarsch gen Brokdorf zieht). Auf den Bundeskonferenzen der Anti-AKW-Bewegung wird heftig über die „Gewaltfrage" gestritten, es gibt Zerwürfnisse, und dennoch kommen wir bei den nächsten Aktionen immer wieder zusammen.

1977 finden in der ganzen BRD unzählige Aktionen gegen die Atomkraftwerke statt. Rasend schnell weitet sich die neue Bewegung von Norden nach Süden aus. Neben den AKW-Standorten rückt zum ersten Mal Gorleben in den Blickpunkt, denn hier plant die Atommafia, das erste bundesdeutsche Endlager für Atommüll zu errichten und eine Wiederaufarbeitungsanlage (WAA) zu bauen.

Diese erste Bewegungsphase geht zu Ende mit der Demonstration gegen den geplanten Schnellen Brüter in Kalkar im September 1977, mitten im "deutschen Herbst", der RAF-Hysterie und Schleyer-Fahndung. Bei diesem Plutoniumreaktor lassen die Herrschenden überhaupt nicht mit sich spaßen. In Malville, am Standort des französischen Schnellen Brüters, ist es zwei Monate vorher zu heftigen Auseinandersetzungen zwischen der Demonstranten und der französischen Polizei gekommen. Die dortigen CRS-Einheiten sind mit Knüppeln, Gas und gezielt verschossenen Blendschockgranaten derart brutal vorgegangen, dass ein Demonstrant, der Physiklehrer Vital Michalon, ums Leben kam und die französische Anti-AKW-Bewegung nachhaltig zerschlagen wurde.

Die deutsche Polizei fährt bei der Kalkar-Demo ungeheuer auf, kontrolliert Zehntausende mit gezogenen MPs auf den Autobahnen, lässt Tausende überhaupt nicht in ihren Bussen losfahren, stoppt Züge auf offener Strecke mit Hubschraubern. Die SPD-Regierung probt den Bürgerkrieg, Bundeskanzler Schmidt sagt in bewusster Anlehnung an die Propaganda gegen die RAF den „Straßenterroristen" den Kampf an. Trotzdem erreichen über 30.000 den Bauplatz. Aber gegen

Malville 30./31.7.1977
Mit Tränengas und Blendschockgranaten zerschlägt die französische Aufstandsbekämpfungspolizei CRS die Internationale Demonstration gegen den Brüter *Super-Phénix*

ZEITLEISTE 1980

der US-Botschaft in Teheran festgehalten werden, zu befreien, endet in einem Desaster

30.04. Iranische Oppositionelle besetzen die iranische Botschaft in London

30.04. Amsterdam: Krönungstag. Die Innenstadt wird abgeriegelt. Am Morgen wird ein Haus besetzt. Ein Räumungsversuch der Polizei scheitert am massiven Widerstand. Am Nachmittag machen sich mehrere Tausend auf den Weg zur Sperrzone. Es kommt erneut zu heftigen Schlachten und Plünderungen. Die Polizei

Brokdorf 1977

Panzerwagen sind die erfolgreich durchgeschleusten Enterhaken machtlos. Hier wird der Bewegung auf brutale Weise vorgeführt, dass der Staat alle militärischen Register ziehen wird, falls er die Bewegung anders nicht zerschlagen kann. Infolge dieser zugespitzten Konfrontation ziehen sich viele erst mal zurück, andere gehen zu den sich gerade gründenden Grünen, und Dritte kümmern sich hauptsächlich um die Kriminalisierten.

Die ersten „Autonomen“ in der Anti-AKW-Bewegung

In der Zeit von 1977 bis 1981 zeigen sich die ersten Ansätze der späteren autonomen Gruppen. Die K-Gruppen verlieren immer mehr an Anziehungskraft und gesellschaftspolitischer Bedeutung oder gehen in der grünen Partei auf. Der orthodoxe Linksradikalismus wird durch eine neue undogmatische Bewegung von Linksradikalen verdrängt. Dies gilt z.B. für das Umfeld des Göttinger *Arbeitskreis gegen Atomenergie* oder einzelne Stadtteilgruppen der BBA in Bremen, obwohl sich damals die wenigsten als „Autonome“ bezeichnen. Einige Gruppen aus Hamburg und vor allem der dortige *Arbeitskreis Politische Ökologie* verwenden aber schon damals den Begriff „Autonome“. Die Hamburger haben schon Ende 1978 in Abgrenzung zur Machtpolitik des KB (*Kommunistischer Bund*) in der dortigen Anti-AKW-Bewegung „autonome Strukturen“ aufgebaut und Grundlegendes zum autonomen Selbstverständnis formuliert: „Es genügt nicht, eine ‚richtige‘ Gesellschaftstheorie zu haben und verbal die Gesetzmäßigkeiten unserer Gesellschaft immer wieder aufzuzeigen, sondern eigenbestimmte Lebensstrukturen müssen erfahrbar werden. Diese Strukturen können zur Zeit hauptsächlich nur Widerstandsstrukturen gegen das herrschende wirtschaftliche und politische System sein. Erst wenn die Menschen erfahren, dass es möglich ist, ihr eigenes Handeln im Rahmen des Widerstands selbst zu bestimmen, um

Zur Klein-Bürgerlichen Politik des KB

Das Verhalten des KB in der ANTI-AKW-BEWEGUNG

Wir sollten nicht darüber jammern, daß die Politik des KB von Kleinbürgern bestimmt wird, und er versucht, kleinbürgerliche Organisationsstrukturen durchzusetzen

- wir sollten uns davor schützen
- uns nicht abbringen lassen, unsere Arbeit selbst zu organisieren
- an dem Prinzip festhalten, daß unsere Kraft darin liegt, unsere Interessen auch praktisch durchzusetzen
- die Autonomie der einzelnen Gruppen unterstützen und gemeinsame Informationsstrukturen, Koordinationsstrukturen und Kommunikationsstrukturen schaffen

Sonst wird die Bewegung gegen das Atomprogramm in Kürze ein politischer Veteranenverein sein, die Bewegung gespalten und die Atomanlagen weitergebaut werden

AK Politische Ökologie in der BUU - Hamburg Mai-77
2 HH-19, Lutteroth 33, Tel: 040/402782

ZEITLEISTE 1980

verliert zeitweise den Überblick und zieht sich zurück

03.05. Startbahn: Die BI gegen den Ausbau der Startbahn-West des Frankfurter Flughafens beginnt mit der Errichtung eines Hüttendorfes

03.05. In Gorleben wird auf dem besetzten Gelände der geplanten WAA die Republik Freies Wendland errichtet

06.05. Fünf Leute aus der RAF werden in Paris festgenommen

06.05. Öffentliches Rekrutengelöbnis löst fette Randale in Bremen aus

13.05. In Paris räumen die Bullen die Uni. Ein Student stirbt sich somit vor der Willkür und Kontrolle derjenigen zu schützen, die z.Z. die wirtschaftliche und politische Macht innehaben, werden sie Vertrauen in ihre eigene Kraft bekommen und Veränderungen für ihre Interessen durchsetzen können" (zitiert aus *Bilanz und Perspektiven zum Widerstand gegen Atomanlagen*, 1978).

Hier klingt schon deutlich die Wichtigkeit der Herausbildung des (autonomen) Subjekts im Kampf gegen das System an und demzufolge wird auch die Stellvertreterpolitik der bürgerlichen und kommunistischen Parteien als „kleinbürgerliche Machtpolitik" zurückgewiesen. Die Identitätsfindung verläuft aber noch weitgehend über die Abgrenzung zu den K-Gruppen. Doch im Laufe der Bewegung wächst das Selbstbewusstsein, das Vertrauen in die Richtigkeit des eigenen Tuns. Dazu zählt sowohl das militante Vorgehen gegen die Bullen und die „Büttel der Atommafia" als auch das oftmals sich sehr mühsam entwickelnde Gespräch mit den Anwohnern an den AKW-Bauplätzen.

Mit dem 6. Mai 1980, der Demo gegen das Rekrutengelöbnis vor dem Bremer Weserstadion, beginnen dann die Autonomen ihren medialen Aufstieg. Politische Verortungen wie „Autonome" oder „Linksradikale" sind für uns in der Bewegung in Bremen allerdings Fremdworte. Wir begreifen uns als entschiedene Systemgegner, Punkt. Wichtig ist, dass unsere Aktionsformen die Militanz mit einschließen, sich jedoch nicht darauf beschränken. Das macht die Stärke der Anti-Atomkraft-Bewegung aus. Etliche sehen sich durchaus als Revolutionäre, Anarchisten, Sozialisten. Aber eine Partei mit Programm und Sekretär lehnen nahezu alle ab, denn im Gegensatz zu den K-Gruppen ist für uns vor allem wichtig, dass wir uns in kollektiven und sozialen Strukturen bewegen. Zugespitzt formuliert: Unser politisches Bewusstsein in der Anti-AKW-Bewegung ist 1980 überwiegend längst nicht so „autonom" wie unsere Praxis. Erst nach und nach setzt sich der in Hamburg 1978 begonnene Prozess der Identitätsstiftung und Namensfindung in anderen Städten durch.

Gut ausgerüstet zum Bauzaun

Am 19.2.1977 ziehen jeweils 40.000 Menschen nach Itzehoe und Wilster beim Atomkraftwerk Brokdorf

ZEITLEISTE 1980

27.05. Nach schweren Unruhen in der südkoreanischen Stadt Kwangju wird diese vom Militär eingenommen

31.05. In Mexiko töten Grossgrundbesitzer 46 Kleinbauern, die versuchen, Land zu besetzen

31.05. Die Züricher Opernhauskrawalle bringen der Schweiz Beachtung

02.06. Ein Teil der Bewegung 2.Juni erklärt seine Auflösung und den Übertritt zur RAF

02.06. In Südafrika zerstört die Guerilla drei wichtige Energieversorgungsanlagen

Die zweite Bewegungsphase: von Gorleben nach Brokdorf und wieder zurück

Der zweite Bewegungszyklus beginnt mit dem Gorleben-Treck. Ende März 1979 ziehen mehrere hundert Bauern mit ihren Traktoren nach Hannover, um gegen das dortige Gorleben-Hearing zu protestieren. Jetzt rückt plötzlich der bäuerliche Widerstand in den Mittelpunkt der Bewegung und initiiert die bis dahin größte Anti-Atomkraft-Demo. Über 100.000 kommen am 31.März mit zig Sonderzügen und Bussen zum Regierungssitz von CDU-Ministerpräsident Albrecht, zusätzlich angestachelt durch den Reaktorunfall in Harrisburg am 28. März, der die wildesten Bedrohungsszenarien bestätigt. Harrisburg und die US-amerikanische Ostküste entgehen damals nur um Haaresbreite dem Super-GAU, der Reaktorkernschmelze.

Am 31. März 1979 ziehen hundertfünfzig Bauern mit ihren Traktoren nach Hannover, um gegen das dortige Gorleben-Hearing zu protestieren. Sie werden von der größten Anti-AKW-Demonstration mit hunderttausend Menschen empfangen.

Der Gorleben-Treck bildet einen neuen Aufbruch. Kalkar und der militärische Aufmarsch des Staates sind vergessen. Jetzt ist plötzlich wieder friedlicher Protest angesagt. Gorleben bleibt Ausdruck und Kristallisationspunkt des betont gewaltfreien Teils der Bewegung. Den Höhepunkt dafür bildet das riesige Hüttendorf am Bohrloch 1004 im Mai 1980, als durch mehr als 2000 AKW-Gegner die *Republik Freies Wendland* ausgerufen wird. Der Traum von einer Welt ohne Atomkraft, Gewalt und Hass wird am 4. Juni jäh durch ein Großaufgebot der Bullen mit Panzerwagen und Planierraupen zerstört. Die niederschmetternden Erfahrungen wirken nach bis in den ein halbes Jahr später beginnenden Berliner Häuserkampf. Aufgrund der eigenen Erlebnisse auf 1004 erntet das gewaltfreie Widerstandskonzept dort nur noch Hohngelächter.

In Brokdorf wird der Baustopp Ende 1980 aufgehoben, und das will die Anti-AKW-Bewegung mit

ZEITLEISTE 1980

04.06. Ende der *Republik Freies Wendland*. Das Hüttendorf wird geräumt

08.06. Schwere Kämpfe in Afghanistan. Zudem werden bei Studentendemos in Kabul 100 Menschen getötet

09.06. Die Räumung mehrerer besetzter Häuser führt glücklicherweise zu Bambule in Freiburg

16.06. Die schwersten Unruhen in Südafrika seit vier Jahren

17.06. Mehr als 100 Beschäftigte des britischen AKWs Windscale trinken Kühlwasser und erkranken

25.06. Generalstreik in El Salvador legt für zwei Tage das

allen Mitteln wieder rückgängig machen. Damals scheren Demoverbote überhaupt nicht. Im Gegenteil, das wochenlange mediale Hin und Her um das Demoverbot stachelt nur noch mehr an und mobilisiert Zehntausende.

Die große Brokdorf-Demo am 28. Februar 1981 ist der Beginn des bewussten Zusammengehens von Autonomen, Hausbesetzern und lokalen Anti-AKW-Gegnern. Aus den Erfahrungen der Demoverbote und Polizeiabsperrungen der vergangenen Jahre ist gelernt worden. In der Überwindung dieser Hemmnisse zeigt sich das Zusammenkommen von ländlichem und städtischem Widerstand.

Vor Brokdorf ist dann wegen der Kälte, dem unbarmherzigen Wind und äußerst harten Polizeieinsätzen bald Schluss. Die meisten von uns sind nach kilometerlangen Fußmärschen über zugefrorene

Auf nach Brokdorf!
Da die Demo von der Polizei verboten war, war allen klar: Es wird nicht leicht, an den Bauzaun zu gelangen. Dementsprechend entschlossen und phantasiereich traten die einzelnen Konvois auf. Nur zwei Beispiele: Der Südzug aus Göttingen und Hessen wurde auf der Autobahn weit vor Hamburg gestoppt. Kurzentschlossen montierten Hunderte die Leitplanken ab und die Autos und Busse fuhren auf der Gegenfahrbahn an der Polizeisperre vorbei. Wir Bremer fuhren nachts um ein Uhr mit fast 10.000 AKW-Gegnern los, mussten wegen einer Polizeisperre die Autobahn vor Rotenburg verlassen und schlängelten uns auf Bundesstraßen bis nach Hamburg-Harburg, wo wir wieder unbehelligt die Autobahn nach Norden benutzen konnten. Wir hatten nicht nur Kradmelder dabei, die uns immer über die nächsten Bullensperren informierten, sondern auch einen Piratensender, der den 10 Kilometer langen Konvoi auf dem laufenden hielt. Es wurden auch noch ein paar gezielte Falschmeldungen über unsere Route durch den Äther gejagt, so dass die mitfahrenden Zivis mit ihren (falschen) Richtungsmeldungen ihre Einsatzleitung vollends verwirrten.

ZEITLEISTE 1980

Land lahm
01.07. Die Hamburger Bullen müssen zugeben, dass sie seit Jahren heimlich die öffentlichen Klos überwachen. Zielpersonen sind Schwule
04.07. Niedersachsen stimmt der Errichtung eines Zwischenlagers in Gorleben zu
14.07. Tausende Zivilisten sterben bei sowjetischen Luftangriffen in Afghanistan
16.07. In Sri Lanka wird wegen Auseinandersetzungen zwischen Singalesen und Tamilen der Notstand erklärt

Wiesen und Gräben und wegen der einbrechenden Dunkelheit zu erschöpft, um noch den Bauzaun anzugreifen. Zudem behindern die Bullen durch umfangreiche Absperrungen u.a. mit sandgefüllten Containern den Anmarsch. Eine Woche später veröffentlicht der *Stern* ein Foto, auf dem mehrere AKW-Gegner einen in den Graben gefallenen Polizisten verprügeln. Es beginnt eine bis dahin nicht gekannte Hetze und Kriminalisierung der Anti-AKW-Bewegung. Für die Autonomen in der Anti-AKW-Bewegung wird der Kampf gegen den Staat und seine Repressionsmaschine zu einem ihrer Hauptthemen.

Prozessplakat 1981

Schon nach der Grohnde-Demo 1977 haben sich die ersten Ermittlungsausschüsse gegründet, weil damals die Bullen etliche Demonstranten festnahmen. Einige AKW-Gegner waren untergetaucht, andere wurden 1978 zu Haftstrafen verknackt. Nach der Brokdorf-Demo fahndet die Justiz nun bundesweit nach militanten AKW-Gegnern und leitet die ersten §129a-Verfahren ein. Der Prozess in Itzehoe gegen Markus Mohr und Michael Duffke, anfänglich wegen versuchten Mordes, wird zum Brennpunkt der Anti-Kriminalisierungs-Kampagne, die von vielen Autonomen aus Norddeutschland mitgetragen wird. In der ersten Instanz werden sie zu drakonischen Strafen von 6 1/2 Jahren bzw. 3 Jahren verurteilt; in der Berufung reduziert sich das erheblich.

Brokdorf 1981 bildet den Schlusspunkt der militanten und bundesweiten Massenmobilisierung zwischen 1977-1981.

In Gorleben ändern sich die Zeiten. Nach der gewaltsamen Räumung von 1004 wird im Wendland die Gewaltfrage neu diskutiert. Bis dahin stufte die örtliche wendländische Bürgerinitiative schon das Umschmeißen eines Verkehrsschildes als Gewalt ein und distanzierte sich immer wieder von den „gewalttätigen Auswärtigen", was den Autonomen ganz schön auf die Nerven ging. Doch auch die BI kann die Radikalisierung des Widerstandes nicht stoppen. Jetzt werden die wendländischen Bauern immer phantasievoller und radikaler in ihren Aktionen, und das zieht, immer von Neuem, auch die militanten Teile der Bewegung an.

Am 4. September 1982 wird zum „Tanz auf dem Vulkan" vor der Baustelle des Zwischenlagers eingeladen. Obwohl sich die BI wiederum von den „Gewalttätigen" distanziert, bröckelt die Spaltung zwischen „friedlich" und „militant" erstmalig auch im Gorlebener Wald. Das lässt sich auch darauf zurückführen, dass Autonome in diesen Tagen den Wendländern ihre Gefühle, ihre Ängste und ihre Entschlossenheit offenbaren, und sich hinter den Hassmasken eben keine stumpfen „Gewalttäter" verbergen, sondern Menschen mit einem politisch-solidarischen Anliegen.

Ende Oktober ruft der militante und autonome Teil der Bewegung zur Demo am Schacht Konrad bei Salzgitter auf. Das zukünftige Atommüll-Zwischenlager liegt in einer verlorenen, öden Gegend, bisher ohne Widerstand vor Ort. Es kommen nur 10.000, die Autonomen sind fast unter sich. Trotz einiger heftiger Auseinanderset-

ZEITLEISTE 1980

16.07. Weil eine Regensburger Gymnasiastin sich weigert, ihre „Stoppt-Strauss"-Plakette abzunehmen, fliegt sie von der Schule

27.07. Anschlag eines Palästinensers auf eine jüdische Jugendgruppe in Antwerpen führt zum Tod eines 15jährigen

02.08. Italienische Faschisten legen eine Bombe auf dem Bahnhof von Bologna. 84 Menschen werden getötet

14.08 In Danzig besetzen 17.000 streikende Arbeiter die Leninwerft

„Unser Dorf könnt ihr zerstören, aber nicht die Kraft, die es geschaffen hat."
Am 4. Juni 1980 wird die *Republik Freies Wendland* auf der Tiefbohrstelle 1004 durch 10.000 Polizisten geräumt. 3000 Besetzer leisten passiven Widerstand.

zungen mit der Polizei hat diese alles weitgehend im Griff. Eine Woche später knallt es auf der Bundeskonferenz der Anti-AKW-Gruppen in Kassel. In der Frage der Gewalt und des Verhältnisses zum Staat stehen sich zwei unversöhnliche Lager gegenüber. Die offene Spaltung wird trotzdem knapp vermieden.

Ende 1982 zerbröckelt die Bewegung, viele ziehen sich zurück, andere machen in klandestinen Kleingruppen weiter, legen die ersten Strommasten um oder kappen auch mal die regionale Stromversorgung, so dass Zehntausende abends zur Tagesschauzeit vor erloschener Glotze bei Kerzenschein sitzen. Doch die Bewegung hat an

ZEITLEISTE 1980

22.08. Zwei Vietnamesen sterben bei Anschlag auf Ausländerwohnheim in Hamburg

25.08. Nach einer CDU-Wahlkampfveranstaltung mit Strauss in Hamburg wird Olaf Ritzmann von den Bullen vor eine S-Bahn getrieben und tödlich verletzt

31.08. In Polen führt ein Abkommen zwischen den Streikkommissionen und der Regierung zur Bildung unabhängiger Gewerkschaften

31.08. Startbahn: Zur bisher größten Demonstration gegen den Ausbau kommen rund 10.000 Menschen

Anziehungskraft verloren. Militante und Autonome schwimmen nicht mehr wie der Fisch im Wasser, weil der Bewegungsstrom austrocknet. Die Zeit der Großdemos ist erst mal vorbei, außer im Wendland zerfallen nach und nach die städtischen Anti-AKW-Gruppen. Andere Teile der Bewegung haben sich neuen Brennpunkten zugewandt. Im Rhein-Main-Gebiet tobt der Kampf gegen die Startbahn-West, an dem sich viele Atomkraftgegner beteiligen; die neue Friedensbewegung zieht u.a. wegen dem 6. Mai 1980 und der IDEE (eine internationale Militär-Elektronik-Messe) in Hannover ebenfalls viele AKW-Gegner an. Mit ihrer organisatorischen Erfahrung, Kraft und Entschlossenheit tragen sie auch dort zur Radikalisierung und Polarisierung bei.

Dennoch hat die Anti-AKW-Bewegung schon viel erreicht. Die Bundesregierung streicht ihr Atomprogramm gehörig zusammen. Der breite Widerstand gegen den Schnellen Brüter in Kalkar ist der Sargnagel für die Plutoniumproduktionspläne der Atomindustrie. Diese politischen Erfolge sind der Bewegung damals nicht so bewusst, sie sieht eher die einzelnen Niederlagen an den Bauzäunen und die Repressionsschläge.

Trotz einiger Gegenbeispiele, etwa im Wendland, nehmen die meisten Autonomen die Anti-AKW-Bewegung als soziale Bewegung nur unzureichend wahr. Sie bleiben zumeist in der Pose der Militanten, Revolutionäre, die sich nur ungern auf gleicher Augenhöhe mit den Bürgern auseinander setzten. Die Autonomen haben sie nicht als Bürgerinitiativbewegung wahrgenommen und zu selten das Gespräch gesucht, sondern sich fast immer abgegrenzt.
So nehmen sie auch nicht wahr, dass durch die Anti-AKW-Bewegung Zehntausende politisch als Linke sozialisiert worden sind. Diese Bewegung war nach der Studentenbewegung die größte außerparlamentarische politische Schule in der Geschichte der BRD. Längst nicht alle sind später zu den Grünen gegangen, sondern haben sich in anderen politischen Bereichen engagiert.

ZEITLEISTE 1980

02.09. Die bewaffnete Gruppe GRAPO legt in Barcelona einen Armeegeneral um

04.09. Mit der Begründung, dass das Autonome Jugendzentrum in Zürich ein Treffpunkt von Drogenhändlern und anderen kriminellen Elementen sei, räumen die Bullen eben dieses. Mit der Begründung, dass dieses eine Schweinerei ist, wird daraufhin die Innenstadt entglast

05.09. Zürich: In den frühen Morgenstunden demoliert eine kleine Gruppe auf Rollschuhen in einer Blitzaktion den

Autonomer Anti-AKW-Widerstand im Wendland in den achtziger Jahren Erfahrungsbericht einer Aktivistin

Nachdem im Jahr 1980 das Anti-AKW-Dorf auf dem Bohrloch 1004 geräumt worden war, ergriffen einzelne Menschen aus dem Wendland die Initiative, eine intensivere Zusammenarbeit mit autonomen Gruppen aus den Städten zu organisieren. Auf 1004 war es zu Auseinandersetzungen besonders mit auswärtigen AKW-GegnerInnen um das Verhalten bei der Räumung gekommen, die „Emigrantengruppe" (hauptsächlich LehrerInnen aus Hamburg mit Wochenenddomizil im Landkreis) und die BI hatten sich mit dem Konzept einer gewaltfreien Sitzblockade durchgesetzt. Am Tag der Räumung konnten viele das hilflose Zusehen bei der Zerstörung des Dorfes nicht ertragen. Ich hatte in Hamburg das Frauenzentrum Rappstraße mitgegründet und klinkte mich, nach langer Abwesenheit aus dem Wendland, wo ich aufgewachsen war, nun für einige Jahre intensiv in die Organisierung ein. Dadurch, dass ich aus dem Wendland kam, gleichzeitig aber auch das Hamburger Wendland-Plenum (im BUU) mitinitiierte, fiel es mir viel leichter, einen direkten Kontakt zwischen einheimischem Widerstand und auswärtigen militanteren AKW-GegnerInnen aufzubauen. Dass die Leute vor Ort an sich eher gewaltfrei sein sollten, schien mir von Anfang an eine Fiktion zu sein.
1982 wurde von einer Handvoll Leute aus dem Landkreis (von den Gorlebenfrauen, den Bauern und Landkreis-Autonomen) als Reaktion auf die Frustration von 1004 das Musikfestival „Tanz auf dem Vulkan" in der Nähe der vorgesehenen Endlagerstätte vorbereitet. Wir wollten bei der abschließenden Aktion zusammen mit autonomen Gruppen aus den Städten die Absperrungen des Zwischenlagers angreifen. Zu dem Festival kamen 10.000 Leute, und am Aktionstag lieferten sich einige

ZEITLEISTE 1980

größten Teil der Scheiben im Einkaufzentrum (Bahnhofstraße)

05.09. Zwei RAFler werden wegen versuchten Mordes an zwei niederländischen Bullen zu je 15 Jahren Knast verknackt

12.09. Militärputsch in der Türkei

17.09. Dem Ex-Diktator von Nicaragua wird in Paraguay das Lebenslicht ausgeblasen

19.09. IWF und Weltbank lehnen auf US-Druck ab, der PLO Beobachterstatus zu verleihen

Wendland-Blockade am 30.4.82: Um gegen die bevorstehende Anlieferung radioaktiven Mülls zu protestieren, blockieren mehr als 6000 AKW-Gegner mit Autos, Treckern und Baumstämmen alle Zufahrtsstraßen ins Wendland.

hundert Autonome und zahlreiche Ortsansässige im Wald um das Zwischenlager Kämpfe mit der Polizei. Stundenlang waren die Wege zum Zwischenlager verbarrikadiert.

Seit Anfang der 80er Jahre kam es im Wendland zu einer starken Landkommune-Bewegung. Die Erfahrungen des Zusammenlebens auf 1004 und das Erstarken der linksradikalen Bewegung im Wendland zog immer mehr Linke aus den Städten an. Einige wollten linke Kultur aufs Land bringen, andere neue Lebensformen weitgehend unabhängig vom kapitalistischen Großstadtalltag erkunden.

1984 plante die BI eine Menschenkette am Rande des Landkreises, um deutlich zu machen, dass Atommüll-Transporte nicht ins Wendland kommen sollten. Viele Landkreis-Autonome und Autonome Gruppen aus den Städten wollten sich an dieser eher symbolischen Aktionsform zunächst nicht beteiligen. So entstand ein Bündnis von örtlichem und autonomem Widerstand. Diese planten eine Blockade der Zufahrtstraßen ins Wendland, die „Wendlandblockade". Am Tag der Blockade wurden am Rande der B191 Uelzen - Dannenberg mit Hilfe der örtlichen BIs Camps aufgebaut, die zum Teil im Morgengrauen von den Bullen geräumt wurden. Trotzdem begann das Blockieren der Straße mit Bäumen und anderen Materialien.

Auf den übrigen Zufahrtsstraßen ins Wendland kamen andere Blockadekonzepte zustande, so eine Frauenblockade, eine Bauernblockade mit Treckern, eine Autoblockade auf der Strecke nach Lüneburg und eine von einzelnen Mitgliedern der BI mit einer riesigen gebastelten Krake. Einen Tag lang waren die Hauptzufahrtsstraßen ins Wendland für den Verkehr dicht. Im Gegensatz zu den Aktionen an den Atomkraftwerkstandorten, wo Großdemos und militante Aktionen an den Bauzäunen endeten und für die Bewegung immer weniger Perspektiven boten, war im Wendland eine neue Aktionsform entstanden, an der sich viele Menschen auf unterschiedlichem Niveau beteiligen konnten. Damals wurde zum ersten „Tag X" ins Wendland aufgerufen, der schnell zum Inbegriff des vielfältigen Widerstandes auch in anderen Teilbereichskämpfen wurde und bis heute immer wieder aufgegriffen wird.

ZEITLEISTE 1980

22.09. Der erste Golfkrieg beginnt mit einem irakischen Angriff auf die iranische Ölindustrie im Grenzgebiet

20.09. Umfrageergebnisse belegen, dass im Juli 1980 rund 21% der Berliner das Wohnungsproblem an erster Stelle sehen, im September 1980 sind es bereits 35%

25.09. US-Präsident Carter droht mit Intervention, falls die Straße von Hormus von einer der kriegführenden Parteien im Golfkrieg gesperrt wird

26.09. Ein Bombenanschlag von Nazis auf das Münchner Oktoberfest kostet 13 Besucher das Leben

Nach der Wendlandblockade war klar, dass Blockaden mit Bäumen und Material auf den Fahrtstrecken des Castors eine effektive Methode waren, einzugreifen. Jetzt wurden auch die Bahnstrecken regelmäßig auf Sonntagsspaziergängen besucht.
Gleichzeitig fanden immer wieder militante Kleingruppenaktionen statt, wie das Heraussägen von Schienen oder das Abfackeln von Baumaterialien bei Firmen, die im AKW-Geschäft aktiv waren. Diese Aktionen führten zu Kriminalisierungsversuchen nach § 129a, die die Bewegung einschüchtern und spalten sollten. Sie verliefen aber alle nach einigen Jahren im Sande. Als endlich die Standortentscheidung anlag, entschied sich die Atomlobby für Wackersdorf als WAA-Standort, weil sie glaubte, dort auf weniger Widerstand zu stoßen. Da sollte sie sich gewaltig getäuscht haben. Zwischen 1982 und 1984 steigt die Zahl der militanten Angriffe auf Firmen, die am Ausbau der Atommüllkippe Gorleben beteiligt sind, sprunghaft an. So erhält die am Ausbau der Castorstrecke beteiligte Firma Heinz Licht des öfteren nächtlichen Besuch, Lastwagen und Baufahrzeuge werden abgefackelt, Parolen wie „Advent, Advent – ein Lichtlein brennt" hinterlassen. Wenig später erwischt es eine Bitumenfirma, die 800 Tonnen Asphalt für das Endlager Gorleben liefern sollte und nun einen Sachschaden von einer Millionen DM beklagt. In einem Interview mit der Zeitschrift ‚konkret' erklärt ein Autonomer aus dem Wendland das Verhältnis des militanten Widerstands zur BI Lüchow-Dannenberg und ihrer Distanzierung von Anschlägen: „Man kann ihr daraus keine Vorwurf machen. Die BI als eingetragener Verein kann nun mal nicht zur Brandstiftung aufrufen. Dann wird daraus ganz schnell eine kriminelle Vereinigung nach §129a. Ich will mich nicht für die BI aus den Fenster hängen, aber auf alle Fälle findet die BI ihre Legitimation darin, den bürgerlichen Widerstand zu organisieren. Aber ein bürgerlicher Widerstand, der sich nur ökologisch begründet und nicht politisch, der entwickelt sich nicht weiter. Die BI ist eingeschworen auf das Prinzip der Gewaltfreiheit, das heißt, ab einer bestimmten Stufe bleibt die BI systemkonform stehen."

Brand-Opfer im Wendland.

ZEITLEISTE 1980

03.10. Vier Tote bei Anschlag auf eine Pariser Synagoge. Die Täter waren Nazis

13.10. Wegen der Lorenz-Entführung werden fünf aus der Bewegung 2. Juni zu bis zu 15 Jahren verdonnert. Die Angeklagten tragen T-Shirts mit dem Slogan „egal" und zeigen damit, was sie von der Veranstaltung halten

16.10. Aus Protest gegen den Bau der Startbahn-West treten hessische Kommunalpolitiker in einen dreitägigen Hungerstreik

3. Die Bewegung kehrt zurück in die Städte ...

Der Berliner Häuserkampf

Ende 1979 gibt es in Kreuzberg einige besetzte Wohnungen. Hier wird einfach ohne großes Spektakel die Miete nicht bezahlt – und die Besitzer tun nichts dagegen, weil sie sich um nichts kümmern oder weil sie das Haus als Spekulationsobjekt mit der Aussicht auf Abriss oder Modernisierung gekauft haben und sich ansonsten nicht dafür interessieren.

Daneben gibt es etwa zehn ganz oder zum Teil besetzte Häuser, deren Bewohner die Besetzung öffentlich machen. Diese verstehen sich als „politische Projekte“. Hier leben etwa 150 Menschen – und sie haben 150 Geschichten zu erzählen:

Wie kamen sie auf die Schnapsidee, ein Haus zu besetzen? Warum gerade zu diesem Zeitpunkt? Wie haben sie vorher gewohnt? Was waren ihre Träume, Hoffnungen? Wie verlief der Alltag im Haus? Warum zogen die einen Leute ein, während die anderen auszogen?

Aus diesen einzelnen Geschichten wird dann die „Geschichte des Hauses“: Warum gerade dieses Haus? Was für ein Typ von Haus war das, eher ein „Instandbesetzer-Haus“ oder eher eins zum „Abwohnen“? Eher nach innen gekehrt und ruhig oder nach außen gerichtet? Eher von friedlichen Leuten oder eher von aktiv-aggressiven? Eher bekannt oder eines von vielen?

Häuser erhalten nach und nach ein bestimmtes Image, und wer sich anderen vorstellt, nennt nicht einen Namen, sondern eine Adresse. „Ey, ich bin aus der Luckauer“ – und das bedeutet dann: Er ist wichtig, er kommt aus der Luckauer Straße 3, einem großen Haus mit vielen aktiven Leuten, einem der „alten Häuser“, kämpferisch, mit Befestigungen (Barrikaden oder auch „Barris“) vor plötzlichen Polizeibesuchen gesichert, Tagungsort des ersten Besetzerrats.

Aber wer schreibt die Geschichten dieser Häuser? Die Ersten, die vielleicht schon bald wieder ausgezogen sind? Leute, die was „ganz Besonderes“ im Haus erlebt haben (den schrecklichen „Haus-Psycho“-Streit – oder wie

die Bullen zwei Stunden gebraucht haben, ehe sie reingekommen sind ...), aber nur fünf Wochen im Haus gelebt haben? Oder jene, die sich gleich zu Anfang ein Zimmer oben rechts zurechtgebaut hatten, tausend Leute haben kommen und gehen sehen und auch noch lange nach Verhandlungen und Verträgen im Haus geblieben sind? Wo verläuft die Grenze zwischen Geschichtchen und Geschichte, wie viele der Einzelerlebnisse müssten wir für eine annähernd repräsentative Darstellung kennen? Wie auch immer, die verschiedenen Perspektiven sind wichtig, deshalb heißt die Parole: Schreibt, Freunde! (angelehnt an ein Besetzerrat-Flugblatt, aber davon später)

„Es liegt ein Grauschleier über der Stadt“

Die Vorgeschichte

Foto oben: Plakat der ersten Besetzung 1979 in der Cuvrystraße in Kreuzberg
Foto mitte: Haustür der „Villa Kunterbunt“ Görlitzerstr. 36, SO 36
Foto rechts: Versammlung im Wrangelkiez

Die ersten Besetzungsaktionen der großen Hausbesetzerbewegung gibt es 1979/80 im hinteren Kreuzberg, in „36“ (einst Postbezirk Südost 36, daher „Kreuzberg 36“, „K36“).
Das ist kein Zufall. Der östliche Teil Kreuzbergs, direkt an der Berliner Mauer gelegen, gilt seit Jahren als „abgeschriebenes Gebiet“. In die verfallenden Häuser ziehen arme Ausländerfamilien, viele Jugendliche und Studenten. Hier entwickelt sich eine Alternativ-Szene mit Läden und Kleinbetrieben. Wohngemeinschaften bauen sich leerstehende Fabriketagen aus. Hier entstehen eigenständige Kinder- und Jugendprojekte, und hier engagieren sich Bürger in Mieterläden und ähnlichen Stadtteil-Projekten.
Es gibt Pläne zur „Kahlschlag-Sanierung“, die besonders dreist sind, hier ist die Profitgier einzelner Hausbesitzer besonders skandalös. Ganze Straßenzüge werden dem Verfall und späteren Abriss preisgegeben. Aber es gibt auch eine breite Opposition, eine aktive und unruhige Szene. Wehrdienstverweigerer stoßen auf Alt-Aktivisten der 68er-Zeit, die sich nicht angepasst haben; „normale Kriminelle“ finden Kontakt zu „den Politischen“. Kohlenklau ist Alltags-Selbstverständlichkeit, Stromzähler werden mehr oder minder geschickt überbrückt, „Einklauen“ ist übliche Ergänzung des legalen Einkaufs.
Das Besetzen von Häusern ist illegal – und es ist eine politische Demonstration. Die ersten „Instand(be)setzer“ finden Unterstützung durch den Mieterladen in der Waldemarstraße und die „Bürgerinitiative SO 36“. Sie werden dadurch auch von Medien und Politikern wahrgenommen. Andere Besetzer kommen aus der linksradikalen Szene oder stehen ihr nahe. Diese beiden recht unterschiedlichen Gruppen treffen sich seit April 1980 im Besetzerrat, organisieren Demonstrationen, tauchen auf Stadtteilfesten auf – und finden nach und nach Unterstützung. 🌐 1

Schon in dieser frühen Phase gibt es klare Unterschiede zwischen den besetzten Häusern, aus denen sich später die Fraktionen der „Verhandler“ und „Nichtverhandler“ entwickeln werden.
Das *Kerngehäuse* in der Cuvrystraße kennzeichnet den einen Pol der frühen Besetzerbewegung, die Verhandler.
Der Hauskomplex wird besetzt, um Druck auf die Besitzer auszuüben, entweder günstige Mietverträge für Gewerbeetagen abzuschließen oder das

Zeitleiste 1980

17.10. Die schmierige Jugendgruppe der Popper trifft sich am Hermannplatz in West-Berlin in einer Disko. Punks und andere Geschmackssichere prügeln sich daraufhin stundenlang mit Bullen und Poppern
04.11. Reagan wird US-Präsident
12.11. Rekrutenvereidigung in Bonn wird trotz massiver Bullenpräsenz gestört
16.11. Bei einer Demo in Athen, die sich auch gegen die Nato richtet, werden zwei Demonstranten getötet
20.11. In Peking beginnt Prozess gegen die „Viererbande“

Haus an die Mieter zu verkaufen. Die Besetzer gehören fast ausschließlich zur „Alternativbewegung", sind Studenten oder Leute mit Berufserfahrung, haben gute Kontakte zur kritischen Stadtteil-Bewegung. Zur Geschichte dieses Hauses (weniger seiner Bewohner) gibt es Broschüren, Dokumentationen, Einschätzungen. Erst jüngst gab es ein Treffen zum 20-jährigen Jubiläum der Besetzung. 🌐 2

Der andere Pol der frühen Besetzerbewegung ist viel schwieriger zu rekonstruieren. Von uns war noch niemand dabei – und die Linksradikalen haben keine Geschichte aufgeschrieben, sondern der geschätzten Nachwelt höchstens Flugblätter („Flugis") und kämpferische Aufrufe hinterlassen. Sie sind in aller Regel keine Studenten, sie erzählen sich wenig von ihren bisherigen Lebensgeschichten (oft verbergen sich dahinter auch Verletzungen und Dramen), sondern reden vor allem über aktuelle Kampfpläne. Da Bullen und Spitzel überall (gelegentlich sogar zu Recht) vermutet werden, ist Verschwiegenheit ein Zeichen von Ernsthaftigkeit. Sie stehen Mietervereinen und Bürgerinitiativen mindestens kritisch gegenüber und haben nicht unbedingt vor, ihre Häuser „instand" zu besetzen. 🌐 3
Trotz dieser Unterschiede verbindet alle Besetzer ein Grundgefühl der Solidarität.

„Keine Atempause – Geschichte wird gemacht!"

Vom 12. Dezember 1980 in den heißen 81er-Sommer

Im Herbst 1980 beginnt es im Kreuzberger Kiez langsam zu brodeln. Es gibt eine größere Demonstration gegen befürchtete Räumungen und einzelne Konflikte mit der Polizei.

Am 12.12.80 nach der Häuserräumung am Kottbusser Tor in SO 36

ZEITLEISTE 1980

29.11. Die Guerilla in El Salvador verbrennt 1,4 Mio. kg Kaffee, den die Regierung exportieren wollte

12.12. Gegen 17 Uhr verhindert die Polizei in Kreuzberg die Besetzung des Fraenkelufer 48. Es kommt zu stundenlangen Krawallen, in deren Verlauf die Bullen das Bein eines Demonstranten mit einer Wanne zerquetschen. Es muss amputiert werden

13.12. Nach einer VV kommt es zur Demonstration von rund 1.500 Menschen am Kudamm, dabei gehen zahlreiche Scheiben zu Bruch, Auslagen werden geplündert

Zwölfterzwölfter

Die Ereignisse im Dezember 1980 waren in meinem Leben der Dosenöffner; innerhalb kurzer Zeit bekam ich sowohl eine klare Richtung als auch einen Raketenantrieb verpasst. Ich kannte die politischen Aktivisten und Aktivistinnen nicht, die lange und zähe Arbeit im Vorfeld geleistet hatten: Mietervereinsarbeit, Stadtteilarbeit, „Instandbesetzung“ als recht brave Protestform gegen Leerstand. Ich kannte auch wenig von ihren politischen Aussagen, Strukturen oder Absichten. Ein Merkmal der Linken kannte ich immerhin bereits: viel Gerede über die große, weite Weltgeschichte, ihr woher und wohin. An dem hatte ich schon teilgenommen. Ich war aber zum Platzen voll mit Unzufriedenheit und Handlungsdrang.

Und dann lernte ich den Unterschied zwischen Reden und Tun, zwischen Lesen und Erleben, zwischen Zuschauen und Mitmachen. Die Explosion der üblichen politischen Bemühungen zur machtvollen Bewegung, die mich gleichzeitig sozialisierte, war etwas, was vermutlich so nur einmal im Leben passieren kann.

Ich habe nach dem 12. Dezember 1980 einiges andere erlebt: größere Krawalle, bessere politische Initiativen, klügere Vermittlung, machtvollere Demonstrationen, länger anhaltende Projekte. Das Einzigartige an diesem und den folgenden Tagen aber war das Gefühl, die Gewissheit, dass dies erst der Anfang war: Der Startschuss für eine ganz große Sache, das erste Kollern einer mächtigen Lawine. Nicht zufällig wurde später einer der Bewegungs-Hits das (eigentlich ironisch gemeinte) Fehlfarben-Lied „Es geht voran“.

Das Wachstum der Besetzerbewegung bekommt am 12. Dezember 1980 einen plötzlichen Schub. An diesem Tag verhindert die Polizei die Besetzung des Hauses Fraenkelufer 48. Es ist ein Freitagnachmittag, die Nachricht verbreitet sich schnell und mutiert zum Gerücht, ein Haus sei geräumt worden, eine zweite Räumung stehe bevor. Es kommt zu stundenlangen Straßenschlachten mit Plünderungen und ultrabrutalen Polizeieinsätzen – die Besetzerbewegung ist endgültig geboren. Innerhalb der nächsten vier Monate wächst die Zahl der besetzten Häuser von 10 auf 167 an.

ZEITLEISTE 1980

15.12. Die Besetzer lehnen geschlossen Verhandlungen ab, solange nicht alle inhaftierten Demonstranten freigelassen worden sind. Erneute Demo am Kudamm mit 3.000 Menschen. Anschließend wieder Straßenschlachten. Auch in den Außenbezirken gehen zahlreiche Scheiben zu Bruch, vornehmlich von Banken

18.12. Der Garski-Skandal beginnt damit, dass die landeseigene Berliner Bank Garski ihre Kredite kündigt

20.12. Großdemo von 15.000 Menschen vom Untersuchungsgefängnis Moabit in die Innenstadt, der Verlauf

An der ersten Demo für die Freilassung der Gefangenen beteiligen sich am 15. Dezember 1980 rund 3000 Menschen, es gibt Straßenschlachten am Ku-Damm und in Kreuzberg, nachts werden in den Außenbezirken der Stadt viele Scheiben von Banken, Kaufhäusern und Supermärkten eingeschlagen. In den Tagen und Nächten zwischen dem 12. und 15. Dezember werden Hunderte von Menschen verletzt und 28 Haftbefehle verhängt. 18 Leute bleiben im Knast und sind jetzt „unsere Gefangenen".
Anwälte und erfahrene Szene-Menschen gründen einen *Ermittlungsausschuss* (EA), der Geld und Anwälte für die zahlreichen Ermittlungsverfahren und Prozesse organisiert und zudem auch eine intensive Öffentlichkeitsarbeit betreibt (und der im Dezember 2001 sein zwanzigjähriges Bestehen feiern konnte). 4

Plötzlich ist aus dem eher friedlichen, etwas verträumten, liebenswerten aber politisch irrelevanten Instandbesetzer-Phänomen aus dem hinteren Kreuzberg ein Problem für die gesamte Stadt geworden.

+++ Die Politische Staatsanwaltschaft unter ihrem Chef Müllenbrock reagiert mit äußerster Härte: Mit nie da gewesener Geschwindigkeit hat sie schon am 19. Dezember ihre Ermittlungen gegen die „Straftäter vom 12.12." abgeschlossen, erhebt Anklage und sorgt so dafür, dass diese im Unterschied zu harmlosen Kriminellen über Weihnachten im Knast schmoren dürfen.

+++ Diese Überreaktion passt der SPD-Regierung gar nicht in den Kram. Sie hatte das Besetzerproblem durch einfaches Tolerieren runtergekocht. Seit Jahrzehnten regiert in West-Berlin die SPD – in dieser Zeit zusammen mit der FDP.

+++ Der SPD-Senat, unter dem damaligen Regierenden Bürgermeister Stobbe, hat nun aber auch schreckliches Pech:
Das Problem der Wohnungs-Spekulation und des Leerstands von Wohnraum wird – sicherlich ausschließlich wegen der Besetzer-Randale – zum Thema. Gleichzeitig wird einer der Wohnungs-Oberspekulanten der Stadt (ein gewisser Garski) des Kreditbetrugs überführt. Die Senatoren Riebschläger (SPD) und Lüder (FDP) hatten ihn offensichtlich gedeckt. +++

Am 13.12.80 auf dem Ku-Damm

15.000 Menschen demonstrieren am 20.12.80 für die Freilassung der Gefangenen

ZEITLEISTE 1980

ist friedlich.
20.12. Große Krawalle bei Demo am AKW-Bauplatz Brokdorf
23.12. Israel lässt zwei wegen Terrorismus einsitzende Deutsche frei. Die Polizei hatte abgestritten, die beiden inhaftiert zu haben
26.12. Italien löst das Sondergefängnis auf der Insel Ariana auf. Dies war eine Forderung der Roten Brigaden, die, um dem Nachdruck zu verleihen, einen Richter entführten
31.12. Göttingen: 300 Demonstranten versammelten sich in

Am 20. Dezember 1980 gibt es eine erste Groß-Demonstration, wesentlich von Sympathisanten der Besetzerbewegung organisiert. Sie fordert einen Stopp der absurden Stadt- und Wohnungspolitik und die Freilassung der Gefangenen vom 12. Dezember. 15.000 Menschen protestieren gemeinsam mit den paar Hausbesetzern und ihren Freunden.

+++ Die Senatsbauverwaltung unter dem ehemals linken Senator Ristock versucht weiterhin, das „Leerstands-Problem“ durch Versprechungen gegenüber einer Besetzergruppe zu beruhigen.+++

Aber die Besetzungen gehen weiter, begleitet von nächtlichen Aktionen und Anschlägen.
Am 6. Januar 1981 wird das Haus Fraenkelufer 48 erneut besetzt (und die Nachbarhäuser 46 und 50 gleich dazu). Am 7. Januar 1981 gibt es 25 besetzte Häuser...

„Nur Mut“
Innerhalb von knapp drei Monaten werden über 100 Häuser besetzt
Foto rechts: Demo am Knast Moabit, 20.12.80

+++ ...und in den nächsten Tagen Rücktritte von vier Senatoren.
+++ Am 15. Januar 1981 tritt Stobbe als Regierender Bürgermeister zurück – und der Nachfolger Vogel gibt sich ein reformwilliges Image: Eine Sonderkommission des Senats wird eingesetzt, um sich um die „Besetzerprobleme“ zu kümmern, ohne „rechtsfreie Räume“ entstehen zu lassen. +++

Das interessiert die Besetzer nicht weiter. Mit Tempo werden weitere Häuser besetzt, allein am ersten Wochenende im Februar 1981 gibt es acht Neubesetzungen – und falls eine scheitert,

findet eine entschlossene Gruppe schnell ein anderes Objekt. Leerstehende Häuser gibt es genug.
Das ist auch eine Antwort auf die ersten, unerwartet harten und schnellen Urteile der Justiz gegen die im Dezember Verhafteten. Am 29. Januar 1981 werden in einem ersten Prozess 14 Monate ohne Bewährung verhängt, am 4. Februar 1981 gibt es dann 18 Monate, ebenfalls ohne Bewährung, jeweils wegen „schwerem Landfriedensbruch“.
Bei aller Betroffenheit wird für viele klar: Nur eine Bewegung, die stärker wird, kann hoffen, etwas für die Gefangenen tun zu können. Neben kleineren Krawallen und anderen nächtlichen Aktivitäten gibt es am 6. Februar 1981 eine zweite, friedliche Großdemo mit 15.000 Menschen und weitere Besetzungen. Am 27. Februar wird das

Zeitleiste 1981

der Innenstadt. Nachdem die Scheiben einer Spielhalle eingedrückt wurden, schlägt die Polizei brutal zu. Es entwickeln sich schwere „Sylvester-Krawalle“

1981

06.01. Armeeoffensive in El Salvador. Der Krieg hatte 1980 30.000 Menschen das Leben gekostet

07.01. Berliner Wirtschaftssenator muss wegen Garski zurücktreten

Fall der Fraenkelburg
Wenn es 1981 schon Computer-Baller-Spiele gegeben hätte, hätte ich vielleicht gesagt: Am Morgen des 24. März erreichten wir ein neues Level, auf dem wir, plötzlich und unerwartet, einer neuen Dimension der Gefahr gegenüberstanden. Ein Komplex aus drei Häusern wurde geräumt, und weil diese Häuser als Hochburg der Militanten galten, wurde an ihnen exemplarisch vorgeführt, dass selbst die besten Barrikaden, die schönsten Zwillen und die radikalsten Parolen nichts ausrichten gegen Panzerwagen und mehrere Hundertschaften Bereitschaftspolizei – einem solchen Heer hatte niemand von uns bisher gegenüber gestanden. Die militärische Machtdemonstration der Polizei beendete bei den allermeisten die Idee, besetzte Häuser könnten längere Zeit erfolgreich militant verteidigt werden. Außerdem hatte die Polizei bewiesen, dass sie sich traute, nicht nur mit Wannen durch den Kreuzberger Kiez zu rasen, sondern diesen auch zeitweise zu besetzen. Dieser Tritt vors Schienbein mobilisierte viel Wut bei der Bewegung, die abendliche spontane Demo einiger Tausend zeigte keine Anzeichen von Einschüchterung. Sie wurde von den Bullen angegriffen, und sie schlug zurück. Sie markierte für mich (wie für viele) einen Übergang von spontaner, kurzfristiger Militanz zu einem länger anhaltenden Konfrontationsgefühl. Hier warf ich meine ersten Steine gegen die Bullen, in der Überzeugung, jetzt zu wissen, wo mein Feind auf der Straße stand, und dass Steine das einzige wirksame Argument in dieser Auseinandersetzung waren.

100. Haus in West-Berlin besetzt, am 22. März sind es 123 Häuser. Die meisten Besetzungen gibt es in Kreuzberg in den Kiezen rund um Kottbusser Tor und Oranienstraße sowie um den Chamissoplatz; in Schöneberg rund um der Winterfeldtplatz, in einzelnen Straßenzügen in Charlottenburg und im Wedding.
Am 24. März lässt der Senat in einer generalstabsmäßigen Aktion drei besetzte Häuser am Kreuzberger Fraenkelufer räumen, darunter auch jenes Haus, dessen erste (verhinderte) Besetzung und Räumung am 12. Dezember Auslöser der schweren Straßenschlachten war. Die Räumung wird von 800 Polizisten unter Einsatz von Spezialeinsatzkommandos, Panzerwagen und schwerem Räumgerät durchgeführt, der angrenzende Kiez ist stundenlang abgeriegelt. Dieser in seiner Massivität bisher beispiellose Einsatz mitten in Kreuzberg wird von den meisten Besetzern als Kampfansage empfunden und mit zweitägigen Krawallen beantwortet.

+++ Die neue Regierung ist nur vorübergehend im Amt. In West-Berlin sind für den 10. Mai Wahlen angesetzt. Die CDU-Opposition hat nach den Umfragen gute Mehrheitschancen: Sie macht natürlich den SPD-Bau-Filz zum Thema, und sie verspricht mit Unterstützung der Springer-Presse, mit dem Besetzer-Treiben aufzuräumen.
+++ Der Übergangssenat versucht dagegen,

Die Hausbesetzer drohen mit Feuersturm in Berlin!
„Weihnachten brennen nicht nur die Weihnachtsbäume!“

BZ-Schlagzeile am 16.12.80 „Laßt die Gefangenen raus, sonst brennen Weihnachten nicht nur die Weihnachtsbäume“

ZEITLEISTE 1981

10.01. Großoffensive der Guerilla in El Salvador. Die Regierung verhängt das Kriegsrecht
12.01. Linke Puertoricaner zünden auf einem Flughafen in San Juan eine Bombe. Neun Militärflugzeuge werden zerstört, immerhin 45 Mio. US-$ Sachschaden
15.01. In West-Berlin tritt als Folge des Garski-Dilemmas der gesamte SPD/FDP-Senat zurück
19.01. Rechtsanwalt Ströbele wird als Unterstützer einer terroristischen Vereinigung zu einer Bewährungsstrafe verurteilt

durch Gesprächsangebote, Untersuchungskommissionen und das Angebot von Verträgen in Einzelfällen Luft aus dem Kessel zu lassen und sich ein liberales Image zu geben.

+++ Die politische Staatsanwaltschaft dagegen erhöht den Druck durch häufige Durchsuchungen der besetzten Häuser. Sie ermittelt zeitweise sogar gegen den Polizeipräsidenten und gegen den Innensenator wg. „Strafvereitelung“, weil diese angeblich Haus-Durchsuchungen verschleppten. +++

Am 7. April 1981 werden in einer Großaktion der Polizei erneut mehrere Häuser in Kreuzberg durchsucht und dabei der gesamte gerade tagende Kreuzberger Besetzerrat festgenommen. Gegen die rund 160 Beteiligten werden Ermittlungsverfahren wegen „Bildung einer kriminellen Vereinigung“ eingeleitet, die aber später eingestellt werden.

Aufgrund der Hetz-Stimmung in der Stadt erwarten die meisten Besetzer von den Wahlen nur Unerfreuliches. Also so schnell wie möglich weitere Häuser besetzen, solange es noch geht! Gleichzeitig gibt es eine Kette von Demonstrationen und nächtlichen Aktionen, um den geschwächten Senat weiter unter Druck zu setzen. In einer gemeinsamen Erklärung aller besetzten Häuser im Großen Besetzerrat wird beschlossen: Keinerlei Verhandlungen, solange unsere Gefangenen noch im Knast sitzen!

Dennoch versucht ein Teil der Besetzer, mit dem bestehenden und verhandlungsbereiten Senat noch schnell Verträge zu machen, um ihre Häuser zu sichern. Aus dem Kreis der Sympathisanten der Instandbesetzer-Bewegung werden unterschiedliche Modelle entworfen, um die Häuser durch schnelle Legalisierung vor einer Räumung

Foto rechts
Demo gegen die Kriminalisierung der Besetzer

ZEITLEISTE 1981

20.01. Freilassung der Teheraner Botschaftsgeiseln nach 444 Tagen
22.01. Der ehemalige RAF-Kämpfer Boock wird in Hamburg abgegriffen
23.01. H.J. Vogel wird vom Berliner Abgeordnetenhaus zum neuen Bürgermeister gewählt
25.01. Im Chinesischen Viererbanden-Prozess wird Maos Witwe zum Tode verurteilt. Die Hinrichtung unterbleibt dann aber
31.01. In Frankfurt gehen 20.000 Leute gegen die salvadoria-

Verhandler? Vergisses!
Ich glaube nicht, dass ich damals ernsthaft darüber nachgedacht habe, ob es denn möglich sei, Häuser ohne Verträge oder gar ohne Verhandlungen (was ja eigentlich nicht dasselbe sein musste) halten zu können. Im Moment der Stärke klang es für mich einfach absurd, zu verhandeln und damit freiwillig einen Schritt zurück zu machen hinter den status quo, dass wir nämlich die Häuser faktisch erobert hatten. Ich erwartete auch nicht besonders viele Erfolge bei Verhandlungen. Meine Einschätzung der politischen Kräfteverhältnisse in der Stadt und möglicher zukünftiger Entwicklungen war äußerst knapp und in erster Linie linksradikal: CDU und SPD waren eh dasselbe, die Alternative Liste (spätere Grüne Partei) bestenfalls naiv. Aber vor allem war das alles gar nicht so wichtig, weil es eigentlich fast nur darum ging, weiter voranzugehen: „Stillstand ist das Ende von Bewegung“ war ein öfters gebrauchter Warnruf der damaligen Bewegungs-Theoretiker aus der radikal-Fraktion, dem ich unbedingt zustimmte. Das Zusammenhalten, das „wir“-Gefühl der Bewegung, war wichtiger als jede taktische Überlegung. Wer verhandelte, bremste die Bewegung, bereitete den Abschied vor, grenzte sich von den anderen ab, fiel ihnen in den Rücken, war egoistisch. Das machte mich wütend. Ich roch auch einen gewissen Klassen-Unterschied: Hier das schmuddelige, arme, rebellische Kreuzberg 36, dort die Schöner-Wohnen-Studenten und wohlhabenden Schwaben am Chamissoplatz, in Schöneberg oder in Charlottenburg.

zu schützen (Treuhandmodell, Stiftungsmodell, „Käseglocken-Modell“). Diese Lösungen sind schon deshalb abwegig, weil sie nicht für alle Häuser gelten (mal werden 40, mal 60 genannt). Für die Verhandler-Häuser hieße das nicht nur, gegen die gemeinsamen Beschlüsse zu verstoßen, sondern auch noch der Räumung der anderen besetzten Häuser quasi zuzustimmen. Viele empfinden das als Verrat, und nur wenige Besetzer sind bereit, sich angesichts der eigenen Stärke auf solche Absicherungs-Tricks einzulassen. Auch auf der Gegenseite haben diese Pläne wenig Erfolg. Weder bei der regierenden SPD noch bei den senatseigenen bzw. mit der SPD verfilzten Wohnbaugesellschaften sind sie mehrheitsfähig. 🌐 5

Kurz vor der Wahl wird der Ku-Damm noch einmal in Scherben gelegt. Es läuft ein Hungerstreik der RAF-Gefangenen, und Gerüchte sprechen von einem ersten Toten. Daraufhin machen sich zweihundert Leute spontan von einem Kreuzberger Straßenfest in die City

Zeitleiste 1981

nische Militär-Junta auf die Straße.
03.02. Der US-Verteidigungsminister erklärt, die Neutronenbombe gerne in Europa stationieren zu wollen
04.02. Beginn eines RAF-Hungerstreiks für bessere Haftbedingungen
20.02. Im Baskenland entführt die ETA die Konsuln von Österreich, El Salvador und Uruguay
21.02. Vier Millionen DM Schaden erreicht ein Anschlag auf den Sender *Radio Free Europe*
23.02. In Spanien bringen Putschisten kurzzeitig das Parla-

B.Z.
Berlin kocht vor Wut

BZ-Schlagzeile am 14.4.80 nach der Scherbendemo auf dem Kudamm

auf. Das „Scherbengericht“ am Ku-Damm heizt den Wahlkampf noch einmal an, die Springer-Presse schreit: „Berlin kocht vor Wut!“

+++ Die Wahlen vom 10. Mai enden mit einer deutlichen Niederlage der SPD. Die CDU wird stärkste Partei, verfügt aber nicht über die Mehrheit im Parlament. Die besetzernahe *Alternative Liste* (AL) kommt neu ins West-Berliner Parlament (Abgeordnetenhaus) und wird drittstärkste Partei, noch vor der FDP. In den folgenden Wochen beschäftigt sich die offizielle Politik mit der Regierungsbildung.

Am 11. Mai wird das 163. Haus besetzt.
Ganze Gruppen von Besetzern geraten nach den Wahlergebnissen in Panik. Die CDU wird die neue Regierung bestimmen und eine ihrer Wahlkampf-Parolen war eine harte Haltung gegenüber den Besetzern und die Räumung der Häuser zugunsten von anderen Wohnungssuchenden. Die SPD-Strategen sind ja noch einige Wochen an der Regierung, noch könnten theoretisch – trotz aller bisherigen Fehlschläge – Verträge mit ihnen geschlossen werden. Ohne Absprache im Besetzerrat, ohne Rücksicht auf den gemeinsamen Beschluss zur Freilassung der Gefangenen bilden Besetzer in Charlottenburg und dem vorderen Kreuzberg (Kreuzberg 61) Verhandlungskommissionen. Vertragstexte werden hin- und hergeschoben. Doch die senatseigene Wohnungsgesellschaft GEWOBAG lehnt Mietverträge für besetzte Häuser ab, somit fallen diese Pläne wie ein Kartenhaus zusammen – und die Verhandler-Besetzer kommen um das Problem herum, sich für oder gegen die Verträge entscheiden zu müssen.
Die allgemeine Erwartung baldiger Räumungen führt zu Nervosität und Gerüchten. Der Verdacht, ein Haus am Winterfeldtplatz solle geräumt werden (Goltzstr.30), führt über Stunden zur bis dahin heftigsten Straßenschlacht im Schöneberger Kiez.

ZEITLEISTE 1981

ment in ihre Gewalt. Der Putsch scheitert
28.02. Demo der 100.000 gegen das AKW-Brokdorf
01.03. Millionen Spanier demonstrieren gegen die Putschisten
03.03. Kriegsdienstverweigerer mit Führerschein werden nicht anerkannt, so ein Bremer Richter, weil Autofahrer ständig in der Gefahr sind, einen Menschen zu töten
05.03. Die Nürnberger Bullen stürmen das KOMM nach einer Demo und nehmen 164 Leute mit. 141 bekommen einen Haftbefehl wegen Landfriedensbruchs

So endet diese Phase der Vertragskonstruktionen und halbherzigen Angebote des scheidenden SPD-Senats.

Punkrock ist der Herr im Lande Pogo tanzen, das bedeutet: rempeln, stoßen, zu zweit durchdrehen und herumspringen, die Beine fliegen lassen, wie ein Gasmolekül unberechenbar durch die Gegend sausen, und trotzdem niemanden dabei ernsthaft verletzen. Die Hippies hören zwar auch Punk-Musik auf Parties, aber sie hüpfen dazu nur auf und ab, schubsen sich ab und zu und lachen, dieser „Hippie-Pogo" ist mir zu harmlos. Punk ist Wut, die sich Bahn bricht! Punk lacht höchstens hämisch! Für mich ist das Styling, die Subkultur des Punk unwichtig, ich finde Irokesen, Sicherheitsnadel, Nietenlederjacke eher komisch und die Typen in der Jacke oft bescheuert, aber die Musik passt einfach super zu meinen Gefühlen. Ich passe mich nicht einem Musikstil an, bin kein Fan, hänge mir keine Poster auf, sondern suche mir die Musik, die zu meiner Stimmung gehört. Fehlfarben, Jimi Hendrix oder die Doors bringen Romantik in kahlverrauchte Matratzenzimmer und Gemeinschaftsküchen mit ollen Sofas. Punk will nach draußen und auf Demos, Parties, aus den Fenstern, im SO 36 dem Staat meinen Hass ins Gesicht knallen. Punk ist der aufheulende Motor, wenn die Bewegung durchstartet.

„Deutschland, Deutschland, alles ist vorbei!"

Eine neue Regierung und der Tod Klaus-Jürgen Rattays

+++ Am 11. Juni 1981 wird ein CDU-Minderheitssenat unter Weizsäcker gebildet. Innensenator wird der Hardliner Lummer, Fraktionsvorsitzender wird Diepgen, der jeden Vertrag mit den „rechtsbrecherischen" Besetzern ablehnt. Ab jetzt werde jede Neubesetzung verhindert, erklären sie. +++

Die Befürchtungen bestätigen sich: Neubesetzungen sind praktisch nicht mehr möglich. Der Aufschwung der Besetzerbewegung ist beendet, der Test ihrer Widerstandsfähigkeit beginnt. Die Auseinandersetzungen um die Verhandlungen haben Skepsis und schlechte Stimmung hinterlassen, aber die meisten Besetzer kümmern sich eh nicht um solches Zeug. Und außerdem: Das Wetter ist toll.

+++ Schon zehn Tage nach Amtsantritt beginnt der neue Innensenator Lummer, seine Wahlversprechen umzusetzen. Das Haus in der Mittenwalder Str.45 wird geräumt. Damit verlässt er die „Berliner Linie" des Vorgänger-Senats, die eine Räumung nur für den Fall vorsah, dass es anschließend sofort eine Nutzung des geräumten Gebäudes gibt. Dies ist bei diesem Haus nicht der Fall. Die Parlamentsmehrheit spricht sich gegen den neuen Kurs aus. Die regierende CDU hat keine Mehrheit, weil FDP, SPD und die neue AL an der alten Hausbesetzerpolitik festhalten wollen.

ZEITLEISTE 1981

13.03. Zwei Festnahmen bei dem Versuch den Berliner Reichstag abzufackeln
29.03. Brandanschlag auf Büro der US-Army in Gießen
30.03. US-Arbeitsamt in Frankfurt angekokelt
30.03. US-Präsident Reagan bei Attentat angeschossen
03.04. Nach Unruhen mit mindestens 20 Toten wird über den Kosovo der Ausnahmezustand verhängt
03.04. Hauereien in London zwischen 300 Skins und 400 Asiaten mit 80 Verletzten
10.04. Der sich im Hungerstreik befindende IRA-Knacki Sands

Punk II

Die Besetzer-Punks orientierten sich in zwei Richtungen: Proll-und-Sauf- oder Polit-und-Gymnasialpunks, mit vielen Mischformen. Alle waren Nichtverhandler. Die einen aus Unvermögen, die anderen aus politischen Gründen. Punks und Besetzer waren trotz aller Spötteleien eine Sauce.

Unter den Punks wurde 1981 endgültig dafür gesorgt, dass keine Hakenkreuze mehr getragen wurden. Der Versuch, die damals aufkommenden Skins von Nazischeiß abzuhalten, scheiterte allerdings. In Berlin waren es vor allem Punks, die Auseinandersetzungen mit Naziskins hatten und sich auf den Konzerten prügeln mussten, autonome Unterstützung unterblieb dabei weitgehend und war nur auf kleine Kreise breitschultriger Musikliebhaber beschränkt. Ein weiteres Moment der Spaltung zwischen Punks und Autonomen war die mit nachlassender Militanz aufkommende Debatte über „Rotärsche", Mackermilitanz und was man zu tun hat. Als „Sid Normalpunk" hatte man natürlich wenig Lust sich von irgendwelchen mental Langhaarigen Vorschriften machen zu lassen. Viele Punks in den Kiezen machten wieder ihr eigenes Ding, blieben Punks, auch wenn man es manchen nicht mehr so ansah, Altpunks halt. Die Politpunks wurden in der Praxis Autonome und blieben verschont von den Problemen der autonomen Studenten, die mit ungeheurer Energie, einem Wasserkopf voll Theorie und einer sehr starken und starren Meinung, wie ein Revolutionär zu sein hat, auftraten. Zwei bis fünf Jahre den Larry raushängen ließen – natürlich antipatriarchal, der Larry – und frustriert ihr Studium beendeten und als Werbefuzzies oder Journalisten ihren Zynismus pflegen. Die Politpunks, vor allem in Heilberufen oder als Erzieher im Kinderladen beschäftigt, sieht man noch immer ständig und stetig auf der Straße, wenn es drauf ankommt.

ZEITLEISTE 1981

wird ins britische Unterhaus gewählt
11.04. Fette Randale in London. Ganz Brixton feiert
13.04. „Debus-Demo", Glasbruch am Berliner Ku-Damm
16.04. Debus stirbt im RAF-Hungerstreik
17.04. Kurz nach Ankunft des französischen Präsidenten geht auf dem korsischen Flughafen Ajaccio eine Bombe hoch, ein Toter
01.05. Die ersten Spanier erkranken nach Genuss von gepanschtem Olivenöl. Es sterben über 100 Leute
05.05. Der Ire Bobby Sands stirbt im Hungerstreik

+++ Aber mehr als diese „Missbilligung“ passiert auch nicht. Der Gewerkschaftsflügel innerhalb der SPD-Fraktion steht der Lummer-Politik näher als den Hausbesetzern. +++

Die geräumten Besetzer der Mittenwalder 45 kampieren auf dem Ku-Damm, machen den Unfug der Räumung mit Aktionen anschaulich und finden viel Medien-Unterstützung. Ausserdem gibt es nach der Räumung an zwei Abenden Randale in Kreuzberg.

Die Räumung und das aktive Verhalten der Hausbewohner mobilisiert die gesamte Besetzer-Szene, und die stellt durchaus eine Kraft dar. Es gibt 167 besetzte Häuser (davon 86 in Kreuzberg, 32 in Schöneberg, 12 in Charlottenburg – Reinickendorf ist der einzige Bezirk ohne ein besetztes Haus). Wenn wir von einer Durchschnittszahl von 20 Bewohnern ausgehen, leben dort etwa 3500 Besetzer – mit Freunden und Dauergästen wird die Zahl etwa bei 5000 Menschen liegen.

Sie treffen sich oft, bei Demos, in Häusern, bei Straßenfesten, und auch bei den diversen Räten. Großer Besetzerrat im KuKucK, Besetzerräte der einzelnen Bezirke, Besetzerräte für einzelne Besitzer („Neue Heimat-Häuser“, besonders in Charlottenburg und Schöneberg), Blockräte (vorwiegend in Kreuzberg 36).

Für den 25. Juni mobilisieren die Besetzer zur ersten großen Demo gegen den neuen Senat im Rathaus Schöneberg (damals Sitz der West-Berliner Regierung).

oben: Aufruf zur Demo
unten: Nach der Plünderung bei *Bolle*

+++ Auf einer Sitzung des Abgeordnetenhauses wird ein Amnestie-Antrag der AL abgelehnt, während draußen die Demo läuft. Der Versuch der AL die Freilassungsforderung in eine parlamentarische Form zu kleiden, ist bei den Besetzern durchaus nicht unumstritten. Anschliessend gibt sich Lummer moderat (Gespräche über Nutzungsvereinbarungen sollten möglich sein), aber der CDU-Fraktionsvorsitzende Diepgen erklärt seine klare Ablehnung jeglicher Verträge mit den „Chaoten“. +++

Vor dem Rathaus gelingt es einem Teil der 12.000 Demonstranten, zeitweise die Bullenketten zu durchbrechen („Sturm aufs Rathaus“), ein Bolle-Supermarkt brennt, und die Springer-Presse schäumt am nächsten Tag, weil sich ja unter der neuen Regierung auch wieder nichts geändert hat.

ZEITLEISTE 1981

10.05. Mitterand wird neuer französischer Präsident
11.05. Der hessische Wirtschaftsminister Karry stirbt bei einem schiefgelaufenen Knieschussattentat der RZ
12.05. Zweiter Toter im Irischen Hungerstreik. Insgesamt zehn Gefangene werden dabei sterben
13.05. Ein türkischer Faschist schießt auf den Papst
25.05. Der Hamburger Bürgermeister tritt zurück, da er mit seiner atomkritischen Meinung bei der SPD abblitzte
26.05. Weil drei ihrer Minister an der P2-Logen-Verschwörung beteiligt sind, tritt die italienische

Am Sonntag geht's nach Grunewald
Die Demonstranten besuchen die Spekulanten
Kommt alle zum großen Sonntagsspaziergang
12. Juli, 14.30 Uhr Adenauerplatz

„Wenn es in Kreuzberg geknallt hat, hieß es immer: geht doch zu den Bonzen in den Grunewald.“
Grunewalddemo am 12.7.81

Die Besetzer setzen noch einen drauf: Am 12. Juli wird der „Grunewald-Spaziergang“ veranstaltet, bei dem rund 6000 Leute durch das Berliner Nobelviertel Grunewald demonstrieren. Die Route führt an den Privatwohnungen der Spekulanten vorbei, die die Polizei zu Durchsuchungen und Räumungen in die besetzten Häuser schicken. Jetzt fordern sie wieder lautstark Polizisten – nicht zu Räumungen, sondern zu ihrem eigenen Schutz. Den Besetzern macht die Demo großen Spaß. Schon die Ku-Damm-Demos im Dezember hatten gezeigt, wie wichtig es ist, den Gegnern nahe auf die Pelle zu rücken, und sei es nur symbolisch. Nun gelingt es zum ersten Mal, politisch offensiv bis vor ihre Haustür zu kommen und der sonst anonymen Macht des Geldes Namen, Adressen und Gesichter zu verleihen. Viele staunen über die eigene Frechheit und über deren Auswirkungen.

Die gesamte bürgerliche Presse überschlägt sich schier vor Empörung und schreibt tagelang von „Faschisten“ und „SA-Horden“, die harmlose Bürger bedrängt hätten (wobei es während der Demo tatsächlich nur ein paar kleinere Sachschäden und vereinzelte Auseinandersetzungen mit Polizisten gibt).

Gegen die harte Haltung von Senat und Wohnungsbaugesellschaften versucht ein Teil der Besetzer die liberale Öffentlichkeit zu mobilisieren. Bei einem kleinen Wochenend-Treffen des Kreuzberger Besetzerrates in der besetzten „Lima“ in Zehlendorf werden zwei Ideen entwickelt:

– Wir werden auch außerhalb Berlins um Unterstützung werben (die spätere TUWAT-Idee);
– Wir werden die Sympathisanten der Besetzer zu aktivieren versuchen (Patenbewegung).

Beide Ideen sollen nebeneinander angegangen werden – und natürlich stürzen sich die Nichtverhandler eher auf TUWAT, die Verhandler eher auf die Patenschaften.

Die ersten Patenschaften für besetzte Häuser hatte es bereits im Mai gegeben, aber jetzt gewinnt die Patenschafts-Idee schnell an Breite und führt zu öffentlichen Erklärungen, die von sympathisierenden Journalisten aufgegriffen werden: „Eltern von Instandbesetzern“ nehmen zu Polizei-Übergriffen Stellung, zahlreiche Gruppen erklären ihre Patenschaften für bestimmte Häuser, unter ihnen selbst SPD- und FDP-Basisverbände, Gewerkschaftsgruppen, Juristen usw. Demonstrativ (und meist symbolisch) ziehen prominente Paten unter Medienbegleitung in besetzte Häuser ein, Professoren halten dort Lehrveranstaltungen ab... .🌐 6

+++ Die CDU-Regierung gerät langsam unter Druck. Sie hatte versprochen, mit dem Chaoten-Spuk aufzuräumen, und jetzt kommen die Ratten aus Kreuzberg schon in die Wohnviertel ihrer Stammwähler. Seitdem die SPD nicht mehr in der Regierung ist, bringt sie plötzlich mehr Verständnis auf

ZEITLEISTE 1981

Regierung zurück
28.05. Streiks in Marokko gegen die vom IWF verordnete Anhebung der Preise für Grundnahrungsmittel
29.05. Der FDP-Bundesparteitag ist für den Nato-Doppelbeschluss
05.06. Die USA beschließen, ihre U-Boote mit Marschflugkörpern auszurüsten
07.06. Israelische Flugzeuge zerstören den ersten irakischen Atomreaktor, der sich noch im Bau befindet
10.06. In West-Berlin wird Weizsäcker Bürgermeister

für die Besetzer, selbst die gewerkschaftseigene Wohnbaugesellschaft „Neue Heimat“ greift die Verhandlungsangebote aus der Zeit der alten Regierung wieder auf, während die senatseigene „GSG“ die von Lummer geforderte Räumung eines ihrer Häuser ablehnt, um die Situation nicht zu verschärfen.
+++ Der neue Bausenator Rastemborski (CDU) erklärt im Gegensatz zu seinem Fraktionsvorsitzenden, dass u.U. bestimmte Häuser Verträge bekommen könnten. +++

Aber das Besetzerleben ist gar nicht so stark vom Streit über Verhandlungen oder Randale geprägt. Viele haben sich sogar stets um diese Themen rumgedrückt, um sich die gute Stimmung nicht zu versauen. Der Alltag besteht längst nicht nur aus großen Schlachten und Öffentlichkeitsarbeit. Der '81er-Sommer ist für die meisten eine schöne und erlebnisreiche Zeit.

Stressfaktor Hausdurchsuchung
Bullen und Polit-Staatsanwaltschaft nutzten oft das Delikt „Strom-Diebstahl“als Vorwand für die Durchsuchungen von Häusern. Diese führen in der Regel zu Personalienfeststellungen, Anzeigen, Festnahme von Menschen mit Haftbefehlen und in Einzelfällen zu Räumungen. Für uns bedeutete das viel Stress: Fahrwachen, Alarmierungen, Fehlalarme ... kurz, das war unerwünscht.
Wir hatten in unserem Haus ein elegantes Stromabzapfsystem. Es gab einen Mieter, über dessen Zähler wir eine geringe Menge von Strom laufen ließen und brav bezahlten – und viel Strom wurde über eine klug kaschierte Stromquelle bezogen. Die BEWAG-Ablese-Menschen klagten über andere Häuser. Sie würden als Freunde der Besetzer ja viele Augen zudrücken, aber irgendwas müssten sie tun: Staatsanwaltschaft und Bullen gingen ihrem Chef auf den Geist. Der leistete Widerstand, aber letztendlich musste er doch funktionieren. Sie zeigten mir die Liste der Häuser, die sie in den nächsten Wochen nach oben melden mussten.
Ich klapperte die Häuser ab, der Nerv war allgemein. Unsere pragmatische Klau-Lösung wurde beneidet, war aber ohne Mieter nicht zu übernehmen.
Ich besuchte den BEWAG-Abteilungs-Chef in seinem Büro, natürlich ganz geheim: weder Nichtverhandler noch seine Vorgesetzten noch die Staatsanwälte durften was erfahren. Ihm war das Geld egal (sehr viele Mieter bezahlten auch nicht), aber er brauchte irgendeine offizielle Anmeldung und einen Zähler. Als SPDler schien er in seiner Kritik am Räumungs-Lummer glaubwürdig.
Wie aber war dem Kreuzberger Besetzerrat die Glaubwürdigkeit dieses „Schweine-BEWAG-Knechtes“ zu vermitteln?
Überhaupt nicht – das war klar!
Auf dem nächsten Besetzerrat kritisierte ich aufs Schärfste, dass alle Häuser unabgesprochen ihr Privatding gegenüber der BEWAG durchziehen: einige melden an, andere lassen die BEWAG-Leute rein, andere nicht. Mein Vorschlag: wir üben gemeinsam durch den Besetzerrat Druck auf die BEWAG aus. Große Proteste bei den Verhandlern und Stromzahlern, ungläubige Zustimmung bei den Nichtverhandlern, alle hielten das für spinnerten Linksradikalismus.

ZEITLEISTE 1981

20.06. Im Iran gewinnen die religiöse Rechten den Machtkampf. Präsident Banisadr wird von Ali Khamenei abgelöst
27.06. Der erste Schimanski-Tatort kommt in der Glotze. Die nächsten zehn Jahre versuchen alle Zivibullen so wie er auszusehen
04.07. Straßenschlachten von Schwarzen gegen Nazis und Bullen in London. Danach rappelt es auch in anderen Städten Großbritanniens
14.07. Bayern beschließt, die Bullen mit CS-Gas aufzurüsten

Auf dem folgenden Besetzerrat nervte ich schon wieder mit dem Strom: wir sollten ein Extra-Treffen machen als „Stromausschuss des Kreuzberger Besetzerrats“. Das war für alle eine elegante Lösung, ein blödes Thema abzuschieben. Zu dem Treffen kamen weder die Verhandler (sie fürchteten, zu unsinnigen Taten gedrängt zu werden) noch die Nichtverhandler (ihnen war dieses Thema eh zu läppisch).

Ich war also der Stromausschuss, konstituierte mich und schrieb einen Brief an die BEWAG, dass sie Helfershelfer der Bullen seien, dass es jetzt diesen Ausschuss gebe, ohne dessen Zustimmung kein BEWAG-Mensch hinfort auch nur ein besetztes Haus zu betreten berechtigt sei, und dass wir sofort die Liste aller Häuser haben möchten, bei denen sie in Zukunft nerven wollten. Ein sehr kämpferischer Brief!

Den Brief der BEWAG an den Stromausschuss habe ich heute noch, die Liste der Häuser war beigefügt. Die konnte ich beim nächsten Besetzerrat vorlegen.

Es gab Verblüffung über die „offizielle Reaktion“ (Besetzer sind ja niemals autoritätsfixiert…) Bei einigen Häusern drängte es. Das Hauptproblem blieb: Sie wollten den Zähler selbst nicht offiziell anmelden, hatten aber auch sonst niemanden dafür.

Nächster Besetzerrat, mein Vorschlag: Wir melden alle Zähler auf einen Namen an. Das macht den Zusammenhalt deutlicher, ein Mensch hat im Zweifelsfall dann eben kein Geld. Als ich meinen Allerweltsnamen anbot, gab es erleichterte Zustimmung.

Resultat: Die Ableser hatten was für ihre Akten … mehr war nicht nötig. Ab jetzt hörten wir in aller Regel vor jeder Durchsuchung oder Räumung eines Hauses von den Anfragen der Staatsanwaltschaft an die BEWAG. Da das bekannt wurde, liess die Staatsanwaltschaft bald die BEWAG in Ruhe – schade aber auch. Die Durchsuchungen gingen leider weiter, mit anderen Begründungen.

Als der Bausenator am 31. Juli ultimativ die Räumung von neun Häusern öffentlich ankündigt, brechen die letzten Hoffnungen der Verhandler, durch politischen Druck an ihre Häuser zu kommen, weitgehend zusammen. Viele von ihnen radikalisieren sich und beteiligen sich an der Mobilisierung auf der Straße, um den Senat politisch anzugreifen und die Räumung der bedrohten Häuser aktiv zu verhindern. Als gemeinsame Forderung wird eine „Gesamtlösung für alle besetzten Häuser“ gefordert. Diese Gesamtlösung ist ein schwieriges Konstrukt, unterscheiden die Häuser sich doch ganz erheblich, was die Eigentumsverhältnisse, Planungen und Interessen der Bewohner angeht.

7

ZEITLEISTE 1981

17.07. Angriff der Israelischen Luftwaffe auf palästinensische Ziele in Beirut

25.07. Tankerunfall mitten auf der Elbe in Hamburg. 300 Tonnen Öl laufen aus

28.07. Sechs Leute werden in Frankfurt wegen Mitgliedschaft in einer terroristischen Vereinigung verhaftet. Diese Vereinigung heißt angeblich *Schwarzer Block*

03.08. Die Roten Brigaden erschießen den Bruder eines ihrer Mitglieder, der mit den Bullen zusammenarbeitet haben soll

Kreuzberger Dächer

Manche wie schmale Gipfelgrate, die ein Balancieren auf bröseligen alten Firstziegeln erfordern, während rechts und links rotschwärzlich verschmierte steile Rutschbahnen in den Abgrund führen. Oder deren halb vermoderte Planken es erlauben, sich todesverachtend aufrecht voranzutasten. Dazwischen Flachdächer, schwarze Teerpappe, hoffentlich tragfest, knirschend. Rauchige Ofenluft um die Nase. Schornsteine und Antennen, die über den Straßenschluchten unbeachtet Wache halten. Weite Aussicht auf entfernte Bauwerke, Massive, Gipfelketten, herausragende Kirchtürme, Hochhäuser jenseits der Mauer.

Von gegenüber ruft einer während der Abend-Zigarette am offenen Fenster: „Brich dir bloß nicht die Ohren!"

Viele Treppenhäuser, rauf und runter, auf der Suche nach offenen Dachbodentüren. Davon gibt es in den frühen 80ern noch viele.

Über Dächer kommen wir in leerstehende Häuser rein, die unten gegen Besetzungen verrammelt sind.

Auf den Dächern unserer Häuser werden die Töpfe mit den Graspflanzen bullensicher aufgestellt.

Die Dachböden erweisen sich als Fundgruben ausrangierter Gegenstände, die sich für irgendwas noch brauchen lassen – notfalls als Barrikadenmaterial.

Aus dem Dachbodenfenster hissen wir die schönste und größte schwarz-rote Fahne der Besetzerbewegung, gemacht aus einer Flagge der Sowjetunion, die jemand vom Messegelände geklaut hatte.

Unterm Dach richte ich mir eine Weile mein Turmzimmer ein, staubig, stickig, zugig, mehr Biwak als Wohnung. Auf die Tür schreibe ich: Apokalypse.

Die erste kollektive Arbeit im Haus für mich: Bitumenkocher, Bitumenblöcke und Rollen mit Dachpappe schleppen. Das Flachdach muss neu gemacht werden. Wir schwitzen zwischen Sonne und Kocher, es stinkt und macht Spaß.

Wenn die Wannen durch die Straßen jagen, werden die Dächer zur Montaña der Guerilla. Es ist nicht leicht, einen fahrenden Mannschaftswagen von dort oben mit einem Ziegelstein zu treffen. Aber es geht.

Mit der Zeit werden die Dächer vertraut, Schwindelfreiheit hilft dabei. Ich renne über wacklige Bretter und höre Ziegelstücke hinter mir abrutschen. Ich liege auf Vorsprüngen und blicke hinab in die Tiefe. Ich sitze auf Schornsteinen und sehe die Sonne neben dem Europa-Center untergehen, weit entfernt, im feindlichen Land.

Dachbodenstahltürschloß killed the Stadtindianer.

ZEITLEISTE 1981

04.08. In der DDR wird die vormilitärische Ausbildung in den erweiterten Oberschulen verordnet

06.08. Die USA beschließen den Bau der Neutronenbombe.

08.08. Nach dem Tod des neunten Hungerstreikenden gibt es in Irland die seit Monaten härtesten Krawalle

09.08. Die ehemalige Kämpferin aus der Bewegung 2. Juni Inge Viett erschießt in Paris einen Bullen und flieht

17.08. Wegen der Auseinandersetzungen in Sri Lanka wird wieder der Ausnahmezustand ausgerufen

19.08. Die USA schießen 60 Meilen vor der libyschen Küste

Am 1. August wird der Aufruf zum TUWAT-Spektakel vom Kreuzberger Besetzerrat veröffentlicht: „50.000 Menschen" sollen ab dem 25. August für einen Monat nach West-Berlin kommen, um die drohenden Räumungen zu verhindern. Gleichzeitig wird die Parole „Eine Million Mark Sachschaden pro Räumung" ausgegeben. 🌐 8

„Wir nehmen die Kriegserklärung an: 1 Million Sachschaden pro Räumung". Pressekonferenz am 5.8.81

Der erste Molli
Es ist wie mit dem ersten Kuss: Sinn und Unsinn sind tausendmal hin- und herüberlegt, Anlässe gibt es genug, Gefahren werden bedacht, Gelegenheiten versäumt – irgendwann ist es überfällig.
Ein Experte (mindestens eine Bank hat er schon gemacht!) möchte gerne, dass seine Freundin auch mal zur Tat schreitet. Ich bin noch unerfahren, genau wie sie. Er ist bereit, uns zu fahren, Fragen zu beantworten – und sie finden es auch beziehungstechnisch netter, wenn sie es nicht zusammen machen. Zwischen Überlegung und Entscheidung vergehen keine zehn Minuten. Erst mal 'ne Bank finden: Telefonbuch. Eine kleine Straße in Spandau, weit weg – klingt gut. Noch in Charlottenburg fragen wir einen Taxifahrer nach der Straße, er muss auch erst umständlich in seinem Stadtplan nachsehen. In der Nähe stellen wir das Auto ab und gehen schlendern. Erster Check: Kleine Filiale, kein Wohnhaus in der Nähe, kommt also in Frage. Umgebung ruhig, direkt gegenüber der Bank ist ein Parkplatz, dahinter ein Durchgang zur Seitenstraße. Zweiter Check, der Fluchtweg: Ist auch sehr easy. Wir schlendern zu unserem Fahrer zurück, er geht selbst noch mal los, ob wir was übersehen haben. Er findet das Teil auch ideal. Dritter Check: Das nächste Bullenrevier und die nächste Feuerwache finden, sonstige „sicherheitsrelevante Orte" – alles im grünen Bereich.
Es ist inzwischen 22 Uhr. Wir fahren wieder nach Hause. Vor ein Uhr ist keine sehr gute Zeit: Die Spaziergänger mit ihren Hunden, die Spät-Heimkehrer, viele erleuchtete Fenster... So völlig entspannt verlaufen die nächsten Stunden nicht. Unser Experten-Fahrer küm-

ZEITLEISTE 1981

zwei libysche Militärflugzeuge ab
19.08. Erstmals Sexualkunde-Unterricht in der Sowjetunion
24.08. Südafrikanische Truppen dringen in Angola ein und greifen die namibische SWAPO-Guerilla an
26.08. Der zweihundertste Bundeswehr-Starfighter stürzt ab
29.08. Zwei Tote bei einem arabischem Anschlag auf eine Wiener Synagoge
31.08. Die RAF legt eine Bombe auf dem US-Flugplatz in Ramstein. Es gibt 20 Verletzte
01.09. Krawalle nach Friedensdemo des DGB in West-Berlin

mert sich um die beiden Mollis mit dem richtigen Mischungsverhältnis Sprit-Öl, wir wiegen die handlichen Steine hin und her, probieren die Handschuhe, das Feuerzeug – mit den dicken Handschuhen geht es gar nicht so einfach –, setzen die Hasskappe auf und ab, überprüfen die Uhr am Handgelenk und wundern uns, wie langsam und dann plötzlich wie schnell die Zeit vergeht. Die lockeren Gespräche auf der Fahrt klingen irgendwie merkwürdig. Letztes Abquatschen der Notfall-Situationen – wann ist der Fluchtwagen wo, wie lange wartet er? Dann gehen wir los. Fast alle Fenster sind dunkel, niemand unterwegs, totenstill, ganz selten ein Auto auf der fernen Hauptstraße. Unser Vorgehen ist genügend durchgesprochen: wer macht was zuerst, was folgt dann – es kommt mir wie eine ganz schwierige Erinnerungsaufgabe vor. Wir gehen näher zur hellen Bank. Die ist jetzt ja total hell! Pärchenartig unauffällig klammern wir uns aneinander – jetzt los. Hinhocken, anziehen, Tuch in der Flüssigkeit tränken – das stinkt ganz auffällig, Flasche trotzdem fest verschließen... die Steine – noch nie habe ich einen so entsetzlichen Lärm in einer so ruhigen Gegend gehört, die Hand mit dem Molli zittert dem Feuerzeug entgegen... das sehen jetzt bestimmt schon tausend Leute an den Fenstern... ist das Loch in der Scheibe auch groß genug... puh, plötzlich kommt ne richtige Flamme aus dem Loch in der Scheibe, ich kriege ´nen Schreck – nix wie weg jetzt. Das Auto steht richtig, der Motor springt sofort an, Handschuhe und Hasskappe werden verstaut und bald wie vorgeplant entsorgt, die Straße ist auffällig ruhig – lauert da irgendwo ne Kontrolle??? In der Innenstadt geht der Puls schon wieder normaler, in Kreuzberg sind wir schon fast selber Experten. Wenn das so einfach geht, müsste man doch eigentlich mehrere Banken gleichzeitig machen können... Am nächsten Morgen kommt es in jeder Nachrichtensendung: Die Computer standen in der Nähe des Fensters, die Bank war netterweise mit gutem Teppichboden ausgelegt, den Rest haben die Sprinkleranlage und die Feuerwehr erledigt. Der Schaden ist hoch. Am nächsten Tag in der BZ – ein großes Bild, schöner Sachschaden – verdammt: Die Adresse steht daneben. Kein Mensch kennt diese Straße – aber der Taxifahrer, den wir gefragt hatten, der liest doch 100%ig die BZ, der kann doch zumindest mich beschreiben. Einige nervöse Tage vergehen – mit Experten ist wohl noch nix! (Obwohl wir uns wohl ziemlich auseinander entwickelt haben in den letzten Jahren: Trotzdem schöne Grüße, Ihr beiden)

Zeitleiste 1981

05.09. In Ägypten werden 1500 Menschen verhaftet, weil sie der Moslembruderschaft angehören sollen

05.09. In Polen beginnt der erste Kongress der unabhängigen Gewerkschaft *Solidarnosc*

15.09. Die RAF versucht, den Oberbefehlshaber der amerikanischen Landstreitkräfte in Europa in die Luft zu jagen

17.09. Bei einem Bombenanschlag auf das PLO-Hauptquartier im Libanon sterben 30 Personen

19.09. Die größten Demos seit dem Vietnamkrieg in USA richten sich gegen Präsident Reagan

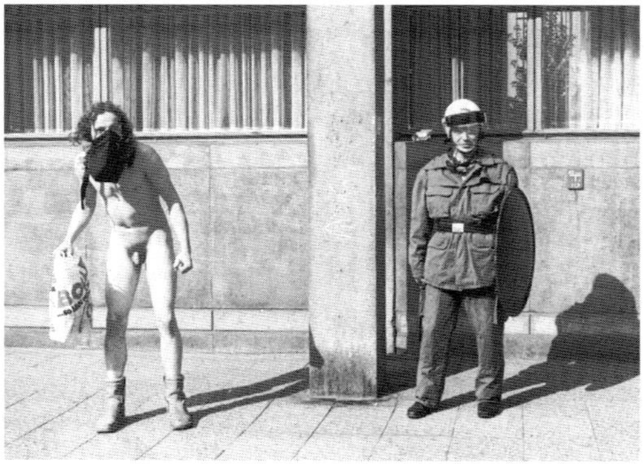

Freizeit 81 „Sturm auf Berlin“
Foto oben links: Empfang in Dreilinden 25.8.81
Foto Mitte: Tuwat-Demo am 5.9.81
Foto rechts: Tuwat-Demo gegen Häuserräumung

Diese Aufrufe zu TUWAT sind wohl doch etwas zu vollmundig. Sicherlich kommen Hunderte oder auch – zu den Höhepunkten – ein paar tausend Neugierige und Aktionsbereite. Aber Druck lässt sich so nur fiktiv und medial erzeugen. Alle hoffen, dass in der Öffentlichkeit eher die Springer-Presse mit ihrer Angst vor dem „Sturm auf Berlin“ das Bild bestimmen wird, als die voraussichtlich doch etwas bescheidenere Realität.

Ab Mitte August gibt es Demonstrationen fast im Wochenrhythmus und öfters auch kleinere Krawalle. Organisierte Neonazis kündigen Angriffe auf TUWAT an, die aber weitgehend ausbleiben. Der TUWAT-Aufruf wird verboten, drei Personen aus dem Vorbereitungskreis entziehen sich der Verhaftung durch zeitweiliges Untertauchen.

Die Zeitschrift *radikal*, die die Besetzer-Bewegung als inoffizielles kritisches Zentralorgan der Nichtverhandler-Fraktion begleitet, druckt in ihrer August-Ausgabe einen Text Berliner Besetzer ab, die unter der Überschrift „Anarchie als Minimalforderung“ einen über die Häuser hinausweisenden politischen Rahmen der linksradikalen Szene diskutieren wollen. Der Ansatz ist nicht ganz neu, weder der Begriff der „Autonomen“ wird hier erfunden, noch eine unbekannte Programmatik vorgestellt. Zeitlich wie inhaltlich markiert dieser Beitrag jedoch die zunehmende Loslösung der Militanten vom Thema „Häuser“. Die Grundlagen der Autonomen sind hier deutlich formuliert. Die „Politik der ersten Person“, die Ablehnung von „erfüllbaren Forderungen“, die „Subkultur“ als Ausgangspunkt für den „Kampf gegen den Staat“, der bedingungslose Anti-Nationalismus, die Absage an die Eroberung der Macht und an feste Organisationsformen.

🌐 9

ZEITLEISTE 1981

21.09. Die Konferenz der Ministerpräsidenten beschließt den Weiterbau der Atomreaktoren Hamm und Kalkar
22.09. Räumung in West-Berlin: Klaus-Jürgen Rattay wird von den Bullen vor einen Bus getrieben und überfahren
26.09. Iran erringt militärische Erfolge im Golfkrieg gegen den Irak
28.09. Der Misstrauensantrag der AL gegen Innensenator Lummer wegen der Räumungen vom 22.09. scheitert
01.10. Bombenanschlag auf PLO-Büro in Beirut mit 92 Toten
02.10. Im Rahmen der Modernisierung ihrer Armee be-

Hin zum Rathaus!
Wir hatten schon im Vorfeld ca. 200 Leute in 10er-Gruppen organisiert. Der Plan: Schon auf der Demo greifen wir die Bullen an, wenn sie zu nahe kommen. Das entfällt, weil sich die Bullen nicht zeigen. Auch als einige die Fahnen von einem Hotel runterreißen, zeigt sich keine staatliche Reaktion. Dann die Abschlusskundgebung am Winterfeldtplatz. Der US-Außenminister macht ein paar Straßen weiter im Schöneberger Rathaus irgendeinen Protokollscheiß. Auf dem Klohaus bemühen sich ein paar Militante minutenlang, eine Amifahne zu verbrennen. Dann endlich kommt der Ruf: Hin zum Rathaus! Tausende stimmen ein und ziehen los. Da auf den Dächern des Rathauses Scharfschützen liegen, gehen wir davon aus, dass sie schießen, wenn wir Haig zu nahe kommen. Also wollen wir gar nicht hin – aber doch so nah ran wie möglich. Dann ca. 90 Bullen auf einer Kreuzung. Wir hätten weiter gekonnt - aber wozu. Auf die Bullen fliegen mehrere Quadratmeter vom feinsten Berliner Kleinpflaster – und dann wird es doch noch ein richtig schöner Krawall.

Zum Höhepunkt der TUWAT-Mobilisierung entwickelt sich der West-Berlin-Besuch des US-Außenministers Haig am 13. September 1981. Zu seinem Schutz wird die Rekordzahl von 7000 Polizisten aufgeboten. Tausende von Menschen kommen aus der BRD zu dieser Anti-Kriegs-Demo. Rund 50.000 demonstrieren friedlich durch die Innenstadt, nach der Schlusskundgebung gehen etwa 3000 Menschen weiter und veranstalten auf dem Weg zum Rathaus Schöneberg die bisher heftigste Straßenschlacht mit der Polizei. All das wird auch international, v.a. in den USA, sehr deutlich wahrgenommen.

Nicht zum ersten Mal gibt es in den Häusern erbitterte Debatten, ob diese Militanz die Häuser gefährdet, die Paten sind natürlich „betroffen“, die Springer-Presse hetzt. Im heißen Herbst 1981 spitzt sich die Debatte zu. Niemand stellt die wichtige und notwendige Rolle des Krawalls vom 12. Dezember

Fotos oben und rechts:
Haig-Demo am 13.9.81. Krawall auf dem Winterfeldtplatz

ZEITLEISTE 1981

schließen die USA, 100 MX-Mittelstreckenraketen zu bauen
06.10. Nach dem erfolgreichen Attentat auf den ägyptischen Präsidenten Sadat wird der Ausnahmezustand erklärt
10.10. In Bonn 300.000 bei Friedensdemo
16.10. Die türkische Militärjunta verbietet alle pol. Parteien
20.10. Nazis der deutschen Gruppe VSBD ballern sich mit den Bullen. Zwei Nazis gehen dabei drauf
24.10. Friedensdemos in London, Paris, Rom, Oslo, Stockholm, Brüssel

1980 in Frage, aber viele befürchten, durch weitere Gewalt auf der Straße Sympathien in der Bevölkerung zu verlieren, isoliert und so letztlich leichter abgeräumt zu werden.
Der TUWAT-Aufruf passt eher zum militanten Teil der Besetzerbewegung, der den politischen Druck auf den Senat durch Militanz und unkontrollierbare Chaotenhorden zu erhöhen hofft, andererseits aber auch diskutiert, wo Gewalt richtig und wo sie vielleicht einmal unnötig war oder gar provoziert worden ist. Dagegen setzen die gemäßigte Besetzerbewegung und die Paten auf die Unterstützung durch gemäßigte Linke und Liberale, die durch die Gewalt auf der Straße und die folgenden Hasstiraden in der Springer-Presse verschreckt werden. Sie erkennen aber an, dass durch die Krawalle der politische Preis für Räumungen deutlich erhöht wird. Die besetzten Häuser und der Räumungsdruck des CDU-Senats halten die beiden Flügel zusammen, wenn auch zunehmend wackliger.

Dialog zwanzig Jahre später:
Du warst doch damals Besetzer in der Steinmetz – warst du damals Autonomer?
Äh… ich… nein. Die Autonomen, das waren doch die, die immer ihre Kippen in den Marmeladengläsern ausgedrückt haben…

Wie die Auseinandersetzung um Verhandlungen und Verträge ist auch die Auseinandersetzung um Militanz und Gewalt Dauerthema in den Häusern. Eine Gemeinsamkeit gibt es: Alle Hausbesetzer sind „Gesetzesbrecher“, weil sie das Delikt „Hausfriedensbruch“ bewusst begangen haben. Manche wollen es dann aber auch dabei bewenden lassen. Schon auch nur symbolischen Schutz der Häuser durch Barrikaden o.ä. sehen sie sehr skeptisch, und an Demonstrationen beteiligen sie sich nur, wenn sie sicher sind, dass diese friedlich verlaufen.
Skepsis oder Angst zu äußern, ist in den meisten Häusern aber tabu. Etliche verlassen ihre Häuser, nachdem sie verbal was auf den Kopf gekriegt haben.
Die Geschichte der hausinternen Konflikte und wie sie, wenn überhaupt, ausgetragen wurden, ist äußerst lückenhaft und auch später kaum reflektiert worden.

+++ Am 17. September 1981 konkretisiert die CDU-Regierung ihr Ultimatum für 8 besetzte Häuser. Freiwilliges Verlassen der Häuser bis zum Wochenende oder Räumung – folgerichtig am 22. September 1981, Dienstag, dem polizeilich für Räumungen und Durchsuchungen reservierten Tag! Eines der ursprünglich zur Räumung vorgesehen Häuser – das einzige in Kreuzberg gelegene – wird wieder von der Liste gestrichen... +++

Die gefährdeten Häuser sind überwiegend im Besitz der „Neuen Heimat“, liegen zum größten Teil in Schöneberg und sind vor allem von Verhandler-Besetzern bewohnt. Diese setzen auf die Stärke der Patenbewegung und erklären öffentlich, dass sie die Häuser nicht militant verteidigen werden. Mit dieser Taktik haben sie auch teilweise Erfolg:

ZEITLEISTE 1981

02.11. Räumung des Hüttendorfs an der Startbahn-West
14.11. Gegen die Startbahn 100.000 in Wiesbaden
15.11. Flughafenblockade der Startbahngegner
15.11. Gegen den Nato-Beitritt Spaniens demonstrieren 500.000 in Madrid
21.11. 300.000 in Amsterdam für den Frieden
28.11. In Florenz 150.000 gegen Krieg
04.12. Lebenslang gegen einen RAFler wg. der Schleyer-Entführung 1977
08.12. Die kämpferische britische Bergarbeitergewerkschaft

+++ Die SPD spricht sich gegen die Räumungen und für eine Gesamtlösung aus (allerdings nur für Häuser, die dem Senat oder senatseigenen Gesellschaften gehören), die FDP, die den Senat toleriert, spricht sich gegen die Räumungen aus, die AL will eine Sondersitzung des Abgeordnetenhauses.
+++ Erst sehr viel später stellt sich heraus, dass in der SPD ein harter Flügel der SPD-Rechten, der Bauwirtschafts-Lobby und der Bau-Gewerkschafter den moderaten Flügel um Vogel daran hindert, im Abgeordnetenhaus gemeinsam mit FDP und AL eine Mehrheit gegen die Räumungen (und im Zweifelsfall für den Sturz der Weizsäcker-Regierung) zu bilden. So kann Lummer seine Politik gegen rein verbale Kritik exekutieren. +++

Nach den Erklärungen der parlamentarischen Opposition gibt es eine betont friedliche Anti-Räumungs-Demo mit 10.000 Teilnehmern. Am Vorabend der Räumung ziehen Prominente demonstrativ in die bedrohten Häuser.
Die Bewohner der räumungsbedrohten Häuser haben sich darauf verständigt, lediglich passiven Widerstand gegen die Räumung zu leisten. Sie verbarrikadieren die Eingangstüren, holen viele Menschen ins Haus, Unterstützer wie auch prominente Paten, und harren der Dinge. In der Winterfeldtstraße, in der drei der Häuser stehen, werden aber in der Nacht auf den 22. September auch Barrikaden aus umgestürzten Autos, Bauwagen etc. errichtet, und viele sind dort, um die Häuser von außen militant zu verteidigen. Klaus-Jürgen Rattay gehört auch zu ihnen.
Am frühen Morgen des Räumungstages rückt die Polizei mit einem Großaufgebot, mit Panzerwagen, Wasserwerfern und schwerem Räumgerät an. Die brennenden Barrikaden in der Winterfeldtstraße werden relativ schnell beseitigt, doch in den folgenden Stunden bleiben in den umliegenden Straßen Tausende von Menschen auf den Beinen, demonstrieren, blockieren Straßen und greifen vereinzelt die Polizei an. Währenddessen werden aus den Häusern Hunderte abgeführt und festgenommen.
Mittags will Innensenator Lummer es sich nicht nehmen lassen, in einem der geräumten Häuser eine Pressekonferenz abzuhalten. Er präsentiert sich auf dem Balkon der Bülowstraße 89 als siegreicher Feldherr. Dadurch heizt er die Stimmung noch zusätzlich auf. Lautstarke Proteste („das Schwein in unserem Haus!") begleiten seinen Auftritt. Die Polizei ist nervös und knüppelt die Straße frei. Einige hundert Menschen flüchten auf die verkehrsreiche Potsdamer Straße. Dort wird Klaus-Jürgen Rattay von einem BVG-Bus erfasst und mitgeschleift. Er stirbt auf der Straße.
Den ganzen Tag über bleibt der Schöneberger Kiez unruhig und voller Menschen, die Todesstelle wird umlagert und mit Blumen bedeckt, und es gibt keinen Zweifel darüber, was am

Fotos
Gedenken an Klaus-Jürgen Rattay an der Potsdamer Strasse

ZEITLEISTE 1981

wählt Scargill zum neuen Chef
10.12. Die USA untersagen ihren Bürgern Reisen nach Libyen
13.12. In Polen übernimmt das Militär die Macht und verbietet die *Solidarnosc*
16.12. Polen: Sieben Tote bei Protest gegen das Kriegsrecht
17.12. Der US-General Dozier wird in Italien von den Roten Brigaden entführt
23.12. Das von Arbeitern besetzte Stahlwerk in Kattowiece wird von der Armee geräumt
28.12. Nach Beendigung des zweiwöchigen Streiks in einem

Fotos:
Brennende Barrikaden in der Winterfeldtstraße und spontane Demonstrationen nach dem Tod Klaus-Jürgen Rattays 22. 9. 81

Abend passieren wird. Abends kommt es zur größten Spontandemo der Bewegung, rund 10.000 Menschen beteiligen sich an einem Schweigemarsch durch Schöneberg, der in heftige Auseinandersetzungen mit der Polizei mündet, „Lummer: Mörder, Mörder“ hallt es nachts durch die verwüsteten Straßenschluchten. Gleichzeitig sind im ganzen Stadtgebiet Kleingruppen unterwegs, etwa 50 Anschläge auf Banken, Polizeiwachen, Wohnungsbauunternehmen etc. werden in dieser Nacht registriert. Auch in vielen anderen Städten der BRD gibt es Demonstrationen und Anschläge.

🌐 10

ZEITLEISTE 1982

polnischem Kohlebergwerk werden die Streikführer verhaftet

30.12. Sozialistischer Fortschritt: Arbeitspflicht für alle polnischen Männer zwischen 18 und 45

1982

18.01. Das Französische AKW Superphénix wird mit einer Superpanzerfaust beschossen

27.01. Die Nazi-Organisation VSBD/PdA wird verboten

28.01. Die Italienischen Bullen klauen den Roten Brigaden

Zweiundzwanzigsterneunter

Der September ist in meiner Erinnerung auch bildlich der Herbst der Bewegung: Es gab durchaus „goldene" Zeiten, aber auch die ersten Fröste und Zeichen des unvermeidlichen Niedergangs. Das TUWAT-Spektakel versuchte, die romantischen Ideale der Anfangszeit zu beschwören, die Nestwärme der „Nur-Stämme-werden-überleben"-Fantasie, als die Bewegung sich selbst genug, jung und mutig war. Es war aber vielen klar, dass das mehr Wunsch als Wirklichkeit war, dass keine 50.000 Leute kommen würden, dass die politischen Realitäten längst andere waren, geprägt von Fraktionierungen, Einzellösungen, Zurückweichen. Ich war immer noch stark und wütend, aber wir waren politisch in der Defensive angekommen. Das galt nicht für die Militanz auf der Straße: Hier waren wir weiterhin genug Leute mit genug Entschlossenheit, um immer wieder mächtig Putz zu machen. Am 22. September war ich morgens in der Winterfeldtstr. um mit anderen die schon nachts gebauten Barrikaden gegen die anrückenden Bullen zu verteidigen – uns war es herzlich egal, dass die Besetzer in den Häusern friedlich bleiben wollten. Ich schmiss Steine von einem anderen besetzten Haus aus auf die Bullen, woraufhin ich angeschrieen wurde, ich sollte mich sofort verpissen oder ich würde ausgeliefert. Nun, ich musste sowieso in die Schule, während andere auf den Schöneberger Straßen weiter für Action sorgten. Klaus-Jürgen Rattay war auch dabei, einer der vielen, die in diesem Sommer aus Westdeutschland gekommen waren ins brodelnde Berlin und Anschluss suchten. Er war einer von denen, die wenig Erfolg damit hatten; in dem Szene-Spiel, wer der coolere Straßenkämpfer ist, war er von vielen – auch von mir – nicht ernst genommen worden. Als ich nachmittags wieder nach Schöneberg kam und vom Tod eines Demonstranten hörte, war ich wütend, allerdings nicht sehr schockiert. Etliche Menschen waren in den vergangenen Monaten nur knapp mit dem Leben davongekommen: von Bullenautos überfahren, aus fahrenden Wannen geschmissen, bis zum Schädelbruch verprügelt, von Tränengasgranaten am Kopf getroffen (die teils noch mit Gewehren abgefeuert wurden). Dass es am Ende ein Bus der BVG war, der der Bewegung ihren Märtyrer bescherte, war schon eher ein zynischer Treppenwitz der Geschichte. Ich wurde auch nicht radikaler, als ich sowieso schon war. Aber an diesem Abend entschied ich mich zum ersten Mal, nicht am Krawall teilzunehmen, sondern stattdessen an einer militanten Kleingruppenaktion mit Mollis.

ZEITLEISTE 1982

den NATO-General Dozier
30.01. Fette Randale an der Startbahn-West
02.02. Bei der Niederschlagung eines Aufstandes der Moslembrüder in Syrien sterben über tausend Leute
10.02. Die vier größten Guerillagruppen Guatemalas vereinigen sich unter dem Namen URNG
13.02. In der DDR 5000 Oppositionelle auf Friedensdemo
17.02. Ab jetzt dürfen Frauen auf dem Bau als „Zimmermann" arbeiten
02.03. Gericht entscheidet das Lehrer auf Arbeit Anti-AKW

„Keiner weiß, was mir droht“ –

Herbstliche Wagenburgen und winterliche Erfrierungen

In den Tagen nach dem 22. September bestimmen sehr unterschiedliche Gefühle und Einschätzungen die Gespräche in den Häusern.
Wut: Jetzt ist alles egal, wir haben eh keine Chance, dann können wir auch einfach draufhauen. Rattay war einer von uns. Uns wird es auch so gehen. Ohnmacht: Eigentlich haben wir doch alles getan, was möglich ist – jetzt fällt uns nichts mehr ein. Enttäuschung: Wir haben doch recht und so viele Verbündete, und eigentlich wollen wir doch nur unser demokratisches Recht. Hilflosigkeit: Wenn sogar die Paten und die SPD nichts ausrichten können, wer soll dann noch helfen? Angst: So brutal, wie die das durchgezogen haben, wird es auch weiter gehen.
Die Großdemo vom 26. September kann diese Gefühle kaum ausdrücken. Obwohl 25.000 Menschen kommen, bedeutete sie eher Abschluss als Neubeginn, zumindest für die politischen Initiativen des Sommers.

Ein Teil der Verhandler und die Paten der besetzten Häuser sind demoralisiert und können in Verhandlungen mit diesem „Lummer-Senat“ keinen Sinn mehr erkennen. Aber bei dem weitaus größeren Teil der Besetzer überwiegen Wut und Zorn – und sie radikalisieren sich mit hoher Geschwindigkeit. Seit Rattay nimmt die Zahl derer, denen es nicht nur um die Häuser geht, zu. Jetzt sind viel grundlegendere Dimensionen von Ohnmacht, Wut, eigener Glaubwürdigkeit, von Widerwillen gegenüber demokratischer Fassade und realer Machtausübung des Staates angesprochen.

Katerstimmung
Die Stimmung im Besetzerrat K 36 ist angespannter als eh schon üblich. Zwei sind besonders ätzend drauf: wenn nicht diese blöden pazifistischen Verhandler mit ihren Paten so abgewiegelt hätten, dann hätten wir die Häuser militärisch verteidigen können – egal, dann gibt es eben noch mehr Tote. Und natürlich dagegen: wenn wir ein vernünftiges Verhandlungskonzept hätten und nicht dauernd irre militante Spielereien wie bei Haig. Neben den offenen Streitereien gibt es die Nebensätze am Rande. In einem Haus sind fast alle rausgegangen, halten es nicht mehr durch, ziehen zurück nach Westdeutschland oder zu Freunden in legale Wohnungen. Wir wollten ein neues Leben ausprobieren, ohne den Leistungsscheiß, einfach und offen, gemeinsam – und jetzt sind wir plötzlich in einem Horror-Film mit Blut und Gewalt … das ist nicht unser Ding, das wollen wir nicht, da gehen wir raus. Immerhin, nach zwei Stunden kippt die Stimmung. Wir fangen an zu überlegen, was wir im hinteren Kreuzberg denn anders machen als die Schöneberger Verhandler, wenn bei uns die Räumung direkter droht. Wir haben zwar keine konkreten Ergebnisse, aber wir sind kampfbereit.

▼+++ Selbst die Springer-Presse findet den Toten nur bedingt richtig, obwohl es nach ihren Kommentaren den Richtigen getroffen hat. Das selbstge-

ZEITLEISTE 1982

Button tragen dürfen
15.03. Ausnahmezustand in Nicaragua wg. *Contra*-Angriffen
17.03. Im Kosovo Krawalle, um eine von Serbien autonome Republik zu erlangen
23.03. Das AJZ in Zürich wird abgerissen
30.03. Große Proteste gegen die argentinische Junta
02.04. Argentinien nimmt die von England besetzten Falkland-Inseln in Besitz
11.04. Der Irak sendet Friedenssignale an den Iran
14.04. Der Iran hat in den vergangenen zehn Monaten

rechte Auftreten Lummers nach der Räumung wird sogar von CDUlern als unpassend empfunden. Weizsäcker erklärt „tiefe Betroffenheit“, lässt einen Räumungsstopp bis 7. Oktober verkünden und setzt eine „Friedensrunde“ ein. Nachdem diese sich gegen einen allgemeinen Räumungsstopp und gegen eine Gesamtlösung für alle besetzten Häuser ausgesprochen hat, löst sie sich später sang- und klanglos auf. Die Hausbesetzer-Feinde Diepgen und Lummer erhalten freie Hand. Lummer kündigt weitere Räumungen an, nun auch im hinteren Kreuzberg. +++

„Neue-Heimat-Häuser“ zu finden. Und jetzt auch noch an die Situation der Nichtverhandler zu denken ... Immerhin, einige versuchen das. 🌐 11

Auch die Nichtverhandler sind keine homogene Gruppe und an einer Gesamtlösung haben nur wenige Interesse. Ein erstes Kreuzberger „Autonomen-Plenum“ entsteht, auf dem sich vor allem Nichtverhandler treffen, die sich mehr für die praktische als für die juristische Verteidigung der Häuser interessieren.

Am 13.11.81 gibt es am „Tag X“ über 60 Besetzungen in der Stadt

Die Besetzerbewegung rückt zusammen. Ein öffentliches Lebenszeichen gibt es am ersten Oktober-Wochenende mit zahlreichen Neu- und Scheinbesetzungen, die natürlich geräumt werden. Viele beteiligen sich mit einem gewissen Galgenhumor. Ihren Höhepunkt erreicht diese Aktionsform am 13. November mit dem „Tag X“, an dem stadtweit 10 ernstgemeinte und rund 60 Schein-Besetzungen stattfinden.

In ersten Gesprächen zwischen Verhandlern und Nichtverhandlern wird im kleinsten Kreis überlegt, wie ein Konzept der „Gesamtlösung“ bei der Masse der Besetzer Zustimmung finden könnte. Das ist für die Verhandler natürlich ein großer Schritt. Viele denken mehr an die Absicherung ihres Hauses durch irgendwelche Verträge. Es ist schon schwierig genug, eine gemeinsame Linie z.B. der

Kreuzberg 36
Bei uns Nichtverhandlern gibt es eine große Gruppe, die einfach in den Häusern bleiben will, solange es geht. Sie haben kein Interesse an Verhandlern, Instandbesetzern, Paten oder ähnlichem. Dann gibt es die kleine Gruppe der Leute, für die die Häuser nur Ausgangspunkt für „politische Kämpfe“ sind – für sie ist die „Besetzerbewegung“ nur der Ort, Leute für ihre Gruppen zu rekrutieren. Dann gibt es noch die kleine Gruppe der Edel-Anarchisten (viele in der radi-Redaktion), sie schwärmen von den schönen Bewegungszeiten im Sommer, finden die Leute, die sich an ihre Häuser klammern, nur spießig und erklären die Besetzerbewegung für beendet.
Im hinteren Kreuzberg ist die Trennung zwischen Verhandlern und Nichtverhandlern nicht so scharf. Wir kennen uns zum Teil aus Arbeits- und Kollektiv-Projekten, von gemeinsamen Reisen zu Anti-AKW-Camps, später treffen wir uns an der Frankfurter Startbahn. Hier gibt es mehr Bereitschaft, gemeinsam zu diskutieren, und der kleine Kiez K36 verbindet uns.

Die Paten-Bewegung ist noch nicht ganz am Ende. Wie bei den Schöneberger Besetzern gibt es jetzt auch Gespräche der Kreuzberger Besetzer mit ihren Paten. Die Kreuzberger propagieren nach den schlechten Erfahrungen mit dem passi-

ZEITLEISTE 1982

13.000 Oppositionelle hingerichtet
16.04. Erstes Retortenbaby in der BRD
25.04. Israel gibt letzten Teil des Sinais an Ägypten zurück
26.04. West-Berlin: Räumung = Randale
02.05. Die Briten versenken argentinischen Kreuzer, 382 Tote
13.05. Zwischen zwei und fünf Jahre Knast bekommen zwei Brokdorf-Demonstranten aufgedrückt
17.05. Der *Spiegel* eröffnet den „Neue-Heimat“-Skandal
21.05. Die Briten landen auf den Falklands
23.05. In Japan 400.000 gegen die Atomrüstung

ven Widerstand des 22.9. nun ein Konzept des aktiven Widerstands und fordern die Unterstützer auf, sich zu beteiligen. Hier endet aber die Gemeinsamkeit zwischen Besetzern und Paten – die Welten sind zu unterschiedlich. Von den Besetzern wird wieder stärker auf die eigenen Kräfte zurückgegriffen, was die Einigung auf ein gemeinsames Vorgehen erleichtert. Unabhängig von irgendwelchen Verhandlungen entwickeln sie den „Barrikaden-Plan“.

Das hintere Kreuzberg ist von der Mauer eingeschlossen, die Polizei hat nur acht Zugänge über Brücken und Hauptverkehrsstraßen in dieses Gebiet. Bei einem „ganz spontanen und geheimen“ Treffen mit fast 100 ausgewählten Leuten bilden sich acht Gruppen. Ab jetzt spielt nur noch die aktive Vorbereitung eine Rolle, die Verhandler-Nichtverhandler-Spaltung ist egal. Es gibt keine Hierarchien, aber für jede Barrikade finden sich Verantwortliche. Es gibt Kommunikationssysteme zwischen den Gruppen sowie Rückzugspläne. Für jede Barrikade erklären sich mindestens 80 Besetzer bereit, sie nicht nur zu errichten, sondern auch möglichst lange zu verteidigen. Fahrwachen beobachten noch systematischer als vorher die Polizeikasernen, der Polizeifunk wird regelmäßig abgehört.

Diese Pläne erfolgen soweit wie möglich im Geheimen. Aber bei der großen Zahl der Beteiligten bleibt natürlich der Gegenseite nicht verborgen, dass massenhafter aktiver Widerstand vorbereitet wird. Das ist von Besetzerseite durchaus erwünscht. Es gibt immer noch ein Drohpotential in Kreuzberg 36, das allem Anschein nach bisher Räumungen dort verhindert hat.

Der Barrikaden-Plan

Viele von uns haben sich schon länger daran gewöhnt, nicht allein, sondern in festeren Gruppen mit Vertrauten zu Demos oder auch zu abendlichen Krawallen zu gehen: zum Schutz gegen Bullenangriffe oder um die schweren Bauwagen schneller in Barrikaden umwandeln zu können. Der Barrikaden-Plan ist jetzt die organisierte Variante der in vielen Nächten geübten Praxis. Je konkreter er wird, desto unwichtiger werden alte Spaltungen: Gerade die beteiligten Verhandler-Besetzer kommen häufig aus Kollektiven und haben in aller Regel viel technisches und handwerkliches Verständnis, sind im Organisieren vielen verbal-radikalen Nichtverhandlern deutlich überlegen. Die einzelnen Barrikaden-Gruppen wetteifern miteinander in der Planung von unüberwindlichen Sperren. Dass diese lange gegen eine Bullen-Armada zu halten sein werden, ist unwahrscheinlich. Allen gemeinsam ist aber die entschlossene Erwartung: Rattay war der erste Tote – doch wir werden es trotzdem nicht beim passiven Widerstand belassen.

+++ Nach vielen Anrufen und Gesprächen von Kirche, Polizei (die sozialdemokratische Polizeiführung rechnet mit den ersten toten Polizisten), Wissenschaftlern, Gewerkschaftern, Wohnungswirtschaftern, Tourismus-Experten ist der völlig zerrissene SPD-Landesvorstand unter Vogel

ZEITLEISTE 1982

24.05. Wende im Golfkrieg: Irak muß sich aus dem iranischem Chorramschar zurückziehen
26.05. Aus Protest gegen den Rassismus verbrennt sich in Hamburg eine Türkin
30.05. Spanien ist in der Nato
01.06. RZ-Anschläge auf US-Army-Standorte in vier Städten
05.06. „Für Frieden und Nachrüstung“ demonstrieren 100.000 CDUler
06.06. Die Truppen Israels rücken in den Libanon ein
12.06. Bisher größte Demo in USA: 500.000 für den Frieden

Auch die SPD kann helfen
Der Kreuzberger SPD-Geschäftsführer Peter Wardin war gleichermaßen Ansprechpartner für Verhandler-Besetzer, Kreuzberger Politiker, Landes-SPD, Regierungsstellen, Chefs der großen Wohnungsbaugesellschaften und wohl auch Polizei und Verfassungsschutz. Er war auch für mich vertrauenswürdig, nachdem er nach einer SPD-Büro-Besetzung (Hungerstreik der RAF 1981) die Besetzer zwar erkannt, aber sie gegenüber dem Staatsschutz nicht verraten hatte. Er war noch ein „ehrlicher Sozialdemokrat": die Verhandler sah er als Studenten an, die sich Häuser sicherten, aber kein Interesse an den weniger cleveren Jüngeren hatten, die dann nach Räumungen wieder auf der Straße sitzen würden. Deshalb war er für die Gesamtlösung. Als ich ihm unsere kompromisslose Abwehrstrategie erläuterte, kriegte er einen Schreck – er wusste, dass wir es ernst meinten, und verbreitete das mit Nachdruck.
🌐 12

endlich und mit riesigen Bauchschmerzen zu einer Entscheidung bereit: die Anti-Besetzer-Fraktion um den DGB-Landesvorsitzenden Sickert und die Gewerkschaft Bau-Steine-Erden werden überstimmt, die SPD spricht sich für ein sechsmonatiges Moratorium (Räumungsstopp) aus und ist bereit, Weizsäcker mit den beiden anderen Fraktionen zu stürzen, wenn er sich nicht darauf einlässt. Ausschlaggebend sind wohl die Polizei-Experten, die mit unkontrollierbaren Straßenschlachten rechnen, und die Vorstände der Wohnbau-Gesellschaften, die nicht an Eskalation interessiert sind.
+++ Weizsäcker gibt nach Das Moratorium tritt in Kraft, aber nur als „faktisches Räumungsmoratorium" ohne Zusicherung an die Besetzer. Und Innensenator Lummer erklärt am 1. November 1981, dass es keinen generellen Räumungsstopp geben werde: „Kriminelle Fluchtburgen" würden auch weiterhin von ihm geräumt werden müssen. +++

Das heißt, es wird keine Räumungen wegen irgendwelcher Eigentumsansprüche mehr geben. Die Abwehrbereitschaft hat also einen Sieg errungen – aber wer soll das in dieser verklausulierten Form verstehen? Obwohl nicht mehr geräumt wird, glauben die letzten Besetzer erst nach dem Ablauf des Moratoriums im Frühjahr daran.
Immerhin gibt es eine Zeit ohne dramatische Räumungen, einen erkämpften Freiraum.
Was macht die Besetzerbewegung damit?
Es gibt den „Psycho-Winter"!

Die meisten Besetzer haben noch keinen Winter in einem besetzten Haus erlebt. Im Winter 1980 war darüber hinaus noch alles ganz neu, ganz offen gewesen.
Viele sind erschöpft von dem anstrengenden Jahr und müssen den alltäglichen Überlebenskampf

ZEITLEISTE 1982

14.06. Argentinien beendet Falklandkrieg durch Kapitulation
24.06. Nach 28 Tagen brechen 2300 Gefangene in Istanbul ihren Hungerstreik gegen Folter ab
24.06. In Nürnberg erschießt ein Nazi erst drei Ausländer und danach glücklicherweise sich selbst
01.07. Schwere Unruhen in den südafrikanischen Goldminen, Sieben schwarze Bergarbeiter getötet, 2000 entlassen
03.07. Die Israelis verhängen eine Blockade über Beirut
05.07. In der Flick-Parteispendenaffäre wird gegen 40 Politiker diverser Parteien ermittelt

„Psychowinter 1981“
Ausharren in der Kälte...

gegen die Kälte, die Enge lernen, das Umgehen mit den unterschiedlichen Grundbedürfnissen. Die Haus-Plena zeigen die großen Unterschiede und führen in den allermeisten Fällen zu Psychos, Trennungen und oft auch zu den mehr oder minder faulen Kompromissen der „getrennten Küchen“.
Die „arbeitswilligeren“ bauen sich einen Teil des Hauses aus, organisieren Brennmaterial und Fensterabdichtungen, gehen notfalls arbeiten.
Andere hängen dicke Decken vor die Fenster, organisieren Kleider aller Art, kuscheln sich in einem Zimmer mit vielen zusammen, weil das auch warm hält (von Drogen völlig abgesehen).
Wieder andere gehen sicher davon aus, dass sie ihr Haus behalten werden – und investieren Arbeitskraft und Geld in den Ausbau: Instandbesetzung als Vorzeigeobjekt in der politischen Agitation im Stadtteil, aber auch, um bequemer und gemütlicher leben zu können.
Einige (besonders in den Außenbezirken) haben sich sehr verrottete Häuser gekrallt, sind mit den Wenigen kaum in der Lage, etwas daraus zu machen, wollen sie aber auch nicht einfach aufgeben. Sie wohnen überwiegend in anderen Häusern, in mehr oder minder legalen Wohnungen, bei Eltern oder erträglichen Verwandten, und kommen aus Pflichtbewusstsein in „ihren“ Häusern vorbei, machen Licht an, erneuern die Transparente. Insbesondere über die Weihnachtstage stehen deswegen etliche Häuser fast leer.
Ein nicht geringer Teil der Besetzer lebt nacheinander in mehreren Häusern. Wenn Anforderungen und Druck auftauchen, ziehen sie weiter. Das führt dazu, dass sich die „festeren Häuser“ mit stärkerer Verbindlichkeit abschotten, um nicht permanente Schnorrer-Opfer zu werden. Ähnliches passiert in den Häusern, in denen ganz unterschiedliche Gruppen leben. Die Haupttür wird wegen der Bullen geschlossen und gesichert. Manchmal gibt es aber auch innen Befestigungsanlagen gegenüber der jeweils anderen Fraktion.

...oder Winterfestmachung der Häuser. Mithilfe eines selbst-gebastelten Kinderschaukel-Flaschenzuges wird die Regenrinne repariert

Zeitleiste 1982

06.07. Vier Kraftwerke in Honduras gesprengt, um das Militär zum Rückzug aus dem Bürgerkrieg in Salvador zu zwingen
19.07. Zwei Firmen, die am Startbahnbau beteiligt sind, werden von den RZ mit Bomben bedacht
20.07. Neun britische Soldaten sterben bei IRA-Anschlag in London
23.07. Rechte israelische Gruppe tötet PLO-Vertreter in Paris
29.07. Verhandlungen bringen den Abzug der PLO aus dem belagerten West-Beirut

Die verschiedenen Lebensweisen begegnen sich und führen zu gegenseitiger Anmache: Die Nichtverhandler werden in „Kaputtbesetzer" und „Autonome" unterschieden, die Verhandler in „Müslis" und „Instandbeset-

Frobenstrasse 10 im Winter 81
Anfang November vollzog sich im Haus die Spaltung in drei Gruppierungen. Im Hochparterre lebten die Junkies, im ersten Stock die „Schöner-Wohnen-Fraktion" (das waren Leute, die sogar arbeiten gingen) und im zweiten Stock die „Politischen". Ich teilte mir den dritten Stock mit meiner Freundin und einem 40jährigen Hundebesitzer, der nur zum Pennen nachts nach Hause kam. Ich, obwohl nur ambitionierter Mitläufer (ich war in erster Linie dabei, weil ich die Leute mochte. Ich war 18 und politische Diskussionen gingen mir auf den Sack), zählte mich schon zum 2. Stock, wenngleich ich nie beim „Konspi-Treff" erscheinen durfte. Mit denen hatte ich einfach am meisten zu tun, außerdem war dort die Gemeinschaftsküche. Zu jenem Zeitpunkt installierten die Politischen ein Schloss an ihrer Wohnungstür, in diesem Haus ein einmaliger Vorgang. Das hatte nichts damit zu tun, dass man morgens schon mal feststellen musste, dass einem die Jeans von irgendwelchen Junkies geklaut worden waren. Sie hatten entschieden, dass sie mit dem Rest der Bewohner nichts mehr zu tun haben wollten und es am besten fänden, wenn sich die anderen verpissen würden. Ich wurde immerhin vor die Wahl gestellt: Entweder breche ich meinen Kontakt zu den anderen Bewohnern ab oder ich wäre ebenfalls unerwünscht. Ich wollte mir von niemandem vorschreiben lassen, mit wem ich verkehre oder nicht. Ich zog es vor, das Haus zu verlassen, und ging mit meiner Freundin für drei Jahre zurück nach Frankfurt.

Die ganzen Studies, die sich später eingeklinkt haben, bloß weil sie Platz für ihre vielen Bücher und Theoretiker (Marx, Lenin, Bakunin! usw) brauchen und den ganzen Tag wie die Wilden schuften, um die renovierten Räume mit IKEA-Kultur vollzustopfen. Die sich erst eingeklinkt haben, als das Risiko, aus 'nem frischbesetzten Haus rauszufliegen, gleich Null war. Die heute die ganzen B-Räte beherrschen und totreden, denen nichts weiter einfällt, als ihre Profs von der Uni zu holen und als Türwache einzustellen. Nicht CS-Gas, B-Hundertschaften und Wasserwerfer zerstören, was wir aufgebaut haben an Solidarität, Liebe und Freiräumen, sondern die Integrierer von den Unis, der taz, der Al und was sich sonst noch links nennt. Wir sind nicht rechts nicht links, nicht alternativ, wir sind autonom und zerstörerisch. Wir sind der Punk. Wir sind die Pakistanis in Brixton, die 15jährigen Kids in Belfast, die Vorstadt- und Ghettoratten.
''Und ich weiß, wir werden die Sonne sehen.''
Jede Bewegung hat Opfer zu ertragen, aber ich will nicht dafür drinsitzen, wenn ich rauskomme, Mieten zu zahlen in einem Haus, das mal besetzt war, wo die Träume von Anarchie und Freiheit reiften.
Ich werd euch bald nochmal schreiben, um euch mehr von meinen Gedanken und Gefühlen zu vermitteln.
Freiheit und Glück

Lundi

"Wir müssen davon ausgehen, dass der Senat auch weiterhin bereit ist, den Willen der Geldsäcke mit allen Mitteln durchzusetzen. Er wird uns weiter den Krieg erklären und vorerst auf Räumungen nicht verzichten. Wir müssen daher weiterkämpfen und unsere Aktionen besser, phantasievoller, dezentraler und unvorhersehbarer gestalten, um nicht auf den alten Trampelfaden gemachter Äktschen zerrieben zu werden. Wir können aber nur durchhalten, wenn sich immer mehr Leute und Gruppen mit der ganzen Bandbreite von direkten, auch gewaltfreien Aktionen beteiligen. Dies ist aber wie gesagt nur möglich, wenn sich alle auf etwas einigen können, was auch alle im Moment noch für maximal durchsetzbar halten und wir unsere Vorstellungen so einleuchtend wie möglich der Öffentlichkeit und dem Senat präsentieren. Krieg führen und verhandeln sind kein Widerspruch – genauso wenig wie "Autonome und Verhandler" ein Widerspruch sind."
(Gelbschal, 'radikal' Nr. 100/1982)

Kasten ganz links:
Brief eines Nichtverhandlers aus dem Knast
Kasten Mitte unten:
Ein Artikel von „Gelbschal", einem der ersten Verhandler.
Beide Texte aus der *radikal*.
🌐 13

ZEITLEISTE 1982

01.08. Putsch in Kenia scheitert
04.08. Die israelischen Truppen versuchen ins Zentrum von Beirut einzudringen
04.08. In Österreich wird ein deutscher Nazi wegen diverser Anschläge abgegriffen
05.0.8 Nicaragua bricht aus Solidarität mit den Palästinensern seine Beziehungen zu Israel ab
07.08. Armenischer Anschlag auf türkischen Flughafen, es gibt neun Tote
09.08. Sechs Tote bei Anschlag auf jüdisches Lokal in Paris

zer“. Der politische Begriff aus der Anfangszeit der Bewegung ist für manche zum Schimpfwort geworden. Die Gegensätze werden empfindlich wahrgenommen, obwohl allen auch klar ist, dass sie von den Medien und politischen Gegnern nach Kräften geschürt werden. Die CDU-Regierung versucht eine Spaltungsstrategie, indem sie eine Kampagne gegen die „Kaputtbesetzer“ und vor allem gegen die sogenannten „kriminellen Fluchtburgen“ führt. 🌐 14

Trotz aller Gegensätze und Unterschiede gibt es immer noch eine vielschichtige Bewegung. Der Alltag in vielen Häusern ist schwierig, aber interne Zerrissenheit, Streit oder materieller Zusammenbruch sind keineswegs für alle Häuser prägend. Einige Häuser bekommen die Psychos nicht so stark mit, organisieren gemeinsame Kohlen-Klau-Aktionen, verhalten sich solidarisch nach Räumungen und Durchsuchungen, egal, ob Verhandler- oder Nichtverhandler-Haus.

Leuschi 7
Ein besetzter Seitenflügel, direkt an der Mauer gelegen.
8 Räume und 4 „Küchen“, 1 Klo, kein Bad. Strom geklaut, Treppenhaus verbarrikadiert.
Winter 81/82: Zehn Bewohner, 2/3 Jungs. Ein Bewohner, der später kam, ca. 25 Jahre alt, der Rest 14-18 Jahre. Drei Bewohner haben noch Rückgriff auf elterliche Kühlschränke, der Rest: abgehauen und irgendwie dazu gekommen. Eine Österreicherin: schwer psychisch krank.
Ernährungsgrundlage: Weißbrot und Margarine, wenn Geld vorhanden. Ansonsten: ein Riesensack Kartoffeln und ein großer Sack Zwiebeln: Kartoffelsuppe mit Zwiebeln, Zwiebelsuppe mit Kartoffeln, dazu Birnenkompott aus Mutters Garten. Oder die Geheimwaffe gegen Hunger: viel Zucker mit wenig Fett in der Pfanne erhitzen. Wenn es zu Karamell wird: Haferflocken hinzufügen. Gibt eine Art Keks, der 10 Leuten für 3 Mark so schlecht werden lässt, dass niemand mehr essen möchte.
Jeden Abend für 10 bis 20 Mark Piece verraucht, zur immergleichen Doors-Kassette. Man raucht die Wasserpfeife zu „Riders on the Storm“ an – und bei „The End“ ist sie durchgeraucht. Ab und zu LSD, nie Pulver.
Treppengeländer verheizt, Müll wird über die Berliner Mauer geworfen. Wenn eine Etage vermüllt ist, wird in die andere gezogen. 4 Stockwerke hoch – und wieder zurück. Dann bricht das Wasserrohr. Wasser und Scheiße rinnt das Treppenhaus runter und gefriert. Zwei Monate kein Klo und Eis auf den Treppen.
Ein Teil der Leute politisch, einem Teil alles egal.
Nach dem Kriegsrecht in Polen Schüsse mit Zwillen: Über Wochen dafür gesorgt, dass die Ost-Grenzer nicht mehr zu Fuß auf dem Todesstreifen zwischen der Mauer Streife gehen können. West-Berliner Bullen trauen sich eh nicht in diese Ecke.
Im Frühjahr das Haus an Instandbesetzer übergeben. Ein Teil woanders hingezogen, ein anderer Teil nach Frankreich oder Wessiland.
Glücklich? Total!
Niemand auf harten Drogen. Kein Suizid. Kein Auf-den-Strich-gehen-Müssen. Versorgt werden bei Krankheit. Ohne Geld, ohne Erfahrung, ohne Fertigkeiten: überlebt und gelernt.
In der heutigen Zeit gibt's ja glücklicherweise noch Bauwagenplätze und legalisierte Häuser – aber ob wir alle es geschafft hätten, Miete zu bezahlen oder einen Wagen zu besorgen?

ZEITLEISTE 1982

09.08. AEG Telefunken ist pleite
09.08. Ungarn erhöht die Lebensmittelpreise um 25%
10.08. Südafrika greift SWAPO-Lager in Angola an
13.08. In Polen lösen die Bullen eine 10.000-Personen-Demo der *Solidarnosc* auf
18.0.8 In Indien werden bei einem Streik der Polizei in Bombay fünf Bullen von Soldaten erschossen
21.08. Der Rückzug der PLO aus Beirut ins Exil beginnt
21.08. Die Partei MLPD wird gegründet. Warum auch immer
30.08. Die Hühner freuen sich: Wienerwald ist pleite

Andere Besetzer nutzen die Zeit, um die Mietshäuser in ihrem Straßenblock zu besuchen, öffnen ihre Haustüren, laden Nachbarn ein und bilden mit Mietern aus der Umgebung „Blockräte“, auf denen versucht wird, auch andere als nur die Besetzerprobleme zum Thema zu machen.
Wieder andere überspielen den allgemeinen Winter-Frust und arbeiten besonders intensiv am Ausbau der Häuser, an der Abdichtung der meist maroden Fenster, der Reinigung der Öfen, der

provisorischen Reparatur der Dächer, im Kampf gegen Schimmel, Schwamm und Nässe. Hierzu wird der „Bauhof“ intensiv genutzt, ein Haus in Kreuzberg, in dem alles noch irgendwie Nützliche aus den Häusern und aus benachbarten Abrisshütten zusammengetragen wird, teilweise

Alltägliches
Der Alltag war im Wesentlichen von den aktuellen Bedürfnissen der Bewegung bestimmt: Wo muss beim Neubesetzen geholfen werden, wo drohen Räumungen, welche Demos sind angesagt, was ist unbedingt zu bauen, welcher Stress ist zu klären, wie bereiten wir eine Infrastruktur vor, damit wir nicht jedesmal nur unvorbereitet sind? Fahrwachen, Bullenfunk abhören, Auschecken relevanter Objekte, sind genug von uns beim großen Besetzerrat, beim Besetzerrat K 36, beim Blockrat, beim Hausplenum? Zeit war knapp, weil andauernd was los war.
Was es kaum gab: Probleme mit Geld. Das Rumbasteln an den Häusern konnte viel mit gebrauchtem Material erfolgen, mit geschenkten und geklauten Teilen, mit gemeinsam zusammengetragenem Zeug, und wenn doch mal Geld ausgegeben werden musste, gab es häufig Spenden

weiter S. 70

ZEITLEISTE 1982

31.08. Vier Tote bei *Solidarnosc*-Krawallen in Polen
11.09. In Frankfurt demonstrieren 25.000 Türken und Kurden gegen die Repression der Militärregierung
13.09. Italien: Der Chef der P2-Loge wird verhaftet
16.09. Unter dem Schutz der israelischen Truppen rücken rechte libanesische Milizen in den palästinensische Flüchtlingslagern Sabra und Schatila ein und massakrieren Hunderte
01.10. 80 Tote bei Bombenanschlag auf Hotel in Teheran
01.10. Kohl wird BRD-Kanzler

zum Auseinandernehmen, teilweise zur Reparatur. Hier gibt es auch Experten für viele komplizierte Probleme am Bau.
Einige beteiligen sich an den Schein-Besetzungs-Aktionen, andere bereiten sich systematisch auf die notwendigen nächtlichen Antworten bei Durchsuchungen und künftigen Räumungen vor. Etliche verbringen den grauen Berliner Winter zeitweise anderswo und kommen voller Tatendrang von den Kämpfen um das Hüttendorf am Bauplatz der Startbahn-West in Frankfurt/Main zurück. Der Versuch, in West-Berlin eine ähnliche Mobilisierung gegen den Ausbau der Autobahn im Tegeler Forst zu starten, scheitert jedoch in der klirrenden Januarkälte. Hier wird erstmals von der Polizei ein Vermummungsverbot mit mäßigem Erfolg ausprobiert.

weiter von S. 69

– und dann hatten die meisten noch eine Hauskasse, in die mehr oder weniger regelmäßig eingezahlt wurde. Geld für Gasag/Bewag war nicht nötig, denn Strom und Gas wurden abgezweigt. Geld für Heizung war nicht nötig. Ganze Hausgruppen und Blöcke besorgten sich im Herbst LKW's und holten nach etwas Auschecken in gemeinsamen Nacht-Aktionen Holz und Kohle.
Fahrgeld war bei der BVG nicht nötig, weil die Kontis eher Angst hatten. Bei Sprit für Autos war dann doch mal Geld fällig.
In fast jedem Haus gab es mehrere bis viele Klauexperten, die sich um Nahrungsmittel in ihren Lieblings-Supermärkten kümmerten. Gemüse und Obst gab es kurz vor Geschäftsschluss beim Türken geschenkt. Klar, es wurde auch gekauft, aber das war dann wirklich wenig. Viele Bewohner mussten nicht mal zum Sozialamt gehen, weil einfach nicht so viel Geld nötig war – und Betteln überflüssig.
Außerdem gab es in den meisten Häusern auch immer Leute, die arbeiten gingen, Geld von den Eltern oder sonstigen Verwandten kriegten, systematisch klauten oder mit Hasch dealten.
Natürlich gab es auch richtige Unterschiede zwischen einzelnen Häusern, was den „Lebensstandard“ anging, aber in der Regel hing das nicht vom Geld ab sondern vom „Lebensstil“, vom Bock, überhaupt irgendwas zu planen – und natürlich gab es auch einzelne Häuser, bei denen es im Winter saukalt war, weil sie keine Lust gehabt hatten, beim Kohlen-Klau mitzumachen, die sich keine Fenster besorgt hatten, die zum Scheißen auf den Dachboden gingen – und nach ein paar Wochen das Haus wechseln mussten.
Menschen sind eben verschieden.

ZEITLEISTE 1982

02.10. Schon im Vorfeld scheitert ein neuer Putschversuch in Spanien
08.10. Neues Gewerkschaftsgesetz in Polen führt zu Randale mit einem Toten
09.10. Ein totes Kind bei Anschlag auf römische Synagoge
18.10. Im niederländischen Enschede darf im Jugendzentrum das gute alte Hasch verkauft werden, aber nur in Kleinmengen
23.10. Protest von 200.000 Arbeitenden gegen Sparpläne der neuen deutschen Regierung

„Graue B-Film-Helden regieren bald die Welt"

Frühjahrserwachen, Reagan-Besuch, kriminelle Fluchtburgen

Irgendwann ist dann der Psycho-Winter vorbei, und trotz der alten Gegensätze versuchen sich viele in der Frühjahrsoffensive 1982. Mitte Februar gibt es „Knast-Aktionstage" und in Schöneberg den Versuch, ein Haus neu zu besetzen und zu verteidigen („Tag Y"), der aber nur einige hundert Menschen auf die Straße bringt. Auch die Demo zum „Frühlingserwachen" im März kann nicht an die Mobilisierungen des vergangenen Jahres anknüpfen.

+++ Andererseits ist auch nach einem Jahr CDU-Regierung das „Hausbesetzer-Problem" einer Lösung nicht näher. Die Regierung ist zerstritten: Lummer und Diepgen wollen Zerschlagung und Räumung, Bausenator Rastemborski dagegen will nach Kontakten mit den großen Wohnbaugesellschaften Lösungen in Einzelfällen, und die Besetzer und Paten fordern jetzt offiziell die Gesamtlösung für alle besetzten Häuser.
+++ Darüber schwebt der Regierende Bürgermeister Weizsäcker, der an sein liberales Image denkt, bald Bundespräsident werden will und jede Entscheidung verzögert. +++

Im Frühjahr bringt eine Ankündigung neuen Schwung: Der neue US-Präsident Reagan kündigt seinen Besuch in Bonn und West-Berlin für den 10./11. Juni an.
Es gibt aus Sicht der Besetzer mehr als einen guten Grund, den Besuch zu stören: Reagan steht für eine neue Aufrüstungsrunde der westlichen Militärmacht, für den (bereits 1979 gefassten) NATO-Beschluss zur Stationierung von Mittelstreckenraketen in Europa, der sich in eine neue Doktrin von real führbaren, begrenzten Nuklearkriegen einfügt (vgl. das Kapitel „Gegen Krieg! Für Frieden?"); er steht für die wieder zunehmende US-Interventionspolitik, etwa in El Salvador und Nicaragua. Daneben wird sein Besuch lokalpolitisch als Versuch des Senats gesehen, das internationale Ansehen der Stadt aufzuwerten und im „Schaufenster des Kapitalismus" dessen Siegeswillen in Richtung Osten zu verkünden. Mit dem größten Vergnügen bereiten sich viele darauf vor, den alten Kennedy-„Isch-bin-ein-Böliner"-Mythos von 1963 endgültig zu zerstören, der die Frontstadt im begeisterten Schulterschluss mit ihrem großen Beschützer zeigte. Außerdem bietet die Mobilisierung gegen den Besuch Gelegenheit, die abflauende Bewegung wieder etwas mehr in Fahrt zu bringen.

11.6.82: eroberter Polizeischild auf dem Nollendorfplatz

ZEITLEISTE 1982

24.10. 500.000 Japaner auf Friedensdemo in Osaka
30.10. In Nigeria kommen 500 Leute wegen idiotischer religiöser Konflikte ums Leben
11.11. Die RAF-Leute Schulz und Mohnhaupt fallen den Bullen in die Finger
14.11. Wahlen in Albanien bringen bei 100% Wahlbeteiligung nur eine Gegenstimme. Die Genossen aus der deutschen Bruderpartei KPD/ML müssen dies glauben
16.11. Christian Klar wird bei dem Versuch, an ein RAF-Erddepot zu gelangen, abgegriffen

Der Lappen-Krieg

Die besetzten Häuser beginnen den Lappen-Krieg. Aus vielen Fenstern und Dachgiebeln werden liebevoll gebastelte Empfangstransparente mit Willkommensgrüßen an den Kriegstreiber gehängt, nach und nach schließen sich auch viele Mietwohnungen an. Die Springer-Presse dokumentiert, die Staatsanwaltschaft ermittelt wegen Beleidigung, Lummer lässt seine Bullen aufmarschieren: Sie reißen mit Kranwagen insgesamt rund 300 Transpi's runter (reinkommen in die Häuser is ja sehr schwer), übertünchen die besser erreichbaren Stellen mit weißer Farbe – und wir fangen wieder von vorne an. Es ist mehr ein sportlicher Wettstreit als ein Krieg, ganze Hausfassaden werden angemalt, Dächer mit riesigen Sprüchen verziert. Die Parolen werden frecher, der US-Stadtkommandant erklärt, dass er kein Interesse an der Strafverfolgung habe (in Berlin gilt offiziell noch Besatzungsrecht, der Regierende Bürgermeister ist den Alliierten unterstellt) – und die Maschinerie wird immer träger. Irgendwann wird es den Bullen zu blöd – die Transpis bleiben hängen und die zahllosen weißen Flecken auf den Häuserwänden zeugen vom Windmühlenkampf der Bullen.

Im Vorfeld des Besuches gibt es erhebliche Meinungsverschiedenheiten. Gruppen der Friedensbewegung wollen eine große Demonstration anmelden, aber am Vorabend des Besuches, um Konflikten aus dem Weg zu gehen und Eskalationen zu vermeiden. Dagegen setzt ein gemischtes Spektrum von „autonomen und antiimperialistischen Gruppen“ bis hin zur *Alternativen Liste* auf eine Demo am Tag des Besuches selbst. Wer die Demo anmelden soll und wie einem möglichen Verbot begegnet werden kann, ist lange umstritten. Die Demonstration soll an zahlreichen Institutionen und Firmen in der Innenstadt vorbeiziehen und so nahe wie möglich an die Besuchsbereiche herankommen. Dass es irgendwann knallen wird, ist klar. Die Demo gegen Haig am 13. September 1981 ist allen noch gut in Erinnerung, und ein ähnlicher Verlauf wird anvisiert. Eine geschlossene, lautstarke Demo, die sich am Ende in einen militanten Angriff auf die Sperrzone am Schloss Charlottenburg verwandelt. An dieser Stelle enden natürlich die Gemeinsamkeiten.

Die AL und viele ihr nahestehende Leute aus Verhandler-Häusern sehen die Gefahr des militärischen Showdown und befürchten, der militante Flügel der Bewegung laufe geradewegs ins Messer der Polizei. Die „Gewaltfrage“ wird der AL massiv von den anderen Parteien und den Medien aufgedrängt, sie soll sich endlich distanzieren von den „Chaoten“. Am Vorabend des 11. Juni wird (vermutlich von Rechtsextremen) ein Brandanschlag auf das Büro der AL verübt.

Doch die Bewegung fühlt sich stark genug für die Kraftprobe. Aus vielen Städten haben sich Leute angesagt, es gibt Infozentralen, Schlafplatzvermittlungen und eindeutige Aufrufe der Vorbereitungsgruppen. Alle sollen Helme mitbringen und in Gruppen kommen, um polizeiliche Vorkontrollen notfalls zu durchbrechen. Kinder sollen zuhause gelassen werden, Barrikaden

ZEITLEISTE 1983

16.11. Das wars: Der Dopeverkauf im Enscheder Jugendzentrum wird wieder verboten

1983

04.01. Die bewaffnete korsische FLNC wird verboten

10.01. Palästina: Unruhen in Nablus

19.01. In Namibia ergreift Südafrika die Direktherrschaft

24.01. Italien: 25 Moro-Entführer aus den *Roten Brigaden* zu sollen überlegt gebaut werden, Handschuhe und Tränengasbrillen sollen sowieso dabei sein.

An den Grenzübergängen zum DDR-Transit werden vor der Demo, wie erwartet, viele „vorbeugende" Festnahmen nach dem ASOG durchgeführt. Dennoch kommen Tausende. In der Stadt selbst gibt es vor der Demo Durchsuchungsaktionen. Mit 9000 Polizisten wird wieder ein neues Rekordaufgebot mobilisiert.

Die Demo am 10. Juni wird wie erwartet ein riesiges Friedensfest mit 80.000 Menschen (in Bonn demonstrieren zeitgleich ca. 400.000 Menschen). Die Polizei hat keine Probleme, weil die Militanten sich auf den 11. Juni als Aktionstag festgelegt haben und am 10. Juni weitgehend mit Vorbereitungen für den nächsten Tag beschäftigt sind. Dennoch gibt es einen großen autonomen Block auf der Demo.

Am Freitag den 11. Juni machen sich mehrere tausend Menschen auf den Weg zum Nollendorfplatz in Schöneberg und stellen erstaunt fest, dass die Polizei zwar massiv vor Ort ist, aber nur eingeschränkt Vorkontrollen macht. In Reisetaschen werden Krawall-Utensilien auf den Platz gebracht. Dann schnappt plötzlich die Falle zu. Ringsherum wird Stacheldraht ausgerollt, Wannen quergestellt, Wasserwerfer aufgefahren. Der Platz hat sich für rund viertausend Menschen in einen Kessel verwandelt. Die Polizei richtet Schleusen ein, durch die nach Durchsuchung und Ausweiskontrolle der Platz verlassen werden darf. Dies wird aber nur von wenigen genutzt. Stattdessen beginnen die ersten militanten Angriffe auf die Sperren. Als nach und nach immer mehr Zuspätgekommene gleichzeitig von außen die Polizeisperren angreifen, wird der Kessel geknackt. Der Krawall breitet sich in die ganzen umliegenden Straßenzü-

Der Nollendorfplatz wird mit Natodraht dichtgemacht. Hunderte versuchen militant die Sperre zu durchbrechen.

ZEITLEISTE 1983

Lebenslang verdonnert

04.02. Zivildienst in der BRD auf 20 Monate erhöht

04.02. Ex Gestapo-Chef Barbie von Bolivien nach Frankreich ausgeliefert

09.02. Linke türkische Gruppe *Dev Sol* in der BRD verboten

14.02. In Israel tritt Scharon als Verteidigungsminister wegen seiner Mitschuld am Massaker in Sabra und Schatila 1982 zurück

19.02. Sämtliche Urteile des Nazi-Volksgerichtshofes werden offiziell getilgt

ge bis in die City aus. Allerdings erreicht die Polizei zumindest ein Ziel. Der Sicherheitsbereich bleibt ungefährdet, vom Schloss Charlottenburg aus ist nicht mehr zu sehen als schwarze Qualmwolken, die sich über Schöneberg erheben und von den bis dato heftigsten Auseinandersetzungen in der West-Berliner Nachkriegsgeschichte zeugen. Mit der später auf Plakaten abgebildeten brennenden Wanne gilt „der 11.6." nach innen und außen als Signal, dass auch nach dem 22. September 1981 die Bewegung auf der Straße eher stärker und gefährlicher geworden ist.

Das juristische Nachspiel des 11. Juni 1982 ist höchstens mit den Folgen des 12. Dezember 1980 zu vergleichen. 21 Leute kommen für Monate in Untersuchungshaft, werden vor dem Landgericht angeklagt und zu extremen Strafen von bis zu 3 ½ Jahren Knast für „schweren Landfriedensbruch" verurteilt.

11.6.82:
Die legendäre brennende Wanne als Dokument und als Küchenschmuck

Zeitleiste 1983

28.02. Im Iran 100 Todesurteile gegen Oppositionelle werden aufgehoben
01.03. El Salvador bekommt 60 Mio. $ US-Militärhilfe
05.03. Bundestagswahlen: Ab jetzt gibt's Kohl bis zum Abwinken
22.03. Niedersachsen will die WAA in Lüchow-Dannenberg
23.03. Reagan will Weltraum mit Antiraketen-System (SDI) zurümpeln
02.04. 700.000 Ostermarschierer unterwegs
13.04. Volkszählung vom Verfassungsgericht untersagt

+++ Nach dem Desaster vom 11. Juni kritisiert die Spinger-Presse den gar nicht mehr so neuen CDU-Senat scharf für seine angebliche Laschheit. Er hatte versprochen, mit dem Besetzer-Spuk aufzuräumen, aber nach einem Regierungsjahr sind die Besetzer eher politischer und aggressiver geworden. Die politische Staatsanwaltschaft verstärkt den Druck und lässt wieder vermehrt Häuser durchsuchen.

+++ Die Räumungspolitik beginnt aufs Neue, jetzt mit dem propagandistisch lange vorbereiteten Räumungsgrund „kriminelle Fluchtburg". Diese Methode zur Spaltung der Bewegung und zur Isolierung und Abräumung der radikaleren Besetzer wird nun zur neuen Senats-Strategie. Obwohl das bedeutet, dass einzelne Häuser nun doch Verträge bekommen können, stimmen Hardliner wie Lummer und Diepgen nach langem Zögern zu, nicht zuletzt unter dem Druck der Straße. Auch Weizsäcker kann mit dieser Politik gut leben.

+++ Diese Strategie-Veränderung im Senat, von der noch nichts nach außen dringt, ist für das Klima innerhalb von Senat und CDU bedeutsam. Lummer kann aber dafür sorgen, dass sie nur so zögerlich umgesetzt wird,

Debatte vor dem 11.6.

Auf Seiten der Militanten gibt es eine Fraktion, die den zu erwartenden Krawall im Vorfeld kritisiert. In der radikal wird diskutiert, ob „wir bei Demos in vorbereitete Fallen laufen" könnten, ob wir nicht „nur noch unserem eigenen Mythos von ‚Unbesiegbarkeit auf der Straße'" hinterherlaufen, der „zu unserem Untergang" zu werden droht. Die Kräfteverhältnisse seien andere geworden: „allenthalben haben wir nur noch ein paar Minuten Zeit, zuzuschlagen, doch dann gehören wir zu den Gejagten". Gerade die Trennung von der Masse der Friedensbewegten erlaube der Polizei die Abrechnung, in dem Wissen, „es kann eh keinen Falschen treffen". Anstatt sich „mit dem Feind zu messen, wo er am stärksten ist", sollten die Leute lieber „wieder subversiv" sein und „einfach nicht zum Duell antreten". Stattdessen sollten Gruppen und Einzelkämpfer als „umherschweifende Banden Chaos und Unordnung, Spaß und Spiel, Sabotage und Destruktion organisieren" und „ihre pyromanische Lust genießen". unter dem Motto: „alles ist erlaubt, nichts ist verboten" (wobei das nicht wörtlich zu nehmen ist, denn der Grundsatz, dass keine Menschenleben gefährdet werden, ist selbstverständlich). 🌐 15

Diese Kritik der Massenmilitanz war spätestens nach dem 22. September 1981 oft zu hören, und auch das Ausweichen in die Kleingruppen-Militanz war meist die logische Fortsetzung. Allerdings stellen in dem zitierten radikal-Artikel die Autoren fest, dass auch „die beste Kleingruppenaktion nur ein dürftiger Ersatz" ist für „gemeinsame Straßenäkt'schn". Dieses Dilemma begleitet die autonome Bewegung auch in der weiteren Zukunft. Für diesmal ist der kollektive Mut größer, und die Pessimisten bleiben in der deutlichen Minderheit.

ZEITLEISTE 1984

18.04. Bombe auf US-Botschaft in Beirut, 66 Tote
25.04. Der Stern zeigt seine „Hitler-Tagebücher"
26.04. Regierung will AKW Kalkar weiterbauen
01.05. In Polen Mai-Demos in 20 Städten für *Solidarnosc* mit Randale
10.05. Militäroffensive der Sowjetunion (SU) in Afghanistan
11.05. Erster einer Reihe von Protesttagen in Chile gegen den Diktator Pinochet
17.05. Abkommen: Israel soll seine Truppen aus dem Libanon zurückziehen

dass sie vorerst keine sichtbare Wirkung zeigt. Diepgen muss den grundsätzlichen Schwenk in der Besetzerpolitik erst langsam seiner CDU-Basis verkaufen. +++

Viele Besetzer befürchten, dass nach der Eskalation des 11. Juni die Position der besetzten Häuser schwieriger werden wird. Bei einigen Besetzergruppen finden Verhandlungskonzepte und Einzellösungen wieder verstärkte Aufmerksamkeit. Andere Besetzer vertreten die Linie, dass es praktisch sei, die militante Politik von den Häusern aus zu organisieren, dass die Häuser aber nur ein Mittel zum Zweck seien. Für das Ziel der Destabilisierung der Herrschaft, der Verbreiterung der Basis, der Ausweitung der Kämpfe in den unterschiedlichen Bereichen.
Das sind schon gewaltige Unterschiede. Aber auch der Sommer 1982 ist warm und sonnig, und entschieden ist noch nichts.

Im Sommer gibt es parallel zu zahlreichen Durchsuchungen viele unterschiedliche Gespräche und Verhandlungen, besonders in Schöneberg und

Da war doch noch was...
Neben der Bewegung war da noch etwas Unwichtigeres: die Schule. Immerhin war ich in der Oberstufe und sollte mit dem Abitur die Tür zum angemessenen Lebenslauf aufstoßen. Aber viel Interesse konnte ich dafür nicht mehr aufbringen. Das Gymnasium lag in Kreuzberg und galt früher als „rot“, und etliche Leute von dort, Lehrer wie Schüler, traf ich auch auf Demos – aber es blieb eben doch ein Ort der Langeweile. Spannend waren eher die Konflikte mit der konservativen Schulleitung: Wenn wir in der Schülerzeitung frech wurden, oder wenn ein Antifa-Tag organisiert wurde, der „unausgewogen“ (also zu linkslastig) war, oder wenn ein Transparent zur Solidarität mit Instandbesetzern aus einem Klassenfenster gehängt wurde. Dennoch war ich in der Blütezeit der Bewegung noch einigermaßen diszipliniert und ging hin, saß meine Zeit ab, hatte immerhin Freunde, die Schülerzeitung und die Reste einer politischen Schul-Gruppe, die mich in der Zeit vor der Bewegung geprägt hatte. Aber die normalen Streiche liefen eher so nebenher, die Freundschaften blieben überwiegend lose oder lockerten sich. Die Verspätungen und unentschuldigten Fehlzeiten nahmen zu. Arbeiten schrieb ich zunehmend weniger mit, die Noten stürzten von Halbjahr zu Halbjahr ab. Es erschien immer absurder, früh am 22. September erst in der Winterfeldtstraße Steine zu werfen und dann den Schauplatz verlassen zu müssen, um nicht zu spät zum Unterricht zu kommen, oder morgens von Polizeistiefeltritten geweckt zu werden (Hausdurchsuchung!), um dann zur Schule zu gehen... . Als ich schließlich ein Jahr vor dem Abitur von der Schule geschmissen wurde, tat es mir überhaupt nicht leid darum.

ZEITLEISTE 1983

18.05. Hausbesetzer besuchen Bundestag und werfen Farbeier auf Bundesgeier
19.05. Flick-Untersuchungsausschuss eingesetzt
20.05. Aus Jena werden 20 Friedensfreunde in die BRD abgeschoben
20.05. Bombenanschlag des ANC auf Luftwaffen-Hauptquartier Südafrikas
21.05. Waffen-SS-Treffen in Bad Hersfeld mobilisiert 5000 Gegendemonstranten
25.05. In Paris riot mit 10.000 Studenten

Charlottenburg. Am 22. September, dem Jahrestag von Klaus-Jürgen Rattays Tod, demonstrieren Tausende für eine Gesamtlösung, die im etwas entspannteren Herbst 1982 einigen nicht unmöglich scheint, obwohl die Räumung zahlreicher Häuser erklärtes Programm des Senats ist. So trifft die Verhandler die Räumung des Verhandler-Hauses Maaßenstr.11 im November 1982 im Kern. Sie fühlen sich vom Senat völlig verschaukelt.
Sie beginnen wieder verstärkt auf die Nichtverhandler zu schauen und sich auf der Straße zu verhalten. Als sich am 10. Dezember 1982 der neue CDU-Baustadtrat Kunkel (Schöneberg) weigert, Verträge für Häuser in der Steinmetzstaße., Winterfeldtstraße und Potsdamer Straße abzuschließen, weil er prinzipiell gegen die Legalisierung ist, ist die schwächliche Senatspolitik offensichtlich gescheitert. Die Verhandler-Besetzer mobilisieren jetzt auch wieder über Schöneberg hinaus für die räumungsbedrohten Häuser in Charlottenburg, Spandau und Wedding. Für die meisten Besetzer ist das Hin und Her von Verhandlungen und Drohungen, Angeboten und Räumungen immer undurchschaubarer. Viele, die prinzipiell für Verhandlungen und Verträge wären, glauben nicht mehr daran und werden zu Nichtverhandlern. Auf der anderen Seite schliessen drei lange gefährdete Kreuzberger Häuser aus der Nichtverhandler-Fraktion im Winter überraschend Verträge ab.
Nach Räumungen im Januar 1983 in Wedding und Schöneberg findet sich am 22. Januar 1983 doch wieder eine recht große und bunte Gruppe von Besetzern und ihren Unterstützern zu einer Demo zusammen. Es scheint absehbar, dass der Senat mit seiner Scheibchen-Politik (Räumungen, dann Proteste und Randale) noch lange Zeit keine „Ordnung" schaffen wird.
Aber der Höhepunkt der Bewegung ist überschritten. Die unterschiedlichen Gefühle und Interessen lassen sich immer weniger unter einen Hut bringen. Die Verhandler konzentrieren sich auf ihre Häuser, die Nichtverhandler finden den Häuserkampf immer langweiliger und orientieren sich an anderen Konfliktfeldern.
Einige Unermüdliche propagieren weiterhin die Gesamtlösung: Rahmenverträge für Verhandler-Häuser, keine Räumung der Häuser, die keine Verträge wollen. Diese Lösung widerspricht dem Teil der Verhandler, der an den anderen Häusern kaum mehr Interesse hat, aber auch jenen Nichtverhandlern, die die Verhandler-Besetzer gar nicht mehr zu „ihrer Besetzerbewegung" zählen. In der Besetzerbewegung stößt der Vorschlag auf milde Ignoranz, viel können die „Strategen" damit nicht bewegen. Der Spaß, der Schwung der Bewegung ist vorbei – und die Durchsuchungen und Räumungen bestimmen wieder den Alltag. 🌐 *16*
Einige Besetzer verlassen sogar „freiwillig" die Häuser, wenn die Räumungstrupps vor der Tür stehen – das motiviert nicht gerade dazu, aus Solidarität nachts Randale zu machen.

„Von der Revolte zum trauten Eigenheim" selbstironisches Flugblatt des Kreuzberger Besetzerrates

Zeitleiste 1983

26.05. Militäraktion der Türkei gegen Kurden an der Irakischen Grenze
30.05. Ausnahmezustand in Peru gegen die Guerilla
03.06. In Argentinien wird das Streiken wieder erlaubt
14.06. Zweiter Protesttag in Chile, mehrere Tote
24.06. Arafat wird von Syrien ausgewiesen
25.06. In Krefeld wird bei einer Demo der Autokonvoi des US-Vize Bush mit Steinen beworfen
01.07. Chaostage in Hannover. Krawalle und Stress mit Nazi-Skins

„Was ich haben will, das krieg' ich nicht..." –

die Bewegung geht zuende

Im Frühjahr 1983 erfindet die Willibald-Alexis-Straße 39 in Kreuzberg die „selbstbestimmte Räumung". Sie haben genug von der ständigen Räumungs-Drohung. Die Bewohner provozieren eine Polizeiaktion, es gibt drumherum etwas Randale und Plünderungen.
A propos Plünderungen: Das gemeinsam organisierte, offensive Enteignen im Supermarkt (verbunden mit der Verteilung der Überschüsse auf der Straße) wird zeitweise eine angenehme Nebenbeschäftigung in Kreuzberg, bis die Polizei sich darauf einstellt und das Risiko zu groß wird, wegen gemeinschaftlichem Raub verhaftet zu werden.
Anfang April wird zur Oster-Aktion auf dem Ku-Damm aufgerufen, unter dem Motto „Rache für Christus", die aber eher ein Flop wird.

+++ Erst jetzt, im Frühjahr 1983, werden die Konsequenzen der neuen Senats-Strategie vom Sommer 1982 öffentlich sichtbar. Weizsäcker, bisher Chef einer Minderheitsregierung, will nun die FDP einbinden, muss aber dazu in der Hausbesetzerfrage weiter nachgeben.
+++ So kann er nach dem 17. März 1983 mit einer Koalition von CDU und FDP regieren. Die neue Regierung spricht sich grundsätzlich und offiziell für Verhandlungslösungen aus.
+++ Bausenator Rastemborski geht noch einen Schritt weiter. Er stimmt jetzt sogar der Gesamtlösung zu, also auch der Forderung der Nichtverhandler-Häuser. „Wir brauchen keine Verträge, wir brauchen keine Staatsknete, wir haben die Häuser enteignet und kümmern uns um sie. Lasst uns in Ruhe!" Diese Forderung wird in Juristendeutsch übersetzt und kann als „Duldungserklärung", unterstützt durch lokale Mieter- und Stadtteil-Gremien, Teil einer Gesamtlösung werden. Aber da spielt Lummer nicht mit. Auch er setzt jetzt darauf, die „vernünftigen" Besetzer mit Verträgen zu versehen – damit er zielgenauer die „Kriminellen" isolieren kann.
+++ Die Gesamtlösung durch die neue Regierung hat natürlich zur Voraussetzung, dass sie für alle Häuser gilt, also einen allgemeinen Räumungsstopp ab sofort beinhaltet.
+++ Das Haus Frobenstraße 10 steht fast leer. Lummer weiß, dass es für die in Schöneberg isolierten „Hänger-Besetzer" kaum Sympathien gibt. Er lässt das Haus als „kriminelle Fluchtburg" räumen und weiß, dass jetzt das Konzept der Gesamtlösung, die ja für ALLE Häuser gelten soll, endgültig gescheitert ist.
+++ Rastemborski wird überrascht und darf ab jetzt nur noch die einzelnen Besetzer-Gruppen gegeneinander ausspielen und zu besonderer Nachgiebigkeit anstacheln. (Übrigens: Rastemborski war als christlich-sozial Denkender von Lummers Machtpolitik ernsthaft betroffen und zog sich wenig später aus der Politik zurück). +++

Die Gesamtlösung war ein Konstrukt, um noch nach außen so etwas wie eine Bewegung zu inszenieren. Nach ihrem Scheitern haben die unterschiedlichen Besetzergruppen nichts mehr gemeinsam. Es scheint offensichtlich, dass jeder nur noch auf sich selbst schaut. Die Bewegung ist zu Ende.

ZEITLEISTE 1983

12.07. Chile: Dritter Protesttag, zwei Demonstranten erschossen
12.07. Loyalisten-Paraden in Nord-Irland führen zu Ärger in mehreren Städten
13.07. Das deutsche Demonstrationsrecht wird wieder einmal verschärft
15.07. Paris: Bombe im Flughafen Orly von „Carlos-Gruppe", sieben Tote
23.07. In Sri Lanka 200 Tote bei Pogromen nach Anschlag der tamilischen Guerilla

Die Verhandler sind mit den Vertragsgesprächen hinreichend ausgelastet. Im Mai 83 sind die Verträge zwischen GSW und einer Gruppe von Häusern in K 36 fertig: Die Besetzer der Kohlfurter Str./Fränkelufer (Block 89) sind Leute, die guten Kontakt zu den Mietern der umliegenden Häuser haben, aktiv in der Anti-AKW-Bewegung arbeiten, sich auch in andere Konflikte außerhalb ihres Hauses einschalten, aber eben ihre Häuser halten wollten, weil sie sich so eine bessere Ausgangslage für weitere politische Arbeit versprechen. Sie vertreten diese Haltung auch gegenüber den Nichtverhandlern, sind aber damit schon eine Ausnahme.

Im Besetzerrat K36 finden sich nur noch die wenigen Nichtverhandler, die anderen kommen einfach nicht mehr. Was sollen sie da auch: Es gibt keine gemeinsamen Ziele mehr, und Auseinandersetzungen werden schnell zu Anmache.

Den Nichtverhandlern drohen jetzt auch in K 36 Räumungen. In einem Flugblatt: „Kämpft Freunde – wir wehren uns, weil wir nicht untergehen wollen, und das haben wir eingesehen“ heißt es: „In nächster Zeit stehen in Kreuzberg 36 nach längerer Pause wieder Räumungen an... . Wir sind schon mehr als genug zurückgewichen! Der Kiez gehört denen, die drin leben! Das werden wir auch den Bullen zeigen, wenn sie unseren Kiez angreifen.“ Aber das ist recht verbal-radikal, nicht mehr vergleichbar mit der Zeit des Barrikadenplans.

„Zwei attraktive junge Männer werden nachts beim Fahrradfahren ohne Führerschein, aber mit Molli, erwischt“. (schreibt die *radikal*). Sie kommen in U-Haft. Nur weil sie konsequent das Maul halten, kommen sie später im Prozess glimpflich davon.

Viele der aktiven Nichtverhandler erschrecken. Auch die nächtlichen Ausflüge können sehr risikoreich sein. Mit unbefangenem Spaß hat das immer weniger zu tun. 17

BEI RÄUMUNG IN K 36!
VV LUCKAUER 3 19°° Uhr

In nächster Zeit stehen in Kreuzberg 36 nach längerer Pause wieder Räumungen an!
Wenn dieses Mal hier im Kiez Häuser geräumt werden, bedeutet das nicht nur den Verlust von einem oder mehreren Häusern, sondern einen Angriff auf das Leben hier im Kiez und die langsam hier entstandenen Zusammenhänge überhaupt!
Für viele von uns bedeuten die Häuser mehr als nur wohnen, sondern unter den immer härter werdenden Lebensbedingungen die Existenzgrundlage. Bei den letzten Räumungen in anderen Bezirken war K 36 die letzte Rückzugsmöglichkeit, die uns nun auch genommen werden soll. Mit Räumungen, Kriminalisierung, mit Entmietung & Modernisierung, mit Zuzugssperre für Ausländer usw. wollen die Stadtplaner + Bullen Kreuzberg befrieden!

Wir sind schon mehr als genug zurückgewichen!
Der Kiez gehört denen, die hier leben! Das werden wir auch den Bullen zeigen, wenn sie unseren Kiez angreifen!

Die Leute, denen nicht egal ist, was hier in Kreuzberg passiert, sollten sich vorbereiten, auf die Tage, an denen sie kommen.
Kommt nach Kreuzberg oder unterstützt uns mit Aktionen in anderen Stadtteilen!
Nutzt die Möglichkeiten die ihr habt!
Verbreitet die Räumungsnachricht bei Freunden und Bekannten!
Wir haben keinen Bock auf ein steriles, sauberes Kreuzberg!
Ruhe und Ordnung heißt für uns Selbstbestimmung und Mensch sein verlieren!

03.08. Landtagsabgeordneter der Grünen bespritzt US-General bei Empfang mit Blut
07.08. US-Militärpolizei knüppelt Friedensdemonstranten nieder, die den Flugtag in Ramstein blockieren wollten
08.08. Militärputsch in Guatemala
08.08. US-Manöver in Honduras als Interventionsdrohung gegen Nicaragua
10.08. Französische Truppen kämpfen im Tschad
11.08. Chile: 24 Tote bei viertem Protesttag
13.08. *Solidarnosc*-Demo in Danzig aufgelöst

ZEITLEISTE 1983

Sie haben dich erwischt und es gibt kein Zurück

Wir bauen einen Molli mit Öl und Benzin, Styropor, Waschpulver und Unkraut-Ex.
Die Bank, die wir uns aussuchen, hat aber unzerstörbare Scheiben. Shit, also den Molli wieder eingepackt.
Der Fehlschlag wird nicht akzeptiert. Wir hatten schon beim Mollibauen gewitzelt, was wir beim Prozess sagen, wir sind jung und glücklich, wer kann uns aufhalten!? Ein Ziviwagen, wie sich herausstellt. In der Baruther, Ecke Zossenerstr., an der Friedhofsmauer: „Wenn ihr abhaut, legen wir euch um“. Tja wir bleiben. Dann kommt die Wanne. Wir rein, auf dem Boden sitzend.
„Mein Kollege hat so was abgekriegt, jetzt musst du ihn austrinken.“ Ich glaub's nicht, die brauchen den Molli doch noch als Beweismittel. Meine Gefühle schwanken zwischen Angst und Trotz, aber sie schwanken öfter hin zur Angst. „Was wolltet ihr damit?“ von links. Ich gucke nach links, halte den Mund. „Du Wichser, euch sollte man erschlagen“, von rechts. Ich gucke nach rechts. Ein Schlag von links. „Kuck mich an, wenn ich mit dir rede“, ich gucke nach links, ein Schlag von rechts, „kuck mich an, ich red mit dir“. Ich schau zu Boden, so'ne Scheiße kenne ich noch aus der Schule. Mein Kopf wird an den Haaren hochgezogen. „Da unser Fahrer, so sieht ein deutscher Offizier aus“. Die Sau hat so einen beschissenen Kaiser-Wilhelm-Bart. „Gleich kommt ihr in die Zelle, ihr wisst ja, was dann passiert“. Der Trotz verkriecht sich in der Angst. Fatalismus und ein wenig Humor gesellen sich dazu.
Friesenwache, Aufnahme. Mein Kumpel muss sich nackt auf den Boden legen. Ich werde in eine Zelle gebracht. Ich warte darauf, verprügelt zu werden. Nichts geschieht. Ich überlege, zwei bis drei Jahre sind überstehbar. Mehr Angst vor Schlägen als vorm Knast. Ich tröste mich damit, zusammenzurechnen, wie viel Bau ich für alles bis jetzt gespart habe. Bin ich immer noch im Plus.
ED-Behandlung. Ich wehr' mich nicht. Nicht extra auf die Fresse riskieren. Die aus der RAF und die Saufpunks machen das. Ich nicht, ich bin ein Feigling. Ich zahl's zurück, wenn ich wieder draußen bin.
Irgendwann geht's zum Staatsschutz. Knebelkette ums Handgelenk. „Tut's schon weh?“ Ich halt den Mund. Fester. „Na tut's weh?“ Zehn Meter bis zur Tür. „Ich mache die Kette ab und knall' dich ab, weil du wegrennen wolltest“. Noch zwei Meter, ich glaub ihm nicht, wäre aber so und so nicht weggekommen.
Hinter dem Spiegel Gegenüberstellung wegen eines anderen Anschlages auf „Möbel-Hübner“. Wir müssen uns auf Fahrräder setzen. (Später, in den Akten heißt es, ein Zeuge habe

Zeitleiste 1983

18.08. Rechte *Contra*-Rebellen greifen eine Stadt in Nicaragua an
21.08. Philippinen: Oppositioneller Aquino wird erschossen, landesweite Proteste sind die Folge
21.08. Demo von 50.000 in Argentinien gegen Amnestie für Militärjunta
25.08. Ein toter Pazifist bei „Carlos“-Anschlag auf das „Maison de France“ in West-Berlin
27.08. Friedens und Bürgerrechtsdemo in Washington mit 250.000 Beteiligten

mich erkannt, kann aber ausschließen, dass mein Kumpel dabei war. Beim anderen Zeugen genau umgekehrt. Fakt ist, keiner von uns war dabei. Wenn die Bullen da was gedreht hätten, oder wenn die Zeugen sich gleichmäßig geirrt hätten...). Dann zum Verhör. Zwei Staatsschutzbullen. Der eine Bulle spielt mit seiner Knarre. Kalte blaue Augen, 40 Jahre, ein Arschloch. Sein Kollege gibt den guten Bullen. Böser Bulle setzt sich auf den Schreibtisch, schwingt den Knüppel zehn Zentimeter vor meiner Nase. Ich kapituliere halb. Ich denke, wenn ich völlig den Mund halte, gibt's jetzt richtig vor den Zahn, (die Treppe, wo alle „stolpern", wurde mir schon auf dem Hinweg gezeigt), also denke ich, ich bin 16, ich spiel ihnen einen blöden Sechzehnjährigen vor und plauder mit ihnen, halte aber den Mund, wenn es um den Fall geht (idiotisch ja, geboren aus Angst und Arroganz). Sie fangen an mit der Lobpreisung meines Mutes, geben aber zu bedenken, dass niemand das für mich tun würde. Mein Kumpel habe ja auch schon geredet. Ich glaub' kein Wort. Er, der Ältere, habe mich bestimmt verführt. Ich erwidere, dass ich zu dem Fall nix sage, und frage unterwürfig, ob ich das nicht alles dem Haftrichter erzählen kann.

Sie versuchen, den heißen Brei zu umkreisen, sind froh, dass ich überhaupt mit ihnen rede, schlagen vor, wir Hausbesetzer sollten einfach die Häuser renovieren und dann rausgehen, damit Mieter einziehen können. Ich sage, dass das eine gute Idee ist, die ich meinen Freunden vorschlagen werden, wenn ich wieder draußen bin. Sie halten mich für einen totalen Trottel. Der gute Bulle kommt noch mal auf den Molli zu sprechen: „Du musst nicht sagen, was du tun wolltest, nur warum, weil sonst müssen wir dich für einen Pyromanen halten. Weißt du, was das ist?" Ich gucke verständnislos. „Das ist ein verrückter Brandstifter, und wenn du jetzt nicht sagst, warum ihr was anzünden wolltet, musst du lebenslänglich ins Irrenhaus", den Text mit absolut öliger Stimme wie zu einem Sechsjährigen gesprochen. Ich kann nicht mehr und muss offensichtlich schmunzeln. Sie wissen, das war's.

Böser Bulle will, dass guter Bulle mich in die Zelle bringt. Der lehnt ab und ich merke, das er Schiss hat, so mit mir alleine. Meine Angst ist weg, ich bin wieder ich.

Später lese ich in den Akten, ich hätte gefragt, warum sie sich aufregen, es wäre doch noch nichts passiert, ich dachte, ich hätte gesagt, es wäre nichts passiert. Lügen sie oder habe ich mich verplappert? Ich weiß es nicht. Mein Kumpel hat völlig den Mund gehalten, ohne Probleme. Also nicht zur Nachahmung empfohlen, meine Feiglingsstrategie.

ZEITLEISTE 1983

28.08. Der „Sprayer von Zürich" wird festgenommen

30.08. Nachdem ein Berliner Gericht ihn an die Türkei ausliefern will, springt Kemal Altun aus dem Fenster des Gerichtsgebäudes und stirbt

01.09. SU schießt südkoreanisches Passagierflugzeug wegen Spionageverdacht ab

01.09. Blockaden vor US-Stützpunkt in Mutlangen, 300 Festnahmen

05.09. Grünes Licht vom Gericht für Atom-Zwischenlager in Gorleben

Am 1. Juni 1983 wird ein Verhandler-Haus im vorderen Kreuzberg 61 geräumt und ein Nichtverhandler-Haus durchsucht (der *Turm* am Leuschnerdamm 9), mit dem Ultimatum: Vertragsunterzeichnung oder Räumung, Entscheidung bis 8. Juni 1983.

Wir waren ein munterer Haufen, hatten natürlich auch Stress miteinander, aber ein gutes Gefühl zueinander. Hauptsächlich, weil wir wussten, dass wir tatsächlich mehr wollten, als diesen Konflikt um unser Haus gewinnen. Ich erinnere mich noch an ein intensives Gespräch, in dem klar wurde, dass wir nach der Räumung keine realistische Chance mehr sehen konnten, als Gruppe zusammen zu bleiben. Das war für Einzelne recht schmerzlich. Wir waren sicher, uns in anderen Kämpfen wieder zu treffen – aber das war doch was anderes als das Zusammenleben. Diese Phase war vorbei, und das machte wehmütig.

Gleichzeitig hatten wir aber noch das Haus, das keine Perspektive hatte, das wir aber auch nicht kampflos räumen wollten. Es wurde intensiv verbarrikadiert, in dem Wendeltreppen-Aufgang türmten einige alles, was wir in den letzten Jahren mit viel Aufwand gebaut hatten (selbstgebaute Badewannen, trickreiche Badeöfen, Regale, den großen Küchentisch). Wenigstens sollten die Bullen bei der Räumung noch einige Arbeit haben. Da steckte viel Wut, Zorn, Trauer und Abschied dahinter.

Unser Plan, die Bullen zur Räumung zu provozieren, scheiterte. Wegen vieler Missverständnisse untereinander, aber auch, weil dieser Apparat anders funktionierte, als wir dachten.

Einige hauten ab, andere blieben, weil die Räumung abzusehen war. Die letzten Tage waren nicht mehr so nett. In dem Aufgang rottete der Müll vor sich hin, der in letzter Wut ausgekippt worden war, viele wichtige Gebrauchsgegenstände gab es nicht mehr. Zum Teil sah das Haus wie vor der Besetzung aus.

Obwohl unsere Fahrwache gerade in der Küche plauderte, als die Räumung dann tatsächlich begann, konnten wir noch, wie geplant, über das Dach verschwinden. Ein bisschen Erleichterung war auch dabei. Diese Phase war abgeschlossen, eine neue konnte beginnen.

Der *Turm* hat eine Symbol-Bedeutung. Hier leben schon seit langem nur Nichtverhandler (verstärkt um geräumte Nichtverhandler aus dem gesamten Stadtgebiet), das Haus ist gut gesichert, die Besetzer sind auf vielen Ebenen aktiv, und es würde die erste Räumung in K36 sein. Abends kommt es folglich zum ersten Mal seit längerer Zeit wieder zu Randale im 36er-Kiez.

Der Sonderausschuss der Kreuzberger BVV kann eine Verlängerung des Ultimatums durchsetzen. Obwohl die Räumung also am 8.6. nicht ansteht, organisieren die Besetzer eine „selbstbestimmte Räumung“ – doch die misslingt, die Polizei räumt nicht, der vorbereitete Krawall verpufft.

ZEITLEISTE 1983

19.09. US-Militär greift im Libanon ein
20.09. Millionenschaden durch RZ-Anschlag auf MAN bei Groß-Gerau
26.09. Nach dem Ende der Besetzung der HDW geben auch die Arbeiter der Bremer Vulkan Werft auf
29.09. Bonn: 100.000 Werft- und Stahlarbeiter demonstrieren
05.10. Generalstreik des DGB für den Frieden. Gesamtdauer genau 5 Min.
09.10. Südkoreanischer Staatsbesuch in Birma. Vier Minister bei Bombenanschlag getötet

Am 27. Juni 1983 werden außer dem *Turm* noch das Nachbarhaus Leuschi 7, sowie 5 Häuser in Charlottenburg (unter ihnen auch eindeutige Verhandlerhäuser) geräumt.

Die politische Nichtverhandler-Fraktion ist am Ende. Es gibt zwar noch zehn Nichtverhandler-Häuser, aber sie stellen keine politische Kraft mehr dar. Die Nichtverhandler hoffen auf neue Kampffelder, um radikale Opposition auf die Straße zu tragen. Etwa gegen die „Konservative Aktion", die als Scharnier zwischen Neonazis und bürgerlichen Rechten auftritt und für den 18. Juni 1983 eine Kundgebung in Kreuzberg anmeldet. Tausende demonstrieren dagegen, es kommt zur ersten anti-rassistisch orientierten Randale im Kiez, die zum Ventil für den Frust der vergangenen Monate wird.

Natürlich gibt es, je nach Situation, auch bei den nächsten Räumungen und Durchsuchungen Randale – aber es kommt auch vor, dass bei einer Räumung wegen „öffentlicher Sicherheit" die Bullen lakonisch und zynisch verkünden können: „17 Besetzer verlassen freiwillig das Haus" (Koloniestaße).

Als weiteres Beispiel für die desolate Situation kann die Winterfeldtstraße 31 gelten:

Im Mai 1981 wurden das Quergebäude und zwei Seitenflügel besetzt, am 24. Februar 1984 erhält das Verhandler-Quergebäude Verträge. Die *taz* schreibt: „Bis vor 14 Tagen galten die Besetzer in den Seitenflügeln als strikte Nichtverhandler. Unter dem drohenden Räumungsdruck wollten sie es den Besetzern aus dem Quergebäude gleich tun, die mit den Eigentümern (GRUNDAG) seit längerem in Verhandlungen standen". Doch die Seitenflügel werden einen Tag nach der Vertragsschließung des Quergebäudes geräumt.

Ende 1983 gelten nach der Statistik des Innenverwaltung noch 34 Häuser als besetzt, aber unter ihnen gibt es keinen Zusammenhalt mehr, und durch Verträge und Räumungen bröckelt es weiter. Nach dem Vertragsabschluß der fünf Häuser im Kreuzberger Block 89 am 1. März 1984 gibt es nur noch 19 besetzte Häuser.

Eines davon ist der KuKucK (*Kunst- und Kulturcentrum Kreuzberg)*, der noch am 7. März 1984 einen großen Aufzug mit Sekt und Selter organisiert und Teile des Hauses für externe Kulturprojekte zur Verfügung stellen will. Antwort der Berliner Morgenpost: Das Haus müsse geräumt werden, es sei „zentrale Anlaufstelle für Rechtsbrecher", auch hätten „Revolutionäre Zellen ihre Hände im Spiel". Die Besetzer versuchen, noch Druck für ihr Projekt aufzubauen, aber vergeblich.

+++ Lummer legt im März 1984 eine Zwischenbilanz vor: Jetzt gibt es nur noch 18 besetzte Häuser, seit seinem Amtsantritt im Juni 1982 hat es für 66 Häuser Miet-/Pacht-/Kaufverträge gegeben, 54 Häuser sind geräumt, 27 „von Besetzern freiwillig verlassen" worden. +++

Im Sommer 1984 gibt es noch für vier Häuser Verträge – und dann wird, als letzte „Hochburg",

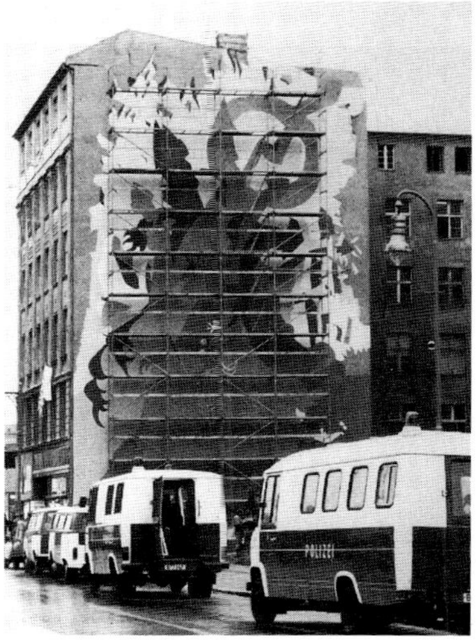

Der KUCKuCK, eines der grössten und aktivster besetzten Häuser in Kreuzberg (hier während einer Durchsuchung). Die Fassaden-Bilder machten das Haus europaweit bekannt. Nach der Räumung 1984 wurden sie hurtig übertüncht.

ZEITLEISTE 1983

11.10. Protesttag in Chile: 100.000 Demonstranten
12.10. Contra-Anschlag in Nicaragua zerstört wichtiges Treibstofflager
13.10. Blockaden gegen Militäranlagen in Bremerhaven
15.10. 100.000de bei Aktionswoche der Friedensbewegung
17.10. Südafrikanische Armee greift ANC-Einrichtungen in Moçambique an
22.10. BRD: Friedenskundgebungen mit 1,3 Mio. Menschen
22.10. Bombenanschläge auf die Hauptquartiere der US-amerikanischen und französischen Truppen in Beirut führt

am 25. Juli 1984 der KukucK geräumt. Zur Räumung des letzten besetzten Hauses, Ende 1984, bringt die *radikal* nur noch einen Zweizeiler und wir können nicht mal sagen, um welches Haus es sich da gehandelt hat.

Aber noch einmal zurück zum Juni 1983, der Turm-Räumung und dem Ende der Nichtverhandler-Fraktion. In der *radikal* finden sich ausführliche Nachbetrachtungen und Einschätzungen aus dieser Zeit. Sie leiten auch inhaltlich zu einer neuen Phase der Autonomen über. 🌐 *18*

Wir haben einen Text gefunden, in dem wir noch heute unsere damalige Stimmung wiedererkennen:

Blick nach vorn

Wir sind wieder am Nullpunkt, aber wir gehen trotzdem nach vorne. Ich fordere immer mehr, als eigentlich möglich ist. Deswegen ist nicht wichtig, was von den Nichtverhandlern übrigbleibt, sondern was das Nicht-Verhandeln ausmachte. Verhandler haben sehr viel zurückgesteckt – wir sind lieber rausgegangen, machen vielleicht kleinere Sachen, aber mit einem guten Gefühl.

Wir sind nicht „freiwillig“ aus unseren Häusern herausgegangen; freiwillig war bloß die Überlegung, nicht die angebotenen Verträge zu wollen. Das war uns klar, das war Minimalverständnis. Diese Position halte ich immer noch für politisch richtig. Wir können nichts erreichen. Was wir erreichen können, ist zuwenig im Vergleich zum Gewünschten. Das ist heute immer noch so. Das lässt sich zeigen an Häusern, die schrittweise nachgegeben haben. In keinem dieser Häuser wollte ich wohnen. Wir waren eine Gruppe, die etwas politisch erkämpfen und durchsetzen wollte. Aber wir wären keine Gruppe gewesen, bei denen ich die Miete einsammeln wollte oder mit denen ich Alltagsprobleme bewältigen möchte. Das war eine Gruppe, die sich in der Auseinandersetzung bewährt, aber nicht eine für ruhige WG-Zeiten.

Wir hatten eine Kampfforderung, obwohl wir nicht glaubten, dass wir diesen Kampf gewinnen können. Tatsächlich Häuser zu enteignen und zu sehen, ob die Gesellschaft sich das auf Dauer gefallen lässt, das wollten wir. Die Gesellschaft hat sich so verhalten, wie wir es erwarteten. Deswegen waren wir nie enttäuscht oder überrascht. Wir stellen eine so weitreichende Forderung, dass sie nicht erfüllt wird. Aber man bekommt eine gesellschaftliche Umwälzung nur hin, wenn einzelne Leute gleich mehrere Schritte vorwärts gehen. Für uns ist kein Haus übrig geblieben, aber ein Gefühl. Ich kann mir die nächsten Konflikte leichter vorstellen als früher. Ich habe erfahren, dass es mit sehr unterschiedlichen Leuten möglich ist, ein Gefühl von Stärke zu entwickeln und zu halten(...).

Doch wenn man Dinge mit einem guten Gefühl macht, dann kann man auch scheitern, ohne gleich fertig zu sein.

Ich glaube, unsere Großmäuligkeit ist schwächer geworden. Viele von der Nichtverhandlerposition waren der

ZEITLEISTE 1983

zu 300 Toten und dem Rückzug aus dem Libanon

25.10. US-Armee besetzt Karibikinsel Grenada

31.10. Britisches Unterhaus will US-Raketen stationieren

03.10. Iranische Offensive im Golfkrieg

04.10. Angriff auf Hauptquartier der israelischen Truppen im Libanon, 50 Tote

06.10. Krawalle in Uruguay gegen die Militärjunta

16.10. Richtungsstreit in der PLO mit militärischen Mitteln im Libanon

18.10. SPD Parteitag für Nachrüstung, Grüner Parteitag für

Ansicht, wir sind sowieso die Größten. Da mußten die Leute denken, wir seien so blöd, an unsere eigenen Worte zu glauben. Wir wußten, dass wir die Enteignung der Häuser nicht schaffen würden. Aber wir traten so auf, dass viele mit uns großmäuligen Hanseln nichts zu tun haben wollten, sondern lieber ihre kleinen überschaubaren Geschichten machten... Wir haben unseren normalen Alltag nicht bewältigt, aber wollten morgen die ganze Gesellschaft neu organisieren. Das hat viele abgestoßen. Unsere wahre Stärke, harte Konflikte auszuhalten, ist über diese Großmäuligkeit verdeckt worden. Dieses Gefühl von Stärke kannst du behalten, auch ohne Großmäuligkeit...

Ohne eine bestimmte Naivität werden wir diese Gesellschaft nicht verändern. Wenn man sieht, welche Machtmittel diese Gesellschaft hat, ist doch klar, dass die gewinnen: Da kann man nichts machen. Und doch sehen wir es anders. Wir können trotzdem etwas Verrücktes tun: für Tage oder auch nur für Stunden. Aber es ist kein Gefühl von Stunden, das ist ein Gefühl fürs Leben.

Wir werden immer mal wieder gegen die Wand laufen. Vielleicht nicht mit dem Kopf. Vielleicht gibt es auch welche, die schon das Verbandszeug bereithalten – auch gut. Vielleicht ist es aber auch nur eine dünne Wand und man kommt durch. All das muss man ausprobieren.

ZEITLEISTE 1983

Austritt aus der Nato

21.10. Randale in Bonn, Freiburg und Hamburg während der Parlamentsdebatte zur Nachrüstung

21.10. DDR beginnt mit Abbau der Selbstschussanlagen an der innerdeutschen Grenze

22.10. Bundestag beschließt Stationierung von Nato-Raketen

25.10. China: Ein Sack Reis fällt um

27.10. Partei *Die Republikaner* wird in München gegründet

27.10. In Uruguay 400.000 gegen die Regierung auf der Straße die zukunft ist ein unbeschriebenes blatt...

4.

Der Kalte Krieg kannte in seiner 45jährigen Geschichte viele Höhepunkte. Besonders an der Peripherie der beiden Blöcke – Warschauer Pakt und NATO – kam es immer wieder zu Stellvertreterkriegen bzw. direkten Interventionen einer der beiden Supermächte. So im Koreakrieg 1953, wo US-Truppen mitmischten; in der Suezkrise 1956, als die USA, Großbritannien (und auch Israel) gegen das mit der SU verbündete Ägypten ihre Marine in Marsch setzten; oder in der Kubakrise 1962, als die Sowjets Raketen auf der Karibikinsel stationieren wollten; im 20jährigen Vietnamkrieg, als die USA an die Stelle der geschlagen Franzosen rückten und auf den „kommunistischen Vormarsch" in Südostasien mit einer massiven Truppen-Intervention und Luftbombardements antworteten – und doch in den 70er Jahren vom „Vietcong" besiegt wurden.

Die beiden deutschen Staaten waren von diesen heißen Kriegen immer schön weit weg. Die bundesdeutsche Bevölkerung wollte trotz hochgerüsteter Bundeswehr und massiver US-Atomraketenpräsenz nichts vom Krieg wissen. Wiederaufbau, Wachstum und Wohlstand waren angesagt.

Die allermeisten Westdeutschen fühlen sich 1979 auch nicht durch die neuen sowjetischen atomaren Mittelstreckenraketen SS 20 bedroht. Das ändert sich erst, als die NATO-Führung in Brüssel auf Druck der USA und der SPD-Bundesregierung 1979 beschliesst, nun ihrerseits neue Pershing-Mittelstreckenraketen und „cruise missiles" aufzustellen, wenn die Sowjetunion die SS 20 nicht zurückzieht (der sogenannte NATO-Doppelbeschluss).

Im Verlauf der nächsten beiden Jahre wird klar, dass die NATO nicht auf Verhandlungen mit der SU setzt, sondern die atomare Nachrüstung in Westeuropa unter allen Umständen durchziehen will. Für diese Annahme spricht einerseits die massiv einsetzende Propaganda in allen NATO-Mitgliedstaaten, andererseits veröffentlichte Strategiepapiere der NATO-Generäle. Da ist die Rede von der neuen, aktiven Rolle der Bundeswehr im Atomkrieg, der „Vornewegverteidigung" der US-Atomstreitmacht auf den osteuropäischen Schlachtfeldern und vom „Air-Land-Battle"-Konzept der NATO. Diese NATO-Strategieplanung, die den „begrenzbaren" und „führbaren" Krieg in Europa propagiert, kommt 1981 ans Licht der Öffentlichkeit. Die Schlachtfelder sollen dabei auf das feindliche Territorium verlegt und der künftige Krieg mit konventionellen, atomaren und chemischen Waffen geführt werden. „Air-Land-Battle" ist ab 1982 für die US-Army gültig und wird in den 90er Jahren in seiner geostrategischen Ausrichtung auf alle Trikontstaaten und besonders die wichtigen Rohstoffländer er-

ZEITLEISTE 1983

29.10 Erste Anklagen wegen des Flick-Skandals
03.12. In Paris 50.000 bei Anti-Rassismus-Demo
07.12. Die Nazi-Truppe ANS/NA wird verboten
10.12. Ende der Militärdiktatur in Argentinien: Neuer ziviler Präsident wird vereidigt
11.12. Blockaden gegen Militär in Mutlangen
15.12. Gericht erklärt das Volkszählungsgesetz für verfassungswidrig
17.12. IRA-Anschlag auf Londoner Kaufhaus, 5 Tote
20.12. PLO-Machtkampf im Libanon entschieden, Arafat

weitert. „Air-Land-Battle 2000" koordiniert und beschreibt die globalen Aufgaben der NATO-Interventionstruppen.

Die NATO-Propaganda und in ihrem Schlepptau die Bonner SPD/FDP-Regierung versuchen Anfang der 80er Jahre die Bevölkerung zu überzeugen, dass die SS 20 ihre Sicherheit bedroht und dass ein Atomkrieg führbar sei. Plötzlich ist das Bedrohungsgefühl da, Deutschland solle zum Schlachtfeld werden.

Innerhalb eines Jahres entwickelt sich die bis dahin breiteste außerparlamentarische Bewegung der BRD, die Friedensbewegung. Im Wesentlichen setzt sie sich zusammen aus der alten Ostermarschbewegung, unzähligen kirchlichen Friedenskreisen, der *Aktion Sühnezeichen* und der gerade gegründeten Grünen-Partei. In dem zentralen Aufruf der Friedensbewegung, dem „Krefelder Appell", fordern Pazifisten von SPD, Grünen, DKP und diversen christlichen Basisgruppen die Rücknahme des NATO-Doppelbeschlusses. Anlässlich des Besuches des neuen US-Präsidenten Reagan 1982 gelingt es der Friedensbewegung, fast eine halbe Million Menschen in den Bonner Hofgarten zu mobilisieren. Unzählige Aktionen, von gewaltfreien Blockaden über Die-Ins bis zu lokalen Demos kennzeichnen die Jahre 1981-83. Die Bewegung erreicht eine bis dahin nie gekannte Breite. In ihrer politischen Ausrichtung bleibt sie sehr eng auf die Rücknahme des NATO-Doppelbeschlusses fixiert, und die Politprofis von Petra Kelly über Jo Leinen bis zu Robert Jungk verpflichten die Bewegung auf strikte Gewaltfreiheit.

Für die bundesdeutschen Autonomen und Antiimperialisten ist das nicht hinnehmbar. Mit Verweis auf die erfolgreichen Revolten und Revolutionen von der Pariser Commune über den Oktober 1917 in Russland bis zur Niederschlagung der Novemberrevolution in Deutschland sei es „lächerlich, sich auf Massenaufmärsche, Appelle, Gewaltfreiheit etc. zu beschränken", schreiben West-Berliner Autonome im Sommer 1983. Denn wenn die Lage so ernst sei und es bald wirklich Krieg gebe, wie die Friedensbewegung behaupte, hätten die „Völker das legitime Recht, sich zu befreien". Die Autonomen kritisieren besonders die Ausklammerung der „Systemfrage" und die Kungelei mit der Gegenseite im Vorfeld von größeren Aktionen, was nur Ausdruck eines positiven Staatsverständnisses der selbsternannten Führer der Friedensbewegung sei: „Was steckt da für ein blindes Vertrauen hinter einem System, das täglich Gewalt ausübt, sei es durch Unterstützung von Folter, Mord und Intervention in der Dritten Welt, Arbeitslosigkeit, Vergewaltigung, Sozialabbau und Kriegsvorbereitung hier." (zitiert nach der *radikal* Nr. 120 vom Sept. 1983). Die Berliner Autonomen werfen Kelly, Leinen und Konsorten vor, bewusst die Friedensbewegung zu spalten und die Linksradikalen auszugrenzen.

ZEITLEISTE 1984

muss mit seinen Truppen ins Exil

30.12. Erste Pershing II Raketen in Mutlangen gefechtsbereit

31.12. Putsch in Nigeria

1984

01.01. Die am 12.12.83 verhafteten DDR-Oppositionellen Bohley und Poppe treten in den Hungerstreik um nicht ausgebürgert und in den Westen abgeschoben zu werden

Dabei haben die Linksradikalen selbst die ersten Akzente der neuen Friedensbewegung gesetzt. Der 6. Mai 1980 ist so etwas wie die mediale Geburtsstunde der autonomem Bewegung. Überall in der BRD sind 1980 öffentliche Rekrutengelöbnisse angesetzt, um die Bevölkerung propagandistisch auf die Militarisierung des Alltags und die Aufrüstung der NATO und der Bundeswehr einzustimmen. Dagegen formiert sich Widerstand. Am 6. Mai kommt es zu einer folgenschweren Konfrontation. Während 10.000 Antimilitaristen das Bremer Weserstadion blockieren, greifen einige hundert Militante diverse Bundeswehrfahrzeuge an und setzen sie in Brand. Im weiteren Verlauf kommt es zu heftigen Konfrontationen mit Bullen und Feldjägern. „Krieg dem Krieg", lautet die eingängige Parole der von der Presse zum ersten mal als „Autonome" bezeichneten Militanten. Es geht nicht nur um die Störung der Rekrutengelöbnisse, sondern um den Kampf gegen die NATO, gegen die „imperialistischen Kriegsvorbereitungen" und das „Schweinesystem" überhaupt.

Zwei Jahre später kommt Reagan nach Bonn, und 400.000 demonstrieren brav im Bonner Hofgarten. Kurz zuvor wird noch ein Vertreter einer Befreiungsbewegung ausgeladen, weil dieser sich nicht auf die Gewaltfreiheit festlegen will. Einen Tag später kommt Reagan nach West-Berlin, und dort knallt es am Nolli gewaltig (siehe voriges Kapitel „Die Bewegung kehrt zurück in die Städte"). Es kommt zu einer stundenlangen Randale.

Fast genau ein Jahr später kommt der US-Vizepräsident Bush im Juni 1983 nach Krefeld. Die Hetze gegen die Autonomen und Antiimperia-

Zeitleiste 1984

01.01. Die Salvadorianische Guerilla sprengt die größte Brücke des Landes
01.01. Brunei wird unabhängig
18.01. In der DDR werden neue Atomraketen in Stellung gebracht
18.01. Generalstreik in Uruguay mit politischen und sozialen Forderungen
22.01. Die marokkanische Bevölkerung antwortet auf die Preissteigerung für Lebensmittel mit Randale
24.01. Der Bundesgerichtshof urteilt, dass festgenommenen

listen nimmt gewaltige Ausmaße an, und auch die Führer der Friedensbewegung beteiligen sich kräftig daran. Wieder kommt es zu getrennten Demonstrationen, und so haben die Bullen es nicht schwer, mehr als 1000 Militante einzukesseln. Bushs gepanzerte Karre bekommt trotzdem ein paar Steine ab, diese Bilder gehen um die Welt.

Die Linksradikalen sind ziemlich isoliert und leicht berechenbar geworden. Hinzu kommen auch interne Zwistigkeiten. Im Vorfeld der Krefeld-Demo haben Hamburger Autonome den Aufruf der Autonomen und Antiimperialisten deutlich kritisiert: Zum einen bringe das wechselseitige Abgrenzen durch die Gewaltfrage keine der beiden Seiten auch nur einen Schritt weiter. Darüber hinaus schreiben sie: „Wir müssen aber verhindern, dass von unserem Kampf gegen die Macht der Konzerne, die Ausbeutung hier und in den Peripherieländern, gegen die Unterdrükkung der unteren Schichten zur Aufrechterhaltung des Kapitalismus im Bewusstsein der Menschen nichts weiter hängen bleibt als ‚Anti-Amerikanismus'" (*radikal* Nr. 120). Die BRD sei keineswegs nur Opfer der neuen NATO-Doktrin, sondern die Schmidt-Regierung habe diese mit formuliert und die BRD-Konzerne profitierten weltweit von der militärischen Kooperation und dem Schutz durch die USA.
Weiter gehen die Hamburger mit der „lügnerischen Selbstüberschätzung" ins Gericht, die sich bezugnehmend auf den 6. Mai 1980 in Bremen und den 10./11. Juni 1982 in Bonn und Berlin darin äußere, die Imperialisten seien „jedesmal auf die Schnauze gefallen" in ihrem Versuch, „Zustimmung für ihre Mordpolitik zu kriegen" (so der Aufruf). Des weiteren werden solche Sprechblasen wie „den Widerstand zur Front für die Revolution in der Metropole entwickeln" aufs Korn genommen. Gefordert wird der Aufbau einer sozialen Basis im antiimperialistischen Kampf, weg vom bloßen militanten Aktionismus, hin zu einer längerfristigen Orientierung und festen politischen Struktur.
Das Hamburger Papier beschreibt das Dilemma der Autonomen ganz gut. Die Militanten beteiligen sich in der Zeit von 1980 bis 1984 an diversen Störaktionen von Munitionstransporten, Manövern; sie führen spektakuläre Demonstrationen und Aktionen gegen die Militärmesse IDEE in Hannover durch und blockieren mit mehreren Tausend im (dann doch nicht so heißen) Stationierungsherbst 1983 die US-Verladestationen in Bremerhaven. Doch meist fehlen in der Vorbereitung die Autonomen aus den größeren Städten und überlassen den kleinen lokalen linksradikalen Gruppen die Mühsal der Koordination mit dem reformistischen Teil der Friedensbewegung.
Am Aufbau einer linksradikalen, bundesweiten Struktur beteiligen sich besonders die West-Berliner nahezu gar nicht. Die Szene fährt gerne zu den großen Events oder zur Startbahn und nach Hildesheim zur Manöverblockade. Aber bei den überregionalen Treffen der unabhängigen Friedensbewegung glänzen die Linksradikalen weitgehend durch Abwesenheit. So ist es logisch, dass der politische Einfluss der Autonomen auf die breite Masse der Friedensbewegung sehr gering bleibt. Im Gegensatz zur Anti-AKW-Bewe-

Plakate und Stör- Aktionen gegen „Bombenzüge"

ZEITLEISTE 1984

Demonstranten nicht die Kosten des Polizeieinsatzes berechnet werden dürfen
30.01. Auf den Philippinen demonstrieren 500.000 Menschen gegen die von der Regierung vorgesehene Verfassungsänderung
09.02. Diepgen wird neuer West-Berliner Bürgermeister
10.02. RZ-Anschlag auf türkisches Konsulat
17.02. Die SPD ist nicht mehr gegen das geplante Privatfernsehen
23.02. ETA erschießt einen baskischen Senator

gung gelingt es den Autonomen zu keinem Zeitpunkt, ihre politische Kritik an der einseitigen und die Systemfrage ausblendenden Orientierung von Kelly, Leinen & Co über ihren Szenerand hinaus zu verbreiten. Nur dort, wo sie Teil der Bewegung sind, wie in der Anti-Startbahn-Bewegung, gelingt es den Autonomen, am Beispiel der Funktion und Bedeutung der US-Air-Base in Frankfurt antiimperialistische (und eben nicht anti-amerikanische) Positionen in der Antikriegsbewegung ansatzweise zu verankern.

Am wirkungsvollsten gelingt dies den RZ. In einem langen Papier „Krieg-Krise-Friedensbewegung" vom Dezember 1983, das in Auszügen in der *taz* veröffentlicht wird, formulieren die RZ eine fundierte Kritik an der Friedensbewegung. Weder werde der Zusammenhang von Krise, Krieg und Neuformierung der weltweiten Ausbeutung thematisiert, noch werde der Imperialismus politisch angegriffen. Auch die veränderte Rolle und neue Abhängigkeit des Ostblocks („ein blinder Fleck in der politischen Geografie der Linken") vom kapitalistischen Zentrum und die offensichtliche Ruinierungsstrategie durch den von der NATO begonnenen neuen Rüstungswettlauf werde nicht angesprochen. Dieses Papier löst in den verbliebenen Resten der Friedensbewegung eine selbstkritische Debatte aus und findet sogar dort verbreitete Zustimmung.
Für viele Autonome ist es wegweisend. Die RZ formulieren einiges, was sich später in den Analysen der Anti-IWF-Kampagne und den *Beiträgen für einen Neuen Antiimperialismus* wiederfindet.
In diesem Papier gießen die RZ auch einige Kübel Kritik über die Autonomen bzw. ihre Rolle in der Friedensbewegung aus: „Die Orientierung des autonomen Spektrums an der Friedensgemeinde hat jedoch nicht zu der erhofften Vielfalt unterschiedlicher Aktionsformen, zur Synthese von Massenprotest und Militanz geführt, sondern zu deren Anpassung an einen von Realpolitikern kontrollierten Rahmen." Das ist nicht nur hart, sondern auch falsch. Denn erfolgreiche Versuche, sich in der praktischen Aktion mit Teilen der Friedensbewegung zusammenzutun, wie bei den Störaktionen gegen die Munitionstransporte oder den Manöverbehinderungen, hat es vielfach gegeben. Doch haben die Obergurus es immer wieder verstanden, die Gewaltfrage zur rituellen Ausgrenzung der „Bösewichter" zu nutzen (und dafür von den Autonomen auch einige gute Vorlagen geliefert bekommen). Oft hat es den Anschein, als seien wir Autonome für Kelly, Leinen und Konsorten gefährlicher gewesen als die NATO-Generäle aus dem Brüsseler Hauptquartier.

ZEITLEISTE 1984

26.02. Die letzten italienischen und us-amerikanischen Soldaten verlassen Beirut
01.03. Härlin und Klöckner werden wegen der *radikal* zu zweieinhalb Jahren verknackt
04.03. Für den Fortbestand der Privatschulen in Frankreich demonstrieren 800.000
07.03. Beim Fischereistreit entert die französische Flotte spanische Boote und verwundet zwei Fischer durch Schüsse

5. Autonome an der Startbahn West

Die Pläne für eine Erweiterung des Frankfurter Flughafens existieren seit Anfang der sechziger Jahre und fast ebenso lange auch der Protest der Anwohner dagegen. Zeitlich ergibt sich die günstige Konstellation, dass die heiße Phase des Ausbaus mit dem Höhepunkt der Bewegung von '80/'81 zusammentrifft. Ebenso treffen die unterschiedlichsten Begründungsstränge gegen die neue Startbahn zusammen. Unerträgliche Lärmbelästigung inklusive Minderung des Eigenheimwertes in Mörfelden-Walldorf und Umgebung, das Abholzen von drei Millionen Bäumen inklusive Zerstörung eines Naherholungszieles, ständiger Wachstumszwang des Kapitalismus ohne jeden Sinn und Verstand,

durchgesetzt mit polizeistaatlichen Mitteln, und einer NATO-Aufrüstungsdoktrin („Air-Land-Battle 2000"), die in Westeuropa mehr Startbahnen für Galaxy-Bomber und -Transporter verlangt. In der BRD gibt es bis dato nur die US-Basis Ramstein, von der diese größten NATO-Flugzeuge abheben können. Da die NATO ab Ende der Siebziger auf den verstärkten Einsatz von „rapid-deployment-forces" (schnelle Eingreiftruppe) zur Intervention in Krisenherden und zum direkten Kriegseinsatz setzt und es nach US-Außenminister und Kriegstreiber Haig „Wichtigeres als den Frieden" gebe und „die gesamte Welt in der Tat Sache der NATO sei", sollen entsprechende Fakten geschaffen werden. Die US-Air-Base auf dem Frankfurter Flughafen muss diesen Bedingungen angepasst werden.

All dies ruft natürlich auch Autonome auf den Plan, und die Nähe des Flughafens zur Stadt Frankfurt, mit einer damals noch starken und militanten Szene, vereinfacht die Bedingungen für den Widerstand. Das Stichwort „NATO-Startbahn" wird zur Klammer zwischen Teilen der Friedensbewegung, den Autonomen und bürgerlichen Startbahngegnern. Den Autonomen geht es mehr um den NATO-Aspekt und möglichen antikapitalistischen Widerstand, den Bürgern eher um die Lärmbelästigung und die Zerstörung des Waldes.

Auch hier, wie später in Wackersdorf, macht ein undifferenziertes Bullenvorgehen die Bürger für Militanz mehr als empfänglich. Ein Polizeiknüppel auf dem Kopf ersetzt fünf Diskussionen, zehn Veranstaltungen und 20 Flugblätter. Die Gewalt des Staates ist nichts Abstraktes für die, die in den Wald

ZEITLEISTE 1984

23.03. Sieben Grüne werden aus der Türkei gewiesen weil sie gegen Folter demonstriert haben

24.03. Auf Italiens Straßen 700.000 gegen die Wirtschaftspolitik

27.03. Protesttag in Chile: Vier tote Demonstranten

30.03. Der Westen fürchtet um sein Öl, da der Irak beginnt, iranische Tanker im Persischen Golf zu bombardieren

01.04. Mittlerweile drei Mio. Afghanische Flüchtlinge in Pakistan

02.04 Fünfzig Tote bei Anschlag in Jerusalem

gehen und dort einer Gewaltmaschinerie ohnegleichen begegnen. Das erste Hüttendorf wird im November 1981 von diversen SEK-Einheiten gegen lediglich passiven Widerstand brutal geräumt, eine anschließende Protestdemo in der Frankfurter Rohrbachstraße eingekesselt und auf alles eingeschlagen, was sich dort befindet.

Am Wochenende nach der Hüttendorfräumung sollen die Bullensperren im Wald aktiv überwunden werden, mehr als 20.000 Menschen, teilweise gut ausgerüstet, machen sich auf den Weg. Teile der Startbahn-BI verhindern durch eine Strategie der Verhandlung und Abwiegelung erfolgreich die militante Wiederbesetzung.

Es kommt zu erregten Debatten unter den Startbahngegnern, und es gibt etliche weitere Versuche, die Militanten auszugrenzen. Glücklicherweise bleibt es bei den Versuchen, da viele Bürger sich radikalisieren und ordentlich Wut im Bauch haben. Die konservativen Vertreter in den BIs können sich nicht gegen die breite Stimmung durchsetzen

So kommt es, dass ehemals brave Bürger Mollis in den Wald transportieren und bei nächtlichen Aktionen auskundschaften, wo die Bullen stehen. Die Wut ganz normaler Menschen steigt noch weiter, als ein Volksbegehren gegen die Startbahn – es sind bereits mehr als 220.000 Unterschriften gesammelt – von der hessischen Landesregierung als irrelevant abgetan wird, weil es schließlich um Bundesinteressen gehe. Auf einer Großdemo in Wiesbaden am 14. November 1981 sollen die Unterschriften dem Parlament übergeben werden. Es demonstrieren 150.000 Menschen friedlich, und immerhin 10.000 schließen sich dem auf der Abschlusskundgebung ergangenen Aufruf zur Flughafenblockade am Tag darauf an. Das damals noch einzige Terminal ist über Stunden dicht, ebenso die am Airport vorbeiführende Autobahn. Bullenhubschrauber landen darauf und spucken SEK-Schläger aus, vor laufenden TV-Kameras kommt es zu wüsten Prügelorgien, und so ist man auch mit der *Tagesschau* live vor Ort.

Im Anschluss gibt es die ersten Sonntagsspaziergänge, neue Hüttendörfer werden errichtet, und die *taz* weiss in ihrer Montagsausgabe jedesmal zu berichten, wie viele von den Betonstreben der Startbahnmauer an diesem Wochenende geknackt worden sind. Die Methode ist relativ simpel. Eine autonome Kleingruppe bzw. eine oder zwei Handvoll Menschen schnappt sich einen halbwegs stabilen Baumstamm, schiebt ihn zwischen zwei Streben, und mithilfe einfachster physikalischer Kenntnisse bezüglich der Hebelwirkung gelingt es binnen kürzester Zeit, eine solche Betonstrebe zu knacken. Teilweise liegt die Zahl geknickter Streben pro Sonntagsspaziergang im dreistelligen Bereich.

Der Startbahn-Widerstand wird schnell zu einem gewissen Mythos und zieht daher die Autonomen auch in den nächsten Jahren bundesweit an und ist vor allem Kristallisationspunkt für die Rhein-Main-Szene.

Zeitleiste 1984

09.04. Nicaragua klagt gegen die USA wegen der Verminung seiner Häfen
11.04. Australien singt nicht mehr „God save the Queen" als Nationalhymne
13.04. Lothringische Stahlarbeiter zu 30.000 in Paris gegen Zechenschließung
14.04. Da die Startbahn in Betrieb geht, Randale im Wald und in Frankfurt
15.04. Gegen Uranbergbau und Atomrüstung 250.000 Australier unterwegs

Ein Monat Startbahn im Hüttendorf

Das erste Dorf war geräumt, und wir hörten in Berlin, dass der Bauplatz besetzt werden soll. Also auf in den Wald. Zu zweit nach Hessen getrampt mit Helm und Bundeswehrschlafsack, der keinen Reißverschluss mehr hatte, keine Isomatte (gab's die damals überhaupt schon?) und das bei Bodenfrost. Im Dorf ca. 20 Hütten und 50 Bewohner. Einen Kilometer entfernt das gerodete Gelände. An den Seiten die Betonstrebenmauer, an der Stirnseite nur Stacheldraht.

Der nackte Samstag!

Geplant war Folgendes: 50 Nackte überwinden die Drahtsperren, in der Hoffnung, dass die Bullen nicht auf Nackte einprügeln. Hinter den Nackten sollten die mit Helmen Ausgerüsteten und im Keil danach die anderen folgen – schon ist der Platz besetzt. Soweit die Theorie. Tatsächlicher Ablauf: Die Bullen ließen, kein bisschen überrascht, die Nackten durch und prügelten auf die Nachdrängenden. Ich setzte meinen Helm auf und wurde als Provokateur beschimpft, der die Leute gefährdete, die jetzt bei den Bullen drin waren. Einer der Nudisten erzählte, dass sie jetzt Geiseln seien und wir uns ruhig verhalten sollten. Tausende fühlten sich echt verarscht. Wir wollten nach Berlin zurück, uns wurde aber geraten, noch zu bleiben, da es nächstes Wochenende bestimmt anders zur Sache gehen werde.

Und dann kam der bis jetzt geilste Monat meines Lebens. Die Küchenbrigade (mittelalte Frauen aus Walldorf) brachten täglich eine warme Mahlzeit ins Dorf, warme Klamotten wurden besorgt, im Heuschober, der 500 Meter vom Dorf entfernt stand, konnte man auch mit kaputtem Schlafsack überleben. Tagsüber Holz ranschaffen und die allabendlichen Aktionen planen. Diese schwankten zwischen Streichen und Angriffen. Zum Beispiel hatten wir einen Kohlebadeofen (wozu wir den im Wald brauchten, ohne Wasser, ist mir bis heute ein Rätsel). Der Boiler des Ofens ließ sich abmontieren. Zu zehnt

ZEITLEISTE 1984

16.04. Gegen die Militärdiktatur trauen sich 1.3 Mio. Brasilianer auf die Straße

23.04. In der Dominikanischen Republik rappelt es wegen Preiserhöhungen

26.04. SU beginnt weitere Offensive in Afghanistan

29.04. Ausnahmezustand in Sudan wegen der Erfolge der südlichen Rebellen

30.04. Blockade im Wendland, sie trotzen dem Demoverbot, ist schließlich der Vorabend des ersten Mai

01.05 In Polen sollen keine Arbeiter unabhängig demonstrie-

schleppten wir ihn 20 Meter vor die Drahtsperre. Dahinter waren die Bullen in „Gerade-nicht-mehr-Steinwurfreichweite", von ihrer Wanne aus sahen sie uns gelangweilt zu. Wir legten den Boiler auf den Ofen, so dass er ein wenig einer Kanone ähnelte, zumindest nachts, und richteten die Ofenkanone auf die Wanne aus. Die Bullen immer noch gelangweilt. Wir gaben Benzin in den Ofen und zündeten es an, sowie die Lunte aus einigen zusammengedrehten Böllern. Die Büttel begannen, leichtes Interesse zu zeigen. Dann rannten wir weg und schmissen uns zu Boden, als die Knaller hochgingen. Die Bullen sprangen in Panik in ihre Wanne und hauten ab. Zehn Minuten später kamen Spezialbullen mit Stahlhelmen im Jeep angefahren, die langsam und vorsichtig den Ofen beleuchteten, umkreisten und beschnupperten, und schließlich erbeuteten. Aber da waren wir schon woanders am Scheiße bauen (am nächsten Tag haben wir den Ofen von den Bullen zurückgefordert und bekommen).
Sonntags kamen die roten Rentner, die uns erklärten, wie sie damals in Spanien Panzergräben gebaut hatten, und die Handwerker, die Tipps gaben, wie wir den Beton knacken könnten. Bei den Schlachten, z.B. der Autobahnblockade, trugen uns alte Muttchen die Steine in ihren Einkaufskörben nach vorne. Im Gemeindehaus bei einer BI-Großversammlung erzählten sich die Eingeborenen begeistert, wie die „Auswärtische" die Bullen zum Rennen brachten.
Wenn die Polizeibeamten im Außendienst nach Walldorf kamen, lief die Bevölkerung zusam-

ZEITLEISTE 1984

ren und die Bullen versuchen dies durchzusetzen
01.05. In Chile dasselbe
01.05. In Uruguay große Demo gegen das Militär mit 220.000 Menschen
01.05. Ausnahmezustand in Kolumbien
07.05. Boock wird wegen RAF zu 3x Lebenslang verdonnert
08.05. Der Ostblock beschließt, nicht an der Olympiade in den USA teilzunehmen. Nur Rumänien macht mit
10.05. Internationaler Gerichtshof möchte, dass die US-Regierung die Blockade der nicaraguanischen Häfen aufhebt

men und versuchte sie unter Beschimpfungen aus dem Dorf zu drängen. Sie machte ihnen klar, dass sie hier einen deutlich geringeren sozialen Status genossen als ein stinkender zerlumpter Besetzerpunk aus Berlin. So was ging ans Herz.

Es gab einem einen Eindruck von Nicaragua, vom November 1918 oder ähnlichem, wie es sein könnte, mit dem Volk gegen die Deppen und Spießer zu stehen. Zu der Zeit hätten uns die Wenden in Gorleben noch gerne auf den Scheiterhaufen gewünscht, wenn wir dort einen Stein warfen.

So nah am gemeinsamen Leben, Arbeiten und Kämpfen war ich bis jetzt nicht noch mal. Erst am 1. Mai 1987 und später im Wendland hatte ich, wenn auch kürzer, das Gefühl, kein Alien zu sein, sondern Teil des Volkes oder der Bevölkerung, falls das Wort „Volk" dem werten Leser wie eine Gräte im Halse sitzt.

ZEITLEISTE 1984

11.05. Neunter Protesttag in Chile

16.05. Das Amnestiegesetz für Parteispendentrickser wird zurückgezogen

16.05. Der erste westliche Kredit für die SU nach dem Afghanistan-Einmarsch

17.05. Weil in Indien Moslems und Hindus aufeinander losgehen, gibt es 230 Tote

25.05. An El Salvador gehen 62 Mio. $ Militärhilfe aus den USA

Teil 2
„Bildet Banden!“
Autonome Gruppen 1984 bis 1987

Einleitung

Zwischen 1983 und 1987 kann von einem Hochgefühl innerhalb der Bewegung keine Rede mehr sein. Zwar profitieren einzelne Bereiche noch vom Rückenwind der Bewegungen zu Beginn der 80er, insgesamt ist jedoch eine Auffächerung der Strömungen festzustellen und Massenmobilisierungen werden seltener. Das „Wir-Gefühl“ und der starke Handlungsdruck der Bewegung erfasst längst nicht mehr so viele Menschen. Vielfach versuchen autonome Gruppen die Erfahrungen und Energien der Bewegungszeit weiterzutragen. Die politischen und sozialen Strukturen sind informell und meist persönlich begründet, nichtsdestoweniger aber handlungsfähig.
Die Interessen von uns, den Autoren, verändern sich in dieser Zeit. Wir nehmen mehr von dem wahr, was sich in anderen Städten oder politischen Bereichen abspielt. Wenn wir in den folgenden Beiträgen von „den“ Autonomen sprechen, so handelt es sich meistens um West-Berliner Autonome. In anderen großen Städten und in der „Provinz“ spielt sich manches anders ab: Dort gibt es weniger Anonymität, weniger Ausweichmöglichkeiten, die Leute kennen sich besser und länger. Auseinandersetzungen wirken sich also stärker auf die sozialen Verhältnisse aus, und auch die staatliche Gegenseite blickt besser durch. Deshalb wird dort Streit häufig weniger dramatisch ausgetragen, oder – wenn es doch dazu kommt – umso folgenreicher. Entwicklungen werden manchmal zeitverzögert aus den „Metropolen“ importiert oder auch nur erstaunt zur Kenntnis genommen.
Die Zukunftsprognosen sind allgemein eher pessimistischer geworden: „1984“ ist in aller Munde (Orwells düstere Gesellschaftsvision). Die bundesdeutsche Wohlstandsgesellschaft scheint nach der Machtübernahme der CDU noch monolithischer zu sein. SPD und Grüne passen sich an, spielen bei den Privatisierungen und der Entpolitisierung der Gesellschaft mit. Der Reaktorunfall in Tschernobyl 1986 passt in dieses düstere Bild.
Für „Neue“ ist der Zugang zur Szene schwierig. Ihnen werden wenig Erfolgserlebnisse, wenig offene Orte oder Gruppen geboten. Mit dem Abflauen der Bewegung einher gehen innere Konflikte und Depressionen, Abkapselung und Rückzug auf vermeintlich sicheres Terrain. Das wirkt auf die meisten nicht gerade anziehend.
An die Stelle der Besetzerräte tritt in Berlin die Vollversammlung (VV), die zu allen möglichen Gelegenheiten, vor allem vor Großaktionen, von unterschiedlichen Gruppen einberufen wird. VVs sind mal gut, mal gar nicht vorbereitet. Sie können aus 50 oder 500 Leute bestehen und im Einvernehmen, im Schweigen, im Streit oder auch in einer spontanen Aktion auf der Straße enden. Die VVs verlaufen normalerweise ohne strukturierte Diskussion, ohne Redeleitung, ohne Abstimmung. Sie werden oft von einigen Machern dominiert. Viele sind davon genervt. Doch ohne vorherige VV, zur Klärung der Stimmung und der absehbaren Unterstützung bzw. Mobilisierung der Szene, gibt es keine großen Demonstrationen oder Aktionstage.
Für viele Beteiligte ist autonome Politik kein Fulltimejob mehr. Der verstärkte Zwang zur Lohnar-

ZEITLEISTE 1984

28.05. 100.000 Metaller für die 35-Stunden-Woche in Bonn
29.05. 400 Stinger Raketen von den Amis an Saudi Arabien geliefert
01.06. Nach mehrtägigen Kämpfen zwischen den streikenden britischen Bergarbeitern und den Bullen wird der Gewerkschaftschef Scargill verhaftet
04.06. Proteste gegen Besuch des südafrikanischen Premiers in Bonn
05.06. Die indische Armee stürmt einen Sikh Tempel im Punjab, 1000 Tote

beit, die ersten Kinder und/oder auch Zweifel am eigenen Tun lassen viele an den Rand der Szene rutschen. Aus individuellen oder auch kollektiven Besinnungsphasen, aus dem Bedürfnis, mal genauer zu diskutieren, wo und wie es politisch weitergehen soll, wird bei nicht wenigen der Abschied auf Raten. Wenn dazu wichtige Kontakte wegbrechen, weil man nicht jeden zweiten Tag bis zur letzten Runde im *EX* (der wichtigsten Szene-Kneipe) verbringt, und die alten Weggefährten sich zurückziehen, während um einen herum immer mehr Jüngere oder Neue sich tummeln, setzt sich eine verhängnisvolle Spirale in Gang, an deren Ende für viele der Ausstieg aus dieser Art von Leben steht. Es gibt wenig Platz für Ältere, für Leute die voll arbeiten und für Eltern. Erst im Verlauf der nächsten Jahre ergeben sich nach und nach einzelne Gegenbeispiele, indem Leute in ehemals besetzten Häusern oder in WGs eine Balance zwischen alltäglichen Zwängen und politischer Arbeit entwickeln. Für die meisten bleibt „autonom sein“ eine Lebensphase, die Anfang 30 endet.

Es gibt keine verbindende Strategie, keinen politischen roten Faden der Autonomen in der BRD. Die militante Ausdrucksform der Autonomen wird zunehmend wichtiger. Die Auseinandersetzung „Autonome gegen den Staat“ entwickelt ihr Eigenleben, wird von manchen als scharf empfunden und von den Medien aufgegriffen, die die Konfrontation teilweise gehörig aufblasen. Die weiterhin vergleichsweise starke Mobilisierungskraft der Autonomen führt zu absurden Vorstellungen über ihren Organisierungsgrad. Über die Medien wird „den Autonomen“ eine

Jeeeeaaaaow!
Manchmal, aber eher im Rückblick, war es wie eine Szene aus einem alten Zeichentrickfilm: Da rennt jemand, ohne auf den Weg zu achten, über die Kante des Abgrunds hinaus, und du fragst dich, wann er wohl abstürzen wird? Natürlich erst, wenn er merkt, wo er sich befindet. So war das mit der Bewegungspolitik ohne Bewegung. Wenn ich nicht nach unten sehe, komme ich vielleicht drüben an. Ich tue einfach so, als ob ich nichts merke. Ich warte auf die nächsten Demos und Anlässe, oder schaffe sie selbst. Ich finde neue Musik, die mich nach vorne treibt. Ich finde neue Freundschaften, Menschen, die mit mir die Unversöhnlichkeit mit den Zuständen teilen. Ich mag keine Leute, die dieses Leben in Frage stellen, mich darin verunsichern wollen, meine Energie nicht teilen. Immer immer immer immer weitergeh'n! Und vielleicht finde ich ja unterwegs noch etwas Neues... . Nebenbei: Etwas Zeit vor Gericht und im Knast verbracht, eine Ausbildung mehr schlecht als recht zu Ende gemacht, ein Arbeitskollektiv mitgegründet, um irgendwie über die Runden zu kommen, keine glückliche Liebesbeziehung zu Stande gekriegt. Und trotzdem war das insgesamt gar keine so schlechte Zeit. Versteht das jemand?

ZEITLEISTE 1984

18.06. Die Hamburger Chemiefirma Boehringer darf ihren Dioxinmüll nicht mehr einfach auf ihrem Gelände hinschmeißen
01.07. In Liechtenstein ab jetzt Frauenwahlrecht
02.07. Sechs RAF-Kämpfer werden in Frankfurt abgegriffen
20.07. Die Britischen Hafenarbeiter beenden ihren Solidaritätsstreik für die Bergarbeiter nach 19 Wochen
24.07. Der KUKuCK, ein wichtiges West-Berliner Haus, wird geräumt
25.07. Autonome Tierschützer lassen 2000 Hühner frei

gesellschaftliche Macht zugewiesen, die sie real nicht haben. Dieses Machtgefühl wird aber auch in Teilen der Szene empfunden.
Längst nicht alle Autonome schmeißen Steine oder Mollis, und längst nicht alle, die das tun, sind Autonome. Doch das Klischee vom maskierten Gewalttäter verfestigt sich in diesen Jahren.
Die autonome politische Praxis bleibt vielschichtig, reicht von kleinen Basis-Initativen bis zur Beteiligung an Großdemos, von Medien-Arbeit bis zu klandestinen Gruppen, von der Reise mit der Soli-Brigade nach Nicaragua bis zur antifaschistischen Recherche-Arbeit.
Autonome beteiligen sich an vielen Aktivitäten: An der Verhinderung der staatlichen Volkszählung 1983. An Aktionen gegen Krieg, Aufrüstung und Militarisierung 1983/84. Am abflauenden Widerstand gegen die Startbahn-West, der selbst noch nach deren Inbetriebnahme 1984 weitergeht. An der Kampagne zur Verteidigung Nicaraguas gegen die Angriffe von „Contra" und CIA 1983/84. Am Widerstand der Anti-AKW-Bewegung gegen die Projekte der Atommafia im Wendland 1983 bis 1985 (Zwischenlager) und Wackersdorf 1985 bis 1987 (Wiederaufarbeitungsanlage). An Solidaritätsaktionen mit dem Hungerstreik der RAF-Gefangenen 1984/85. An der Mobilisierung gegen den Bonner Weltwirtschaftsgipfel 1985, die die fünfzehn Jahre später aufkommende (Anti-)Globalisierungs-Bewegung vorwegnimmt. An Solidaritätsaktionen mit dem Befreiungskampf in Südafrika 1985. An den Protesten gegen die US-Bombardierung Libyens 1986. An der Verteidigung der Hamburger Hafenstraße gegen die Räumungspläne des SPD-Senats 1986/87. An Aktivitäten gegen rassistische staatliche Asylpolitik ab Mitte der 80er Jahre. An der überregionalen autonomen Zeitschrift *Unzertrennlich* 1986/87 und diversen regionalen Szene-Zeitschriften.
Viele dieser Themen werden von autonomen Kleingruppen mit Anschlägen gegen Firmen oder staatliche Einrichtungen begleitet. Meistens werden Scheiben eingeschlagen und Mollis hinterhergeworfen, einige experimentieren mit selbstgemachtem Sprengstoff. Es gibt aber auch andere Formen der illegalen Aktionen: Gefälschte Behördenbriefe, mit denen der Staat lächerlich gemacht wird; verklebte Türschlösser von Sex-Shops oder Fahrkarten-Automaten; demolierte Autos von Neo-Nazis; umgelegte Hochspannungsmasten an Atomkraftwerken. Auch die Herstellung unzensierter Zeitschriften, die regelmäßig Bekennerschreiben zu Anschlägen oder Debatten über militante Politik abdrucken, ohne sofort beschlagnahmt zu werden, wie etwa die *radikal*, gehört zur illegalen Arbeit von Autonomen.
Die Umwandlung von einer Massenbewegung in mehrere Teilbewegungen und Gruppen hat für uns diese Phase der 80er Jahre geprägt. In den einzelnen Unterkapiteln wird diese Zeit beschrieben: Wandlungsprozesse des autonomen Alltags, Teilbereichskämpfe in Sachen Atomkraft und Internationalismus, das Verhältnis zu „Anti-Imperialisten" und der RAF sowie zu den *Revolutionären Zellen/Rote Zora*, und als Schwerpunkt die sich verändernde Bedeutung der Militanz und der militanten Intervention der Autonomen in politisch-gesellschaftliche Prozesse.

ZEITLEISTE 1984

02.08. Bombenanschlag auf indischen Flughafen wegen Sri-Lanka-Konflikt, 32 Menschen getötet
04.08. Nazistress bei Chaostagen in Hannover
07.08. Die Marine Sri Lankas beschießt einen Küstenort, 100 tote Tamilen
11.08. Reagan kündigt die sofortige Bombardierung der SU an und weiß nicht, dass er schon auf Sendung ist
21.08. In den Philippinen demonstrieren 500.000 gegen die Regierung
22.08. Erneut 70 Mio. $ US-Militärhilfe nach El Salvador

Autonomer Alltag in West-Berlin nach der Besetzerzeit

Nach den Vertragsabschlüssen und Räumungen verändert sich der Alltag der ehemaligen Besetzer erheblich.

In den Vertragshäusern ist in aller Regel für die längere Umbauphase keine Miete fällig. Es müssen aber Eigenleistungen in Form zahlreicher Arbeitsstunden abgeleistet, vielfältige Bau-Entscheidungen diskutiert und gefällt werden. Die Unterschiede in Kenntnis und Motivation führen zu zahllosen Sonder-Plena und Fetzereien über Hierarchien und Expertentum. Die allermeisten trifft es unerwartet, dass ihr Leben über viele Jahre nur noch durch die Bauerei bestimmt werden soll. Viele Ex-Besetzer haben sich zusätzlich an Studium oder Arbeit orientiert. Sie fallen aus allen „politischen Zusammenhängen" raus. Es gibt nur wenige Häuser, die ihr Ziel, das abgesicherte Haus zur Ausgangsbasis ihrer politischen Arbeit zu machen, auch tatsächlich einhalten können. Dabei stoßen sie häufig auf abwertende Kommentare der ehemaligen Nichtverhandler („Häuslebauer!").

ZEITLEISTE 1984

23.08. Monarchistischer Anschlag auf iranischen Bahnhof, 18 Tote

24.08. In Kolumbien Waffenstillstand zwischen Regierung und Guerilla-Gruppen

03.09. Unruhen in Südafrika, 38 Tote in den Johannesburger Vorstädten

05.09. Zehnter Protesttag in Chile

14.09. Im Spanischen Saragossa rassistische Krawalle gegen Roma

20.09. Bombenanschlag auf US-Botschaft in Beirut

Die folgenden Zitate stammen aus dem Schwerpunkthema „Alltag“ der Nr. 2 der damals neuen Autonomen Zeitung *Unzertrennlich* (April/Mai 1986). Trotz des Titels werden viele Trennlinien deutlich.

UNZERTRENNLICH
Autonomes Info · Probeexemplar Nr. 2
Inhalt

„Etablierung, Generationskonflikte und die Scene“ Schwerpunktthema der „Unzertrennlich“ Nr. 2

Einer der politisch Aktiven wehrt sich: *„Etabliert sei ich, weil ich a) nicht von Sozialhilfe lebe, b) gerade versuche, meine Berufsausbildung fertig zu machen (...), c) nicht mehr unhinterfragt auf jede Demo rase, sondern dies an den Inhalten und deren Bedeutung für mich messe, d.) die Kiezküche selbst mit angeleiert habe, als Möglichkeit, Leute mal anders mitzukriegen, und nicht nur auf Demos, Treffen, Veranstaltungen und schlechten Kiezdiscos, e) ich in einem der „etablierten Häuser“ gelebt habe (...) f) und ich wieder individueller drauf bin als früher.(...) oft wurde mit Kollektivität so umgegangen, dass ein Mensch – egal ob Wohn-, Polit- oder sonst irgendeine Gruppe – nur noch darüber definiert wurde und nicht mehr als Individuum. (...) Etablierung und Entpolitisierung werden miteinander gleichgesetzt. Etablierung fängt an, sobald mensch sich in Kreisen bewegt, die Kompromisse beinhalten. Es wird nicht gefragt, ob Kompromisse ein einseitiges Arrangieren mit den Verhältnissen heißt oder ob das auch heißen kann, eigene Politik und Ideen in festgelegte Strukturen reinzutragen. Und ist es nicht etwas albern, Etablierung an 1000,- DM im Monat, Klamotten, Kindern u.a. festzumachen. Wer ist denn dann wirklich etabliert?“*

Die Nichtverhandler und unfreiwillig geräumte Verhandler machen den größeren Teil der ehemaligen Besetzer aus. Sie sind nun „Mieter“ und können sich mit diesem neuen Status oft nur sehr widerwillig arrangieren.

Ein Teil bleibt in Cliquen zusammen. Hier drängen sich viele in kleinen Wohnungen oder nutzen noch immer leerstehende Wohnungen oder wohnen billig in Häusern, die von sozial ausgerichteten Trägervereinen o.ä. verwaltet werden. Für sie hat sich zunächst nicht so sehr viel geändert: Sie können weiter vom Organisieren und Klauen leben, hängen ab oder machen Actions, je nach Situation und Stimmung. Aber im Laufe der Zeit zerfallen viele dieser Cliquen: Abhauen nach Wessiland oder noch weiter weg, einige fahren ein und müssen zwangsweise (Haftverschonungs-Auflagen) ihr Leben ändern, andere finden feste Freunde/innen oder kriegen Kinder und ziehen in kleinere Wohnungen.

Eine Frau mit Kind: *„Mit ‚etabliert‘ verbinde ich hauptsächlich äußere Umstände. Geld, Wohnung und so, weil das meistens das ist, womit du identifiziert wirst. Wenn du tolle Schuhe anhast, bist du für die Scene eher etabliert, als mit irgendwelchen alten Turnschuhen. Wo ich auf alle Fälle etabliert gewesen bin, das erste Jahr mit dem Kind, ist geldmäßig (...) und hab total genossen, dass ich das Geld benutzen konnte. Einfach mal so'n Gefühl, dass ich nicht die letzten 10 Tage im Monat nichts zu essen hab, was ich immer vorher so kannte. Da hat ich 360,- DM, am Anfang des Monats einen totalen Nachholbedarf und nach zwei Wochen gar nichts mehr. Wie die meisten Leute beim Sozi. (...) Wegen meiner Wohnung machen mich häufig Leute an. Dass ich mit Kind alleine wohne, in 'ner schönen Wohnung, und das gar nicht so schlimm finde. Mein Komfort, also Warmwasser, Zentralheizung*

ZEITLEISTE 1984

23.09. Schweizer Volksabstimmung bringt Erfolg für die AKW-Bauer
29.09. In Fulda 30.000 auf Friedensdemo
02.10. Die erste Frau in der Schweizer Regierung
05.10. Der Nazi Kühnen wird an die BRD ausgeliefert
10.10. Der Wohnungskonzern Neue Heimat zieht alle Anzeigen gegen Berliner Besetzer zurück
13.10. Demo gegen das Atomlager in Gorleben mit 4000 Leuten
19.10. Der oppositionelle Priester Popieluszko wird von polni-

und so – ich find's richtig angenehm. (...) diese wunderschöne Wohnung im sanierten, toten Haus, was keine Geschichte mehr hat. Alles sauber und weiß. Bin gebunden an komische Mietvorschriften, darf z.B. keinen Durchbruch machen, die beknackten Kühlschränke nicht bemalen (...) das ist schon ein Arrangieren mit den Verhältnissen. Wenn ich die Tür aufmache, bin ich im Feindesland, im Gegensatz zu Häusern."

Ein kleinerer Teil der Ex-Besetzer organisiert sich in Groß-WGs und muss eine relativ billige, im Vergleich zu Besetzerzeiten aber recht teure Miete zahlen. Geld spielt mehr und mehr eine Rolle.

Unsere Taxi-Genossenschaft (KTG) war im Szene-Vergleich ein etablierter Großbetrieb: 30 Leute, feste Strukturen, ein relativ hoher Stundenlohn. Über die Hälfte der Leute war Besetzer – und auch nach der Besetzerzeit waren sehr viele politisch aktiv. Die Kollektiv-Termine dienten häufig auch dem politischen Informationsaustausch. Wir erwirtschafteten Überschüsse, die wir an unterschiedliche Projekte weitergaben – das erhöhte natürlich unser Ansehen in der Szene. Der Alltag der Einzelnen sah in etwa so aus: Montag: Treffen der Wagengruppe, Dienstag: WG-Plenum, Mittwoch: KTG-Gesamt-Plenum, Donnerstag: Kinderladen, Freitag: Polit-Gruppe, Wochenende: Seminare/Treffen/Veranstaltungen – oder gar Beziehungsklärungen.

Die meisten gehen arbeiten oder organisieren sich feste Einkommensquellen. Das Leben vollzieht sich in „geregelteren Bahnen". Hier finden sich viele wieder, die ihre Kollektiv-Arbeits-Plätze während der Besetzerzeit vernachlässigt hatten.

Ein weiterer Teil der Ex-Besetzer beginnt eine neue Lebensphase, kümmert sich mehr „um sich" oder sieht keinen Sinn mehr in den aktuellen Formen linker Politik.
Im Laufe der Zeit spielen die alten Trennungen eine weniger wichtige Rolle. Es ziehen alte Nichtverhandler in die Vertragshäuser ein, weil sie zu „sonst nix mehr kommen".
So entwickelt sich auch über den Alltag die autonome Szene.
Die Arbeitsplätze in Selbstverwaltung spielen eine zunehmend wichtigere Rolle. Viele Jobber-Kleinkollektive gründen sich, haben zwar sehr unterschiedliche Formen und Zielsetzungen, können sich aber gegenseitig unterstützen und weiterhelfen. Sie bilden auch ein Rückgrat der Szene. In diesen Substrukturen werden notwendige „Selbstverständlichkeiten" organisiert: Wohnungen werden weitergegeben, Mietverträge beibehalten, um die Miete niedrig zu halten, Mietquittungen fürs Sozi organisiert, sonstige Bescheinigungen für die 1000 Ämter.
Hier gibt es auch Tipps für coole Jobs, Aushilfsbeschäftigungen bei Messen, Großveranstaltungen oder besonderen Abteilungen der Post und Reichsbahn, hier werden Erfahrungen über Zeitarbeitsfirmen ausgetauscht oder ein Mini-Streik bei einer Schneeräumfirma organisiert.
Diese Szene bildet auch den Nährboden für vie-

Zeitleiste 1984

schen Staatsschützern entführt und später getötet
20.10. 400.000 in der BRD für den Frieden unterwegs
30.10. Sieben Tote bei Generalstreik in Chile
31.10. Die indische Präsidentin Indira Ghandi wird von Sikhs aus ihrer Leibwache erschossen
02.11. Krawalle beim dritten Jahrestag der Räumung des Hüttendorfes an der Startbahn
03.11. Hunderttausende beim Begräbnis des ermordeten polnischen Priesters
04.11. In Nicaragua siegt die linke FSLN bei den Wahlen

Ha,ha, said the clown (ca.1985):
„Ich bin interessant für ein Interview, denn ich stehe stellvertretend für eine bestimmte Spezies der Abtrünnigen, die „Kulturfreaks“ (...). Gemessen wird, wie oft man zu einer Demo geht, auf Treffen oder Veranstaltungen gesehen wird oder ob einen ein „Gerüchte-Flair“ umgibt, öfters mal nachts loszuziehen und ... . Diesen Kriterien unterwerfe ich mich nicht!!! Ich seh's mal anders. Die Revolte ist vorbei. Ihr, der ich mich zugehörig fühlte, trauere ich nach. Aber nichts kann und konnte mich bewegen, den Versuch zu starten, zu retten, was nicht zu retten ist und die versprengten Reste in Kleingruppen zu konservieren, um meine damalige Identität als Rebell in der Revolte zu „scheinwahren“ (...). Dogmatismus und die absolute Linearität in der politischen Handlung vermögen nicht, Revolten weiterleben zu lassen oder sich als handelndes Individuum zu begreifen. Denn sie symbolisieren den Tod und nicht das Leben. (...) Ich bin sozusagen absolut ungläubig geworden. Und ich merke, ohne Religion und Glaube zu leben ist schwer, aber notwendig. Dies scheint mir ein wichtiger Punkt bei der jetzigen Diskussion um den „Generationskonflikt“ zu sein. So lange noch so viele unsterbliche Wahrheitsgläubige in der Scene herumspringen – wie aus dem Flugblatt ersichtlich – wird sich schwer reden lassen. Falls es nicht geht, sag ich "Tschüß, bis zur nächsten Revolte!“

le Formen organisierter Kleinkriminalität: Umsichtig organisierte Fahrräder aus der Schweiz finden hier ihre Abnehmer, Raubdrucke werden verscheuert, gefälschte Eintrittskarten ermöglichen sonst unerschwinglichen Kunstgenuss – über Rauschmittel soll gar nicht geredet werden. In dieser Zeit spielt das Konsumniveau als Gesprächs- und Auseinandersetzungsthema noch eine Rolle. Muss diese sauteure Urlaubsreise wirklich sein, jenes Markenmotorrad, bestimmte Klamotten – oder ist das der Einstieg in Anpassung, Etablierung, Verbürgerlichung?
Wichtig für die Szene sind unverändert Orte und Ereignisse. Bestimmte Kneipen, Buchläden, Infoläden und Kollektive gehören dazu. Die Ereignisse sind die Feten von Freitag bis Sonntag und die „offiziellen“ Anlässe: Demos, Kundgebungen (böse Zungen sagen: wie anderswo der Kirchgang). Und natürlich gehörst du dazu, wenn du bestimmte Kleidung trägst.
Zwei „Debütantinnen“ :
„Kohle kriegen wir noch von Eltern/BAFÖG/Jobben und da kann man gut marginalisiert tun, wenn die Gefahr der Korrumpiertheit gar nicht existenziell ist (...). Wir haben unseren früheren (Uni-)Bekannten gegenüber unheimlich viel von „der Scene“ erzählt und sind mit schwarzen Lederjacken in den heimatlichen Dahlemer Kneipen aufgelaufen, wo wir dann das „ganz andere“ Lebensgefühl/Kampfgefühl/Kollektivgefühl versprühten. Was uns nicht nur gute Kritiken einbrachte. Ob sich ein Kollektiv über Uniformierung herstellen lässt, haben sie uns zynisch gefragt. Worauf wir uns gegenseitig versicherten, dass man uns „dort unten“ eben nicht mehr verstehen könne.“

ZEITLEISTE 1984

06.11. Reagan zum zweiten mal US-Präsident
06.11. Belagerungszustand wegen der Proteste in Chile
18.11. Unruhen im von Frankreich besetztem Neukaledonien für die Unabhängigkeit
19.11. Der Chaos Computer Club knackt das Btx-System
01.12. Neukaledonien ruft die Unabhängigkeit aus
04.12. Erneuter Hungerstreik der RAF-Gefangenen beginnt
02.12. Unruhen in Sri Lanka, 100 Tote
11.12. Sabotage an NATO-Versorgungsleitungen in fünf belgischen Orten

Neben den „alten Projekten“ gibt es eine informelle Struktur. Das sind „die Alten“, die sich schon länger kennen, die den Kreis um den Ermittlungsausschuss herum bilden, die den Demoschutz des *EX*-Lautsprecherwagens übernehmen usw., die sich gegenseitig die neuesten Infos rüberschieben. Diese Struktur wird innerhalb der Szene immer wieder weit überschätzt (geschweige denn, was Bullen, Staatsanwälte usw. sich darunter vorstellen). Die Neuen meinen, es gäbe einen „Kern“, den sie finden könnten.
Bei einem Treffen im Kinderladen Mehringhof sitzen etwa 30 der „Alten“ zusammen. Thema: Wie schätzen wir die Lage ein, nachdem die VVs immer ätzender werden? Alle dreißig fangen etwa so an: „Ich kann das jetzt sehr schlecht einschätzen, bin ja inzwischen ziemlich am Rande der Szene.“ Verblüffend, niemand gehört „richtig“ dazu!
Das sieht für Neue ganz anders aus:
„Das eigentlich Interessante kam dann, als wir rauskriegen wollten, wie und wo wir uns einklinken könnten (...). Bei dem Versuch, nähere Infos zu kriegen, ließen uns manche Leute aber total auflaufen. Dass uns also tatsächlich nix erzählt wurde, wenn wir gefragt haben, was für Gruppen es gibt, was die so machen.(...).Also die Sache mit Spitzeln und so, obwohl uns zum Teil das eher so vorkam, dass sie mit ihrer Wahnsinnskonspirativität kokettierten (....).Obwohl wir uns dann langsam Zusammenhänge aufgetan haben, ist so was wie 'ne Scenestruktur immer noch recht im Dunkeln.“

Die Personen haben gewechselt – aber der Text könnte aus dem Jahr 2003 sein.

Ähnlich sind auch die Gründe, rauszufallen aus der Szene: Krankheiten, auch die von engeren Angehörigen, und Kinder.
Die „Frau mit Kind“ berichtet 1986:
„Beispiele wurden mir unter die Nase gehalten – über andere Frauen, die ein Kind gekriegt haben – Rückzug in die Innerlichkeit. Das war ein ziemlicher Zwiespalt, weil ich gemerkt hab, irgendwo hab ich so ein Bedürfnis. (...) Ich hatte das Gefühl, ich bin hypersensibel, es geht alles nach innen und ich hab gar keine Kraft mehr, mich nach außen zu verhalten. (...) Die Leute, mit denen ich zusammen war, konnten einfach mit Schwangerschaft nichts anfangen. (...) Ich hab's erst mal so reingekriegt, entweder du willst was in der Scene machen oder du willst ein Kind. (...) Mit Kind auf 'ner Veranstaltung ist für ein paar Leute mittlerweile o.k., einfach weil sie's gewöhnt sind, mein engerer Kreis von Leuten. Und viele sind einfach nur genervt, weil das heißt, dass du dich wirklich nicht so konzentrieren kannst (...) Es gibt ein absolutes Elternghetto hier. Eltern werden immer wieder abgeschnitten von der Kommunikation oder es wird nicht auf sie geachtet (...) Durch die Ignoranz von Leuten aus der Scene bin ich anderen Leuten gegenüber viel offener geworden. Ich war früher genauso ignorant, hab mich jetzt verändert, einfach weil ich gesehen hab, ich kann mehr Sachen machen und werde trotzdem nicht unpolitisch (...). Kinder werden immer mit Mütterlichkeit in Verbindung gebracht. Das kotzt mich total an. Väter werden angelächelt, wenn sie mit Kindern auf der Straße rumlaufen – bei Müttern ist das normal.“
Das waren einige der Probleme des autonomen Alltags im Jahr 1986.

ZEITLEISTE 1985

18.12. Die Stationierung us-amerikanischer Raketen in der BRD ist legal, so das Bundesverfassungsgericht
22.12. Italienische Faschisten töten 15 Leute bei Anschlag auf Zug

1985
01.01. Als erster Privatsender geht *Sat 1* auf Sendung
03.01. Nach vom IWF angeregten Preiserhöhungen machen die Ecuadorianer angeregt Krawall

2. Von Wackersdorf bis Kleve: Der Anti-AKW-Kampf geht weite

Anfang 1985 beschießt die Bundesregierung auf freundliche Aufforderung der Atomindustrie den Bau einer atomaren Wiederaufarbeitungsanlage (WAA) in Wackersdorf. Vorherige Pläne dazu im Wendland waren durch Protest und Widerstand verhindert worden. Der damalige CDU-Ministerpräsident Albrecht hatte öffentlich erklärt, eine solche Anlage sei „politisch nicht durchsetzbar".

Zeitleiste 1985

09.01. Die Bundesregierung muss zugeben, dass die US-Armee Atomminen in Deutschland lagert
10.01. Laut Arbeitsgericht ist die Aussperrung unrechtmäßig
11.01. Eine Pershing brennt in Heilbronn, drei US-Soldaten sterben
12.01. Ausnahmezustand in Neukaledonien
15.01. Nach 21 Jahren Ende der Militärdiktatur in Brasilien
15.01. RAF und *Action Directe* verkünden, eine westeuropäische Guerilla gründen zu wollen
16.01. Jamaika: Krawalle in Kingston wg. Teuerung, vier Tote

Das sonstige Atomprogramm stagniert. Die ursprünglich geplanten ca. hundert AKWs werden gestrichen. Der schnelle Brüter in Kalkar ist schon zu diesem Zeitpunkt eine milliardenschwere Bauruine. Das für AKW-Befürworter wie Gegner wichtige Symbol Brokdorf steht vor der Fertigstellung, neue Anlagen werden nicht mehr projektiert. Nun soll die WAA im angeblich politisch stabileren Bayern, genauer gesagt in der Oberpfalz, errichtet werden. Direkt nach dem Beschluss demonstrieren zigtausend Bürger in der Region gegen den Plan. Die Autonomen sind nicht nur wegen der Radioaktivität und der damit verbundenen Gefahren gegen eine WAA. Diese Anlage soll die Komplettierung des Atomprogramms bedeuten und die BRD in der Energiefrage autark machen. Die WAA ist der letzte Baustein, der den Griff zur Atombombe möglich macht. Durch die objektiven Gefahren der Atomkraft muss der Staat überwachungstechnisch aufrüsten und die Kontrolle möglichst aller ausbauen und verstärken. 🌐 19

Besetzung des geplanten WAA-Geländes in Wackersdorf, Dezember 1985

Die ersten autonomen Zuckungen dazu gibt es mit der Beteiligung an einem Sommercamp im August 1985. Dieses Camp wird im Wesentlichen von lokalen AKW-Gegnern geplant und zum größten Teil von Auswärtigen besucht, unter denen die Autonomen dominieren.

Mit der Teilnahme an diesem Camp, in dessen Verlauf der Bauplatz erstmalig besetzt wurde, sind Autonome ein Faktor im Widerstand, an dem niemand mehr vorbei kommt. Vielfältige Kontakte zu Bürgern entstehen ebenso wie zu diversen Bürgerinitiativen. Teilweise entwickeln sich Freundschaften, auf jeden Fall gegenseitiger Respekt und Interesse an verschiedenen Lebensstilen.

Prêt-a-porter
Seit diesem Sommercamp haben die beliebten Vermummungsgegenstände ihre noch heute allgemeine Bezeichnung „Hasskappen" (vorher hießen sie ganz profan Sturmhauben oder Masken). In diesem Jahr wechselte auch deren Design von gelber Augenumrandung in eine rote, was in der Kombination zum restlichen schwarz sowieso viel schöner war.

ZEITLEISTE 1985

22.01. Amnestie für *Contras*, die sich bis zum 19.06. in Nicaragua stellen
25.01. Die *Action Directe* erschießt den Direktor für Waffenexporte Frankreichs
01.02 MTU-Chef Zimmermann wird von der RAF getötet
02.02. Die RAF-Gefangenen brechen ihren Hungerstreik ab
04.02. Wackersdorf soll laut Industrie WAA-Standort werden
05.02. Die Hamburger Umweltbehörde muß zugeben, dass der Boden in mehreren Stadtteilen arsenverseucht ist
07.02. Der KBW tritt von der Bühne der Weltgeschichte ab

Durch den WAA-Widerstand kommt es seitens West-Berliner Autonomer auch zu vielen neuen Kontakten mit süddeutschen Autonomen. In der ersten Hälfte der 80er hatten die norddeutschen Hochburgen und das Rhein-Main-Gebiet im Mittelpunkt gestanden, dazu höchstens noch die süddeutsche Exklave Freiburg.

Im Dezember 1985 werden die ersten Bäume gefällt. Nach einer Demo mit 40.000 Leuten ziehen Tausende, gegen den erklärten Widerstand der konservativen Teile des Anti-WAA-Spektrums, auf die Baustelle und besetzen sie. Ein wildes Durcheinander von Bürgern, Peaceniks, Autonomen und vielen mehr beteiligt sich. Ganz prima ist die Teilnahme von bürgerlichen Aktivisten des Frankfurter Startbahnwiderstandes, können die doch den Normalos viel und noch dazu glaubwürdiger als wir von Bullenbrutalität erzählen und wie gut Verlass auf die Militanten sei. Auch dies trägt sehr dazu bei, dass die Beteiligung der Autonomen bei vielen Einheimischen von vornherein akzeptiert wird und im Widerstand nur ganz selten dieses blöde Spiel Einheimische vs. Auswärtige auf den Tisch kommt. Die Gewaltfrage ist natürlich noch eine, wird aber später viel rascher als im Wendland gelöst. Durch die Entwicklung des Widerstandes werden diejenigen Einheimischen bestärkt, die mit Auswärtigen und auch mit Militanten zusammenarbeiten wollen. Die konservativen Kräfte können sich kaum noch durchsetzen.

Richtiger Riecher
Ab Herbst 85 war mir klar, dass ich auf jeden Fall zur Bauplatzbesetzung nach Rodungsbeginn fahren würde. In West-Berlin war zu dieser Zeit nicht allzu viel los, ich war häufig im Wendland gewesen, so dass diese Beteiligung nichts grundsätzlich Neues war und auch kein Umschwenken in meinen politischen Aktivitäten. Klar hatte ich viele Bedenken, angefangen bei der Situation vor Ort, dass nämlich Bayern nicht gerade als Widerstandsregion bekannt war, und dass die CSU mit ihrem Ministerpräsidenten Strauss noch immer für Grabesstille gesorgt hatte. So war z.B. im März 1981 nach einer der wenigen militanten Demos in dieser Region von den Bullen das Nürnberger Zentrum KOMM gestürmt, alle dort anwesenden 141 Leute festgenommen und von politisch geneigten Richtern in U-Haft gesteckt worden. Die CSU hatte selbstverständlich diese Massenverhaftung gedeckt.

ZEITLEISTE 1985

20.02. In einem südafrikanischen Slum wehren sich die Bewohner gegen ihre Umsiedlung, 18 sterben dabei
20.02. Beschluß im irischen Parlament: Jetzt dürfen die da auch Kondome kaufen
27.02. Nicaragua schickt 100 kubanische Militärberater nach Hause
28.02. Neun tote Bullen nach IRA-Granatwerferangriff
01.03. Zwölfjährige Militärdiktatur in Uruguay ist beendet
01.03. Kriegsrecht und Verbot jeder politischen Betätigung in Bangladesch

Die erste Besetzung wird nach zwei Tagen mit dem damaligen Rekord von 896 Festnahmen von den Bullen beendet. Kurz vor Weihnachten kommt es zur zweiten Besetzung, die immerhin bis zum 7. Januar dauert. Teilweise beteiligen sich 10.000 Menschen daran.
Der Bauzaun entsteht, Sonntagsspaziergänge wie an der Startbahn-West folgen. Die Zeit der Zaunkämpfe beginnt. Die Bullen rüsten massiv auf, bekommen neue Wasserwerfer und dürfen zum ersten Mal in der BRD CS-Gas einsetzen. Ihre Gewalt ist völlig ungezielt und trifft alle, die sich in der Nähe des Zaunes herumtreiben, egal ob gaffender Bürger oder autonomer Chaot. Im Frühjahr '86 sterben Erna Sielka und Alois Sonnleitner am Bauzaun durch die CS-Kampfgaseinsätze, Bürger aus der Region im Alter von 63 und 38 Jahren. Im Fall von Erna Sielka lehnen die Bullen es ab, sie mit einem ihrer Hubschrauber ins Krankenhaus zu fliegen und verweigern Erste-Hilfe-Angebote durch Demo-Sanitäter.
Diese unterschiedslose Brutalität trägt entscheidend zur Radikalisierung der Bevölkerung bei.
Am Ostermarsch zum Bauzaun nehmen 100.000 Menschen teil. Die Polizei setzt 41 Wasserwerfer, die die Wasserversorgung der Region fast lahm legen, und den gesamten CS-Vorrat Bayerns gegen sie ein.
Zu Pfingsten soll ein Zeltlager stattfinden, bei dem es hauptsächlich um Diskussionen und Perspektiven des Widerstands gehen soll. Es gibt, im wesentlichen vom süddeutschen Autonomenplenum vorbereitet, ein anspruchsvolles Programm. Der GAU in Tschernobyl am 26. April 1986 lässt dies allerdings Makulatur werden.

ZEITLEISTE 1985

05.03. Der Streik der britischen Bergarbeiter endet mit einer Niederlage
08.03. Endlich dürfen wir zum Programmende im ZDF der Nationalhymne lauschen
08.03. Autobombe gegen Schiiten in Beirut, 80 Tote
08.03. Generalstreik in Bolivien
13.03. Wegen Schleyer werden die RAFler Schulz und Wagner zu lebenslang verknackt
16.03. In Belgien kommen die ersten us-amerikanischen Mittelstreckenraketen an

Nach dem GAU in Tschernobyl wurden ca. 150 Strommasten umgelegt. Eine Vielzahl von Anschlägen auf die Infrastruktur der Atommafia forderte Sachschäden in Millionenhöhe. Parallel dazu bildeten sich bundesweit mehrere hundert neue Gruppen und Initiativen, die sich neben den offensichtlichen Gefahren der Atomkraft, um ihre Ernährung sorgten und die neuesten Strahlenwerte diskutierten. Die Gegner der Atomstromerzeugung waren in dieser Zeit eine gesellschaftliche Mehrheit, die sich bis heute hält. Mit den neuen Aktivisten gab es aber wenig bis keine Zusammenarbeit, zu groß waren die politischen Differenzen. Viele standen der Grünen Partei nahe oder sogar den Sozialdemokraten. Die SPD begab sich mit aller Behäbigkeit auf eine verbale Position gegen Atomkraft.

Auf dem Pfingstcamp in Wackersdorf versammeln sich Mitte Mai 15.000 Leute, und mit tatkräftiger Hilfe vieler tausend weiterer Bürger aus der Region kommt es von Samstag bis Montag zu fast pausenlosen Schlachten am Bauzaun. Zwar haben die Bullen vorher stolz verkündet, dass der neue, bereits zweite Spezialzaun nicht zu knacken sei, da die Streben aus supertollem Stahl bestünden, aber entweder ist dies eine Propagandalüge oder die Baufirma, welche den Zaun gezogen hatte, hat sie schlicht betrogen. Dem konzentrierten Einsatz der Sägen halten die Streben jedenfalls nicht sonderlich lange stand und viele einheimische Männer und Frauen werden beim Transport von Wurfgeschossen gesehen und schleudern auch selbst genügend Steine gegen die Bullen. Alles, was im Wendland Jahre gedauert hat und dort nie völlig akzeptiert war, geht in der Oberpfalz in einer atemberaubenden Geschwindigkeit. Viele dieser Leute kündigen in dieser Zeit der Staatsmacht ihre Loyalität auf. Zwar nicht mehr als das, aber immerhin.

ZEITLEISTE 1985

21.03. In Südafrika wird das öffentliche Begräbnis von sechs Schwarzen verboten, die bei Krawallen umkamen, daraufhin neue Unruhen mit elf Toten

23.03. Ende des Generalstreiks in Bolivien

23.03. Die FMLN erschießt einen General und Chef eines rechten paramilitärischen ORDENs in El Salvador

02.04. Klar und Mohnhaupt aus der RAF werden mit jeweils fünf mal lebenslänglich plus 15 Jahren für ihr Gesamtwerk gewürdigt

06.04. Militärputsch nach Teuerungsunruhen im Sudan

Frühjahr 1986 in der Oberpfalz. Unvergessen, wie wir am zweiten Abend der Zaunkämpfe nach Schwandorf zum Essen fuhren und vor einem Restaurant in unserem VW-Bus überlegten, ob dies wohl die geeignete Kneipe für uns wäre, ein stinknormaler bayerischer Gasthof mit dem üblichen Publikum. Während unserer Überlegungen hörten wir Radio. Als der Nachrichtensprecher verlas, dass im Laufe von bürgerkriegsähnlichen Auseinandersetzungen rund um die Baustelle der geplanten Wiederaufarbeitungsanlage in Wackersdorf 186 Polizeibeamte zum Teil schwer verletzt worden seien, warfen in der Kneipe alle die Hände in die Luft und applaudierten wie bei einem entscheidenden Fußballtor. Unsere Skepsis hinsichtlich der Kneipe hatte sich erledigt und wir verbrachten dort einen netten Abend.

Am nächsten Tag machten sich die Bullen noch beliebter. Nachdem sie sich nur noch auf die Verteidigung der Baustelle von innen beschränkten und lediglich darauf achteten, dass die Löcher im Zaun nicht zu groß wurden, hatten sie Probleme mit dem Nachschub für ihre Wasserwerfer, da die zentrale Wasserleitung nach drinnen aufgebuddelt und sabotiert wurde. Die Schlacht verlagerte sich teilweise auf das Gebiet innerhalb des Zaunes, durch Dutzende von Löchern strömten Hunderte auf den Bauplatz. In dieser Situation wurden aus Hubschraubern wahllos CS-Gasgranaten auch auf weit vom Zaun entfernt stehende Bürger, Rote-Kreuz-Krankenwagen, Essensstände, sowie andere Versorgungseinrichtungen abgeworfen. Netterweise wurde auch eine Hundertschaft postwendend in die Nähe gestellt, an der alle ihren ganzen Hass abladen konnten. Alte Männer in Unterhemden zusammen mit vermummten Autonomen stürmten auf die Bullen zu. Unter Zurücklassung einer Wanne und eines Streifenwagens gelang denen immerhin noch so etwas wie ein halbwegs geordneter Rückzug. Die beiden Fahrzeuge verursachten in der Folge noch einige Rauchemissionen durch unkontrolliertes Abbrennen in der Öffentlichkeit.

Ein großer Erfolg ist Pfingsten 86 auch, weil sich danach niemand aus dem Anti-WAA-Spektrum von den enormen Krawallen distanziert. Die Hetze der CSU ist grenzenlos: Den Bullen wird im Nachhinein gesagt, sie hätten scharf schießen müssen. Die innere Aufrüstung geht voran, Bayern führt Gummigeschosse ein und das Medienbild der Autonomen wandelt sich von den unorganisierten Chaoten in eine geschlossene und gut ausgerüstete Bürgerkriegstruppe. Die Militanz am Bauzaun stößt drei Wochen später, am 7. Juni 1986, sowohl in Wackersdorf wie auch am gleichen Tag in Brokdorf an ihre Grenzen. Wir müssen erkennen, dass der Staat denselben Fehler zumindest nicht zweimal innerhalb von drei Wochen macht, sondern dass die Aufstandsbekämpfungsstrategen durchaus ihre Lektionen gelernt haben.

ZEITLEISTE 1985

07.04. Italien beginnt als erstes westeuropäisches Land mit China zusammenzuarbeiten

08.04. Hunderttausende bei Ostermärschen in der BRD

08.04. Der Nazi und Stasispitzel Hepp wird in Frankreich festgenommen und später an die BRD ausgeliefert

12.04. ETA und *Dschihad* behaupten beide, einen Anschlag auf US-Soldaten in Spanien durchgeführt zu haben

17.04. Island verbietet Schiffen mit Atomwaffen das Befahren seiner Gewässer

23.04. Das US-Repräsentantenhaus weigert sich weitere 14

Kleve 1986: Die heldenhafte Niederlage

Am 7. Juni 1986, kurz nach der Katastrophe von Tschernobyl, mobilisierte ein breites Spektrum, von Autonomen bis zur Gewerkschaft IG Druck, zu einer bundesweiten Demonstration gegen die Inbetriebnahme des AKW Brokdorf. Für die Autonomen war dies das letzte massenhafte Aufbäumen gegen das Atomkraftwerk an der Unterelbe.

Wir kamen schon zwei Tage vorher mit mehreren hundert Pkw ungehindert durch die DDR/BRD-Grenzkontrollen von West-Berlin nach Hamburg. Dort trafen wir auf unsere Freunde aus der Hafenstraße, mit denen wir gemeinsam in einem Konvoi nach Brokdorf fahren wollten. Die Hafenstraße stellte uns auch das Equipment – große Hämmer, Sägen usw .– zur Verfügung; Schlauchboote, Drahtseile und Enterhaken lagen bereit. Mollis in allen Größen mussten wir allerdings selber bauen. Dafür fuhren wir mit unseren Kleinbussen extra raus ins vornehme Bonzenviertel Blankenese und hielten noch an verschiedenen Tanken, um unsere Reservekanister zu füllen. In Blankenese suchten wir uns eine stille Sackgasse und mischten unsere Molli's am helllichten Tag in einem Kleinbus. Am nächsten Morgen um 6 Uhr bot sich ein beeindruckendes Bild auf dem Heiligengeistfeld. Mehr als 1000 Pkw und Dutzende von Reisebussen warteten auf das Abfahrtsignal. Vorneweg fuhren die Hamburger aus der Hafenstraße, dann kamen wir, ca. 200-300 Autonome aus West-Berlin. Die Hamburger hatten den Plan ausgeheckt, das Nadelöhr Itzehoe auf kleinen Straßen zu umfahren. Zu unserem Erstaunen sahen wir auch kaum ein Bullenauto, nur bei Hohenlockstedt tauchten die ersten BGS-Hubschrauber auf. Wir beschlossen, Itzehoe nördlich über Kleve nach Wilster zu umfahren, nachdem uns Motorradmelder Bullensperren auf der Umgehungsstraße von Itzehoe meldeten. Also weiter, es war schon fast 11 Uhr und Brokdorf lag noch über 30 km entfernt.

Die Straßen wurden immer enger und dadurch wuchs der Konvoi auf eine Länge von über 10 km. Plötzlich, an einer Straßenkreuzung in dem winzigen Dorf Kleve, tauchte die erste, relativ kleine Bullensperre auf. Die Demospitze mit den Hamburgern hielt an und alle sollten nach vorne kommen, „die Bullensperre weghauen". Wir waren kaum die 300 Meter nach vorne gelaufen, da kamen uns schon die ersten, verfolgt von einer Knüppelgarde,

ZEITLEISTE 1985

Mio. $ für die Contras in Nicaragua lockerzumachen
25.04. Leugnung des Holocausts („Auschwitzlüge") verboten
26.04. In Südafrika werden 17.000 Grubenarbeiter entlassen, die sich an Streiks beteiligt haben
29.04. RZ-Bomben gegen einen Industriellenverband, eine Chemiefirma und die Deutsche Bank
05.05. Reagan und Kohl legen Kränze auf Waffen-SS-Gräber in Bitburg
06.05. Hunderttausende in der BRD auf Demos gegen Reagan und die NATO

wieder entgegen. Binnen Minuten entwickelte sich eine ungleiche Schlacht. Wir mit Mollis, Steinen und Katschis bewaffnet, gegen mehre hundert SEK-Bullen, die urplötzlich aus der Luft landeten und wie die Kampfmaschinen – unbeeindruckt von Zwillengeschossen, Steinen und Mollis – mit ihren Tonfas durch die Reihen hauten. So was hatten wir noch nicht gesehen. Unsere Zwillengeschosse erwiesen sich zudem als untauglich, weil viel zu kleine Kugeln gekauft worden waren. Zwar gingen auch einige Bullen zu Boden, doch insgesamt waren wir innerhalb von 20 Minuten nur noch auf dem Rückmarsch. Die aus dem hinteren Demozug nach vorne Kommenden wussten überhaupt nicht, was ihnen geschah. Sie hatten von der Bullensperre und den SEKlern nichts mitbekommen. Die Bullen schlugen alle Autoscheiben in der Demospitze kurz und klein und setzten mit den auf der Straße rumstehenden Mollis einige Autos in Brand. Ihr Vormarsch endete erst an den Bussen der Hamburger Grün-Alternativen Liste. Dort gab es Verhandlungen über einen geordneten Rückzug. Nach einer ¾ Stunde war der Spuk vorbei, der Konvoi völlig aufgerieben. Wir konnten nur noch unsere demolierten Autos einsammeln und den Rückzug nach Hamburg antreten. Den Bauzaun von Brokdorf haben wir an diesem Tag nicht mal aus der Ferne gesehen.

ZEITLEISTE 1985

09.05. Der Vatikan verkündet ein einjähriges Schreibverbot für den brasilianischen Befreiungstheologen Boff
11.05. Krawalle in Nesselwang gegen ein Altnazitreffen
14.05. 144 Tote bei Kämpfen in Sri Lanka
14.05. Die Bullen verbrennen elf Mitglieder der Schwarzenorganisation MOVE, die sich in ihrem Haus in Philadelphia verbarrikadierten
22.05. AKW Grohnde geht ans Netz
29.05. Fußballfest im Brüsseler Heyselstadion mit 38 Toten und einem 1:0

Tags darauf, am 8. Juni, trafen sich ca. 2000 Demonstranten auf dem Heiligengeistfeld in Hamburg zu einer Protestdemonstration durch die Innenstadt, um gegen die Vorfälle des Vortages zu demonstrieren. Ohne Vorwarnung griffen die Bullen die Versammelten an. Es kam zu dem berüchtigten „Hamburger Kessel": Sie kassierten 846 Demonstranten ein, ließen sie 12 Stunden im Kessel stehen und schleppten sie danach auf die Wachen und in umfunktionierte Turnhallen.

Währendessen errichteten Demonstranten außerhalb des Kessels Barrikaden und gingen mit Steinen gegen die Bullen vor. Taxifahrer veranstalteten einen Solidaritätskonvoi. Sie wurden von den Bütteln angegriffen, ihre Autos z.T. schwer beschädigt. Der gesamte Hamburger Stadtteil St. Pauli wurde abgesperrt, U-Bahnhöfe geschlossen.

Am Donnerstag, dem 12. Juni demonstrierten an die 50.000 Menschen in der Hamburger Innenstadt – aufgerufen hatte ein breites Bündnis von Gewerkschaftern über linke Grüne bis zu Autonomen – gegen die Polizeiübergriffe, forderten die sofortige Stillegung des AKW Brokdorf und den Rücktritt des Innensenators Lange.

In dieser Zeit meinten einige Promis einen Spaltpilz in Form eines „offenen Briefes an die Anti-Atombewegung" lancieren zu müssen. Dieser plumpe Spaltungsversuch blieb weitgehend ohne Wirkung. Aber da auch der spätere Bundes-

846 Demonstranten mussten 12 Stunden im Hamburger Kessel stehen

Zeitleiste 1985

01.06. Bei einem missglückten Anschlag auf die Hannover Messe AG stirbt Jürgen Pemöller

03.06. Der Katholizismus ist in Italien nicht mehr Staatsreligion, der Papst weint

15.06. Paris: Groß- und Gründungskundgebung von S.O.S.-Racisme

19.06. Anschlag von irgendwem auf den Frankfurter Flughafen, drei Tote

19.06. Autobombe im Libanon, 75 Tote

20.06. Spanien: Eintägiger Streik gegen neues Rentengesetz

innenminister Schily dieses Pamphlet unterschrieb, soll zumindest eine kurze Passage zitiert werden. Zunächst biedern sie sich an: „Unserem berechtigten Protest gegen die von der Polizei geübte Gewalt und gegen Polizeimethoden, wie man sie bisher nur von menschenverachtenden Diktaturen gewohnt war, ist (...) viel Wirkung genommen worden. (...) Natürlich sind wir nicht so steril und leidenschaftslos, dass uns ein provozierend-martialisches Auftreten der Polizei, ihre oft erlebte Brutalität und Willkür kalt lassen würden. Zorn und Abscheu erregen uns dann nicht weniger als Euch auch. Und wir verstehen sehr gut das Aufbegehren gegen solchen Staatsterror, das Sich-Wehren-Wollen gegen Wasserwerfer, CS-Gas und Schikanen." Damit soll aber lediglich die entschiedene Distanzierung legitimiert werden. Die Bewegung könne nur mit absoluter Gewaltfreiheit Erfolg haben, Gewalttäter (die „Hilfstruppen der Atomlobby") sollten bei „künftigen Demonstrationen (...) keine Chance mehr haben, unseren Zielen so massiv zu schaden, wie sie das in den letzten Wochen leider getan haben". Zahlreiche Anti-AKW-Gruppen, autonome Gruppen und selbst Teile der Grünen widersprachen öffentlich, erreichten aber längst nicht solch eine Medienresonanz wie die Promis des späteren rot-grünen Bündnisses.

Solidarität. Zahlreiche Spenden kamen zusammen, um die Schäden an den Autos zu ersetzen

ZEITLEISTE 1985

21.06. In Bulgarien werden zwei Fußballvereine verboten, weil es bei einem Spiel zu Krawallen kam
28.06. Das Vermummungsverbot kommt durch den Bundestag
03.07. Ihre Mitarbeit am SDI Rüstungsprojekt lehnen 350 Wissenschaftler in einem Brief an Kohl ab
08.07. Reagan erkennt einen Feldzug des Terrorismus der von fünf Staaten gegen die USA geführt wird. Diesmal dabei: Iran, Kuba, Libyen, Nicaragua und Nordkorea
10.07. Das Greenpeace-Schiff „Rainbow Warrior" wird vom

Nach den Erfahrungen des Sommers '86 kommt es zu auf den ersten Blick merkwürdigen Gemeinsamkeiten. Konservative Kräfte aus dem Widerstand und Autonome propagieren aus unterschiedlichen Gründen die Parole „Weg vom Bauzaun", während andere Gruppierungen (BIs, Grüne, KB) unverdrossen für die nächste und übernächste Großdemo zu mobilisieren versuchen. Die Sonntagsspaziergänge gehen währenddessen weiter. Mal passiert mehr, mal weniger, ebenso wie sich mal mehr, mal weniger Spaziergänger einfinden.

Der autonome Teil der Anti-AKW-Bewegung mobilisiert im Herbst zu einer bundesweiten Kampagne gegen die Siemens-Kraftwerkunion, dem Produzenten aller bundesdeutschen Atommeiler. Der Anti-AKW-Widerstand soll damit eine stärkere antikapitalistische Akzentuierung erfahren. Dies gelingt am deutlichsten bei der Demo gegen die Plutoniumschmiede in Hanau im November 1986. An dieser Demo für eine sofortige Stillegung der Brennstäbefabrik beteiligen sich auch einige fortschrittliche Sektionen der lokalen Gewerkschaften. Es ist eine der wenigen Demonstrationen, bei der es im Ansatz gelingt, den Kampf gegen das Atomprogramm mit dem Klassenkampf zu verbinden, wie es auch in einem der Leittransparente ausgedrückt wird: „Stillegung der herrschenden Klasse".

Die Autonomen drängen darauf, den Widerstand auszuweiten und zu radikalisieren. Die WAA wird zwar im Taxöldener Forst gebaut, aber die Pläne und das Material dafür kommen von überall her und eben auch aus der Region selbst. Der Widerstand soll sich stärker auf den Alltag beziehen, Arbeitsverhältnisse und Wirtschaftsstrukturen zum Thema machen. Die Angriffspunkte sollen auf die gesamte Infrastruktur (Baufirmen, Zufahrtswege, Gerichte, Knäste, Medien, Bullenapparat) ausgeweitet werden.
Es sollen somit mehrere Fliegen mit einer Klappe geschlagen werden. Durch das „Weg vom Bauzaun" soll die ausschließliche Konfrontation mit einem hochgerüsteten Bullenapparat ergänzt und somit verdeutlicht werden, dass die WAA allein am Bauzaun nicht verhindert werden kann. Den Autonomen geht es nicht nur um den Kampf gegen die WAA, sondern gegen den Atomstaat insgesamt.
Dieses Konzept stößt natürlich an seine Grenzen. Ist es mittlerweile für „den Oberpfälzer" kein all zu großes Problem mehr, Steine auf Bullen am

Kollateralschäden
Im September kam zum ersten Mal im Zusammenhang mit Demonstrationen in der BRD ein Bulle ums Leben. Auf einer unweit vom Wackersdorfer Baugelände verlaufenen Bahntrasse jagten Bullen mit einem Hubschrauber im Tiefflug Demonstranten. Sie waren offensichtlich so in ihre Menschenjagd vertieft, dass sie einen herannahenden Güterzug samt seiner Warnsignale nicht bemerkten. Der Lokführer zog es vor abzuspringen und so crashte der Zug in den Hubschrauber, von dem mitsamt Besatzung nicht viel übrig blieb.

ZEITLEISTE 1985

französischen Geheimdienst in die Luft zu gejagt, 1 Toter und mehrere Verletzte
18.07. Kohl versichert,dass es überhaupt keine versteckten Parteikassen gibt
20.07. Ausnahmezustand in Teilen Südafrikas erklärt
23.07. Das „Brokdorf-Urteil" des Bundesverfassungsgerichts erhöht die Hürden für Demonstrationsverbote.
27.07. Erfolgreicher Putsch in Uganda
31.07. Südafrika erläßt neue Gesetze, die verhindern sollen, dass Begräbnisse zum Demonstrieren genutzt werden

Zaun zu werfen, sind Blockaden einer alteingesessenen Betonfirma mit explizit antikapitalistischen Begründungen doch etwas viel und schwer vermittelbar. So werden in der Oberpfalz andere Aktivitäten der Anti-AKW-Bewegung auch nur beschränkt wahrgenommen. Zur bundesweiten Demo im November 1986 in Hanau fahren lediglich zwei Busse aus der Region. Die Blockadetage Mitte Oktober werden im Wesentlichen von autonomer Seite getragen, aber an den Kundgebungen beteiligen sich immerhin auch viele Einheimische.

Es gibt erhebliche Unruhe in diesen drei Tagen in der Region. Wir sind aber an unsere Grenzen gelangt mit der Vermittlung unserer Inhalte und der Radikalisierung von ehemals „ganz normalen Bürgern". Sie sind zwar weiter – und das ganz vehement – gegen den Bau der WAA, aber wollen nicht mit uns für die soziale Revolution kämpfen. Das ist nicht weiter verwunderlich. Trotz dieses weitgehenden Scheiterns ist viel, sehr viel erreicht worden. Menschen in einem vorher als widerstandsfreie Region verschrieenen Landstrich haben eine autoritäre CSU-Regierung von einer Krise in die nächste getrieben und ganz unverblümt und ohne jede Skrupel mit auswärtigen „Straßenterroristen", „RAF-Sympathisanten", „mit Stahlkugeln bewaffnetem Chaotenpack", welches „von Gaddhafi bezahlt und ausgebildet wird" etc. pp. zusammengearbeitet, gelacht, getrunken, gefeiert und vor allem gekämpft. Im Mai 1989 kommt das offizielle Aus: Die WAA wird nicht gebaut, der Widerstand war erfolgreich.

Der offizielle Verzicht hat auch etwas mit Kapitalinteressen zu tun. Denn es ist um ein vielfaches billiger, das Geschäft der Wiederaufarbeitung in Sellafield (Großbritannien) und La Hague (Frankreich) erledigen zu lassen. Das war es allerdings auch schon vor dem Beschluss, in der BRD eine

Terror ante portas

Einen Tag nach Ende der Blockadetage – 18 Autonome packten gerade ihre Sachen, frühstückten, duschten und wollten kurze Zeit später aufbrechen – wurde die Tür unserer netten Gastgeberin aufgetreten. SEK-Bullen aus Wiesbaden und Göppingen stürmten mit gezogenen Knarren die Wohnung. Wer sich nicht rechtzeitig mit den Händen im Nacken auf den Boden legte, dem wurde durch Fußtritte empfindlich nachgeholfen. Ach du Scheiße! Hatten sie vielleicht doch rausbekommen, dass wir das gestern mit der brennenden Barrikade auf der Bundesstrasse waren, oder was sollte das? Während der anderthalb Stunden auf dem Fußboden kamen kaum Informationen durch, wir wussten nur, dass sich Ähnliches in einer zweiten Wohnung abspielte, in der auch Berliner Genossen waren. Beim Abtransport war schon alles viel harmloser, jeweils sechs Leute in einem Bulli mit lediglich zwei gemütlichen bayerischen Papibullen – nicht gerade das, was wir nach dem Beginn der Aktion erwartet hätten. Als wir von denen die Begründung für das Ganze hörten, waren wir doch sehr überrascht: Steckbrieflich gesuchte RAF-Mitglieder seien bei uns gesehen worden – aha.

ZEITLEISTE 1985

08.08. RAF-Anschlag auf die Rhein-Main-Airbase der US-Armee
17.08. Irakische Rakete auf die iranische Ölverladestation, über die 90% der Ölexporte fließen
19.08. Der Chef der BRD-Spionageabwehr flieht in die DDR
23.08. Italien beendet den seit 1940 bestehenden Kriegszustand mit Albanien
27.08. Putsch in Nigeria
02.09. Pol Pot legt Oberbefehl über die Roten Khmer nieder
04.09. Neues Gesetz in Rumänien: Arbeitern wird bei Nichterfüllung des Plans der Lohn bis zu 50% gekürzt

WAA zu bauen. Der vom Widerstand immer als auch zentrale Begründung gegen das WAA-Projekt benannte potenzielle Griff zur Atombombe ist auf unabsehbare Zeit vereitelt.

Wer mehr über die Geschichte des Widerstands gegen die WAA Wackersdorf erfahren möchte, kann in der Broschüre: „Abgebrannt. Eine Wiederaufarbeitung des Widerstands gegen die WAA Wackersdorf 1981-88 aus autonomer Sicht" rumstöbern. Die Broschüre sollte in guten linken Archiven noch vorhanden sein.

Unterstützung der Anti-Atombewegung im Juni 1986

In diversen Städten der BRD bereiteten sich viele Militante auf die Fahrt nach Kleve vor. Die dort Zurückbleibenden wollten dort wo sie lebten versuchen, Angriffspunkte zu finden.
Wir in West-Berlin wollten die herrschende Presse und Bürgermeister Diepgen ein bisschen verärgern. So überlegten wir uns, die Auslieferung der Springerpresse zu behindern, indem wir einfach ihren Fuhrpark abfackeln.
Ein Punkt der Vorbereitungen bestand darin, Handschuhe zu kaufen. Ich übernahm diese verantwortungsvolle Aufgabe und begab mich zu Karstadt am Hermannplatz, um billige weiße Stoffhandschuhe (die schwarzen waren alle) und schwarze Stofffarbe zu kaufen. Zu Hause machte ich mich sogleich daran, die Handschuhe zu färben. Fertig. Meine kleine aber wichtige Aufgabe schien erledigt.
Wir schauten uns das Gelände vorher gut an, zählten die Fahrzeuge, suchten nach Kameras und Wachschutz und checkten die Arbeitszeiten der Fahrer. Die Bullen hatten erhöhte Wachsamkeit angesagt und in der Nähe des Springergebäudes ist auch eine recht große Bullenstation, die wir im Auge behalten mussten.
Der Tag der Arbeit: Es regnet. Ein Nieselregen vom feinsten. Das Material – UnkrautEx/Zucker-Mischung im Pariser – ist fertig.
Wir sind startklar, die Laune gut – aber es regnet in Strömen. Dort angekommen – der Regen prasselt immer noch auf uns nieder – können wir viele Fahrzeuge präparieren und zünden. Der Rückzug ist auch sicher, und so gehen wir nach der Arbeit gut gelaunt in unsere damalige Lieblingskaschemme, um ein Bierchen zu schlürfen.
Im hellen Licht der Kneipe sehen wir dann entsetzt, unsere Hände sind alle dunkelblau – gefärbt von den Handschuhen.

ZEITLEISTE 1985

06.09. Drei Mobile Radaranlagen der US-Armee werden bei einem Anti-Nato-Anschlag im Saarland zerstört

08.09. Nach Norwegen, Australien, Frankreich, Dänemark und Griechenland lehnt jetzt auch Kanada die SDI-Mitarbeit ab

09.09. Bei Straßenschlachten gegen die britischen Bullen in Birmingham sterben zwei Jugendliche

10.09. Eine Großoffensive der Truppen der SU in Afghanistan scheitert

3. ...die internationale Solidarität

Plakate der Solidaritätsbewegung aus dem Schatzbuch für alle PlakatliebhaberInnen: „vorwärts bis zum nieder mit" – 30 Jahre Plakate unkontrollierter Bewegungen

Der Internationalismus und das Schielen nach Befreiungsbewegungen ist viel älter als die autonome Bewegung. Er war einer der Katalysatoren der 68er. Vietnam war das heroische Beispiel für die Besiegbarkeit des US-Imperialismus, ja für den scheinbaren Anfang vom Ende des Kapitalismus.
Das ist Anfang der 80er schon etwas relativiert, aber der Sieg der sandinistischen Revolution in Nicaragua hat dieser Illusion erneut Raum gegeben. Der bewaffnete Kampf in El Salvador steht im Frühling '81 scheinbar vor dem siegreichen Ende, Westeuropa wird von einer Jugendrevolte erschüttert (so titelt der *Stern* nach dem Tod von K.-J. Rattay im September 1981 „Wie weit noch bis zum Bürgerkrieg?") und die Kämpfe im Baskenland und im Norden Irlands gelten zumindest noch als überwiegend emanzipatorisch und revolutionär.

All das hat wenig mit Projektionen eigener Wünsche auf andere Bewegungen zu tun, sondern viel mit dem Gefühl, dass es weltweit vorangeht. Voran in einem Kampf gegen Unterdrückung und Ausbeutung, für ein besseres Leben.
Gleichzeitig ist klar, dass noch so viel Widerstand und auch weitere Revolu-

Im Osten ist sie nie zu sehen
Auch wenn ich nie in speziellen Internationalismusgruppen gewesen bin, die meistens zu einem bestimmten Land oder einer Region gearbeitet haben, war der Blick ins Ausland und die dortigen Kämpfe immer sehr wichtig und mitentscheidend für meine eigene Motivation und den Ansporn hier weiterzukämpfen. Wobei der obige Satz gleich eingeschränkt werden muss: Kämpfe im Ostblock habe ich nur sehr am Rande verfolgt. Die Autonomia in Italien, die Jugendlichen in Amsterdam und Zürich, die FMLN in El Salvador, waren mir politisch immer näher als die Werftarbeiter in Gdansk oder die unter dem partiellen Schutz der Kirche arbeitenden Gruppen in der DDR. Nicht weil ich viel Sympathien für den Ostblock hegte, sondern weil ich gerade in den Achtzigern oft die Form des Widerstandes mit dem Inhalt gleichgesetzt habe („viel Militanz" gleich „viel gut") und sich bei den einzigen, die sich militant zur Wehr setzten (eben den Werftarbeitern aus Gdansk), zu viel reaktionärer Katholizismus breit machte, zu wenig Jugendliche an den Kämpfen beteiligt und Ältere leicht suspekt waren. Und auch weil die Bewegungen teilweise zu westfreundlich waren. Weil das bipolare Denken auch bei mir tief verankert war, konnte der Freund meines Feindes schlecht auch mein Freund sein. Natürlich gab es auch Westautonome mit Ostkontakten, die jenseits der Mauer Menschen gefunden hatten, die ähnlich tickten wie sie, und mit denen sie in regen Diskussionen standen. Und es gab auch die immer wieder gern erwähnte Aktion in West-Berlin, als im Dezember '81 – nach Ausrufung des Kriegsrechts in Polen - eine spontane Demo von uns stattfand, die mit den Scherben diverser Büro-Schaufenster von internationalen Airlines, darunter natürlich auch der polnischen Fluglinie Lot *und der sowjetischen* Aeroflot, *endete.*

ZEITLEISTE 1985

16.09. Südafrikanische Truppen dringen in Angola ein
19.09. Die Regierung in Bolivien verhängt den Ausnahmezustand, um einen Generalstreik zu brechen
23.09. Anschlag auf NATO-Pipeline in Limburg
24.09. China akzeptiert die Kontrollen der internationalen Atomenergieagentur
28.09. Frankfurt/Main: Bei Protesten gegen die NPD wird Günther Sare von den Bullen mit einem Wasserwerfer überfahren und getötet
30.09. In Beirut werden vier Diplomaten der Sowjetunion

tionen im Trikont alleine nicht ausreichen würden. Die entscheidenden Schläge können dem Imperialismus nur im Zentrum, im Herzen der Bestie, verabreicht werden.
Nicht, dass Anfang der 80er die Weltrevolution vor der Tür steht und nur auf Einlass wartet. Aber die „Gleichzeitigkeit der Kämpfe“ beeindruckt und nährt die Hoffnung, den US-Imperialismus und seine Verbündeten in Westeuropa zurückzudrängen. Wenn sich das alles anhört, als wenn wir Autonome zu dieser Zeit wirklich glauben, wir könnten gewinnen, so ist das ein absolut falscher Eindruck. Die repressive Macht des Systems, unser marginaler Status und die Tatsache, dass der absolute Großteil der Bevölkerung weiterhin Ausbeutung und Unterdrückung völlig in Ordnung findet, sprechen eine deutliche Sprache gegen jede Hoffnung auf eine revolutionäre Veränderung. Auch der Blick in die jüngere Vergangenheit – die 70er, als das Pendel noch viel deutlicher auf „Sozialismus“ stand – macht klar, dass die Kräfteverhältnisse sich wieder in Richtung Konsolidierung der imperialistischen Staaten verschieben.
Und dennoch machen viele kleine Beispiele und so etwas Großartiges wie die sandinistische Revolution Mut für die eigenen Aktivitäten und für den Willen zum Durchhalten. Wie schon in der Vietnam-Solidarität wird auch jetzt versucht, Verbindungslinien zum Leben und den herrschenden Zuständen hier zu ziehen. Da alles mit allem zusammenhängt, werden genügend Möglichkeiten gefunden, internationalistische Solidarität in eine eigene Praxis, hier in der Metropole, zu übertragen.

In der IWF-Kampagne ab 1986 wird die alleinige Fixierung auf bewaffnete Befreiungsbewegungen ergänzt und teilweise abgelöst durch die Beschäftigung mit Riots, den Hungerrevolten und Brotunruhen. Es wird mit abstrakten, nicht unbedingt nachvollziehbaren Argumentationslinien versucht, eine direkte Beziehung zwischen dem Kreuzberger Kiezaufstand vom 1. Mai 1987, den Riots in Sao Paulo, Kairo und anderen Orten sowie der Intifada in Palästina herzustellen.

Der Versuch, ein gemeinsames Gefühl zu erzeugen nach dem Motto: „Alles ein Kampf, alles ein Widerstand, die Unterdrückung ist die Gleiche“ hinterlässt jedoch ein schales Gefühl und wird von vielen zurückgewiesen. Als erstes von Frauen aus dem Trikont, die hier in West-Berlin leben und Kontakte zu autonomen Frauen- und Lesbengruppen haben. Sie widersprechen entschieden der These, die Unterdrückung von weißen Metropolenfrauen sei die gleiche wie die von schwarzen Frauen. Diese Kritik gilt selbstverständlich auch für andere gesellschaftliche Gruppen und Bedingungen. Wir brauchen weder Angst zu haben, auf der Straße erschossen, noch in den Knästen übel gefoltert zu werden. Und in aller Regel brauchen wir uns im Unterschied zu Menschen im Trikont auch keine übergroßen Sorgen darüber zu machen, wie wir was in unsere Bäuche bekommen.

ZEITLEISTE 1985

vom islamistischen *Dschihad* entführt
01.10. Israelischer Luftangriff auf das PLO-Hauptquartier in Tunis, 60 Tote
02.10. Der Wehrdienst wird auf 18 Monate erhöht
04.10. Auch die Niederlande wollen nicht bei SDI mitmachen
07.10. Palästinenser entführen italienisches Kreuzfahrtschiff
15.10. Ausnahmezustand in Nicaragua wegen der Contras
16.10. Die Grünen werden Regierung, jetzt erstmal in Hessen
18.10. In Rumänien wird die Energieversorgung unter militärische Verwaltung gestellt

Sandino Dröhnung (statt Jacobs Krönung)

Eigentlich waren Ghaddafi und der Bremer Betriebsratsvorsitzende Bettelhäuser schuld.

Alle meine Freunde hatten was mit Mittelamerika zu tun, und wenn Du mitreden wolltest, musstest Du die Vornamen von irgendwelchen Commandantes kennen.

Da ich ein sehr heimischer Mensch bin, blieb mir das fremd – aber falsch fand ich das ja auch nicht.

Bei einer sehr weiten Reise (bis nach Bremen) lernte ich Fritz Bettelhäuser kennen, der auf der Vulkan-Werft arbeitete, und der erzählte von einer Reise nach Libyen, dessen Öl-Exporte für den Weltmarkt von den Amerikanern blokkiert wurden. Auf der Werft gab es gerade Stilllegungs-Drohungen wegen Auftragsmangel. Frage: Warum sollten nicht, jenseits des Öl- und Tanker-Welt-Marktes, ein Öl-Schiff für Libyen gebaut werden, das damit transportierte Öl in der BRD verarbeitet und in einer Extra-Kette Freier Tankstellen von links-alternativen Autofahrern gekauft werden?

Das klappte nicht – aber die Idee war spannend.

Haupt-Export-Produkt Nicaraguas war Kaffee…

1985 fand sich eine „Kerngruppe" zusammen, darunter eine Frau aus einem 3.Welt-Öko-Handels-Projekt, ein Taxifahrer mit Großhandels-Ausbildung, eine Frau, die längere Zeit in Nicaragua bei der Kaffee-Ernte gearbeitet hatte und nun viel mit Kaffee-Bürokraten der neuen Regierung zu tun hatte, ein Aktivist der 3.Welt-Laden-Bewegung mit Kontakt zu einem kleinen Röster aus Münster – und ich als „Polit-Taxi-Fahrer", zuständig für Weltmarkt und Agitation.

Es gab zahllose Schwierigkeiten: Nicaraguas Regierungs-Ober-Händler hätte lieber mit Herrn Jacobs verhandelt, die Nica-Kaffee-Genossenschaften waren skeptisch ob der Realisierung des Riesenprojekts, in der BRD gab es 1000 bürokratische Regeln zu beachten. Der Röster musste erst viel experimentieren, ehe der besonders hochwertige Kaffee „richtig schmeckte" . Der Name musste vermittelt werden, viele Kunden dachten, dass Soli-Kaffee schlechter schmecken müsste als der geringerwertige Konzern-Kaffee. Und viele aus der Szene gingen lieber Jacobs-Kaffee einklauen als teuren Soli-Kaffee kaufen. Aber trotzdem kam das Projekt im Oktober zustande.

ZEITLEISTE 1985

25.10. Belagerungszustand in Argentinien nach etlichen Bombenanschlägen

26.10. Gegen das Wettrüsten demonstrieren 100.000 im Hyde Park in London

26.10. Ayers Rock wird von der Australischen Regierung den Aboriginals zurückgegeben

01.11. Die Niederlande wollen 48 cruise missiles bei sich stationieren lassen

02.11. Südafrika verbietet das Filmen bei Unruhen

03.11. Die Schweiz schiebt 59 Flüchtlinge nach Zaire ab,

Der Internationalismus ist immer auch wichtig für den hiesigen Dialog mit reformistischen Kräften und Einzelpersonen. Leute, die hier in der BRD absolut gewaltfrei vorgehen und das von den Autonomen auch einfordern, sind in bezug auf Nicaragua und Salvador gar nicht mehr so dogmatisch. „Ja dort, das sei ja ganz was anderes".

Dieses „ganz andere" ist eine sehr viel brutalere Unterdrückung, die jegliche politisch-oppositionelle Arbeit mit dem Tod bedroht. Auch die sog. „objektiven Bedingungen" sprechen eher dort als hier für die Möglichkeit einer Revolution, nämlich breite Volksmassen in Opposition zum Regime, und nicht nur marginale antagonistische Bewegungen in Opposition zur trägen Masse des Volkes hier. „Ganz anders" ist aber auch die Entfernung zum Geschehen. Jeder kann sich hierzulande ohne jegliche Gefahr für die eigenen Konsequenzen des Handelns positiv auf die bewaffneten Kämpfe im Trikont beziehen. Ein bisschen moderner Ablasshandel à la „Waffen für El Salvador" auf das *taz*-Konto überwiesen und aus die Maus.

Bemerkenswert am autonomen Internationalismus ist, dass er zum allergrößten Teil auf Lateinamerika bezogen ist. Anfang der 80er gibt es hier bereits eine längere Geschichte der Soliarbeit. Die kubanische Revolution Ende der 50er Jahre, Che Guevara als Ikone des permanenten Kampfes, der den Ministersessel in Cuba gegen die Knarre in Bolivien tauschte. Die Volksfrontregierung und schließlich der Putsch in Chile waren Ansätze, an die mit Nicaragua und El Salvador mühelos angeknüpft werden kann. Zu fast allen Ländern gibt es Soligruppen, und einzelne Aktivisten kennen sich in speziellen Ländern politisch und geografisch besser aus als in der BRD. Kämpfe in Afrika und Asien werden nur am Rande zur Kenntnis genommen. In der Lateinamerikasolidarität bricht Mitte der 80er Jahre ein heftiger Streit zwischen den Autonomen und reformistischen Teilen der Solibewegung aus. Es geht, nach dem Ende des euphorischen Bezugs auf die Revolution in Nicaragua

ZEITLEISTE 1985

sechs von ihnen werden daraufhin zu Tode gefoltert

05.11. Vier Bomben gegen belgische Banken durch die bewaffnete Gruppe CCC

07.11. Die kolumbianische Armee stürmt den von der Guerilla *M 19* besetzten Justizpalast, 112 Tote

18.11. Bei Krawallen in Griechenland wird ein 15jähriger getötet und deswegen die Athener Uni besetzt

24.11. Anschlag auf Supermarkt der US-Army in Frankfurt

25.11. In den USA wird die erste gentechnisch erzeugte Mikrobe freigesetzt

und dem fortwährenden Krieg mit „niedriger Intensität" (low-intensitiy-warfare) der USA gegen das mittelamerikanische Land, um die Neubestimmung der antiimperialistischen Solidaritätsarbeit. Während viele reformistische Kräfte weiterhin die USA und die von ihnen unterstützten „Contras" an den Pranger stellen wollen, fordern einige autonome Gruppen die Rolle der BRD als Unterstützer der Diktaturen und der US-Politik in den Mittelpunkt zu rücken. Außerdem müsse die Kritik an der Politik der FSLN in Nicaragua oder der FMLN in Salvador offen ausgetragen werden. Besonders dieser Punkt sorgt für erheblichen Streit in der linksradikalen Soliszene. In der damals vielgelesenen Zeitschrift *Ides* (Informationsdienst El Salvador) wird angesichts der Liquidierungen von Dissidenten in der FMLN und der Rücknahme von Enteignungen in Nicaragua das Recht auf Kritik verteidigt. „Wenn eine revolutionäre Bewegung im Namen des Antiimperialismus ähnliche Repressions- und Ausbeutungsmechanismen verwendet, ist dies wohl ein Grund zur Kritik und Distanzierung" , schreibt ein *Ides*-Mitarbeiter in der *Unzertrennlich* 1987. Die auch häufig gehörte Gegenargumentation zu dieser Position: Kritik nütze nur dem Feind und den Rechten. Einige autonome Gruppen definieren ihr Verständnis von Internationalismus Mitte der 80er Jahre neu. Die reine Soliarbeit für Nicaragua wird bei ihnen zweitrangig. Vorrangig wird der Kampf gegen die Politik der BRD-Regierung und ihre Verwicklungen in den Krieg mit „niedriger Intensität". Die „*Contra*-Connection" führender BRD-Politiker und Konzerne, die militärische Aufrüstung und Ausbildung von Polizei und Militärs, werden angeprangert. Eine wirklich antiimperialistische Soliarbeit müsse den Kampf auch in der BRD gegen die hier Herrschenden aufnehmen. So werden in West-Berlin die Institutionen ausfindig gemacht, welche den schmutzigen *Contra*-Krieg in Nicaragua logistisch und politisch unterstützen. Hier wird viel auf die Konrad-Adenauer-Stiftung fokussiert, die eine Schlüsselrolle für die *Contra*-Politik spielt. Auch die IGfM (Internationale Gesellschaft für Menschenrechte) wird aus ihrer Anonymität gezerrt und muss z.B. 1989 auf dem Kirchentag hinnehmen, dass ihre Propagandaveranstaltung erfolgreich umfunktioniert wird. Ein weiteres Beispiel sind die Aktionen und Demonstrationen gegen die CARP, einen Ableger der Mun-Sekte, die u.a. als Waffenhändler im US-Interesse die *Contra*-Banden beliefert und sich 1987 erdreistet, in West-Berlin einen einwöchigen Kongress abzuhalten.

Letztlich geht es immer gegen „den Feind" schlechthin. Wer hat bis zuletzt die Batista-Diktatur in Kuba gestützt? Wer hat versucht, die kubanische Revolution durch eine Militärinvasion und andere Maßnahmen mehr zu liquidieren? Wer hat den Befehl zur Ermordung des gefangenen Che erteilt? Wer hat alles getan, um Allende in Chile zu stürzen, und wen haben demokratische Wahlen nur so lange interessiert, wie die Richtigen gewannen? Die Liste ist endlos und die Antwort bekannt: Die US-amerikanischen Regierungen. So wird der Antiimperialismus (nicht zu verwechseln oder gar gleichzusetzen mit Antiamerikanismus) zum zentralen und gemeinsamen Moment des Internationalismus.

Ein vergleichbares Spezialistentum wie zu Latein-

Zeitleiste 1985

29.11. Crack wird in New York immer beliebter
01.12. Die Bewohner Liechtensteins entscheiden sich gegen die Aufnahme der Gleichberechtigung in die Verfassung
06.12. Die Britische Regierung möchte bei SDI mitmachen
07.12. Zwei Bombenanschläge der Hisbollah auf Kaufhäuser in Paris
09.12. Einige Ex-Mitglieder der argentinischen Junta müssen vorübergehend in den Knast
11.12. Die Rodungsarbeiten in Wackersdorf beginnen unter

amerika bildet sich nur noch zu Palästina heraus, ganz am Rande zu Südafrika Ende der 80er Jahre und in speziellen – eher nicht autonomen Zusammenhängen – zu Kurdistan. Die Kurdistan-Solidaritätsarbeit wird in der BRD überwiegend von antiimperialistischen Zusammenhängen geleistet. Dabei hat die Situation in Kurdistan eigentlich alle politischen Momente, um hier das beherrschende Thema internationaler Solidarität zu sein: Ein autoritäres, aus dem Militärputsch von 1980 hervorgegangenes Regime, welches gegen die Kurden einen blutigen Krieg der verbrannten Erde führt und dabei vom NATO-Partner BRD mit allen kriegswichtigen Materialien wie Panzer, Counter-Insurgency-Experten etc. unterstützt wird, und eine große, kämpferische kurdische Community in der BRD. Soweit die Situation auf dem Reißbrett politischer Gedankenspiele. Auf der anderen Seite steht die kurdische Arbeiterpartei PKK, die zu keinem Zeitpunkt als zu unterstützende politische Kraft für die meisten Autonomen in Frage kommt. Da die PKK autoritär und patriarchal geführt ist, mit völkischem und antisemitischem Gedankengut durchsetzt ist und Kritiker innerhalb und außerhalb der Partei bis zur „physischen Liquidierung" verfolgt, beweisen die Autonomen ihre theoretischen Fortschritte, indem sie zur PKK auf Distanz gehen.

Die Politik siegreicher Befreiungsbewegungen entpuppt sich häufig weniger als sozialrevolutionäre, sondern eher als nationale Befreiung, inklusive der Schaffung einer neuen nationalen Bourgeoisie. Dies ist eine der Ursachen, warum der internationalistische Bezug vieler Gruppen versandet und sie sich nach und nach auflösen. So wäre ohne diese Erfahrungen die Solidarität in der BRD mit dem Kampf der Kurden wesentlich größer gewesen. Gebündelt auf den Punkt gebracht wird dieses Dilemma im Fall palästinensischen Bewegungen in der RZ-Schrift „Gerd Albartus ist tot", welche aus Anlass der Ermordung von Gerd durch vermeintliche Genossen, allerdings erst vier Jahre später, entsteht. 20

Ein weiteres Manko ist, dass es nur sehr wenige dieser Gruppen schaffen, einen direkten Bezug zu den hier stattfindenden Kämpfen durch Verweise auf deutsche Konzerne, Politiker und deren Praxis im Trikont herzustellen. Dies findet lediglich bei einigen Fraktionen der Lateinamerika-Solidarität statt.

Die hegemoniale Identifikation mit lateinamerikanischen Befreiungsbewegungen wird nicht zuletzt durch einen gemeinsamen sozialen (oft akademischen), und kulturellen (christlich sozialisierten) Hintergrund mit den dortigen Protagonisten erleichtert. Die Theologie der Befreiung und die Teilnahme von Pfarrern am bewaffneten Kampf zwingt ja sogar viele Kirchenleute in der BRD zu einer Positionierung. Diese Gemeinsamkeiten überwiegen im Vergleich zu afrikanischen und asiatischen Bewegungen bei weitem.

ZEITLEISTE 1985

Bullenschutz
18.12. Die BRD will mit SDI auch nichts zu tun haben
21.12. Nazi-Skins bringen in Hamburg einen Türken um
21.12. Die DDR beschränkt den Transit von Asylsuchenden nach Schweden und Dänemark
24.12. Die Armee Südafrikas dringt zur ANC-Bekämpfung nach Swasiland vor
27.12. Palästinensische Anschläge in Wien und Rom, 19 Tote
28.12. Waffenstillstand im Libanon vereinbart

4. Antiimperialisten
grundsätzlich und am Beispiel Air Base

Solidarisch mit dem Hungerstreik der RAF Gefangenen: Demonstration 1985

Parallel zur Entwicklung der Autonomen bilden sich antiimperialistische „Zusammenhänge", die sich primär und teilweise ausschließlich auf die Politik der RAF beziehen. Die meisten „Antiimps" (diese Abkürzung hören sie im übrigen gar nicht so gerne) haben auch weltweit als Orientierung nur den bewaffneten Kampf. Diese Art der Politik ist für sie die höchste Form des Widerstandes. Anderes wird vielfach nicht zur Kenntnis genommen. Das Verhältnis der Autonomen zu den Anti-

Zeitleiste 1986

1986

01.01. Spanien und Portugal treten der EU bei
02.01. Die Amal-Miliz feuert das erste Mal seit '82 Raketen auf Israel ab
02.01. Der Chef der Geheimpolizei Guatemalas wird bei einem Attentat erschossen
05.01. Generalstreik in Bangladesch gegen die Regierung
07.01. Die Bullen räumen das Anti-WAA Hüttendorf in Wackersdorf
21.01. Autobombe gegen Christen in Ostbeirut, 27 Tote

imps ist oft schwierig, mal solidarisch, mal zerstritten oder abgrenzend, aber nie gleichgültig. Man kommt aus den gleichen besetzten Häusern, es gibt Gemeinsamkeiten in der radikalen Ablehnung des Systems. Die personellen Übergänge sind fließend und einige pendeln hin oder auch her. Gerade in West-Berlin überlagern sich im Häuserkampf häufig die Politikfelder, Internationalismus ist eine weitere Klammer und aus Anlass von Hungerstreiks der RAF- und anderer Gefangener sitzt man sowieso zusammen. So auch bei vielen Demovorbereitungen, wie bei dem Reagan-Besuch im Juni '82, zu dem „autonome und antiimperialistische Gruppen" aufrufen. Im Rhein-Main-Gebiet bspw. gibt es diese Form der Zusammenarbeit nicht. Die Fronten dort sind härter, die gegenseitigen Abgrenzungen viel schroffer.

Trotz realer Zusammenarbeit liegen häufig Welten zwischen denen und uns, denn die Analysen der Antiimps scheinen mitunter von einem anderen Stern in einer fernen Galaxie zu stammen. Es gibt trotzdem gute Debatten und in der konkreten Vorbereitung von Demos ist auf die meisten antiimperialistischen Genossen in praktischer Hinsicht genauso Verlass wie auf Autonome. Politisch kommt es ab und an zu den krudesten Begegnungen, bei denen die Konkurrenz und Differenz zwischen den Autonomen und den Antiimps auch am Beispiel der ihnen jeweils politisch näherstehenden, bewaffneten Gruppe deutlich werden.

Wer kämpft kämpferischer?
Kategorisch weigerten sich die Antiimps bei der Vorbereitung der Stuttgarter Stammheim-Demo zum zehnten Todestag der RAF-Gefangenen, die Forderungen „Freies Fluten für alle Flüchtlinge" und „Offenen Grenzen" in den Demoaufruf einfließen zu lassen, da dies angeblich die Stärke der Demo schwächen würde. In Wirklichkeit ging es natürlich darum, dass dies aktuelle Forderungen und Parolen von RZ und Rote Zora in ihrer Flüchtlingskampagne waren, die eben nach antiimperialistischer Auffassung auf einer Stammheim-Demo nichts zu suchen hatten. Die RZ-Orientierung auf Flüchtlinge, die damit verbundene Überhöhung ihrer Erfahrungen aus den sozialen Kämpfen des Trikonts und die daraus abgeleitete und im Endeffekt vergebliche Hoffnung, diese Kämpfe würden hier, in den Metropolen, ihre Fortsetzungen erleben, führte bei einigen Antiimps zur starken Abgrenzung und Diffamierung von Flüchtlingen. Sie konnten mit diesen „vagabundierenden Massen, die schon in ihren Heimatländern nicht gekämpft haben", nichts anfangen. So eine maßgebliche Meinung auf den „Hafentagen" in der besetzen Hamburger Hafenstr. Sylvester '87. Wobei mit „kämpfen" ausschließlich die bewaffnete Form gemeint war.
Es wäre allerdings verfehlt, den Schluss zu ziehen, dass sich eine Vielzahl der Autonomen bereits zu dieser Zeit auf Flüchtlinge bezogen hätte. Den meisten waren Flüchtlinge in dieser Zeit relativ egal, es sei denn, sie waren explizit politische Flüchtlinge und nicht „nur" auf der Suche an der Teilhabe des Lebens des reichen Nordens.

ZEITLEISTE 1986

24.01. Putsch im Südjemen erfolgreich
31.01. Nach tagelangen Unruhen in Haiti Ausnahmezustand
31.01. Die DDR hilft der BRD bei der Abwehr von Flüchtlingen durch neue Transitbestimmungen
06.02. Die Stasi wird mit dem Ehrenbanner des ZK der SED sowie dem Karl-Marx-Orden ausgezeichnet
06.02. Ein Spanischer Admiral stirbt bei einem ETA-Anschlag
07.02. Der Präsident Haitis muss nach Frankreich fliehen
10.02. Neue Bürgerkriegsrunde im Tschad
15.02. Unruhen in Südafrika, 20 Tote

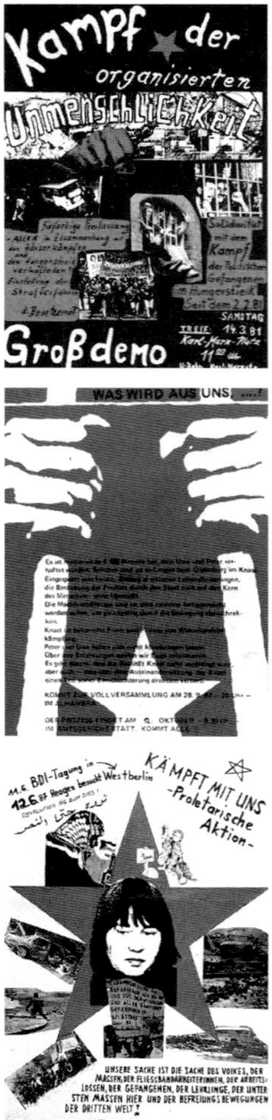

Antiimp-Plakate aus HKS 13

Unsere Sympathie für die RAF und die kämpfenden Einheiten lebt einerseits von ihren Aktionen und der Bereitschaft ihrer Akteure, lebenslange Isolationshaft und auch den Tod in Kauf zu nehmen, andererseits von der Realität der Sonderhaftbedingungen gegen tatsächliche oder vermeintliche Mitglieder. Die Mitglieder der RAF riskieren alles – lebenslange Haft unter Isolationsbedingungen, inklusive Verlust des eigenen Lebens durch die „Kill-Fahndung". Diese Radikalität nötigt einfach Respekt ab; eben auch, weil viele andere sich ungewollt, aber faktisch, Schlupflöcher für eine Rückkehr ins bürgerliche Leben offen lassen. Der kategorische, moralische Imperativ ist politisch die stärkste Waffe der RAF im autonomen Lager. Solch entschlossene Genossen, die „den Bruch mit dem System" auf allen Ebenen vollzogen haben, besitzen eine turmhohe moralische Integrität, die sie und ihre Unterstützer aber auch bis zum Erbrechen ausnutzen und instrumentalisieren. Die offene Kritik ist oft viel zurückhaltender, als es richtig und notwendig wäre.

Der Repressionsapparat reagiert lange Zeit im Zusammenhang mit RAF und Haftbedingungen nicht mit „chirurgischen Eingriffen", sondern mit „Flächenbombardements". Noch im Hungerstreik 1981 ist die Parole „Für die Zusammenlegung der Gefangenen aus RAF und Widerstand" von der Bundesanwaltschaft nach §129a als Werbung bzw. Unterstützung für eine terroristische Vereinigung kriminalisiert worden. Es gibt teilweise Knaststrafen ohne Bewährung für ihre Verbreitung.

Das Konzept Untergrund ist politisch natürlich kritisierbar, weil es u.a. ein vielfaches an Logistik erfordert und eine Distanz zum realen politischen Alltag produziert. Aber ein Zurück gibt es nicht – so jedenfalls die RAF-Propaganda zu jener Zeit, wobei mensch im Nachhinein feststellen kann, dass das propagierte Konzept wohl nicht ganz so rigide umgesetzt wurde.

Gäbe es von der RAF und den Freunden des bewaffneten Kampfes nur ihre Papiere, Einschätzungen und Analysen, würden viele diese obskure, zahlenmäßig kleine Gruppe kaum beachten. Zu wenig hat all das mit dem alltäglichen Widerstand zu tun.

Das System steht laut RAF dank der gewaltigen

ZEITLEISTE 1986

19.02. Jordanien kündigt Zusammenarbeit mit der PLO auf
25.02. Rebellion von wehrpflichtigen Bullen in Kairo
06.03. Kurzstreik in Deutschland gegen neues Arbeitsgesetz
07.03. Aufhebung des Ausnahmezustandes und Freilassung von 300 Gefangenen in Südafrika
18.03. Der wahre Heino darf sich nicht mehr der wahre Heino nennen
25.03. Um Honduras gegen Nicaragua aufzurüsten zahlen die USA 20 Mio. $ Militärhilfe
28.03. Für den Frieden 360.000 auf Ostermärschen

Angriffe der Guerilla permanent auf der Kippe („der gesellschaftliche Konsens“ sei im Zerfall begriffen) und im bösesten Fall könne es sich nur halten, weil ein paar Linksradikale nicht „getickt“ hätten, auf was es jetzt ankäme. Die Situation der Gefangenen kommt spätestens beim nächsten Hungerstreik wieder auf den Tisch und natürlich ist deren Situation absolut übel. Aber auch die Gefangenen machen es einem mitunter nicht leicht mit der Solidarität. Autonome und andere Kämpfe werden von ihnen kaum beachtet und Kritik an Einschätzungen der Gefangenen oder der RAF kriegt schnell den „Counter“ -Stempel und ist damit erledigt.

Mit der gemeinsamen Air-Base-Aktion von RAF und *Action Directe* im August '85 eskaliert das Verhältnis zwischen Autonomen und Antiimps. Auf dem Gelände der Rhein-Main-Air-Base explodiert eine Autobombe, tötet zwei US-Army-Angehörige und richtet erheblichen Sachschaden an. Die Aktion an sich wäre im autonomen Lager mehr oder weniger zustimmend zur Kenntnis genommen worden. Kritisch wird die Lage, als bekannt wird, dass am Vorabend des Anschlags ein GI nach einem Discobesuch umgebracht worden ist und mit Hilfe seiner ID-Card das Bombenauto auf die Air-Base gefahren wurde. Es gibt viele erste Reaktionen auch von antiimperialistischer Seite, die von „Counter“-Meldungen sprechen, von psychologischer Kriegsführung, von einer Geheimdienstaktion, die den legitimen Anschlag diskreditieren solle. Revolutionäre würden niemals wahllos einen einfachen GI umbringen, nur um an dessen ID-Card zu kommen. In einer nachgeschobenen Erklärung, die sich aber nur „an die, die mit uns kämpfen“ richtet, reklamiert die RAF auch die Tötung des GI Pimental für sich und versucht dies durch die Analyse, dass „Krieg sei und jeder sich entscheiden müsse“, zu rechtfertigen.

Hintergrund ist die fatale Fehleinschätzung, dass sich die Konfrontation Mitte der 80er Jahre, zwischen weltweiter Revolution und „imperialistischen Gesamtsystem“ auf einem Niveau bewege, das den weltweiten Klassenkämpfen zum Durchbruch verhelfen könne, wenn man nur

ZEITLEISTE 1986

31.03. Randale mit großer Bevölkerungsbeteiligung in Wackersdorf
02.04. Vier Tote bei Anschlag der *Arabischen Rev. Zellen* auf us-amerikanisches Zivilflugzeug
05.04. Drei Tote bei Anschlag auf auch von US-Soldaten besuchte Disco in West-Berlin
12.04. Seit 80 Jahren erster Streik der Seeleute auf deutschen Schiffen
15.04. Libyen wird von den USA bombardiert, 100 Tote
15.04. Größter Streik in Norwegen seit 1931 endet siegreich

entschlossen genug kämpfe. Zentral hierfür ist die Schlusserklärung von Brigitte Mohnhaupt im Stammheimer Prozess im Frühjahr '85, in der sie die These äußert, dass die imperialistischen Kriegspläne durch „einen immer stärkeren, breiten Druck von unten und mit der zunehmenden Gleichzeitigkeit der revolutionären Kämpfe, der Entwicklung der politisch-militärischen Front" in Frage gestellt würden. Die unterstellte Gleichzeitigkeit der Revolutionen im Libanon, in El Salvador, den Philippinen und Südafrika führt Brigitte Mohnhaupt zu der steilen Schlussfolgerung, dass „der nächste Einbruch im Kräfteverhältnis ihr strategisches Projekt Gesamtsystem bricht und damit die Stufe von imperialistischer Herrschaft, die sie historisch brauchen, um sich weiter zu halten". RAF und Action Directe drücken sich zur gleichen Zeit ähnlich falsch und optimistisch aus: „Die imperialistischen Staaten können aus ihrer substanziellen Instabilität und dem fortschreitenden Verlust ihrer Legitimität nur noch ihre Potenz zu herrschen demonstrieren. Sie sind heute mit der Tatsache konfrontiert, daß sie für keine einzige ihrer Maßnahmen einen passiven Konsens haben". *Action Directe* setzt dem noch einen drauf, indem sie schreiben, dass sich das Metropolenproletariat „durch sein hohes Niveau des sozialen Antagonismus und der Zurückweisung der Art des kapitalistischen Lebens" auszeichne.

Uff, so etwas hört sich natürlich heute weitaus merkwürdiger an als damals, aber die Leser und Leserinnen können versichert sein, dass auch 1985 sehr viele Genossen solchen Einschätzungen auf das Vehementeste widersprechen und, selbst bei Unterstellung einer solchen Lage, die Tötung eines beliebigen GI immer noch nicht als legitim empfinden.

Für viele Autonome sind diese sehr unterschiedlichen Einschätzungen der Situation Anlass, im Januar '86 am von antiimperialistischen Gruppen organisierten Kongress „Antiimperialistischer und antikapitalistischer Widerstand in Westeuropa" in Frankfurt teilzunehmen und genau hierüber in der „AG Westeuropa" zu debattieren. Es bleibt beim Versuch, denn die Vorbereitungsgruppe bricht die AG am zweiten Tag unter dem Vorwurf der „Abstraktheit der Diskussion" ab und verlässt den Raum. Im Kongressreader heißt es später dazu, ohne direkt Bezug auf die AG zu nehmen: „...und es gab natürlich auch ein paar Arschlöcher, die gekommen sind, um zu konsumieren und um abstrakte Debatten zu führen etc.". Der Bruch ist offensichtlich, doch er verläuft nicht nur zwischen Autonomen und Antiimps. Auch einige frühere RAF-Gefangene und Antiimps, u.a. aus West-Berlin und Frankfurt, kritisieren zunehmend die „straighte" Fraktion.

Zeitleiste 1986

23.04. Aufhebung der Rassentrennung in südafrikanischen Hotels und Restaurants

26.04. Kleine Havarie im AKW von Tschernobyl (Sowjetunion), bei der unwesentliche Teile Europas radioaktiv verseucht werden

05.05. Die Guerilla *Sendero Luminoso* in Peru tötet einen Admiral

16.05. Der argentinische Ex-Präsident wird wegen der Niederlage im Falklandkrieg zu 12 Jahren verdonnert

17.05. Die bislang schwersten Krawalle in Wackersdorf

Solidaritätsdemonstration für Ingrid Strobl am 11.2.1989 in Essen. Wegen Beschaffung eines Weckers wurde ihr die Unterstützung der Revolutionären Zellen vorgeworfen.

5. RZ & Autonome
Geschichte einer Geschwisterrivalität

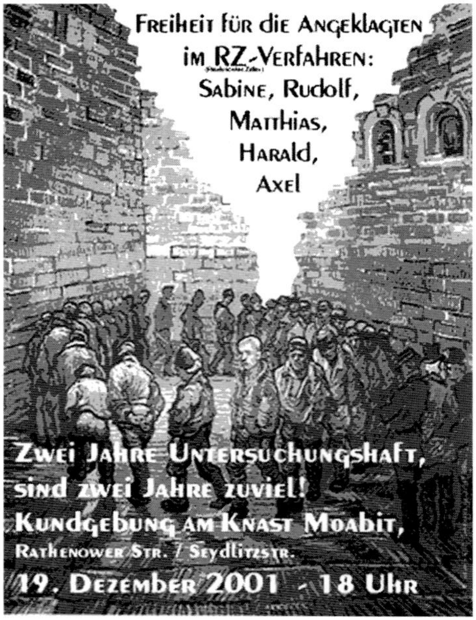

„Zwei Jahre Untersuchungshaft, sind zwei Jahre zuviel“ Kundgebung vorm Knast Moabit

Eine kleine Vorbemerkung: Einer der Anlässe für diesen Text ist der im Jahr 2001 begonnene Prozess in Berlin-Moabit gegen fünf Angeklagte, die aufgrund der Kronzeugenaussagen von Tarek Mousli von der Bundesanwaltschaft beschuldigt werden, den Berliner RZ angehört zu haben. Im Vorfeld des Prozesses hat es viele erbitterte Debatten um das Für und Wider der Prozessführung gegeben. Einige Autonome haben sich mehrmals zu Wort gemeldet und sich gegen eine „stille Abwicklung der Geschichte der RZ“ durch die Verteidigung gewandt, weil es hier nicht nur um die RZ, sondern auch um einen wesentlichen Teil der autonomen Geschichte gehe. Zudem bestünde die Gefahr, dass die Bundesanwaltschaft, die in ihrer Ermittlungstätigkeit die Nähe zwischen militanten Autonomen und den RZ hervorgehoben hatte, in ihrer bekannten Art und Weise die Linksradikalen als „Fehlgeleitete“, „Terroristen“ und „Kriminelle“ abqualifiziere – und dem müsse von Seiten der Linksradikalen durch eine offensive Öffentlichkeitsarbeit etwas entgegengesetzt werden. Von diesem Anliegen ist von Autonomen nur sehr wenig umgesetzt worden und die Prozesssoliarbeit ist schnell auf einen kleinen Kreis zusammengeschrumpft.

Es ist dies die Geschichte einer typischen Beziehung zwischen älteren und jüngeren Schwestern. Wie bei Geschwistern üblich wechseln sich Liebe, Abkehr, Zuneigung, Verleugnung und offene Bewunderung ab.
Die RZ, die ältere Schwester wird 1973 geboren und betritt in demselben Jahr mit einem Anschlag auf den US-Konzern ITT, der in den Putsch in Chile verwickelt war, die Bühne des revolutionären Kampfes in der BRD. 1981 kommt dann noch die Rote Zora als feministischer Flügel der RZ hinzu. Das Geburtsdatum der jüngsten Schwester, der Autonomen, ist weniger eindeutig zu bestimmen. Ab 1978 bezeichnen sich immer mehr Akteure und Akteurinnen der verschiedenen Teilbereichsbewegungen als Autonome.

Was eint die Geschwister?

Obwohl sie altersmäßig so weit auseinander liegen (in der Politik der Linksradikalen sind sieben/acht Jahre mindestens eine Generation), gibt es besonders in den 80er Jahren viele Ähnlichkeiten.
Da ist zunächst der sozialrevolutionäre Ansatz, also nicht nur „den antiimperialistischer Kampf vom Trikont ins Herz der Bestie tragen“, sondern Bezug nehmen auf soziale Kämpfe in der Metropole. Einschränkend ist jedoch anzumerken, dass in den ersten Jahren ihrer Existenz die RZ noch sehr stark auf den antiimperialistischen Kampf fixiert waren und nur ab und zu Aktionen (z.B. das Fälschen von Fahrkarten), die einen erklärten sozialrevolutionären Bezug hatten, durchführten.

Zeitleiste 1986

19.05. Südafrikanische Truppen greifen ANC-Stellungen in Sambia, Simbabwe und Botswana an
28.05. Der Bundesgerichtshof urteilt, dass Sitzblockaden nicht in jedem Fall strafbar sind
30.05. Dänemark verhängt einen Handelsboykott gegen Südafrika
05.06. Wegen der Pfingstkrawalle in Wackersdorf wird der niederbayrische Bullenchef entlassen
07.06. In Brokdorf und Wackersdorf demonstrieren zusammen mehr als 100.000 gegen AKWs

RZ, Rote Zora und Autonome sind jeweils auf die Bewegung orientiert. Auf Menschen, die Verhältnisse nicht mehr widerspruchslos hinnehmen wollen und sich zu wehren beginnen, im Stadtteil, in der Fabrik, zu Hause in der patriarchalen Familie.
In ihrem strategischen Konzept praktizieren die RZ wie die militanten Autonomen Gruppen das sogenannte Feierabendkonzept: D.h. tagsüber führen sie ein unauffälliges Leben und nachts machen sie ihre Aktionen. Dies ist von den RZ aus der Kritik an dem streng klandestinen Guerilla-Konzept der RAF entwickelt worden.
Aus Sicht der Autonomen folgt aus der konsequenten Umsetzung dieser Strategie für die RZ und Rote Zora, sich aus den linksradikalen Politikzusammenhängen rauszuhalten. Dies bedeutet auch, dass die RZ nur höchst selten direkt Bezug nehmen auf laufende Debatten innerhalb der Linksradikalen, was des öfteren nach Ansicht der Autonomen zu Fehleinschätzungen in Bezug auf die Mobilisierungsfähigkeit der Linken bzw. der Teilbereichsbewegungen mit beiträgt. Umgekehrt haben die Autonomen auch keine weiteren Informationsquellen über die Diskussionen in den RZ als deren unregelmäßige Zeitschrift *Revolutionärer Zorn*.

Acht Jahre nach Gründung der RZ kommt es 1981 zu einer Neubestimmung ihrer Politik. Die RZ hat sich gespalten in einen internationalistischen, einen sozialrevolutionären und einen feministischen Flügel (die RZ selbst sprechen allerdings öffentlich nie von Spaltung). Im *Revolutionären Zorn* Nr. 6 meldete sich die sozialrevolutionäre Fraktion zu Wort und daran anschließend betritt die Frauengruppe, die Rote Zora, mit einem eigenständigen Positionspapier („Jedes Herz ist eine Zeitbombe") die Bühne: „(...) jede Frau, die schon einen Stein geworfen hat, die auf Anmache von Männern nicht mit Rückzug reagiert, sondern zurückgeschlagen hat, wird unser Gefühl von Befreiung nachvollziehen können, das wir hatten, als wir Sexshops zerstörten oder eine Bombe anlässlich des Urteils zum §218 vor dem Bundesverfassungsgericht zündeten. Befreiung hat in unserer Gesellschaft etwas mit Zerstörung zu tun. Zerstörung der Strukturen, die uns an die Frauenrolle ketten wollen."
Der sozialrevolutionäre Flügel ruft zur engen Zusammenarbeit mit der neuen, von den Autonomen beeinflussten Häuser- und Anti-AKW-Bewegung auf: „Unser Ziel war und ist die Verbreitung des bewaffneten Widerstands, war und ist die Unterstützung eines Netzes autonomer Gruppen, die als bewaffnete Tendenz innerhalb der Bewegungen in ihren Städten und Regionen aus sich heraus aktionsfähig sind, die dort mit den Methoden der Subversivität Widersprüche forcieren und auf den unteren Gliederungen des Machtgefüges intervenieren, die also das Handlungsarsenal der legalen Linken um ihre Möglichkeiten der Sabotage, der Bestrafung, der Gegenwehr, der Eroberung von Lebensmöglichkeiten erweitern. Es geht uns, platt gesagt, zunächst und vor allem um die Zersetzung des Fundaments von Herrschaft, nämlich der Ohnmacht, also um die Veränderung der Menschen und nicht darum den ‚Staat zu kippen'" .
Das sind von einer Stadtguerilla völlig neue Töne

Gesammelte Texte der Revolutionären Zellen als zweibändiger Schmöker (als Buch vergriffen, aber mit jeder guten Suchmaschine im Internet zu finden)

ZEITLEISTE 1986

08.06. In Hamburg werden 800 Demonstranten bis zu 13 Stunden in einem Bullenkessel festgehalten
12.06. Ausnahmezustand in Südafrika wegen des zehnten Jahrestages des Soweto-Aufstandes
12.06. Polen tritt dem IWF bei
14.06. Laut Polizeigewerkschaft haben 100 Bullen nach den Krawallen in Wackersdorf ihren Dienst quittiert
15.06. In Frankreich demonstrieren 20.000 gegen das AKW Cattenom, das im Herbst ans Netz soll
19.06. Wahrscheinlich über 300 Tote bei der Niederschla-

und die heben sich wohltuend von den militaristischen Wortungetümen der RAF ab. Dementsprechend breit ist z.B. die Zustimmung in der *radikal* der damaligen Jahre.
Allerdings können die RZ das Dilemma der militanten Organisation, hin- und hergerissen zwischen Avantgarde und Basisanbindung, nicht lösen: „Es ist eine Gratwanderung, entweder man wirft uns vor, wir würden uns an die Bewegung anhängen, oder wir würden uns isolieren“ , beschreiben sie dies in einem Interview mit der Zeitschrift *Autonomie* 4/5.
Außerdem verbirgt sich in der zitierten Stellungnahme der RZ noch ein weiterer politischer Sprengsatz, die angebliche Gleichrangigkeit von bewaffneten und subversiven Aktionen. In der Beteiligung der RZ an der Startbahn-Bewegung zwischen 1981 und 1984 kommen diese beiden unterschiedlichen Konzepte dann zum Vorschein. Davon später mehr.
Zuvor muss noch auf eine weitere Ähnlichkeit in den Politikansätzen der drei Schwestern hingewiesen werden, nämlich auf den Kampagnenansatz. Mit dem Erscheinen des sozialrevolutionären Flügels der RZ in der Startbahn- und der Anti-AKW-Bewegung nähern sie sich dem Kampagnenansatz der Autonomen an und spitzen ihn in ihrer Flüchtlingskampagne Ende der 80er Jahre zu. Mittels der militanten Intervention soll die Bewegung radikalisiert und vorangetrieben werden bzw. durch die Propaganda der Tat wie u.a. in der Flüchtlingskampagne eine Bewegung initiiert und gestärkt werden.
Für viele Autonome sind dabei die Anschlagserklärungen und Texte der großen Schwester RZ und Rote Zora wegweisend und handlungsanleitend. Mit dem Text „Jedes Herz ist eine Zeitbombe“ erzeugt die Rote Zora große Resonanz in der autonomen Frauenbewegung, und das lange Papier zur Friedensbewegung vom Dezember ’83 „Krieg-Krise-Friedensbewegung“ erreicht großen Einfluss bei der Neubestimmung der internationalistischen Politik unter den Autonomen. Gerade im Bereich des Internationalismus kommen die beiden Geschwister gut miteinander klar. Die Autonomen zitieren sehr oft in ihren Flugblättern und Texten aus diesen Papieren der RZ und der Roten Zora.
Und nicht zuletzt: Die RZ/Rote Zora sind durch ihre umfangreichen Veröffentlichungen im *Revolutionären Zorn* über die Erfahrungen und Techniken im Umgang mit Zündern, Brandbeschleunigern, Sprengstoff etc. so was wie ein Lehrer der militanten Autonomen in Sachen Technik des militanten Angriffs. In der „Praxis-Sondernummer“ des *Revolutionären Zorn* Nr. 5 listen die RZ die „sieben Sünden der Stadtguerilla“ auf 🌐 21 und führen die neu beginnenden, militanten Gruppen in die allgemeine Technik der Selbstschulung in den Fächern Chemie, Elektrotechnik, Aktionsvorbereitung etc. ein. Hier berichten erfahrene Genossen den jüngeren, warnen vor Größenwahn und appellieren immer wieder an die „Genauigkeit des Revolutionärs“, nicht nur in der Vorbereitung und Durchführung von Aktionen, sondern auch im Umgang miteinander. Das ist für die jüngste Schwester sehr hilfreich und konkret.

Zeitleiste 1986

gung einer Häftlingsrevolte in drei peruanischen Knästen
21.06. In der Schweiz 30.000 gegen AKWs auf der Straße
26.06. Und wieder 100 Mio. $ US-Rüstungshilfe für *Contras*
26.06. Angriff des *Sendero Luminoso* auf Touristenzug in Peru, acht Tote
29.06. Wissenschaftler sind bei einer Tagung besorgt über das Ozonloch
02.07. Die bayrischen Bullen werden mit Gummigeschossen ausgerüstet

Was trennt die Geschwister?

Da ist zunächst einmal der Streit um das revolutionäre Subjekt. Während die RZ in den 70er Jahren die sozialrebellische Jugend- und Randgruppenbewegung zum revolutionären Subjekt erkoren und Mitte der 80er Jahre in der Flüchtlingskampagne die neue Migrationsbewegung aus den Trikontländern zum Träger des revolutionären Prozesses bestimmt haben, bleiben die Autonomen unentschieden.
In der internationalistischen Bewegung werden zwar die Befreiungsbewegungen bis zur IWF-Kampagne 1987/88 als die Motoren des weltweiten revolutionären Kampfes angesehen. Zugleich gibt es aber seit Anfang der 80er Jahre eine Strömung unter den Autonomen, die sich selbst in den Mittelpunkt (die „Politik der 1. Person") stellte. Danach wird die Revolution als ein sehr langwieriger Prozess aufgefasst, der ohne eine revolutionäre Veränderung des Alltags nicht auskommt, also bei den Revolutionären selbst anfangen müsse. Die Kritik an den Konsumgewohnheiten, am Sexismus, an den Machtbeziehungen etc. soll also bei den autonomen Revolutionären selbst ansetzen.
Der Streit darüber wird bis zur Veröffentlichung des RZ-Papiers „Das Ende unserer Politik" nur in der Startbahnbewegung einmal öffentlich ausgetragen.
Viele autonome Gruppen haben den Ansatz, sich auf die zu beziehen, die anfangen sich zu wehren und sich nicht mehr mit gewaltfreien Widerstandsformen zufrieden geben. Viele Autonome haben weder eine Klassenanalyse noch andere analytische Werkzeuge, sondern allein die konkrete Handlung und das Verhalten sind maßgeblich (deshalb auch der Vorwurf der „Kleinbürgerlichkeit" seitens der Kommunisten).

Die zweite Trennungslinie ist die Auseinandersetzung um den Avantgardebegriff.
Im *Revolutionären Zorn* Nr.6 schreiben die RZ selbstkritisch: „Statt sich an dem zu orientieren, was die Bewegung machte, gingen wir dazu über, die Bewegung an dem orientieren zu wollen, was wir für politisch brisant und notwendig hielten". Aufgrund der Zersplitterung der Linken, Ende der 70er Jahre, meinten die RZ stellvertretend für die radikale Linke handeln zu müssen („die Kontinuität gerade in Zeiten der Zersplitterung aufrechtzuerhalten", *Rev. Zorn*, Nr. 6), und reklamierten einen „globalen Führungsanspruch" (ebenda) gegenüber der Linken. Es ist klar, bei einer sozialrevolutionären Neuorientierung auf die radikale Anti-AKW-Bewegung und Häuserbewegung kann dieser Avantgardeanspruch nicht mehr aufrechterhalten werden und wird 1981 von den RZ auch kritisiert. Doch folgt dieser theoretischen Einsicht eine veränderte Praxis?
Die RZ wollen von nun an eine Rückorientierung auf die Massenproteste, wie in den 70er Jahren im Kampf gegen die Fahrpreiserhöhung, vornehmen. Die erste große, praktische Intervention nach dieser Selbstkritik ist die Beteiligung an den Massenaktionen gegen die Startbahn-West in Frankfurt/Main. Neben vielen gezielten Anschlägen auf Baufirmen und die Frankfurter Flughafen AG führen die RZ auch drei in der Startbahnbewegung sehr umstrittene Aktionen durch. Weit

ZEITLEISTE 1986

02.07. Zehn Tote bei regierungsfeindlichen Protesten in Chile
09.07. Der Siemens-Manager Beckurts wird von der RAF getötet
22.07. Großbritannien schafft in den staatlichen Schulen die Prügelstrafe ab
26.07. Bei einem Festival gegen die WAA kommen in Bayern 100.000 Leute zusammen
28.07. Die *Contras* töten in Nicaragua u.a. drei europäische Aufbauhelfer
28.07. Zwei Autobomben in Beirut, 57 Tote

vor dem ersten Höhepunkt, im Herbst 1981, erschießen die RZ im Frühjahr bei einem missglückten Anschlag den damaligen Wirtschaftsminister Karry versehentlich, im Herbst greifen sie nach der Hüttendorfräumung mit Sprengstoff die Flugsicherung an und verstoßen damit gegen einen Konsens der Startbahnbahnbewegung, keine Objekte der Flugsicherung zu zerstören. Ein paar Monate später misslingt ein Bombenanschlag auf das Wirtschaftsministerium.

In der *radikal* erscheint 1983 ein kritisches Papier aus dem autonomen Teil der Startbahnbewegung zur Politik der RZ an der Startbahn: „In ihrem Verhältnis zur Massenbewegung sind die RZ immer mehr dazu übergegangen, den Anspruch, an Massenbewegungen anknüpfen zu wollen, dadurch zu erfüllen, dass sie die Massen mittels ihrer Aktionen zur Militanz oder Offensive erziehen wollen, wobei Brand- und Sprengstoffanschläge als pädagogischer Rohrstock dienen. Ein solches erzieherisches Verhältnis kann nicht akzeptiert werden, weder von den Linksradikalen noch von der bis ins bürgerliche Lager reichenden Anti-Startbahnbewegung“. Das ist starker Tobak.

Mitte 1983 erscheint ein langes Papier der RZ zu ihren bisherigen Aktionen im Kampf gegen die Startbahn-West, in dem sie wiederum den militanten Autonomen vorhalten, die Aktionen der RZ totgeschwiegen zu haben. Auf die Kritik der Militanz als „pädagogischen Rohrstock“ gehen sie nicht weiter ein.

Das Verhältnis zwischen RZ und militanten Autonomen bleibt in der Startbahnbewegung ein sich wechselseitig ignorierendes, konkurrierendes Nebeneinander. Die RZ wollen nicht anerkennen, dass ihre anfängliche Strategie, die Baufirmen anzugreifen, auch von Autonomen praktiziert wird. Die Autonomen wiederum werfen den RZ vor, durch die Eskalation der Mittel (Knarre und Sprengstoff) die Militanten unnötig in der Startbahnbewegung isoliert zu haben.

Den RZ fällt hier ihre eigene strategische Widersprüchlichkeit auf die Füße. Einerseits propagieren sie bei der Wahl der Mittel die Nachmachbarkeit, andererseits koppeln sie immer wieder die eigentlich revolutionäre Aktion an den bewaffneten Kampf und erklären sich damit wieder zur Avantgarde. Von daher ist es nicht verwunderlich, dass Autonome und RZ in der Startbahnbewegung so oft aneinander vorbeireden und -handeln. Nur in einer Erklärung zu dem fehlgeschlagenen Bombenanschlag auf ein Ausbildungszentrum der Frankfurter Flughafen AG, beziehen sich die RZ auf die gemeinsame Abwehrstrategie der „unkontrollierbaren Teile der Bewegung“ und ihres Widerstandes. Die Politik der Bürgerinitiative orientiere auf Ausgrenzung des militanten Teils und auf die für Bullen kalkulierbare Festlegung auf Gewaltfreiheit. „Demgegenüber steht für uns alle an, die in den letzten 1 1/2 Jahren entwickelte Kontinuität des Widerstandes zu festigen und auszubauen“ (*radikal* Nr. 120, September 1983), schreiben die RZ und meinen damit auch den autonomen Teil des Widerstandes.

Schüsse auf den Wirtschaftsminister und Bomben auf Gebäude der Flughafen AG sind die

ZEITLEISTE 1986

04.08. Die USA rufen den nationalen Kreuzzug gegen das Rauschgift aus

10.08. Die DDR lässt weiterhin Asylsuchende nach West-Berlin durchreisen

13.08. Spanien hat, nach Österreich und Griechenland, jetzt auch eine offizielle PLO Vertretung

14.08. Die Verhaftung hunderter Oppositioneller in Pakistan führt zu schweren Unruhen

15.08. Türkische Luftangriffe auf Kurden im Irak

16.08. Sudanesische Rebellen schießen ein Zivilflugzeug ab,

„klassischen" Mittel der Stadtguerilla. Brandanschläge auf Bagger und Baufirmen gelten als nachmachbare Mittel des autonomen militanten Widerstandes. Mit der Nachmachbarkeit versprechen sich die Militanten eine Erhöhung der Akzeptanz sowie eine Verbreiterung dieser Aktionsformen. In der Startbahn-Bewegung stoßen die Konzepte des bewaffneten Kampfs der Stadtguerilla, des subversiven Kampfes und die Nachahmbarkeit der Aktionen als zwei gegensätzliche Politikansätze der RZ jedoch aufeinander. Beide Militanzebenen gleichzeitig einzusetzen, birgt die Gefahr in sich, dass dann auch die nachmachbare Ebene von breiteren Teilen der Bewegung abgelehnt wird. Abgeschwächt wiederholt sich dieses Dilemma in der Flüchtlingskampagne „Für freies Fluten" (Avantgardistische Schüsse auf Korbmacher und Hollenberg versus „einfacher" Klau von Akten über Roma), allerdings völlig ohne dazugehörige Bewegung. Die RZ springen zwischen diesen Ansätzen immer hin und her, ohne das später noch einmal so genau zu reflektieren wie im *Rev. Zorn* 1981.

Die Autonomen nehmen diese Doppelstrategie zumeist nicht wahr. Ihr Verhältnis schwankt zwischen Bewunderung der bewaffneten Aktion, wie bei Korbmacher, und Kritik, wie beim Bombenanschlag auf das hessische Wirtschaftsministerium. Die Praxis der Autonomen Gruppen kommt Ende der 80er Jahre den ursprünglichen Zielsetzungen der RZ von 1973, einer breiten und gut verankerten „guerilla diffusa", sehr nahe – allerdings in der Art der Mittel klar unterhalb der Ebene von Knarre und Sprengstoff.

Ist das Konzept der RZ „Schafft viele revolutionäre Zellen" nicht gerade durch die vielen militanten autonomen Gruppen aufgegangen? Dazu äußern sich die RZ nicht. Hier hat mal wieder die ältere Schwester die Jüngere übersehen.

Die Kritik der jüngeren Schwester, wie in der *radikal* zwischen 1982 und 1984, und in der Startbahn-Bewegung, wird von der Älteren zumeist übergangen. Es ist auch viel Polemik seitens der Autonomen dabei. Sprüche wie „RZ – ab in die Bewegung" zeugen vor Arroganz und Selbstüberschätzung. Ein einziges Mal nur meldet sich eine RZ-Gruppe bei der *radikal* und nimmt direkt Bezug auf die in der Zeitschrift geführten Debatte über das Startbahn-Papier der RZ.

Offenbar ist der theoretischen Neu-Orientierung auf die soziale Bewegungen nach 1981 keine entsprechende Praxis gefolgt. Für die RZ und die Rote Zora sind die Angriffe, Aktionen und Debatten der Autonomen bis auf wenige Ausnahmen kein Bezugspunkt. Das ist um so verwunderlicher, als doch bei den drei Geschwistern das Thema der Krise der radikalen Linken sich wie ein roter Faden durch all ihre Analysen zieht.

Die „Krise der Bewegung" und die „fehlende Organisierung der Linksradikalen" sind Dauerthema bei den RZ. Auch bei den Autonomen wird sowohl auf dem Höhepunkt der Häuserbewegung wie im Vorfeld der IWF-Kampagne schon wieder von der Krise gesprochen. Man könnte fast annehmen, dass die Dauerdebatte darüber der eigentliche Ausdruck der Kontinuität der Autonomen sind. Tritt eine Generation ab, wiederholt sich die Krisendebatte in der neuen gebetsmühlenartig.

ZEITLEISTE 1986

60 Tote
25.08. Ein SPD-Parteitag beschließt, den langsamen Atomausstieg zu wollen
27.08. Neues Gesetz zum Schikanieren von Flüchtlingen in der BRD erfunden
05.09. Pakistanische Soldaten stürmen ein entführtes Pan-Am-Flugzeug, 21 Tote
06.09. Selbstmordanschlag auf Synagoge in Istanbul, 21 Tote
08.09. Autobombe vor dem Bundesamt für Verfassungsschutz
11.09. Neues Gesetz in den USA ermöglicht den Einsatz von

In West-Berlin kommt es 1987 zu einer faktischen Annäherung von autonomen Gruppen und RZ/Rote Zora. Eine RZ versucht Anfang 1987, im Rahmen der Flüchtlingskampagne die Zentrale

Die ZSA in West-Berlin nach dem Brandanschlag der „Revolutionären Viren" 1987

Sozialhilfestelle für Asylbewerber durch einen Sprengstoffanschlag wegzupusten, was aber fehlschlägt. Ein knappes halbes Jahr später machen es die autonomen „Revolutionären Viren" besser und fackeln den Bau ab. Tausende Asylanträge und Pässe werden vernichtet. Im Sommer desselben Jahres unterstützt eine autonome Frauengruppe („Amazonen") die Kampagne der Roten Zora gegen den Textilkonzern Adler mit einem Brandanschlag. Diese Beispiele bleiben aber die Ausnahme.

Im Jahr darauf lehnen die RZ eine Zusammenarbeit mit militanten Autonomen im Zuge der IWF-Kampagne ab. Die Autonomen haben im Vorfeld der Kampagne darauf gesetzt, dass sich RAF und RZ mit in das Bedrohungsszenario gegen das Treffen der Bonzen aus aller Welt einklinken. Doch die RZ bleiben inaktiv. Das ist um so erstaunlicher, weil in der theoretischen Analyse – der „neue Antiimperialismus" gegen die transnationalen Konzerne und ihre Helfershelfer, IWF und Weltbank als Mordmaschine – sich Autonome und RZ politisch noch nie so nah waren.
Die Zurückhaltung der RZ 1988 ist vielleicht auch auf die „Aktion Zobel" zurückzuführen: Im Dezember 1987 führt das BKA eine umfangreiche Durchsuchungsaktion gegen vermeintliche Mitglieder der RZ und Roten Zora durch. Ingrid Strobl und Ulla Penselin werden verhaftet, einige andere entziehen sich der Festnahme durch Abtauchen bzw. Flucht ins Exil. Von diesem Schlag können sich die RZ offensichtlich nicht mehr so richtig erholen. Dies trägt Anfang der 90er Jahre zum Bruch und zur Auflösung bei, begleitet von einer regen Diskussion über die Perspektiven militanter Politik auch in autonomen Kreisen.

Zeitleiste 1986

Militär zur Drogenbekämpfung
12.09. In Polen wird die Freilassung aller politischen Häftlinge beschlossen
13.09. Haider jetzt Chef der FPÖ in Österreich
14.09. Nach mehreren Anschlägen in Frankreich wird die Visumspflicht für Nicht-EG-Ausländer eingeführt
25.09. Bei der Sozialhilfe sind NS-Opfer endlich Kriegsopfern gleichgestellt
01.10. Die unzerstörten Blöcke des AKW Tschernobyl gehen wieder ans Netz

6. Militanz

Zunächst nähern wir uns analytisch dem Begriff und danach folgen subjektive Darstellungen.

Der Begriff der Militanz ist im Deutschen ein Zwitterwesen. Er drückt zum einen eine grundsätzliche, radikale, politische Haltung aus, die sich Kompromissen verweigert – der Duden beschränkt sich auf ein erklärendes Wort: „kämpferisch". Weil aber für viele kämpferische Linksradikale seit 1968 politische Gewalt eine zentrale Form von Aktion und Propaganda ist, wird Militanz inzwischen weitgehend mit „politischer Gewalt" gleichgesetzt. Die Autonomen sind die bei weitem stärkste Strömung in der radikalen Linken, die in diesem doppelten Sinne militant ist.

Das ist auch eine Konsequenz der Umgebungsbedingungen: Die verhältnismäßig satte Wohlstandsgesellschaft der BRD reagiert mit repressiver Toleranz und Ignoranz auf radikalen Protest und demonstriert gerne ihre Stabilität und Macht. Die logische Konsequenz ist die Radikalisierung des Protestes. Wie sonst soll der dicke, deutsche Lack angekratzt werden? Der radikalisierte Protest stößt früher oder später auf einen hochentwickelten Repressionsapparat, und das kracht.

Wer linksradikal ist, erlebt früher oder später diesen Zusammenstoß. So kommen zwei sich gegenseitig verstärkende Einflüsse zusammen: Die eigene Radikalität will sich äußern und prallt auf polizeiliche Gewalt. Der individuelle Prozess unterscheidet sich: Manche werfen ihren ersten Stein als offensiven Akt der Befreiung, andere aus Notwehr gegen die Bullen.

Aber allen ist gemeinsam, dass die Militanz zum identitätsstiftenden, prägenden Bestandteil der Bewegungserfahrung wird. Sie ergibt sich aus den äußeren Bedingungen, nicht aus theoretischen Erwägungen. Das Bewusstsein, was da warum getan wurde, kommt oft erst im Nachhinein. Deshalb hinken militante Analyse und Theorie oft der entsprechenden Praxis hinterher.

Aus der Erfahrung, so oder so irgendwann in die Konfrontation zu geraten, entsteht die Massenmilitanz als fester Bestandteil der Bewegung. Wer auf der Straße nicht selbst gewaltsam handelt, ist dennoch als Militanter dabei, sei es helfend, etwa bei der Versorgung Verletzter, sei es als bloße „schützende Masse". Dabei empfinden viele durchaus die historische Kontinuität und fühlen sich den Kämpfern der 68er-Bewegung näher als den friedlich Demonstrierenden vom letzten Wochenende; die alten *Ton-Steine-Scherben* Platten werden ebenso gehört wie die neuen von *Slime*.

Der Blick auf Ursache und Wirkung, das Potenzial an politischer Vermittlung bzw. taktischen Möglichkeiten, geht dabei manches Mal verloren. Der Krawall wird zum politischen Ausdruck an sich, der nicht gezielt eingesetzt wird, um ein bestimmtes Ziel zu erreichen, sondern der „den Preis" hochtreiben soll, den „das System" zu zahlen hat – für ein Atomkraftwerk, ein geräumtes Haus, den Polizeiapparat, unsere Toten. Reformistische Kräfte wie die Grünen versuchen zeitweise, dieses Drohpotential für sich zu instrumentalisieren – bis sie endgültig staatstragend werden. Krawall etabliert sich als mögliche Verlaufsform jeder Demonstration, „gewaltbereite Autonome" werden damit gleichgesetzt. Bullen, Medien und friedliebende Gruppen richten sich

ZEITLEISTE 1986

06.10. Der Umweltminister der BRD sagt, dass bei den 237 Störfällen in AKWs keine Gefahr für die Bevölkerung bestand

07.10. Das AKW in Brokdorf nimmt den Betrieb auf

10.10. Der BRD-Diplomat Braunmühl wird von der RAF erschossen

10.10. Die Blockadeaktionen in Mutlangen enden, 850 Leute wurden dabei festgenommen

11.10. Friedensdemo im Hunsrück mit 200.000 Demonstranten

darauf ein, so gut sie können. Die altbekannte Mischung aus Entpolitisierung und Dämonisierung setzt ein: Autonome sind irgendwie unpolitisch und gleichzeitig politisch ganz böse.
Die Militanz der Kleingruppen ist für Außenstehende noch viel undurchschaubarer, für Autonome aber eine klare Sache. Bei Nacht Plakate kleben, Schlösser verkleben, Bank-Schaufensterscheiben einschmeissen, Baumaschinen beschädigen: Das ist im Grundsatz nichts anderes als das militante Agieren auf Demos, es erfordert nur mehr Vorbereitung. Und Bank oder Baumaschine mit einem Molli anzuzünden, wenn es die Umstände erlauben, ist vor allem wegen des erhöhten Risikos ein Problem, nicht aber aus theoretischen Erwägungen.

Dabei gibt es nie „die" typische autonome Gruppe. Stattdessen bilden sich die unterschiedlichsten Konstellationen: Aus Freundeskreisen werden mehr oder weniger kurzlebige Banden oder bei Bedarf aktivierbare Aktionsgruppen; aus Demo-Bekanntschaften ergeben sich spontan handlungsfähige und wieder zerfallende Chaoten-Combos; aus politischen Plena entwickeln sich dauerhafte Gruppen, die auch zur Tat schreiten; in wechselnden und sich auch überschneidenden Zusammensetzungen agieren Gruppen manchmal nur ein einziges Mal, manchmal über Jahre, einige verfestigen sich, andere bleiben lose, manche wandeln sich in Theoriezirkel oder Selbsthilfegruppen. Da es kein autonomes Programm und keine autonome Strategie gibt, um sich daran zu orientieren, sind die persönlichen Interessen der einzelnen Beteiligten entscheidend für die Entwicklung der Gruppen und Grüppchen. Entsprechend sprunghaft ist deren Geschichte.

Für etliche ist der Straßenkampf im Rahmen der Bewegung der wichtigste Ausdruck militanter Politik, Kleingruppen-Aktionen dagegen nur ein Ersatz in Zeiten schwacher Mobilisierungsfähigkeit. Andere wollen überall dabei sein, wo es zischt und knallt. Manche empfinden es als einen persönlichen und politischen Fortschritt, von der Straßenmilitanz zur Kleingruppe zu kommen. Und wieder andere haben an den Straßenkämpfen gar nicht aktiv teilgenommen, weil sie körperlich nicht mithalten konnten, Angst hatten, oder ihnen unmittelbare körperliche Gewalt zuwider ist, sehen aber in der militanten Gruppe die Möglichkeit, ihrer politischen Radikalität Ausdruck zu verleihen.
Individuelle körperliche Gewalt ausserhalb der Politik ist für viele Autonome etwas ganz Fremdes (was auch ein wichtiges Korrektiv für die eigene militante Praxis sein kann). Gewaltfreie Friedensdemonstranten bei der Durchsetzung der Gewaltfreiheit zeigen oft eine höhere persönliche Gewaltbereitschaft, ganz zu schweigen vom deutschen Durchschnittsmann. Die eigene Distanz zu dieser „schmutzigeren" , nicht politisch

ZEITLEISTE 1986

15.10. Teilabzug der SU-Truppen aus Afghanistan beginnt
17.10. Verschärfung der Asylbestimmungen in Dänemark
25.10. Im Baskenland stirbt ein Militärgouverneur durch eine Bombe
28.10. Das BKA berichtet von 233 Brand- und 60 Sprengstoffanschlägen seit Jahresbeginn
08.11. In Hanau demonstrieren 12.000 für den Atomausstieg
11.11. Das Bundesverfassungsgericht erklärt, das Sitzblockaden vor Militäreinrichtungen in jedem Fall strafbar sind

hergeleiteten Form von Gewalt, kann aber auch dazu führen, den Kontakt zu sich zu verlieren, die Grenzen und Formen von Konflikten nicht mehr klar zu bestimmen. Militante Umgangsformen können in interne Auseinandersetzungen einfließen und sie im wahrsten Sinne des Wortes verwüsten: Leute schaffen es nicht, ihre Konflikte zu lösen, erklären sich dann zu politischen Feinden und bewerfen sich mit Steinen. Eskalationsschrauben werden in Gang gesetzt, bei denen sich manche fragen, ob ein paar gegenseitige Ohrfeigen nicht doch besser wären als Flugblätter und organisierte Angriffe.

Während der Bewegungszeit ab 1981 sind viele radikalisierte Menschen schnell, spontan und mit hoher Risikobereitschaft unterwegs. Es gibt vor allem in den besetzten Häusern viele soziale Großgruppen, in denen sich diese Menschen zusammenfinden können. Daraus entstehen zahlreiche nächtliche Aktionen auf relativ niedrigem technischen Niveau. Gemessen an den Maßstäben klandestiner Gruppen sind Vorbereitung und Durchführung der Anschläge oft katastrophal nachlässig. Auch der Verfolgungsdruck durch Polizei und Geheimdienste ist sehr viel geringer als später. Gruppen wie die RZ spielen mit ihren Aktionen in einer ganz anderen Liga.

Rache für geräumtes Haus in Kreuzberg
Chaoten schalten Ampeln ab: 100 000 kamen zu spät

Karstadt: Chaoten warfen Brandsatz in Schaufenster

hpw. Berlin, 18. Dezember

Die Chaoten geben keine Ruhe: Nach den blutigen Krawallen am Kudamm und in Kreuzberg versuchen jetzt Splittergruppen in Außenbezirken Geschäfte zu zerstören.

Letzte Nacht haben sie versucht, Karstadt im Einkaufszentrum Tegel anzuzünden.

Gegen 3 Uhr 15 warfen sie mit zwei Steinen eine große Schaufensterscheibe ein.

Mitte der 80er Jahre schälen sich aus den Resten der Bewegung die militanten Kerne heraus und spezialisieren sich. Entsprechend nimmt die Zahl der Anschläge und ihre technische Qualität zu und die Distanz zu den bewaffneten Gruppen ab. Ausdrücklich an den RZ orientierte Gruppen entstehen ebenso wie die der RAF nahestehenden „Kämpfenden Einheiten“. 1986 ist ein Höhepunkt erreicht, sowohl was die Zahl der Anschläge angeht als auch ihren Sachschaden. Der Verfassungsschutz zählt 60 Sprengstoffanschläge, über 250 Brandanschläge, 150 Angriffe auf Hochspannungsmasten und etwa ebenso viele auf Verkehrseinrichtungen, was vor allem die Bahn (u.a. wegen Munitionstransporten und Hochgeschwindigkeitsstrecken) trifft. Die Schadenssumme bewegt sich 1985 bis 1987 jeweils im zweistelligen Millionenbereich. Die Anschläge sind wirtschaftlich messbar, zwar letztlich nur als Nadelstich für die Versicherungswirtschaft, aber immerhin.

Es gibt zu den bewaffneten Gruppen eine klare politische und konzeptionelle Grenzziehung. Es herrscht kein Krieg im Land und damit auch kein Prinzip von „Wo-gehobelt-wird-da-fallen-Späne“. Der Kampf aus der Illegalität heraus kommt nicht in Frage. Wer auf der Flucht vor der Polizei untertauchen muss, kämpft nicht weiter, sondern

Zeitleiste 1986

13.11. Und noch eine Verschärfung des Asylrechts
16.11. Bombenanschlag auf IBM-Forschungszentrum in Heidelberg
17.11. Die Action directe erschießt in Paris den Renault-Chef
30.11. Schwere Unruhen in Indien zwischen Sikhs und Hindus
01.12. In Göttingen werden drei Häuser geräumt und 408 Leute festgenommen
04.12. Nachdem die Bullen einen von ihnen erschossen haben streiken 5000 südafrikanische Bergarbeiter
06.12. Kirchliche Anti-AKW-Aktivisten blockieren Brokdorf

bringt sich in Sicherheit und wird, soweit es geht, versorgt. Bei Anschlägen und anderen Aktionen wird auf die Unversehrtheit von Menschen geachtet, selbst wenn diese keine „Unbeteiligten“ sind. Es wird nicht geschossen. Die Schüsse auf Polizisten am 2. November 1987 sind ein Sündenfall, der nicht unwesentlich zum Ende der militanten Hochphase beiträgt.

Mehr Glück als Wachschutz

Ende der Achtziger – in Mexiko streiken die VW-Arbeiter.

In Berlin machen sich drei auf den Weg, eine VW-Filiale abzufackeln.

Diese Gebäudetypen werden meistens von humanoiden Objektschützern bewacht, weswegen ein Genosse, in nicht ganz idealer Position, schützend die Umgebung beobachtet, derweil die beiden anderen eine Parole an die Hauswand malen und sodann auf dem Dach einen zuvor gebauten Chemie-Zünder installieren und Sprit auskippen sollen.

Aber, es ist ja immer anders als gewünscht – so auch in diesem Fall!

Oben auf dem Dach sind beide in ihre Arbeit vertieft, als das Signal „Vorsicht, Bewegung auf dem Gelände“ sie etwas verspätet erreicht. Leider läuft der Wachschützer schon an der Hauswand entlang, die sich unsere Freunde zum Abstieg auserkoren hatten, sie müssen also oben bleiben – Pech!

Nun, oben auf dem Dach fühlen sie sich sicher, und so beobachten sie den Humanidioten, der mit einer Stablampe bewaffnet, sein Terrain abschreitet. Als er aus dem Sichtfeld verschwunden ist, kommt unseren Freunden ein furchtbarer Gedanke: Der Schwachkopf sieht die Parole an der Wand und ruft Verstärkung – doppeltes Pech!!

Also doch: Nichts wie runter vom Dach und erstmal niedergekauert. Unten angekommen befinden sie sich im grellen Lichtkegel von zwei festmontierten Halogen-Strahlern – da lässt sich nicht so gemütlich kauern… Also schnell ein Versteck mit den Augen suchen, bevor der Wachschützer auf dem Rückweg unsere Freunde erwischt.

Da! Er kommt, einer unserer Leidensgenossen klettert zurück und hängt in halber Höhe an der Dachleiter. Der andere hat ein Versteck gefunden: An der Wand des VW-Gebäudes steht eine Schubkarre hochkant. Schade nur, dass der Arsch unseres Zeitzeugen nicht mehr unter die Karre passte.

Nur mal so vorstellungshalber: Du probierst zwischen eine Karre und eine Wand zu krabbeln, während hinter dir einer mit ’ner Stablampe rumwedelt – und dich nicht sieht!

Der Wachschützer zieht seines Weges. Es kann weitergehen.

Unvorstellbar! sagt Ihr, aber…

ZEITLEISTE 1986

08.12. Nach Protesten wird in Frankreich ein neues Uni-Gesetz zurückgezogen

08.12. Gefechte zwischen Honduras und Nicaragua im Grenzgebiet

16.12. Nachdem in Kasachstan der Parteichef abgesetzt und durch einen Russen ersetzt wird kommt es zu riots in Alma Ata

20.12. Bei einer Hafenstraßendemo in Hamburg gibts Krawall

23.12. Studentenprotest in Peking und anderen Orte Chinas

24.12. Iran scheitert mit dem Versuch, die irakische Stadt

Ab 1987 beginnt ein Erosionsprozess der militanten Gruppen. Für die meisten Beteiligten ist das erreichte Eskalationsniveau nicht lange durchzuhalten. Der Druck der Repression wird stärker: Gesetze werden verschärft, Kompetenzen von Polizei und Verfassungsschutz ausgeweitet; das BKA interessiert sich nicht mehr nur für RAF und RZ/Rote Zora, sondern richtet seinen enormen Apparat nun auch gegen militante Kleingruppen. Observationen, Verhaftungen und Prozesse mit teils erheblichen Knaststrafen nehmen zu. Auch wer davon nicht unmittelbar betroffen ist, spürt den Druck, bekommt es mit der Angst, hat Freunde oder Bekannte, die betroffen sind, und muss sich um deren Versorgung kümmern oder findet sich in der defensiven Notwendigkeit, militante Politik öffentlich politisch verteidigen zu müssen. Darüber hinaus gibt es Unfälle mit Toten und Verletzten (vor allem in den eigenen Reihen), interne Konflikte über den Grad der Eskalation, und Zweifel am eigenen Tun, wenn andere militante Aktionen einem fehlerhaft erscheinen. Von Bewegung kann keine Rede sein. Bei manchen nimmt das Gefühl der Isolierung zu. Die personelle Erneuerung der Gruppen kommt ins Stocken. Persönliche Bedürfnisse melden sich zu Wort, nachdem sie jahrelang „im Dienste der Sache" vernachlässigt worden waren. Leute machen „Pause", was fast immer der Anfang vom Ausstieg ist.

Schon seit Beginn der 80er Jahre gibt es sowohl szene-öffentlich, als auch intern viele (selbst-)kritische Betrachtungen zur Kleingruppen-Politik. Wichtigster Kritikpunkt ist die Gefahr der Isolation, des Avantgarde-Gefühls, des Realitätsverlustes. Allgemeiner wird auch das Problem der Selbst-Gettoisierung der Szene genannt, die Scheu vor den Mühen und kleineren Erfolgserlebnissen der Basisarbeit. Mit dem Wachsen und Gedeihen der Gruppen folgen Betrachtungen über deren Eigendynamik: Der Spaß am Abenteuer, der zu Ungenauigkeit und Selbstläufern führt, äußere Handlungszwänge durch die Erfordernisse der Konspirativität, die die Kräfte der Gruppe aufzehren. Die Zwickmühle aus moralischem Handlungsimpuls – „Es muss einfach etwas getan werden!" – und politischem Überbau in Form öffentlicher Erklärungen, die das theoretisch unterfüttern sollen. Die Fallhöhe zwischen Wunsch und Wirklichkeit, was die Entwicklung persönlicher Beziehungen untereinander angeht: Leute erleben sich in Extremsituationen, brauchen viel Vertrauen zueinander, hocken aber manchmal auch zu eng aufeinander und halten sich gegenseitig nicht aus, haben kein Ventil. Nach innen ist Offenheit gefordert, nach außen Verschwiegenheit. Wo die Gruppe in guten Zeiten für Hochgefühle sorgt, wird die Stimmung bei Streit umso schlimmer. Freundschaften zerbrechen daran. Mancher Konflikt wird nicht ausgetragen, weil die Angst aufkommt, welchen Schaden ein frustrierter, verletzter Mensch durch Verrat oder einfach nur Nachlässigkeit anrichten könnte. Durch all das kann die Gruppe zum dauernden Terrain von Neuauslotungen, Beziehungskämpfen, Konkurrenzen, Unsicherheiten werden. Die meisten halten diesen Stress nur eine begrenzte Zeit lang aus.
Eine weitere Eigendynamik ist der soziale Status,

ZEITLEISTE 1987

Basra einzunehmen

31.12. Die Neujahrsansprache von Kohl des letzten Jahres wird als aktuelle gesendet - und keine Sau merkt's

1987

01.01. Studentendemo für Demokratie und Pressefreiheit auf dem Platz des Himmlischen Frieden in Peking

01.01. Vier Tote bei Unruhen in Südafrika

03.01. Um die irakischen Ölexporte zu stören, greift die

den die tatsächliche oder vermeintliche Gruppen-Aktivität in der Szene verschaffen kann. Wer nach dem Abflauen der Bewegung in die Szene kommt, kann leicht den Eindruck bekommen, die wirklich „Wichtigen" seien gleichzeitig die klandestin Organisierten. Das sind Leute, die immer gut informiert sind, viele Leute kennen und in vielen Töpfen mitrühren. Ob sie nun selbst im Rampenlicht stehen oder nur nach den Treffen vertraulich mit denen quatschen, die bekannter sind. Obwohl Klatsch und Tratsch sich normalerweise in Grenzen halten, entsteht doch ein Gesamteindruck von den „wichtig-wichtig"-Leuten, der viele beeinflusst. Das bestärkt schein-konspiratives Gehabe, das umso destruktiver wird, je mehr es sich in bloßer Nachahmung erschöpft. Im Verein mit tatsächlicher Repression und der autonomen Abneigung gegen öffentlich sichtbare Repräsentation werden daraus Lähmung und Anonymisierung, die Hasskappe wandert in den eigenen Kopf. Auf Vollversammlungen will niemand sich hervortun, in den Medien schon gar nicht.

Die Zeit der „autonomen Gruppen" prägt die radikale Linke auch in den folgenden fünfzehn Jahren. Es ist natürlich leichter, die kritischen Seiten herauszuarbeiten – zumal dazu viele Texte vorliegen -, doch es darf auch nicht vergessen werden, dass die Existenz der autonomen Gruppen für viele eine jahrelange Kontinuität linksradikaler Politik im Einklang mit ihren persönlichen Bedürfnissen bedeutet. Es gelingt damit besser als in den 70er Jahren, Bindungen zu schaffen und dem Druck von persönlicher Resignation und politischer Abschöpfung durch reformistische Strömungen zu widerstehen (ganz abgesehen von den unterschiedlichen gesellschaftlichen Bedingungen zwischen 70er und 80er Jahren). Die Unterschiedlichkeit der Formen der Militanz soll im Folgenden anhand von typisierten Beispielen dargestellt werden. Das Gemeinsame der subjektiven Berichte ist, dass sie militante Politik auch im Rückblick nach wie vor für richtig halten und es als eine taktische Frage ansehen, wann und in welcher Art und Weise sie betrieben wird. Wir werden diesen Faden im Kapitel über die 90er wieder aufnehmen.

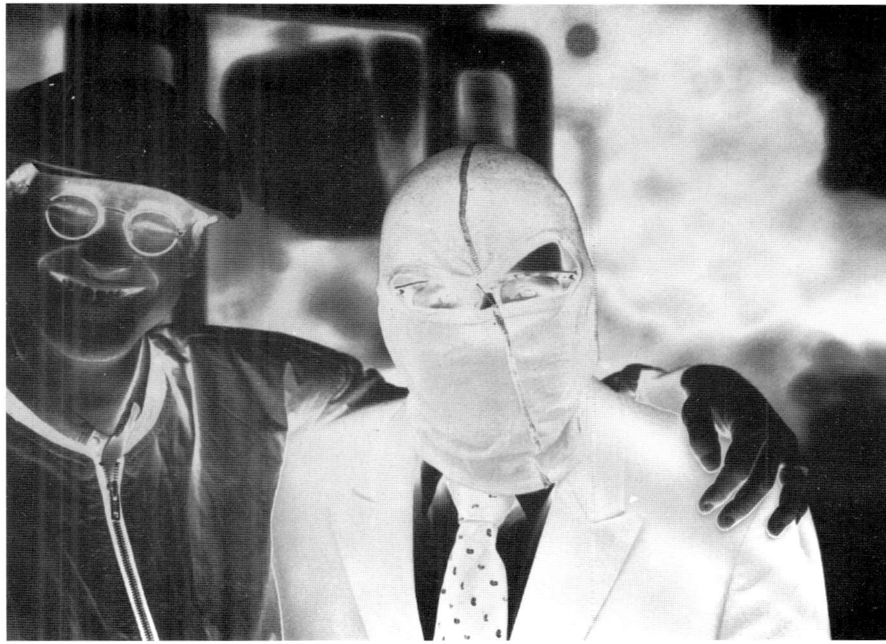

„Bloss nicht auffallen!" Der klassische Feierabendmilitante in seiner Berufskleidung

Zeitleiste 1987

iranische Luftwaffe ausländische Tanker im Golf an

12.01. Sitzblockade von 20 Richtern vor dem Raketendepot Mutlangen

15.01. Die afghanischen Mujaheddin lehnen ein Waffenstillstandangebot der Regierung ab

16.01. Wegen der Studentenproteste muß der Generalsekretär der KP Chinas zurücktreten

22.01. Bei einer Demo für eine Landreform auf den Philippinen tötet die Armee 19 Menschen

25.01. Randale auf einer Demo von Druckern in London

Massenmilitanz

Politische Anlässe gab's in den 80er Jahren zuhauf. Auf jeder Demo, wo wir auftauchten, ging's gegen die Schweine – gegen die in Berlin, in Bonn, in El Salvador, in Yankeeland – oder einfach gegen das von uns verabscheute System. Unsere Gewalt gegen die Gewalt des Systems.
Die Militanz drückte unsere Wut, unsere Ablehnung und unsere Kampfbereitschaft aus. Wenn Steine oder Mollis flogen, dann war das häufig auch eine Befreiung – von den Zwängen des Alltags, der Unterdrückung und Entfremdung. Das dumpfe Trommeln des auf die Wannen prasselnden Steinhagels, das kollektive Plündern von Supermärkten war für uns der Gesang von Freiheit und Abenteuer. Und es machte einfach Spaß, den Bullen eins in die Fresse zu hauen, sie zum Laufen zu kriegen, dieses wunderschöne knackend-schwingend-sirrende Geräusch einer zerbrechenden Schaufensterscheibe zu hören oder in den Straßenfluchten die rot-gelben Farben einer brennenden Karosse mit dem schwarzen Rauch drüber zu sehen.
Das mitzubekommen, dabei gewesen zu sein, selbst Hand angelegt zu haben – davon konnten wir tagelang zehren, das gab uns Nahrung für den grauen Alltag. Das stärkte aber auch unseren Gruppenzusammenhalt und das stärkte unsere Gruppe in dem Gesamtgefüge autonomer Zusammenhänge. Das verlieh uns Macht, wenn auch nur für einen Augenblick.
Damit entsprachen wir haarklein dem konstruierten Medienbild. Das war uns aber egal, das war sozusagen unsere Ausweiskarte als Autonome.
Dennoch war es für viele von uns nur ein Zerrbild. Wir hatten wesentlich mehr als Randale im Kopp. Wir wollten eskalieren, zuspitzen. Das Umkippen von Bauwagen symbolisierte den Willen, das ganze System zu kippen. Manchmal gab's militante Aktionen einfach aus Wut und Empörung. Nüchtern betrachtet war dies die Antwort auf die erlebte politische und persönliche Ohnmacht. Es waren häufig nur symbolische Aktionen. Aber

ZEITLEISTE 1987

26.01. Hunderttausende auf Schüler- und Studentendemo in Spanien
02.02. Wegen der Drogen und Waffengeschäfte mit dem Iran tritt der CIA-Chef zurück
07.02. Nachdem die Bullen einen Studenten totgefoltert haben Großdemos in Südkorea
07.02. In Afghanistan werden 1300 politische Gefangene freigelassen
11.02. Nur 29% der Briten sind in einer Umfrage für die weitere Besetzung Nordirlands

wir hatten danach für uns das Gefühl, jedenfalls etwas getan zu haben, denn Protestbriefe oder Flugis juckten ja so und so kein Schwein.
Für uns war kaum eine Randale politisch unbegründet. Viele große militante Demos hatten ihren politischen Vorlauf in Form langer Papiere und VV-Reden.
Relativ unwichtig dabei war, ob wir durch die militanten Straßenkämpfe tatsächlich unsere politischen Zielsetzungen der Demo durchsetzen konnten. Die größten Siege waren häufig eher die im Nachhinein heroisierten Niederlagen. Wenn wir am nächsten Tag in der Berliner „BZ" die Balkenüberschriften über die „größten Straßenschlachten seit Kriegsende" lesen konnten, waren die Prügel und Festnahmen von Vortag vergessen. Wir hatten doch unser Demoziel erreicht. Der Widerstand gegen die Politik der Schweine konnte nicht mehr totgeschwiegen werden.
Für die breiteren autonomen/linksradikalen Zusammenhänge war außerdem das identitätsstiftende Moment wichtig: Tausende zu vielem entschlossene KämpferInnen auf einen Punkt konzentriert.
Der autonome Block hatte durch seine Geschlossenheit und durch seine Entschiedenheit in den Auseinandersetzungen mit den Bullen eine große Ausstrahlung. Besonders unser Lautsprecherwagen war über Jahre durch sich gut kennende Gruppen vor Bullenübergriffen geschützt. Dadurch konnten wir unsere Ablehnung und Hass auf das System, die Bullenmorde gegen Klaus-Jürgen Rattay oder Günter Sare, auf die Kumpanei der BRD-Regierung bei jeder US-Intervention, auf die Knäste und Isofolter auch verbal zum Ausdruck bringen. Die Phantasie und Kreativität blieb dabei jedoch zunehmend auf der Strecke und mit der Zeit wurden wir deshalb auch für die Bullen reichlich berechenbar. Das wurde mehr und mehr zu unserer Schwäche. Die Linearität des Handlungsablaufs auf den Demos und der Rückgang der Mobilisierungsfähigkeit begann spätestens bei der Reagandemo 1987. Bei der Anti-Carp-Demo im Sommer 1987 schafften es die Westberliner Bullen zum ersten Mal, den Lautsprecherwagen zu erobern, einfach weil der autonome Block zu klein war und die Bullen mächtig aufgerüstet hatten. Wir hatten das Gefühl der Unangreifbarkeit verloren.

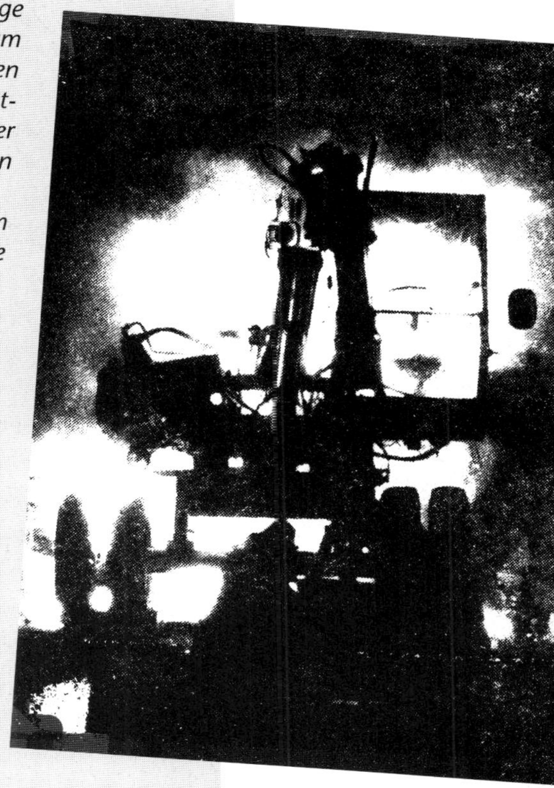

ZEITLEISTE 1987

12.02. Israel bombardiert palästinensische Stellungen im Libanon
21.02. Im französischen Orleans werden vier Leute aus der *Action Directe* abgegriffen
22.02. Syrische Soldaten rücken in Westbeirut ein um Kämpfe zwischen der *Amal* und den Drusen zu beenden
25.02. Bayern ordnet AIDS-Pflichttests für u.a. Gefangene und Nicht-EG-Ausländer an
02.03. Streiks in Rumänien wegen der schlechten Versorgungslage

Wilder Haufen

Nachdem wir einige Zeit Prügel- und Schutzantifa gemacht haben, auch einige Male mit anderen zusammen, kamen bei uns einige zu dem Punkt, mehr und besseres machen zu wollen. Also nicht mehr darauf zu warten, dass die Nazis was tun und dann etwas schützen, sondern auch die klassische Recherchearbeit (wer wohnt wo, ist mit wem zusammen, und daraus Folgendes). So als Bande mit allen zusammen geht das nicht mehr, also werden sich von den Gruppeninitiatoren die Zuverlässigsten rausgesucht. Die Bande existiert noch, ist aber für die Gruppenmitglieder nicht mehr so wichtig. Dies merkt der Rest der Bande und ist angepisst. Als Folge davon werden die Bindungen aller Beteiligten aneinander schwächer und das Vertrauen geringer.

Als Ergebnis tauscht man eine gute Bande gegen eine eventuell später einmal bessere Gruppe.

Wenn dieser Prozess gleichzeitig in verschiedenen Ecken stattfindet, wälzt das die Szene um, und zurück bleibt ein Haufen in die zweite Reihe Versetzter. Solange die Repression hier im weltweiten Vergleich eher gering ist, können wir uns aber Bandenstrukturen leisten. Gerade wer fähig ist, in einer festen Gruppe zu agieren, sollte sich fragen ob er in einer Bande nicht wichtiger ist, um die Unerfahreneren mitzunehmen, auf dass wir mehr und bunter werden.

ZEITLEISTE 1987

06.03. Der Hamburger Kessel wird für illegal erklärt, 115 Demonstranten erhalten Schadensersatz

17.03. In Spanien demonstrieren 100.000 gegen die NATO

18.03. Gegen ihre Entlassung gehen 60.000 Stahlarbeiter auf die Straße

20.03. Die Roten Brigaden töten in Rom einen General

21.03. Im Norden des Tschad vertreiben Regierungstruppen die Libysche Armee aus Wadi Dum

24.03. IRA-Anschlag auf das HQ der Britischen Truppen in Deutschland

Seiltänzer

Nach der Räumung der Nichtverhandler-Häuser fühlten wir uns – trotz der Niederlage der Besetzerbewegung – auch etwas erleichtert. Wir hatten nicht mehr die zerrissene Bewegung am Hals, konnten uns unbefangener auf neue „Angriffsziele“ türzen.
WIR: Das meinte jetzt natürlich was ganz Neues, nicht mehr „das Haus“ oder „die Kreuzberger Nichtverhandler“ – das war erst mal nur die kleine Gruppe, mit der ich meine politische Arbeit neu zu entwickeln versuchte.
Mir fiel der Unterschied zunächst nicht so sehr auf, weil ich mich sowieso schon länger auf einen festeren Freundeskreis verlassen hatte und zum Teil fand ich die Rückkehr in eine gewisse „Normalität“ im Alltag auch positiv. Einige meiner Freunde und Freundinnen fingen mit einer Ausbildung an und waren auch bald in der Gewerkschaft aktiv (natürlich anfangs mit Hoffnungen auf die Gewerkschaftslinke, die sie ganz neu entdeckten) und besonders in der Antifa-Arbeit. Eine ganz andere Realität halt. Das fing mit der Banalität des Lebensalltags an: Wir anderen konnten weiterhin nachts länger aufbleiben und morgens ausschlafen. Aber das bezog sich auch auf den Umgang mit anderen Leuten und Themen, denn der Betriebsalltag in einer Normalo-Klitsche unterschied sich schon sehr von dem in unseren Arbeitskollektiven. Wieder andere in meinem Freundeskreis waren intensiv damit beschäftigt, sich im Arbeitsfeld „militante Logistik“ weiterzubilden. Da wir in der Vergangenheit viel miteinander gemacht hatten, wollten wir uns trotz der jetzt unterschiedlichen Lebenswelten nicht einfach auseinander entwickeln. Unsere Freundschaft war der Ausgangspunkt für die Bildung einer „autonomen Gruppe“. Wir berichteten aus unseren unterschiedlichen Aktionsbereichen und versuchten uns an einer Einschätzung der Lage.
Zunächst gab es klare Unterschiede bei der Beurteilung der Antifa-Arbeit: Waren die Versuche einer „breiten Bündnispolitik“ z.B. mit Gewerkschaften sinnvoll oder sollten lieber aktionsfähige, autonome Kleingruppen aktiv werden? Aus der Praxis war das vorab nicht zu entscheiden.

01.04. Das Britische Unterhaus lehnt die Einführung der Todesstrafe ab
05.04. Volksabstimmung in der Schweiz entscheidet für Verschärfung des Asylrechts
13.04. Chilenische Partisanen besetzen fünf Radiosender
17.04. Tamilische Anschläge in Sri Lanka, 127 Tote
19.04. Putschversuch in Argentinien scheitert
21.04. Anschlag auf Busbahnhof in Sri Lanka, 100 Tote
25.04. Demonstration in Washington gegen die us-amerikanische Außenpolitik, 75.000 laufen mit

Wir lasen gemeinsam Texte aus den frühen 30er Jahren, in denen Wilhelm Reich die Antifa-Politik der KPD analysierte und kritisierte („Was ist Klassenbewusstsein?" und „Massenpsychologie des Faschismus"). Für manche verwunderlich: Der Text nützte unserer Einschätzung. Die Kritik an dem von oben verordneten Antifaschismus und den starren Organisationsformen, die Forderung nach Lebendigkeit der Gruppen, nach dem „Spaß" bei der politischen Arbeit, nach der Entwicklung von Gruppengefühlen, nach der Berücksichtigung der Freizeit und des gesamten Lebens und seiner Ärgernisse und schönen und witzigen Seiten. Das alles kannten wir aus der Besetzer-Vergangenheit. Und das wollten wir auch in Zukunft auf keinen Fall missen, egal, wie wichtig und politisch und „autonom" unser Leben sein würde.
Wir wollten nach unsern Erfahrungen auch gemeinsame Antworten für unsere Zukunft als „Autonome" finden: Wie können autonome Gruppen sich bilden, wie miteinander vernetzen, wie gemeinsame Projekte vorantreiben, Kampagnen formulieren – aber eben anders als etablierte Organisationen oder abgeschottete Militanz-Zirkel?

Unsere erste Folgerung: „Autonome" ohne „autonome Gruppen" sind komisch, und „autonome Gruppen", in denen kein Platz für Liebeskummer, Selbstzweifel, Krankheiten, Job- und Wohnungssuche bleibt, in denen die Gefühle zueinander und die Ärgernisse mit Arbeitsteilung, Hierarchien, Geschlechter-Unterschieden ausgeklammert werden, sind in unserem Sinne nicht lebendig.
Wir bemühten uns, diese Folgerung auch umzusetzen. Unser gemeinsames Thema war unser jeweiliger Terminstress, der Mangel an Zeit „zum Leben" und das bedeutete auch, dass wir uns nicht sehr häufig trafen, dass „Privates" Vorrang hatte, dass die Treffen auch immer in einer „angenehmen Umgebung" mit möglichst einem ganzen Wochenende Zeit stattfanden – und dass das natürlich zu Lasten einer „effektiven Arbeit" ging.
Eine zweite Folgerung konnten wir schnell gemeinsam formulieren: Beteiligung an Basis-Arbeit, „Basiskämpfen". Damit war für uns der klare Unterschied gezogen zu Gruppen wie der RAF mit dem Illegalitätskonzept oder auch zu den Revolutionären Zellen, die sich in ihrer legalen Arbeit möglichst unauffällig – oder gar unpolitisch – geben sollten, um von dieser „sicheren Basis" aus effektiv und unbeobachtet arbeiten zu können. Wir meinten, dass die offene, legale Arbeit es uns ermöglichen würde, Bodenhaftung zu behalten und sowohl in unserer Szene zu bleiben als auch uns auf andere gesellschaftliche Bereiche zu orientieren.

ZEITLEISTE 1987

26.04. Der Streit zwischen den PLO-Fraktionen wird auf einem Treffen in Algier beigelegt
27.04. Der österreichische Präsident darf wegen seiner Nazivergangenheit nicht mehr in die USA reisen
01.05. Krawalle in West-Berlin, später etwas hochtrabend Kreuzberger Aufstand genannt
05.05. Die ersten 30 Frauen beim BGS
08.05. Einem Hinterhalt der britischen Truppen in Nordirland fallen acht IRAler zum Opfer
18.05. Der Irak feuert auf eine US-Fregatte, tötet dabei 37

Als dritte Folgerung kamen wir auf Strategie-Debatten. Unsere Grundkontroversen waren: Gibt es „die Klasse" als bewusstes Subjekt? Sollen sich die autonome Gruppen – wie indirekt auch immer – strategisch auf sie beziehen? Oder müssen wir einen anderen Ansatz finden, den wir „Freiraum-Politik" genannt haben, Rückzug aus der kapitalistischen Realität, Verankerung eigener experimenteller Praxis, Ausprobieren utopischer Entwürfe und Nadelstich-Politik gegenüber der Kapitallogik und ihrer verbrecherischen Herrschaft in allen Teilbereichen?
Wir waren keine „Theorie-Gruppe". Wir wollten diese beiden unterschiedlichen Konzepte leben, dann erst vergleichen und so zu verallgemeinernden, strategischen Konzepten kommen.

Die vierte Folgerung für autonome Gruppen war einfach zu formulieren: Praktische militante Interventionen gegenüber dem herrschenden System. Das fiel uns leicht aufgrund der gemeinsamen Hausbesetzer-Vergangenheit, und die Anlässe ergaben sich nach jeder täglichen Zeitungslektüre. Wir wussten, was die Beschränkung auf ausschließlich legale Arbeit innerlich mit uns anrichten würde, aber mit der Umsetzung in die Praxis haperte es gewaltig. Wie sollte das auch mit dem Balance-Konzept so einfach gehen: Lohnarbeit, WG, Beziehung und Familie, „Basisarbeit" , Strategie-Papiere (zumindest von anderen) studieren und diskutieren, Freizeit haben, sich mit alten FreundInnen treffen, freundschaftliche Beziehungen zur autonomen Gruppe und dann noch konspirative Treffen zur Vorbereitung, Auschecken, Planen, Machen. Dann kam dazu, dass wir aktiv in der Öffentlichkeit auftraten, mit sicherem Interesse von Strafverfolgungsbehörden unterschiedlichster Art rechnen mussten – das erleichterte militante Aktionen nicht unbedingt.

Trotz unserer Freundschaften, trotz unseres ernsthaften Bemühens löste sich die Gruppe auf. Und das war ein längerer und schmerzhafter Prozess. Leider verlief er entlang der erwarteten Trenn-Linie, die der Alltag vorgegeben hatte. Die einen arbeiteten verstärkt im legalen und offiziellen Politik-Bereich, andere bewegten sich verstärkt in der Szene und ihren Schwerpunktthemen und –methoden.
Aber für meine folgenden autonomen Gruppen hatte ich viel gelernt. Freundschaften als Basis, Einbeziehen des Alltags, Verankern in der sozialen Umgebung, Ernstnehmen von Alltagskonflikten – und erst darin eingebettet militante Praxis.

ZEITLEISTE 1987

Soldaten und entschuldigt sich
24.05. Die Volkszählung beginnt in der BRD
29.05. Südafrikanische Angriffe auf ANCler in Moçambique
29.05. Sitzblockade vor Raketensilo im Hunsrück
01.06. Der Libanesische Präsident wird bei einem Attentat getötet
05.06. Amnestie in Argentinien für Verbrechen (Folter, Mord etc.) der Militärjunta
06.06. Räumung in Freiburg mit anschließendem Krawall
08.06. Randale von Rockfans gegen die Bullen in Ost-Berlin

Gegen den falschen Mythos der Kleingruppe

*Das subjektive Gefühl, wonach erst in der KG (Kleingruppe) die revolutionäre Arbeit so richtig be-
ginnt, ist weit verbreitet und auch mir nicht unbekannt. Die Sachen, die man/frau immer mit gro-
ßen Augen und Ohren wahrgenommen hat, wird jetzt von uns selbst praktiziert. Es wird richtig
ernst. Bis dato beim Straßenkrawall hat mensch zwar seine Gesundheit und eine Bewährungs-
strafe (in Ausnahmefällen auch mehr) riskiert, aber jetzt ist das anders. Aber erhebt man sich da-
durch über andere? Natürlich ist die verbindliche Struktur, die Genauigkeit der Diskussion und der
Umgang miteinander anders als in der Szene. Die Konsequenz des eigenen Handelns führte leicht
zur Überhöhung des eigenen Ich, der KG und zur Objektivierung des Subjektiven. Doch der Begriff*

ZEITLEISTE 1987

10.06. Ausnahmezustand und Demos in Panama
11.06. Bei Protesten in Südkorea werden 3831 Leute abgegriffen
13.06. Mehr als 100.000 auf Friedensdemo in Bonn
16.06. Demos wegen der Tötung von zwölf Chilenen, von denen einige Guerillas sein sollen
19.06. ETA-Bombe in einem Kaufhaus in Barcelona, es gibt 18 Tote
22.06. Die Türkische Armee startet eine Großoffensive gegen kurdische Partisanen

der Avantgarde stieß glücklicherweise bei den meisten sofort auf Widerspruch. Auch wenn avantgardistische Aktionen durchgeführt worden sind, ohne jeden Bezug zur Szene, zu Kampagnen, zum Kräfteverhältnis etc. Das war aber relativ selten. Es war der Versuch, selbst als KG etwas loszutreten, anzukicken und zu pushen. Also genau wie andere, die öffentlich auftraten und eine Kampagne o.ä. initiierten. Der Vorschlag, die Praxis, wurde der Szene vorgestellt in der Hoffnung, dass sich viele anschließen, die Sache zu ihrer eigenen machen. Also: Legitime und sicherlich eingeschränkte Avantgardepolitik.

Sich selbst erhöhen über andere, im Sinne von wir haben den größeren Durchblick, weil wir militant sind – das kenne ich so gut wie nicht. Wir waren konsequenter als andere, konnten auch nicht verstehen, dass gute und möglichst einfach nachzumachende Aktionen nicht von mehr MitstreiterInnen praktiziert wurden. Aber deswegen waren die nicht doofer als wir. Wir fühlten uns immer viel abhängiger von der Szene als dass wir dachten, die ist von uns abhängig. Ohne Bewegung verpufft Militanz, zerschellt im Nirwana der Fünf-Zeilen-Berichterstattung der Presse. Ab und an wurde zwar vorsichtig angedacht, die eigene zunehmende Bedeutungslosigkeit durch eine Erhöhung der Mittel zu kompensieren. In die Praxis umgesetzt wurde diese fatale Strategie glücklicherweise nie.

Der Bezug und die eigene Verortung in der legalen Basisarbeit sollte (und war) der beste Schutz vor der Gefahr des Abhebens und einem Elitegefühl sein. Wie oft wurden Vorschläge verworfen, weil sich daran gerade nichts bewegte, keine Praxis irgendwo existierte, nichts auf das wir uns hätten beziehen können. Die Aktionsfelder schrumpften mit dem eingeschränkten Themenfeld der Szene und ohne Szene wäre die Selbstauflösung sofort erfolgt.

Militante Aktionen waren und sind super – keine Frage. Und direkt daran beteiligt zu sein, vermittelte auch das Gefühl, unmittelbar Konsequenzen auf sich zu nehmen und wirklich alles zu geben. Aber die höchste Form des Widerstands sind militante Aktionen dadurch auch nicht geworden. Sie sind unverzichtbarer Teil der autonomen Praxis. Aber ohne Bewegung und legalem Arm sind sie nichts außer eine weitere Form der konsumierbaren bunten Warenwelt. Die Dialektik zwischen KG und Szene/Bewegung ist unverzichtbar für die AkteurInnen und die politische Dimension des eigenen Handelns. Denn nur so kann die notwendige Schärfe entstehen, um teil- und phasenweise das System in seine Schranken weisen und Teilerfolge erringen zu können.

ZEITLEISTE 1987

03.07. Haiti: Generalstreik erzwingt Änderung des Wahlrechts
07.07. Sikhs erschießen in Indien 40 Hindus
07.07. Brandanschlag in West-Berlin vernichtet 4500 gegen Flüchtlinge geführte Akten
11.07. Jetzt gibt's 5 Milliarden Menschen, zumindest auf der Erde
18.07. Die von Südafrika unterstützte RENAMO tötet 386 Moçambiquaner
19.07. Unter den 50 weltgrößten Industriekonzernen sind auch sieben deutsche

Krieger der Revolte

Die Bewegung flaute ab, aber die Gefühle von gemeinsamer Stärke und revolutionärer Ungeduld wollte ich ebenso wenig missen wie das Adrenalin der Kämpfe. Eine militante Gruppe versprach hier die Fortsetzung. Ob militante Kleingruppen wirklich die gewünschte politische Stärke in der Gesellschaft haben konnten, war durchaus ungewiss: Natürlich brauchte es eine Bewegung drumherum, die aus dem Drohpotenzial, dem Sachschaden, der politischen Zuspitzung Nutzen ziehen konnte. Das war uns bewusst. Aber wenn es die Bewegung nicht gab, hatte die eben Pech gehabt, nicht die Kleingruppe. Wir machten stellvertretend weiter, bis es wieder eine Bewegung gab, und bewahrten das Feuer so lange für sie auf.
Die Kleingruppe vermittelte das Gefühl einer persönlichen und politischen Reifung, eines Fortschrittes. Ich fühlte mich wichtig und gefährlich, denn der Staat bot starke Kräfte gegen uns auf, die Medien nahmen uns wahr. Während wir bei der Massenmilitanz, die die Revolution auf der Straße spielerisch-symbolisch vorempfand, jedes Mal am Ende im militärischen Sinne verloren, repräsentierte die militante Kleingruppe einen Mikrokosmos der Guerilla. Eine

ZEITLEISTE 1987

31.07. Bei Unruhen in Mekka sterben 300 iranische Pilger und 85 saudische Bullen
06.08. Kurdenproteste in NRW gegen die Beschlagnahme von 700.000 DM Soligeld für Kurdistan
10.08. In Südafrika treten 340.000 Bergarbeiter in den Streik
14.08. Das bayrische Verfassungsgericht lehnt einen Antrag auf ein Anti-WAA Volksbegehren ab
15.08. Rote Zora Anschläge auf Adler-Filialen zur Unterstützung von südkoreanischen Arbeiterinnen
15.08. Krawalle bei Anti-Nazi-Demo in Passau

Gruppe, die weniger symbolisch war und jede einzelne Schlacht gewinnen konnte (wenn sie aufpasste). Ich fühlte mich sowieso als Teil eines weltweiten Kampfes. Nun war ich zusätzlich geadelt, indem ich den erfolgreicheren Kämpfen in anderen Ländern nacheiferte. Dabei blieb ich aber realistisch genug, um zu erkennen, dass unsere Aktionen vor allem Propaganda der Tat waren und kein Guerillakrieg. Das Primat der Verschonung von Menschen, des Verzichts auf militärische Mittel und der öffentlichen Vermittelbarkeit der Aktionen stand für mich als Grundlage aller Anschläge fest. Zumindest solange die Situation in Deutschland weit entfernt war von revolutionärer Stimmung. Darin unterschieden wir uns deutlich von den bewaffneten Gruppen. Zwar fühlten wir uns den Revolutionären Zellen in vielem nahe, vom Organisationsmodell über Anschlagsziele bis zu allgemeinen politischen Analysen (ganz im Gegensatz zur RAF, deren allermeiste Aktionen wir für falsch und deren Analysen wir für realitätsfern hielten), aber bei der Wahl der Mittel gab es eine klare Grenze.

Ich beschäftigte mich mehr als vorher mit Theorie und Analyse. Die Gruppe fing an, für mich immer wichtiger zu werden. Sie fraß meinen politischen Alltag auf, ersetzte teilweise die verloren gehenden politischen Aktivitäten in der Öffentlichkeit. Es mochte weniger Demos geben, weniger politisch aktive Gruppen. Viele meiner Bekannten waren verunsichert, wo und wie es für sie weitergehen sollte, hatten keine eigene Idee, warteten auf bessere Zeiten (aber die Zeit wartete nicht auf sie). Ich aber war beschäftigt mit all den wichtigen Tätigkeiten, die zu einer militanten Gruppe gehörten und die ich noch ein paar Monate vorher vielleicht für absurd gehalten hätte. Wir mussten Geld besorgen für Technik und Logistik; also entweder mehr arbeiten als früher oder irgendwie anders welches besorgen oder das benötigte Zeug klauen; wir mussten diskutieren, uns treffen, um uns genauer kennen zu lernen und das nötige Vertrauen zueinander zu entwickeln, um uns über politische Zielsetzungen und Angriffsobjekte zu verständigen, um Erklärungstexte für Anschläge zu formulieren; wir mussten Angriffsziele checken und Pläne schmieden, uns Alibis besorgen, Fluchtmöglichkeiten, Festnahme und Knast einkalkulieren; Bunker für Material der Gruppe schaffen und andere Bunker für sensible persönliche Sachen, die nicht an unserer Meldeadresse sein durften; uns Legenden und coole Treffpunkte und Verständigungsmöglichkeiten einfallen lassen, damit unsere Gruppe auch innerhalb der Szene unerkannt blieb; basteln, Versuche und Übungen machen; schließlich mussten wir die Anschläge auch noch durchführen, mit klopfendem Herz in irgendwelche Gebäude klettern und danach möglichst unverschwitzt und ruhig atmend

ZEITLEISTE 1987

22.08. Laut Umweltminister immer noch erhöhte Strahlung in Pilzen, Wild und Fisch in Deutschland

24.08. Der erste Windpark in der BRD wird eingeweiht

01.09. Die RZ schießen in West-Berlin einem Asylrichter ins Knie

05.09. Oppositionelle Friedensgruppen demonstrieren in Ost-Berlin, ohne dass die Bullen eingreifen

07.09. Truppen des Tschad erobern einen Militärstützpunkt in Libyen und töten dabei 1730 Libyer

09.09. Klimaforscher warnen vor dem Treibhauseffekt

nach Hause fahren und hoffen, dass alles gut gegangen war, und dabei nicht zu viel offene Freude über den Erfolg zeigen. Nebenbei versuchten wir auch noch, öffentlich politisch aktiv zu sein, weil wir das nicht missen wollten und einige sich dadurch sogar Tarnung gegenüber der Gegenseite versprachen. Kurz gesagt: Wir standen unter ziemlichem Stress, und wir fühlten uns wohl dabei.

Die Erfolgserlebnisse blieben nicht aus. Wir freuten uns mehr als einmal über unfähige Bullen oder Wachschützer, gelungene Tricks, Millionenschäden, Resonanz bei Medien oder in der Linken. Manchmal war es auch knapp, wir mussten Aktionen abbrechen, die Zeitzünder versagten und fielen den Bullen in die Hände. Alles in allem hatten wir gute Pläne und viel Glück.

Ich sammelte aber auch Erfahrungen mit Ungenauigkeit, dummen Zufällen und schlechter Vorbereitung. Ich erfuhr, wie Aktionen in unbeabsichtigter Weise politisch wirken und anderen Aktivitäten schaden können. Ich nahm teil an Aktionen, bei denen im Rückblick für das, was dabei herauskam, das Risiko viel zu groß gewesen war. Ich erlebte, wie Unbeteiligte nur durch Glück keinen Schaden bei Aktionen erlitten, an denen ich beteiligt war. Ich stellte fest, dass Repressionsdruck und Knast keine abstrakten Größen sind, sondern sehr direkt spürbar.

Die Situation prägte mir immer deutlicher ihren Stempel auf. Mein Gefühl entsprach zunehmend weniger meiner politischen Großwetteranalyse. Mir war wohl bewusst, wie sich in den 70er Jahren die bewaffneten Gruppen in den Privatkrieg gegen den Staat verwickelt hatten und damit in die Sackgasse geraten waren. Die RZ hatten allem Anschein nach Anfang der 80er einen Ausweg daraus gefunden und sich erfolgreich (re-)organisiert. Dass sie dabei, wie es mir schien,

ZEITLEISTE 1987

15.09. Deutsche Hacker dringen in ein geheimes NASA-Netz ein
16.09. Der Krieg gegen den Tschad endet mit einer Niederlage Libyens
21.09. Im Persischen Golf beschießt ein US-Hubschrauber ein Schiff der iranischen Marine
25.09. Militärputsch auf den Fidschi-Inseln
30.09. Ein Buch mit Briefen von RAF-Gefangenen wird verboten
01.10. Proteste für die Unabhängigkeit Tibets; Chinas Trup-

ganz weit weg von der neuen Bewegungs-Generation agierten und keinen Kontakt suchten, obwohl sie doch viele Zellen schaffen wollten, wunderte mich anfangs. Aber sei's drum, wir würden einfach unsere eigenen Gruppen und Vernetzungen bilden. Der Weg in die Isolation und den Privatkrieg war aber, überraschenderweise, ein schleichender. Nein, politisch führten wir keinen Privatkrieg gegen den Staat, aber emotional ... . Ich war nicht der einzige, dessen Leben sich immer mehr um militante Organisierung und deren mögliche zukünftige Weiterentwicklung drehte. Es gab viele Wege, sich zu spezialisieren und das eigene Leben drumherum aufzubauen. Die Guerilla von Morgen brauchte nicht nur Menschen, die mit Waffen, Sprengstoff, Funk, Elektronik, Aufklärung und Überwachung, Schließtechnik, Tarnung und Fälschung umgehen konnten, sondern hatte auch Verwendung für Medizinstudium, Fremdsprachen und Auslandskontakte, Kampfsport, Medientechniken, Psychologie, Planung und Supervision, Kommunikationstechnik, Finanzen, Landbesitz etc. Es gab kaum etwas, das sich nicht irgendwie in eine kämpferische Lebensplanung einfügen ließ. Ich war auf dem Weg zum „Krieger der Revolte", der angesichts der Notwendigkeiten des Kampfes alle anderen Bedürfnisse gering schätzt und aufgibt. Ein klassisches Männerbild war damit verbunden, einsamer Held, Räuber im Wald, Guerillero in den Bergen, der bis zum Tode kämpft...

Je mehr sich die eigene Wirklichkeit um eskalierende Auseinandersetzungen drehte, desto logischer schien eine dazu passende gesellschaftliche Eskalation zu sein. Nicht eine wie 1977, an der die bewaffneten Gruppen mitgedreht hatten, sondern eine, die aus der gesellschaftlichen Krise erwachsen und die gesamte Linke bedrohen würde. Es mündete in die Überlegung, sich auf härtere Bedingungen vorzubereiten, auf stärkere Repression, auf den Verlust legaler Strukturen. Ich war der Meinung, es sei richtig, sich auf eine mögliche Illegalität vorzubereiten. Und um dafür gerüstet zu sein, müsse bereits hier und heute eine dazu passende Struktur geschaffen werden, indem Leute aus der Szene ins bürgerliche Leben gingen und aus dem Fadenkreuz der Sicherheitsbehörden verschwanden.

Die Distanz zum Modell „bewaffnete Gruppe" war sehr gering geworden. Die öffentliche Vermittelbarkeit der Aktionen begann sich zunehmend den politischen Interessen der eigenen Gruppe unterzuordnen. Der Verzicht auf militärische Mittel, früher noch erleichtert durch deren mangelnde Verfügbarkeit, war aufgeweicht durch Effektivitätsüberlegungen: Mehr als einmal hatten militante Gruppen bewiesen, dass Benzin oder Sprinkleranlagen mehr Wirkung erzielen konnten

ZEITLEISTE 1987

pen töten mehrere Demonstranten

08.10. Gefechte zwischen den USA und dem Iran im Golf

08.10. Krawalle im Baskenland wegen der französischen Auslieferung von ETA-Kämpfern an Spanien

09.10. Großoffensive der indischen „Friedens"-Truppen in Sri Lankas gegen tamilische Stellungen

10.10. Krawalle bei Demo von 25.000 WAA-Gegnern in Wackersdorf

17.10. Erich Fried erregt Unmut wegen seiner Äußerung, Büchner wäre heutzutage bei der RAF *als Sprengstoff und dabei in der Handhabung außerdem ungefährlicher und unkomplizierter waren. Die Vorstellung schließlich, Menschen Schaden zuzufügen, war sehr viel konkreter geworden. Der Satz von der „revolutionären Situation", die allein so etwas rechtfertigen könne, wurde früher vielleicht leicht dahingesagt, weil es keine reale Möglichkeit etwa eines Attentats auf den Innensenator oder einen führenden Faschisten gegeben hatte. Nun, da unser technisches Aktionsniveau derartige Anschläge erlaubt hätte, war meine Sensibilität erheblich größer geworden. Jemanden bewaffnet anzugreifen und dabei auch noch unbeabsichtigt zu töten, wie es 1981 einer RZ beim Anschlag auf Karry passiert war, hatte mir seinerzeit ein kritisches Achselzucken entlockt. Jetzt war es ein unverzeihlicher Sündenfall. Selbst die Schüsse auf die Beine von Schreibtischtätern, wie die RZ sie 1986/87 durchführten, waren in meinen Augen politisch nicht zu rechtfertigen. Doch ich fühlte mich denen sehr nahe, die diese Fehler begingen.*

Von hier war es nicht mehr weit bis zu der Frage, warum wir eigentlich nicht direkt in die Illegalität gingen. Dies auszusprechen, verursachte ein ganz seltsames Gefühl. Denn einerseits erzeugte der Gedanke ein Kribbeln, er klang nach Geschichte, nach Abenteuer, nach radikaler Konsequenz, nach Tod. Und gleichzeitig kannte ich die Antwort, auch meine eigene: Wir gingen genau aus diesen Gründen nicht. Die Geschichte vom Abenteuer führt konsequent in den Tod oder nirgendwohin. Die RAF hatte in den 70er Jahren das Abenteuer gewagt, hatte Subjektivismus und Isolation zum politischen Programm gemacht und uns damit eine praktische Lehre erteilt. Ohne ihr Scheitern hätte ich vielleicht eine andere Entscheidung getroffen. Stattdessen brach ich den Weg zum „Krieger der Revolte" ab. Die gesellschaftliche Situation erlaubte ein Innehalten und Um-sich-schauen. Die Bewegung war schwach, die Kämpfe wurden, wo sie eskaliert waren, nur von wenigen getragen. Die zunehmende eigene Isolierung war unübersehbar. Aber, vielleicht anders als in den 70ern, es gab einen Weg zwischen Resignation und Terminator. Wir waren rechtzeitig stehen geblieben, um ein paar Schritte zurück in den Schutz von Anonymität und Restbewegungen zu gehen. Es war immer eine persönliche Entscheidung gewesen, vor oder zurück zu gehen. Jetzt war es zur persönlichen Entscheidung geworden, andere Wege zu finden.

ZEITLEISTE 1987

19.10. An den Börsen kommt es zu den schwersten Kursverlusten seit dem schwarzen Freitag 1929
24.10. Um die Unruhen im Kosovo zu unterbinden wird eine jugoslawische Sondereinheit stationiert
27.10. Verfassungsgerichtsurteil: Fernsehaufnahmen von Krawallen müssen an die Bullen geliefert werden
01.11. Anti-Nato-Demo in Spanien, 100.000 sind dabei
01.11. Anschlag der RZ auf Rewe wegen Geschäften mit Südafrika

1987 bis 1990

Teil 3 Autonome Kampagnenpolitik

Zum Ende der 80er Jahre werden die Autonomen unabhängig von Bewegungszyklen als eigenständiger politischer Faktor in der BRD wahrgenommen. Bürgerliche Medien fantasieren sie weiterhin zu einer schlagkräftigen, organisierten Formation hoch. Dem stehen die relative gesellschaftliche Isolation und die zunehmende staatliche Repression gegenüber. Manche autonome Gruppen konzentrieren sich mehr auf Kampagnen als Politikform: Einzelne Themen, Orte oder Projekte werden über längere Zeit, manchmal auch nur sehr kurzzeitig, zu Aktionsfeldern autonomer Politik. Es ist selbst für die Beteiligten oft kaum durchschaubar, ob und warum Kämpfe erfolgreich verlaufen oder nicht. Viele Faktoren spielen eine Rolle: Die Zahl der beteiligten Gruppen, ihre Vorbereitung und Einsatzbereitschaft, die Reaktion der Gegenseite, äußere Einflüsse von Wetter bis zu Medienresonanz. Ist eine Kampagne zu Ende, ist sie meist rasch vergessen – außer bei denen, die sich auf das Thema spezialisieren.

Das gesellschaftliche Umfeld wird von vielen deutlicher wahrgenommen als in den Jahren davor und politische Bündnisse werden bewusster als früher eingegangen. So ist z.B. die erfolgreiche Verteidigung der Hamburger Hafenstraßen-Häuser gegen die drohende Räumung Ende 1987 nur dank dem Zusammenwirken von Militanten, StadtteilaktivistInnen und linken Intellektuellen möglich. Dieses Bündnis hält sogar die Option der militanten Aktionen aus, was sonst nur höchst selten gelingt. In West-Berlin gibt es nach dem Kiez-Aufstand vom 1.Mai '87 zahlreiche Versuche, Militanz und autonome Politik nach außen zu vermitteln. Autonome Antifas suchen Kontakt zu den Jugend-Gangs, die zunehmend mit faschistischer Gewalt konfrontiert sind, und versuchen sie zu politisieren. In der West-Berliner Anti-IWF-Kampagne bemühen sich einige Autonome sogar um Zusammenarbeit mit kirchlichen Gruppen.
Auch mit bürgerlichen Medien wird gezielter umgegangen. Sie werden weiterhin als Teil der gegnerischen Seite angesehen, aber es gibt mehr Versuche, sie zu nutzen: Mittels Interviews, Pressemitteilungen oder Pressekonferenzen und durch auf Medienwirksamkeit zielende Aktionen.

Gleichzeitig gibt es weiterhin eine starke Tendenz zur Abgrenzung. Der autonome Block auf großen Demonstrationen ist massiver denn je. Parolen wie „Kameramann Arschloch" oder „Wir haben euch was mitgebracht – Hass, Hass, Hass!" drücken das Gefühl vieler Autonomer eher aus als die Überlegungen zu Bündnispolitik und Medienarbeit. Einzelne militante Konflikte explodieren vor allem in West-Berlin weitaus heftiger als zu Bewegungszeiten. Erfolge und Niederlagen messen sich manchmal mehr am Ausgang der Konfrontation zwischen „uns" und „dem Staat" als am eigentlichen politischen Thema, wie etwa am 1. Mai in West-Berlin.
Der Höhepunkt der militanten Kleingruppenaktionen ist hingegen überschritten.1988 gibt es zwar in West-Berlin noch einmal – zum IWF-Kongress – ein Feuerwerk nächtlicher Aktivitäten. Insgesamt hat ein Auflösungsprozess eingesetzt. Deutlich wird das für viele erst zu Beginn der

Zeitleiste 1987

02.11. Bei einer Demo gegen die Startbahn werden im Wald zwei Bullen von Demonstranten erschossen
08.11. IRA-Anschlag im nordirischen Enniskilen, 11 Tote
15.11. Demos in Rumänien wegen der Lebensmittel- und Energieversorgung
15.11. Demos und Streiks in Jugoslawien wegen Preiserhöhungen
17.11. Irakischer Luftangriff auf iranische AKW-Baustelle
19.11. Die Hafenstraße erhält Mietverträge
25.11. Ost-Berlin: Festnahmen bei Razzia in „Umweltbibliothek"

90er Jahre, als auch die bewaffneten Gruppen ihre Aktionen einstellen. Deshalb nehmen wir diesen thematischen Faden auch erst im vierten Abschnitt wieder auf.

Verschiedene Strömungen und Entwicklungstendenzen der Autonomen kreuzen sich Ende der 80er Jahre und erzeugen so ein Neben- und Durcheinander sehr verschieden ausgeprägter Kämpfe und Erfahrungen. Die Dominanz der „Alten" aus der 81er-Bewegung lässt nach, alte Strukturen und persönliche Verbindungen verlieren an Bedeutung. Daneben gibt es jüngere Autonome, die in den eskalierenden Auseinandersetzungen 1985/86 ihre Erfahrungen sammelten, und eine ganz neue Generation, die mit dem alten Bewegungsideal nichts mehr anfangen kann. Für die „Neuen" enthält der Begriff „Autonome" bereits viel Mythos. Manche reproduzieren ihn und sei es nur in seiner militanten Symbolik. So kann die Maskierung auf Demos als Schutz vor Bullen-Kameras, aber auch als politischer Ausdruck der Radikalität gemeint sein. Andere wollen sich genau davon abgrenzen, suchen nach neuen Begriffen und Aktionsformen, starten eine „Organisierungsdebatte".
Den meisten Beteiligten gemeinsam ist ein wachsendes Selbstbewusstsein, ob es sich nun aus dem Bedürfnis nach etwas Neuem, Anderen speist oder aus der gewachsenen Erfahrung mit den aktuellen Formen autonomer Politik. 1987 haben viele Frühlingsgefühle, es könnte der Vorabend einer neuen Bewegung sein, deren Charakter aber noch völlig im Unklaren bleibt.
Gleichzeitig gibt es heftige innere Konflikte, Spaltungen und Zusammenbrüche. Gruppen lösen sich auf, zerstreiten sich. Einzelne blicken zurück auf ihre autonome Geschichte und verabschieden sich still und leise.
Bis Ende 1989 spielt sich das vor dem Hintergrund westdeutscher „Normalität" ab. Die Verschärfung von Sicherheitsgesetzen, die weitere Aufrüstung der Polizei, der Rechtsruck in den Medien, die neoliberale Wirtschaftspolitik, das Bemühen um eine „angemessene" Rolle der BRD in der Weltpolitik. All das findet weitgehend ohne große Proteste der Bevölkerung statt. Eine kritische liberale Öffentlichkeit gibt es kaum. Die Grünen und die *taz* kommen dem noch am nächsten, distanzieren sich aber nach Kräften von ihren linken Ursprüngen. Die radikale Linke steht der – ab 1986 deutlich verstärkten – staatlichen Repression ziemlich allein gegenüber. Zu einer mit 1977 vergleichbaren gesamtgesellschaftlichen Mobilisierung gegen die radikale Linke kommt es aber trotz der massenhaften militanten Aktionen (auf der Straße, von den Kleingruppen und bewaffneten Gruppen) nicht. „Sympathisanten"- Hatz und öffentliche Hysterie bleiben aus.

An dieser Stelle sollen die Ereignisse und Kämpfe, die für Autonome ab 1987 wichtig waren, in Kurzform vorgestellt werden. Einige davon werden im Folgenden noch eingehender behandelt.
+ Neben lokalen Info-Blättern gibt es überregionale autonome Zeitschriften: Die seit 1984 illegal produzierte *radikal*, von 1986-88 die halb-legale *Unzertrennlich* und ab Mai 1988 die in West-Berlin produzierte, ebenfalls halb-legale *Interim*.

ZEITLEISTE 1987

25.11. Mit einem Motordrachen fliegt ein Palästinenser nach Israel und tötet 6 Soldaten
27.11. Wegen der Unruhen in Bangladesch wird der Ausnahmezustand ausgerufen
03.12. Verhandlungen zwischen Nicaragua und den Contras in der Dominikanischen Republik
06.12. Deutscher Eishockeyverband verbietet dem ECD Iserlohn die Trikotwerbung für Gaddhafis „Grünes Buch"
08.12. Beginn der „Intifada der Steine" in den von Israel besetzten palästinensischen Gebieten

+ Im Frühjahr 1987 wird in der BRD die 1983 verhinderte Volkszählung gegen zähen Widerstand durchgesetzt. + Im April 1987 findet in Frankfurt/Main einer der größten linksradikalen Kongresse der 80er, die „Libertären Tage“ statt. Zentrale Themen: Patriarchat und Geschlechterkonflikte innerhalb der Linken sowie die Militanz-Debatte. + Am 1.Mai 1987 entwickelt sich in West-Berlin aus einem Straßenfest der legendäre Kreuzberger Kiez-Aufstand. + Im Juni 1987 besucht US-Präsident Reagan die BRD: Sein Auftritt in West-Berlin wird von einer großen Demo und Krawallen begleitet, wobei die Polizei präventiv Teile Kreuzbergs abriegelt. + Das ganze Jahr 1987 wird um die Hamburger Hafenstraßen-Häuser gekämpft: Geräumte Wohnungen werden wiederbesetzt, es wird demonstriert und verhandelt. Im November wird die Straße verbarrikadiert und eine große Schlacht scheint bevorzustehen. Schließlich werden neue Mietverträge ausgehandelt, zwar zu miserablen Bedingungen, aber als ein politischer Erfolg für die Hafenstraßen-Leute (die nicht nur Autonome sind). + Am 2.November 1987 gibt es an der Startbahn-West eine militante Demo von Autonomen, bei der zwei Polizisten erschossen werden. Das Rhein-Main-Gebiet erlebt danach eine Welle von Durchsuchungen, Verhaftungen, Verhören mit vielen Aussagen, wodurch die autonome Szene für Jahre geschwächt und mit politischen Aufräumarbeiten beschäftigt ist. + Nicht lange danach, am 18.Dezember 1987, schlägt das BKA zu: Durchsuchungen und Verhaftungen sollen die Rote Zora und die RZ treffen. In der Folgezeit wird eines der staatlich kriminalisierten Themen, die Gen- und Reproduktionstechnologie, für kurze Zeit bei den Autonomen populärer. + Der Beginn der palästinensischen Intifada im Dezember 1987 führt zu Solidaritäts-Aktionen. Eine höchst umstrittene Wandparole an der Hamburger Hafenstraße führt zum Beginn der Antisemitismus-Debatte innerhalb der radikalen Linken. + Der Widerstand gegen die WAA in Wackersdorf geht 1987/88 mit nachlassender Beteiligung Autonomer weiter (im Sommer 1989 kommt das endgültige Aus für das WAA-Projekt). + 1988 erlebt die seit Mitte der 80er neubelebte Antifa-Arbeit einen Aufschwung, v.a. in Norddeutschland.

Kreuzberg, 1. Mai 1987

Zeitleiste 1987

09.12. Die Bundestagsfraktion der Grünen beschließt, mit den Autonomen grundsätzlich nicht zusammenzuarbeiten
11.12. ETA-Anschlag in Saragossa, sieben Tote
15.12. Generalstreik in Griechenland erzwingt sofortige Lohnerhöhungen
18.12. Planungsstop für zehn italienische AKWs nach Referendum
20.12. Mehrere Tote bei der Intifada
25.12. Krawalle wegen einer verhinderten Hausbesetzung in

Dies geschieht auch aufgrund von Wahlerfolgen der rechtsextremen Partei *Die Republikaner*. + Sommer 1988: In Hamburg wird das politische Kulturzentrum „Rote Flora" besetzt. + September 1988: Der Kongress von IWF und Weltbank in West-Berlin wird durch zahlreiche Demos und Aktionen in den Schatten gestellt. + Im Winter 1988/89 gibt es an den West-Berliner Universitäten, v.a. an der FU, eine große politische Streikbewegung. + 1989 geht die Guerilla FMLN in EL Salvador in die Offensive, während gleichzeitig die Revolutionsregierung in Nicaragua einer Wahlniederlage entgegensteuert. Das ist der letzte Höhepunkt der klassischen Lateinamerika-Soliarbeit der 80er Jahre. + Im Frühjahr 1989 treten die RAF-Gefangenen erneut in einen Hungerstreik für bessere Haftbedingungen, diesmal mit einem Konzept der Bündnisse und der gesellschaftlichen Breite. Viele Autonome beteiligen sich an Soli-Aktionen. Der Hungerstreik erreicht seine Ziele nicht. + Am 17.11.1989 wird in Göttingen Conny Wessmann von der Polizei vor ein fahrendes Auto getrieben und kommt ums Leben. Göttingen ist tagelang in Aufruhr, auch in anderen Städten gibt es Demos und Randale. + Am 3.Oktober 1990 hört die DDR auf zu existieren. Deutschland ist „vereint". In Berlin demonstrieren 10.000 dagegen. Es kracht erheblich. Seitdem wird an fast jedem 3.Oktober gegen die Feierlichkeiten mobilisiert. + Nach der Besetzung Kuwaits durch den Irak 1990 beginnt die Vorbereitung auf die Anti-Kriegs-Arbeit, da das militärische Eingreifen der USA sicher scheint. Anfang 1991 beginnt der kurze Krieg, es gibt zahlreiche große Demos dagegen.

Durch den Fall der Mauer im November 1989 und den Zusammenbruch der DDR verändert sich die gesamtgesellschaftliche Lage drastisch. Ein Nebenaspekt davon ist, dass sich die tatsächliche Stärke der Autonomen als viel geringer erweist als es oft den Anschein hatte. Die Verunsicherung angesichts dieser Erkenntnis und gegenüber der massiven nationalistischen Mobilisierung der Jahre 1989/90 lähmt viele Autonome. Einiges an autonomer Politik rollt noch eine Weile weiter, bevor es knirschend zum Stillstand kommt und auseinander fällt. So sind viele Ausdrucksformen der neuen Besetzungsbewegung in Berlin und auch die Aktivitäten gegen den 2.Golfkrieg 1991 klassisch-autonom, weshalb wir das Ende dieser Phase in Berlin an der Räumung der Mainzer Straße (November 1990) und dem Höhepunkt der Anti-Kriegs-Mobilisierung (Januar 1991) festmachen, statt am Mauerfall.

Räumung der Mainzer Straße in Berlin im November 1990

Kreuzberg
26.12. Bombenanschlag auf US-Soldaten in Barcelona, ein Toter, viele Verletzte
27.12. Südafrikanische Luftangriffe auf Angola

ZEITLEISTE 1988

1988
01.01. Erstmals berichtet eine sowjetische Zeitung über die Ökokatastrophe am Aralsee
04.01. Psychatriereform stärkt Rechte der Patienten
04.01. Ungarn dürfen jetzt ins Ausland reisen

Wichtige Stoßrichtungen der künftigen autonomen Politik entwickeln sich in der Defensive gegenüber wachsendem Nationalismus und Rassismus in Deutschland. Die Positionierung gegen FaschistInnen, RassistInnen und deutsches Großmachtstreben („Kein IV.Reich!") wird ab 1990 zu einem zentralen Bestandteil autonomer Politik.

In unseren Augen spielt die „IWF-Kampagne" eine zentrale Rolle für autonome Politik in den späten 80er Jahren. Daran wollen wir das Thema „Kampagnenpolitik" veranschaulichen. Der Komplex zur IWF-Kampagne beinhaltet neben einer ausführlichen Schilderung ein paar Überlegungen zu Kampagnen generell und zwei Beispiele für Projekte nach dieser Mega-Kampagne: Eines mit internationalistischer Perspektive, die Shell-Kampagne (gegen das Apartheid-Regime in Südafrika) und eines, was gerade nicht mehr Kampagnenpolitik versuchte, sondern eine anderen Weg ging, das West-Berliner „Utopie-Papier". Schließlich folgt ein Gast-Beitrag zur BesetzerInnen-Bewegung 1990.
Beginnen werden wir den dritten Abschnitt mit dem brisanten Thema des Geschlechterverhältnisses, dem Blick West-Autonomer auf Ost-Berlin vor dem Mauerfall sowie den Ansätzen von „Stadtpolitik".

ZEITLEISTE 1988

08.01. USA heben Einreiseverbot für KommunistInnen auf
14.01. NRW beendet AIDS-Zwangstests für Gefangene
17.01. Auf der Luxemburg-Liebknecht-Demo in Ost-Berlin werden 120 Oppositionelle verhaftet
19.01. Ausnahmezustand in Nicaragua wird aufgehoben
23.01. Erstmals seit '67 Ausnahmezustand in Ostjerusalem
01.02. Polen: Proteste wg. Preiserhöhungen für Lebensmittel
01.02. Um gegen ihre Unterdrückung zu protestieren, nehmen in den USA zwei Native Americans („Indianer") 17 Reporter als Geiseln

2. Was man zum Patriarchat zu sagen hat

Im Kampf gegen die Häuser-Spekulanten, die Startbahn-Bauer, die AKW-Profiteure, die weltweite Bankenherrschaft und gegen ihre staatlichen Unterstützer sind die Fronten relativ klar. Da liegen Einschätzung, Gefühl und Aktionsbereitschaft eng beieinander.

Das ist beim „Kampf gegen das Patriarchat" ganz anders. Selbst wenn wir nicht verallgemeinern und nur bei uns fünf Männern bleiben: Es gibt klare Unterschiede zwischen „Einschätzung" und „Gefühl". Wir unterscheiden uns untereinander und haben auch innere Widersprüche. Wir wollen diese Unterschiede stehen lassen und keine Kompromiss-Texte erzwingen.

Eine Gemeinsamkeit (neben der Angestrengtheit) bleibt trotzdem sichtbar: Im Gegensatz zu anderen Kampffeldern prägt uns die Auseinandersetzung mit „den Frauen" und mit ihrer jeweiligen Interpretation von Feminismus viel mehr als unsere eigene Kampfbeziehung zum Patriarchat. Anders ausgedrückt, beschäftigen uns die Vorwürfe von Frauen, wir seien Unterstützer und Träger des Patriarchats, stets mehr als Überlegungen oder Gefühle dazu, wie wir politisch agieren könnten – etwa indem wir die gesellschaftliche Zuweisung einer „Männerrolle" an uns als absurde, lächerliche Zumutung aufdecken und bekämpfen. So rückt an die Stelle eines gemeinsamen Kampfes gegen patriarchale Zustände zusätzlich der „Geschlechterkampf" innerhalb der Szene.

Dieser Konflikt, der für Außenstehende oft nur sehr mühsam nachzuvollziehen ist, begleitet uns permanent: Immer wieder kommt es innerhalb von Bewegungen, Szenen, Gruppen zu Auseinandersetzungen über einzelne Fälle von Vergewaltigung, sexistischen Grenzverletzungen oder auch zu Diskussionen über grundsätzliche Fragen alltäglicher oder politischer Praxis in Bezug auf Männer-Frauen-Rollen. Besonders in der hier behandelten Phase Ende der 80er Jahre (ähnlich auch wieder gegen Ende der 90er) werden diese Auseinandersetzungen sehr wichtig. Zahlreiche autonome Frauen- (und auch Männer-) Gruppen entstehen. Auf dem Kongress der „Libertären Tage" 1987 in Frankfurt/Main ist eines der zentralen Themen das Patriarchat. In der Folgezeit sehen zahlreiche autonome Frauen in gemischten Gruppen keinen Sinn mehr und befürworten eigenständige Frauen-Organisierung in allen Bereichen der Politik.

Wie sehr wir an diesen Konflikten beteiligt waren und sind, zeigen die folgenden Texte. Sie reichen von der fundamental-anarchistischen Position, vorrangig die „Herrschaft von Frauen in der Szene" als eine weitere Form von Herrschaft anzugreifen, bis zum Versuch, in der Geschlechterfrage die „Klassenfronten" zu wechseln. Das Kapitel zur Geschlechterfrage bleibt insgesamt ein Stückwerk und fällt hinter unsere Ansprüche zurück. Wir haben dennoch die Idee verworfen, feministische Positionen beziehen zu wollen oder Frauen als „Zuständige" für einen Beitrag anzusprechen. Das Buch erweist sich hier als das, was es ist: Ein Buch von Männern.

Wir hoffen aber, dass im Internet auf der Buch-Homepage eine anregende Debatte stattfindet. Einige, Frauen wie Männer, haben schon ihr „verschärftes Interesse" erklärt.

Zeitleiste 1988

05.02. Mehrere DDR-Oppositionelle werden gegen ihren Willen in die BRD abgeschoben

15.02. In der SU wird der Bau eines AKWs im Kaukasus durch Proteste verhindert

17.02. Taiwan und Laos beenden ihren Grenzstreit

19.02. In Litauen 100.000 Demonstranten für die Unabhängigkeit unterwegs

22.02. Bundesweite Warnstreiks der ÖTV für Arbeitszeitverkürzungen

23.02. Menschenkette von 80.000 Metallern gegen die

Männer

In den 70er Jahren sah ich mich als Mann hauptsächlich durch die Brille von Frauen. Da hatte ich es lange Zeit sehr einfach: Freundlicher Freund und Kumpel, verständnisvoller Zuhörer (wenn ich wollte), fürsorglicher Ehemann (zumindest nach außen und in meiner Selbstwahrnehmung) und Vater. Nach der fürchterlichen und langen Trennungsphase kümmerte ich mich mehr um das Kind, „hatte" es die Woche über, die Mutter an den Wochenenden – für damalige Verhältnisse sehr fortschrittlich – und wurde als „positive Ausnahme" sehr gelobt. An der Szene-Aktivität „sexuelle Befreiung" beteiligte ich mich kaum. Entsprechend war die Kritik gering. Viele Frauen konnten in mir einen verständnisvollen Zuhörer über die „bösen Männer" finden – mit vielen klugen Einsichten über die Notwendigkeiten neuer Beziehungen zwischen den Geschlechtern. Als „prinzipieller Frauenfreund" durfte ich sogar an der Kritik von Frauen gegenüber Frauen teilhaben, an den „klassischen Beziehungsproblemen" auch in lesbischen Beziehungen, an den realistischen Unzulänglichkeiten im Verhältnis zwischen feministischer Theorie und Alltagspraxis. Kurz, ich war „fein raus". Aber, ich war eben „raus", nicht so recht bei mir als Mann. Auch in meinen Liebesbeziehungen (die Euch erst mal gar nix angehen) konnte ich mich überwiegend als Gebender und Opfer fühlen (na klar, ganz subjektiv, andere sehen das anders!). Tja, eine Haltung, die praktisch ist, aber nicht unbedingt voller Glücksgefühle ...

Trotz vieler „Beziehungsanstöße" kam der entscheidende Bruch durch die Beziehung zu meinem Sohn. Für ihn waren „die Frauen" = „die Frauenbewegungsfrauen" = „Herrschaft/Unterdrückung/Vorschrift/Verbot". Entsprechend machohaft verhielt er sich – als Anarchist musste er ja gegen Herrschaft überall ankämpfen – natürlich auch z.B. als Frauen bei dem ersten Frauenstraßenfest in Kreuzberg weder Männer vor Ort noch als Schützer drumherum dulden wollten. Da gab es nicht nur „das Geschlechterverhältnis" überhaupt, sondern der mir liebste Mensch vertrat in einer grundsätzlichen Frage (anders als bei Problemen von Militanz und Nicht-Verhandeln) gefühlsmäßig und rational eine völlig konträre Position. Ich antwortete mit Sauerkeit, Hohn und Spott, gekränkter Vaterliebe, Super-Enttäuschung und war besonders bissig, weil ich meine eigene Position (natürlich, ohne das auch nur anzudeuten) recht wackelig fand. Mann und zugleich „Verfechter der Frauenbewegung", das kam mir schon recht merkwürdig vor! Das waren schon sehr quälerische Wochen und Monate... .

Das war so unauflöslich. Aber Theorie und Praxis klafften auseinander: „Meine Frau" (wir waren wei-

Zeitleiste 1988

Schließung des Krupp-Werkes in Rheinhausen
24.02. Trotz Verbot wird in Estland für die Unabhängigkeit demonstriert
24.02. In Südafrika wird 170 Gruppen jegliche öffentliche Aktivität untersagt
29.02. Zusammenstöße zwischen Armeniern und Aserbaidschanern in Sumgait
01.03. NRW beginnt mit Abgabe von Methadon an Junkies
05.03. Zusammenstöße nach Unabhängigkeitsdemo in Tibet
06.03. In Gibraltar werden drei unbewaffnete IRAler von einer

ter verheiratet geblieben), seine Mutter erkrankte schwer. In der gemeinsamen und langjährigen Pflege waren mein Sohn und ich sehr aufeinander angewiesen, hätten es jeweils alleine nicht geschafft. Ich konnte seine liebevolle Fürsorge ebenso wahrnehmen wie seine Sprüche und mancherlei merkwürdiges Verhalten. Wenn dann sehr junge Frauen, die gerade die Familien-Bequemlichkeit verlassen hatten, über ihr weltweites Los der Fürsorge für Männer/Haushalt/Familie/Kinder klagten, dann konnten wir auch schon mal gemeinsam die Stirn runzeln.

In dieser Zeit begann „unsere Männergruppe", anfangs sehr holperig und mit guten Vorsätzen gepflastert. Ich kämpfte sehr erbittert, als die anderen Männer meine „besondere Männerrolle" als gar nicht so besonders empfanden und eher sehr „männertypische" Verhaltensweisen bei mir entdeckten. Eigentlich hatte ich mich bedauern lassen wollen: Schwierige Beziehung, aufreibende Pflege der Ehefrau, Probleme mit dem Kind, das sehr früh Vater zu werden drohte. Und dann gab es eher Kritik als Unterstützung. Das auch noch aus „feministischer Sicht" und ausgerechnet mir! Na ja, es dauerte schon ne ganze Weile, ehe wir die Streits über „die Frauensicht" weglassen und uns auf uns beziehen konnten: Wie wir waren. Wir wollten herausfinden, wie wir so geworden sind, was wir daran eher schmerzlich, als auch sehr okay empfinden. Ein gemeinsames Wochenende mit viel „Freizeit", Reden, Rumspinnen und Spielen brachte den Durchbruch. Jeder konnte erzählen, was er an sich merkwürdig fand und beängstigend. Die Be- und Verurteilungen traten in den Hintergrund. Das ist ja nun kein so besonders riesiger Schritt, aber wir haben sehr langsame und sehr mühselige Trippelschritte in diese Richtung gebraucht.

Natürlich gab es viele Anstöße durch Texte, die allgemeinen Patriarchatsdiskussionen, aber für mich persönlich war die Kritik von befreundeten Frauen und Männern wichtiger. Letztendlich ist ernsthaft nur dann was hängengeblieben, wenn ich es mit etwas Positivem für mich verbinden konnte.

Beispiel: In Gruppen war ich sehr dominant, aber auf meine in der Regel freundliche Art, indirekt, lobend, zusammenfassend, oft sachlich-vernünftig-konstruktiv. Ich hatte instinktiv eine Taktik entwickelt, mich hinter anderen zurückhaltend zu verstecken, die dann schneller ins kritische Feuer gerieten. Aber das ging zu Lasten meiner Gefühle. Für viele, die mir nahe waren, erzeugte das ein Gefühl, nicht an mich heranzukommen, mir nicht nahe sein zu können. Das leuchtete mir als Kritik ein, veränderte aber wenig. Erst als ich erfahren habe, dass ein gleichberechtigteres Verhalten auch eine positive Nähe erzeugt, konnte ich mich weniger kontrolliert, weniger gestaltend, dafür unbefangener, spontaner, „verantwortungsloser" verhalten, konnte Fehler und Ausrutscher zeigen – wenn ich wollte. Dieser Nachsatz ist mir wichtig: Meine Offenheit bestimme ich selber, freiwillig – unter Druck habe ich viele Möglichkeiten, abzublocken. Eine davon ist natürlich die Selbstkritik, das Nachgeben, hinter dem der gefühlsmäßige Widerspruch einfach verborgen bleibt. Das kennt wahrscheinlich außer mir niemand ...

Zeitleiste 1988

britischen Sondereinheit erschossen

08.03. Neues Gesetz zur schnelleren Abschiebung von Ausländern in der BRD erlassen

14.03. Gefecht zwischen der chinesischen und vietnamesischen Marine bei den Spratly-Inseln

16.03. Irakischer Giftgasangriff auf die kurdische Stadt Halabja, tausende von Toten

16.03. Beim Begräbnis eines IRAlers tötet ein Attentäter drei Trauernde

17.03. Die USA schicken 3000 zusätzliche Soldaten nach

Geschlechterverhängnisse

Ich will ein Klassenverräter sein, aber wie macht man das?
Wenn Männer sich zum Geschlechterkonflikt äußern, kommt normalerweise Selbstgerechtigkeit oder Selbstmitleid dabei heraus. Der gemeine autonome Mann hat einen Schleichweg gefunden: Er kann fehlerfrei anti-patriarchale Sätze hersagen, das große „I" schreiben und Frauenkämpfe bewundern (solange sie nicht ihm selbst gelten), der Rest ist Privatsache. Ich bin natürlich ganz anders …
Der Geschlechterkonflikt war wichtiger Bestandteil meiner Politisierungsphase, und mir war schnell – theoretisch – klar, dass das Patriarchat ein mindestens so großer Kettenhund vor der Schwelle zum Glück ist wie der Kapitalismus.
Svende Merians Buch „Tod des Märchenprinzen" über einen innerlinken geschlechtertypischen Beziehungskonflikt bot mir die Chance, mich selbst für ein Schwein zu halten und damit allerlei emotionales Missgeschick zu erklären und zu rationalisieren. Dann waren da noch starke Frauen im politisch-sozialen Umfeld, in die ich erfolglos verliebt war, und eigene Gefühlswelten, die oft gar nicht zur sich verbreitenden anti-sexistischen Parolenwirtschaft passten. Das knallte mitten hinein in meine Post-Pubertät und die Zeit danach und vermittelte mir ein frühes Gefühl der Unauflöslichkeit eines Konfliktes, in dem du selbst auf beiden Seiten zu stehen versuchst.
Meine Überzeugung, dass der Geschlechterkonflikt älter und tiefgreifender sein müsse als der Klassenkonflikt, ergab sich auch aus diesen praktischen Erfahrungen am eigenen Leib. Es mochte ja schwierig sein, trotz eigener Herkunft aus bildungsbürgerlichem Haus und reichem Teil der Welt die Seiten zu wechseln und gegen den Kapitalismus zu kämpfen, doch es schien immerhin möglich. Aber wie wechselte man die Seiten im Geschlechterkonflikt? Ein „feministischer Mann" schien mir genauso absurd zu sein wie ein „schwangerer Mann".

Ich war über die Jahre in zwei Männergruppen, die (teils) wunderbare Gespräche führten, viele Notwendigkeiten erkannten, aber nie aktiv wurden. Sollten wir Sex-Shops plattmachen, selbstironisches Kabarett spielen, Diskussionsveranstaltungen durchführen, die Penetration als Wurzel allen Übels bekämpfen, Geschlechtumwandlungen erwägen, überall Anti-Pat-Parolen hinschreiben, Vergewaltiger jagen, feministische Projekte unterstützen? Warum eigentlich nicht alles auf einmal? Wir taten es aber nicht (von wenigen Ausnahmen abgesehen).
Normal fiel es uns Autonomen ja nicht schwer, zu handeln. Auch wenn wir persönlich nicht von einem Unterdrückungsverhältnis betroffen waren, konnten

Zeitleiste 1988

Honduras um den *Contras* zu helfen
17.03. Krawalle in Nordirland wegen des Attentats vom Vortag
21.03. Zusammenstöße und Generalstreik in Südafrika
23.03. Waffenstillstand zwischen *Contras* und Sandinisten in Nicaragua für zwei Monate vereinbart
24.03. Wegen eines Interviews wird ein israelischer Nuklear-Techniker zu 18 Jahren wegen Spionage verknackt
28.03. Generalstreik in Portugal wegen eines neuen Arbeitsgesetzes

wir meist problemlos erkennen, auf welcher Seite wir zu stehen hatten. Die „Politik der ersten Person" beruhte weniger auf Gesellschafts- und Klassenanalyse als vielmehr auf eigenen Einsichten und Bedürfnissen. Nun waren wir aber plötzlich Nutznießer eines Klassenkonfliktes. Da ließen sich Einsicht und Bedürfnis überhaupt nicht mehr vereinbaren.

Es heißt ja, dass auch Männer unter dem patriarchalen Gesellschaftssystem leiden: Aggression, Gewalt, Angst, Anpassung, Dominanz- und Konkurrenzverhalten, Ich-Verlust und so weiter. Nun ja, auch der weiße Top-Manager oder Herr „von und zu" haben ihr Päckchen zu tragen. Dennoch erkennt jeder und jede intuitiv und in der täglichen Praxis, auf welcher Seite des Konfliktes er oder sie steht. Wer auf der Gewinnerseite steht, nimmt die Unannehmlichkeiten in Kauf. Es gibt nur minimale Versuche von Männern, politisch gegen das Patriarchat zu arbeiten.

Die Widersprüchlichkeit dieser Situation war kaum auflösbar. Das Private wurde allerseits politisch, also öffentlich, und mit ihm einiges, das kollektiv nicht so ohne weiteres verhandelbar war: Egoismen, Verletzungen, Grenzen und ihre Überschreitung, Einsamkeit und Rudelbildung, Schwäche, Lebenslügen ... Wer wollte da nicht erschrecken? Ich ging raus aus der Männergruppe und wandte mich wieder anderen Themen zu – wohl wissend, dass die nicht wichtiger waren, sondern lediglich einfacher zu bearbeiten. Ich vertrat weiterhin feministische Positionen, oder besser, ich zitierte sie zustimmend, wie ein Fan, der die Lieder seiner Band mitsingt. Etwas Respekt, Zurückhaltung und Selbsterkenntnis bedeutete etwas „Patriarchat abzuzahlen", und dafür wollte ich auch gern von Frauen gelobt werden. Nicht selten bedeutete es aber relative Passivität: Wenn andere Männer gegen (meistens eingebildete) feministische Zwänge bzw. gegen Frauen aggressiv wurden, ergriff ich zwar Partei gegen diese Männer. Aber das eigene schlechte Gewissen, die Sorge um die eigene Glaubwürdigkeit, erstickte schnell weitere Taten.

Einmal ging ich mit Freunden ins Kino, um irgendeinen Historien-Fantasy-Film anzusehen. Darin vergewaltigt der blonde Heldenkrieger eine Frau. Der gefällt das „natürlich", nach anfänglichem Sträuben. Im Publikum wurde gelacht. Wir regten uns auf, was der Scheiß soll. Von vorne hieß es, wir sollten heim zu Mutti gehen. Wir standen auf, pöbelten, einer sprühte Tränengas in den kleinen Kinosaal, wir hauten ab. Kamen mit Glück davon ohne verprügelt zu werden. Am nächsten Tag empörten sich die Zeitungen über einen neuen Zensurversuch der frigiden Kiez-Miliz. Einer dieser „Frigiden" trägt aber auch ein sexistisches Tattoo, das ich zum Kotzen finde, was fast unsere Freundschaft beendet hätte.

Tja, mann hat's schwer mit der antipatriarchalen Praxis.

Aus der Antifa-Arbeit, an deren Neuaufbau ich Mitte der 80er Jahre beteiligt war, stieg ich bald wieder aus. Praktisch von Anfang an war hier Dominanzverhalten und Abfahren auf Gewalt ein Thema gewesen. Männer, die gerne und erfolgreich zuschlugen waren unentbehrlich, wenn es darum ging, Faschisten von der Straße zu kriegen – und dass das getan werden muss, war und ist meine Überzeugung. Aber dieselben Männer beim Erzählen sexisti-

Zeitleiste 1988

29.03. Israel riegelt für drei Tage die besetzten Gebiete ab
29.03. Auf Ostermärschen bundesweit 200.000 Menschen
06.04. Rumänien verbietet den Gebrauch von deutschen und ungarischen Ortsnamen
10.04. In Prag werden 30 Oppositionelle verhaftet
14.04. Der Afghanistanvertrag, der den Abzug der SU-Truppen vorsieht, wird unterzeichnet
18.04. Die US-Marine beschießt 2 iranische Bohrinseln
18.04. Bombenanschlag auf das jüdische Gemeindezentrum in Frankfurt

scher Witze und beim männlichen Posieren waren mir eklig. Nun wusste ich nicht einmal genau, ob das auf mein tolles Anti-Pat-Bewußtsein zurückzuführen war oder darauf, dass ich körperlich und verbal nicht mithalten konnte. Ob ich vielleicht am Ende gar zum Verräter an der patriarchalen Männlichkeit werden wollte, weil ich gegenüber ihren Maßstäben versagte (Albträume meiner Jugend: Bundesjugendspiele! Mannschaften wählen beim Fußball! Auf dem Pausenhof Stärke zeigen!). Wie auch immer: Meine eigene Kritik am Männerkult und die Kritik von Frauen an meiner Gruppendominanz – wenn es um anderes als ums Hauen ging – brachten mich zum Aussteigen. Fortan verteidigte ich je nach Bedarf die Hau-drauf-Erfordernisse des Antifa-Kampfes oder die antipatriarchale Kritik daran.

Aber je näher all das der persönlichen Sphäre rückte, desto stiller wurde ich. Der Sündenfall eines falschen Vergewaltigungs-Vorwurfes gegen einen Mann aus der Szene beeinträchtigte auch meine männliche Identifikation mit den radikal autonom-feministischen Parolen. Meine Ansicht über die patriarchale Gesellschaft an sich änderte sich nicht und ich konnte davon ausgehen, dass eine falsche Beschuldigung weiterhin hundert unterbliebenen wahren Beschuldigungen gegenübersteht. Doch ich entdeckte die Notwendigkeit der Genauigkeit im Umgang mit Konflikten. Persönliche Positionierung und praktische Konsequenz waren gefragt, und da genügte es offensichtlich nicht, seinen Theweleit gelesen zu haben und sich zu bemühen, Frauen nicht dumm anzustarren. Gleichzeitig erwies sich Genauigkeit aber einmal mehr als der natürliche Feind kollektiven Handelns, schon gar Kämpfens. „Wir müssen das erst genauer diskutieren" ist das gefürchtete Totenlied autonomer Kreise auf die eigentlich gebotene Handlung. Damit öffnet sich das Feld für die zahlreichen einander bekämpfenden (meist männlichen) Zirkel der Bescheidwisser, die die linke Theoriebildung lahmlegen.

Männer können feministische Praxis kritisieren, aber sie dürfen sich dabei nicht einbilden, objektive, unparteiische Standpunkte einzunehmen. Ob Männer nun losziehen, um Szene-Vergewaltiger zu verkloppen, ob sie in den Gender-Queer-Diskurs einsteigen, radikale Therapie machen oder den Feminismus für Identitätsdiktatur halten – fast nie schaffen sie es dabei, sich selbst als geschlechtstypisch sozialisiertes Wesen wahrzunehmen, dessen Taten und Handlungen von der eigenen Klassenzugehörigkeit bestimmt werden.

Ein Fortschritt in Sachen Selbsterkenntnis ist die Kritik am bürgerlich-männlichen Freiheitsbegriff und an der Beschränkung auf biologistische Geschlechterbilder, die seit Ende der 80er, Anfang der 90er Jahre v.a. bei älteren Autonomen heimisch geworden ist. Es bleibt aber die Gefahr bestehen, dass das „richtige" Bewusstsein der „falschen" Realität enteilt und der Absturz in die Kluft dazwischen schmerzhaft wird.

Der Klassenverrat wird nicht belohnt. Er muss erkämpft werden. Morgen.

Zeitleiste 1988

23.04. Der Vertrieb zweier DDR-Kirchenblättern wird von den Behörden verboten

24.04. Irakische Truppen erobern die Stadt Fao mit ihrer Ölverladestation zurück

01.05. Berlin: Die erste „revolutionäre Erste-Mai-Demo" und natürlich Randale

14.05. Äthiopien verhängt den Ausnahmezustand über Eritrea und Tigris

15.05. Die SU beginnt mit dem vereinbartem Rückzug ihrer Truppen aus Afghanistan

Dominant und doch nicht patriarchal! Geht das?

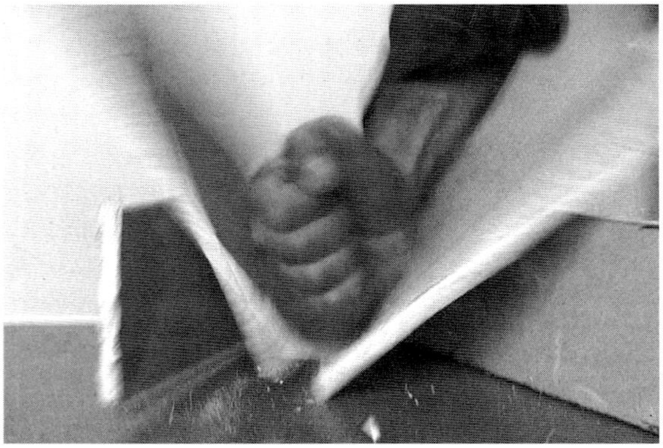

Das Wort Patriarchat kannte ich bis Anfang der 80er Jahre nicht.

In unseren Basisgruppen an der Uni in den 70er Jahren gab es jedoch auch schon Frauengruppen. Diese kritisierten unser Dominanzverhalten, dass wir so wenig über unsere Gefühle in der Öffentlichkeit sprachen und die Politik so kühl, rational und männerdominant war.

Über Sexualität, über männliche Gefühlskälte und das weibliche Pendant – das Verstehen können müssen, weich zu sein etc. – über diese typischen Rollenzuweisungen haben wir nur intern gesprochen. Meistens nur dann, wenn die Frauen wieder mal auf den Putz hauten.

Aber im Gegensatz zu den autonomen Gruppen der 80er Jahre kam es nie zu dieser offenen Spaltung, Abspaltung der Frauen-Lesben, die den Männern jegliche Möglichkeit und jeglichen Willen auf (Selbst-)Veränderung absprachen.

Mitte der 80er Jahre wurde mir über den Kopf klargemacht, dass auch ich als linker Mann Teil der Herrschaft des Patriarchats bin. Vom Gefühl her stritt ich das ab. Ich war zwar weiterhin des öfteren dominant in meinem politischen öffentlichen Auftreten, aber aus meiner Sicht dabei weder autoritär noch gefühlskalt oder über Frauen hinweggehend. Ich stufte mich deshalb nicht als patriarchal ein, weil für mich auf keinem Politikfeld Frauen „minderwertig" waren, ich sie nicht ernst genommen hätte. Höchstens beim Fußball. In der Politik spielte das Geschlecht für mich kaum eine Rolle, ich bewegte mich häufig in Gruppen, die gemischt geschlechtlich waren und wo auch Frauen das Sagen hatten.

Häufig ging es bei dem Vorwurf des Patriarchats in autonomen Zusammenhängen um was anderes: Um eine Kritik der Strukturen der informellen Hierarchien.

Informelle Hierarchien produzieren nicht kontrollierbares Dominanzverhalten, unabhängig vom Geschlecht. Denn wer viel tut, anschiebt, organisiert, überall seine Nase drinstecken hat, weiß auch viel. Wenn dann noch die Transparenz in der Gruppe nicht vorhanden ist, bzw. es an einer klaren Delegation der Aufgaben mangelt, können nur undurchschaubare Hierarchien herauskommen.

Die erste richtig heftige Patriarchatsauseinandersetzung erlebte ich während der IWF-Kampagne. Anfänglich habe ich die Kritik von den Frauen an uns Männern immer auf unser dominantes Redeverhalten in den großen Versammlungen und Vorbereitungstreffen reduziert. Erst nachdem sie aus dem IWF-Plenum mit einem geharnischten Kritikpapier auszogen, wurde mir klar, dass die Kritik am

Zeitleiste 1988

15.05. Nach dreitägigen Gefechten gelingt der indischen Armee der Sturm auf ein Sikh Heiligtum in Amritsar
24.05. Peruanische Truppen töten 28 indianische Bauern
26.06. Vietnam kündigt den Rückzug von 50.000 Soldaten aus Kambodscha an
06.06. Generalstreik in Südafrika gegen neues Anti-Streik-Gesetz
07.06. Indien beginnt seinen Truppenabzug aus dem tamilischen Teil Sri Lankas
09.06. Die Tataren in der SU dürfen auf die Krim zurück

Patriarchat nicht vor unserer autonomen Haustür endet. Wobei es meiner Erinnerung nach dabei nie um sexistische Übergriffe oder gar Vergewaltigung ging. Die Frauen waren wütend, dass wir die Kritik am Patriarchat nicht auf uns bezogen, nicht der spannenden Frage nachgehen wollten, wie eine männliche antipatriarchale Politik aussehen könnte.

Einige der zurückgelassenen Männer gründeten eine Männergruppe. In zwei, drei Sitzungen gab es dabei richtige Highlights. In einer sehr offenen Atmosphäre konnten wir 20 Männer über unsere Sexualität sprechen, über die Ängste, dies überhaupt zu thematisieren, und über die Konkurrenz untereinander. Diese Offenheit und Intensität blieb aber die Ausnahme.

Vielleicht habe ich gerade deshalb diese Ausnahmen in wohliger Erinnerung, weil parallel zu der Auseinandersetzung mit den IWF-Frauen eine in meinem Arbeitskollektiv lief, bei der es um den Umgang mit Vergewaltigern in der Szene ging. Hier mühten wir uns in dem geschlechtlich gemischten Kollektiv ab, gemeinsame Positionen zu finden. Das ging eher daneben.

In dieser Debatte wurde von uns Männern Bekenntnisse hinsichtlich der ja gar nicht so völlig daneben liegenden Einschätzung „Jeder Mann ist ein potentieller Vergewaltiger" abverlangt. Die wichtige Auseinandersetzung darüber – mit welcher Handlung beginnt eine Vergewaltigung, ist es richtig, sich allein auf das Definitionsrecht des Opfers zu verlassen und was sind dabei die Grauzonen – wurde nur ansatzweise geführt. Über meine Ängste in punkto Sexualität und was an meinem Sexualverhalten dominant war, konnte ich damals in Gegenwart der Frauen (und der anderen Männer) nicht sprechen.

Ich habe lieber über Gefühle, Sexualität, Ängste mit Freundinnen geredet. Ich glaube, weil für mich da einerseits mein Konkurrenzverhalten zu Männern dazwischen stand – von wegen „Wer ist besser im Bett?" „Wer kann mehr von sich erzählen?" bzw. umgekehrt „Wer ist härter im Umgang mit Gefühlen?" – und andererseits die Auseinandersetzung im Arbeitskollektiv und in der IWF-Gruppe zu sehr aufgeladen war. Dort kam von Frauen in der Debatte eher Härte rüber. Wahrscheinlich brauchten sie die auch, um sich überhaupt durchsetzen zu können. Diese Härte verunmöglichte mir es, über meine Gefühle zu sprechen. Hier wurden wir autonomen Männer und Frauen mal wieder mit unserer eigenen Ideologie konfrontiert: Von wegen das „Private ist Politisch"!

Über Patriarchat und den Vergewaltigungsdiskurs etc. habe ich hingegen lieber mit Männern debattiert als mit Frauen. In Männergruppen und unter Männern gibt es nicht so schnell den Bekenntniszwang, und manchmal eben die offene Atmosphäre, in der keiner dich kontrolliert ob das nun „pc" ist, was du denkst oder deine Worte sofort auf die Goldwaage legt.

Das Konkurrenzverhältnis Frauen-Männer überdeckt allzu schnell die Thematisierung der Konkurrenz innerhalb der Geschlechter. Wobei wir Männer leichter Konkurrenz aushalten können, weil wir frühzeitiger darauf trainiert werden, und weil wir aufgrund der patriarchalen Erziehung leichter lernen, uns durchzusetzen.

Zeitleiste 1988

10.06. Regierungsfeindliche Krawalle in ganz Südkorea
18.06. Militärputsch auf Haiti
26.06. Frankreich gewährt Neukaledonien größere Autonomierechte
27.07. Demos in Ungarn gegen die Unterdrückung der ungarischen Minderheit in Rumänien
01.07. Räumung des Kubat-Dreiecks und Flucht der Besetzer über die Mauer nach Ost-Berlin
03.07. Ein US-Kampfschiff schießt ein iranisches Zivilflugzeug ab, 290 Tote

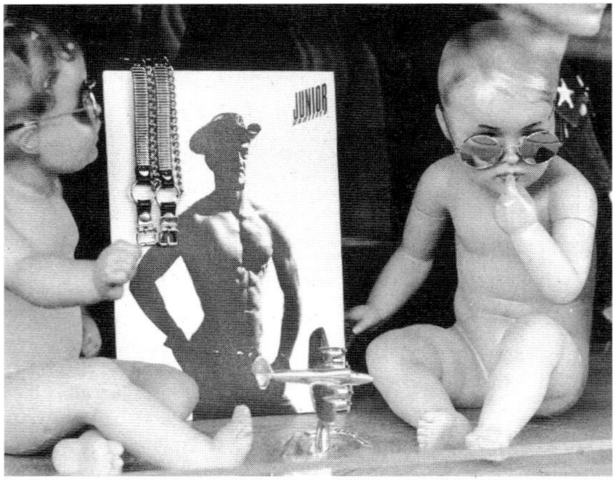

Wir oder Ich oder beides

Ich bin als Kind in der linken Szene aufgewachsen. Mit 13 hatte ich das erste Mal Probleme mit einer Frauenaktion. In der WG, in der ich mit meinem Vater wohnte, traten die Frauen in einen Spülstreik. Sie meinten, dass sie öfter abwaschen würden als wir, was ich verstand, und etwas mit Patriarchat, was ich nicht verstand. Ich hatte aber auch den Eindruck, dass dies nichts mit unserem Abwasch zu tun hatte. Ich hatte ständig Streitereien um die Putzpläne da ich keinen Bock hatte, nur wegen eines Plans, nach Hause zu kommen, statt bei meinem Kumpel zu pennen. Ich dachte bis dahin, ich kenne die Regeln eines WG-Streits, aber das Verhalten meiner männlichen Mitbewohner war mir ein Rätsel. Da wird gegen die Männer gestreikt und anstatt sich ganz normal zu streiten, wurde die Stimmung ganz merkwürdig. Die Männer senkten ihre Stimmen und wenn sie „die Frauen" sagten, klang das nicht mehr wie „A,B und C, unsere Mitbewohnerinnen", sondern dahinter war ein Berg von Bedeutung, der größer war als der unseres Abwasches. Die Männer (auch ich war plötzlich nicht mehr Kind oder D., sondern ein männlicher Mitbewohner) hielten dann alle von den Frauen in der Spülfrage vertretenen Positionen für richtig und waren bereit, alle Forderungen sofort und solidarisch zu erfüllen. Damit war der Streik beendet. Ich dachte, nur die Erwachsenen in unserer WG würden so spinnen und vergaß dies erst mal.

Mit 14 schwer verliebt. Meine Freundin war autonom, frauenbewegt, Besetzerin, radikal und einfach toll. Es war cool, was sie und ihre Freundinnen taten. Ich fühlte mich mit ihnen in einem großen WIR vereinigt. Dieses WIR war groß. Es umfasste die Punks, die Besetzer, die aus der Züricher Bewegig, die holländischen Kraaker, die Fertigbetonindianer und all die anderen schönen, jungen Wilden. Aber mit Feminismus, Patriarchat habe ich mich so wenig beschäftigt wie mit dem anderen Theoriescheiß. Ich hab den „Tod des Märchenprinzen" gelesen und die Autorin für eine nervige Verrückte und den Märchenprinzen für einen masochistischen Idioten gehalten. Für mich waren Frauen und Männer gleich, so gleich wie Arme und Reiche, Schwarze und Weiße. Nur dass die einen die anderen seit Jahrhunderten unterdrücken. Geld hatte ich keins, aber ich – mittlerweile 16jähriger – Punk, fühlte mich für das Patriarchat genau so wenig verantwortlich wie für die Ausbeutung Afrikas. Ich merkte, dass ich davon profitierte, aber ich war schließlich gegen dieses Dreckssystem und wollte mithelfen, es zu zerstören.

Zeitleiste 1988

03.07. Polen muß wegen der Verschmutzung ein Badeverbot in der Danziger Bucht anordnen
11.07. Palästinensischer Anschlag auf Kreuzfahrtschiff, neun Tote
12.07. Das Parlament von Berg Karabach beschließt den Übertritt von Aserbaidschan nach Armenien
13.07. IRA-Anschlag auf britische Kaserne im Duisburg
18.07. Das SU-Parlament beschließt, dass Berg Karabach bei Aserbaidschan bleiben muss
31.08. Jordanien tritt alle Rechte am Westjordanland an die

Ich zweifelte nicht daran, einen Persilschein zu haben.
Wenn ich mich in meinen Liebschaften wie ein Arschloch verhielt – was vorkam und vorkommt – dann liegt das an meiner Persönlichkeit und daran, dass die Gesellschaft so ist, wie sie ist.

Mit diesem Blick betrachtete ich auch die anderen in diesem meinem geliebten WIR. Ein paar von ihnen fand ich aber so daneben, dass ich ums Verrecken nicht wollte, dass sie sich durchsetzen. Jene, die versuchten, bei allem immer ihr Thema durchzudrücken, ihre Sprachregelung durchzusetzen. Ihre Sprache war kalt und tot, erstarrt in Phrasen. Sie hatten immer diesen humorlosen, dem Ernst der Lage angepassten Gesichtsausdruck. Anti-Imps halt.
Dann hatte ich den Eindruck, dass so eine Frauen- und Lesben-Fraktion dasselbe versucht. Einige fingen an, von der Mondin und der Göttin zu reden oder ließen durchblicken, dass wenn Frauen die Macht hätten, es immerhin keine Kriege mehr geben würde, da Frauen instinktiv ihre Nachkommen schützen würden. Später wurde auch ernsthaft diskutiert, ob nicht jede Form der heterosexuellen Penetration Vergewaltigung wäre. Für mich war das Sektengebrabbel, so weit von der Wirklichkeit entfernt wie die Theorien irgendwelcher kommunistischer Grüppchen. Aber im Gegensatz zu diesen empfand ich diese Frauen- und Lesben-Fraktion als Teil des WIR.

Dann gab es in der „Radi“ das ‚Rotarsch-Papier“: Ein wunderbarer Vergleich der Kreuzberger Häuserszene mit einer Pavianhorde, in der die Männchen herumlaufen und darum konkurrieren, wer den rotesten Arsch hat. Ich war gespalten. Gegen das lächerliche Brunft- und Hackordnungsverhalten, an dem ich mich beteiligte, herzuziehen, gefiel mir. Aber die hergestellte Verbindung von Militanz und Mackertum fand ich daneben. Die militanten Mädels waren schließlich keinen Deut softer als wir Jungs. Ich hatte Angst, diese Diskussion würde zu einem Angriff auf die Militanz als solche werden. Die Parole „Das Private ist politisch“ hielt ich eher für die ersten Töne des Trompetensignals zum Rückzug.

Schließlich hatte diese Frauen- und Lesben-Fraktion die Idee, ein Frauenstraßenfest zu machen. Seit Jahren versuchten wir zu den Nachbarn nett zu sein, forderten sie auf in den Mietstreik zu treten, hofften darauf, dass sie sich radikalisierten und sich mit uns solidarisierten. Zugegeben, die meisten Kreuzberger fanden uns nicht so gut, sie tolerierten uns aber. Wir taten ihnen ja auch nichts. Und jetzt will diese Fraktion sich ein Stück Straße nehmen und ein Fest nur für Frauen machen. Nicht in einem Park und nicht auf einem Gelände, wo keine Männer wohnen, sondern auf einem hauptsächlich von Ausländern bewohnten Teil der Naunynstrasse. Ihr Plan sah vor – und das hielt ich für Wahnsinn – dass die männlichen Anwohner, wenn sie nach Hause wollten, die Ausweise vorzeigen sollten, um dann von zwei Frauen zu ihren Häusern eskortiert zu werden. Ich war entsetzt. WIR, die Szene – also mittelbar auch ich – wollen wie die Bullen Ausweise kontrollieren, die Anwohner wie potentielle Feinde und nicht mehr wie zukünftige Mitkämpfer behandeln. Warum lässt man sie nicht in ihrer Straße normal rumlaufen und haut denen, die stressen, aufs Maul?

Zeitleiste 1988

PLO ab
08.08. Waffenstillstand in Angola zwischen Regierung und UNITA-Rebellen
15.08. Polen: Streiks für die Wiederzulassung der *Solidarnosc*
17.08. Der pakistanische Präsident wird bei einen Anschlag getötet
20.08. Nach acht Kriegsjahren Waffenstillstand zwischen Iran und Irak
22.08. Die Tutsi dominierte Armee Burundis schlägt einen Aufstand der Hutus nieder, 5000 Tote

Mit meinem auch zum Verbalradikalismus neigenden Mitbewohner schrieb ich einen Text dagegen und brachte ihn zum Autonomenblättchen Unzertrennlich. Unsere garantiert nur hingepöbelte Polemik wurde nicht abgedruckt. Ich war mir sicher, dass kraft meines damaligen relativ hohen, sozialen Status und der persönlichen Bekanntschaft mit einigen der Machern ein Text von mir zu jedem anderen Thema, zumindest stark gekürzt und unter Kurioses, veröffentlicht worden wäre. Über dieses Fest habe ich mich mit fast allen meinen mir wichtigen politischen Freunden gestritten. Ich war verzweifelt, dass sie nicht verstanden, dass der Plan, wie dieses Fest ausgeführt werden sollte, für mich ein Angriff auf die Werte war, für die ich dachte, dass WIR stehen. Dass WIR uns nicht wie Bullen den Leuten gegenüber verhalten, weder vor noch nach der Revolution. Nicht bei unserer Revolution! Sie verzweifelten an mir. Ich, den sie für einen Genossen hielten, erzählte auf einmal denselben, frauenfeindlichen Dreck wie ein Neuköllner Eckkneipenproll.

Die ganzen Jahre hindurch – bis jetzt – müssen wir, wann immer wir das Mann-Frau-Ding streifen, die Diskussion abbrechen, weil die gleichen Gefühle wieder hochkommen.

Die Gespräche, die ich mit den sehr wenigen führte, die ich auch sonst politisch schätzte und die mit mir in diesem Punkt einer Meinung waren, waren auch nicht viel erfreulicher. Einerseits hatte man leichte Zweifel, ob die Gesprächspartner nicht doch im Grunde ihres Herzens frauenfeindliche Arschlöcher sind, andererseits fühlten wir uns wie eine unterdrückte und nicht mal des Dialogs würdige Minderheit in der Szene. Wir fingen auch mit dieser Minderheiten oft eigenen hysterischen Sprache an. Wenn sie uns schon das Mackerding aufdrücken, laufen wir erst recht breitbeinig über die Straße.

Im Frühjahr 1988 dann der Konflikt um das VEB, einem Punkschuppen mit Frauentag, in einem besetzten Haus, der O3. Die beiden Nutzergruppen stritten sich um den Laden. Daraufhin erklärten die Hausbewohner, den Laden selbst zu übernehmen und verbarrikadierten die Türen. Ein paar Tage später rückten Frauen an, behelmt, mit Knüppeln bewaffnet und die Straße mit brennenden Autoreifen

Bild rechts: Konflikt um das VEB, einem Laden in der Oranienstraße 3 im Februar 1988. Frauen versuchen den Laden mit handfesten Argumenten wiederzubesetzen, nachdem die Hausbewohner sie vor die Tür gesetzt haben.

sperrend, um den Laden zu besetzen. Ein Hausbewohner warf von oben Metallschellen und verhin-

Zeitleiste 1988

23.08. Mehr als 100.000 Balten demonstrieren für die Unabhängigkeit
27.09. Ausnahmezustand in Chile wird aufgehoben
01.09. In Libyen werden Polizei und Militär aufgelöst, verkündet Gaddhafi
07.09. Das Thalia-Theater in Hamburg lehnt eine 75.000-DM-Spende der Rüstungsfirma MBB ab
09.09. Der US-Senat beschließt Sanktionen gegen den Irak
16.09. Kämpfe zwischen der marokkanischen Armee und der *Polisario*-Guerilla in der Westsahara

derte damit die Besetzung. Für mich lediglich ein Binnenkonflikt zwischen Szenegruppen, die zu blöd sind, einen Territorialkonflikt friedlich zu lösen. Nicht so für das Männerplenum wenig später. Da saßen sie, meine Genossen, durch endlose Männergruppen wie auch durch ihre Männerrolle und ihr Männerverhalten allgemein, in der Szene, in der Beziehung und überhaupt verunsichert. Aber jetzt in dieser Runde schlug ihre Stunde. Der Saal war bereit seinen Mann zu stehen im Kampf gegen die O3-Hausschweine. Ich kannte dieses Kneipengetue, dieses „Ey, du hast meine Braut angemacht" (Schließlich waren einige der beteiligten Frauen die Freundinnen der anwesenden Männer). Als sich einer als O3'ler outete, wurde ihm gesagt, mit so einem würde Mann nicht reden und er hätte sich zu verpissen. Ein paar steckten ihre Köpfe zusammen und – Paranoia meinerseits oder nicht – ich glaubte die international übliche „Soll'n wir ihm nachlaufen und auf die Schnauze hauen?" Kopfbewegung zu erkennen. Ich hatte Angst um den Kerl und ging sicherheitshalber mit raus, nicht ohne vorher in die Runde zu pöbeln.

Nach diesem Treffen gab es dieses WIR nicht mehr. Den Frauen fühlte ich mich weiterhin verbunden. Ich fand zum Teil Scheiße, was sie taten, verstand aber, dass sie versuchten, für sich so viel wie möglich rauszuholen. Sie waren nicht schuld am Verhalten der Szenemänner. Diese aber, diese feigen, opportunistischen, verlogenen Pfeifen, mit ihrem bloß nichts Falsches sagen, lieber die Schnauze halten, jeden Scheiß nachplappern ... kamen mir vor wie KP-Mitglieder im realen Sozialismus, auf die Parteilinie starrend, dem Trommler hinterher.

Dann die Art und Weise wie die Diskussion in der Szene wegen einem Vergewaltigungsvorwurf lief. Eine Frau erzählte, sie sei von einem Genossen vergewaltigt worden. Sie erhielt von den Frauen um sie herum Beachtung, Zuwendung und Solidarität. Der Genosse ist Vergewaltiger. Die Leute, die den Kontakt zu ihm nicht abbrechen, sind Täterschützer. Nach ein paar Tagen kommt den Freundinnen der Frau die Geschichte spanisch vor. Der Genosse ist kein Vergewaltiger mehr. Seine Freunde keine Täterschützer mehr. Dieser Fall hatte keinerlei Effekt auf die theologisch-autonome Lehre bezüglich des Selbstdefinitionsrechts jeder Frau bei einer Vergewaltigung. Ich weiß nicht, ob die Frau gelogen hat, ob sie sich vergewaltigt fühlte oder wirklich vergewaltigt wurde, ob der Genosse nun anwesend war oder nicht. Es gibt halt verschiedene Realitäten, die gleichzeitig wahr sein können. Von mir – von außen – betrachtet.

Plakataktion in der Reichenberger Strasse in Berlin-Kreuzberg als Reaktion auf eine Vergewaltigung

Jahre später. Wenn ich mir die Diskussion der Geschlechterfrage auf den Grenzcamps durchlese, bin ich jedes Mal froh, nicht da gewesen zu sein, weil ich dann entweder meinen Mund gehalten hätte oder nicht, was beides Scheiße wäre. Sauer bin ich noch geworden, als einer mit der AAB verbandelten Jugend-Antifa-Gruppe die Räume entzogen wurden, weil sie sich weigerten, sich schriftlich zu einem Papier der AAB zu verhalten. Es ging darin um das

Zeitleiste 1988

20.09. Ein RAF-Attentat auf einen Staatssekretär aus Anlass der IWF-Tagung scheitert
22.09. Die Armee der SU marschiert im umkämpften Berg Karabach ein
27.09. West-Berlin: Die IWF-Tagung beginnt unter Protesten
29.10. Der Bau einer Internationalen Raumstation wird beschlossen
01.10. In Nigeria wird das Verbot politischer Parteien aufgehoben
05.10. Volksabstimmung in Chile entscheidet gegen weitere

traurige Verhalten der AAB in einem Fall von Vergewaltigung in ihrem Umfeld. Das Angebot der Jugendlichen, darüber zu reden, wurde als ungenügend abgelehnt.
Und doch! Wenn ich frisch in dieses Land käme und mir die Linke angucken würde, wären mir die, die ich für Autonome halte, ob sie sich selbst dafür halten oder nicht, immer noch am liebsten. Mit den 15 Prozent inhaltlich wechselndem Sektenanteil im „Stand der Diskussion" muss ich wohl leben.

Zeitleiste 1988

Amtszeit des Diktators Pinochet
05.10. Neues Notstandsgesetz in Nicaragua verabschiedet
06.10. Schwere Unruhen und Ausnahmezustand in Algier
10.10. Die DDR-Bullen lösen eine Demo gegen die Zensur auf und nehmen 80 Leute fest
10.10. Proteste in Bern gegen den Besuch des südafrikanischen Präsidenten
11.10. Im Sudan wird die Scharia eingeführt
14.10. Die britischen Tories fordern die Todesstrafe für IRA-Anschläge

Männliche Autonome und das Patriarchat – zwei Welten begegnen sich?

Die autonome Frauenbewegung – die ursprünglich mit Autonomen nichts zu tun hatte, allein schon deshalb, weil es sie viel länger gibt – dürfte in diesem Land viel mehr erreicht haben, als die Autonomen. Anfang der 80er war von antipatriarchalem Bewusstsein innerhalb der Bewegung nicht so viel zu spüren. Einige wenige Klarheiten herrschten vor, wie z.B. dass Mann keine Frauen schlägt, sie ernst nimmt und deshalb ausreden lässt. Selbst daran hielt mann sich nicht 100%ig. Diese Überzeugungen resultierten auch nicht aus dem Bewusstsein, als Mann Träger von patriarchalen Unterdrückungsstrukturen zu sein, sondern bei mir eher aus einer Erziehung, die generell Achtung vor anderen beinhaltete, sowie das Glück, sich schon als Jugendlicher in einem Umfeld bewegt zu haben, wo sexistische Sprüche und Witze nicht zum Alltag gehörten.

Zeitleiste 1988

15.10. Mehrere zehntausend Demonstranten vor der WAA-Baustelle Wackersdorf

21.10. Israel fliegt Luftangriffe gegen PLO und Hisbollah-Stellungen im Libanon

28.11. In der CSSR wird eine Demonstration von den Bullen aufgelöst

03.11. Putsch von Tamilen auf den Malediven wird von indischen Fallschirmtruppen niedergeschlagen

03.11. In Italien wird jetzt auch der Konsum von Drogen verboten

Dies hatte zur Folge, dass ich glaubte, ziemlich den Durchblick zu haben, da ich mich doch anderen Männern an diesem Punkt meilenweit voraus wähnte. Was eventuell auch so war, nur dass dies für das Geschlechterverhältnis insgesamt und auch an konkreten Punkten relativ egal war.
Ich hab mir Anfang der 80er jedenfalls keine Gedanken darüber gemacht, warum die Zusammensetzung innerhalb der Autonomen zwischen Männern und Frauen nicht gerade ausgeglichen war. Die gebrauchten Ausreden – wenn sie denn überhaupt nötig waren – lagen auf der Hand: Es gab starke aktive Frauen, die auf jeder Demo, jedem Treffen die Initiative ergriffen und die in der Lage waren, ihre Interessen zu formulieren und auch durchzusetzen. Also ziemlich genau die Argumentationslinie, die bürgerliche Männer und Politiker gebrauchten, als sie zu dieser Zeit die Frage, woran es liegt, dass so wenige Frauen in wirtschaftlichen und politischen Führungspositionen sitzen, mit dem Hinweis auf die Stellung Maggie Thatchers zu kontern pflegten.
„Gleicher Lohn für gleiche Arbeit" und all das war natürlich kein Problem. Ich fühlte mich halbwegs aufgeklärt. Aber dass ich selber Träger von Unterdrückung bin und dass das ziemlich wenig damit zu tun hat, ob ich das subjektiv so wollte oder nicht, war etwas völlig Neues für mich. Es dauerte einige Jahre, bis ich diese banale Weisheit an mich heranließ. Banal deshalb, weil ich es eins zu eins übersetzt natürlich auf viele andere Politikfelder übertragen hatte: Der Bulle vor dem AKW-Zaun oder dem Nazitreff ist halt ein Schwein, auch wenn er privat zehnmal was gegen Atomkraft oder Nazis haben mag.
1987 krachte es anhand der Geschlechterfrage bundesweit in der Szene. Fast eine ganze Autonomengeneration wohnte seitdem nur noch in getrennt-geschlechtlichen WGs. Die Frauen organisierten sich zunehmend auch in politischen Gruppen ohne Männer. In dieser Zeit wurde ein mir nahestehender Genosse als Vergewaltiger geoutet. Dies führte zu wochenlangen Diskussionen in der WG, der Kleingruppe, dem IWF-Plenum, mittelgroßen Szeneplena und noch diversen anderen Zusammensetzungen. Diese Debatten habe ich auch heute noch als zwar schwierig und schmerzhaft, aber auch sehr fruchtbar und lehrreich in Erinnerung. Heute würde ich mit Sicherheit nicht wieder alles genauso machen und wahrscheinlich auch die ein oder andere (andere) Position vertreten, aber bspw. am Definitionsrecht der Frau gibt es einfach nichts zu rütteln. An diesem und anderen Punkten hat es leider innerhalb der Szene – wie auch in der sonstigen Gesellschaft – einen Backlash gegeben. Hier war die männliche Einsichtsfähigkeit gegen Ende der 80er um ein Vielfaches höher. Zu verdanken war dies in erster Linie der Stärke und dem Druck der autonomen Frauen, denn so richtig freiwillig und von selbst passiert in diesem Bereich so gut wie nichts. In diesen Jahren hatte auch eine autonome Männerbewegung eine gewisse Konjunktur. Fragen und Konsequenzen standen auf der Tagesordnung, die heute kaum noch einen interessieren. Viele Männergruppen entstanden, eigene Publikationen kamen hinzu. Es gab zumindest das Bemühen, über das pflichtschuldige Erwähnen des Patriarchats in einer der Parolen unter den Flugblättern, deutlich hinaus zu gehen. Vielen wurde klar, dass das Patriarchat ein zentrales Unterdrückungsmoment in diesem System und Grundlage für einige unschöne

Zeitleiste 1988

17.11. Ost-Berlin: Gegen den Besuch von Ceauşescu und dessen gegen die SU gerichtete Politik gehen 7000 auf die Straße
19.11. Die SU-Zeitschrift *Sputnik* darf in der DDR nicht mehr vertrieben werden
22.11. Die USA präsentieren ihren neuen Stealth-Tarnkappenbomber
24.11. Erster iranisch-irakischer Gefangenenaustausch
25.11. Die Dünnsäureverklappung im Meer wird verboten
26.11. Arafat wird die Einreise in die USA untersagt

Verhaltensweisen ist, um es mal ganz vorsichtig auszudrücken.
Diese wenigen Ansätze hielten sich leider nicht lange und zerschellten in einer sich ständig neu zusammensetzenden Szene, in der Abgrenzung und Ablehnung von bereits erarbeiteten Positionen eine der ersten Pflichten zu sein schien.

Die gemischten Diskussionen im größeren Szenemaßstab auf VVs oder ähnlichen Veranstaltungen waren fast immer katastrophal. Vielleicht auch kein Wunder bei diesem verminten Terrain, wo Emotionen aufgrund persönlicher (Gewalt-) Erfahrungen eine zentrale Rolle spielten. Strukturierte Debatten waren so gut wie unmöglich und raus kam sowieso nichts. Männern warfen anderen Männern vor, sie wollten sich nur bei den Frauen anbiedern, um „Anti-Pat-Punkte" zu sammeln. Einige Frauen benutzten argumentativ die abgesägte Schrotflinte mit breitester Streuwirkung, was es einigen Männern erlaubte, sich selbst aus jeder Kritik herauszunehmen. Denn so schlimm, wie dargestellt, sei man ja nun wirklich nicht. Viele Männer hielten aus Angst vor patriarchalen und anderen Fettnäpfchen völlig den Mund, nur um sich nicht Kritik auszusetzen. Andere hatten gerade davor anscheinend überhaupt keine Angst und blamierten sich, so gut sie konnten und wollten.

So waren die entscheidenden Gespräche, in denen ich glaubte, wirklich etwas dazuzulernen, oft auf einen kleinen Kreis in wechselnder Zusammensetzung begrenzt. Eigentlich genau das Gegenteil von formulierten Ansprüchen nach Kollektivität, Großgruppen etc.

Gerade am Beispiel „Definitionsmacht" spalten sich heute zunehmend die Geister. Die männliche Angst lässt sich darauf zusammenkürzen, „zu Unrecht" einer Vergewaltigung beschuldigt zu werden. Jeder, der Frauen die Definitionsmacht abspricht, kennt auch mindestens ein hanebüchenes Beispiel, wo eine Frau angeblich einen Mann wider besseres oder angeblich objektives Wissen beschuldigt hätte oder kommt mit fiktiven Grauzonenbeispielen. Der Begriff „Macht" ist hierbei zentral. Männer wollen möglichst wenig von ihrer Macht in der Geschlechterfrage abgeben und natürlich mitreden und „definieren". Das kann nur nach hinten losgehen. Ich gehe davon aus, dass keine Frau eine solche „Waffe" wie den Vergewaltigungsvorwurf leichtfertig einsetzt. Dass sie auch nicht für sich alleine beschließt, so etwas zu behaupten, sondern viele viele Gespräche mit ihren Freundinnen und Genossinnen darüber führt, was ihr passiert ist. Und sich eventuell dann nach langen Überlegungen „outet" und sagt, sie ist vergewaltigt worden. Was – glaube ich – einen ungeheuren Mut erfordert, auch in unserer Szene. Denn die Konsequenz heißt, auch dort von einigen einem Spießrutenlauf ausgesetzt zu sein und sich allen möglichen Müll anhören zu müssen, was angeblich eine Vergewaltigung ist und welche ExpertInnenkommissionen eigentlich darüber entscheiden dürfen, ob sie denn nun wirklich vergewaltigt worden ist oder nicht. So groß ist der Unterschied an dem Punkt zur bürgerlichen Gesellschaft nicht. Ich weiß natürlich, dass sich dennoch ein Missbrauch der Definitionsmacht nicht ausschließen lässt, wie es eben generell bei Macht so ist. Dennoch dürfte es uns Männern gut anstehen, hier ein kleines Stückchen unserer Macht abzugeben und einen

Zeitleiste 1988

28.12. In der SU werden nach einer Verfassungsänderung die Abgeordneten direkt gewählt
02.12. Das ZK der SED lehnt auf einer Tagung die Perestroika-Politik der SU ab
04.12. Im indischen Bhopal verhindern die Bullen, dass Demonstranten eine Chemiefirma stürmen
09.12. Großangriff der israelischen Armee auf palästinensische Stellungen im Libanon
10.12. Unruhen in Tibet am Tag der Menschenrechte
13.12. Arafat erkennt in einer Rede Existenzrecht Israels an

Vertrauensvorschuss zu geben. Eine gangbare Alternative existiert jedenfalls nicht.

Es kann generell nicht um plattes Nachbeten feministischer Positionen gehen oder dazu gar nichts zu sagen. Aber wir können viel von feministischen Analysen lernen. Z.B. wenn es um Gewalt in dieser Gesellschaft geht, die fast immer Männergewalt ist. Bei vielen dürfte jetzt die Schublade von Friedlichkeit und Absage an jede Militanz geöffnet werden, um das Nachdenken darüber sofort beenden zu können. Es kann aber nicht – wie bei fast allen anderen Analysen auch – um die Schwächen bestimmter Kritik gehen, sondern um die Stärken. Und diese müssen beachtet, aufgegriffen, diskutiert und möglichst auch Teil der eigenen Praxis werden. Wir können und müssen männliche Gewalt und mackerigen Umgang unter Männern problematisieren, ohne Militanz u.a. gegen Nazis eine Absage zu erteilen. Es geht eben auch um unsere Befreiung von patriarchaler Zurichtung und die Umsetzung unserer Utopien. Der Kampf gegen das System ist nur auf der Straße nicht zu gewinnen.
Leider reagieren wir Männer sehr häufig auf Kritik von Frauen mit harscher Ablehnung oder auch aufgesetzter Demut. Beides hat das Ziel, diesen unangenehmen Vorgang möglichst schnell zu beenden. Wir sehen solche Kritik in der Regel nicht als solidarisches Mittel an, was uns helfen soll, auch uns selbst zu befreien, sondern als Angriff, den es abzuwehren gilt. Auch an diesem Punkt stände uns etwas mehr Zurückhaltung ganz gut und die Art, wie wir oft reagieren, verrät viel mehr über uns, als wir wahrhaben wollen. Nämlich Unsicherheit, Nichtsouveränität, Resistenz gegenüber eigener Veränderung, Verschlossenheit usw. Auch an diesem Punkt weiß jeder Mann zu widersprechen und hat konkrete Beispiel, wo sich aber mal eine Frau oder gar „die Frauen" nun wirklich absolut unsolidarisch, fies und gemein verhalten haben. So what – das kommt vor. Wir kennen auch alle Beispiele, wo sich einzelne oder gar viele Autonome genauso blöd verhalten haben, ohne deshalb Autonome in Gänze oder in Teilen in Frage zu stellen oder gar abzulehnen.

Zeitleiste 1988

14.12. Erster Generalstreik in Spanien seit 1934
15.12. Die USA nehmen offizielle Kontakte zur PLO auf
19.12. Im Zusammenhang mit den Wahlen in Sri Lanka kommen 600 Menschen ums Leben
21.12. Auf das schottische Lockerbie stürzt ein durch eine Bombenexplosion zerstörtes Flugzeug, 270 Tote
23.12. Rassistische Unruhen gegen afrikanische Arbeiter im chinesischen Nanking
28.01. Nach Protesten muss die sudanesische Regierung Preiserhöhungen zurücknehmen

3. Streifzüge durch Ostberlin
So nah und doch so fern

Neunzig Prozent der Autonomen kennen von der DDR nur die Transitstrecke („Plaste und Elaste aus Schkopau"), die VoPos und die Intershops.
Anfang der 80er Jahre wird es bei einigen Linken Mode, im Sommer nicht in den Süden zu fahren, sondern in den Osten, zum Scharmützelsee. Dort veranstaltet die „Freie Deutsche Jugend" (FDJ) Ferienlager für junge West-Berliner und ausgesuchte FDJ-Mitglieder. Daran nehmen zuerst eher kommunistisch orientierte, später auch immer häufiger junge Autonome teil, die recht angetan von der guten Verpflegung, den intensiven Gesprächen und den kleinen Skandälchen um die Anarchozeichen an den Zelten berichten. Ein paar Leute belassen es offenbar nicht bei diesen Sommerkontakten, sondern lassen sich als „Kundschafter" für die Stasi anwerben und liefern regelmäßige Berichte über die Tätigkeiten und Diskussionen der West-Berliner Linksradikalen.
Der nachfolgende Bericht ist eher untypisch für die damaligen Beziehungen zwischen Westberliner Autonomen und Ostberliner Linken.

Die andere Welt

Meine erste Reise nach Ost-Berlin mache ich 1982. Vorher war ich nur einmal im Osten, 1971 mit der Volkshochschule zu einem Besuch in Schwerin, wo wir eine Nacht lange mit FDJlern bei viel Alkohol über Marx' „Grundrisse" heiß diskutierten. Diese Frühschrift des jungen Marx war damals in der DDR noch unbekannt und lag quer zur offiziellen Parteidoktrin.
11 Jahre später folge ich mit einigen Kollegen aus dem *taz*-Umfeld der Einladung eines Ost-Berliner Friedenskreises. Nach den üblichen Leibesvisitationen am Bahnhof Friedrichstraße fahren wir mit der S-Bahn zum Alex. Dort werden wir empfangen und weiter geht's mit der U-Bahn. Wir steigen wiederholt um und landen in einer Kneipe in Kaulsdorf. Dort trinke ich gegen Mittag zu ungewohnter Tageszeit mein erstes Bier, einfach weil alle ein Bier trinken. Nach einer halben Stunde geht's weiter, wir fahren mit dem Trabi ins Neubauviertel Marzahn und verdrücken uns in eine gerade bezogene Hochhauswohnung. Die ganze Anreise von der Friedrichstraße hat über zwei Stunden gedauert. In der Wohnung werden wir aufgeklärt, das ganze Manöver habe dazu gedient, die Stasi abzuhängen.

Uns gegenüber sitzen bärtige Männer mit Parkajacken und Frauen in langen, selbstgefärbten Röcken. Das sind aber auch die einzigen Ähnlichkeiten mit der damals schon in die Jahre gekommenen Alternativszene des Westens. Es herrscht eine disziplinierte und eher ernste Atmosphäre. Das dreistündige Gespräch wird kaum durch ein Lachen unterbrochen. Es sind erste Annährungsgespräche zwischen einer für (DDR-Verhältnisse) linksradikalen Oppositionsgruppe aus Ost-Berlin und einem zusammengewürfelten Haufen aus West-Berlin.

Für mich ist der Unterschied im Diskussionsstil und in der Herangehensweise an die politische Analyse auffällig. Die Ost-Berliner FreundInnen sind theoretisch deutlich besser geschult als wir

ZEITLEISTE 1989

1989
03.01. Zum ersten Mal Verhandlungen zwischen Marokko und der *Polisario*
04.01. Zwei libysche Militärflugzeuge werden über dem Mittelmeer von US-Fliegern abgeschossen
04.01 Proteste von afrikanischen Studenten in China gegen Rasissmus
11.01 In Ungarn wird die Gründung politischer Parteien erlaubt
12.01 Die armenische Region Berg Karabach in Aserbaid-

Wessis. Die „Klassiker" werden oft zitiert. Hier wird ein Diskussionsstil gepflegt, den ich zuletzt an der Uni Anfang der 70er Jahre praktiziert hatte.

Ein paar Monate später verändert sich die Zusammensetzung auf unserer Seite. Jetzt fahren wir meistens zu dritt oder zu viert, alle aus den West-Berliner autonomen Zusammenhängen, rüber und diskutieren über die Perspektiven linksradikaler Politik diesseits und jenseits der Mauer. Wir erzählen von unseren Demos, Aktionen und Debatten und die GenossInnen (niemand ist Parteimitglied) aus Ost-Berlin klären uns über den Alltag und die Politik in der DDR auf. Schnell freunden wir uns an und die Besuche bekommen eine Regelmäßigkeit.

Wir sind begierig, durch sie den völlig anderen Lebensalltag der einfachen DDRlerInnen kennen zu lernen. Wir spazieren mit ihnen sonntags durch den Volkspark Friedrichshain, werfen verstohlene Blicke auf die rausgeputzten Söhne und Töchter der Arbeiterklasse, auf die jungen Familien mit ihren Kindern und bekommen eine Ahnung von dem, was in der DDR unter den Normalbürgern unter Erziehung verstanden wird: Dressur und Anpassung.

Ost-Berlin und besonders der Prenzlauer Berg sind Anfang der 80er Jahre das Zentrum der linken Oppositionsbewegung in der DDR. Zugleich ist die Stadt eine Zeitreise in die 50er Jahre. Vieles ist hier deutscher als im Westen. Vieles ist sehr fremd und abstoßend. Aber es gibt auch Faszinierendes: Die direkten Berichte aus den Betrieben zu hören, so z.B. von „Sternradio", wie dort die ArbeiterInnen ihren Alltag organisieren, wann sie sich wehren und wann sie stillhalten; die ersten Flugis in den Händen zu halten, die auf uralten Omega-Druckmaschinen mühselig hergestellt worden sind, oder zu sehen, wie in Prenzlauer Berg ein ganzer Straßenzug von Alternativen und normalen Familien „besetzt" worden ist:

Die einen setzen sich über die fehlende Wohnraumzuweisung hinweg und ziehen einfach ein, die anderen zahlen wegen des erbärmlichen Zu-

ZEITLEISTE 1989

schan wird unter Moskauer Verwaltung gestellt

14.01 Wegen der Schüsse an der Startbahn wird ein Hesse von den Niederlanden ausgeliefert

15.01 In Prag wird eine Demo zum Gedenken an die Selbstverbrennung von Palach aufgelöst

16.01 Krawalle in Miami, nachdem die Bullen einen Schwarzen erschossen haben

16.01 In Leipzig wird eine Demo für Pressefreiheit von Bullen auseinandergetrieben

23.01 Um einen Putsch zu verhindern, greift eine linke

stands der Häuser überhaupt keine Miete mehr, und die Bezirksverwaltung schluckt das. Aus all dem wird ein ganz neues Bild der DDR: Wie dort Leben und Überleben, Anpassung und Widerstand jenseits der vorgefertigten Wahrnehmungsschablonen aus realsozialistischer oder antikommunistischer Medienquelle möglich ist.

Horch & Guck

Sich offen nicht anpassen, gar eine Oppositionsgruppe gründen, zieht unweigerlich die Aufmerksamkeit der Stasi nach sich. Aber das heißt noch lange nicht, dass mensch im Verborgenen nicht unbeaufsichtigt operieren kann. Jede Wohnung, die wir betreten, schmücken Bücher und Schallplatten aus dem Westen, bei einigen Oppositionellen liegen die *radikal* oder der *Stachel* (Parteizeitung der damaligen West-Berliner AL) – Sachen, die mensch nicht auf dem einfachen Wege über die Grenze mitbringen kann. Manchmal bekommen wir selbst mit, wenn die Stasi auffällig unauffällig wie im schlechten Krimi an der nächsten Straßenlaterne steht. In der Regel bekommen unsere Ost-Berliner FreundInnen sehr schnell mit, wenn mal wieder die „Obse" von der „Firma" vor der Haustür rumlungert und für ein paar Tage Stillhalten angesagt ist. In gewisser Hinsicht agiert die Stasi überhaupt nicht wie ein Geheimdienst: Zu offenkundig ist häufig ihre Präsenz, zu penetrant und zu lächerlich ihr Auftreten in der Nachbarschaft oder bei öffentlichen Versammlungen der Friedenskreise.
In der zweiten Hälfte der 80er Jahre spitzt sich die Situation nach der Erstürmung der Umweltbibliothek durch die Stasi für kurze Zeit zu. Ein paar Tage landen einige unserer FreundInnen im Knast. Währendessen stehen wir in unmittelbarer Vorbereitung der IWF-Kampagne. Plötzlich dürfen einige von uns nicht mehr einreisen. Warum, erfahren wir erst sehr viel später. Es war der Stasi gelungen, über Jahre einen Agenten in der Mitte des Friedrichsfelder Friedenskreises zu plazieren. Der hatte alles fein säuberlich seinen Führungsoffizieren gemeldet.
Allerdings gelingt uns zuvor im Herbst 1986 noch ein Coup : Der „Schwarze Kanal". Die Ostberliner produzieren eine Radiokassette. Diese wird rübergeschmuggelt und GenossInnen von uns aus dem Westen strahlen sie auf einer zuvor in Ost-Berlin bekannt gemachten UKW-Frequenz aus. Die Stasi flippt schier aus. Zum ersten Mal gibt's einen Ost-Berliner linksradikalen Piraten-Radiosender. Nach der von den Westpeilsendern ungestörten einstündigen Radiosendung ist die Stimmung in den Kneipen im Prenzlauer Berg natürlich ausgelassen.
Spätestens die Aktivitäten rund um den „Schwarzen Kanal" machen es erforderlich, nur einem sehr, sehr engen Kreis etwas von unseren Ost-Berliner Kontakten zu erzählen. Während der IWF-Kampagne vermeiden wir es gänzlich, von unseren Kontakten zu berichten, um die Aktionen dort nicht zu gefährden. Besonders die West-Berliner SEWlerInnen (ein Ableger der SED) sind uns suspekt. Was wir allerdings nicht ahnen ist, dass auch einige Autonome als „Kundschafter" arbeiten und regelmäßig Berichte an die Stasi über die Politik der Autonomen in West-Berlin liefern.

ZEITLEISTE 1989

Gruppe in Argentinien eine Kaserne an, 37 Tote
26.01 In Litauen wird Litauisch Staatssprache
29.01 Bei Wahlen in Berlin kommen die Republikaner ins Abgeordnetenhaus
30.01 Waffenruhe zwischen *Amal* und *Hisbollah* im Libanon
30.01 Im letzten halben Jahr hat der Iran laut Amnesty 1000 politische Gefangene getötet
01.02. RAF-Hungerstreik beginnt
03.02. Paraguays Diktator wird durch einen Militärputsch gestürzt

Der weiße Fleck

Für viele damalige Anti-Imps sind die UdSSR und die DDR im Kampf gegen den US-Imperialismus und die NATO immer noch Bündnispartner. Auch bei vielen Autonomen bestehen mehr Vorurteile denn fundierte Urteile. Die DDR interessiert einfach nicht. Manche kommen begeistert aus den Sommerlagern der FDJ zurück, andere mosern über die pazifistische DDR-Friedensbewegung und deren Losung „Schwerter zu Pflugscharen". Dass es aber auch SympathisantInnen der Autonomen jenseits der Mauer gibt, interessiert die meisten nicht. Von DDR-Punks hat mensch zwar mal was gehört, aber dass anlässlich des Hungerstreiks der RAF 1985 ein Ost-Berliner Friedenskreis eine Solidaritätserklärung verfasst, sprengt den Rahmen des Vorstellbaren.
Von einer tieferen Kenntnis der gesellschaftlichen Macht- und Herrschaftsverhältnisse der DDR sind die West-Berliner Linksradikalen meilenweit entfernt.
Aber auch das Wissen unserer Gruppe erweist sich spätestens 1989 als völlig bruchstückhaft. In der Zeit unmittelbar nach dem Mauerfall bemerken wir und unsere Ost-Berliner GenossInnen, wie isoliert auch sie von der breiten Bevölkerung gelebt haben, wie groß die Fehleinschätzung hinsichtlich der Möglichkeit einer breiten links-sozialistischen Opposition gegen das Honeckerregime und die Modrow-Übergangsregierung war.

ZEITLEISTE 1989

14.02. Der Iran ruft zur Tötung von Rushdie wegen dessen Roman „Die Satanischen Verse" auf
15.02. Der Abzug der SU-Truppen aus Afghanistan ist abgeschlossen
19.02. Um ihre Abschiebung zu verhindern, treten 20 Roma in einem ehemaligen KZ in den Hungerstreik
22.02. Kosovo-Albaner protestieren gegen die geplante Einschränkung ihrer Autonomierechte
23.03. Volksabstimmung in Algerien beendet Machtmonopol der FLN

Schmerzlich wird uns bewusst, dass in Ost und West der Sozialismus und das Projekt einer wirklichen Emanzipation nur die Sache einer kleinen radikalen Minderheit ist.

4.
Von Yuppies, Kiezkämpfen und dem 1. Mai

Im Laufe der 80er Jahre verliert bei den Autonomen die simple Vorstellung an Boden, es handle sich bei „Stadtplanung" lediglich um zentral gesteuerte, militärische Konzepte zur Aufstandsbekämpfung, beispielsweise durch den Bau breiterer, für Wasserwerfer taugliche Straßen oder durch die Einschleusung harter Drogen in widerständige Milieus. Stattdessen wird der Blick vieler Autonomer auf staatliche und ökonomische Planungsprozesse schärfer. Die Existenz von Konflikten und unterschiedlichen Interessen innerhalb von Politik und Wirtschaft werden deutlicher wahrgenommen. So gibt es z.B. die Strategie, in Kreuzberg ein konzentriertes städtisches Armutsquartier zu schaffen, das sich kontrollieren und nötigenfalls abschotten lässt. Aber es gibt auch Pläne, das Viertel durch soziale Durchmischung zu „stabilisieren" und „aufzuwerten". Daraus ergeben sich unterschiedliche Eingriffsmöglichkeiten.

Der Begriff „Umstrukturierung" wird ab Mitte der 80er zu einem autonomen Schlagwort in der BRD. Der Kampf dagegen beinhaltet sowohl die Verteidigung des eigenen kleinen gallischen Widerstandsdorfes – von anderen als „Getto-Politik" kritisiert – als auch die Durchkreuzung von Staats- und Kapitalinteressen zur Aufwertung der Innenstadtbereiche. Das betrifft neben West-Berlin vor allem Hamburg, wo im Karo- und Schanzenviertel eine verankerte widerständige Szene existiert. Hier wie dort eröffnen etwa Anfang 1987 die ersten Läden und Restaurants, die eindeutig für „Besserverdienende" gedacht sind.

In West-Berlin spiegeln die Reaktionen auf diese Entwicklung die Spaltung und Ausdifferenzierung der Szene wider, die früher einmal „die Besetzer-" oder „die Kreuzberger" Szene war. Für manche ist 1987 die Kreuzberger Oranienstraße schon fast Babylon: Es gib einen „Seidenladen" und einen Herrenaustatter, einen Fahrradladen, der immer schicker und teurer wird, einen Lebensmittelladen, der bevorzugt Espresso und italienischen Käse verkauft ... Andere haben mehr Geld auf Tasche als früher, entdecken den Konsum für sich und finden, trotzdem ließe sich ja immer noch Revolution machen, wenn es denn irgendwann mal an der Zeit sei. Einige entwickeln eine proletarisch-kommunistische Rhetorik. Hier wird die Fraktion der „autonomen Kommunisten" sichtbar. Andere halten „die Szene" sowieso längst für blöd. Viele stehen irgendwo dazwischen. Der Kampf gegen die Yuppisierung wird auch zu einem innerlinken Konflikt.

Der 1. Mai 1987 gibt dem Konflikt um den Kreuzberger Kiez einen enormen Schub. Er knallt mitten hinein in die Versuche des Senats, West-Berlin als (wieder) saubere Weltstadt zu präsentieren mit der „750-Jahr-Feier" und der Vorbereitung auf die „Kulturhauptstadt Europas" 1988. Der Krawall sprengt alle bisher bekannten Maßstäbe. Die Beteiligung vieler „normaler" KiezbewohnerInnen und der komplette Rückzug der Polizei

ZEITLEISTE 1989

27.02. Unruhen in Venezuela wegen Preiserhöhungen, 256 Tote

02.03. Eine Gruppe von Hackern in Hannover fliegt wegen ihrer Zusammenarbeit mit dem KGB auf

07.03. China verhängt das Kriegsrecht über Tibet

08.03. Verschärfung des Asylrechts vom Bundeskabinett beschlossen

14.03. Verschärftes bayrisches Polizeigesetz erlaubt Verdächtige 14 Tage ohne weiteres festzuhalten

14.03. Kämpfe zwischen Moslems und Christen in Beirut

1. Mai 1987
Es ist 22 Uhr. Ich stehe auf dem Vorplatz unseres Hauses, einer großen Straßenkreuzung mitten in Kreuzberg 36.
Die letzten Stunden waren voller Hektik. Bullenwannen sausten rum, wurden mit Steinen und Mollis verjagt, kamen wieder. Besonders mutige Wannenbesatzungen stiegen aus, liefen los - und retteten sich ganz schnell wieder zurück in ihre Wanne, die quietschend losfuhr. Sie griffen aber nicht oft an. Sie waren so eindeutig unterlegen, es wäre für sie nicht gut ausgegangen.
Bolle qualmte ruhig vor sich hin.
Vor kurzer Zeit war der zentrale Bolle-Supermarkt dieses Quartiers gestürmt worden. Zögerlich wurden die ersten Sachen rausgeholt, mit leicht weggeduckter Körperhaltung, dann aber immer ruhiger, selbstbewusster. Die Jugoslawen aus dem Vorderhaus, die unsere politischen Aktivitäten immer mit leicht scheelem Blick beobachtet hatten, schleppten als Großfamilie: Windeln, große Nudelsäcke, wohl etwas wahllos, wenig preisbewusst. Ich riet ihnen, die Verpackungen schnell abzumachen, das Zeug gut wegzubunkern – immerhin waren Hausdurchsuchungen nicht ausgeschlossen. Freundlich-akzeptierendes Nicken.
Dann kamen die ersten mit Schnapsflaschen 'raus, schon leicht angetrunken. Besonnene Autonome haben drinnen dann den Alk zertrümmert. Später zündete jemand das Zeug an – Bolle brannte.
Als die Feuerwehr um die Ecke kam, wurde sie mit Steinen eingedeckt und zog sich wieder zurück. Ein mutiger Feuerwehr-Häuptling kam zu Fuß und wollte auf drohende Gefahren aufmerksam machen. Gemeinsam beobachteten wir die soliden Brandmauern, hörten das dumpfe Geräusch des zusammenbrechenden Flachdaches.

ZEITLEISTE 1989

16.03. Rot-Grüne Koalition in West-Berlin
18.03. Krawalle bei Demo gegen Wohnungsnot in Zürich
23.03. Einschränkung der Autonomie des Kosovo beschlossen
24.03. Betrunkener Kapitän verursacht Ölpest vor Alaska
24.03. BRD: Ostermärsche mit 200.000 TeilnehmerInnen
27.03. Offensive der afghanischen Mujaheddin zur Einnahme von Dschalalabad
05.04. Neue Maßnahmen gegen Flüchtlinge in der BRD beschlossen
08.04. Zusammenstöße bei Unabhängigkeitsdemo in

Es war wunderschön ruhig. Die Bullen hatten sich weit zurückgezogen. Die Feuerwehr brauchte gar nicht mehr auszurücken. Autos kamen nicht mehr durch, weil alle Zufahrtsstraßen durch Barrikaden gesichert waren. Der U-Bahn-Verkehr war eingestellt. Die Leute waren nicht mehr aufgeregt.
Unter der Hochbahn lag ein umgestürzter Bolle-Einkaufswagen. Drinnen hatte sich ein Junge ein Feuerchen gemacht, oben auf dem Metallgitter brutzelte ein Stück Fleisch aus der Tiefkühltruhe. Neben ihm klopfte eine junge Frau einen wechselnden Rhythmus an die Stahlträger der U-Bahn.
Ich konnte mich auf diese gelassene Ruhe konzentrieren, musste nichts machen oder vorbereiten und fühlte: Sowas erlebst du wahrscheinlich nur ein Mal im Leben.
Ein paar Stunden brauchten sie, um alles heranzukarren, was sie hatten. Aber sie trauten sich nur sehr langsam heran, meterweise, immer wieder vorsichtig im Steinhagel.
Gegen vier Uhr morgens zog ich mich in den Hinterhof unseres Hauses zurück. Der vorher so friedliche Platz war voll mit Wannen, Panzer-Fahrzeugen, Räumgerät, Wasserwerfern, schreienden Bullen. Die Dämmerung zog über den Platz, der nach Tränengas stank.
Am nächsten Morgen glotzten Presseleute und Touris. Wir Bewohner aus dem Viertel liefen mit verschwörerischem Grinsen aneinander vorbei: War da was gewesen?

Bolle-Ruine am Tag nach dem 1. Mai 1987

aus Kreuzberg 36 führen zu euphorischer Siegesstimmung. Nie zuvor (oder danach) hat Randale in den Straßen der Stadt eine solche Massenbasis. In dieser einen Nacht ist deutlich geworden, dass es auch jenseits einigermaßen klar benennbarer politischer Ziele und AkteurInnen ein rebellisches Potenzial im Kiez gibt, das in einem riot plötzlich explodieren kann.

Katerstimmung danach bleibt nicht aus. Ungezielte Zerstörung wird bilanziert, auch Gewalt untereinander und sexistische Anmache. Manche fürchten diesen Geist aus der Flasche, aber die meisten Autonomen sehen darin eine Chance für weitere Mobilisierungen, gerade gegen die Yuppisierung Kreuzbergs. Das nachfolgende politische Gerede der Regierung von den „Anti-Berlinern" und von der Notwendigkeit, „sozial starke" Schichten in den Kiez zum „vergessenen Drittel der Zwei-Drittel-Gesellschaft" zu bringen, bestätigt die Notwendigkeit, gegen Umstrukturierungen zu kämpfen. Unmittelbare Folge ist aber vor allem eine enorme Aufrüstung der West-Berliner Polizei: Ab jetzt gehören Panzerwagen und Hochdruck-Wasserwerfer nicht nur bei Randale zum normalen Straßenbild und es wird, innerhalb von zwei Wochen, eine spezielle Prügel-Einheit aufgestellt (Einheit für besondere Lagen und einsatzbezogenes Training, EbLT).
Auf den 1.Mai folgen einige „Kiez-Palaver", bei denen sich hunderte Kiez-Be-

Zeitleiste 1989

Georgien, 20 Tote
17.04. Die polnische *Solidarnosc* ist wieder legal
24.04. Den Hafenstraßenhäusern wird nach Krawallen mit Räumung gedroht
24.04. Krawalle in Jordanien nach vom IWF angeordneten Preiserhöhungen
26.05. Die Rassentrennung in den Johannesburger Bussen wird aufgehoben
01.05. Endlich wieder ein Krawall in Kreuzberg zufälligerweise am ersten Mai

wohnerInnen treffen, Linksradikale ebenso wie Alternative und „Normalbürger", aber kaum MigrantInnen. Dabei wird deutlich, dass viele Linke und ehemals Radikale mit dieser Art des riots überhaupt nichts mehr anfangen können. Die Rede von den „unpolitischen Jugendlichen", die den Krawall hauptsächlich tragen würden, gehört seitdem zum Standardrepertoire jeder Berichterstattung über 1. Mai-Krawalle. Die „Kiez-Palaver" sind ein Versuch der Verständigung, bezeugen aber vor allem die Brüche und Unvereinbarkeiten, die sich in der Folgezeit vertiefen.

Das erwachende Selbstbewusstsein des alternativen Milieus zeigt sich in der Politik der AL im Kreuzberger Rathaus, wo sie sich erstmals „in der Verantwortung" sieht: Ein Teil des selbstorganisierten Kinderbauernhofes soll nach dem Willen des AL-nahen Baustadtrates einer ökologisch korrekten Kindertagesstätte weichen. Dagegen regt sich ab 1986 heftiger Protest im Kiez. Für viele wird der Fall zum beispielhaften Konflikt. Wird die AL sich auf die Seite des staatlichen Gewaltmonopols schlagen und das Projekt notfalls mit Bullenschutz durchziehen? Ja, sie wird. Erst ein Großfeuer auf der Baustelle stoppt später das Bauprojekt.

Das neueröffnete Restaurant „Maxwell" in der Oranienstraße ist für Kiez-Verhältnisse geradezu provokativ schick gemacht, zwar nicht das erste seiner Art, aber unübersehbar in bester Lage. Es wirbt mit dem Satz „Schlemmen in der Bronx von Berlin". Ende August 1987 stürmen mehrere vermummte Leute zur besten Abendessenszeit in das (meist nur spärlich gefüllte) Restaurant, leeren dort drei große Eimer Scheiße (inklusive einer madigen Taubenleiche) aus und verletzen angeblich einen der Inhaber, der sich ihnen in den Weg stellt. Die „Kübel-Aktion" wird zu einem Kristallisationspunkt des Konfliktes. Die Berlin-Redaktion der *taz*, die im Begriff ist, sich ihrer „täglich linken radikalen" Herkunft zu entledigen, bläst zum Angriff auf „Kiez-Miliz" und „faschistoides" Vorgehen. Der polizeiliche Staatsschutz nimmt Ermittlungen auf, die weit über das berufliche Interesse an drei Eimern Scheiße hinausgehen. Auf der anderen Seite tauchen Texte auf, die die Aktion zum Klassenkampf hochjubeln und das angebliche Denunziantentum in der Szene geißeln. Bei vielen Autonomen herrscht die Ansicht vor, dass die Aktion an sich gut war, die nachträglichen schriftlichen Erklärungen dazu aber dürftig und besser unterblieben wären.

Habe ich mich an den Kiezkämpfen ab 1987 beteiligt, weil es eine strategische Orientierung der Autonomen auf „Umstrukturierung" gab? Oder weil ich dieses Thema so faszinierend fand? Oder weil es Massenkämpfe wie am 1. Mai versprach? Nein, nichts davon.
In Wirklichkeit wurde ich hineingezogen, weil die Unterströmung dieses Themas Konflikte innerhalb der Linken waren, denen sich zu entziehen schwer war. All die Risse der vergangenen Jahre brachen jetzt zu klaffenden Spalten auf. Es war oft eine absurde Situation: Musste ich mich den einen Tag mit links-alternativen Spießern herumstreiten, die keine Barrikaden vor ihrem Haus haben wollten und mir in

ZEITLEISTE 1989

05.05. In Memmingen wird ein Arzt wegen Abtreibungen zu über 2 Jahren verdonnert
09.05. Putsch in Guatemala ohne Erfolg
12.05. Ende des RAF-Hungerstreiks
13.05. Auf dem Platz des Himmlischen Friedens treten Tausende in den Hungerstreik
20.06. Über acht Bezirke Pekings wird das Kriegsrecht verhängt
02.06. Die Vergewaltigung in der Ehe ist in Österreich jetzt strafbar

irgendeinem westdeutschen Dialekt zuriefen, ich solle „zurück nach Schwaben" gehen, hatte ich anderntags Stress mit Vollautonomen, die mich als „Staatsschützer" beschimpften, weil ich andere aufforderte, nicht mit blindem Krawall den Bullen ins offene Messer zu rennen. Was den einen ihre „Kiez-Miliz", war den anderen ihr „autonomer Reformismus". Wo die einen faschistoide autonome Banden fantasierten, die Schutzgeld vom Bio-Laden nebenan erpressen wollten, halluzinierten andere eine sozialdemokratische Unterwanderung der Autonomen mit dem Ziel, die Revolution in Kreuzberg abzusagen.

So auch im Oktober '87 bei einem Straßenfest auf dem Oranienplatz. Ich – und einige andere – trugen schlampige Armbinden mit der Aufschrift „Kiez-Miliz", um die Behauptungen der alternativen Klientel von taz & Co. lächerlich zu machen. Ergebnis: Empörung darüber, dass die Miliz jetzt schon so frech sei, öffentlich aufzutreten! Andere versuchten, die Plünderung des Supermarktes am selben Abend so lange zu verzögern, bis sie die teure Bühne vor den Bullen in Sicherheit gebracht hatten. Ergebnis: Wüste Geschichten über Reformautonome, die aus politischen Gründen aktiv den proletarischen Einkauf verhindert hätten!

Das ganze hatte etwas von Scheidung und Rosenkrieg. Die Wege hatten sich getrennt, aber niemand konnte das hinnehmen, ohne Wut und Schuldzuweisungen loszuwerden. Die Konflikte schmorten zunehmend im eigenen Saft und privatisierten sich.

Transparent an der Bolle-Ruine, 1988: „Proletarischer Einkauf ist auch nach Ladenschluß möglich"

Der Konflikt zwischen Autonomen und der Berliner Lokal-*taz* eskaliert ohnehin bereits seit dem Frühsommer. Nach einigen wüsten Artikeln und Kommentaren wurde ein Redakteur handgreiflich aus dem Kiez verjagt, wofür er und andere sich schriftlich revanchierten. 🌐 22 Mitte September werden einmalig mehrere Seiten der Berliner *taz* geklaut und ihr Inhalt gegen *taz*-kritische Beiträge von Autonomen vertauscht. Übrigens landen fast alle damals tätigen *taz*-Redakteure später bei bürgerlichen Zeitungen …

Es gibt weitere militante Aktionen in diesem Zusammenhang, in Form von weiteren Kübeln, kaputten Scheiben und Autos, Abfress-Aktionen in Restaurants. Das „Maxwell" zieht um in die City. Ein teurer Einrichtungsladen folgt später.

Daneben gibt es Versuche der Öffentlichkeitsarbeit, etwa eine (umstrittene) Ausstellung im „SO36" über Yuppie-Läden, Flugblätter und im November eine „Kiez-Demo" von mehreren tausend Leuten gegen den polizeilichen Belagerungszustand in Kreuzberg, der seit dem 1. Mai anhält und auch dieser Demo schwer zusetzt.

Einige haben die Idee, wieder Häuser zu besetzen, obwohl es im Gegensatz zu 1980/81 nur in absoluten Ausnahmefällen erfolgreich sein kann.

ZEITLEISTE 1989

03.06. In Usbekistan greifen Usbeken Angehörige der Minderheit der Mecheten an
04.06. Die chinesische Armee greift die Studenten auf dem Platz des Himmlischen Frieden mit Panzern an
07.06. Demo in Ostberlin gegen die Wahlfälschungen wird von den Bullen aufgelöst, 120 Festnahmen
19.06. Birma heißt jetzt Myanmar
19.06. IRA-Anschlag auf britische Kaserne in Osnabrück
28.06. Eine Million nationalistischer Serben treffen sich mit staatlicher Unterstützung auf dem Amselfeld

Von Hafenstraße bis Kubat-Dreieck: Frechheit siegt!

Auch anderswo in der BRD gibt es solche Ideen! In Hannover wird das Sprengel-Gelände erfolgreich als Wohn- und Kulturprojekt besetzt. In Hamburg sind die Stadtteilkämpfe viel weiter entwickelt als in West-Berlin. Im Herbst 1987 erreicht der Kampf um die Hafenstraßen-Häuser seinen Höhepunkt: Nachdem dort 1986 von Senat und Medien (unterstützt vom Verfassungsschutz) versucht worden war, rechtzeitig zum Ablauf der Mietverträge die Häuser durch öffentliche Verleumdungen, Razzien und Teilräumungen politisch „sturmreif" zu schießen, ist ein erstaunlich stabiles Bündnis zwischen Linksradikalen, KiezbewohnerInnen und liberalen Linken entstanden. Der öffentliche Druck und die erfolglosen Spaltungsversuche bestimmen das Klima in Hamburg 1987. Militanz zur Verteidigung der Häuser ist offener Bestandteil der Kampagne, ohne dass das Bündnis daran zerbricht. Ende Oktober kommt dann die Kraftprobe: Tausende demonstrieren für den Erhalt der Häuser, das Verbot der Vermummung und passiven Bewaffnung wird massenhaft durchbrochen. Zwei Wochen danach wird die Hafenstraße an beiden Enden verbarrikadiert. Eine Polizei-Armee aus dem ganzen Bundesgebiet marschiert auf. Kurz nach den tödlichen Schüssen auf zwei Polizisten an der Startbahn-West hat das Bedrohungsszenario der „autonomen Gewalttäter" in der BRD einen Gipfelpunkt erreicht und für viele auf beiden Seiten der Hamburger Barrikaden ist es kein bloßes Gerede mehr, wenn über Tote bei der Räumung spekuliert wird. Der Hamburger SPD-Senat würde das politisch nicht überleben. Also verhandelt er, und eine Wochen später erhält die Hafenstraße Mietverträge, deren Inhalt mit „Knebelvertrag" noch freundlich beschrieben ist und die jedes Mietrecht auf den Kopf stellen. Aber die Verteidigung der Häuser ist ein politischer Erfolg für die Autonomen.

1988 gehen die Aktivitäten in Hamburg weiter. Das Bauprojekt eines Musical-Theaters am Rande des Schanzenviertels wird zum Brennpunkt, gegen diese „Aufwertungs"-Planung regt sich breiter Protest, der in der ersten Besetzung der „Roten Flora" im Juni gipfelt. Das Musical-Theater wird woanders gebaut und die Rote Flora, später vom Senat mit einer Duldung quasi legalisiert, wird zum politischen und kulturellen Zentrum einer neuen Bewegungs-Generation, die sich von den dominierenden älteren Autonomen der Hafenstraße bewusst absetzt.

Foto links:
Hafenstrasse verteidigen
Foto unten:
Rote Flora durchsetzen!

ZEITLEISTE 1989

30.07. Militärputsch im Sudan
02.07. Bombe der IRA in Hannover tötet einen britischen Soldaten
05.07. Der seit 25 Jahren einsitzende Mandela trifft sich mit dem südafrikanischen Präsidenten
11.07. Streik der britischen Dockarbeiter in 60 Häfen
13.07. In Wien werden drei kurdische Politiker getötet, die mit Vertretern des Iran verhandelten
14.07. Hunderte Tote bei Schießereien zwischen Demonstranten und den Bullen in Somalia

In West-Berlin dagegen spielt Stadtpolitik im engeren Sinne 1988 kaum eine Rolle. Autonome Politik dreht sich weitgehend um drei bedeutende Ereignisse: Den 1. Mai, die Besetzung des „Kubat-Dreiecks" im Sommer und den IWF-Kongress im Herbst. Dominierend ist der politische Machtkampf zwischen linksradikaler Szene und Regierung. Die erfolgreiche Mobilisierung zur ersten „revolutionären 1. Mai-Demo" seit Anfang der 70er Jahre – rund 8000 Menschen kommen – und der wochenlange Unruheherd „Kubat-Dreieck" lassen die radikale Linke stark und offensiv dastehen. Auch die Gründung der Zeitschrift *Interim* im Mai bezeugt Stärke und Mitteilungsbedürfnis.

Das Gallische Dreieck

Erst hielt ich's ja für eine kleine und absolut langweilige Aktion, als ich von der Besetzung des Kubat-Dreiecks erfuhr (Nobert Kubat war am 1. Mai 1987 verhaftet worden und hatte sich im Knast das Leben genommen). Dieses Gelände gehörte zur DDR, war aber diesseits der Mauer. Nur ein leicht überwindbarer Zaun trennte es von West-Berlin. Genutzt wurde die Brache nur von einigen Sonnenbadenden. Dann wurde ein Gebietstausch zwischen West-Berlin und dem Osten vereinbart, bei dem das Gelände an den West-Senat fallen sollte.

Ein paar Wochen vorher besetzten ein paar Leute das Gelände und bauten Zelte auf. Die Bullen durften das ganze Areal, da es noch DDR-Territorium war, nicht betreten und gaben sich damit zufrieden, von der Straße aus mit Wasserwerfern die Zelte wegzublasen. Von da an kamen natürlich mehr Leute. Zum Schluss denk ich wohnten dort so 200-300 Dörfler.

Statt Zelten hatten wir jetzt Hütten, ein eigenes Piratenradio mit einer erbärmlich geringen Reichweite und einen großen Graben ums Dorf. Die Bullen riegelten das Gelände rundum mit einem Zaun ab. Nur ein kleiner Streifen an der Mauer blieb frei, da dieser noch zu Ost-Berlin gehörte.

Während wir nachts die Bullen, die den Zaun bewachten, mit Steinen

Kubat-Dreieck 1988: Das Dorf zwischen den Grenzen.

ZEITLEISTE 1989

15.07. Zusammenstöße zwischen Abchasen und Georgiern in Abchasien

15.07. Krawalle in Venedig nach Pink-Floyd-Konzert

28.07. Die Israelis entführen einen prominenten Schiiten, um ihn gegen gefangene Soldaten auszutauschen

09.08. Selbstmordanschlag der *Hisbollah* auf israelischen Militärkonvoi, acht Tote

17.08. Weiterer Waffenstillstand in Beirut

19.08. Neunhundert DDRler flüchten über Ungarn nach Österreich

und einer erstaunlich großen Menge von Mollis attackierten, beschossen die Bullen uns tagsüber mit Tränengas. Am heftigsten Tag pfefferten sie uns über tausend Gaskartuschen um die Ohren – und das auf einem Gelände von der Größe eines Häuserblocks! Die Tränengasschwaden zogen durch die Ostberliner Innenstadt und waren noch im sechs Kilometer entfernten Kreuzberg 36 zu riechen. Sonst bekamen die Veteranen von 1981 nicht viel von den Kämpfen mit, da sich der Sinn der ganzen Sache wohl vor allem Jüngeren mit viel Tagesfreizeit erschloss.

Ich konnte mir nicht vorstellen, dass die Bullen sich daran halten würden, das Dorf nicht zu betreten, solange es noch im Ostbesitz war, und rechnete die ganze Zeit mit dem – ausbleibenden – Angriff. Als der Termin der Gebietsabtretung und der damit unweigerlich verbundenen Räumung immer näherrückte, beschloss das Dorfplenum sich in diesem Fall über die Mauer in den Osten davonzumachen und auf die Begleichung der offenen Rechnung zu verzichten, die die Bullen uns nach den paar Wochen des Spaßes und der Anarchie zu präsentieren gedachten. Aus dem Osten kamen dann Winke und Hinweise, dass es besser für uns wäre, auf die Verletzung der Grenze zu verzichten. Dies wurde von den Hüttendörflern aber ignoriert, und so flüchteten die im Dorf verbliebenen Besetzer mit Leitern über die Mauer und wurden dann über verschiedene Grenzübergänge wieder in den Westen gebracht, ohne dass die West-Bullen ihre Personalien erhalten hätten.

Kubat-Dreieck 1988: Flucht am 1. Juli über die Mauer nach Ost-Berlin

ZEITLEISTE 1989

21.08. Demo zum Gedenken an den Prager Frühling wird von den Bullen auseinandergetrieben

23.08. Eine Million Menschen bei Menschenkette durch die baltischen Staaten für die Unabhängigkeit

30.08. Der BGS schickt 50 Bullen nach Namibia

01.09. In West-Berlin werden leerstehende Wohnungen für DDR-Flüchtlinge beschlagnahmt

07.09. In Ost-Berlin wird eine Demo gegen die Wahlfälschung von den Bullen verhindert

08.09. In Argentinien demonstrieren 100.000 gegen eine

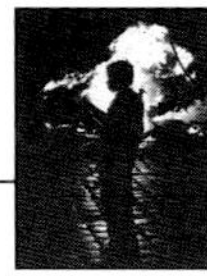

1. Mai 1989
In Kreuzberg und Neukölln Krawall gegen „rot-grüne Kosmetik"

Die Spaltungen von 1987 brodeln indes weiter vor sich hin und eine gemeinsame Stoßkraft wird kaum entwickelt.
1989 spricht einiges dafür, dass die „Stadtpolitik" in West-Berlin wieder zu einem wichtigeren Bezugspunkt werden könnte. Aus der Kampagne gegen den IWF-Kongress ist zwar wenig Sichtbares hervorgegangen und viele sind im Winter 1988/89 mit Erholung und/oder Anti-Repressions-Arbeit beschäftigt. Aber gleichzeitig bewegt sich auch einiges Neue. Der Hochschul-Streik Anfang 1989 bringt viele in Bewegung. In Charlottenburg werden mehrere Häuser erfolgreich besetzt. Ebenso werden in Kreuzberg ein paar Häuser mit unklaren Eigentumsverhältnissen nach und nach erobert. Der verbrauchte CDU/FDP-Senat wird im Januar abgewählt, ein rot-grüner Senat bildet sich. Dass das nicht automatisch Freiraum für Besetzungen bedeutet, müssen die Leute erfahren, die im März in Charlottenburg mit ziemlich militanter Pose ein „revolutionäres Zentrum" besetzen, dabei aber wenig Resonanz bekommen (den KreuzbergerInnen ist's eh zu weit weg) und bald abgeräumt werden. Die Notwendigkeit, staatstragend zu sein, treibt die Alternative Liste (spätere Grüne) und die *taz* weiter nach rechts und vergrößert die Kluft zwischen Autonomen und möglichen linksliberalen Bündnispartnern. Die Skepsis Kreuzberger Autonomer gegenüber den „Verbürgerlichungstendenzen" in Kollektiven und Hausprojekten, die keine Knastkassen mehr aufstellen lassen wollen, Plakate nicht mehr selbstverständlich aushängen, Läden und freie Räume nicht mehr für nicht-kommerzielle Projekte der ehemals gemeinsamen Szene umsonst zur Verfügung stellen wollen, wird teilweise zur offenen Konfrontation.
Das zeigt sich besonders am 1. Mai, der zur Enttäuschung der neuen Regierung in einem Krawall mündet, der an Heftigkeit jede Auseinandersetzung der 81er-Bewegung weit übertrifft. Er richtet sich vor allem gegen die Polizei, aber auch gegen die „rot-grüne Kosmetik" des Senats. Die danach folgende lang anhaltende Denunziations- und Spaltungspropaganda vor allem der Berliner Lokal-*taz* gegen Linksradikale ist beispiellos und erreicht ihren Höhepunkt vor dem 1. Mai 1990, als die Bevölkerung Kreuzbergs zum aktiven Widerstand gegen den „Terror" der Autonomen aufgerufen wird. 🌐 23

ZEITLEISTE 1989

Amnestie für die Militärs
11.09. Ungarn öffnet seine Grenze in den Westen für DDR-Flüchtlinge
11.09. Das Neue Forum wird in Ost-Berlin gegründet
18.09. Ungarn und Israel nehmen wieder diplomatische Beziehungen auf
18.09. In Burkina Faso wird ein Putsch verhindert
20.09. Durch einen Brandanschlag von Palästinensern wird Israels größter Naturwald zerstört
30.09. Die über 6000 DDR-Botschaftsflüchtlinge dürfen aus

„Besetzen statt besitzen!" Besetzung eines alternativen Selbsthilfe-Wohnprojekts am Erkelenzdamm in Berlin-Kreuzberg

Die unüberbrückbare Kluft zwischen alternativer Kiezbevölkerung und einem Teil der Autonomen wird auch deutlich, als Anfang Januar 1990 ein teilbesetztes Haus im Kiez geräumt wird, nachdem es vorher monatelang Stress mit in der Nachbarschaft wohnenden lokalpolitischen Kiezgrößen von SPD und AL gab. Die geräumten BesetzerInnen steigen einem alternativen Selbsthilfe-Wohnprojekt am Erkelenzdamm im wahrsten Sinne des Wortes aufs Dach: Der Dachboden steht dort schon länger ungenutzt leer. Sie wollen gerne dort einziehen, und als die HausbewohnerInnen das mehrheitlich ablehnen, wird besetzt. Nach einigem Hin und Her wird der Dachboden Mitte Oktober mit zumindest stillschweigender Zustimmung der HausbewohnerInnen von der Polizei geräumt. (An einigen Hauswänden im 36er-Kiez steht auch zehn Jahre später noch trotzig zu lesen: „Erkel bleibt!").

Es gibt auch durchaus kritische Stimmen gegenüber diesen Auseinandersetzungen. Manche Älteren sehen darin Kleingarten-Gezänk oder unterstellen den (meist jüngeren) Beteiligten Profilierungsbedürfnisse; andere kritisieren das ganze als selbstbezogen und perspektivlos – eben Getto-Politik. Sympathien für die neue alternative Kreuzberger Mittel- oder gar Oberschicht kommen dabei aber selten auf. Es sei denn, die Betreffenden finden sich plötzlich selbst in dieser Schicht wieder und verabschieden sich von ihren linksradikalen Wurzeln. Auch das kommt vor.

Auch militante Kleingruppen schalten sich in die Konflikte im Kreuzberger Kiez ein. Weil der Schwerpunkt der militanten Aktionen deutlich nach 1990 liegt, wird dieser Teilaspekt in der Fortsetzung des Kapitels zur Stadtpolitik später behandelt.

Nach dem Fall der Berliner Mauer bekommt der Begriff der „Umstrukturierung" eine ganz andere

ZEITLEISTE 1989

Prag und Warschau in die BRD ausreisen

01.10. In Dänemark können Schwule und Lesben die gleichen Rechte wie Verheiratete in Anspruch nehmen, wenn sie sich registrieren lassen

02.10. In der SU wird ein 15-monatiges Streikverbot verkündet

2.10. In Panama scheitert ein Putschversuch

3.10. DDR-Bürger brauchen jetzt eine Genehmigung, um in die CSSR reisen zu dürfen

04.10. Belgien: Vorsitzender der jüdischen Gemeinde getötet

Dimension, wenn auch vorerst mehr als Befürchtung denn als realer Prozess. Vielen ist klar, dass es früher oder später zur Wiedervereinigung kommen und Berlin Hauptstadt werden wird.
Gleichzeitig schwappt die 1989 begonnene neue Besetzungs-Bewegung schwungvoll in das Ost-Berliner Machtvakuum: In Prenzlauer Berg, Mitte und Friedrichshain werden massenhaft Häuser besetzt (siehe dazu späteres Kapitel). Anders als 1981 gibt es zahlreiche radikale Linke, die nicht die Hausbesetzungen zu ihrem Schwerpunkt machen, sondern in ihren jeweiligen Vierteln weiter gegen Stadtplanung und Durchkapitalisierung arbeiten. In Berlin, aber auch in Hamburg und anderen Städten gibt es 1990 zahlreiche Demos gegen Umstrukturierung und Vertreibung. In den 90er Jahren werde daran die Aktionen gegen Privatisierung und Sicherheitswahn in den Innenstädten und die aus England importierte Idee „reclaim the streets" anknüpfen.

„reclaim the river" Innenstadtaktionstage1997

ZEITLEISTE 1989

05.10. In Südkorea wird ein Priester wegen einer verbotenen Reise in den Norden zu zehn Jahren verknackt
06.10. In einer Kirche in Ost-Berlin treffen sich 2500 Oppositionelle und verfassen eine Erklärung
07.10. In Ungarn benennt sich die Kommunistische in Sozialistische Partei um
07.10. Proteste in der DDR zum Jahrestag der Republikgründung
07.10. In Rom 10.000 Demonstranten gegen Rassismus

5.
IWF-Kampagne
Verhindern wir diesen Kongress

Die Geschichte der Massenproteste gegen internationale Gipfeltreffen der Mächtigen begann in Deutschland schon im Mai 1985, als in Bonn (damals Bundeshauptstadt) ein Weltwirtschaftsgipfel der G7-Staaten stattfand.
Schon damals benutzte die Linke die gleichen Protestformen wie fünfzehn Jahre später: Es gab Aktionstage der radikalen Linken, einen Gegenkongress auf breiter Basis, eine große Demonstration mit 30.000 TeilnehmerInnen und kleinere Aktivitäten in verschiedenen Städten.
Für die Autonomen ist aber die Kampagne gegen die Tagung von IWF und Weltbank im September 1988 in West-Berlin von viel größerer Bedeutung.
In langfristigen Vorbereitungen wird drei Jahre lang versucht, die unterschiedlichen Formen von Massenmilitanz und nächtlichen Aktionen zu kombinieren, eine inhaltlich selbständige Position zu formulieren, unterschiedliche Flügel der Linksradikalen einzubinden, aktiv auf ein breiteres linkes Umfeld einzugehen und außerdem noch öffentliche Beachtung zu finden.
Wie kam es dazu?

1. Akt: Wie es anfängt

+++ 1985: IWF/Weltbank beschließen auf ihrer Herbsttagung, die Tagung 1988 nach West-Berlin zu vergeben. Stadtregierung und Medien sind überglücklich: Zehntausende Kongressbesucher und Medienvertreter würden in die Stadt kommen. Ein Tourismus-Boom sei zu erwarten. Die Stadt, nach Demonstrationen der vergangenen Jahre im Zwielicht, könne mal wieder als „Weltmetropole" glänzen. +++

Etwas anders die Stimmung eines autonomen Aktivisten:
„Die über 10.000 Kongressbesucher und Journalisten würden in der ganzen Stadt auf Hunderte von Hotels verteilt werden, über 'zig Straßen zum Kongresszentrum und den unzähligen Empfängen gekarrt werden – massenhaft Angriffspunkte. Wir waren sicher: Die Herrschenden werden „das Sicherheitsproblem" nicht in den Griff kriegen. Je mehr sie im Vorfeld draufhauen, desto blamabler werden sie in der Öffentlichkeit dastehen. Umgekehrt, je mehr sie das Bedrohungspotential durch uns runterspielen, desto größer die Gefahr für sie, dass ihnen der Kongress tatsächlich aus den Händen gleitet."
Die Grundkonstellation ist damit skizziert.

Schon wenige Tage nach der Verkündigung des IWF-Beschlusses äußert sich in West-Berlin öffentliche Kritik. Die Berliner Alternative Liste AL (innerhalb der Gesamtpartei der Grünen damals eher links angesiedelt), AktivistInnen der Friedensbewegung und linke Gewerkschaftsgruppen kritisieren die IWF-Politik und planen ein „offizielles Gegenprogramm".
Im Umfeld der Berliner Autonomen reagieren zwei Kleingruppen sehr schnell und natürlich nicht öffentlich. Eine Gruppe hatte schon aktiv gegen den Weltwirtschaftsgipfel in Bonn Stellung bezogen und will die theoretische Arbeit (u.a. Kritik an der traditionellen Internationalismus-Arbeit linker Gruppen) mit praktischen Aktivitäten gegen die Tagung verbinden.
Eine andere Gruppe geht von der wachsenden Stärke der Autonomen aus („Wenn wir das gut

Zeitleiste 1989

09.10. In Leipzig demonstrieren 70.000 gegen die Regierung
16.10. Die schwersten Kursverluste an den deutschen Börsen seit dem Krieg
18.10. Krenz wird Honeckers Nachfolger als SED Chef
18.10. Die australische Regierung erlaubt den Aboriginals die Selbstverwaltung
20.10. Die Aussage „Soldaten sind Mörder" ist keine Beleidigung, urteilt das Landgericht Frankfurt
22.10. Nach dem Abzug der vietnamesischen Truppen erobern die Roten Khmer die Stadt Pailin

organisieren, kriegen wir 5000 AktivistInnen in Berlin zusammen") und plant eine punktuelle, aber langfristig angelegte Kampagne, um dabei Kräfte zu bündeln und durch Mobilisierung die Anziehungskraft der radikalen Linken zu stärken.

Als mir mein Mitbewohner im Herbst 1985 von der geplanten IWF-Tagung in Berlin 1988 erzählte, war ich Feuer und Flamme. Allerdings hatte ich mich weder mit dem IWF noch mit der Weltbank näher beschäftigt. Wir waren zuversichtlich, so viele Linksradikale wie noch nie nach Westberlin mobilisieren zu können, und hatten endlich ein Thema, wo alle mitmachen konnten, was viele gute Aktionsmöglichkeiten der unterschiedlichsten Art und Weise und vor allem viel Spaß und Spannung versprach.
Wir setzten zwei besondere Schwerpunkte: Wir wollten in direkten Kontakten mit Gruppen außerhalb des linksradikalen-autonomen Spektrums die Mobilisierung für den September 1988 erweitern und in direkten Kontakten zu Befreiungsbewegungen ein Szenario herstellen, in dem nicht nur in Berlin, sondern in mehreren Städten des Trikont Kritik an IWF-Weltbank lautstark geäußert werden sollte.

Der überwiegende Teil der Autonomen nimmt die IWF-Planungen zur Kenntnis, beschäftigt sich weiter mit tagesaktuellen Problemen und findet es schon etwas merkwürdig, dass sich GenossInnen schon drei Jahre vorher mit diesem Spezialistenthema beschäftigen wollen.

In unserer neuen WG wohnten Mitglieder der Lateinamerika-Solibewegung und kiezbezogene ExbesetzerInnen zusammen. Die Pläne des fernen IWF waren für uns sehr praktisch: Wir konnten versuchen, globale Themen mit aktuellen Kämpfen in der Stadt zu verbinden, hatten so ein gemeinsames Polit-Thema der WG. Bei einem längeren WG-Ausflug mit Gästen entwickelten wir einen Kampagnen-Plan. Wer spricht mit welchen Leuten aus den unterschiedlichen Gruppen, wozu müssen wir noch inhaltlich arbeiten, welche Mobilisierungs-Phasen können wir uns bis zum Herbst 1988 vorstellen? Als wir nach einigen Wochen Bilanz zogen, war das Ergebnis ernüchternd. Außer den Berliner Leuten, die beim Bonner Gipfel aktiv waren, hatte niemand ein sonderliches Interesse an unseren weitgesteckten Plänen.
Die ersten Treffen der beiden Spektren zeigten, wie wenig Ähnlichkeiten es gab. „Wir" kannten uns in der Berliner Szene gut aus, hatten viel mit praktisch aktiven Gruppen zu tun. „Sie" hatten viel Theoriearbeit geleistet, enge Kontakte zu den „Autonomie"-Theoretikern und kamen einem Bedürfnis in einem Teil der Szene entgegen, über Theorie-Diskussionen ein neues Fundament für

Eine 8-teilige Plakatreihe wurde von zahlreichen Gruppen organisert in allen Berliner Stadtteilen geklebt.

ZEITLEISTE 1989

25.10. Libyen erklärt, keine Terroristen mehr zu unterstützen
27.10. Die DDR erlässt eine Amnestie für Flüchtlinge und DemonstrantInnen
31.10. Den afghanischen Truppen gelingt es, den Belagerungsring der Mujaheddin um Kabul aufzubrechen
01.11. Nicaragua kündigt den Waffenstillstand mit den Contras
02.11. Friedensvertrag zwischen der M 19-Guerilla und der kolumbianischen Regierung wird unterzeichnet
04.11. Ost-Berlin: Eine Million demonstrieren gegen die SED

eine als willkürlich empfundene Alltagspraxis zu bestimmen. Diese Arbeitsteilung hatte recht technische Züge. Trotz vieler Treffen sind wir uns menschlich nicht sehr viel näher gekommen. Kurz: Es knirschte von Anfang an. Es gab deutliche Zeichen gegenseitiger Skepsis – aber offensichtlich waren wir auch alle recht „diszipliniert".

Da drei der Autoren dieses Buches zu dem AktivistInnen-Flügel der Kampagne zählen, bekommt diese Perspektive (wie im Kapitel zur Besetzerbewgung 1981 die Position der Nichtverhandler) ein deutliches Übergewicht.

Eine Besonderheit der autonomen IWF-Kampagne nimmt erstmals Gestalt an: Menschen aus sehr unterschiedlichen linksradikalen Strömungen setzen sich an einen gemeinsamen Tisch.
Die Unterschiede schlagen sich auch in der Zielrichtung der Kampagne nieder.
Die eine Gruppe will tatsächlich die Durchführung des Kongresses verhindern – durch Drohgebärden und effektiven Widerstand im Vorfeld – die andere hält das für illusionären Aktionismus und legt besonderen Wert auf die inhaltlichen Diskussionen vor und nach dem Kongress, um die radikale Linke langfristig zu stärken.
Ein zweiter Unterschied stellt sich bei der möglichen Zusammenarbeit mit „ReformerInnen" heraus. Der „AktivistInnen-Flügel" versucht eine gezielte Organisierung der Autonomen, will aber darüber hinaus auch eine breitere Opposition ansprechen. Der „Inhaltsflügel" kritisiert das als ideologisch bedenkliche Bündnispolitik mit ReformerInnen.

Über die „ReformerInnen" heißt es in einem Text von Detlev Hartmann:
„Hunderte Millionen Hungertote, soziale Verwüstungen nie gekannten Ausmaßes, Flüchtlingsströme, die unter den ökonomischen Peitschen der politischen Bedingungen des IWF durch die Lager getrieben werden, sie alle sind nicht etwa eine Fehlentwicklung. Sie waren das beabsichtigte Ergebnis der in der Geschichte des Kapitalismus gigantischsten, der letzten 'Reform' der Weltwirtschaft, die das eigentliche Ziel des Zweiten Weltkrieges war, und sie alle lagen zugleich in der 'Absicht' dieser Reform. Wenn die Reformer nunmehr anheben, diese Reform zu refor-

Bild rechts: „stop – aus – sofort – IWF verhindern!" Mobilisierung mit zahlreichen Graffitis und Wandgemälden.

ZEITLEISTE 1989

07.11. USA: Zum ersten Mal wird ein Schwarzer Gouverneur
09.11. Maueröffnung
11.11. Großoffensive der FMLN in El Salvador
12.11. In 150 Städten in den USA wird für das Recht auf Abtreibung demonstriert
17.11. Bei einer Antifa-Aktion in Göttingen wird Conny Wessmann von den Bullen vor ein Auto getrieben und stirbt
20.11. Die rumänische Regierung lehnt alle politischen Änderungen ab

mieren, dann heißt das nichts anderes, als daß sie nur an der Apparatur der Maschine drehen, mehr nicht."

Die Unterschiedlichkeit zeigt sich konkret bei der Stellung zum Bundeskongress entwicklungspolitischer Aktionsgruppen (BUKO). Dieser führt sehr unterschiedliche linke Gruppen zusammen (3.Welt-Läden, kirchliche Soli-Gruppen, aber auch praktisch orientierte Kampagnen-Gruppen) und hat sich in den letzten Jahren immer stärker nach links entwickelt. Die IWF-Tagung in West-Berlin steht auch dort auf der Tagesordnung. Vertreter der AL/Grünen werden dort aktiv, werben für ihre Position (Reform des IWF durch mehr Mitbestimmung der ärmeren Länder, Schuldenerlass für die ärmsten Länder, friedliche Groß-Kundgebung und Gegenkongress) und wollen einen Beschluss des BUKO in diese Richtung erwirken.

Die Streifrage unter den Berliner Autonomen ist: Soll die Position der Autonomen („IWF und Weltbank sollen nicht reformiert, sondern zerschlagen werden" – „Es geht nicht um friedliche Begleitmusik, sondern um aktive Verhinderung dieses kapitalistischen Spektakels") beim BUKO vertreten werden – oder ist ein Auftreten dort schon Anbiederei an die ReformistInnen?

Wir luden Detlev Hartmann von der Zeitschrift „Autonomie" und einige seiner FreundInnen in unsere WG ein, stellten noch mehr politische und „wissenschaftliche" Differenzen fest als wir anfangs vermutet hatten und mussten auch mit den jeweiligen persönlichen Besonderheiten kämpfen. Dennoch: Offensichtlich waren wir alle Linksradikale, wollten diese Kampagne, wollten was Praktisches machen. So gab es bei allen Differenzen doch einen persönlichen Respekt.

Wir brachten Hartmann dazu, anstelle langer Reden und Bücher ein kurze Einschätzung von IWF/WB zu formulieren. So entstand sein 15 Seiten-Papier „Eine Mordmaschine kann man nicht reformieren" – immer noch viel zu lang, aber .... Für ihn war es ein gewaltiger Schritt, einen für eine Kampagne formulierten, theoretisch richtigen und dennoch agitatorischen Text zu schreiben. Für uns alle war das ein Basistext, auf den wir uns immer – besonders gegenüber den „Reformern" – berufen konnten. Mir ist nicht klar, wie viele Menschen diesen Text ernsthaft gelesen haben. Wir sahen viele Entwicklungen anders, schrieben später ein umfangreiches Theorie-Papier, führten lange Diskussionen, aber waren allesamt zufrieden, eine „gemeinsame Linie" vertreten zu können.

ZEITLEISTE 1989

20.11. Georgien beschließt größere Unabhängigkeit von der Sowjetunion
22.11. Der libanesische Präsident stirbt bei einem Attentat
22.11. Wegen der Lieferung von U-Boot-Plänen an Südafrika wird die BRD von der UNO verurteilt
24.11. Nach Protesten tritt die Führung der Kommunistischen Partei der CSSR zurück
25.11. PKK-Angriff auf ein Dorf, das loyal zur Regierung steht und von Bewaffneten bewacht wird, 21 Tote
25.11. Krawalle in Göttingen nach einer Demo von 15.000

Eine kleine Gruppe der Autonomen nimmt Kontakt zu den BUKO-Leuten auf. Die Gespräche verlaufen in einer angenehmen Atmosphäre des gegenseitigen Respekts ab. Der BUKO sichert zu, breit nach West-Berlin zu mobilisieren, und ruft dabei auch zur Teilnahme an den von den Autonomen vorbereiteten Aktionstagen auf. Außerdem lädt er die Autonomen zu seiner Vorbereitungskonferenz nach Fulda zu Pfingsten 1987 ein. Die mögliche Zusammenarbeit mit dem BUKO bleibt aber unter den Autonomen umstritten.

Im Verlauf vieler Gespräche gelingt es, die gegensätzlichen Vorstellungen über Ziel, Inhalt und Vorgehensweise der geplanten Kampagne aufeinander abzustimmen. Das Ergebnis dieser Diskussionen stellt der Aufruf „Verhindern wir diesen Kongress!", unterschrieben mit „Autonome Gruppen Westberlin", dar. Alle Beteiligten haben bei Formulierungen nachgegeben. Das ist eine wichtige Voraussetzung für die Kampagne.

Im März 1987 erscheint er in der *Unzertrennlich* Nr. 4:
„Im September kommen sie alle her. Die Finanzchefs aus den kapitalistischen Zentren von Tokio, Frankfurt bis New York (...) die Schreibtischtäter aus den Schaltzentralen der Multis Toyota, Lockhead, Siemens. Dazu Minister, Staatssekretäre, Experten, Journalisten und ihre Bewacher. Mehr als 14.000 werden es sein, die den Kongress des Internationalen Währungsfonds (IWF) und der Weltbank in Westberlin abhalten. Für wenige Tage wird die Frontstadt Berlin im Schein des kapitalistischen Imperialismus stehen. Alle Hotels werden ausgebucht sein, Straßen und ganze Stadtteile abgesperrt; Berlin wird zur Sicherheitsfestung ausgebaut sein. Die Ausgangslage ist klar: Die Verantwortlichen für Hunger, Ausbeutung, Terror und Kriege auf der ganzen Welt kommen in diese „Hauptstadt der Freien Welt". Dagegen wehren wir uns. Unser Vorschlag: Verhindern wir diesen Kongreß!" 🌐 24

Das Spektrum der Beteiligten erweitert sich jetzt nach und nach. Aktivistinnen verschiedener Frauengruppen stoßen dazu, die der bisher hauptsächlich antikapitalistischen Argumentation der Kampagne eine antipatriarchale gegenüberstellen. Viel läuft bei der IWF-Gruppe im Lateinamerikazentrum (LAZ) zusammen. Ein übergeordnetes Anti-IWF-Plenum entsteht. Neben dieser gemischten Gruppe gibt es auch eine FrauenLesben-Gruppe.
Ein wichtiger Schritt ist geschafft: Es gibt trotz aller Differenzen eine Kerngruppe der Autonomen für diese Kampagne.

ZEITLEISTE 1989

Leuten wegen des Todes von Conny Wessmann
30.11. Chef der Deutschen Bank wird von der RAF getötet
01.12. Der Führungsanspruch der SED wird aus der DDR-Verfassung gestrichen
03.12. Die DDR-Fürung tritt zurück
04.12. In Leipzig wird das Stasi-Gebäude von DemonstrantInnen gestürmt, um die Aktenvernichtung zu verhindern
07.12. Verhandlungen zwischen Regierung und Opposition beginnen in der DDR
11.12. Leipzig: Auf der Montagsdemo werden die FreundIn-

2. Akt: Vorbereitungsphase

Einen wichtigen Beitrag für die Mobilisierung liefert die Gegenseite.

+++ Bundesentwicklungsminister Hans Klein (CSU) warnt, der BUKO bereite eine Kampagne zur Störung der IFW-Weltbank-Tagung vor und „kündige, wenn auch noch verklausuliert, Gewalt an. „Den freigewordenen Kapazitäten an der Hafenstraße, der Startbahn West und der Wiederaufbereitungsanlage Wackersdorf eröffnet sich ein neues Aktionsfeld", sagt der Minister.+++

Das ermuntert. Von diesem Zeitpunkt an gibt es über die regelmäßigen IWF-Treffen im LAZ hinaus auch die privaten Gespräche an den Küchentischen der Szene-WGs: Die Kampagne „etabliert" sich langsam.

Das gilt nicht nur für West-Berlin. In vielen Städten bilden sich Anti-IWF-Gruppen, die versuchen, sich inhaltlich zu qualifizieren und sich mit den lokalen Strukturen wie 3.Welt-Läden, Internationalismusgruppen u.ä. zusammenzutun. Im Frühjahr 1987 gibt es ein erstes Treffen dieser Gruppen in Lutter. Zu den Kontroversen zwischen Theorie- und Praxis-Gruppen und den unterschiedlichen Schwerpunkten (antipatriarchal – antikapitalistisch) treten nun noch die Unterschiede zwischen der Berliner „Zentrale" und westdeutschen Gruppen sowie zwischen den „Alten" und den NeueinsteigerInnen. Trotzdem entwickelt sich die Kampagne. Beim Kongreß der „Libertären Tage" in Frankfurt im April 1987 stößt eine Arbeitsgruppe zur IWF-Kampagne auf freundliches Interesse. Noch ist sie aber nur eine unter vielen.

Ein knappes Jahr vor dem Kongress hat die Kampagne an Fahrt gewonnen und verspricht, zumindest die autonome Linke stark zu mobilisieren. Das liegt vornehmlich an zwei Ereignissen in West-Berlin, die über über die Stadt hinaus wirken: Dem 1. Mai1987 und dem Reagan-Besuch im Juni 1987.

Der Kiez-Aufstand des 1. Mai 1987 hat bei vielen eine Aufbruchsstimmung hervorgerufen. Eine Stimmung wie in den Zeiten der Besetzerbewegung scheint sich zu verbreiten. Natürlich ist die

ZEITLEISTE 1989

nen eines Anschlusses an die BRD immer zahlreicher

18.12. In Leipzig 100.000 schweigend gegen den Stalinismus und für seine Opfer

20.12. Die KP Litauens trennt sich von der KPdSU

20.12. Die USA erobern Panama

21.12. Die Geheimpolizei der CSSR wird aufgelöst

22.12. Nach schweren Kämpfen zwischen Militär und Geheimdienst in Rumänien wird die Regierung gestürzt

25.12. Der abgesetzte Regierungschef Rumäniens wird erschossen

Transparentaktion des „Büros für ungewöhnliche Maßnahmen“

Antwort nicht ausgeblieben. Die Polizei reagiert durch die Aufstellung einer Sonder-Prügeleinheit, den Einsatz von Panzerwagen und die völlig überzogene Absperrung von Kreuzberg 36 beim Besuch von US-Präsident Reagan am 12. Juni 1987. Der polizeiliche Belagerungszustand des Viertels führt zu bisher ungekannten Solidarisierungsaktionen der Bevölkerung mit der autonomen Linken.

Auch die Anti-AKW-Bewegung hatte vier Wochen zuvor ein kleines Erfolgserlebnis. Sie hatte zu einer Demo auf dem Kudamm gegen Siemens-KWU und Deutsche Bank mobilisiert. Sie wurde verboten. Trotzdem kamen 700 Leute und die Stimmung war gut.

Jetzt ist es auch kein ernsthafter Streitpunkt mehr, dass eine größere Gruppe der Berliner Autonomen zum BUKO im Mai 1987 nach Fulda fährt. Die KritikerInnen halten das für überflüssig, haben aber keine Angst davor, dass da falsche Bündnisse geschmiedet werden könnten. Dazu sind die Gegensätze zu den ReformerInnen deutlich genug ausgesprochen.

Unter den BUKO-Leuten wiederum gibt es zwei etwa gleich starke Flügel: Der eine möchte die ReformerInnen-Position unterstützt sehen und sieht bei allzu radikaler Kritik auch die Fördermittel durch Kirchen und Bundesstellen gefährdet, der andere findet es richtig, der verbalen Grundsatzkritik an IWF und Weltbank auch Aktionen auf der Straße folgen zu lassen. Das Auftreten der Autonomen hat Erfolg: In der Entschließung werden nicht nur Demo und Kongress im Vorfeld der Tagung, sondern auch die autonomen Aktionstage während des Kongresses unterstützt.

Zeitleiste 1990

1990

03.01. In Ost-Berlin demonstrieren 250.000 Leute gegen Nazis. Aufgerufen hatte die SED/PDS

04.01. Amnestie für alle politischen Gefangenen in Rumänien

10.01. Der Ausnahmezustand in Peking wird aufgehoben

11.01. Etwa 500.000 Letten demonstrieren für die Unabhängigkeit

14.01. Bei Angriffen von Aserbeidschanern auf die armenische Minderheit in Baku sterben 100 Leute

15.01. Die Stasizentrale in Ost-Berlin wird von Demonstrant-

In dieser Zeit lernte ich eine Teamerin der katholischen Landjugend aus Münster kennen. Ihr war noch nie ein Autonomer begegnet und ich fand ihre Schilderung sehr plastisch, gegen welche Widerstände ihrer Verbandsspitze, der Kirchenoberen, der Eltern sie sich durchzusetzen hätte, um mit einer Jugendgruppe zum IWF-Kongress nach Berlin zu kommen. Mit einem offiziellen BUKO-Aufruf war es möglich, auch bei den Aktionstagen dabei zu sein. Wenn es nur unseren autonomen Aufruf gegeben hätte, hätte sie mit Beginn der Tagung abreisen müssen. Sie war ein gutes Beispiel dafür, dass wir keine „Bündnisse" mit den Reformern schließen sollten. Gerade die deutliche Trennung zwischen deren und unserer Kampagne ermöglichte es den Unentschiedenen, sich erst einmal in die Situation hineinzudenken, eigene Aktionsformen mitzubringen (sie hatten eine Trommelgruppe geplant) und sich so lange zu beteiligen, wie es ihrer Stimmung entsprach. Als ich dies bei dem überregionalen Treffen berichtete, gab es (neben mitleidigen Blicken, auf welchen Scheiß ich mich da einlassen würde) immerhin auch einige, die in ihren Städten ähnlich auftreten wollten.

Nach dem BUKO-Treffen stehen die wesentlichen Eckpunkte der Kampagne fest: Die „Chefs" der großen Verbände, 3.Welt- und kirchliche Gruppen wollen vor Beginn der Tagung eine friedliche Großdemo durchführen und einen Gegenkongress veranstalten. Die Aktiven von der Basis dagegen planen *während* der Kongresstage parallel zu den von den Autonomen organisierten Aktionstagen eigene Proteste. Die Autonomen/Linksradikalen planen zudem eine militante Groß-Demo zum Abschluss der Tagung.

Jetzt lässt sich in West-Berlin das strategische Konzept umsetzen: Keine Bündnisse mit den reformistischen Gruppen, aber Absprachen mit denen, die auch an Aktivitäten während der Kongress-Tage interessiert sind. Eine kleine Koordinationsgruppe für die Aktionstage wird gegründet. Hier kommen nicht die Partei- und Organisationsspitzen der Gruppen zusammen, sondern die BasisaktivistInnen. Gemeinsam mit Menschen, die sich nicht in Autonome oder ReformerInnen einteilen lassen wollen, und wenigen selbsternannten (oder geduldeten) Delegierten der Autonomen wird ein Rahmen für die Aktionstage skizziert.

Wie viel Unterschiedlichkeit die Kampagne aushalten kann, zeigt sich u.a. in der Reaktion auf die Anschläge der *Roten Zora* vom 25.6. und 15.8.1987: Sie hatte die Zentrale der Textilfirma Adler sowie später acht Filialen mit Brandsätzen angegriffen. Damit wollte sie den Streik der Arbeiterinnen für bessere Arbeitsbedingungen in den Adler-Fabriken in Süd-Korea unterstützen. Für die Autonomen ist dieses ein nachahmenswertes Vorgehen innerhalb der Kampagne. Eine militante Gruppe „Amazonen" bezieht sich in ihrer Erklärung zu einem Anschlag auf die Kudamm-Filiale von Adler am 11.9.87 direkt auf die IWF-Kampagne – und von den ReformerInnen gibt es keine der sonst üblichen Distanzierungen!

ZEITLEISTE 1990

Innen gestürmt
16.01. Die Verwaltung von Kambodscha wird von den UN übernommen
19.01. Kämpfe in Kaschmir zwischen Moslems und der indischen Armee, 200 Tote
21.01. In der Ukraine gehen 100.000 Leute für die Unabhängigkeit auf die Straße
24.01. Demonstrationen von Albanern im Kosovo, die Bullen töten 30 Leute
01.02. Die jugoslawische Armee setzt Panzer und Flugzeuge

Die AL/Grüne Partei erstellt eine Schwerpunkt-Ausgabe ihrer Zeitschrift *Stachlige Argumente* („IWF verhindern?"), in der ganz selbstverständlich neben den Artikeln prominenter Grüner auch ein Max Hoelz autonome Positionen („Eine Mordmaschine lässt sich nur bekämpfen") vertreten kann. 25

Die Vorbereitungen der Autonomen finden im LAZ-Plenum und auf überregionalen Treffen statt. Dabei wird die Kluft zu den autonomen Frauengruppen aber zunehmend sichtbar.

Die Frauen setzen andere Schwerpunkte: Etwa staatliche Bevölkerungspolitik, Gen-Technologie, Entwicklung des Patriarchats, aber auch Fragen innerhalb der Linken, u.a. über die alltäglichen Erfahrungen in sozialen und „privaten" Beziehungen. Praktisch geht es darum, ob eine gemischt-geschlechtliche politische Arbeit und Organisierung überhaupt möglich bzw. wünschenswert ist, oder nicht im Gegenteil Frauen sich notwendigerweise ohne (und auch gegen) Männer organisieren müssen, selbst wenn es um politische Themen geht, die nicht allein um den Geschlechterkonflikt kreisen.

Im Sommer 1987 kommt es zum großen Knall: Die Frauen verlassen das IWF-Plenum.

Autonome Scheidung

Der letzte Anlass für war ein längeres Papier von einem Mann, der die klassisch leninistisch-trotzkistische Position der herausragende Rolle des (gedacht ist immer nur an das männliche) Proletariats in der revolutionären Bewegung überstark betonte. Die Frauen fühlten sich im doppelten Sinne in ihrer Kritik übergangen: In den Monaten vorher war eigentlich ein Konsens hergestellt worden, dass die Kritik der patriarchalen Gesellschaftsstruktur einen zentralen Stellenwert in der IWF-Kampagne einnehmen sollte. Zum anderen entsprach das Diskussionsverhalten von uns Männern genau der Kritik der Frauen an der männlichen Dominanzkultur. Die Frauen hatten von unserer Heuchelei die Schnauze voll und gründeten ein Frauenplenum.

Zunächst waren wir Männer reichlich konsterniert. Doch die Zeit lief uns davon. Wir mussten einfach weitermachen. Also fand ich mich in einer Männergruppe wieder, obwohl ich nie in einer Männergruppe landen wollte. Interessant war, dass ein Teil der beiden Plena sich nach den Treffen beim gemütlichen Kneipenplausch wiedertraf. Dies war ein wichtiger Ort, da es zu diesem Zeitpunkt keine anderen „offiziellen" Treffen gab, in denen die verschiedenen Plena den Stand der Vorbereitungen austauschten. Was nach außen so erbittert als großer Streit zwischen Frauen und Männern rüberkam, war nach innen in seiner Vehemenz wesentlich abgemilderter. Damit will ich nicht die Kritik der Frauen vom Tisch wischen, sondern nur deutlich machen, dass von beiden Seiten mit der Trennung auch im klassischen Sinne Politik gemacht wurde.

ZEITLEISTE 1990

gegen Albaner im Kosovo ein
02.02. Das Verbot des ANC in Südafrika wird aufgehoben
04.02. Die slowenischen Kommunisten trennen sich von der jugoslawischen KP
04.02. Die SED benennt sich in PDS um
05.02. Die Opposition in der DDR beteiligt sich an der Regierung
10.02. Kämpfe zwischen ANC und Inkatha in Südafrika, 100 Tote
11.02. Mandela wird in Südafrika aus dem Knast entlassen

Wenn die IWF-Kampagne bisher nicht auf sehr großes Interesse in der Szene gestoßen ist, gibt es nach der Aufspaltung des IWF-Plenums Klatsch und Tratsch, gibt es etwas zu hören und zu erzählen, ist fast die gesamte Szene in der einen oder anderen Art beteiligt. Das ist endlich mal nicht so langweiliger Stoff wie Bretton Woods und die Sonderziehungsrechte des IWF.

Während die Theorie- und Männer-Gruppen große Pläne für umfangreiche Analysen haben, die aber während der Tagung im September 1988 nur in Bruchstücken und „Konzeptionen" vorliegen, veröffentlichen die Frauen („Nora, Dora, Zora, Flora und ein toller Setzer ...") die Broschüre „Ansätze – zum zusetzen/durchsetzen/umsetzen/fortsetzen – ohne uns Frauen läuft nix". Darin heißt es: „Unsere Position, wie Imperialismus und Patriarchat zusammenhängen, wurde im Verlauf unserer Diskussionen erst in Umrissen deutlich (...). Zum Klassenkampf, zur Organisation des Widerstands gegen das Kapital, dessen Angriff sich bis in die letzten gesellschaftlichen Winkel und scheinbare Nischen erstreckt, gibt es in der Metropole nicht weniger Anlaß als in den Ländern der sog. 3.Welt. Für uns Frauen konnte das aber nur heißen, den Angriff des Kapitals auf die Frauen, auf das weibliche Arbeitsvermögen, ihre Unterwerfung in ihrer Rolle als Reproduzentinnen der Ware Arbeitskraft zu erkennen und den Widerstand dagegen aufzubauen. Die Unterwerfung der Frauen ist die materielle Basis für die Ausbeutung der Arbeitskraft. Lohnarbeit ist ohne die – unbezahlte, in den Individualbereich abgedrängte und von den linken Theorien kaum beachtete – Reproduktionsarbeit von uns Frauen nicht denkbar. In diesem Sinne ist der antipatriarchale Kampf nicht Teil des antiimperialistischen Kampfes sondern sein Ausgangspunkt. D.h., Klassenkampf ist nach unserer Bestimmung nur antiimperialistisch, wenn er sich in seinem Kern antipatriarchalisch versteht."

Durch diese Einschätzung bekommt die „Trennung" einen ganz anderen Gehalt: „In dieser Frage teilte sich das Westberliner IWF-Plenum vor einem Jahr in ein Frauen- und ein Männerplenum. Nicht nur an der Theorie spaltete sich die Gruppe, sondern vor allem an der Praxis unserer Diskussionen (...). Ihre (der Männer) Unfähigkeit, Frauen zuzuhören, sich für ihre Sichtweise zu interessieren und ihren Gedankengängen zu folgen, führt dazu, daß wir im gemischten Zusammenhang nur immer wieder gezwungen werden, die Ideen und Theorien der Männer nachzuvollziehen und sie durch unsere Fragen und Einwendungen ausbauen zu helfen, aber unsere eigenen Vorstellungen nicht entwickeln können. Das ist es, was wir Ausbeutung nennen. Daß wir uns als Frauen nicht zurückgezogen haben, sondern die Aufteilung in ein reines Frauen- und Männerplenum erreicht haben, war für uns ein wichtiger Schritt: Weil dadurch offengelegt wird, daß die von Männern ausgearbeiteten Theorien auch immer nur Männer-Theorien sein können."

Weiter heißt es: „Frauen sind weder so geduldig noch so ohnmächtig, wie sie in vielen Analysen dargestellt werden. Wir sind davon überzeugt, daß die Kapitalstrategien, die im Rahmen der IWF-Kampagne jetzt untersucht werden, ganz

Zeitleiste 1990

14.02. Der KGB gibt bekannt, dass zwischen 1930 und 1933 750.000 Menschen als Staatsfeinde erschossen wurden
25.02. In Nicaragua werden die Sandinisten abgewählt
25.02. In Ostberlin demonstrieren 50.000 gegen die Vereinigung mit der BRD
26.02. Die SU beginnt ihren Truppenabzug aus der CSSR
27.02. Die DDR gibt die Existenz einer geheimen Militärorganisation der DKP bekannt
03.03. In der Schweiz demonstrieren 30.000 Menschen ge-

wesentlich auch dadurch bestimmt sind, daß sie auf unsichtbare oder unsichtbar gehaltene, aber auch auf offene Formen von Frauenwiderstand reagieren müssen."
Dies bestimmt dann auch den roten Faden der Broschüre:
„Wir haben versucht, die gesellschaftlichen Felder von der Gentechnologie und Be/Entvölkerungspolitik über Sextourismus und Flüchtlingspolitik bis zur weltweiten Umstrukturierung des Kapitals zu umreißen, in denen sich die Kämpfe von Frauen gegen ihre Unterwerfung und Ausbeutung abspielen. Wir tun das selbst sicher noch viel zu sehr mit der Sichtweise von Frauen als den ewigen Opfern. Denn es ist schwer, die weibliche Subjektivität aus der Herrschaft patriarchal geformter Theorien zu befreien, und das ist selbst wichtiger Teil unseres Kampfes." 🌐 26

Parallel zu den öffentlicheren Diskussionen startet Ende 1987 ein Versuch einer internationalen Vernetzung. Nach langen Vorbereitungen gibt es in Zürich ein sehr internes Treffen mit VertreterInnen von sieben Befreiungsbewegungen aus Süd- und Mittelamerika und den Philippinen.
Zeitgleich gibt es Werbe-Reisen nach Italien, Spanien und Griechenland. FreundInnen aus Holland und Dänemark lassen sich

Globalisierung
Wir erläuterten unsere zentrale Kritik an IWF-Weltbank, stellten unsere praktischen Aktionsvorschläge für die Tage vor und unsere Bitte an sie: Wir hofften, dass es an unterschiedlichen Orten der Welt parallel zur Berliner Tagung Demonstrationen und Aktionen werde geben können.
Am ehesten konnte ein Indigena aus Bolivien unsere Argumentation nachvollziehen. Seine Gewerkschafter-Bauern-Bewegung hatte sowieso mit den Auswirkungen der IWF-Auflagen zu kämpfen, folgte aber ihrer eigenen Kampflogik und konnte sich nicht auf diesen - für sie willkürlichen – Termin einlassen. Aber auch er hatte große Schwierigkeiten, uns zu verstehen: Keine Organisation, keine Leitung, keine Partei – was waren denn nun die „Autonomen"? Er schüttelte den Kopf über die superreiche Schweiz – aber am verwunderlichsten wirkten auf ihn junge Punks mit gestyled-bunten Haaren. Nach der IWF-Tagung schickte er uns Zeitungsartikel seiner Zeitung: Die Autonomen wurden da sehr gelobt, sehr schmeichelhaft!
Die übrigen Delegierten argumentierten etwa so: IFW/Weltbank sind Agenturen des internationalen Kapitalismus und zerstören die Lebensmöglichkeit unserer Länder. Aber wenn wir an die Regierung gekommen sein werden, werden wir uns bei ihnen für bessere Kreditbedingungen einsetzen. Fazit: Sie würden die allerschärfsten Resolutionen unterstützen, aber sich auf keinen Fall an praktischen Aktivitäten beteiligen. Eher hatten sie Interesse, an dem Reformerkongress teilzunehmen.
Tja, eine unserer Ausgangsüberlegungen löste sich in Luft auf und mir wurde deutlich, wie „national" die „Nationalen Befreiungsbewegungen" wirklich waren.

ZEITLEISTE 1990

gen den Geheimdienst
07.03. Die italienische KP will nicht mehr kommunistisch sein
08.03. Die kolumbianische Guerilla M 19 legt nach einem Vertrag mit der Regierung die Waffen nieder
11.03. Die 16jährige Militärdiktatur in Chile ist beendet
11.03. Litauen erklärt die Unabhängigkeit
13.03. In der SU wird das Machtmonopol der KP aus der Verfassung gestrichen
20.03. Nach Krawallen mit acht Toten sagt Rumänien der ungarischen Minderheit größere Rechte zu

öfters persönlich in West-Berlin vom Stand der Vorbereitungen unterrichten. Die europäischen Gruppen wollen auf jeden Fall im September in West-Berlin sein. Bei größeren Szenetreffen und in den Szenezeitungen ist die IWF-Kampagne selbstverständlich Thema. Selbst nach Ost-Berlin gibt es Kontakte.

Paste schmatzen beim IWF?
Wir gehörten zu dem kleinen Kreis, der Kontakte zu linken Oppositionellen hielt. Wir hielten sie über den Verlauf der Kampagne auf dem Laufenden und erläuterten bei einem größeren Treffen die Pläne und diskutierten über parallele Aktionen. Schließlich sollten die Banker auch in Ostberliner Spitzenhotels untergebracht werden (leider war auf diesem Treffen auch ein Stasi-Mensch dabei, wie sich Jahre später herausstellte, und wir erhielten bis Ende 1989 Einreiseverbot). Auch andere Gruppen in Ostberlin fingen an, sich mit dem IWF zu beschäftigen. 🌐 27

Einen wichtigen Mobilisierungs-Höhepunkt sollen die „Internationalismus-Tage" in Bremen Ostern 1988 darstellen. Hier ist geplant, die inhaltlichen und praktischen Weichen für den Widerstand der Linksradikalenzu stellen.
Im Vorfeld gibt es den Versuch, über eine Grundlagenbroschüre die inhaltlichen Diskussionen der unterschiedlichen Fraktionen der Linksradikalen/ Autonomen aufeinander zu beziehen. Aber der bleibt schon im Ansatz stecken. Die Broschüre wird nie erstellt. Die VertreterInnen der wildcat-Position machen sich rar. Die „Sozialrevolutionäre" ersticken in materialreichen Länder- und Institutions-Analysen. Die Auseinandersetzungen darüber, wie Theorie und politische Praxis in der Kampagne verbunden werden können – beispielsweise anhand der Erklärungen von RZ und *Rote Zora* zur militanten Flüchtlingskampagne oder zum Frauenwiderstand im Trikont am Beispiel Adler – werden in Bremen nicht geführt. Vielleicht wirkt auch die seit Dezember 1987 rollende Verfolgungswelle gegen RZ/*Rote Zora* und „anschlagsrelevante Themen" einschüchternd.
Am Sonntag Vormittag sollen Schlussfolgerungen für die längerfristige theoretische Weiterarbeit gezogen werden, um dann zum aktuellen Stand der praktischen Vorbereitungen gegen die Tagung zu kommen. Der erste Teil entfällt, weil niemand das Wort ergreift, und auch zum zweiten, praktischen Teil herrscht zunächst langes Schweigen. Als dann die Berliner kurz die allbekannte Zielsetzung („Verhindern ...") und das allen bekannte Konzept (ReformerInnen-Kongress, Großdemo, Aktionstage und autonome Abschlussdemo) darstellen und um praktische Kritik oder Unterstützung bitten, gibt es wieder Schweigen. So viel zum Verhältnis von Theorie und Praxis bei den Autonomen.

Zwischen autonomen Frauengruppen und der *Roten Zora* gibt es im Widerstand gegen Gen- und Reproduktionstechniken eigentlich thematische Übereinstimmungen. Doch auch diese münden nur selten in weiterführende Diskussionen. Die aktuelle staatliche Repression verschiebt

ZEITLEISTE 1990

21.03. Namibia wird unabhängig
21.03. In Argentinien demonstrieren 100.000 gegen Privatisierungen
24.03. Die letzten indischen Truppen verlassen Sri Lanka
31.03. Proteste in England gegen die Kopfsteuer „poll tax"
04.04. Friedensabkommen zwischen Regierung und FMLN in Salvador
05.04. In Frankreich werden vier ETA-Kämpfer abgegriffen
06.04. In Nepal wird eine anti-monarchistische Demonstration von den Bullen angegriffen, 300 Tote

den Schwerpunkt auf die alten Standard-Themen Knast, Aussageverweigerung, §129a.
In diesem politisch nicht sonderlich aufbauenden Klima eröffnet eine erfolgreiche Anschlagserie von „Internationalistischen Zellen" die militante autonome IWF-Kampagne. Unter der Parole „Behindern wir die IWF- und Weltbanktagung" bedenken sie am 28.4.1988 sechs Banken in West-Berlin mit Brandanschlägen. Bei drei weiteren Banken gibt es Glasschäden.

Zur öffentlichkeitswirksamen Mobilisierung startet im April 1988 die erste „Antiimperialistische Stadtrundfahrt" zu den „Zentren der Herrschaft" in West-Berlin. Der ausführliche Reader verweist nur am Rande auf die IWF-Kampagne. Die von autonomen Gruppen organisierte Rundfahrt führt zu Fabriken, Konzernfilialen und Institutionen, die hier „die weltweite Ausbeutung organisieren bzw. von ihr profitieren", wie es in einer Broschüre heißt. Die Busfahrt wird von den Bullen begleitet, behindert, verboten – und findet dadurch größere öffentliche Aufmerksamkeit als die fleißig erarbeitete Broschüre. Insgesamt finden bis zum Beginn der IWF-Tagung zwanzig Stadtrundfahrten mit fast 1000 TeilnehmerInnen statt. 28
Die *taz* plant für das Frühjahr 1988 einen eigenen Kongress, zu dem sie sowohl die KritikerInnen wie auch die IWF- und WeltbankvertreterInnen zu einem Dialog einladen will. Aufgrund unverhohlener Drohungen seitens der Autonomen und größerer Bedenken seitens der ReformerInnen bläst die *taz* den Kongress im März beleidigt ab.

Die erfolgreiche Mobilisierung zur ersten linksradikalen „revolutionären 1. Mai-Demo" 1988 mit rund 8000 Menschen zeigt, dass sich viele nicht einschüchtern lassen. Im Gegensatz zum 1. Mai 1987 hat die Polizei die Lage zwar besser im Griff. Aber lässt sich das auf den September übertragen?
Die mögliche Eskalation lässt niemanden kalt: Ängste kommen hoch, aber auch Trotz und Widerstandswille – kurz, die „Kribbel-Stimmung", ohne die Demos und Aktionen zu reinen Pflichtveranstaltungen verkommen. Und natürlich, wie immer in zugespitzten Konfrontationen (z.B. Reagan-Besuch im Juni 1982), erheben sich mahnende Stimmen, von uns aus den Konflikt

„Anti-Kreuzberger Schutzwall" auf dem traditionellen Fest amLausitzer Platz am 1. Mai 1988. Diesmal als vorbeugende Maßnahme.

Zeitleiste 1990

20.04. Demos der islamischen Heilsfront FIS für die Auflösung des Parlaments in Algerien
21.04. Schlägereien zwischen Bullen und Nazis in Ostberlin
24.04. Die Bullen stürmen in Manchester einen Knast, in dem die Gefangenen streiken
26.04. In Kolumbien wird der Chef der M 19 getötet
28.04. Nazis und Bullen prügeln sich in Nordhausen
01.05. Krawalle in Berlin, wen wundert's: ist halt erster Mai
14.05. Demo in Paris gegen Rassismus bringt 200.000 Leute auf die Straße

nicht zu eskalieren. Sie warnen vor der Gefahr der endgültigen Niederlage einer zerstrittenen Bewegung: Im September würden „sie" alles absperren, verbieten, festnehmen, zerschlagen, wenn wir bei unserer Parole „Verhindern wir den Kongress" blieben. Bei einigen kommt der Schock über die Verfolgung von RZ-Strukturen dazu. Einzelne verschieben sogar ihren Sommer-Urlaub auf den Herbst, um während der September-Tage die Niederlage nicht direkt miterleben zu müssen.

+++ 4.5.1988, *Die Welt*: „Terroristen kündigen ein Schlachtfest in Berlin an". Der Chef des Bundeskriminalamtes, Heinrich Boge: Anlässlich der IWF- und Weltbanktagung im September in West-Berlin werden sich die Terroristen mit Autonomen und undogmatischen Gruppen zusammentun und breit angelegt Gewalttaten verüben. Der Berliner Innensenator Kewenig dazu: Die Polizei sehe sich mit dem Schutz der rund 10.000 anreisenden Finanzspezialisten der „schwierigsten Aufgabe nach dem Krieg gegenüber". „Erforderlichenfalls" werde erneut der Stadtteil Kreuzberg abgeriegelt. Die Springer-Presse äußert Besorgnis – und der Innensenator erklärt vollmundig, das Autonomen-Problem vor dem September gelöst zu haben.+++

Die Hoffnung, andere Teilbereichsbewegungen für die Kampagne zu gewinnen und damit Kräfte zu bündeln, erfüllt sich jedoch nur in zwei Fällen: Die Anti-AKW-Bewegung hat die Mobilisierung für einen Aktionstag im September übernommen. Und im Bereich der damals in West-Berlin zahlreichen selbstverwalteten Betriebe und Kollektive gibt es ebenfalls eigenständige Vorbereitungen. Eine Veranstaltung am 21. Juni 1988 stellt der weltweiten Herrschaft des Privateigentums „unser Kollektiv-Eigentum" gegenüber und fordert in einem kleinen Theaterstück die „Vergesellschaftung des kollektiven Gruppen-Eigentums", natürlich nicht zugunsten des Staates sondern noch zu entwickelnder revolutionärer Strukturen. Es werden zwei Aktionen vorbereitet. Die „Taxistas" planen eine große Taxi-Demo am Flughafen Tegel zur „Begrüßung" der ach so willkommenen Gäste am Freitag vor der Tagungs-Eröffnung. Eine zweite Gruppe von Kollektiven bereitet einen großen Auto-Korso vor. Im Verlaufe der autonomen Aktionstage soll der weltweiten Herrschaft kapitalistischer Verwertung die praktisch-nützliche der selbstverwalteten Kleinbetriebe gegenübergestellt werden.
Im größten Teil der Szene, bei Antifas, bei Stadtteil-AktivistInnen, bei „den normalen Autonomen", gilt die IWF-Kampagne dagegen weiterhin als Spezialding von TheoretikerInnen und dem Internationalismus-Spektrum. Der Schwung aus den Teilbereichen verbindet sich nicht mit dem Thema IWF. Die Kampagne bleibt ein eigenständiges Aktionsfeld.

In der neuen Berliner Szenezeitung *Interim* vom 20.5.88 erscheint eine Einschätzung „Zum gegenwärtigen Stand der IWF-Kampagne":
„In der Kampagne gegen IWF und Weltbank zeichnet sich eine neuartige Form ab: In beiden Haupttendenzen, den Reformern und den Linksradikalen, wird ein Bündnis abgelehnt, weil sowohl inhaltliche wie auch praktische Gegensätze

ZEITLEISTE 1990

16.05. Amnesty gibt bekannt, dass China 1989 mehrere hundert Regimegegner hingerichtet hat
20.05. In Tel Aviv erschießt ein Israeli sieben Palästinenser, 12 weitere werden danach bei Protesten getötet
22.05. Süd- und Nordjemen vereinigt
28.05. Streik im Hamburger Knast Santa Fu
01.06. Die Bullen stürmen den Knast Santa Fu
02.06. Die IRA erschießt in Dortmund einen britischen Offizier
06.06. Das erste in der DDR lebende Ex-RAF-Mitglied wird

dies verbieten. Gleichzeitig – und das ist außerordentlich neu – wird in beiden Lagern auf die Gefahr hingewiesen, dass der gemeinsame Gegner (...) von sich ablenken will, indem er die Gegensätze zwischen Reformisten und Linksradikalen zum Hauptthema machen will. Aus dieser Einsicht ist der praktische Schluß gezogen worden: Es gibt wechselseitige Informationen über die zentralen Punkte der jeweiligen Kampagnen-Vorstellungen und es gibt einen 'Fahrplan'(...), der in den verschiedenen Lagern eine mehrheitliche Zustimmung gefunden hat. Oberste Regel dabei ist: Falsche Gemeinsamkeiten schwächen, verwischen und nützen dem Gegner – deswegen sollen sie auch nach Raum, Zeit und Aktionsform voneinander getrennt werden (...). Die Aktionsformen werden sich nicht eindimensional beschränken lassen: Linksradikale werden sich an Aktionen des legalen, gewaltfreien Widerstandes da beteiligen, wo es ihnen sinnvoll erscheint, und auch viele 'Reformer-Gruppen' werden es sich nicht nehmen lassen, mit eigenem Kopf und Gewissen Auflagen von Staat und Polizei daraufhin zu überprüfen, ob sie den einfachsten Regeln von Legitimität standhalten können. Diese brisante Mischung sehr unterschiedlicher Aktionen – legale aber unerwünschte Großaktionen bis hin zu illegalen Kleinstaktionen – soll nach dem Konzept der Linksradikalen bis zum Abschlusstag in der Effektivität und Behinderung gesteigert werden (...), um zu demonstrieren, daß es in der Metropole des Kapitals berichtenswerter ist, die Aktionen des Widerstands gegen den Imperialismus zur Kenntnis zu nehmen als die verlogenen Deklarationen von IWF und Weltbank." 🌐 29

+++ 26.61988.: Die Berliner Polizei errichtet an drei Stellen im Stadtgebiet „Sonderkontrollstellen nach §111- Terroristenfahndung" mit Identitäts- und Gepäckkontrollen. Offizielle Begründung: RAF-Fahndung, inoffiziell verlautbart: Vorbereitung auf die IWF-Tagung. +++

Die Autonomen setzen darauf, dass eine breite Mobilisierung mit zahlreichen möglichen Angriffszielen in der gesamten Innenstadt eine polizeiliche Strategie der Abriegelung unmöglich machen wird. Dennoch bereiten sie sich auch auf eine solche Situation vor: „Wir fordern alle auf, sich jetzt schon 'feine' Kleidung und vielleicht sogar Ersatzwohnungen zu besorgen, um dann ungestörte Bewegungsfreiheit zu haben."
In diesen Monaten beziehen sich etliche militante Aktionen auf die Kampagne gegen den Kongress. Sie sind vielfältig, so wird etwa am 27.6.88 der Null-Tarif bei der BVG ausgerufen (auf elf U-Bahnhöfen werden Fahrkartenautomaten, Stempeluhren und Verkaufsstände mit Schnellklebern außer Betrieb gesetzt) und am 11.7.88 dem Öl-Multi Shell fünf Tankstellen beschädigt.

Stillstand an Shell-Tankstellen
Betrag: 000.00
Abgabe: 000.00
Grund: Zapfsäulen-Schläuche durchschnitten

ZEITLEISTE 1990

festgenommen
14.06. Sechs Leute sterben in Rumänien als die Regierung Bergarbeiter gegen die Opposition mobilisiert
16.06. In Bonn demonstrieren 10.000 Leute gegen den §218
20.06. Usbekistan erklärt sich für unabhängig
25.06. In Sambia werden bei Protesten gegen Preiserhöhungen 30 Menschen getötet
29.06. Krawalle in Hamburg bei einer Musical-Premiere in einem Szeneviertel
02.07. Streiks und Demos im Kosovo nach der Auflösung des

Im Frühsommer 1988 stagniert das IWF-Frauenplenum wegen innerer Konflikte. Das ist erst nach dem Sommer vorbei, als konkrete Aktionen geplant und durchgeführt werden.
Auch das Männerplenum ist sehr mit sich und internen Diskussionen beschäftigt und untergliedert sich in aktionsfähigere Untergruppen.
Beide Plena sind aber jetzt, in den letzten Monaten vor der so endlos lange vorbereiteten Aktionsphase, kaum in der Lage, die Situation für die vielen anderen zu strukturieren, die jetzt endlich handlungssbereit sind.
Es wird offensichtlich, dass die „Verantwortlichen für die Kampagne" allein wenig auf die Reihe kriegen. Nach einer völlig missglückten Vollversammlung im Juli, als „Schweige-VV" zu trauriger Berühmheit gelangt, ergreifen viele Neue die Initiative. Die nicht mehr „Oberverantwortlichen" können sich nun in ihre eigenen kleinen praktischen Vorbereitungen stürzen.
Auf einem großen Folge-Treffen in der Kirche in der Glogauer Straße entsteht eine Arbeits- und Aktionsstruktur zur Durchführung der Aktionstage, zur Besetzung von Anlaufstellen, Organisierung von Schlafplätzen, Info- und Meldesystem, Ausbau des Ermittlungssausschusses, der autonomen Sanitäter, des Meldesystems zur Beobachtung der Polizeimaßnahmen... Je näher die Tagung rückt, desto intensiver werden die Vorbereitungen, desto mehr Menschen übernehmen schnell, unkompliziert und beachtlich routiniert Aufgaben, bilden Diskussions- und nun endlich auch Aktionsgruppen. Die ganze Trägheit der langen Vorbereitungsdiskussionen ist verschwunden.

Bange machen gilt...
Bei den AktivistInnen war merkwürdigerweise eine Zögerlichkeit verbreitet, konkrete Aktionen vorzubereiten. Im Nachhinein war die intensive Beschäftigung mit den „Inhalten" für die Aktionstage nur der Ausdruck einer Flucht und Furcht vor der Praxis. Denn die Praxis war stark repressionsbedroht, die Hetze der Medien nahm im Frühjahr reichlich zu. Das beeindruckte viele von uns, schürte Ängste. Aber über diese Ängste traute sich keiner zu reden. Das fiel uns dann im Juli bei der berühmten „Schweige-VV", bei der ich nicht anwesend war, gehörig auf die Füße. Bei dieser VV sollte es um die Vorstellung der Aktionen während der Aktionstage gehen. Der evangelische Gemeindesaal in der Nostitzstraße war gerammelt voll. Viele, die sich bisher nicht so intensiv mit dem IWF beschäftigt hatten, waren gekommen und neugierig. Doch keiner aus der Vorbereitung fand sich bereit, das Konzept vorzustellen. So gingen nach kurzer Zeit alle auseinander. Das war mehr als demobilisierend. Ich empfand dies als Katastrophe. Ich war erstaunt, wie umfangreich die Einschüchterung und Repression der Herrschenden auf viele von uns wirkte. Mir war von Anfang an klar: Für diese Sache riskieren wir einiges, wir können dafür in den Knast gehen. Aber wir können auch ungeheuer viel gewinnen, an Stärke, an Ausstrahlung. Wir können Signale setzen, dass diese Welt doch noch veränderbar ist. Und dafür lohnen sich auch ein paar Jahre Knast. Unser Fehler war, dass wir darüber nie so richtig in großem Kreis gesprochen haben und unsere Ängste und Zweifel thematisiert haben. 30

ZEITLEISTE 1990

Parlaments durch Serbien
02.07. Slowenien erklärt die Unabhängigkeit von Jugoslawien
04.07. Generalstreik in Griechenland
05.07. Streiks und Unruhen in Nicaragua gegen die neue Regierung, sechs Tote
16.07. Die sozialistische Partei Serbiens wird gegründet
16.07. Die Ukraine erklärt, ihre Unabhängigkeit einzuleiten
21.07. Krawalle in Südkorea nach einer Demo von 300.000 RegierungsgegnerInnen
25.07. In Kroatien demonstrieren 100.000 Serben für Auto-

In Hessen wird auf die Villa eines Bankers ein Brandanschlag verübt (Dr. Brautner ist Vorstandsmitglied der Kreditanstalt für Wiederaufbau und dort Sprecher für den Entwicklungsbereich). Unterzeichnet ist die Erklärung vom 3.8.88 von einem „Komitee für einen flammenden Widerstand gegen die IWF-Weltbank-Tagung".

▼ 11.8.1988: Wegen der Tagung von IWF und Weltbank in West-Berlin hat der Bundesgerichtshof (BGH) auf Antrag von Generalbundesanwalt Rebmann über West-Berlin und die Bundesrepublik eine Art Ausnahmezustand verhängt. Grundlage dafür ist §111 der Strafprozessordnung, der aus dem Arsenal der Antiterrorgesetzgebung stammt. +++

Begleitmusik

Ich wusste über den Verlauf der IWF-Kampagne einigermaßen Bescheid, aber mehr aufgrund persönlicher Bekanntschaften als durch eigene Beteiligung. Es war klar, Kampagnen mussten gemacht werden, um das Feuer unter dem Kessel heiß zu halten und die Stadt zum Brodeln zu bringen. Aber wieso gerade diese eine Sache so wichtig war, dass sie jahrelang vorbereitet werden musste, leuchtete mir nicht ein. Wenn es ernst wurde – also ab Sommer 1988 – würde ich schon irgendwie dabei sein. Bis dahin machte ich meine politischen Sachen weiter, die sich vor allem um Antifa und militante Organisierung drehten. Dass später im geschichtlichen Rückblick die IWF-Kampagne wie ein Berg in der zweiten Hälfte der 80er stehen würde, war für mich damals überhaupt nicht absehbar.

Im Sommer 1988 war die politische Temperatur in Berlin ziemlich hoch. Der Innensenator kündigte an, mit der autonomen Szene bis zum Herbst „aufzuräumen". Ich war erstaunt, wie viele Leute das ernstnahmen und in Verfolgungswahn verfielen. Hunderte gerieten in sachte Panik und wähnten sich schon fast verhaftet, die angekündigte Repression schien erfolgreicher zu sein als die tatsächliche. Die militante Begleitmusik zur IWF-Tagung hätte sicher lauter ausfallen können, wenn sich nicht so viele Menschen im Vorfeld hätten einschüchtern lassen. Und je weniger Leute organisierte militante Aktionen vorbereiteten, desto gefährlicher wurde es natürlich für die, die sie machten. Dabei kochte auch die Gegenseite nur mit Wasser. Wir besorgten uns Quartiere außerhalb des Kiezes (falls Kreuzberg 36 wieder abgeriegelt würde), kauften uns schickere Klamotten und achteten ein bisschen genauer auf unsere Umgebung, ansonsten ließen wir uns in den Vorbereitungen nicht besonders stören. Mein Blick verengte sich dabei aber zunehmend auf die militanten Aktionen und ihre technische Durchführung. Ich beteiligte mich jetzt erst recht nicht am öffentlichen Teil der Kampagne, denn für jemanden wie mich galt die Repressionsdrohung sehr konkret und nicht „irgendwie".

ZEITLEISTE 1990

nomie der serbischen Minderheit
28.07. Die polnische Solidarnosc spaltet sich
02.08. Irakische Truppen beginnen mit der Eroberung Kuwaits
06.08. Der UN-Sicherheitsrat beschließt ein Embargo gegen den Irak
07.08. Der ANC erklärt in Südafrika einen Waffenstillstand
09.08. In Peru kommt es zu Plünderungen und Randale nach Preiserhöhungen
12.08. Bei Kämpfen zwischen Inkatha und ANC kommt es zu

Am 18. August 1988 bekommt ein West-Berliner Hotel unerwünschten Besuch, das Tagungsteilnehmer unterbringen will. Aus der Erklärung: „Die IWF-Kampagne hat uns erfasst. Wir sind in das Cest-Motor-Hotel gegangen, um dort in der Eingangshalle Parolen 'IWF verhindern' und 'Den Bankern keine ruhige Nacht' an die Wände zu sprühen (...), haben Altöl über die Sitzgarnituren gekippt, die Telefone gekappt."
Als die Reformergruppen bei der Darstellung ihres Konzeptes von den Pressevertretern zu Distanzierungen von den Autonomen und deren „terroristischen Aktionen" aufgefordert werden, betonen sie die strikte Nichteinmischung nach dem Grundsatz: Jede Gruppe hat ihre Widerstandsformen selbst zu wählen und zu vertreten.

Mitte August gibt es Informationen (die Info-Kanäle und Gerüchte funktionieren in West-Berlin ebensogut wie in jeder anderen Kleinstadt), dass sich die Verantwortlichen der Stadt und von IWF/Weltbank mit Alternativ-Planungen beschäftigen. Sollte sich der Widerstand als zu stark erweisen, werde eine kurzfristige Not-Verlegung der Tagung nach Tokio vorbereitet.

+++ Kanzler Kohl erwartet „eine der bedeutendsten Veranstaltungen der Nachkriegszeit", die „den Ruf Berlins und der Bundesrepublik in der Weltöffentlichkeit auf Jahre prägen" werde. (*Spiegel*, 5.9.1988). Innerhalb des Polizei-Apparats, der Verfassungsschutzbehörden und auch der US-Zuständigen werden Szenarien zur Sicherheitslage durchgespielt. Diese Papiere geraten an die Öffentlichkeit und die Springer-Presse erörtert die besondere Gefahr durch die Autonomen. Die Sicherheitsspirale dreht sich schneller. Beim Verfassungsschutz wird eine Arbeitsgruppe IWF gebildet. Der BKA-Chef Boge lässt von den Geheimdiensten Listen „reisender Gewalttäter" erstellen, die am Transit nach West-Berlin aufgehalten werden sollen. +++

ZEITLEISTE 1990

500 Toten in Johannesburg
17.08. Seeblockade der USA gegen den Irak
20.08. Im Jemen demonstrieren 70.000 für den Irak
22.08. Jordanien schließt seine Grenzen zum Irak um Flüchtlinge abzuhalten
23.08. Armenien und Turkmenien sind faktisch unabhängig
24.08. Tadschikistan schließt sich diesem Schritt an
26.08. Abchasien erklärt sich für unabhängig von Georgien
28.08. Irak gliedert Kuwait als Provinz ein
02.09. Die russische Minderheit in Moldavien gründet die

+++ 30.8.1988: Die Bundesanwaltschaft lässt in West-Berlin und Westdeutschland 22 Wohnungen und Projekte durchsuchen und beschlagnahmt dabei Texte der RAF und zur IWF-Kampagne.+++
+++ Ost-Berlin: Über die IWF-und Weltbank-Tagung ist in den DDR-Medien nichts zu erfahren. Vor allem nichts über die DDR-Unterstützung für die in West-Berlin tagenden Banker. Die beiden Interhotels in Ost-Berlin, darunter auch das neueröffnete Grand Hotel, sind bereits vollständig ausgebucht. Dort haben sich Vertreter der internationalen Banken in Eigeninitiative eingemietet. Luxuslimousinen sollen die Herren täglich zum West-Berliner Tagungsort im Internationalen Congress Centrum (ICC) bringen. +++

Anfang September 1988 herrscht rege Vorbereitungstätigkeit. Der Gegenkongress wird vorbereitet und prominente WissenschaftlerInnen eingeladen. Die friedliche Großdemo, die „sicherheitshalber" auf den Tag vor der Kongress-Eröffnung gelegt wurde, findet breite Unterstützung. Die Mehrzahl der Autonomen hat sich der Maxime angeschlossen: „Keine unterschiedlichen Aktionsformen am selben Ort zur selben Zeit".

„Die Schein-Heiligen": Strassenaktion des BUM in der Wilmersdorferstraße

Um das „Büro für ungewöhnliche Maßnahmen" (BUM) formieren sich indessen BasisaktivistInnen. Eine große Zahl öffentlicher Aktionen und ironischer Spektakel wird ausgeheckt. Die Vorbereitung und Agitation für die Aktionstage erfolgt in enger Absprache mit Autonomen, die inhaltlich eigene Akzente setzen.
Je näher der Tagungstermin rückt, desto aktiver werden militante IWF-GegnerInnen in West-Berlin: Am 5. September werden 13 Firmenwagen der AKW-Firma Siemens von einer „autonomen Zelle" in Brand gesetzt, zeitgleich trifft es drei Firmenautos von Sixt und InterRent, die der Tagung Mietwagen zur Verfügung stellen wollen.
Am 6. September werden an U-Bahn-Kiosken Schlösser verklebt, auf Flugblättern steht: „Gegen die Niedriglöhne der BVG für die Frauen, die dort auch Sex-Magazine verkaufen".
Am 9.September 1988 führt ein „SEK" (offiziell Bezeichnung der polizeilichen Sonder-Einsatz-Kommandos, hier aber eine Gruppe autonomer „Sehr Enttäuschter Kunden") neun Brandanschläge auf Banken durch, die aber nur geringen Schaden anrichten. Am 16. September gibt es erneute Brandanschläge auf Banken in West-Berlin durch eine „autonome Zelle".
Am 19. September verübt eine „Revolutionäre Vire Thomas Müntzer" einen Brandanschlag auf die Messebaufirma Fairform, die Telefon- und Computeranschlüsse im ICC, dem Tagungsort der Weltbanker, verlegt.

Die Vorbereitung bei den Autonomen selbst ist uneinheitlich. Die stärker theoretisch orientierten Gruppen haben Grundsatzpapiere versprochen. Sie sind aber nach den Bremer Internationalismustagen sicher, dass diese in der erhofften Art mit praktischen Folgerungen für den Widerstand nicht mehr zustandekommen. Einzelne aus die-

Zeitleiste 1990

Dnjestr-Republik
02.09. In Kanada räumt die Armee einen von Mohawks besetzten Indianerfriedhof um einen Golfplatz durchzusetzen
04.09. Um die Stas-Akten nicht in die Hände von BRD-Behörden gelangen zu lassen wird die Stasi-Zentrale besetzt
06.09. Österreich setzt die Armee ein, um rumänische Flüchtlinge an der Grenze zu stoppen
07.09. Der Kosovo erklärt sich zu einer eigenständigen jugoslawischen Republik und wählt einen Präsidenten

sem Spektrum ziehen sich zurück, andere stürzen sich auf die notwendigen praktischen Vorbereitungen der Aktionstage und ganz besonders der Abschluss-Demo.
Die Vorbereitungsgruppen um das LAZ schaffen es immerhin noch, auf den letzten Drücker Broschüre und Flugblätter zur Mobilisierung für die Aktionstage fertig zu stellen. Ohne die neu Dazugekommenen wäre wenig möglich gewesen. So aber entwickelt sich eine solide Vorbereitungsarbeit wie bei ähnlichen Großereignissen. Viele fragen sich allerdings, wozu dann eigentlich diese jahrelange Vorbereitungszeit nötig war.

Koordinierte Kleingruppenaktionen haben einen riesigen Vorlauf an Absprachen. Wenn du berücksichtigst, dass nicht nur die Leute, die in der Nacht unterwegs waren, zu den Aktionen beigetragen haben, sondern viele auch im Vorfeld Zeit, Energie und Nerven investiert haben, kannst du dir vorstellen, wie viele insgesamt beteiligt waren. Es gab auch einen sehr wichtigen „Nebenaspekt": Du konntest FreundInnen und Bekannte fragen, ob sie sich (manche: wieder mal) beteiligen wollten – und viele hatten an diesen Aktivitäten mehr Spaß, als an der offenen Konfrontation auf der Straße. Und wenn du auf einer der zahlreichen Demos oder beim Flugblatt-Verteilen dir mit 'nem kurzen Seitenblick gegenseitig zugrinst – das hat was nett Verschwörerisches, da wird die agitatorische Kleinarbeit gleich viel angenehmer ...

+++ 11.9.1988: Die „Antiimperialistische Stadtrundfahrt" wird zum 5. Mal von der Polizei angehalten und durchsucht. Begründung für die Durchsuchungen und Personalienfeststellung: Die Rundfahrt diene dem Aufspüren „sicherheitsrelevanter Objekte". +++
+++ 20.9.1988: Die Bundesanwaltschaft lässt Wohnungen in Bremen und West-Berlin wegen „Bildung einer kriminellen Vereinigung nach §129a" durchsuchen. Es trifft Leute, die die Bremer Internationalismustage organisiert bzw. dort zu militanten Störungen der IWF-Tagung aufgerufen haben.+++

Am 20. September schießt die RAF mit einem Schrotgewehr auf die gepanzerte Limousine des Staatssekretärs im Bundesfinanzministerium Tietmeyer.

+++ 21.9.1988: „Die Sicherheit der Gäste ist gewährleistet", versichert Justizsenator Rehlinger. Für die 10.000 Banker und Politiker stehen 9.000 Polizeibeamte bereit Alle „gefährdeten Personen und Objekte, Hotels, Banken und Konzerne bis hin zu leeren Autos" würden demonstrativ geschützt oder verdeckt überwacht. Die Polizei verstärkt ihre Aktivitäten in Kreuzberg u.a. mittels Hausdurchsuchungen sowie Einsatz von „dem Milieu angepassten" Spitzeln zur „Vorfeldaufklärung".+++

„Unverhältnismäßig" (*taz*) ergeht es einer in West-Berlin lebenden Schwäbin, als sie an ein Schering-Tor im Wedding einen Anti-IWF-Spucki klebt. Darauf steht u.a. „Alle reden vom Hunger, wir machen ihn". Zivilbeamte bemerken die Klebeaktion. Die Frau wird zur Wache in der Pankstraße

„Milliardenfieber" im Vorfeld der Tagung - gefolgt vom täglichen „Zahltag" während des Kongresses

ZEITLEISTE 1990

28.09. In Serbien gibt's jetzt ein Mehrparteiensystem
01.10. In Ruanda nehmen 10.000 Tutsi-Rebellen den Kampf gegen die Hutu-Armee auf
03.10. Anschluss der DDR an die BRD
06.10. Beginn mehrtägiger Krawalle in Lyon
08.10. Die israelische Armee schießt nach Krawallen auf dem Tempelberg auf Palästinenser, 21 Tote
09.10. Mehrparteiensystem in der SU eingeführt
15.09. Die Rassentrennung in Südafrika wird aufgehoben
21.10. Ein Palästinenser ersticht drei Israelis

gefahren und vorläufig festgenommen. Wegen angeblicher „Gefahr im Verzuge" darf sie nicht telefonieren und wird erst gegen 6.30 Uhr in der Frühe wieder freigelassen. In der Zwischenzeit wurde ihr Zimmer durchsucht, ein Heft über die antiimperialistische Stadtrundfahrt sowie Flugblätter zum IWF mitgenommen.
Die zahlreichen Aktionen führen bei den VeranstalterInnen und ihren Sicherheitsorganen zu hektischen Vorbereitungsmaßnahmen, aufmerksam begleitet von den Medien. Trotzdem: Plakate, Aufrufe, endlich auch die IWF-Aktionsbroschüre werden unter die Leute gebracht. Zuguterletzt setzt sich doch noch eine Stimmung durch, die nach Aktivitäten schreit.

3. Akt: Es wird ernst

Freitag 23.9.

+++ Die Insassen aus dem Abschiebeknast in der Kruppstraße sind umverlegt worden. Die nunmehr 350 freien Knastplätze stehen laut Innensenatssprecher Birkenbeul der Polizei während der IWF- und Weltbank-Tagung „zur Verfügung".+++
+++ Die Weltbank-Gremien treffen sich zu einer Vor-Konferenz, die Sicherheitslage wird erörtert, die Verlegung nach Tokio ist nicht nötig, lautet die Einschätzung.+++

Dutzende Taxis nehmen am Korso der „Taxistas" gegen den IWF-Kongress teil

In der Hochschule der Künste (HdK) beginnt der Gegenkongress.
Die Eröffnung der Gegen-Veranstaltungen erfolgt durch die Begrüßungs-Taxi-Demonstration am Freitag. Sie sollte ursprünglich verboten werden. Es gab nervöse Einschätzungen über Festnahmen, Angriffe durch reaktionäre KollegInnen, Beschlagnahmung der Taxen und Ähnliches. Als sich trotz dieser Warnungen mehr Taxen als erwartet beteiligen, ist der Prolog gelungen.

Samstag 24.9.

+++ Die Gremien tagen, die Sicherheitskräfte sichern. +++

Die ReformerInnen bleiben aktiv: Ab 8.00 Uhr wird der Gegenkongress in der HdK fortgesetzt.
10.00 Uhr: Die zum IWF herausgegebene Zeitung *Zahltag* wird im gesamten Stadtgebiet verteilt, während der Aktionstage gibt es jeden Tag eine aktuelle Ausgabe mit einer Auflage von bis zu 50.000 Exemplaren.
12-20 Uhr: Breitscheidplatz: Bus der BUKO-Pharma-Kampagne mit mobilem Straßentheater, weitere Theatergruppen.
20.30-21.00 Uhr: TrommlerInnen aller Nationen und Regionen trommeln für die Völker der Welt. Hierbei ist vor allem das „Büro für ungewöhnliche Maßnahmen" initiativ. Die Bullen haben zwar das Stadtgebiet flächendeckend besetzt. Aber wie sollen sie sich gegenüber den angemeldeten TrommlerInnen verhalten – oder gegenüber den freundlichen ZuhörerInnen? Beim Dunkelwerden beginnt das allnächtliche Trommeln auf dem zentralen Breitscheidplatz und bietet allen, die im Dunkeln in der City unterwegs sein wollen, einen netten Start für Aktionen wie „Bürger beklatschen Banker" und andere „unvorher-

Zeitleiste 1990

21.10. In Peru werden 8000 Menschen nach Anschlägen des *Sendero Luminoso* festgenommen
24.10. Bei IRA-Anschlägen in Nordirland sterben sechs britische Soldaten
25.10. Kasachstan erklärt sich für autonom und will die Atomwaffenversuche auf seinem Territorium beendet sehen
03.11. Bei Fußballkrawallen erschießen die Bullen einen Hool in Leipzig
05.11. Ein Palästinenser erschießt in New York den Chef der

gesehene Maßnahmen in der Tiefe des öffentlichen Raumes". Viele Menschen aus dem Alternativ-Spektrum wechseln ihre Latzhosen mit Anzügen, spazieren als Banker durch die City und stürzen die zahllosen zivilen und weniger zivilen Bullen in ein gehöriges Durcheinander. Das mobile Straßentheater der BUKO-Pharma-Kampagne bietet für die vielen angereisten BUKO-Menschen einen wichtigen Orientierungspunkt.
Die Autonomen halten unterdessen am späten Nachmittag ein Abschlussplenum im hinteren Kreuzberg ab und berichten von unterschiedlichen Horror-Szenarien: Es gibt Gerüchte von abgeriegelten Stadtteilen, von Festnahmen aller Andersaussehenden, von „Schutzhaft". Nur Einzelne haben sich „bürgerliche Kleidung" besorgt, schauen in der City vorbei und kommen mit fröhlichen Berichten zurück. Das steckt an. Endlich sind auch die autonomen Kämpfer in der City beim munteren Banker-Jagen mit dabei.

Sonntag 25.9.
Die Demo am Sonntag gehört zu den wirklich großen Demos in der Nachkriegsgeschichte der Stadt: Ab 9.00 Uhr: Treffen der Demo-Singles – gegen die Einsamkeit der LangstreckenläuferInnen – gemeinsames Schminken, Gesangs- und Rhythmusproben – Gruppen bilden angesichts von Repression und Gefahr, sich gegenseitig Schutz bieten.
11.00 Uhr: Demo vom Kranzler-Eck zum ICC. Es ist schon eine gewaltige Ansammlung: 80.000 Menschen!! Es wird eine bunte und überraschend kämpferische Demo. Die Bullen halten sich deutlich zurück. Die wenigen Schwarzgekleideten bleiben dabei, nicht aus der Demo heraus irgendwelche Objekte anzugreifen. Infolgedessen trauen sich auch die Ängstlicheren an den Aktionstagen teilzunehmen.

Mit 80.000 TeilnehmerInnen eine der größten Demonstrationen der Nachkriegsgeschichte West-Berlins

ZEITLEISTE 1990

israelischen Kach-Partei
05.11. In Paris fordern 100.000 SchülerInnen ein besseres Bildungssystem
08.11. Die USA wollen zusätzliche 200.000 Soldaten an den persischen Golf schicken
09.11. In Nepal neue Verfassung und Mehrparteiensystem
12.11. In der Berliner Mainzer Straße werden Barrikaden gebaut um die Räumung zu verhindern
13.11. Die Barrikaden werden in der Mainzer immer höher, Freude in allen Gesichtern

Trommelfeuer und Engel Martha

20.00-21.00 Uhr: Zum „Trommelfeuer" kommen viele der „Friedlichen" in die City, lassen sich von dem Bullenaufgebot nicht abschrecken. Sie beteiligen sich mit großem Spaß daran, die neugierig herumspazierenden TagungsteilnehmerInnen zu beschimpfen, anzuschreien, zu verjagen, vor den Hotels mit Trillerpfeifen zu lungern, vor den Schaufenstern der feinen Restaurants Drohgebärden zu zeigen. In einigen Restaurants werden in schnellen Aktionen Tische geplündert und umgeworfen. Kurzum: Ein netter Empfang!

Wieviele geplante Aktionen aufgrund der hohen Polizeidichte oder aus anderen vernünftigen Gründen nicht stattfinden konnten, können wir natürlich nicht wissen. Aber in manchen Ausnahmefällen erinnern sich Leute auch Jahre später noch daran...

IWF abschalten

Zu den vielen tollen Ideen im September 1988 gehörte unser Plan, der IWF-Tagung den Strom abzudrehen. Wir hatten zwar Erfahrung im Basteln von Mollis und Zeitzündern, aber das Berliner Stromversorgungsnetz war uns einigermaßen unklar. Natürlich konnte niemand so einfach zur Bewag gehen und fragen, wo denn welche wichtigen Stränge verliefen. Aber die Recherche-Arbeit im Vorfeld hätte wohl doch gründlicher sein können.

Schließlich kamen wir zu der Überzeugung, dass es ein Prinzip der Ringversorgung gab: Wenn ein Knotenpunkt ausfiel, sprang ein zweiter ein. Wenn also der Ring für das ICC an zwei Stellen unterbrochen wurde, würde – so hofften wir – die Versorgung zusammenbrechen. Mal abgesehen von irgendwelchen Notstrom-Aggregaten, die es natürlich geben würde. Aber schon ein kurzes Flackern des Rampenlichtes im ICC wäre ein schöner Erfolg gewesen.

Wir suchten uns die beiden naheliegendsten Umspannwerke, in Charlottenburg und Wilmersdorf, und versuchten, sie gleichzeitig in Brand zu stecken. Logischerweise waren wir ziemlich nervös, denn in der Stadt herrschte Sicherheitsstufe Eins und überall waren Bullen unterwegs.

Irgendwas klappte wohl nicht. Was schiefgegangen ist, haben wir nie erfahren. Haben die Zünder versagt? Fand das Feuer zu wenig Nahrung? War die Feuerwehr zu schnell? Oder handelt es sich um das bis heute bestgehütete Geheimnis des IWF und die Funktionäre laufen seitdem immer mit Kerzen in der Tasche herum, zur Sicherheit?

ZEITLEISTE 1990

14.11. Die Mainzer wird geräumt
22.11. Frankreich erkennt Existenz des korsischen „Volkes" an
26.11. Die ArbeiterInnen der Reichsbahn treten in den Streik
27.11. Laut Berliner Ausländerbeauftragten steigt in der Ost-BRD die Zahl der Angriffe auf Fremde
29.11. Der UN-Sicherheitsrat gibt dem Irak bis zum 15.01 Zeit Kuwait zu räumen, sonst Krieg
07.12. Bei Kämpfen zwischen Moslems und Hindus sterben in Indien 83 Menschen
14.12. Generalstreik und Unruhen in Marokko, hunderte Tote

Etwa 800 vorwiegend junge Menschen nehmen am Sonntagabend in der Ost-Berliner Sophien-Kirche an einem Gottesdienst teil, bei dem aus Anlass der Tagung des IWF und der Weltbank Kritik an diesen beiden Institutionen geübt wird.
Eröffnet wurde die Ost-Berliner Aktionswoche von Autonomen und kirchlichen Basisgruppen bereits am Freitagabend mit einem Solidaritätskonzert. Samstag und Sonntag veranstaltet dann der Friedenskreis Friedrichsfelde ein Seminar „zu Fragen einer gerechten Weltwirtschaftsordnung". Eingeladen hat man sowohl VertreterInnen von Befreiungsbewegungen in der Dritten Welt als auch ExpertInnen aus dem Ostblock. Offensichtlich wird einigen Gästen jedoch die Einreise verwehrt. Knapp 80 TeilnehmerInnen diskutieren das Verhältnis von kapitalistischen Industrie- und Entwicklungsländern, die Rolle des IWF und der Weltbank sowie die Frage, ob diese Institutionen im Sinne einer gerechteren Wirtschaftsordnung „demokratisierbar" seien oder abgeschafft werden müssten.

Montag 26.9.

+++ Die Tagung beginnt mit Ausschuss-Sitzungen im zentralen Kongresszentrum ICC +++

Das Rahmenprogramm der nächsten Tage bleibt relativ einheitlich: Die FrühaufsteherInnen bauen sich ab 7.00 Uhr am Flughafen und vor den Hotels mit allen möglichen Instrumenten und Verkleidungen auf. Tags werden vorbereitete und angemeldeten Aktionen und Kundgebungen unter riesigem Polizeiaufgebot durchgeführt.
Bei Dunkelwerden werden die TagungsteilnehmerInnen und ihre Luxuskarossen aufgespürt (Diese wurden von Konzernen für die Tagung kostenlos zur Verfügung gestellt).

Hotel Intercontinental, für Luxuskarossen ein schlechter Parkplatz

10.00-12.00 Uhr: Am ersten Aktionstag gibt es Kundgebungen an der Adler-Verkaufszentrale, Kudamm 206, sowie bei einer Zeitarbeitsfirma ADIA.
12.00-16.00 Uhr: Zentrale Aktion der Anti-AKW-Bewegung bei Siemens-KWU in Siemensstadt – „Keine Energie für den Kongress!"

„Keine Energie für den Kongress" Demonstration der Anti-Akw-Bewegung in Siemensstadt

17.00-18.00 Uhr: Aktion bei Reisebüros und Porno-Läden gegen Sex-Tourismus.
19.00 Uhr: Parallel zum Galaabend in der Deutschen Oper treffen sich wieder viele lästige Chaoten zum alternativen Kulturprogramm „BürgerInnen beklatschen Banker".

Zeitleiste 1990

16.12. Demonstrationen in vielen Städten Rumäniens gegen die Regierung
22.12. Über 150.000 bei der ersten genehmigten Oppositionskundgebung in Albanien
29.12. Demo von 60.000 Argentiniern gegen die Freilassung der Juntamitglieder
30.12. Nach Protesten verzichtet die griechische Regierung auf die Begnadigung des Chefs der Militärjunta

Scherze mit Schertz

Was tut man, wenn man mit der ganzen IWF-Vorbereitung nichts am Hut hat? Wenn man auf keines der hundert Treffen gegangen ist? Wenn man sich als Einzelner nicht in eine Männer- und eine Frauengruppe spalten kann? Wenn man weder Insider-Infos noch Insider-Panik hat? Ich entschied mich mit einem Kumpel für die Luxusvariante. Fast 1000 DM hat jeder für einen echt noblen Anzug und Schuhe ausgegeben. Dann ab zum Empfang in die Deutsche Oper. Draußen ein Ring von Demonstranten um eine erste recht stabile Bullenkette, die die Oper weiträumig abriegelt. Rein kommt man nur mit Einladungskarte. Oder man sieht gut aus und erzählt mit hilflosem Ausdruck im Gesicht, dass der Vater mit den Karten im Foyer wartet. Die erste Hürde ist genommen, die bösen Blicke der Chaoten, die einem beim Passieren zugeworfen wurden, vergessen. Die zweite Sperre ist keine, da man ja offenbar eine Karte hat, sonst wäre man nicht hier. Die dritte Hürde, direkt am Eingang, können wir dann nicht mehr nehmen. Also was tun wir jetzt? Nur eine Sturmhaube in der Unterhose, sonst nichts. Umgeben von Bullen und Schweinen – fast wie auf dem Land. Irgend einen Bonzen angehen oder Hasskappe auf und sich parolenrufend rausschmeißen lassen? Lieber einen Bonzen! Doch welchen und wie sehen die überhaupt aus? Ich würde nicht mal den IWF-Chef erkennen. Jetzt stehen wir schon 5 Minuten hier dumm rum. Scheiße, das fällt doch auf. Draußen haben die anderen ihren Spaß und wir stehen hier wie die Deppen. Doch da naht die Rettung. Der Polizeipräsident Schertz mit einer Bande von Speichelleckern um sich will zum Eingang. Los, in die Gruppe drängeln und swotsch ihm auf den Hinterkopf gerotzt. Er dreht sich angeekelt um, sieht aber nur Spießer. Wir gehen, werden aber vor Erreichen der letzten Bullensperre aufgehalten. Mich packt einer, drängt mich an die Wand und versucht mich zu durchsuchen. Ich bin empört und sage, dass er mich loslassen soll, da ich erst mein Jackett öffnen muss, das sonst beschädigt werden könnte. Er lässt mich los und entschuldigt sich. So etwas ist mir merkwürdigerweise im Punkoutfit nie passiert. Mein Hochgefühl über unsere geile Tarnung hält auch während der Aussetz-Zeit im Bullengewahrsam an. Verfliegt aber als ich nach der Freilassung auf den Kudamm gehe, um zu sehen, was so läuft. Denn hier werde ich von an der Ecke lungernden SEKlern angesprochen: Ach der X, wo hat der denn seine Docs gelassen? Nach dem Dämpfer geh ich nach Hause und an den anderen Tagen sehe ich wieder wie ein Mensch aus.

schrille Chöre vor den Hotels und vor der Deutschen Oper

ZEITLEISTE 1991

1991

03.01. Generalstreik in der Türkei
05.01. Amnestie für politische Gefangene in Albanien
08.01. Die litauische Präsidentin tritt nach Protesten gegen Preiserhöhungen zurück
08.01. Die US-Armee erlässt Zensurbestimmungen für den Krieg am Golf
09.01. Generalstreik in Bolivien wegen Benzinpreiserhöhung
11.01. Sowjetische Truppen besetzen das litauische Verteidigungsministerium

Parallel zu den „offiziellen Aktionen“ tauchen immer wieder Gruppen unangemeldet bei Banken, Sex-Shops, Versicherungen, Restaurants und Hotels auf und hinterlassen je nach Laune und Gelegenheit ihre Spuren.

+++ Inzwischen sind die Tagungsteilnehmer und Sicherungskräfte nervös geworden. Anstatt sich mit ihren Luxuskarrossen zur Oper kutschieren zu lassen, werden sie in feinster Robe aus Sicherheitsgründen in ordinäre Reisebusse verfrachtet – und mit viel Polizeiaufgebot geht es auf Umwegen in die Hotels zurück. Einige denken immer noch, sich abends in der Weltstadt vergnügen zu können. Dass es dabei Einzelne wie den ehemaligen japanischen Außenminister erwischt, der aus dem Auto gezerrt wird, kann die Menge am nächsten Tage den entrüsteten Zeitungen entnehmen. Jetzt äußern auch erste Delegierte, ihre Abreise zu erwägen, andere legen einen Abbruch der Tagung nahe. +++

Dienstag 27.9.

An diesem Tag sollen bundesweit Aktionen an verschiedenen Flughäfen stattfinden: Die Schalterhallen werden als „Umschlagplatz für menschenverachtende Kongresseliten sowie für Abschiebung, Sextourismus und Frauenhandel“ gekennzeichnet.

+++ Wer jetzt noch zu der Tagung per Flugzeug anreist, fühlt sich so sicher wie in einer ordentlichen Diktatur: Polizei ohne Ende, gründlichste Durchsuchungen (gut tarnende Verkleidung war ja angesagt worden).+++

Die IWF-Frauengruppen wollen ein gelungenes Aktionstheater vom August in der Wilmersdorfer Straße wiederholen. Alles wird verboten, wegen der „Unruhen der vorigen Nacht“. Alle Teilnehmerinnen werden festgenommen und nach einer längeren Personalienfeststellung freigelassen. Die Freilassungsfeier wird gleich in eine Kurzaktion in einem Reisebüro umfunktioniert und der koreanische Botschafter, der dort gerade zu Besuch war, beschwert sich bei der Tagungsleitung und der Presse über seinen verdorbenen Anzug. Kundgebungen gibt auch es beim Pharma-Konzern Schering, bei der Zentrale der Allianz-Versicherung und beim Deutschen Institut für Entwicklungspolitik. In Neukölln und Wedding gibt es Fahrrad-Stadtspiele, die das „Damenprogramm“ der Teilnehmer-Gattinnen aufmerksam begleiten – merkwürdigerweise von denen wenig positiv aufgenommen. Die Lateinamerikagruppen aus dem LAZ organisieren ein Stadtspiel in der Innenstadt. An verschiedenen Stellen werden Aktionen und Straßentheater über die Ausbeutung beim Kaffeeanbau, über die Aktivitäten der Contra in Nicaragua und die Herrschaft der Großgrundbesitzer durchgeführt. In einem großen Fahrradkonvoi geht es dabei auf dem Kudamm immer weiter

Aktionen vor Hotels, Banken und ein großer Fahrradkonvoi Richtung ICC

ZEITLEISTE 1991

12.01. In der BRD demonstrieren 200.000 gegen den Krieg am Golf

14.01. In Tunis wird der Sicherheitschef der PLO getötet

15.01. Gefechte zwischen FMLN und Regierungstruppen in El Salvador

17.01 Die USA und andere beginnen mit der Bombardierung Iraks

18.01 Der Irak beschießt Israel mit Raketen

19.01 Positiver Effekt des Golfkrieges: Der deutsche Karneval wird abgesagt

Richtung ICC. Die Bullen blicken es nicht so richtig, rennen z.T. vollbepackt zu Fuß den Fahrrädern hinterher und werden abgehängt, Bullenwannen werden durch die Fährräder auf den Kreuzungen blockiert, derweil andere RadlerInnen dem ICC immer näher kommen. Die Sicherheitskräfte geraten in helle Aufregung. Völlig überraschend tauchen plötzlich Dutzende von RadlerInnen vor dem ICC auf, trauen sich aber nicht direkt bis in die Eingänge zu fahren. Mit gereckten Stinkefingern und dem üblichen „IWF-Mördertreff" drehen die RadlerInnen wieder ab. Ein bisschen mehr Wagemut und die IWF-GegnerInnen hätten die höchste Alarmstufe auslösen können. Abends: „Trommelfeuer" wie gehabt.

Fahrrad- und Autokorso der Kollektive

+++ Es ist jetzt zu spät, den Tagungsort noch zu verlegen. Das würde bedeuten, sich „dem Druck der Straße" zu beugen. Es gibt auch keine Möglichkeit mehr, den Mob mit Gewalt von der Straße zu kriegen. Dazu ist alles zu chaotisch. Einzige Schlussfolgerung: Die Delegierten müssen in ihren Reservaten bleiben, die Transporte erfolgen in gesicherten Konvois, die übrige Stadt kann in Videos besichtigt werden. Kritik an der Vorbereitung solle bitte auf den Abschluss der Tagung verschoben werden.+++

+++ „Ich bin begeistert von der Gegenseite" äußert ironisch ein Berliner Polizeibeamter: „Deren Plan läuft. Jedes Ziel, das sie sich vorgenommen hatten, haben sie erreicht." In der Einsatzzentrale der Polizei herrsche dagegen ein völliges Durcheinander: „Keiner weiß, was er tut und das mit vollem Einsatz".+++

Mittwoch 28.9.

7.00 Uhr: „BürgerInnen beaufsichtigen Banker" bei der Abfahrt von den Hotels zu ihrer,Arbeit; Spaziergang-Demos zum Arbeitsamt, zur Ausländerpolizei, zur Börse: Überall dasselbe Bild, aufgeregte Schlips-und Kragen-Menschen, verblüffte, verärgerte, vergnügte Angestellte, Unmengen von Bullen, gesperrte Straßen, viel Presse und TV aus der ganzen Welt.

14.00 Uhr: Der große Auto-Fahrrad-Korso der Kollektiv-Betriebe: „Wirtschaft kann auch anders aussehen!" Die Beteiligung ist nach den vorhergehenden Tagen und Nächten riesig und ausgelassen. Im Vorfeld hatte es fürchterlich ängstliche Diskussionen und Auseinandersetzungen gegeben.

16.00 Uhr: Zahllose BürgerInnen besuchen Banker mit ihren Autos in der City: „Wer langsam fährt, fährt unfallfrei!" Anschließend Besuche im Renommier-Kaufhaus KaDeWe und Aktionen „Schnell-Imbiss" bei McDonalds.

Viele „ordentlich Aussehende" sind unterwegs, und nicht wenige von ihnen tragen streichholzschachtelgroße – oder besser: kleine – Mini-Störsender immer möglichst nahe an den Einsatzkräften mit sich herum. Da steckt eine immense Vorarbeit drin – und öfters gibt es auch sichtbare Erfolgserlebnisse.

Das Abendprogramm leidet darunter, dass alle schon lange unterwegs waren – und die beliebten Zielpersonen sich gar nicht mehr aus ihren Unterkünften trauen. Die Polizei hält sich an der Presse schadlos und verprügelt diverse Journalisten, die ihr zu nahe kommen mit Kamera oder Mikrofon.

ZEITLEISTE 1991

20.01. Sowjetische Truppen beschießen das lettische Innenministerium, fünf Tote

20.01. In Moskau fordern 300.000 Demonstranten ein Ende der Militäraktion im Baltikum

22.01. Der Irak setzt die kuwaitischen Ölquellen in Brand

23.01. Kolumbien lässt 2000 Guerilleros frei

26.01. In Bonn demonstrieren 200.000 gegen den Golfkrieg

27.01. Generalstreik in Marokko wegen der irak-feindlichen Regierungspolitik

29.01. Inkatha und ANC vereinbaren ein Friedensabkommen

Wir fuhren durch die Stadt, um mit einem ins Auto eingebauten Störsender den Polizeifunk außer Kraft zu setzen bzw. ihn zumindest erheblich zu erschweren. Gleichzeitig waren viele andere mit Mini-Sendern unterwegs. Nachdem wir in den ersten Tagen den Erfolg unseres leistungsstarken Senders ganz unmittelbar verfolgen konnten, hat die ganze Geschichte immer mehr Spaß gemacht. Polizeiwannen und ganze Kolonnen von Fahrzeugen wussten nicht mehr, wohin sie fahren mussten, wo der nächste „Brennpunkt" war, weil ihre Einsatzleiter kein Wort mehr verstanden, das aus ihren Funkgeräten kam. Wir wussten es umso besser und versuchten natürlich ein gutes Timing hinzubekommen, um den Menschen, die an einem bestimmten Ort eine bestimmte Aktion planten, ein bisschen Ruhe vor den Bullen zu verschaffen. Es war ein zu schönes Bild, sicher aus einem Wagen zu sehen, wie die Einsatzleitung völlig verzweifelte, weil die ganze schöne Kommunikation nicht mehr funktionierte. All das mittels eines kleinen Schalters, der unauffällig im Wagen angebracht war. Natürlich war den Bullen bald klar, dass ihre Funk-Anlagen nicht kaputt sind, sondern bewusst gestört werden. Wir aber wussten, dass sie wussten... und uns suchten. Immer mehr Autos der Post fuhren umher. Auf ihren Dächern waren weithin sichtbare Peilanlagen montiert. Es war leicht, sie zu erkennen und in ihrer Nähe den Störsender auszuschalten. Was wir nicht wussten: Diese Peilanlagen können auch in Campingbussen versteckt sein. Perfide! Am Mittwoch Abend wurden wir in einer Seitenstrasse vom Kudamm angehalten, hinter uns ein Campingbus, darin Mitarbeiter der Post und Zivilbullen. Sie hatten uns erwischt und waren mehr als stolz, uns endlich gefunden zu haben. Nach längerer Suche hatten sie auch den Sender gefunden, schalteten ihn ein und bekamen das entsprechende Signal auf ihrer Peilanlage. Volltreffer! Wir wurden festgenommen, der Wagen konfisziert. Nach ein paar Stunden ließ man uns wieder laufen, das Auto jedoch wurde über Monate auf dem Polizeiparkplatz gefangen gehalten und gründlichst untersucht. Beim Abholen fanden sich in einer dreckige Plastiktüte noch mehrere funktionstüchtige Minisender.

Brandanschläge auf den Zufahrtswegen von den Hotels zum ICC blockieren kurzzeitig die Anfahrt der Teilnehmer

Donnerstag 29.9.
Sollte der „Höhepunkt" der Aktionstage sein...

+++Auf den Zufahrtswegen von den Hotels zum ICC blockieren zeitgleich einige brennende Autos die Anfahrt der Teilnehmer an mehreren Stellen. Trotz einer zeitlichen Verzögerung nimmt die Tagung ihren Lauf. +++

ZEITLEISTE 1991

in Südafrika
30.01. Irakische Truppen dringen in die saudische Grenzstadt Chafdschi ein
02.02. In London demonstrieren 50.000 gegen den Golfkrieg
03.02. Die KP Italiens benennt sich in PDS um
07.02. Raketenanschlag der IRA im Londoner Regierungsviertel
13.02. Die RAF beschießt die US-Botschaft in Bonn
13.02. Eine „intelligente" US-Bombe tötet 314 Zivilisten in einem Bunker in Bagdad

Gedenksteinenthüllung für die „Opfer der Freiheit des Geldes"

10.00 Uhr: Es wird feierlich ein Gedenkstein für die „Opfer der Freiheit des Geldes" durch die „Schein-Heiligen" in der City enthüllt.

IWF-Stress

Seit einer Woche war ich bei einem Kumpel in Wilmersdorf untergekommen. Musste zwar zweimal in dieser Woche in den Mehringhof und Dienst im Infostützpunkt schieben. Aber alles ging gut. Keine Bullen hinter mir her.

Am Sonntag konnte ich mir in aller Ruhe die Demo anschauen. War schon beeindruckend, die Massen zu sehen. Tolle Stimmung. Schade, dass wir vereinbart hatten, nix zu riskieren und nicht mitzulaufen. Am Montag habe ich dann zum ersten mal richtig Maskerade gespielt und bin in einem piekfeinen Anzug den Kudamm mit dem Bus runtergefahren. Zwar roch ich leicht, aber alles ging gut. Mit einem Kumpel kamen wir ungehindert ins Pornokino rein und konnten uns von der Buttersäure erleichtern. Mann, müssen die Wichser da später in ihren Sesseln gestunken haben. Am Montagabend dann Deutsche Oper. Auch hier, hatten wir vorher vereinbart, war Zurückhaltung angesagt, Festnahme sollte unbedingt vermieden werden. Also konnte ich dem munteren Treiben wieder nur zuschauen. Am Dienstag wollte ich das Auto für die Straßenblockade am Donnerstag früh holen. Doch die Karre wollte nicht anspringen. Batterie alle. Schöne Scheiße. Was nun? Eine neue konnte ich nicht kaufen. Hätten die Bullen ziemlich schnell rausgekriegt, wo die gekauft wurde. Ich holte mein Auto aus Kreuzberg und tauschte die Batterie. Jetzt lief die Karre wieder, die GenossInnen kurzfristig vorher gekauft hatten und die noch nicht umgeschrieben war. Am Mittwoch musste ich zuerst in den Mehringhof. Danach zurück auf mehreren Umwegen. Gegen Abend machte ich den Zeitzünder und den Brandsatz im Auto fertig. Morgens lief dann alles wie geschmiert. Das Auto sprang sofort an, ich stellte die Karre in der zweiten Reihe auf der Zufahrtsstrasse zum ICC in der Lietzenburger ab (den Kudamm hatten wir fallen lassen, war uns zu riskant), schaltete den Zeitzünder ein, schloss das Auto ab und verpisste mich. Alles paletti. Ob bei den anderen auch alles so glatt gegangen war?

Nach einer kurzen Erholung in der Wohnung zog ich mich um und fuhr mit der U-Bahn nach Kreuzberg. Die Abschlussdemo war angesagt und ich gehörte zum Lautsprecherschutz. Selten habe ich so eine kämpferische Demo mitbekommen. Unsere beiden im Lauti waren Klasse und haben den Bullen ordentlich eingeheizt. Das hat uns noch mehr Stärke vermittelt. Ich hatte Glück und bekam bei den Angriffen der Bullen auf den Lautsprecherwagen fast nichts ab.

ZEITLEISTE 1991

20.02. Brandanschläge in drei Frankfurter Kaufhäusern wegen des Golfkrieges

20.02. In Albanien demonstrieren 100.000 für den Rücktritt der Regierung

23.02. Die demokratisch-revolutionäre Volksfront von Eritrea und Tigris beginnt mit dem Angriff auf Adis Abeba

24.02. Die Bodenoffensive im Golfkrieg gegen den Irak beginnt

26.03. Der Irak beginnt damit seine Truppen aus Kuwait zurückzuziehen

Ab 16 Uhr zeigt die Berliner Polizei anlässlich der zentralen „Revolutionären Internationalistischen Demonstration" ihre militärische Überlegenheit, knüppelt mit SEK-Bullen in die Demo, verschreckt viele TeilnehmerInnen, die in den Tagen und Nächten bei vielen Aktionen dabei gewesen waren. Die Bullen können trotz vieler Verletzter den Abmarsch nicht verhindern und aufgrund einer klugen Auflösung der Demo kommt es nicht zu der vorbereiteten Kesselschlacht in der City.

Für die zentrale Abschluss-Demonstration wurde von der Berliner Polizei ein Abschluß-Kessel vorbereitet... der aber über Polizeifunk angekündigt worden war

ZEITLEISTE 1991

28.02. Der Golfkrieg ist bis auf Weiteres beendet
01.03. Im Irak brechen Aufstände aus, zuerst in Basra
02.03. Bombenanschlag der Tamil Tigers in Sri Lanka, 30 Tote
03.03. Krawalle in den USA, weil die Bullen gefilmt wurden, während sie einen Schwarzen zusammenschlugen
03.03. Anschlag auf eine republikanische Kneipe in Nordirland, vier Tote
09.03. Beim Auflösen einer Kundgebung in Belgrad töten die Bullen zwei Menschen
11.03. In Leipzig demonstrieren 25.000 für den Erhalt ihrer

Durch die Abriegelung von SO 36 beim zweiten Reagan-Besuch '87 waren wir gewieft und versuchten, Ausweichwohnungen zu finden. Unsere WG zog komplett nach Schöneberg in eine riesengroße Wohnung um, wo uns netterweise genügend Raum zur Verfügung gestellt wurde. Diese Wohnung lag zufälligerweise in direkter Nähe des Treffpunktes der Abschlussdemo am Donnerstag. Da ich in der Vorbereitungsgruppe für diese Demo war, bot ich also die Logistik für den Transport des Leittranspis an. Dies war mit recht flexiblen Holzstäben in handlicher Dicke und Länge ausgestattet, was höchstwahrscheinlich bei den üblichen Vorkontrollen zu der einen oder anderen blöden Frage der Bullen geführt hätte. Großspurig übernahm ich für uns auch noch die Aufgabe, die komplette Ausrüstung („passive Bewaffnung" heißt das heute) für den Lautischutz sicher an den Demo-Treffpunkt zu bringen. Die Bullen schoben schon dort eine Reihe von Provos, so lief z.B. das USK im Gänsemarsch mehrfach durch die Leute durch. Sie hatten einfach superfett aufgefahren. Gerade als ich zurück in die Wohnung und auf diese geringen Schwierigkeiten aufmerksam machen wollte, kamen mir meine Genossen, jeder mit zwei riesigen Plastiktüten in der Hand, entgegen und an einer Hundertschaft vorbei, die nebeneinander Aufstellung genommen hatte. Glücklicherweise dachte wohl jeder Bulle, dass die kontrolliert sind und sie nicht nochmal in diese Tüten reingucken mussten. Der Weg an diesen Bullen vorbei dauerte einfach ewig. So kam der Lautischutz zu seinen Armschonern, Palitüchern etc. und die Demo zum Leittranspi und keiner von uns – im Gegensatz zu vielen anderen – blieb in den Vorkontrollen hängen. Dass das Leittranspi schon vor Beginn der Demo von den Bullen bei einem ihrer Angriffe zerfetzt wurde und viele, die am Lauti standen, ihre Armschoner auch schon vor Beginn der Demo dringendst brauchten, ist wieder eine andere Geschichte.

+++ Sicherheitskräfte in Ost-Berlin nehmen etwa 50 Demonstranten fest, die vor dem Pergamon-Museum gegen den Besuch von TeilnehmerInnen des Weltwährungsgipfels im Westteil der Stadt protestieren. Augenzeugen berichten, die Demonstranten hätten Banner hochgehalten, Slogans gerufen und Münzen geworfen. Sicherheitsbeamte hätten sie in Richtung der Straße Unter den Linden getrieben. Bei den Festgenommenen soll es sich überwiegend um Mitglieder von Bürgerrechts- und Friedensgruppen handeln.+++

+++Die abschließende Pressekonferenz von IWF und Weltbank beschäftigt sich kaum mit dem offiziellen Programm und den langweiligen Resolutionen. Von Interesse ist überwiegend die Frage, ob die nächste Tagung nicht lieber ausfallen solle.+++

Zeitleiste 1991

Arbeitsplätze

30.03. Waffenstillstand zwischen Tutsi-Guerilla und Hutu-Regierung

31.03. In Kroatien Schießerei zwischen Bullen und Serben

01.04. Plünderungen in der SU wegen höherer Preise für Nahrungsmittel

01.04. Die RAF tötet den Chef der Treuhand

11.04. Kroatien stellt eine eigene Armee auf

12.04. Togo: Nach längeren Unruhen muss die Regierung eine Amnestie erlassen und politische Parteien zulassen

Die Klippen der hohen Ansprüche – oder warum liefen danach alle auseinander?

+++Insgesamt gibt es fast 1000 Festnahmen (bis auf einen werden alle wieder rausgelassen) während der Aktionstage, 40 Bankerkarossen werden beschädigt, ebenso 300 Polizeifahrzeuge. 150 Schaufensterscheiben gehen in der City zu Bruch. Allein in West-Berlin zählt die Polizei im Jahr 1988 110 Brandanschläge in Zusammenhang mit dem IWF-Kongress.+++

+++1.10.1988: Gegenüber der Presse stufen sowohl Diepgen als auch die friedlichen und militanten IWF-GegnerInnen die Tage in Berlin als „Erfolg“ ein. Diepgen erklärt: „Es gab Gruppen, denen es nicht um den IWF oder die Weltbank und vor allem nicht um Probleme der Dritten Welt ging, sondern darum, das Ansehen Berlins zu schädigen. Das ist ihnen nicht gelungen. Berlin hat durch die Tagung des IWF und der Weltbank neue Freunde in der Welt.“ Vertreter des autonomen und antiimperialistischen Aktionstageplenums erklären, die Aktionstage und die Demonstration vom Donnerstag seien „ein voller Erfolg“ gewesen, weil es gelungen sei, „den politischen und praktischen Angriff gegen die Herrschenden zu führen“. +++

+++ 15.10.1988, Bonn (*taz*): „Zu einer Debatte über die Einschränkung der Demonstrations- und Pressefreiheit während der IWF- und Weltbanktagung in West-Berlin kam es gestern im Bundestag. Abgeordnete der CDU/CSU und FPD behaupteten, in West-Berlin sei u.a. von den Grünen und der AL eine bürgerkriegsähnliche Situation heraufbeschworen worden. Der CSU-Abgeordnete Zeitlmann meinte, es sei eine ‘prickelnde Bedrohungssituation’ von den Chaoten geschaffen worden, die nur einen einzigen Ausweg zuließ: ‘Wir hatten 8.500 Soldaten in der Stadt, um Leib und Leben der 12.000 Banker zu schützen.’ In Stahlgewittern wähnte sich auch der Sprecher der CDU Kalisch: ‘Es wurde ein wochenlanges Trommelfeuer gegen diese Tagung geschossen.’ Der Berliner Innensenator Kewenig rechtfertigte erneut das Vorgehen der Polizei und unterstrich, dass es Grenzen für die Pressefreiheit gebe: ‘Wir sind stolz auf die Pressefreiheit, denn wir wissen, dass die Polizei nicht

Feurige Symbolik, jedoch was brannte, war nur ein Papiercontainer

ZEITLEISTE 1991

21.04. Die USA errichten im Nordirak Schutzzonen für die Kurden
22.04. Auch Äthiopien verabschiedet sich von der Einparteienherrschaft
29.04. Zehntausende demonstrieren in Südkorea weil ein Student von den Bullen totgeprügelt wurde
01.05. Maifestspiele in Berlin
08.05. Der Ausnahmezustand in Ägypten wird um 3 Jahre verlängert
21.05. In Äthiopien flüchtet der Präsident nach einer militäri-

die Aufgabe hat, die Pressefreiheit zu schützen', erklärte er schwungvoll, um sich, da war es aber schon zu spät, zu korrigieren: 'Natürlich doch die Aufgabe hat, die Pressefreiheit zu schützen.'+++

Im Vergleich zu der breit geführten Vorfelddiskussion beteiligen sich nur wenige Autonome an der Auswertung der Kampagne. Dabei ist Konsens, die Aktionstage als Erfolg einzustufen. In der *Interim* vom 7.10.88 schreibt eine Aktivistin: „Wenn wir von Erfolg reden, müssen wir uns fragen, welches Ziel wir hatten. Wie Kewenig meint, haben wir den IWF-Kongreß nicht verhindert. Der ist 'erfolgreich' abgelaufen. Die tatsächliche Verhinderung wäre nicht unter einem Volksaufstand möglich gewesen. Das wußten wir natürlich vorher schon. Das Ziel, IWF und Weltbank anzugreifen, haben wir jedoch erfüllt. (...)

Szenen, wie wir sie sonst nur durch das Fernsehen bei Besuchen von US-Staatsfunktionären in Lateinamerika kennen, waren nun in West-Berlin, in der Metropole selbst, zu sehen: In *El Pais*, der wichtigsten spanischen Tageszeitung, wurde berichtet, daß an zwei Abenden nacheinander 'die Stadt zusammenbrach'. Pikiert wird vermeldet, daß das Auto des spanischen Botschafters plattgemacht wurde. Der Botschafter habe das Glück gehabt, sich Sekunden vorher verdrücken zu können. *The Guardian* aus England berichtet, daß der Kongreß ohne massiven polizeilichen Schutz gegen 'radikale Gegner' nicht durchführbar und das Stadtbild von Protest geprägt gewesen sei. Wir haben es wahrscheinlich geschafft, daß ein Bild des Widerstandes durch die Welt gegangen ist. Und das hat eine Bedeutung, die wir auf keinen Fall unterschätzen dürfen.

(...) Was das erklärte Ziel autonomer und antiimperialistischer Gruppen angeht, über den Kongreß hinaus die Strukturen des Imperialismus hier in den Metropolen zu thematisieren, gibt es viel, worüber wir nachdenken werden. Unsere Kundgebungen, Demos und Aktionen wurden lange und sorgfältig inhaltlich vorbereitet. Trotzdem (oder vielleicht auch gerade deshalb) blie-

Zeitleiste 1991

schen Niederlage nach Sambia
22.05. Nach wochenlangen Protesten tritt der Regierungschef Südkoreas zurück
29.05. ETA-Autobombe in Katalonien, neun Tote
01.06. In Dresden erschießen Zuhälter einen Nazichef
01.06. Grenzgefechte zwischen Indien und Pakistan in Kaschmir
04.06. Israelische Flugzeuge bombardieren palästinensische Stellungen im Libanon
05.06. Nach Zusammenstößen zwischen Islamisten und den

ben wir während dieser Aktionen ziemlich unter uns. Wir haben damit offenbar kurzfristig wenig mobilisieren können. Der wesentlichste Auslöser von Massenwiderstand, das „Trommeln“ auf dem Breitscheidplatz, gehörte gar nicht zum autonomen Aktionsprogramm. (...)
Doch nun muß der Erfolg daran gemessen werden, was danach kommt. Zunächst ist diese Kampagne wahrscheinlich ein Einschnitt für uns. Für viele war sie ein wichtiger Radikalisierungsprozeß, der neue politische Perspektiven und Zusammenhänge entstehen ließ. Es gibt wohl auch viele, die einfach froh sind, daß die Sache vorbei ist, ohne ein Reinfall geworden zu sein.“

The morning after
Während unsere Aktionstage eher lahme Pflichtveranstaltungen waren mit viel Inhalten und wenig Fun, fand das eigentlich Prickelnde abends und nachts in der City statt. Vor der Oper, vor den Hotels und auf dem Kudamm trafen sich Tausende IWF-GegnerInnen aus der ganzen BRD und dem Ausland und hoben die Trennung zwischen „Reformern“ und Autonomen auf. Überall erscholl „IWF-Mördertreff“, überall gab es Blockaden, Schmähgesänge, Spontandemos, Bullenkessel, klirrende Schaufensterscheiben, demolierte Bonzenkutschen ...
Im Nachhinein betrachtet fand ich viele von uns Autonomen viel zu politisch aufgeladen, geradezu überladen mit Ansprüchen. Wir verstanden es nicht, Politik, Spaß und Aktion zusammenzubringen.

Mit dem langen zeitlichen Abstand aus dem Jahre 2003 wirkt es verblüffend, dass die fleißigen Akteure der Kampagne so viel Energie in Papiere und Treffen zur Mobilisierung gesteckt haben, eine ernsthafte „Auswertung“ aber kaum existiert. Neben dem Film „Im Herbst der Bestie“ gibt es eine Broschüre des „Büros für ungewöhnliche Maßnahmen“. Die Abschlussnummer der *Unzertrennlich* problematisiert ausführlich die Trennung zwischen „alten und neuen Internationalismus“ und wägt die unterschiedlichen Theorieansätze ab. Aber das ist es auch schon.

Wir waren einfach erschöpft und mussten uns zudem mit dem aktuellen oder möglichen Repressions-Quatsch herumschlagen: Im Dezember 1988 wurden durch einen eingeschleusten Bullenspitzel unsere FreundInnen Claudia und Wolle festgenommen. Erst nach Monaten und intensiver Kampagne kamen sie wieder frei. Darüber hinaus wollten wir auch einfach mal wieder was anderes machen, Urlaub, Ausruhen. Außerdem hatten wir das klassisch-autonome Rotationsprinzip im Kopf: Wir hatten eine Zeitlang – und eher zu lange – sehr viel gemacht, uns in den Vordergrund gestellt – jetzt waren mal andere dran.

Auswertungsbroschüre der IWF-Kampagne vom „Büro für ungewöhnliche Maßnahmen“ und dem BUKO, erschienen beim Schmetterling-Verlag

ZEITLEISTE 1991

Bullen wird in Algerien der Ausnahmezustand verhängt
10.06. Auch die albanischen Kommunisten wollen jetzt Sozialisten genannt werden
14.06. Generalstreik der Schweizer Frauen für Gleichberechtigung
16.06. Die niederländische kommunistische Partei löst sich auf
24.06. Die Kriegsparteien in Kambodscha vereinbaren einen Waffenstillstand

Und ganz ehrlich: Was Neues machte auch wieder mehr Spaß – zum Beispiel die Spinnereien zur „Berlin-Utopie".
Das mag verständlich sein, untermauert aber eher die Kritik an der „autonomen Kampagnenpolitik". Es wäre sicher richtiger gewesen, die Kräfte so einzuteilen, dass auch für die letzte Phase einer gelungenen Kampagne Zeit wäre für ihre Auswertung. Dann wären einige „Errungenschaften" dieser Kampagne vielleicht im Gedächtnis geblieben:
das Prinzip „keine unterschiedlichen Aktionsformen zur selben Zeit am selben Ort"
das Prinzip „keine Bündnisse, aber zuverlässige Absprachen"
das Prinzip „trotz oder wegen autonomer Stärke – ernsthaft und ohne Taktik auf andere Aktive schauen"
das Prinzip „langsam und geduldig vorbereiten – Spontaneität kommt von selbst"

Die Autonomen hatten über einen längeren Zeitraum an einem ganz großen Rad gedreht. Über Wochen standen die IWF-GegnerInnen im Rampenlicht der Weltpresse. Jetzt war wieder kleinteiliger Politikalltag angesagt. Es fiel schwer, vom Kampf gegen die Oberbonzen wieder herab zu steigen in die Auseinandersetzungen mit den kleinen Spekulanten oder dem Pornokino nebenan. Darüber berichtet die Lokalpresse höchstens in einem Fünfzeiler. Die für die Kampagne aufgebauten Strukturen zerfielen, die anderen wurden auf Normalmaß zurückgeschraubt. Doch dies geschah leider nicht im Rahmen eines vorher geplanten Prozesses des Zu-Ende-führens der Kampagne. Viele, nicht nur Autonome, hatten nach dem September das Gefühl, in ein „großes Loch" zu fallen. „Wie weiter?" fragten sich nicht nur viele Neue, sondern auch alte Hasen aus dem Internationalismusbereich.

ZEITLEISTE 1991

25.06. Kroatien und Slowenien erklären ihre vollständige Unabhängigkeit
27.06. Die jugoslawische Armee geht gegen Kroatien und Slowenien vor
01.07. Die libanesische Armee beginnt mit dem Sturm auf PLO-Stellungen in Sidon
07.07. Der Schwerpunkt der Kämpfe in Jugoslawien verlagert sich von Slowenien nach Kroatien
10.07. Bei Protesten in der türkischen Stadt Diyabakir werden acht Kurden von Staatsorganen getötet

6. Die Kampagne gegen Shell

Die Kampagne gegen Shell läuft bereits seit Mitte der 80er Jahre in den Niederlanden. Ende der 80er schließen sich Gruppen in England, Skandinavien und den USA an. Hintergrund ist das damals in Südafrika herrschende Apartheidsregime und dessen massive Unterstützung durch den Shell-Konzern. Es ist eine mehr oder weniger traditionelle Boykottkampagne aus dem Bereich von Dritte-Welt- und kirchlichen Gruppen. Ziel ist auch eine Schärfung des Bewusstseins der KonsumentInnen in den Metropolen. Ein Vorteil ist, dass es nur darum geht, statt bei Shell woanders seinen Tank zu füllen. Eine Aktionsform also, die niemandem auch nur ansatzweise wehtun würde. Genau dies ruft aber Kritik im autonomen Lager hervor. Unter anderem wird die Frage gestellt, ob mensch denn stattdessen lieber beim „antiimperialistischen" ARAL-Konzern tanken und was das ändern soll. Die Begrenztheit der Kampagne steht teilweise unter Reformismusverdacht - was Ende der 80er Jahre so ziemlich die schlimmstmögliche Kritik ist. Für uns ist die exemplarische Thematisierung eines Konzerns und seiner Machenschaften wichtig, um einen Angriffspunkt zu haben, an dem sich die unterschiedlichsten Kräfte bündeln können. Shell ist für uns ein ganz normaler Konzern, nicht etwa die Inkarnation des Kapitalismus, aber ein Beispiel, an dem sich Widerstand entwickeln kann.

„Boykottiert Shell"
An der Hochbahn
Skalitzer Straße
und Dia-Projektion
am Fränkelufer
in Berlin-Kreuzberg

Es besteht somit bereits eine inhaltliche Linie, deren Versatzstücke übernommen und nur noch autonom aufbereitet (sprich: ergänzt und radikalisiert) werden brauchen. Shells historische Unterstützung für die Nazis wird angesprochen und eine direkte Linie zur Finanzierung des Rassistenregimes in Südafrika gezogen. Die Forschung im Bereich Gentechnologie als weiteres strategisches Bein von Shell wird hinzugefügt und flugs sind die zentralen Parolen geboren: Wo „Wer Shell tankt, tankt Apartheid und Gentechnologie" noch etwas holpert und auch nicht zwingend linksradikal oder gar revolutionär klingt, ist „Kill a multi" die antikapitalistische Zuspitzung und die inhaltliche Abgrenzung von anderen, nicht linksradikalen Gruppen. Vor großen Sprüchen hatten wir ja noch nie Hemmungen. Das Shell damals weltweit der zweitgrößte Konzern ist, stachelt uns nur noch mehr an.

Ein Bündnis - eher locker und informell gehalten - ist wichtig. Noch wichtiger die Vorgabe darin, dass alle das machen, was sie können und wollen und es keine Distanzierungen geben darf. Damit haben wir freie Hand in den Aktionsformen, was uns natürlich gut gefällt. Das Berliner Bündnis setzt sich zusammen aus Autonomen, Leuten aus dem LAZ (Lateinamerikazentrum), Anti-Apartheids-Gruppen, kirchlichen Gruppierungen, ANC-SympathisantInnen und anpolitisierten

ZEITLEISTE 1991

23.07. Krawalle ums Flora-Gelände in Hamburg
03.08. Den Regierungstruppen Sri Lankas gelingt es, einen Belagerungsring der Guerilla zu durchbrechen
06.08. Die türkische Armee bombardiert kurdische Stellungen im Nord-Irak
10.08. Bei einer Demo in Madagaskar werden 10 Demonstranten von der Armee getötet
16.08. Amnestie für alle Exilanten in Südafrika
17.08. Menschheitstraum erfüllt: Dank Gentechnik endlich blaue Rosen

SchülerInnen. In den bundesweiten Zusammenhängen spielt *medico international* von Anfang an eine große Rolle und hat viel angeschoben.
Durch eine Broschüre, mehrere Veröffentlichungen in der *Interim* und eine größere Veranstaltung mit Leuten aus Amsterdam und Frankfurt wird die Szene mobilisiert. Im Januar 1990 gibt es einen praktischen Auftakt mit der Blockade einer Tankstelle an dem Ort, wo 2003 der Debis-Tower am Potsdamer Platz steht. Bei der Blockade am Reichpietschufer kommen mehrere hundert Leute zusammen und schaffen es immerhin, für ca. drei Stunden den Umsatz gegen Null zu senken. Alle haben viel Spaß, es ist ein buntes Programm mit FeuerspuckerInnen, einigen verkleideten DemonstrantInnen, und die Bullen liefern ihren Teil hinzu, indem sie artig mitrangeln und kaum reinknüppeln.
Das ist allerdings nur ein öffentlicher Auftakt. Andere Zusammenhänge, die ihre Gesichter nur sehr ungern der Öffentlichkeit präsentieren, haben bereits über einen längeren Zeitraum teilweise sehr effektive Sabotageaktionen durchgeführt. In der BRD gibt es schon vor der IWF/Weltbank-Tagung im September 1988 in West-Berlin den ersten Anschlag auf eine Shell-Tanke. In den Niederlanden gibt es seit 1985 Aktionen, in Erinnerung sind in erster Linie die spektakulären Anschläge der militanten Gruppe *RaRa*. Andere Gruppen agieren aber schon deutlich früher als *RaRa* mit weniger aufwändigen Aktionen.
In der BRD gibt es damals nur relativ wenige 24-Stunden-Tankstellen und so lässt sich nachts allerhand auf so einer Tanke anstellen. Die Tankschläuche kann mensch durchschneiden, Zucker in die großen Benzintanks kippen oder auch den einen oder anderen Tankstellenshop flambieren. Auf dieser Ebene gibt es in dieser Kampagne auch eine internationale Zusammenarbeit, so dass schon mal in einer Nacht mehrere Dutzend Shell-Tanken in der BRD, den Niederlanden, Italien, Skandinavien und dem Baskenland besucht werden.
Im April gibt es einen internationalen Aktionstag, an dem in West-Berlin mehr als tausend Leute an einer Fahrraddemo teilnehmen. In deren Verlauf werden mehrere Shelltanken besucht und können ohne Bullenbeeinflussung

Fahrradralley gegen Shell und Blockade einer Tankstelle am Reichpietschufer in West-Berlin

ZEITLEISTE 1991

19.08. Militärputsch von Nationalisten und Kommunisten in der SU. Gorbatschow wird auf der Krim festgehalten
21.08. Putsch in der SU wegen Protesten und Spaltung der Armee gescheitert. Gorbatschow wieder in Moskau
24.08. Nazis überfallen ein Flüchtlingswohnheim in Wurzen
25.08. Marokkos Truppen gelingt es die Stadt Bir Lahlou in der Westsahara von der Polisario zu erobern
25.08. Unabhängigkeit Weißrusslands
27.08. Die Truppen der SU werden aus dem Baltikum abgezogen

Gummischlauch-Sägeübung auf dem 1. Mai-Fest am Lauseplatz in Kreuzberg

etwas demoliert werden. Die Demo ist nicht angemeldet und kann bis zum Ende durchgezogen werden.

In Südafrika passiert einiges: Nelson Mandela, Symbol des Widerstandes, wird nach über 27 Jahren Knast im Februar 1990 entlassen, das Ende der weißen Herrschaft ist eingeläutet und die multinationalen Konzerne machen ihre Aufwartung beim ANC und Mandela. Der erweist sich als linker Sozialdemokrat, der in Europa viel lieber mit den Regierungen über Kredite, Aufbauhilfe, Märkte etc. plaudert, als mit der Solibewegung über Shellboykott und Strategien für den revolutionären Kampf. Dies ist zwar keine wirklich große Überraschung, wirkt aber in der Shell-Kampagne nicht gerade mobilisierend. So ist es auch kein Wunder, dass beim nächsten internationalen Aktionstag im Juni 1990 das Interesse der Szene erlahmt und sich nur noch ca. 200 Leute beteiligen. Die Aktionsform „Tankstellenblockade" ist auch ein wenig ausgelutscht. Etwas Neues fällt uns nicht ein. Parallel dazu haben LKA und Shell Bewegungsmelder auf den Tankstellen platziert, was damals noch eine relativ neue Technologie ist und viele von den fröhlichen nächtlichen Besuchen abhält. Eine der Stärken dieser Kampagne ist eben auch, dass es für Interessierte ein „Low-Level"-Einstieg in militante Aktionsformen ist. Selbst wenn Leute dabei erwischt würden, Tankschläuche durchgeschnippelt zu haben, würden sie nicht gleich einfahren. So können sich viele ohne großes Risiko daran beteiligen. Als dies eben auch nicht mehr geht, sind wir ganz froh, die Angelegenheit halbwegs geordnet beenden zu können.

Es ist der Versuch, Inhalte der IWF-Kampagne weiterzuführen. Ein Konzern, der in der BRD agiert, soll für Schweinereien in einem anderen Teil der Welt angegriffen werden, und dies in einem internationalen Zusammenhang mit gleichzeitigen Aktivitäten in anderen Ländern. Das hat gefallen, ist richtig und macht Lust auf mehr.

Vom Steinschlag zerstört oder unter der Wucht der Kampagne zusammengebrochen? Shell-Tanke in Spanien

Zeitleiste 1991

29.08. In Kroatien, Serbien und anderen Teilen Jugoslawiens wird gegen den Krieg demonstriert

02.09. Nachdem Berg Karabach sich unabhängig erklärt hat, kommt es zu armenisch-aserbeidschanischen Kämpfen

06.09. Kämpfe zwischen Georgiern und Osseten in Georgien

06.09. Waffenstillstand in der Westsahara

08.09. Eine Volksabstimmung in Makedonien votiert für Unabhängigkeit von Jugoslawien

7.

Der Schlüssel zum Erfolg oder: Wie mache ich eine Kampagne?

Kampagnen entstehen auf vielfältige Weise: Leute treffen sich, finden sich toll, haben 'ne Idee, machen 'ne Aktion, treffen neue Leute, machen mit vielen weiter ... So kann es auch gehen. Aber meist ist alles viel mühseliger, deshalb ein paar **Tipps und Rezepte**:

Du
hast 'ne Idee – oder bist schon ganz begeistert von Deiner Idee. Es gibt auch einen total tollen Menschen, mit dem du gestern in der Kneipe ein wunderbares Gespräch geführt hast ... Prächtig, ein schöner Anfang!
ABER: Bist du der richtige, gerade jetzt? Hattest du nicht vorgestern 'ne Weltreise/'nen langen Urlaub, endlich mal lange Erholungszeiten ohne Stress/dich auf deine Liebesbeziehung ernsthaft und verbindlich einzulassen *fest beschlossen*?

Autonomer Freddi Feurig bei der Vorstellung seiner Kampagnenidee im vertrauten Kreise

Mach's wie bei 'ner frischen Liebe: Flirte, träume, sei total begeistert – und dann denke nach, rede mit FreundInnen. Wenn du dich ernsthaft auf 'ne Kampagne einlässt, bestimmt das dein Leben stärker als du jetzt meinst. Anstrengung, Frust und Enttäuschung gehören immer dazu, egal, wie du es anfängst.
Aber: So 'ne richtige Kampagne ist schon was Tolles – sollten Autonome mindestens einmal im Leben so richtig auskosten – und dazu gehört auch, möglichst am Anfang dabei zu sein.

Zwei Nächte später: Die Idee ist immer noch da. Bei den vielen Erzählungen und Diskussionen ist sie eher noch gewachsen, trotz aller Bedenken ... dann los, sammle ...

...FreundInnen
dieser Idee. Bisher hast du nur überlegt, ob sie dir gefällt. Jetzt willst du sehen, ob es anderen auch so geht. Sei begeistert – aber auch geduldig: Es kann an ganz unterschiedlichen Sachen liegen, warum Leute, auf die du gerade Bock hast, erst mal sehr skeptisch sind, sich das Thema/die Aktionsform nicht vorstellen können, es gar nicht in ihre Zeit passt usw. Denn ...

...eine Kerngruppe
bildet sich nur mit Mühe, mit viel Zögern, aber meistens aus Leuten, die sich schon länger kennen, aus früheren Gruppen, WGs oder Betrieben. Die Kerngruppe formuliert die **Grundstruktur** der Kampagne:
Ziel/e, Zielgruppe, zeitlicher Rahmenplan? Was wäre ein Erfolg? Wie realistisch ist er? Was sind minimale Voraussetzungen? Hierzu gehört auch, wer sich mit dem Thema beschäftigt – auch aus andere Spektren? Wer sind die Gegner? Was sind ihre erkennbaren Interessen und Strategien?

Der Entwurf eines Aufrufs
lässt sich jetzt formulieren: Hierher gehören Begründungen für die Kampagne und eine Skizze der Grundstruktur.
Das wichtigste aber kommt jetzt: Ihr lauft durch die Gegend, sprecht mit möglichst vielen Menschen aus Gruppen, Kampagnen, Info-Lä-

ZEITLEISTE 1991

09.09. In englischen Städten kommt es zu riots nachdem die Bullen zwei Autodiebe erschossen haben
12.09. In Bosnien wird die serbische autonome Republik Herzegowina ausgerufen
17.09. In Hoyerswerda greifen die Nazis ein Ausländerwohnheim an
26.09. Nach Aktionen der rumänischen Bergarbeiter muss der Ministerpräsident zurücktreten
27.09. Im Ruhrgebiet demonstrieren 100.000 gegen eine Reduzierung der Kohleförderung

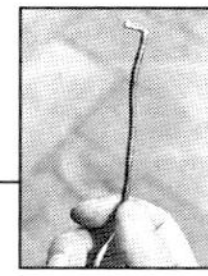

den, Zeitungen usw. Zeigt ihnen euren Entwurf, hört euch genau Reaktionen, Kritik, Anregungen, Argumente an. Dieser Schritt wird zumeist vermieden. Deshalb dümpeln so viele gute Ideen nebeneinander her und alle wundern sich über die geringe Beteiligung an *ihrer* Kampagne.

Die Auswertung der Gespräche ist unbequem und sollte eher an einem ruhigen **Wochenende der Kerngruppe** erfolgen. Hier geht es dann auch darum, was gegen den erarbeiteten Vorschlag spricht, soll er verändert werden oder soll die Kampagnen-Idee gar begraben/verschoben werden? Wenn es weiter geht: Szenarien durchspielen und Arbeitsverteilung – besonders der ungeliebten Arbeiten – besprechen.

Danach werden die Menschen, die die Idee gut gefunden haben, zu einem halböffentlichen **Treffen für den Aufruf** eingeladen. Hier zeigt sich, wie unterschiedlich die Gruppe ist, wie viele andere Gruppen mitmachen sollen oder wollen, wie das Klima ist (nervig von Anfang an – die Leute passen so gar nicht zusammen – lässt sich das ändern?) Hier wird der Aufruf verabschiedet und es zeigt sich, wie offen/unverbindlich bzw. wie festgelegt/ausgrenzend und wie ernsthaft/ansprechend-locker er sein soll? Wie wird er verteilt?

ACHTUNG: Die Fehler, die ihr hier macht, sind nur mit viel Mühe zu korrigieren!! Jetzt entscheidet ihr, welche Szene ihr euch zum Gegner macht, welche nicht!

Größter Erfolg ist es schon, wenn es wenig offene Ablehnung, wenig verächtliche Reaktionen gibt. Erwartet keinerlei positive Reaktionen: Milde Skepsis ist in der Szene fast schon ein positiver Durchbruch!!!

So, der Aufruf ist fertig! Ihr verbreitet ihn mit der Einladung zum

offenen Treffen der Kampagne XY

Das kann fürchterlich sein. JedeR missversteht die anderen, es gibt wilde Unterstellungen und grundsätzlich völlig andere Ideen. Kein Mensch hat den Aufruf gelesen.

Oder auch: Tolles Klima, kollektive Begeisterung, wilde Ideen sprühen durch den Raum.

Beides egal. Die tatsächliche Entscheidung fällt erst beim dritten Treffen (das zweite wollen wir überspringen, es ist einfach das Gegenteil vom ersten ... Geduld, Geduld ... Gruppen sind so). Wenn dann noch genügend Leute kommen, Ideen weiterentwickeln, konkrete Pläne ausgearbeitet werden, dann kann schon das

Vierte Kampagnen-Treffen

zur Einschätzung führen: Geht's weiter oder war's nix? Das zeigt sich zum Beispiel daran, ob sich die Kerngruppe erweitert, es einen festen UnterstützerInnenkreis gibt und ob die Leute, die mitmachen wollen, für die vielen Arbeiten, die anstehen, ausreichen?

Wie sind die bisherigen Erfahrungen miteinander? Nett oder stressig, wird sich das ändern lassen, lohnt das den Aufwand?

„Geht's weiter oder war's nix?" Was sind deine Trümpfe?

ZEITLEISTE 1991

29.09. Zweihunderttausend Bauern demonstrieren in Paris gegen Einfuhren aus Osteuropa
29.09. Der Ausnahmezustand in Algerien wird aufgehoben
01.10. Leningrad in Sankt Petersburg umbenannt
01.10. Die Mieten in der Ost-BRD werden um das fünffache erhöht
03.10. Nazi-Angriffe in 20 deutschen Städten
04.10. Serbien ordnet Teilmobilmachung an
06.10. Generalmobilmachung in Kroatien
10.10. CDU, SPD und FDP einigen sich auf neue Schikanen

Wie ist die Reaktion der Szene-Umgebung? Ablehnend? Zögerlich unterstützend? Begeistert, aber keine Zeit?
Sollen wesentliche Bestandteile des Aufrufs/des Grundkonzepts/der Aktionsvorstellungen geändert werden? Ist die „veränderte Kampagne" noch begeisternd oder eher ein fauler Kompromiss, auf den niemand so recht Lust hat?
Grundsatzüberlegungen, aber keine Entscheidung, weil ...

Alles wohl durchdacht? Na dann kann's ja losgehen...

Erstmal Pause, Zeit zum Überlegen: Noch kannst du bestimmen, ob du ohne großen Aufwand und Frust aussteigst. Später hat das alles 'ne eigene Logik, da fällt es dir viel schwerer. Das wird auch der Hauptpunkt beim zweiten Wochenendtreffen der Kerngruppe:
JedeR erzählt, was ihr/ihm der bisherige Prozess positiv und negativ gebracht hat? Was will ich auf keinen Fall? Was muss ich wegen der Kampagne in meinem Leben alles verändern? Was erträume ich mir im besten Fall? Jetzt auch: Was passiert, wenn die Kampagne erfolgreich ist? Welche Strafen sind zu erwarten? Wie gut sind die Einzelnen auf Knast vorbereitet?

Wie sind die Gruppenkonstellationen, was ist besonders nervig, lässt sich das ansprechen und sogar abstellen oder wenigstens begrenzen (unterschiedliche Sympathie/Wichtigkeit/Belastbarkeit)?
Wie viel oder wie wenig wollen/können die Einzelnen in die Gruppe einbringen an Gefühlen, an Arbeitsaufwand?
Pause zum Überlegen! Dann **Entscheidung**:
Wer macht wie weiter mit? Reicht das, um die Kampagne fortzuführen?
Wenn ja, folgt eine Bilanz der Gruppe: Wer kann was besonders gut/schlecht? Welche nötigen Fähigkeiten fehlen besonders (öffentlich Reden/gute Flugis machen/Idee verbreiten/mit Neuen reden/sich um juristischen Kram kümmern/mit Geld umgehen/Pressearbeit nach innen und außen machen)? Wer „von außen" könnte das übernehmen?
Das wird dann auch Thema beim
5. KampagnenTreffen:
Entscheidungen über Struktur und Arbeitsteilung in der Gruppe, weitere gezielte Mobilisierung, Vorbereitung einer öffentlichen VV oder Veranstaltung, Vorbereitung eines „Bündnis-Treffen", falls mit Gruppen außerhalb unserer Szene Absprachen getroffen werden sollen.

So, jetzt seid ihr soweit die Startlöcher zu verlassen. Die Kampagne nimmt ihren Lauf. Lauft nicht so schnell los. Die Anfangseuphorie kann euch zwar lange tragen, doch das Ziel ist weit und ihr braucht einen langen, langen Atem ...

ZEITLEISTE 1991

gegen Asylsuchende
23.10. Wegen der Versorgungslage gehen 50.000 in Moskau auf die Straße
25.10. Türkischer Angriff auf PKK-Lager im Nord-Irak
28.10. Ein illegaler Waffenexport des BND an Israel fliegt auf
04.11. Generalstreik in Südafrika gegen Steuererhöhung
09.11. Russland verhängt den Ausnahmezustand über Tschetschenien
12.11. Zweihundert Tote in Osttimor, als indonesische Truppen in eine Trauerversammlung schießen

8. Berlin Utopie

Im Winter nach der IWF-Kampagne setzen sich fünf Menschen zusammen, um eine „strategische Diskussion“ zu beginnen. Anders als üblicherweise in autonomen Kreisen sollen keine langatmigen theoretischen Papiere erarbeitet werden. Ausgehend von der Überlegung, dass eine revolutionäre Umgestaltung der Gesellschaft nicht nur von der grundlegenden Veränderung der Machtverhältnisse abhängt, sondern nur materielle Gewalt erlangt, wenn die Träume und Utopien der Einzelnen darin enthalten sind, soll möglichst konkret vorstellbar die „andere Gesellschaftsorganisation“ beschrieben werden. Das heißt für uns nicht analytische Literatur-Diskussion, sondern rumspinnen! Was wäre, wenn wir Kampagnen wie die IWF-Kampagne vervielfältigen könnten? Die Diskussion mündet in ein längeres Papier. Eine Ausgangsüberlegung ist:

„Bei Verschärfung der inneren Widersprüche in diesem künstlichen Gebilde West-Berlin nimmt das Interesse ab, es militärisch und finanziell zu päppeln. Also: Die drei westlichen Alliierten ziehen ab. Es entsteht mit Billigung von SU und DDR eine 'entmilitarisierte Zone unter UN-Überwachung'. Die teure Wirtschaftshilfe ist in den West-Bundesländern nicht mehr zu vermitteln. Die Berlin-Hilfen des Bundes fallen weg und das bedeutet auch, Wegzug der Großkonzerne und vieler 'junger, dynamischer Arbeitskräfte'. Übrig bliebe eine überalterte Bevölkerung und zuziehen würden allerlei Alternative und Spinner aus der BRD und der ganzen Welt – für ein riesiges Gesellschaftsexperiment. Wie könnte das aussehen?“

Mit der neuen Regierung aus SPD und AL ändert sich die Situation für die Autonomen:

„Daß wir was anderes wollen als die Reformer, haben wir schon immer gesagt. Durch die Veränderung des Kräfteverhältnisses zu einer zwar radikaleren aber geschrumpften Opposition werden wir es klarer ausdrücken müssen. Für uns ist dies eine Chance herauszufinden, wie wir uns eine revolutionäre Entwicklung in der Stadt vorstellen. Was wollen wir denn anderes als die Reformer? Was heißt eigentlich 'revolutionäre Entwicklung'? Auf wen beziehen wir uns? Wie vermitteln wir sie? (...) Mal konkret: Wie stellst Du Dir die Revolution in West-Berlin vor?! Verblüffte und irritierte Gesichter. Vielleicht ist Euch das zu spinnig. Wir fanden es spannend, mal einen Ausflug aus der Eingefahrenheit linksradikaler Politik zu wagen.

IWF-Riots rund um den halben Globus. Die Mächtigen schlugen die Aufstände jeweils nach kurzer Zeit nieder. Die bürgerliche Mehrheit reagiert angesichts der Irrationalität der Ausbrüche mit Angst und schart sich um die Mächtigen und ihren Repressionsapparat, auch wenn sie über viele Dinge selbst unzufrieden ist. Wir kennen ähnliche Vorgänge aus Berlin. 'Die Hölle in Kreuzberg und Neukölln – Angst, Angst, Angst!' titelte die BZ am 2.Mai 1989. Das sind Schrekkensbilder, die propagandistisch wirkungsvoll eingesetzt werden, um die ‚Handvoll Chaoten' zu isolieren und so einen Flächenbrand zu verhindern (...). Es wäre verhängnisvoll, in einer gesellschaftlichen Nische zu verharren, um für völlig andersartige Interessen gelegentlich als Knüppel aus dem Sack gezogen zu werden: Nämlich als Mehrheitsbeschaffer für die Rechte oder als Druck- und Drohmittel für die bürgerliche Linke.

ZEITLEISTE 1991

18.11. Vukovar wird von den Serben eingenommen
18.11. Kämpfe in Somalia, hunderte von Toten
19.11. Schülerdemo in Prag für den Erhalt der Tschechoslowakei
26.11. Kämpfe zwischen Hutus und Tutsis in Burundi, mehr als 100 Tote
02.12. Die EU beschränkt ihr Embargo gegen Jugoslawien auf Serbien und Montenegro
17.12. Tausende Tote bei Gefechten in Somalia
21.12. Die GUS wird in der Ex-SU gegründet

Wir kommen deshalb nicht darum herum, unsererseits vermittelbare Vorstellungen – welche Zukunft, welche Gesellschaft wir wollen – zu entwickeln (...) dies soll zu einer Diskussion beitragen, die möglichst breit geführt werden muss, wo wir uns erzählen, wie wir uns eine neue Gesellschaft vorstellen. Ein Stück Traum vielleicht, im Moment; je mehr und breiter wir darüber reden in den WGs, in den Kneipen, mit den ArbeitskollegInnen, desto mehr gibt es eine konkrete Hoffnung, die wir uns real vorstellen können, für die wir kämpfen, an der wir, jedeR an seinem/ihrem Platz hier und jetzt anfangen zu bauen".

Wer sich auf dieses Papier einlassen will, kann allerlei wilde Fragen und fragmentarische Antworten finden:
„Wie sollen die Älteren lebenswürdiger und besser leben als in der jetzigen Situation? Von wo kommen die Nahrungsmittel? Was haben 'wir' als Austausch? Wie wird Arbeit neu organisiert, wie die Selbst-Verwaltung/Räteorganisation, wie wollen wir mit 'dem Weltmarkt' verknüpft sein? Gibt es überhaupt noch so etwas wie Handel, was können wir aus den Erfahrungen mit den besetzten Häusern über Wohnformen für andere lernen? Wie sähe das Verkehrswesen aus, wie Schule, wie sähen 'Familien' aus, wie werden Kinder großgezogen? Gibt es dann noch Kirchen?"
Zu all diesen Fragen gibt es in dem Papier Hinweise, Thesen, erste Überlegungen. Dann gibt es noch einen Schlussteil: „Was folgt daraus praktisch?"
Ein „Fünf-Jahres-Plan" (alle legen sich verbindlich auf selbstgewählte Themen fest) wird mit Für und Wider abgewogen. Gleichzeitig sollen mehrere Punkte parallel in Angriff genommen werden:

Unsere Strukturen so widerstandsfähig ausbauen, dass sie auch schärfere Angriffe aushalten und zugleich auch offener für Neue und Sympathisanten werden.
Unterschiedliche Realitäten von uns und anderen stärker wahrnehmen.
Widersprüche in der Stadt verschärfen durch unsere Angriffe auf das Schweinesystem, das Zuhältersystem und die daraus folgenden Kämpfe wirklich über längere Zeiträume mit den unterschiedlichsten Mitteln führen.
„Positive Utopien zu formulieren und zu glauben, die allein verändern was, ist alternativ-gewaltfreie Romantik. Organisierung von gezielten Angriffen allein bleibt im Kern isoliert, letztlich unpolitisch und defensiv. Alleinige Konzentration auf eigene Strukturen und eigene Selbstverteidigung bleibt begrenzt und im Kern sektiererisch statt selbstbestimmt-autonom."

Als konkrete Schritte werden die Einrichtung eines „Revolutionären Zentrums", die Aufarbeitung eigener Erfahrungen und der Erfahrungen anderer, sowie die Zusammenarbeit bei Kampagnen und gezielten Angriffen diskutiert. Insgesamt wird, leicht ironisch, die Kampagne „Befreites West-Berlin – real existierende Utopie!" vorgeschlagen.
Die Diskussionen um diese Fragen machen richtig Spaß. Das Aufschreiben schon weniger. Aber

Zeitleiste 1992

23.12. Die BRD erkennt Kroatien und Slowenien als unabhängige Staaten an
23.12. Putsch der Nationalgarde in Georgien
25.12. Kurdischer Anschlag auf Istanbuler Kaufhaus, 11 Tote
26.12. Deutlicher Wahlsieg der Islamisten in Algerien

1992
02.01. In Algier demonstrieren 300.000 Algerier gegen die Islamisten
11.01. Der algerische Präsident tritt zurück und das Militär ergreift die Macht

immerhin. Ab Ostern 1989 wird das 45-Seiten-Papier an ca. 50 Menschen aus unserem Umkreis weitergegeben, mit der Bitte, was dazu aufzuschreiben.
Wir sind verblüfft, dass wir 20, zum Teil sehr ausführliche, Papiere bekommen, und laden zu einem persönlichen Treffen ein.
In der Einladung heisst es:
„Wenn wir uns jetzt, in einer Phase des Stillstands, der Bewegungslosigkeit dransetzen und diese Utopien wieder hervorholen und weiterdenken, dann ist das sowohl absurd wie praxisrelevant. Ein entscheidender Mangel autonomer Politik der letzten Jahre rührt daher, dass alle ihre Utopien für sich bruchstückhaft formuliert haben und wenn überhaupt sie am WG-Tisch oder am Kneipentisch zum Besten geben – also völlig individualistisch, privat. Die öffentlich diskutierten Träume, Wunschvorstellungen von einem 'anderen' Leben sind reduzierte Träume von Flucht, Abhauen, mal länger ins Ausland gehen oder einen längeren Urlaub machen (...).

Im Herangehen gibt es große Unterschiede: Die einen waren z.T. in der fernen Utopie gleichberechtigter und verantwortungsbewusster Menschen, wo Frauen-Männer-Rollen schon längst der Vergangenheit angehörten, wo das Geld schon lange abgeschafft war, und haben das auf die jetzige Realität projiziert. Die anderen gingen fast entgegengesetzt ran: Haben sich mehr um die jetzigen Gegensätze, die zu nutzen sind, Gedanken gemacht, haben sich die entfremdete Devisen-Produktion vorgestellt, damit das alles nicht allzu sehr ins Träumerische abgleitet, oder haben sich Entscheidungsgremien usw. ausgedacht.
Ursprünglich wollten wir mit einer 'realistischen Einschätzung' beginnen, wollten unsere Utopien und Träume dagegensetzen und dann die konkreten nächsten Schritte schildern, die wir in die richtige Richtung unternehmen sollten (...) tja, davon ist wenig zu erkennen. Besonders deutlich wird das im letzten Teil: Z.B. sich ein Zentrum der Linksradikalen jetzt vorzustellen, angesichts erbitterter und z.T. absurder Abgrenzungen, Unterstellungen, ohne dabei an Mord und Totschlag zu denken, fällt selbst uns schwer (...).
Da wir es gut finden, wenn der Prozess weitergeht, laden wir alle zu einem Treffen am 2.9.89 ein".
Im Nachhinein ließe sich gut behaupten: Dann kam der Fall der Mauer und die Grundlagen für diese Spinnerei waren entfallen. Deshalb brachen diese Gespräche ab. Leider stimmt das so nicht. Die Gespräche waren schon vorher nervig, weil einige dabei waren, die das Vorgehen prinzipiell in Frage stellten. Weil es immer nerviger wurde und dann auch noch strittige Technics auftraten (Wer will die Papiere redigieren, wie sollen sie veröffentlicht werden?). So trat das eigentliche Vorhaben, wie lässt sich ein konstruktiver Prozess so gestalten, dass er auch Spaß macht, in den Hintergrund. So versackte dieser schöne Ansatz. Dann fiel die Mauer – und alles war anders!?

ZEITLEISTE 1992

14.01. Die ersten UN-Truppen treffen in Jugoslawien ein
15.01. Nach der BRD erkennen nun auch die anderen Staaten der EU Kroatien und Slowenien an
16.01. Friedensvertrag in El Salvador wird unterzeichnet
17.01. IRA-Bombe in Nordirland, sieben Tote
23.01. Waffenboykott des Sicherheitsrat gegen Somalia
16.02. In Zaire schießen Truppen auf eine christliche Demo, 50 Tote
19.02. Die Armee Aserbeidschans beschießt Berg Karabach, 20 Tote

Der legendäre Tisch der Kommune K1 aus der *taz* entführt im Hinterhof in der Mainzer Strasse

9. Mainzer lebt! Ost-Berlin nach dem Mauerfall

Das neue Zentrum der Bewegung

Der Mauerfall im November 1989 kam auch für die Berliner autonome Szene völlig überraschend. Neben der Angst vor der Wiedervereinigung, vor einem „IV. Reich", stellte sich jedoch ab dem Winter eine gewisse Aufbruchstimmung ein. In West-Berlin war in der Szene gerade etwas die Luft raus. Dazu kam, dass die Wohnungssituation extrem angespannt war. In Ost-Berlin hingegen standen ganze Straßenzüge leer. Gleichzeitig war die staatliche Ordnung völlig durcheinander geraten. Auf dieser Grundlage entstand die Ostberliner HausbesetzerInnenbewegung.

Schon vor dem Mauerfall, im Sommer 1989, war das Haus Schönhauser Allee 20/21 besetzt worden. Nach dem Mauerfall folgen mehrere Besetzungen in den Bezirken Prenzlauer Berg und Mitte. In der Köpenicker Straße wird erstmals ein Haus von Ost- und Westdeutschen gemeinsam besetzt. Im ehemaligen Arbeiterbezirk Friedrichshain findet die erste Besetzung in der Schreiner Straße 47 statt. Von März bis April 1990 folgt die Besetzung von gleich acht Häusern und zwei Grundstücken in der Kreutziger Straße. Mit dem legendären „Pilatus" entsteht auch die erste dortige BesetzerInnenkneipe. Es folgen Häuser in der Jessner und Grünberger Straße. Das Verhältnis von OstlerInnen und WestlerInnen ist dabei anfangs ziemlich ausgeglichen.

Nach dem 1. Mai 1990 verschiebt sich in den Häusern das Verhältnis deutlich zugunsten der Wessis. Auf der 1. Mai-Demo wird erstmals aufgerufen, die Mainzer Straße zu besetzen. Später folgt in der damals ausschließlich im Westen gelesenen *Interim*, ein entsprechender Aufruf zusammen mit Listen leerstehender Häuser. In der Mainzer sind die WestlerInnen eindeutig in der Überzahl. Hier wird fast ein ganzer Straßenzug besetzt.

Für manche, die aus der DDR stammen, ist die zunehmende Wessi-Dominanz ein Problem – aus unterschiedlichen Gründen: Die einen kommen mit der meist größeren Militanzbereitschaft und politischen Kompromisslosigkeit der Wessis nicht zurecht, andere haben das Gefühl, kulturell überrannt zu werden. Es bildet sich ein eigenes ostdeutsches Infoladentreffen, um den Aufbau eigener autonomer Strukturen in der DDR, bzw. dann Ex-DDR zu koordinieren. Allerdings wird das erste Treffen von Wessis, die inzwischen im Osten leben, initiiert. Während die Wessis, die nach Ost-Berlin ziehen, den Charme des dahinsiechenden Realsozialismus und seiner Reliquien schätzen lernen und z.B. auf Dachböden gefundene rote Fahnen aus dem Fenster hängen und GST-Uniformhemden tragen, ist das für nicht wenige OstbesetzerInnen eine Provokation. Viele hatten sich in der DDR als AnarchistInnen verstanden und zum Teil wegen ein paar Sprühe-

ZEITLEISTE 1992

21.02. Hunderttausende Schweden demonstrieren nach rassistischen Angriffen gegen Nazis
27.02. In der Ost-BRD besetzen Werftarbeiter ihre Betriebe um ihre Arbeitsplätze zu sichern
03.03. Bosnien erklärt seine Unabhängigkeit
04.03. Algerien: Die islamische Heilsfront FIS , die die Wahlen gewonnen hatte, wird verboten
06.03. Ruanda: Kämpfe zwischen Hutus und Tutsis, 450 Tote
17.03. Bombenanschlag auf die israelische Botschaft in Argentinien vom *Dschihad*, 28 Tote

reien oder versuchter Republikflucht im Knast gesessen. Sie lehnen die Symbole dieses repressiven Staatssystems natürlich ab. Es gibt jedoch auch OstlerInnen, die durchaus stolz auf ihre NVA-Erfahrung sind.

Insgesamt sind auch die OstbesetzerInnen keine homogene Masse und natürlich genauso unterschiedlich wie die WestbesetzerInnen. Das dürfte auch der Grund sein, weshalb es nie eine theoretische Auseinandersetzung mit diesem Ost-West-Konflikt in der Linken gab. Obwohl die Autonomen hier eindeutig VorreiterInnen waren. Denn im Frühling 1990 hatte noch kaum einE WestbürgerIn auch nur einen Fuß auf DDR-Boden gesetzt.

Bereits Ende Mai 1990 beginnen in Friedrichshain Verhandlungen mit der kommunalen Wohnungsverwaltung (KWV), die später in die Wohnungsbaugesellschaft Friedrichshain (WBF) umgewandelt wird. Schnell stellt sich heraus, dass es in den verschiedenen Häusern unterschiedliche Strategien gibt: Die einen wollen gar nicht verhandeln, andere wollen eine Gesamtlösung für alle Häuser und wieder andere streben Einzelmietverträge an. Trotzdem wird versucht, eine gemeinsame Struktur aufzubauen. Insgesamt zählen wir im Sommer 1990 128 besetzte Häuser in Ost-Berlin, die meisten in Friedrichshain, aber auch in Prenzlauer Berg, Lichtenberg und Mitte. Es kann davon ausgegangen werden, dass die Zahl der BesetzerInnen bei mindestens 2500 gelegen hat. Zusammen mit FreundInnen, Gästen und SympathisantInnen kann man also von einer richtigen neuen Szene sprechen, so groß und lebendig, dass für viele Kreuzberg völlig aus dem Blickfeld gerät. Berlin hat ein neues Zentrum der Bewegung!

Der kurze Sommer der Anarchie

Insgesamt lässt sich diese neue Szene durchaus mit der alten HausbesetzerInnenbewegung der 80er vergleichen - allerdings unter völlig anderen Voraussetzungen: Historisch einmalig ist, dass man sich im Sommer 1990 praktisch in einem rechtsfreien Raum befindet. Zwar wohnt man in der DDR, zahlt, zumindest bis zur Währungsunion am 1. Juli, seine DDR-Produkte mit DDR-Mark und setzt sich mit dem Magistrat statt dem Senat auseinander, gleichzeitig fehlt jedoch weitgehend die staatliche Ordnung der DDR. Die bundesdeutsche Polizei hat keine Hoheitsrechte in Ost-Berlin, die Volkspolizei lässt sich nur selten blicken. KWV, bzw. WBF, und der Magistrat, die eigentlich zuständigen Behörden, demonstrieren offen ihr Desinteresse am Treiben der BesetzerInnen.

Das wird natürlich genutzt: Ein Abenteuerspielplatz soll in der Mainzer entstehen (später gibt es

„Die Grenze verläuft nicht zwischen den Völkern..." Brandwand des besetzten Hauses „Köpi", einen Steinwurf von der ehemaligen Mauer entfernt

ZEITLEISTE 1992

18.03. Angriffe von Sikhs im indischen Punjab, 50 Tote
29.03. Zehn Mitglieder der ETA werden von französischen Bullen verhaftet
31.03. Der Verteidigungsminister der BRD tritt wegen illegaler Panzerlieferungen an die Türkei zurück
06.04. In Washington 500.000 Demonstranten für das Recht auf Abtreibung
09.04. Die Kämpfe in Bosnien halten unvermindert an
10.04. IRA-Bombe in London, drei Tote
17.04. Razzien in der Türkei gegen PKK und Dev Sol, 41 Tote

Häuserdemo
im September 1990
in Ost-Berlin

einen großen in der Kreutziger), überall schießen neue Proberäume und damit auch Bands aus dem Boden, ein BesetzerInnen-Chor gründet sich. Galerien, Geschäfte, Info-Läden, Verkehrsberuhigungsmaßnahmen, was immer man selbstverwaltet tun und lassen möchte – es ist möglich. Umso erstaunlicher, wie wenig eigentlich passiert. Man ist mit sich selbst beschäftigt, die skurrile Situation für die Ossis, plötzlich so halb im Westen zu sein und für die Wessis plötzlich HausbesetzerIn in der DDR zu sein, muss schließlich erst mal verarbeitet werden. Außerdem müssen die Häuser ausgebaut, repariert und gesichert werden. Als sich die Müllabfuhr weigert, den Müll, der aus den Häusern entrümpelt wird, zu entsorgen, wird in einer gemeinsamen Aktion die Fahrbahn der Frankfurter Allee zur Bauschuttdeponie gemacht. Nach dieser Aktion nimmt die Müllabfuhr ihre Tätigkeit für HausbesetzerInnen wieder auf.

Mieten-Demo
im August 1990
Ein Volkspolizist
erkundigt sich nach dem
Demoverantwortlichen

Am 24. Juli 1990 wird im Ostteil der Stadt die „Berliner Linie" aus dem Westen übernommen. Häuser, die nach diesem Termin besetzt werden, sollen sofort geräumt werden, erklärt der Magistrat. So kommt es z.B. am 30. August zum ersten Räumungsversuch in der neu besetzten Niederbarnimstraße 24. Die anwesenden BesetzerInnen können die Bauarbeiter, VoPos und den Friedrichshainer Bezirksbürgermeister Mendiburu (SPD) jedoch überzeugen, unverrichteter Dinge wieder abzuziehen. Auch andere Neubesetzungen wie die Kinzigstraße 9 können gehalten werden. Einige werden später aber auch geräumt.

Die Infrastruktur für die Kommunikation und Information zwischen den Häusern besteht unter anderem aus einem BesetzerInnen-Rat („B-Rat"), der später in ein „Verhandlungsgremium" übergeht. Parallel zur *Interim* entsteht eine Zeitung namens *BesetzerInnen Zeitung* (B.Z.). Im Rotationsprinzip ist immer ein anderes Haus für die Erstellung einer Ausgabe zuständig. Es existiert mit dem *Radio 100* in West-Berlin auch noch ein freies, selbstverwaltetes Radio. Es ist Info-Medium und Mobilisierungsinstrument auch für die Ostberliner Szene. Telefone gibt es kaum, Handys sind noch nahezu unbekannt und so richtet man in verschiedenen Häusern eine Funkzentrale ein, die möglichst die ganze Nacht besetzt ist und mit deren Hilfe vor allem bei Nazi-Überfällen mobilisiert wird.

Das ist notwendig, denn der rechtsfreie Raum in Ost-Berlin ist alles andere als frei von Rechten – sprich Nazis. Schon im März werden in der

Zeitleiste 1992

27.04. Serbien und Montenegro gründen die BR Jugoslawien
29.04. Bei einem Riot von Schwarzen in Los Angeles sterben 58 Menschen
01.05. Endlich wieder erster Mai mit Randale in Berlin
05.05. Kämpfe um Sarajewo, 115 Tote
07.05. Nach schweren Unruhen übernehmen in Tadschikistan die Islamisten die Macht
09.05. In Peru stürmen die Bullen einen Knast und töten 100 meuternde Gefangene
17.05. Thailand: Staatsdiener ballern in eine Demo, 52 Tote

Kreutziger Straße 22 HausbesetzerInnen im eigenen Haus von etwa 30 Nazis überfallen, die durch die Fenster einsteigen. Immer wieder kommt es auf der Straße zu Übergriffen. Nicht nur gegen Linke, sondern vor allem gegen Roma und Sinti und vietnamesische MigrantInnen. Auch hier schaut die VoPo lieber weg, als sich einzumischen. Die Nazis besetzen sogar selber ein Haus und bekommen im Tausch dafür von der Wohnungsbaugesellschaft ein Gebäude in der Weitlingstraße 122 in Lichtenberg zugesprochen – gar nicht weit von Friedrichshain entfernt. Das Haus wird zur wichtigsten Schaltstelle der bundesdeutschen Neonazis. Pfingsten überfallen einige Dutzend Nazis die Mainzer Straße. Sie beschießen die Häuser mit Leuchtspurmunition, werfen Steine auf Fassaden und Fenster und grölen Parolen. Schließlich werden sie von den BesetzerInnen verjagt, während die Volkspolizei zuschaut.

Als Reaktion auf diesen Überfall gibt es am 23. Juli eine Antifa-Demo zur Weitlingstraße. Das erste und letzte Mal in der deutschen Geschichte kommt es zu einer größeren militanten Auseinandersetzung zwischen Autonomen und der Volkspolizei. Diese hat jedoch Schwierigkeiten, ihre Autorität durchzusetzen. Als es vor dem Nazi-Haus zu Auseinandersetzungen kommt, findet sie sich zwischen den Fronten wieder: Auf dem Dach stehen rund 300 Nazis, schießen mit Leuchtspurmunition, werfen Steine herunter. Dasselbe tun unten auf der Straße die Antifas in umgekehrte Richtung. Die VoPo versucht, die Demo davon abzuhalten, das Haus zu stürmen, hat aber eigentlich nur ihre Hundestaffel, mit der sie bei den zahlreichen Westautonomen ein wenig Eindruck schinden kann. Als die VoPo ihre beiden Wasserwerfer einsetzt, die eher an Feuerwehrspritzenwagen aus alten Zeiten erinnern, können sich die meisten Autonomen das Lachen nicht verkneifen. Am Ende sind mehrere VoPo-Lastwagen ausgebrannt und demoliert. Die Stürmung des Hauses findet vor allem deshalb nicht statt, weil die Nazis als unberechenbar gelten und man ihnen auch den Besitz von Schusswaffen zutraut. Diese Befürchtungen waren durchaus angemessen, denn wie man später erfuhr, hielten sie oben 400 Liter Benzin bereit, das sie auf uns herunterkippen wollten.

Demonstration zur Schaltzentrale der Neonazis in der Weitlingstraße 122 in Lichtenberg im Juli 1990.

ZEITLEISTE 1992

17.05. In der Schweiz gibt es jetzt einen Zivildienst
21.05. Das Rote Kreuz fordert Israel auf, die Misshandlung von Gefangenen zu beenden
02.06. Die dänische Bevölkerung lehnt in einer Volksabstimmung den Maastrichter Vertrag ab
04.06. Die NATO beschließt, auch außerhalb des Natogebietes zu agieren
08.06. Schwere Gefechte um Sarajewo
08.06. Der Sicherheitschef der PLO wird in Paris erschossen
20.06. Generalmobilmachung in Bosnien

Dem Buch „Die Abrechnung" des ehemaligen Nazi-Kaders Ingo Hasselbach ist zu entnehmen, dass sogar eine Hausbesetzerin in die Weitlingstraße entführt, dort „verhört" und gefoltert wurde. Dennoch: In Friedrichshain verbessert sich das Kräfteverhältnis nach und nach deutlich zugunsten der Linken. Schließlich heißt das Ziel der Antifa-Aktionen immer weniger Selbstschutz als vielmehr „den Kiez Nazi-frei halten". Das gelingt auch annähernd, allerdings mit nicht geringem Einsatz. Nächtelang schlagen sich AktivistInnen die Zeit an den Funkstationen um die Ohren, Infoketten werden eingerichtet. Wenn irgendwo Nazis gesichtet werden, strömen aus allen Häusern Leute herbei, ausgerüstet mit Knüppeln, Latten, Schlagringen, Helmen und verdreschen die Nazis. In der Mainzer gibt es sogar eine „Einsatz-Wanne" in der bei entsprechendem Alarm über zehn Leute reinspringen können, um zum Einsatzort zu fahren.

Blumen für Silvio kurz nach seiner Ermordung am 21. November1992 am U-Bahnhof Samariterstrasse

Das Fehlen einer staatlichen Ordnung lässt so manche Hemmschwelle sinken, was auch zu unverhältnismäßigen Angriffen auf vermeintliche Nazis führt. Skrupel will man sich – auf beiden Seiten – nicht leisten. Die Konfrontationen werden immer unerbittlicher. Dass alle Häuser mit Stacheldraht, Fensterläden und massiven Falltür-Konstruktionen gesichert sind, liegt weniger an der Angst vor einer Räumung, sondern soll dem Schutz vor Nazi-Angriffen dienen. Als Spätfolge dieses Eskalationsniveaus muss auch der 21. November 1992 gewertet werden, als Nazis nach einer einfachen Handgreiflichkeit in einem U-Bahnhof an der Ecke zur Mainzer Straße den Antifaschisten Silvio Meier mit einem Messer ermorden.

Der Kampf gegen Nazis im Sommer '90 stößt in der Bevölkerung nicht nur auf Ablehnung. Kleine Antifa-Grüppchen, die auf offener Straße Nazis zusammenschlagen, können durchaus gelegentlich mit Applaus von PassantInnen rechnen. Und sogar die VoPo will sich angeblich an der Antifa-Arbeit beteiligen und bietet den HausbesetzerInnen an, man könne doch einen gemeinsamen Funkkanal betreiben, um sich besser über Nazi-Umtriebe austauschen zu können. Auf das Angebot wird jedoch nicht eingegangen.

So ist diese Zeit von großen, gerade im Nachhinein betrachtet, unermesslichen und ungenutzten Freiheiten, aber eben auch von einem zuweilen brutalen Machtkampf um den Kiez gekennzeichnet. Viele haben in diesen Monaten die beste Zeit ihres Lebens, andere erfahren Traumatisierungen. Pünktlich am 3. Oktober, dem Tag der Wiedervereinigung und der Übertragung der Polizeihoheit an West-Berlin, endet dieser kurze Sommer der Anarchie. Die „Deutschland halt`s Maul"-Demo an jenem Tag, an der weit über 10.000 Menschen teilnehmen, mündet in einen großen Krawall am Alexanderplatz mit über 200 Festnahmen und 5 Haftbefehlen. Der Westen ist angekommen.

Zeitleiste 1992

28.06. In Serbien fordern 100.000 Demonstranten den Rücktritt des Präsidenten
29.06. Der algerische Präsident wird durch Attentat getötet
02.07. Um das belagerte Sarajewo zu unterstützen beginnt eine Luftbrücke der UNO
02.07. Wieder große Demo in Belgrad, um den Rücktritt des serbischen Präsidenten zu erreichen
03.07. Die bosnischen Kroaten erklären sich für unabhängig von Bosnien und gründen einen Staat
06.07. Beim G7-Ttreffen in München werden 500 Gegende-

Die Mainzer Straße

Zwölf Häuser. Das waren fast zwölf Szenen: In einigen Häusern lebten mehrheitlich Ossis, in anderen eher Wessis, es gab Häuser mit Punks, Polit-Freaks, weniger politischen Leuten, ein Frauenhaus, ein Tuntenhaus. Und in jedem Haus Aktivitäten: Kneipen, Volxküche, eine Buchhandlung mit DDR-Literatur, Infoladen und last but not least: den „Forellenhof", eine Kneipe im Tuntenhaus, die in der kurzen Zeit ihrer Existenz mit einigen unvergesslichen Tunten-Shows und semi-professionellen Matinées glänzte. Die BürgerInnen auf der anderen, nicht besetzten Straßenseite sahen dem bunten Treiben mit gemischten Gefühlen zu. Einige organisierten sich in einer Bürgerinitiative gegen die Hausbesetzer, weil ihnen einerseits die ständige und nicht bestreitbare Lärmbelästigung auf die Nerven ging, sie sich aber andererseits auch durch bestimmte Transparente – und es waren vor allem die aus dem Schwulenhaus – gestört fühlten. Den ganzen

Leben in der Mainzer Strasse Strassenfest im September 1990 Hausansicht und nachts die Ruhe vor dem Sturm

Zeitleiste 1992

monstranten eingekesselt und festgenommen
21.07. Militärbündnis zwischen Kroatien und Bosnien gegen Serbien wird abgeschlossen
06.08. Erneute serbische Offensive in Bosnien
08.08. In Kabul weitere Kämpfe zwischen Mujaheddin-Fraktionen, 1000 Tote
11.08. Kämpfe nach dem Einmarsch georgischer Truppen in Abchasien
13.08. Laut VS stieg die Anzahl der Nazi-Gewalt 1991 im Vergleich zu 1990 um das fünffache

Mainzer Straße im November 1990: Für Stunden ein „befreites Gebiet“. Die Polizei kommt nicht durch die Barrikaden.

Sommer über bestürmt diese Bürgerinitiative die Verantwortlichen in Politik und Verwaltung mit Briefen, in denen sie die Räumung fordert. Doch diese Korrespondenz, die keinesfalls die mehrheitliche Stimmung im Kiez repräsentierte, dürfte kaum der Anlass zu dem gewesen sein, wozu es am 12. November 1990 dann schließlich kam.

Am frühen Morgen räumt die Polizei überraschend drei von sieben „neu“, also nach dem 24. Juli besetzten Häuser, in der Pfarr- und Cotheniusstraße. Es versammeln sich DemonstrantInnen und es kommt zu einzelnen Rangeleien und Festnahmen. Um 10.03 Uhr meldet Radio 100 die Räumung. Gegen 11.15 Uhr beschließen rund 50 Leute aus der Mainzer Straße eine Solidaritätskundgebung. Sie legen Baumaterialien vom Straßenrand auf die Frankfurter Allee, um den Verkehr zu stoppen. Im Polizeifunk wird von „mit Blumen verdeckten Nagelbrettern“ phantasiert. Ein paar Polizisten erscheinen, räumen die Straße frei und werden dabei von vereinzelten Steinwürfen attackiert. Daraufhin taucht innerhalb kürzester Zeit eine Kolonne aus Mannschaftswagen, Räumpanzern und Wasserwerfern auf und durchfährt die Mainzer Straße. Ein paar Mülltonnen werden auf die Straße geschoben. Räumpanzer schieben sie zur Seite, geparkte Autos gleich mit. Es fliegen Steine, die Polizei setzt Tränengas und die Wasserwerfer ein. Die DemonstrantInnen verziehen sich in die besetzten Häuser. Die Polizei beginnt, mit den Wasserwerfern in die Fenster der Häuser zu zielen. Dabei gehen Scheiben zu Bruch und auch unbeteiligte Wohnungen von normalen BürgerInnen sind betroffen.

Bereits um zwölf Uhr meldet Radio 100 Straßenkämpfe in der Mainzer. Daraufhin strömen viele zum Ort des Geschehens. Hier entwickelt sich nun eine Straßenschlacht mit Barrikaden an beiden Seiten der Mainzer. Aber auch in benach-

ZEITLEISTE 1992

22.08. In Rostock beginnen Nazis, Ausländerwohnheime anzugreifen. Die Antifas sind zu schwach, um die Nazis frontal anzugehen, und die Bullen halten sich fein raus
29.08. Waffenstillstand in Berg Karabach
03.09. Ecuador setzt Truppen ein, um die Proteste gegen Preiserhöhungen zu ersticken
03.09. Ein Flüchtlingsheim wird bei einem Nazi-Anschlag in Brandenburg abgebrannt
12.09. Der Chef des Sendero Luminoso wird in Peru verhaftet
16.09. Um die Schließung eines Stahlwerks zu verhindern,

Ich stehe an der Front zur Boxhagener Straße. Helm, Hassi, Handschuhe, in jeder Hand ein Pflasterstein, vor meinen Füßen ein ganzer Berg davon. Wir sind, schwer zu sagen, ein paar hundert Leute sicherlich. Auf der anderen Seite der Barrikade steht eine martialische Armee von Bullen. Ein Wasserwerfer ist zu sehen. Genau zwischen uns eine Straßenbahn. Der Fahrer ist wohl abgehauen. Schließlich gelingt es der Polizei, die Bahn fortzubewegen. Jetzt stehen wir uns direkt gegenüber. 40 Meter Abstand vielleicht. Wir schlagen die Pflastersteine aufeinander, klack, klack, klack. Die Bullen trommeln mit ihren Stöcken auf die Schilder. Beide Seiten warten ab. Plötzlich geht oben im Eckhaus ein Fenster auf. Jemand stellt eine Lautsprechbox auf den Balkon, und dann, wie im Film, hört man ganz leise und langsam den Bolero von Ravel. Dieses Hammerstück, das erst ganz leise ist, dann eine gnadenlose Spannung aufbaut, immer lauter wird, und sich schließlich furios entlädt. Mir läuft ein Schauer über den Rücken. Auf einmal beginnt der Wasserwerfer zu spritzen. Das ist der Startschuss. Die Schlacht beginnt. Noch lange bevor der Bolero den Kulminationspunkt erreicht hat.

barte Straßen weitet sich der Fight aus. Die Polizei, mit etwa 1500 BeamtInnen zugegen, setzt Unmengen von Tränengas, Blendschockgranaten und Wasserwerfern ein. Auf der anderen Seite wird sie von rund 600 HausbesetzerInnen mit Steinen, Molotowcocktails und Zwillen auf der Straße, aus Häusern und von Dächern beschossen. Ein Straßenbahnwagen, der genau an der Einfahrt zur Mainzer stehen bleibt, fängt Feuer und bildet eine weitere Barrikade. BürgerrechtlerInnen wie Bärbel Bohley und sogar der nicht besonders gut auf „seine" HausbesetzerInnen zu sprechende Bezirksbürgermeister versuchen zu vermitteln, zu schlichten. Doch von Staatsseite aus gibt es dazu keinerlei Bereitschaft. Die Schlacht dauert bis drei Uhr am nächsten Morgen und endet mit dem vollständigen Rückzug der Polizei aus dem gesamten Kiez.

ZEITLEISTE 1992

besetzen 1000 Metaller den Dresdner Flughafen

17.09. Das EU-Parlament fordert die BRD auf die Sicherheit von Flüchtlingen zu gewährleisten

17.09. Berlin: Vier iranisch-kurdische Exilpolitiker erschossen

22.09. Jugoslawien wird aus der UNO ausgeschlossen

22.09. Wismar: Nach tagelangen Nazi-Angriffen auf ein Flüchtlings-Heim werden die Flüchtlinge in den Westen evakuiert

26.09. Brandanschlag von Nazis auf die KZ-Gedenkstätte in Sachsenhausen

Der Dienstag, der 13. November, ist ein gespenstischer Tag. Die Ruhe vor dem Sturm. Immer wieder berichten Leute von Polizeikolonnen auf den Autobahnen, alle Richtung Berlin. In der Mainzer selbst hebt man zwei tiefe Gräben aus, wobei auch ein Bagger zum Einsatz kommt. Überall entstehen Barrikaden. In den Häusern sind die Leute damit beschäftigt, Mollis zu bauen. Pflastersteine werden in Eimern gesammelt. Auf der Straße diskutieren aufgeregt BürgerInnen, Autonome, Schaulustige. Und überall ergötzen sich Journalisten an den Bildern der Zerstörung: Ausgebrannte Autos, zerbrochene Schaufenster, umgestürzte Bauwagen, aufgerissenes Straßenpflaster, usw. Am Abend ist klar: Um sieben Uhr am nächsten Morgen werden die Bullen angreifen.

Und genauso kommt es. Die folgende Straßenschlacht ist der bisher heftigste Polizeieinsatz gegen Autonome. Die Polizei setzt diverse Spezialkommandos und Hubschrauber ein, Unmengen von CN-

und CS-Gas, Blendschockgranaten und gerüchteweise auch Gummigeschosse. Selbst von scharfen Schusswaffen macht sie Gebrauch: Zwei Leute werden getroffen. Mindestens 4000 Polizisten sind im Einsatz, auf der anderen Seite kämpfen in der Mainzer vielleicht 500 oder 600 Autonome. Ein Kampf mit dem Rücken zur Wand, denn es ist klar: Vielen wird die Flucht aus dem Kessel nicht gelingen. Am Ende werden rund 300 Menschen festgenommen. Vor allem das Tränengas, das über den gesamten Bezirk liegt, führt schließlich zu allgemeiner Kampfunfähigkeit. Erst jetzt beginnt die Polizei, in die Straße vorzudringen. Es gibt jede Menge Verletzte und Schwerverletzte. Die Straße sieht aus wie nach einem Erdbeben. Die Polizei geht mit äußerster Brutalität gegen Leute vor, die sie in den Häusern antrifft. Als die Häuser geräumt sind, werfen die Beamten Einrichtungsgegenstände, Stereoanlagen, Bücher usw. durchs Fenster auf die Straße. Sie bedienen sich an den Getränkevorräten und feiern ausgelassen ihren Sieg.

ZEITLEISTE 1992

26.09. In Rom demonstrieren 200.000 gegen die Anhebung des Rentenalters um fünf Jahre

28.09. Proteste verhindern im Vorfeld die Jubelfeier für die Weltkrieg-II-Nazi-Rakete „V 2"

30.09. Nach hundert Jahren ziehen sich die US-Truppen aus den Philippinen zurück, das dauert immerhin bis 2001

02.10. Die brasilianischen Bullen stürmen einen Knast und töten 110 meuternde Gefangene

03.10. Über 5000 Oranienburger demonstrieren gegen Nazis

04.10. Friedensvertrag in Moçambique wird unterzeichnet

Medien und Politiker zeichnen in den folgenden Tagen das Bild der „tötungsbereiten" HausbesetzerInnen. Eine gnadenlose Hetze ist im Gange. Tödliche Elektrofallen habe es in Treppenhäusern gegeben und auf einem Dach habe man einen 20 Liter fassenden „Supermolli" gefunden. Auf der anderen Seite gibt es gerade im Osten und von NachbarInnen im Kiez eine ungeheuere Solidarisierung mit den HausbesetzerInnen. Die Kleider- und Möbelspenden, die in den nächsten Wochen in den anderen besetzten Häusern eingehen, sind kaum mehr zu erfassen. Ein alter DDR-Feuerwehrmann bringt einen großen Armeesack mit Feuerwehrhelmen und einen voller Gasmasken vorbei: „Ich hab's im Fernsehen gesehen! Wenn ihr die gehabt hättet, hättet ihr es schaffen können!" Autonome werden von LehrerInnen eingeladen, um vor Schulklassen über die Räumung zu sprechen, die Medien laufen den anderen Häusern die Türen ein.

Für die Szene ist die Räumung ein tiefer Einschnitt. Bei einigen Leuten führt sie zu einer Radikalisierung, bei anderen zu Traumatisierung und Rückzug und bei vielen zu Verängstigung Letztere führt z.B. dazu, dass in einem Haus in der Kreutziger Straße noch am 14. November, dem Tag der Räumung, Einzelmietverträge mit der WBF abgeschlossen werden. Am 14. November abends gibt es noch eine spontane Demo mit über 10.000 TeilnehmerInnen. Danach wirkt die Szene jedoch lange wie paralysiert. Anders als z.B. der 1. Mai '87 wird die Schlacht um die Mainzer Straße nicht zu einem regelmäßigen Kampftag im schwarzroten Kalender – zu tief sitzt bei vielen der Schrecken. Es ist für viele einzelne tatsächlich um Leben und Tod gegangen.

Berlin gelingt's? Der Tag nach der Räumung

ZEITLEISTE 1992

04.10. In den USA demonstrieren 850.000 Deppen für ein Verbot von Abtreibungen

12.10. Proteste in Südamerika gegen die 500-Jahrfeier der Eroberung Amerikas durch Europa

15.10. Nach einer ausländerfeindlichen Kampagne beschließt die BRD-Regierung mit SPD-Hilfe die faktische Streichung des Rechts auf Asyl

16.10. Die Türkei marschiert in den Nord-Irak um PKK-Stellungen anzugreifen

17.10. Nazi-Überfall auf Ausländerwohnheim im Harz

Post-Mainzer-Zeit

Demonstration nach der Räumung der Mainzer Strasse

Die Räumung der Mainzer Straße war nicht nur Anlass für den Bruch der damals regierenden SPD-Grünen-Koalition in Berlin, sie läutet auch den Niedergang der Squatter-Bewegung Ostberlins ein. Die Strukturen zerfallen in rasantem Tempo. In den meisten Häusern wird nur noch um das eigene Projekt verhandelt. So kommt es letztlich zu einer Vielzahl von Legalisierungsmodellen, aber auch zu weiteren Räumungen.

Trotzdem löst sich natürlich nicht einfach alles so auf. Noch heute, 2003, leben in den ehemals besetzten Häusern viele hundert AktivistInnen, die dafür sorgen, dass gerade Friedrichshain noch immer, neben Kreuzberg, ein zweites Zentrum der Berliner Szene darstellt. Die früheren Kämpfe, aber auch die Infrastrukturmaßnahmen der Szene, haben den Kiez nachhaltig geprägt. Wenn Südfriedrichshain heute zu einem schicken Kneipenviertel geworden ist, mit all den bekannten Nachteilen, gilt es zu bedenken, dass der Stadtteil ein völlig langweiliger, grauer Wohnbezirk war, bevor damals Leben und Farbe in die Straßen gebracht wurden. Auch heute noch kommt es im Kiez hin und wieder zu Auseinandersetzungen mit der Polizei. Auch einige Kneipen, Info-Läden und einzelne Kleinbetriebe aus alten Tagen existieren noch. Straßen- und Stadtteilfeste, Kulturprojekte, der sonntägliche Flohmarkt, die jährlich stattfindende Silvio-Meier-Demo – viele der heute in im Kiez rund um die Mainzer lebendigen Strukturen gehen direkt auf die „besseren Tage“ der Bewegung zurück oder wären jedenfalls ohne diese nicht denkbar. Nazis trauen sich nach wie vor meistens nur inkognito durch Friedrichshain zu gehen, und Friedrichshain ist der Stadtteil im Osten Berlins, in dem sich AusländerInnen am sichersten auf der Straße bewegen können und es auch zunehmend tun.

ZEITLEISTE 1992

19.10. In Bosnien beginnen Kämpfe zwischen Moslems und Kroaten
21.10. In London demonstrieren 50.000 Bergarbeiter gegen Zechenschließungen
23.10. US-Handelsembargo gegen Kuba wird verschärft
23.10. Nazis schänden eine KZ-Gedenkstätte am Bodensee
25.10. Die Hisbollah tötet im Libanon 5 israelische Soldaten; Israel bombardiert danach Hisbollah-Stellungen

Teil 4

Die 90er

Strömungen, Turbulenzen und Strudel

Den 90er Jahren widmen wir viel weniger Platz als den 80ern und versuchen überdies nicht, sie vergleichbar zu systematisieren. Das hat verschiedene Gründe – auch hier schreiben wir im Wesentlichen über unsere Sicht aus Berlin! Bestimmte Ausdrucksformen und Erfahrungen autonomer Politik haben wir bereits ausführlich dargestellt: Es gibt auch in den 90ern Kampagnen, militante Kleingruppen und Militanzdebatten. Das muss nicht noch einmal von Grund auf erzählt werden, manches wiederholt sich. Ein wichtigerer Grund ist aber wohl, dass es uns viel schwerer fällt, durchgängige Entwicklungslinien auszumachen. Die zeitliche Distanz ist geringer, es fällt schwerer, sich auf *die* wichtigen Ereignisse und Strömungen zu einigen, zumal wir – die Autoren – uns auseinanderentwickeln. Auch der ursprüngliche Arbeitstitel dieser Phase („Zeit der Verwirrung") sagt wohl einiges aus über die persönliche und politische Distanz, mit der wir manches Highlight der 90er betrachtet haben …

Die Lücken in diesem Kapitel fallen nicht nur uns selbst auf, sondern werden auch all denen besonders auffallen, die selbst die 90er Jahre politisch mitgestaltet haben. Deshalb sei hier noch einmal eindringlich daran erinnert: Schreibt eure eigene Geschichte, ergänzt, nutzt die Web-Site zum Buch!

Die 90er Jahre sind geprägt von der Defensive radikaler linker Politik gegenüber staatlichen und gesamtgesellschaftlichen Rollbacks. Nationalismus und Rassismus nehmen extrem zu (oder äußern sich plötzlich viel schamloser), faschistische Organisationen wachsen und werden selbstbewusster, Antisemitismus erweist sich als schrecklich untot. In Teilen der linken Szene sind Markenklamotten angesagt, Feminismus ist langweilig und unangenehm p.c. („politically correct").

Der vermutlich geschichtlich nicht ungewöhnliche Auffächerungsprozess einer Strömung geht weiter, es wird noch schwieriger, auszumachen, was oder wer „autonom" ist. Nebeneinander gibt es die neue Antifa-Bewegung, „Traditions"-Autonome aus den 80ern, „autonome KommunistInnen", neue autonome Subkulturen aus der 90er-BesetzerInnen-Bewegung oder den Wagenburgen und die Anfänge der radikalen „Globalisierungsbewegung". Diese Szenen kreuzen sich, vermischen sich hier und grenzen sich dort voneinander ab. Sie entwickeln eigene Subkulturen, die sich hauptsächlich mit sich und der Verteidigung ihrer jeweiligen Freiräume beschäftigen und wenig Ausstrahlung nach außen haben.

Damit einher gehen kreative Impulse. Medienarbeit und Kommunikationsguerilla werden wichtiger, es gibt mehr linksradikale Kulturproduktion im weitesten Sinne (Musik, Fotografie, Gestaltung …). Die Idee, dass eine Parole verständlich, ein Demo-Transparent lesbar, ein Redebeitrag interessant, ein Plakat ansprechend auch für Außenstehende sein sollte, findet mehr AnhängerInnen als früher. Der Leistungsdruck, eine gute Verpackung für die eigene Aussage zu produzieren, nimmt allgemein zu.

Das bedeutet auch eine Spezialisierung. Es gibt wenige Gruppen, die einfach so „autonom" sind und sich politische Themen aussuchen – stattdessen dominieren Gruppen zu bestimmten

ZEITLEISTE 1992

02.11. Russische Truppen marschieren in Inguschetien und Nord-Ossetien ein

03.11. Clinton ist neuer US-Präsident

06.11. In Makedonien sterben vier Angehörige der albanischen Minderheit bei Krawallen nach einer Razzia

08.11. Nach der Abschaffung des Asylrechts wagen Politiker eine Demo gegen Nazis in Berlin zu veranstalten. Eier, Steine, Flaschen, Obst und Gemüse werden ihnen von den 350.000 Demonstranten dankbar zugeworfen

16.11. Der Marinechef von Sri Lanka wird von den *Tamil*

Fachthemen und Einzelpersonen, die ihr Wissen und ihre Interessen konzentrieren und teils auch professionalisieren: etwa als freie JournalistInnen, als GrafikerInnen, als SozialarbeiterInnen.
Politische Aktivitäten zu bestimmten Themen sind deshalb oft besser vorbereitet und organisiert als früher, haben aber Schwierigkeiten, „die Szene" allgemein zu mobilisieren. „Vollversammlungen" gibt es kaum noch. Manche ExpertInnen-Diskussion blockiert sich selbst. Die interne Kommunikation ist stärker studentisch beeinflusst, es gibt mehr Theoriearbeit – auch als Selbstzweck – als in den 80ern. Die gegenüber früher zahlreicheren und professionelleren eigenen Medien (Zeitschriften und zunehmend Internet-Projekte) richten sich unverändert mehr an die eigene Szene als an Außenstehende.

Für „Neue" gibt es weniger allgemeine Identifikation mit einer Szene, einer Bewegung. In den frühen 90er Jahren ist „die" Bewegung die Antifa, die aber nur gelegentlich die Einengung auf ihr politisches Thema überwinden kann. Die Orientierung an einzelnen Gruppen, Zusammenhängen oder Strömungen ist für die meisten wichtiger als die Positionierung als „Autonome" oder Ähnliches. Bei allem Bedürfnis, sich von den „old school"-80ern abzusetzen, gibt es aber doch mehr Bewusstsein für linke Geschichte als früher – zumal ja auch ein paar Bewegungs-Opas und –Omas zur Verfügung stehen, die weiterhin aktiv sind.
Auch verschiedene Konflikte und Spaltungslinien überdauern den Generationswechsel. Das zeigt sich z.B. am Umgang mit dem Geschlechterkonflikt und an den Berliner 1. Mai-Demos: Hier treffen verschiedene Ansätze und zerstrittene Fraktionen die ganzen 90er Jahre über aufeinander und finden oft keine produktiven Auswege aus dem Dilemma. Übrigens: Wer in den folgenden Texten eine Würdigung des Berliner 1. Mai vermisst, sei auf die Web-Site verwiesen, wo sich der schon legendäre „Längste 1. Mai-Text aller Zeiten" von Sven Glückspilz findet.
Erst Ende der 90er bietet die Globalisierungsbewegung wieder vielen eine Möglichkeit, sich einer diffusen Bewegung zugehörig zu fühlen, ohne politisch auf ein Thema festgelegt zu sein.
Die Umbrüche 1989/90 haben viel Verwirrung ausgelöst. Scheinbar sichere politische Weltbilder sind zusammengebrochen, neue Fragen, neue AkteurInnen auf der Bildfläche erschienen. Weder darüber, was uns bevorsteht, noch darüber, was wir eigentlich gerade hinter uns haben, herrscht Einigkeit.
Viele reagieren darauf mit einer Verengung des Blickes, der Konzentration auf die eigene Gruppe, einzelne einfache politische Antworten. Innere Fraktionskämpfe ersetzen gesamtgesellschaftliche Perspektiven. Manche Gruppen verfallen zunehmend in klassische marxistisch-leninistische Rhetorik, andere in wertkritischen Nihilismus oder auch Hauptsache-irgendwas-passiert-Aktivismus.

Militante Kleingruppen bewegen sich zunehmend im luftleeren Raum. Es gibt in größeren Abständen Debatten dazu (1991 rund um die beginnende RZ-Auflösung, 1995 ausgelöst von Durchsuchungen wegen der Gruppen AIZ und

Zeitleiste 1992

Tigers getötet
23.11. Bei einem Nazi-Brandanschlag werden in Mölln drei Menschen getötet
27.11. Die Nazi-Gruppe „Nationalistische Front" wird verboten
28.11. Mölln: 12.000 Menschen demonstrieren gegen Nazis
05.12. In Kabul sterben 500 Menschen bei Kämpfen zwischen Milizen
06.12. Anti-Nazi-Lichterkette von 400.000 Münchnern. Parteien dürfen nicht mitmachen

KOMITEE, 2001 initiiert von der „Militanten Gruppe"), die jedoch nur noch ein „Fachpublikum" beschäftigen. Die praktische Distanz der allermeisten zu dieser Aktionsform führt mehr als jede staatliche Zensur-Aktion zu einem Abflachen der Debatten und Aktionen.

Dabei schreit die Situation in Deutschland mehr denn je nach radikaler, unversöhnlicher Opposition. Staat und faschistische Banden spielen sich gegenseitig den Ball bei der administrativen und ideologischen Verankerung rassistischer Politik in der Gesellschaft zu. Deutschland wird unter wechselnden Regierungen in raschem Tempo kriegsfähig gemacht und betritt die weltpolitische Bühne mit neuem nationalistischen Selbstbewusstsein. Die neoliberale Wirtschafts-Politik erfasst und unterhöhlt immer mehr Bereiche des alten Sozialstaats-Kompromisses. Die Privatisierungen führen auch zu einer allgemeinen Entpolitisierung, besonders im Medien-Bereich: Politik ist out, New Economy ist in, die Zukunft gehört Aktionären. Der Prozess der deutschen Vereinigung geht größtenteils über die Autonomen hinweg, oder schlimmer noch, sie finden sich oft eher als Rädchen denn als Sand im Getriebe der westdeutschen Kolonisierung der Ex-DDR wieder. Einzelne Versuche, an lokalen Widerstand gegen die Politik der „Treuhand" anzuknüpfen – es gibt sogar den einen oder anderen Brandanschlag – bleiben die Ausnahme.

Das breite Themenspektrum autonomer Politik der 90er Jahre spiegelt sich auch in den folgenden Beiträgen wieder:

Die **Stadt(-teil)politik**, Ende der 80er Jahre begonnen, setzt sich in höchst auseinanderlaufender Weise fort.

Die Mobilisierung gegen die Berliner **Olympia**-Bewerbung wird zu einer klassisch-autonomen (und erfolgreichen) Kampagne.

Die **Organisations-Debatte** markiert einen neuerlichen Generationswechsel, aus dem u.a. die organisierte **Antifa** hervorgeht. Bei diesem wie auch dem damit oft eng verbundenen Bereich des **Antirassismus** haben wir Gastbeiträge eingearbeitet.

Auch in den 90ern gibt es noch militante **Kleingruppen** und Aktionen, auch wenn es viele Auflösungsprozesse gibt.

Der Berliner **Autonomie-Kongreß** 1995 bedeutet für manche einen Endpunkt, für andere ein „Weiter so".

Die **Castor**-Atommüll-Transporte entwickeln sich zu Highlights der Massenmobilisierung in der zweiten Hälfte der 90er.

Die **Kommunikationsguerilla** als Form linksradikaler Politik wird bedeutsamer.

Die weiter oben beschriebenen **Verwirrtheiten** innerhalb der Linken nehmen zu.

Gegen Ende der 90er bringt die („Anti"-) **Globalisierungsbewegung** neuen Schwung in die radikale Linke.

Die deutsche Beteiligung an internationalen **Krieg**seinsätzen wird zu einem Dauerthema der radikalen Linken.

Wir haben keinen einheitlichen zeitlichen Endpunkt gesetzt, sondern lassen diesen letzten Teil in die Gegenwart ausfransen – die Geschichte ist offen…

ZEITLEISTE 1992

08.12. Sarajewo nach einer serbischen Offensive vollständig umzingelt
09.12. US-Truppen landen in Somalia
10.12. Nazi-Truppe „Deutsche Alternative" wird verboten
17.12. Der Bundeskanzler will 1500 Soldaten nach Somalia schicken
22.12. Die USA heben ihr Waffenembargo gegen China auf
25.12. Zweihunderttausend BerlinerInnen bei einer Lichterkette gegen Nazis

Legendäres Zitat von Klaus-Rüdiger Landowsky (CDU) in der Haushaltsrede vom 27. Februar 1997 an einer Brandwand in der Kreuzberger Manteuffelstrasse

2.

Wem gehört der Stadtteil?

Nach dem Fall der Mauer

Anfang der 90er, inmitten von Wiedervereinigungstaumel und Hauptstadtwahn, findet die radikale Linke zur Stadtpolitik zurück:

„Deutschland halt's Maul" Demonstration am 3.10.1990
Bild rechts: reclaim the streets party 2000

Dies drückt sich in drei Hauptlinien aus:

1. „Nie wieder Deutschland" heißt die gemeinsame Parole, die einen deutlichen Gegenakzent zur offiziellen Politik aller Parteien setzt. Auf der Großdemonstration am 3. Oktober 1990 gegen die Wiedervereinigungseuphorie treffen sich Linke aus Ost und West unter dem Motto „Deutschland – halt's Maul!", und auch bei weiteren Feierlichkeiten der Herrschenden zeigen Pfiffe, Schreie, Drängeleien, dass es eine Opposition gibt. Bei der Demonstration gegen den Hauptstadtbeschluss 1991 sind die Autonomen allein, kriegen aber immerhin 2000 TeilnehmerInnen auf die Beine (Parole: „Potzblitz Regierungssitz!"). Danach verliert sich die Anti-Hauptstadt-Kampagne im autonomen politischen Alltag, der weiterhin viele gern genutzte Gelegenheiten bietet, das Image der Stadt anzugreifen.

2. Anders als 1981 gibt es auch zahlreiche radikale Linke, die nicht die Hausbesetzungen zu ihrem Schwerpunkt machen, sondern in ihren jeweiligen Vierteln weiter gegen Stadtplanung und Durchkapitalisierung arbeiten. In Berlin, aber auch in Hamburg und anderen Städten gibt es 1990 zahlreiche Demos gegen Umstrukturierung und Vertreibung. In den 90er Jahren knüpfen daran die Aktionen gegen Privatisierung und Sicherheitswahn in den Innenstädten und die aus England importierte Idee „reclaim the streets" an. Besonders in Ostberlin, in Mitte, Prenzlauer Berg und Friedrichshain finden Stadtteilgruppen teilweise breite Unterstützung in ihrem Kampf gegen Treuhand und West-Investoren.

3. Im kleingewordenen Kreuzberg wird ein erheblicher ökonomischer und politischer Druck erwartet. Der Bezirk liegt nun nicht mehr am Rand, wo er zur Not – wie beim Reagan-Besuch 1987 – abgeschnürt werden kann wie eine Eiterbeule, sondern ist ein City-Bezirk geworden. Es scheint durchaus möglich, dass innerhalb weniger Jahre zumindest der Bereich innerhalb des inneren Stadtrings komplett umgekrempelt wird, um ihn hauptstadttauglich zu machen. Manche sehen sich schon bis ins sächsische Bitterfeld ver-

Zeitleiste 1993

1993

01.01. Tschechien und die Slowakei jetzt zwei eigene Staaten
06.01. Hindus gegen Moslems in Indien, 400 Tote in Bombay
07.01. Verschärfung des Abtreibungsrechtes in Polen
13.01. Luftangriffe der Anglo-Amerikaner auf irakische Stellungen
17.01. Amerikanische Marschflugkörper zerstören irakische Fabrik
22.01. Waffenstillstand beendet kroatische Gebietsgewinne in der Krajina

trieben, andere fürchten zumindest in entferntere Kieze abgedrängt zu werden.
Von diesen sehr begrenzten Kreuzberger Entwicklungen können wir authentisch berichten.

Insgesamt formiert der Widerstand sich eher kleinteilig und nur zögernd.
Als erste melden sich militante Kleingruppen. Eine oder mehrere Gruppen nehmen die Parole einer autonom-kommunistischen Fraktion auf und agieren unter dem Namen „Klasse gegen Klasse" (KgK). Andere Autonome verwenden unter wechselnden Gruppennamen, wenn sie z.B. die ersten Nobelkarossen in Kreuzberg anzünden (die später so genannte „Wagensportliga").

Nachdem der erste Schock nach dem Mauerfall überwunden ist, finden sich auch im hinteren 36er-Kiez, der Hochburg autonomer Alltagskultur, Gruppen, die der drohenden Mieterhöhung und Vertreibung Einhalt gebieten wollen. Eine neue *Kiez-Zeitung – Nachrichten aus dem glükklichen Kreuzberg* erläutert in der Nr.1 im Juli 1991 die neue Situation:
„In der Besetzerzeit wurden Bauskandale und Kahlschlagsanierung abgewehrt, der Kiez hatte sogar ein ganz klein bisschen gesiegt: Die Stadt wurde erneuert, die Mieten festgesetzt, alles lief behutsam ab." Jetzt drohe eine zweite Welle der Stadterneuerung nach marktwirtschaftlichen Regeln: Teure Gewerbemieten und teure Kneipen, Großprojekte wie das Ost-West-Handelszentrum, das Yorck-Plaza oder die Erschließung des Spreegürtels. „(Die) Angestellten, die da arbeiten, werden auch in der Nähe wohnen wollen. Und sie haben das Geld, um das schöne, teuer gewordene Leben in Kreuzberg bezahlen können. Das wird bedeuten: wir raus, die rein. Diese zweite Stadterneuerung – unsere Vertreibung –, die gilt es zu verhindern."
Im Winter 1990/91 gründet sich ein „Info-Stützpunkt K36" (im Namen angelehnt an den DDR-Ausdruck „Getränke-Stützpunkt") und schreibt: „Die Veränderungen im Kiez (...) finden bereits statt und es gibt genügend Menschen, die das selbst erfahren oder einfach mitkriegen. Wir wollen nicht, dass euer Wissen um große und kleine Schweinereien, über Hausbesitzer und Spekulanten, Hausverkäufe, Zwangsräumungen, Kündigungen, drastische Mieterhöhungen, über Bauvorhaben und Baupläne, nutzlos in euren Köpfen schlummert. Stattdessen will der Info-Stützpunkt diese Infos. Wir stellen diese direkt den Gruppen und Initiativen für deren Arbeit gegen die Umstrukturierung zur Verfügung."
Solche Initiativen sind z.B. die Kampagne „Wir bleiben in SO36!", die Miet-Konflikte aufgreift und zu geplanten Großprojekten Position bezieht, oder die „Brücken-Ini", die eine Öffnung der Oberbaum-Brücke für den Autoverkehr und damit die Freigabe des Innenstadtrings quer durch den Kiez verhindern will.

Kampagnenplakat der Initiative „Wir bleiben in SO 36"
Bild unten: Besetzung der Oberbaumbrücke in Kreuzberg im Sommer 1992

ZEITLEISTE 1993

23.01. In Wien 250.000 gegen Rassismus auf der Strasse
25.01. In Togo schießen die Bullen in eine Demo, 50 Tote
26.01. Krawalle in Kenia gegen den Präsidenten
30.01. Hunderte Tote bei Unruhen in Zaire
06.02. Laut Verfassungsschutz hat die Zahl der Nazi-Taten stark zugenommen
07.02. Internationales Frauentreffen in Kroatien
08.02. Ausnahmezustand in Algier um ein Jahr verlängert
17.02. Berufsverbote gegen Islamisten in Ägypten
17.02. Verkehrsblockaden im Ruhrgebiet gegen Entlassungen

Besetzung der Oberbaumbrücke im Sommer 1992

Hier bemühen sich Leute aus dem mehr (oder weniger) autonomen Spektrum um Ausstrahlung über die Szene-Grenzen hinaus, erreichen aber doch nur vorrangig Menschen aus der linken und Alternativ-Szene.

Die Streits der letzten Jahre werden fortgeführt: Einige Autonome sehen bereits „Reformautonome“ am Werk, sie werden umgekehrt als „Stalinisten“ betrachtet. Obwohl beide Fraktionen sich im Widerstand gegen die Umstrukturierung einig sind, gibt es erheblichen Streit um die Frage, welcher Teil der Kiezbevölkerung als AnsprechpartnerInnen für radikale Linke in Frage kommt. Die einen orientieren sich an der „proletarischen Klasse“ in Kreuzberg und erklären Kollektiv-Betriebe, Hausgemeinschaften und Kinderläden tendenziell zu (alternativ-bürgerlichen) Gegnern, während die anderen, die teils selbst in alternativen Lebens- und Arbeitsformen stecken, gerade dort durchaus Anknüpfungspunkte sehen und eher offen sind für alle möglichen Widerstandswilligen.

Eine „Brücken-Ini“, die drei Jahre lang (Oktober 1991 bis November 1994) versucht, mit zahlreichen Aktionen – zuletzt mit einer mehrtägigen Besetzung der Brücke – eine weit verbreitete Stimmung gegen die Öffnung der Oberbaumbrücke für den privaten Autoverkehr in breite Aktionen umzuformen, beschreibt in einer späteren Aufarbeitungsbroschüre ihr Dilemma.

Aus zwei kurzen Texten soll zitiert werden, weil solche Texte Ausnahmen sind. Fast alle anderen ähnlichen Projekte schlucken einfach ihren Frust runter und machen irgendwas Neues. Die Brücken-Ini schildert zuerst ihr Identitätsproblem: „Allesamt Menschen mit undogmatischer, libertärer, autonomer Entwicklung, belegen wir ein Thema mit deutlich un-autonomer, eher klassisch bürgerlicher Ausrichtung und Zielsetzung.“

ZEITLEISTE 1993

20.02. In Südafrika werden erstmals Schwarze zu Ministern ernannt
20.02. Nazis greifen in Thüringen Ausländer an und verletzen mehrere von ihnen
20.02. Hauerei in Sachsen-Anhalt zwischen Nazis und Antifas
25.02. Amnestie bringt 41.000 Südkoreanern die Freilassung aus dem Knast
26.02. Bombenanschlag auf das WTC (die zwei Türme) in New York
02.03. Serbische Truppen erobern die Stadt Cerska in Bosnien

Das bedeutet z.B., zwar nicht ganz auf Unterschriftensammlungen und juristische Klagen zu verzichten, aber anders als bei klassischen Bürgerinitiativen, das eher nebenher zu machen und mehr den Gesamtzusammenhang der Stadtplanung zu betonen.

„In unserer Pressearbeit haben wir uns typisch autonom verhalten. Angst vor der 'bürgerlichen Presse', schon zu oft reingefallen bei Pressekontakten, und die Unfähigkeit, Pressesprecher zu stellen, die ohne Rückdiskussion Stellung beziehen können, ließ unsere Pressearbeit z.T. völlig zum Erliegen kommen." Mit anderen BIs gab es Verständigungsprobleme: Die Herrschenden als „Pfeifen" zu bezeichnen, war denen viel zu radikal, die Brücken-Ini galt als „eindeutig zu militant", „offene Sympathiebekundungen für militantes Eingreifen an den Baustellen haben wir uns gar nicht erst getraut."

„Zu guter Letzt haben wir mal wieder festgestellt, dass wir keine 'Bürger' sind (...), dass unsere Art von Kommunikation, Mobilität, Lebensgefühl nicht zwanglos kompatibel mit der unserer Umgebung ist. Diese Eigenschaften sind nämlich das Produkt unserer eigenen Entwicklung, auf die wir stolz sind und die wir gar nicht missen möchten."

Aber auch die Mobilisierung der „autonomen Szene" machte Probleme, wie sie mit ironischem Unterton bemerken. „,Autonome' legen nämlich viel Wert auf ihre individuellen Freiheiten ... Die Forderung nach komplettem Verzicht aufs Auto wäre undenkbar. Sie wäre allerdings auch unvermeidbar, würde die Verkehrsproblematik, die die Brückenöffnung aufwirft, zu Ende gedacht. Da (...) wird lieber gleich die ganze Problematik ausgeblendet. Trotzdem wurden wir von autonomen Grüppchen und Zusammenhängen tatkräftig unterstützt."

Aus diesem Spektrum gibt es die zweite nachträgliche Einschätzung. Eine autonome Gruppe berichtet: „Wir sind ein autonomer Zusammenhang, der sich mit mehreren direkten Aktionen von Sommer '92 bis Frühjahr '93 in das Thema eingebracht hat ... (Wir wollten) den Umstrukturierungsstrategen etwas einheizen und mit hoffentlich vielen Leuten an einem Punkt zusammenkommen – gegen die Hauptstadt, gegen ein Berlin der Bonzen. Diese Hoffnung war ein völliges Windei ... nicht einmal diejenigen, die ein antagonistisches Verhältnis zu diesem System haben, ließen sich vollständig mobilisieren." Die Gruppe selber richtete ihre Aktionen gegen die Baufirma Kemmer, um den Abbruch der Bauarbeiten zu erzwingen, aber: „Uns blieb immer völlig unklar, ob Kemmer materiell getroffen ist und eventuell über Rückzug

Schiffe versenken
und Bagger flambieren
an der
Oberbaumbrücke

ZEITLEISTE 1993

06.03. In Angola gewinnt die UNITA die Kontrolle über die zweitgrößte Stadt des Landes
12.03. In Mumbay sterben 300 InderInnen bei Anschlägen
12.03. Nordkorea kündigt den Atomwaffensperrvertrag
16.03. Russland erklärt seit 1964 rund 4900 Atommüllcontainer im Nordmeer versenkt zu haben
17.03. Einseitiger Waffenstillstand der PKK erklärt
20.03. Bombenanschlag der IRA in Liverpool, zwei Kinder tot
27.03. Bester RAF-Anschlag überhaupt: Knast Weiterstadt gesprengt, niemand tot oder verletzt

nachdenkt oder ob sie das Ganze überhaupt nicht kratzt, um nur zwei mögliche Extremreaktionen zu nennen ... So lief alles ein bisschen wie im luftleeren Raum ab. Mit dem Ende der öffentlichen Aktionen fanden wir uns ziemlich isoliert wieder." Ihre Schlussfolgerung bestand im vorläufigen Beenden dieser Anschläge mit der Begründung: „Allein durch Anschläge ist noch kein Projekt der Herrschenden verhindert worden – nur das Zusammenwirken der Kräfte auf allen Ebenen ohne Spaltungen verspricht überhaupt eine Chance auf Erfolg." Sie stellen diese Schlussfolgerung bewusst gegen andere Gruppen, „... die glauben, auch völlig entfernt jeder Bewegung handeln zu können, ja die sogar einen Scheiß darauf geben, ob ihr Handeln vom sonstigen Widerstand begrüßt wird oder nicht. Im Zweifelsfall wird dann einfach der militärische Einsatz erhöht, mit dem die mangelnde politische Verankerung ausgeglichen werden soll. Ein solches Vorgehen kann zwar kurzfristig ‚Erfolge' bringen, ist aber auf Dauer gesehen immer zum Scheitern verurteilt." Damit waren wohl auch Gruppen wie KgK gemeint.

Es geschah in einem Lokal in der Köpenicker Straße in Kreuzberg

Das sind die drei Rechnungen der Zechpreller, die eine ganz, ganz miese Tour ritten

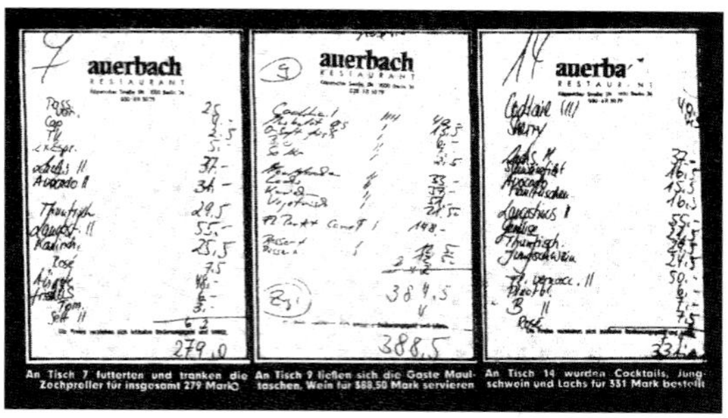

An Tisch 7 futterten und tranken die Zechpreller für insgesamt 279 Mark

An Tisch 9 ließen sich die Gäste Maultaschen, Wein für 388,50 Mark servieren

An Tisch 14 wurden Cocktails, Jungschwein und Lachs für 331 Mark bestellt

„15 junge Zechpreller schlemmten im Auerbach. Herr Waigel zahlt die Zeche" (bz-Schlagzeile im Juli 1991)

Aber auch die „klassischen Methoden" autonomer Stadtteilpolitik bleiben umstritten. Freches Abfressen in schicken Restaurants (von der *taz* als „demonstrativer Zechbetrug" vornehm umschrieben) ist allseits anerkannt, und auch das Anzünden von Autos zur Abschreckung unerwünschter Reicher wird von AktivistInnen der gegensätzlichen autonomen Fraktionen gleichermaßen unternommen. Früher brannten Autos, weil die Aktionen gegen bestimmte Firmen gerichtet waren (etwa Siemens-Fahrzeuge im Kampf gegen den Atomkonzern), jetzt geht es im allgemeinen gegen „teure Nobelkarossen". Dabei gibt es aber durchaus unterschiedliche Ansichten, unter welchen Umständen ein Auto als „nobel" und seinE BesitzerIn als „Bonze" anzusehen ist.

Eine *Revolutionäre Zelle*, die 1990/91 den Kampf gegen die Umstrukturierung mittels Brandanschlägen gegen Einrichtungs- und Möbelhäuser führt, stößt schon eher auf Skepsis als auf Zustimmung. Die Fragen, wie allgemein verständlich ein Anschlag sein sollte und welche Eskalationsformen angemessen sind – ob etwa das Verschicken von Patronen an BewohnerInnen ausgebauter Dachböden durch „Klasse gegen Klasse" als politisch angemessen, falsch oder bereits hirnverbrannt anzusehen ist –, werden von einzelnen Kleingruppen noch sehr unterschiedlich beantwortet.

Nach dem Wurf einer Handgranate in das geschlossene Lokal „Auerbach" 1993 gibt es übereinstimmend scharfe Kritik von autonomen Gruppen gegenüber der Gruppe KgK. Die macht aber bis 1994 unverdrossen weiter, fackelt Autos

ZEITLEISTE 1993

28.03. Waffenstillstand in Äthiopien

03.04. Ausnahmezustand in Aserbeidschan wegen der Erfolge der armenischen Armee

04.04. Hessen: Mit geklautem Panzer wird ein Knacki befreit

06.04. Waffenstillstand zwischen Kroaten und Serben in der Krajina

06.04. Atomare Verseuchung in Westsibirien nach Explosion in Atomfabrik

06.04. Verfassungsgericht verbietet den Einsatz von Beamten als Streikbrecher ab (einmal neun Stück in einer einzigen Nacht), versucht, einen teuren italienischen Feinkostladen per Ultimatum zum Schließen zu bewegen – woraufhin die Polizei gegenüber eine Kamera montiert –, und veröffentlicht ein umfangreiches „Selbstinterview", worin sie ihre Positionen darlegt. Warum sie ab 1995 kaum noch aktiv wird, bleibt unerklärt.

Die Veränderungen im Kreuzberger Kiez in dieser Phase sind zwar unübersehbar, aber doch lange nicht so drastisch wie anfangs befürchtet. Immer wieder scheitern Hausbesitzer und Spekulanten am Mietrecht, das von kundigen BewohnerInnen gegen sie in Stellung gebracht wird und das oft nur sehr bescheidene Mieterhöhungen erlaubt. In ein paar Fällen beantworten Leute auch den Stress, den der HausbesitzerInnen ihnen macht, mit Gegenstress. Dann wird das Haus an den nächsten Dummen weiterverkauft, und so wechselt manches Haus rasch die BesitzerInnen. Anstatt der großen Umstrukturierung sieht es eher so aus, dass viele BewohnerInnen und Gewerbebetriebe bleiben – allerdings unter schlechteren Bedingungen als vorher.

So treffen die dramatischen Prognosen von Anfang der 90er insgesamt nicht ein. Ob die militanten Aktionen oder die Versuche der Basis- und Bündnisarbeit einen messbaren Anteil daran haben, ist wohl schwer festzustellen.

Weiter, weiter in den 90ern

In den „Ostbezirken" Prenzlauer Berg und Friedrichshain gestaltet eine aktive Stadtteil-Szene im Laufe der 90er Jahre die unmittelbare Umgebung um, kann sich auch kämpferisch ihren „Kiez" rund um Alternativstrukturen und besetzte oder legalisierte Häuser erhalten. Auf die gesamte Stadt bezogen gibt es erst ab Mitte der 90er wieder mehr Aktivitäten.

Der wilde Osten

Ich hatte Prenzlauer Berg schon nach ein, zwei Jahren abgeschrieben als „verloren an die Yuppies". Die klassische Reihenfolge – nach den Freaks die Künstler, nach den Künstlern die Yuppies, nach den Yuppies die Reichen – war schon kurz nach dem Mauerfall an der Anzahl der durchrollenden Touristenbusse vorauszusehen. Um so überraschter war ich, als am 1. Mai 1992 unter dem Motto „Der Osten schlägt zurück" eine wilde Meute mehr oder minder organisierter OstlerInnen rund um den Kollwitz-Kiez Barrikaden baute und Scheiben von besseren Läden entglaste. Davon hörte ich erst am Tag danach aus den Nachrichten. Als dann in der Walpurgisnacht 1995 das Einschreiten der Bullen gegen das große Feuer am Kollwitzplatz zu stundenlanger heftiger Randale in Prenzlberg führte, waren immerhin auch einige WestlerInnen mit von der Partie. Das folgende Zeter-und-Mordio-Geschrei der Alternativschickeria und Restaurantbesitzer am Kollwitzplatz klang wie Musik in meinen Ohren. Wir alten West-Autonomen konnten uns jedenfalls hinter den Spiegel stecken: Die Ossis können auch ganz gut ohne uns auf den Putz hauen.

ZEITLEISTE 1993

10.04. In Südafrika wird der Chef der KP von Faschos getötet
18.04. Faschobombe tötet 18 Schwarze in Südafrika
19.04. US-Bullen stürmen Sektenhaus in Waco/Texas, 80 Tote
24.04. IRA legt Bombe in Londoner Bankenviertel, ein Toter 750 Mio. Schaden
25.04. „Ostelbische Autonome" setzen das Grundbucharchiv der DDR in Brand
01.05. Berlin wie immer
01.05. Sri Lanka: Staatsoberhaupt bei tamilischem Attentat getötet

Wagensportliga

Der Geschäftsbericht der Berliner Autonomen – hier eine Grafik »abgefackelter Bonzenautos« – ist wie bei einem Konzern aufgemacht

Die Bilanz der »Milly Tanz«

»Zweistellige Wachstumsraten« vermeldet »Berlins jüngste und zugleich flexibelste Branche« (»taz«), die linksradikale Autonomen-Bewegung, die jetzt eine bemerkenswerte »Erfolgsbilanz« vorlegte. In einem 17seitigen »Geschäftsbericht 1992« listet eine fiktive »Autonomia AG« insgesamt 73 »Aktionen« inklusive Datum und Stadtbezirk auf, zu denen die Militanten sich bekennen. So konnten in Moabit »3 Pornoshops angegriffen« werden, in Treptow wurden »Streikbrecherbusse besprüht und Reifen abgestochen«, und in Moabit flogen »Steine gegen Rep-Kneipe«. »Besonders reich«, so das wie ein klassi... zernbericht ...

»im abgelaufenen Geschäftsjahr« gegen Firmen, die am Stadtring-Ausbau an der Kreuzberger Oberbaumbrücke beteiligt sind: Da »wurden Bagger und Baufahrzeuge abgefackelt und als Innovation ein Schiff versenkt«.

»Nicht ganz im Rahmen der vorher gesteckten Erwartungen« lag das Ergebnis im »Sektor Anti-Olympia«. Zwar wurde bereits die »Carl-Diem-Gedenktafel« im Olympiastadion »entführt«, doch die »heiße Phase« laufe erst an. Das »in diesem Bereich eingesetzte Personal«, schreibt »Bewegungsspr... cherin Milly Tanz«, könne dann ... dem 23. September – dem Tag de... scheidung, ob Berlin den Zusch... die Olympischen Spiele 20... oder nicht – »Überstunde... Rahmen« abbummel...

„Die Bilanz der Militanz"
Der *Stern* würdigt den Geschäftsbericht der Wagensportliga 1993

Es gibt in Berlin 1996 noch rund zehn besetzte Häuser und mehrere Wagenburgen, die mit Aktionstagen und Demos gegen drohende Räumungen mobil machen. Als es dennoch zu Räumungen kommt, folgen kleinere Demos und etwas Randale. Die große erhoffte Mobilisierung ist das zwar nicht, aber immerhin regt sich hier noch Widerstand gegen die Vertreibungs- und Sicherheitspolitik des CDU-Innensenator Schönbohm, der zum beliebtesten politischen Feindbild seit den Tagen Innensenator Lummers Anfang der 80er wird. Am 20. September 1996 wird sogar versucht, ihm daheim in Klein-Machnow per Demo auf die Pelle zu rücken. Als am 1. November 1996 in Friedrichshain eine komplette Straßenbahn zur brennenden Barrikade umfunktioniert wird (ohne InsassInnen, versteht sich!), schäumt der Berliner Blätterwald mal wieder über „die Chaoten". Am 28. November erscheint eine vielbeachtete *Interim* mit dem Themenschwerpunkt „Stadtentwicklung", der dieselbe dem „modischen Begriff der Globalisierung" zuordnet und unter feministischen, migrations- und sicherheitspolitischen Aspekten betrachtet. Kaum eine Ausgabe der *Interim* ist so schnell ausverkauft gewesen.

Am 30. November demonstrieren einige tausend für die Verteidigung selbstbestimmter Freiräume, weniger beteiligen sich an einer sarkastischen „Spaßparade" gegen die „Yuppisierung".

Die meisten schauen allerdings staunend den großen Planwerken des Senats zu. Die Großbaustellen Regierungsviertel und Potsdamer Platz scheinen den unaufhaltsamen Durchmarsch von Macht und Geld nach Berlin zu beweisen. Die Massendemonstration Tausender gegen den Berliner Sparhaushalt Ende 1995 und Ende 1996 bleiben jeweils Strohfeuer.

Im folgenden Jahr sieht das nicht viel anders aus: Diverse Aktivitäten zum Thema Stadtpolitik, aber wenig Ausstrahlung über die jeweilige Teil-Szene hinaus. Am 1. Mai 1997 glänzt die „Wagensportliga" mit 19 abgefackelten Autos in einer Nacht. Anfang Juni gibt es auch in Berlin die „Innenstadtaktion" gegen Privatisierung und Ausgrenzung, die in rund 20 deutschen Städten stattfindet: Eine Woche lang Aktionen, Ausstellungen, Demos. Parallel dazu machen auch die besetzten Häuser eine Aktionswoche. Im Winter gibt es noch einmal mehrere Demos gegen Häuser-Räumungen und gegen die städtische Sicherheitspolitik und den Innensenator Schönbohm.

Ab 1998 versuchen andere Leute, mit „reclaim-the-streets"-Aktionen (rts), neuen Schwung auf die Straßen zu bringen. Es wird einigermaßen verdeckt mobilisiert und von wenigen Leuten ein Ziel ausgeheckt, wo dann unangemeldet die Straße mit allen möglichen Aktivitäten besetzt wird: Ballspielen, Sound-System, Nichtstun – Hauptsache, die Straße ist zurückerobert, was natürlich vor allem im Sommer funktioniert. Nach anfänglicher Toleranz werden die Bullen bald sehr genervt davon und versuchen, die überraschenden Ortswechsel der manchmal mehreren hundert Beteiligten zu verhindern.

Zeitleiste 1993

01.05. Krawall auf dem Roten Platz, 200 Bullen verletzt
06.05. Srebrenica und andere Orte in Bosnien werden von der UNO zu Schutzzonen erklärt
07.05. BRD spendiert Polen 120 Mio. für Grenzanlagen zur Flüchtlingsabwehr
13.05. USA verzichten auf SDI-Projekt
18.05. Die Dänen stimmen beim zweiten Anlauf für den Vertrag von Maastricht
19.05. USA unterstützen in Angola jetzt die MPLA statt der UNITA

Hier beteiligen sich nur wenige ältere Autonome, denen das alles meist zu locker-poppig ist und die mit Techno und Markenjeans so ihre Probleme haben, die aber dann um so mehr staunen, wenn sich plötzlich mit dem Bullen gekloppt wird.
Ende der 90er kommen zwei verschiedene Ansätze der autonomen Beschäftigung mit Stadtpolitik wieder mehr zusammen. Der Kampf um die autonomen „Freiräume", die sich vor allem in Friedrichshain und im Bereich zwischen Kreuzberg und Mitte befinden, nähert sich rein geographisch dem allgemeineren Widerstand gegen kapitalistische Stadtplanung und -zurichtung, die sich – gemäß des 1999 vom Senat verabschiedeten „Planwerk Innenstadt" – zunehmend entlang des Spreeufers nach Osten in Richtung Friedrichshain-Kreuzberg bemerkbar machen.
Themen gibt es genug: In der Friedrichshainer Simon-Dach-Straße steht eine bisher eher freakige Kneipenkultur an der Schwelle zur Yuppisierung, weil sie „in" wird. Auf dem stillgelegten Bahn-Gelände des Reichsbahn-Ausbesserungs-Werkes (RAW) in Friedrichshain wächst ein lokales Kunst- und Kulturzentrum mit viel Initiative von Einzelnen, der „RAW-Tempel" das den großen zukünftigen Investitions-Plänen erst einmal im Wege steht". Der Kampf um die „Kadterschmiede", eine (Veranstaltungs-)Kneipe in einem früher besetzten Haus in der Rigaer Str., dessen Besitzer Stress macht, entwickelt sich zusammen mit dem Widerstand von räumungsbedrohten Wagenburgen zu einem Politikum, das auch die alternative Bezirksregierung beschäftigt. Im Winter 2001 meldet sich eine Initiative für ein strömungsübergreifendes linkes „Soziales Zentrum" zu Wort. Und dann ist da noch die gigantomanische Planung für die Spreeufer-Bebauung, die diverse Hochhäuser, Quartiere, Technologiezentren etc. vorsieht – eine Baustelle, zehnmal so groß wie der Potsdamer Platz.
Wird jetzt Wirklichkeit, was schon 1991 zu drohen schien? Oder ist es eine Seifenblase mehr, die platzen wird – vielleicht unter Zuhilfenahme von „Nadelstichpolitik?"
Die Versuche, dies alles mit der sozialen Frage zu verkoppeln – was angesichts des Berliner „Bankenskandals" und der Sparpolitik auch der neuen SPD-PDS-Regierung nahe liegt – verlaufen 2001/2002 jedoch zäh, und die Mobilisierungserfolge bleiben bescheiden. Außer einer eher zögerlichen Beteiligung an der Neuauflage des 1981 erfundenen Grunewald-Spaziergangs und einigen Aktionsideen gibt es anfangs nur mäßige Unterstützung durch „die Szene". Immerhin, ein leichter Aufwärtstrend ist festzustellen!

Nehmen wir uns die StadtMITTE
Herbst 2001 – Rückenwind aus Genua: auf einem „Ratschlag", zu dem die Gruppe FelS eingeladen hat, machen wir eine Arbeitsgruppe und rufen das Projekt ‚Soziales Zentrum' ins Leben. Die Idee ist, nicht als Einzelgruppe etwas fertig zu planen und zu organisieren, um dann später die Chefs im Laden zu sein, sondern vielmehr eine Basis zu schaffen und viele Gruppen zu überzeugen, sich einzuklinken. Wir sind selbst nur ge-

ZEITLEISTE 1993

22.05. Mehrere Anschläge der IRA in Nordirland
24.05. Eritrea erklärt die Unabhängigkeit
29.05. Nazis zünden in Solingen ein Haus an fünf Türkinnen verbrennen
01.06. Krawalle in Belgrad vor dem Parlament, mehrere hundert Festnahmen
01.06. In Mogadischu töten Somalis 23 pakistanische UN-Soldaten
11.06. Nordkorea erkennt nach Verhandlungen mit den USA den Atomwaffensperrvertrag wieder an

dämpft optimistisch, ob die tief gespaltene Berliner Szene sich drauf einlässt. Wir rechnen eher damit, dass sehr schnell die Diskussionen anfangen werden, wer denn nun auf keinen Fall mitmachen darf bei diesem Projekt. Viele spenden uns grundsätzlich Beifall und wollen wohl einsteigen, wenn das Zentrum denn mal Wirklichkeit wird – was es aber leider nur werden kann, wenn sie sich jetzt schon einbringen.

Wir haben ein tolles Haus ausgekundschaftet, wie geschaffen für uns: Leerstehend, groß, mit weitläufigem Hof, an einem verkehrsmäßig ruhigen Platz, aber ganz zentral gelegen an der Grenze von Mitte und Kreuzberg. Es gehört der Gewerkschaft Verdi, die es aber nicht nutzt – also ist es vielleicht politisch zu erobern, denken wir uns.

Wir beschließen, es zu besetzen. Nicht um drin zu bleiben – das wäre eher blöd gewesen, denn wir sind noch völlig im Anfangsstadium –, sondern zur öffentlichen Markierung unseres Zieles und um einen geplanten Verkauf zu behindern. Weil wir nicht gerade konspirativ vorgehen, wissen Besitzer und Bullen Bescheid und sichern das Haus gegen Besetzungen. Weil wir auch nicht blöd sind, finden wir trotzdem einen Weg hinein. Über Mundpropaganda mobilisieren wir für den 15. Dezember zur Besetzung samt Gulaschkanone. Die notwendige Masse von Leuten zur Erzeugung der Öffentlichkeit und Verhinderung einer schnellen Räumung erhoffen wir uns von einer parallel stattfindenden Demo gegen den Brüsseler EU-Gipfel. Die erweist sich leider als völliger Reinfall. Dafür warten die Bullen schon im Haus versteckt auf uns. Wir entscheiden uns, die Aktion trotzdem zu machen und uns festnehmen zu lassen. Wir erobern das Dach, eine zweite Gruppe foppt die Bullen, indem sie unten eindringt. Die Stimmung entspannt sich schnell, aus nervösen Zivilbullen mit gezogener Knarre werden bald Beamte, die ja „mit vielem in der Baupolitik auch nicht einverstanden sind". Draußen frieren derweil knapp 200 solidarische Leute.

Die Stimmung nach der Besetzung ist gut (das Strafverfahren gegen uns wird übrigens später eingestellt), im Januar wollen wir durchstarten – stattdessen verliert die Initiative ihren Schwung, kommen keine neuen Leute oder Gruppen mehr dazu, bleiben andere weg. Die Diskussionen bei unseren Treffen sind nicht schlecht, drehen sich aber im Kreis. Waren wir selber zu ängstlich, haben wir uns zu wenig zugetraut und deshalb andere nicht begeistern können? Hatten wir Angst vor der eigenen Courage? Sind wir in der Zwickmühle hängengeblieben: Zu deutlich linksradikal, um Gruppen außerhalb der Szene zu interessieren – und mit politisch zu offenem Konzept, um die linksradikalen AktivistInnen zur Mitarbeit zu bewegen? Hätten wir es lieber durchziehen sollen als Gruppe von FunktionärInnen, in der Hoffnung, die anderen würden schon kommen, wenn es mehr „nach Sieg riecht?" Oder war es einfach nur die richtige Idee zur falschen Zeit?

Die Szene findet jedenfalls Diskussionen über vermuteten linken Antisemitismus, die 1. Mai-Demo, die autonomen Inhalte an sich spannender. Nach sechs Monaten stehen wir genau da, wo wir angefangen hatten: Rund fünfzehn Leute, die die Idee toll finden, sie aber nicht verbreitern können. Wir motten das Projekt ein und hoffen auf bessere Zeiten.

ZEITLEISTE 1993

12.06. US-Hubschrauber greifen in Mogadischu Häuser der somalischen Aidid-Miliz an

13.06. Pakistanische UN-Soldaten feuern in Somalia auf eine Anti-UN-Demo, 20 Tote

16.06. Durch Verkauf der Ex-NVA-Bestände wird die BRD zum drittgrößten Rüstungsexporteur

18.06. Militärputsch in Aserbeidschan, Präsident flüchtet

19.06. Islamisten überfallen algerische Militäreinheit, 50 tote Soldaten

3. Wie das AOK Olympia in Berlin verhinderte

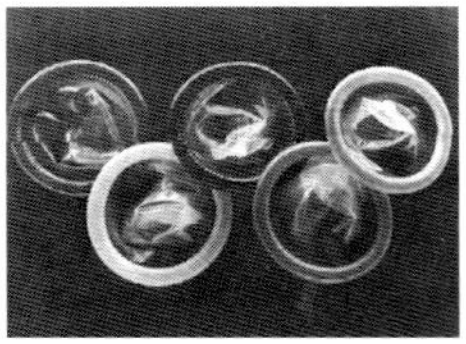

Als US-Präsident Reagan im Juni 1987 die Mauerstadt besuchte, schwadronierte er auch von der Idee, olympische Spiele in Ost- und West-Berlin auszutragen. Eine totale Schnapsidee, genau wie seine Forderung: „Mr. Gorbatchow, tear down this wall!" Nun denn - nach dem Mauerfall müssen wir auch die Olympia-Idee ernst nehmen, denn der Senat erwägt, sich für die Vergabe der Spiele im Jahr 2000 zu bewerben. Die Entscheidung des IOC (Internationales Olympisches Komitee) soll im September 1993 erfolgen.

Die Ausgangslage ist anders als bei anderen „Verhinderungskampagnen". Wir wollen keine Focussierung auf das eigentliche Ereignis, mit Aktionstagen zum Beginn der Spiele und einer riesigen Demo am Eröffnungstag, sondern bereits die Vergabe der Spiele nach Berlin soll verhindert werden. Denn bereits mit der Vergabe würde eine Menge von dem eintreten, was wir nicht wollen. Das grobe Stichwort Umstrukturierung ist für uns anfangs nur ein Bestandteil, wird aber Hauptstoßrichtung der Kampagne. Die Beispiele anderer Veranstaltungsorte sprechen Bände. Die Mieten steigen, es kommt zu Vertreibungen und Yuppisierung. Ein großes Fest für die Bonzen, ein Katalysator in der Stadtpolitik. Für uns gibt es einige andere grundsätzliche Punkte, warum wir generell gegen ein solches Unternehmen Olympia sind – was uns von anderen Gruppen und Parteien unterscheidet, die oft nur die Parole „falsche Stadt zur falschen Zeit" haben. Die Geschichte von Olympia als totale Ausgrenzung eines Großteils der Bevölkerung ist ein erster fundamentaler Kritikpunkt. Im antiken Olympia war es nur männlichen Adeligen und reichen Bürgern erlaubt, als Sportler oder Zuschauer teilzunehmen. Nur der Sieg zählte und nichts anderes. Die Wiederbelebung Ende des 19. Jahrhunderts erfolgte von rassistischen und imperialistischen Personen wie Pierre Coubertin und grenzte erneut die allermeisten Menschen aus. Der Amateurgedanke erlaubte nur SportlerInnen die Teilnahme, die es sich leisten konnten, ohne Bezahlung anzutreten. Das IOC (Internationales Olympisches Komitee) ist ein reaktionärer, antisemitischer Männerbund. Nach Auffassung Fidel Castros: „Eine Mafia aus Grafen, Prinzen, Millionären und Weißen." Nach unserer Meinung, die wir im Laufe der Kampagne auf einer großen Werbetafel in Berlin-Mitte kundtuen, ist „das IOC ein Sauhaufen korrupter Doping dealender Mafiosi mit faschistischer Führung". Die Ausrichtung der Spiele 1936 in Berlin durch die Nazis ist ein weiteres Argument für in unsere konsequente Ablehnung. In jeder Ausrichterstadt hatte es, in unterschiedlicher Schwere, eine Art „Säuberungsaktion" gegeben. Bei den Nazis wurden Roma und Sinti kurz vor den Spielen in ein KZ nach Marzahn deportiert. In Mexico-City wurden 1968 kurz vor Beginn der Spiele auf einer Demo der außerparlamentarischen Opposition mehr als 300 Menschen von den Sicherheitskräften ermordet, in Los Angeles 1984 Obdachlose aus der Stadt vertrieben etc. etc.

Der Hochleistungssport an sich ist eine Kopie des

Olympia-Werbung des AOK Berlin

ZEITLEISTE 1993

21.06. ETA-Anschläge in Madrid, sieben Tote
25.06. Zum ersten Mal in Kanada und der Türkei werden Frauen Regierungschefinnen
27.06. USA schicken 23 Raketen auf Bagdad
27.06. Todesschwadrone oder Aliens selbstmorden den RAFler Wolfgang Grams in Bad Kleinen
01.07. Aserbeidschan mobilisiert alle Männer zwischen 18-26 Jahren
02.07. Türkei: Islamisten setzen in Sivas ein Hotel, in dem ein linkes Treffen stattfindet, in Brand – 37 Tote

kapitalistischen Leistungssystems und soll jeder und jedem die Ideologie des „alle gegen alle" vermitteln. Die Gleichschaltung der Öffentlichkeit für den notwendigen Massenkonsens ist ebenso notwendig für die Durchführung einer solchen Veranstaltung wie der Hochsicherheitstrakt durch Tausende von Bullen, der sie begleitet. Eine radikale Opposition stört dabei potentiell noch mehr als sonst und muss eventuell präventiv ausgeschaltet werden. Die weltpolitische Lage nach dem Mauerfall ist nur das i-Tüpfelchen in unserer Argumentation gegen solch ein Spektakel. 🌐 31

Wir fangen früh an: Im Frühjahr 1991 gibt es die ersten Organisierungspflänzchen, um eine handlungsfähige Gruppe zusammen zu bekommen. Der Gegner hat also keinen großen Vorsprung, die Medien beginnen sich auch erst langsam für die ganze Angelegenheit zu interessieren. Wir brauchen demnach einen langen Atem und müssen davon ausgehen, dass die Szene sich nur für Highlights mobilisieren lässt, aber nicht für die gesamte Dauer einer Kampagne von zweieinhalb Jahren.

Dennoch ist es am Anfang ein weiterer Versuch einer klassischen autonomen Kampagne. Dass sich unter bestimmten Voraussetzungen eine Kampagne auch ohne Bewegung machen lässt, stellen wir erst in der relativen Flaute des Jahres 1992 fest. Vorher sind wir uns sicher, dass dieses Thema mit all seinen Verästelungen eine Reihe von anderen Gruppen beschäftigen muss, die ihre jeweilige Praxis oder Analyse lediglich noch um das Thema Olympia erweitern brauchen: Also z.B. Antifas zum Thema Großdeutschland und Olympia, Stadtteilgruppen zum Thema Umstrukturierung und Olympia, Männergruppen zum Thema Leistungssport, Konkurrenzkampf und Olympia etc. Soweit unsere Projektion und unsere Hoffnung, dass sich viele weitere einklinken, ohne dass überall spezielle Anti-Olympia-Gruppen entstehen sollen. Wir wollen, dass sich die vorhandenen Kräfte am Thema Olympia bündeln, um in einer strategischen Intervention ein zentrales Projekt des Senats zu kippen.

Polizeimotoradstaffel vorm Olympiastadion

Die Stimmung in der Stadt ist von Beginn an gespalten. In diversen Meinungsumfragen zu Olympia kann der Senat nie eine deutliche Mehrheit erringen, die Skepsis in der Bevölkerung über die negativen Folgen des olympischen Größenwahnsinns nimmt eher zu. Wir haben von vornherein die Hoffnung auf einen vollen Erfolg der Kampagne, da die Kräfteverhältnisse uns durch ein nichtstaatliches Entscheidungsgremium (IOC), das zwischen diversen Großstädten wählen musste, günstig erscheint. Eine Entscheidung gegen Berlin kann ohne jeden Gesichtsverlust oder Zurückweichen vor dem „Druck der Strasse" o.ä. erfolgen, ganz anders als bei anderen Kampagnen, wo es oft um die reine Machtfrage geht und beispielsweise der Staatsapparat glaubt, dass ein Zurückweichen bereits der Anfang vom Ende sein könnte. 🌐 32

Wir führen bereits im Sommer 1991 Gespräche

Zeitleiste 1993

04.07. Wegen Bad Kleinen muss der BRD-Innenminister zurücktreten

06.07. Georgien verhängt den Ausnahmezustand über die nach Unabhängigkeit strebende Region Abchasien

06.07. Der Generalbundesanwalt wird wegen Bad Kleinen zum i.R. gemacht

25.07. Südlibanon: Israelische Offensive gegen *Hisbollah*

26.07. Die Kubaner dürfen ab jetzt Dollars besitzen

04.08. Waffenstillstand in Ruanda zwischen Rebellen und der Regierung mit AL- und PDS-Leuten und wissen so, dass es dort zumindest einige gibt, die auch gegen das Projekt sind und sich an entsprechenden Mobilisierungen beteiligen werden. Den Sommer über bereiten wir durch entsprechende Aktivitäten (Papiere in *Interim*, Plakate, Veranstaltungen etc.) den Boden für die erste Großaktion im September 1991 zum Besuch des IOC-Exekutivkomitee 🌐 33. Immerhin kommen ca. 2.500 Leute und die Demo hat auch etwas Pep. Nach der Demo wird noch rund um den Alex herumgewuselt, einige Entglasungsaktionen werden durchgeführt und die Karosse des zufällig in der Stadt weilenden französischen Premiers Mitterand wird etwas eingedellt.

"No-Olympig-City" Demo im September 1991

Danach kommt das lange Schweigen im Walde. Es gibt in dieser Zeit aber auch wichtigere Sachen, um die mensch sich kümmern muss. Die Nazis machen sich immer breiter, am fürchterlichsten zeigen das die Pogrome in Hoyerswerda und Rostock.

Immerhin gibt es nette Volxsport-Aktionen. So entführt im Januar 1992 ein „Kommando Lutz Grüttke“, welches sich offenbar nach dem ersten und schon wegen Unfähigkeit entlassenen Chef der Olympia-GmbH benannt hat, aus dem Berliner Olympiastadion eine Gedenktafel für den Nazi-Sportfunktionär Carl Diem. Das Kommando fordert unter anderem den Rückzug der Berliner Bewerbung für das Jahr 2000 und alle Zeiten. In den Nachrichten des TV-Senders RTL wird dies völlig humorlos mit „Olympia-Gegner erpressen Senat“ gehypt. 🌐 34

Im Februar wird eine absolut unwichtige Veranstaltung des Senats durch unsere Mobilisierung aufgewertet - aber nur ca. 80 Menschen kommen. Immerhin kommen ein paar von uns in den Festsaal, können das BlaBla des damaligen Bausenator Nagel von der Empore aus unterbrechen, kurz und prägnant ihre Meinung zu dem ganzen Kram ausdrücken und ein paar Flugblätter herunterwerfen, bis sie freundlich aber bestimmt von den Zivis aus dem Saal gebeten wurden. Die Aktion floppt also, wir haben uns einen Frust abgeholt und werden nachdenklich und müssen unser Konzept erweitern.

Zu diesem Zeitpunkt haben wir schon festgestellt, dass auch schlechte Presse gute Nachrichten sind. Je mehr über die unmenschlichen Olympia-GegnerInnen gehetzt wird, um so mehr bekommen die IOC-Bonzen die Tatsache mit, dass der Kandidat Berlin offensichtlich ein unsicherer Kantonist in Sachen Sicherheit ist und dass es einen halbwegs regen Widerstand gibt. Wir ergänzen unser traditionelles Konzept um den Faktor der Imagebeschmutzung 🌐 35. Abgeguckt von den Amsterdamer AktivistInnen, die die Olympiabewerbung 1986 für das Jahr 1992 in den Grachten Amsterdams versenkten, können wir als kleine aber feine Kommunikationsguerilla wirken. Wobei das nicht auf unser autonomes Häuflein beschränkt ist, sondern z.B. von dem Video der damaligen grünen Politikerin Judith Demba und anderen Aktivitäten hervorra-

ZEITLEISTE 1993

09.08. London hebt das Waffenembargo gegen Angola auf
12.08. Generalstreik gegen die Militärjunta in Nigeria
17.08. Bis jetzt sind in der Türkei 500 kurdische Dörfer vom Militär geräumt worden
19.08. Im Südlibanon werden bei Hisbollahangriffen neun israelische Soldaten getötet
23.08. Georgien beendet den Rückzug seiner Truppen aus Abchasien
24.08. Portugal erleichtert die Abschiebung von Flüchtlingen
27.08. Das Reichskriegsflaggenschwenken wird in Branden-

gend ergänzt wird. Dieses Video ist nicht sonderlich spektakulär, aber die Schlussszene, in der ein Vermummter einen Stein in der Hand jongliert, den Stinkefinger zeigt und den imaginären IOClern zuruft „We wait for you", läuft mehrmals in jedem TV-Programm.

Imagebeschmutzung meint, dass jede Nachricht über Widerstand und über Ärgernisse im Sinne der Bewerbung eine gute Nachricht ist. So wurden in Amsterdam TouristInnenboote pressewirksam angegriffen, nicht unbedingt, weil mensch viel gegen die Touris hatte, sondern weil es Schlagzeilen brachte, die der Bewerbung nicht förderlich waren. Der Kreativität sind keine Grenzen gesetzt. In diesem Sinne schafft in unserer Kampagne ein lanciertes autonomes „Strategiepapier" den Sprung in die bundesweite Presse und Sitzungen des Abgeordnetenhauses. Das Papier selbst ist eher langweilig und wartet nur mit althergebrachten Ideen auf. Die Wirkung ist dennoch ungeheuerlich. Geifernde CDU-Abgeordnete („das müssen Sie sich auf der Zunge zergehen lassen meine Damen und Herren Abgeordneten, Brandanschläge") und hetzende Presse erzeugen schmunzelnde Autonome und verwirrte IOCler.

Die Imagebeschmutzung ist ein entscheidendes Element, denn der Senat findet kein Mittel dagegen. Wenn Aktionen 'runtergekocht werden, muss Diepgen sich von der internationalen Presse fragen lassen, ob das etwa aus dem Grund geschieht, weil Demos, Straßenschlachten und Anschläge in dieser Stadt normal seien. Und hetzt die Presse ordentlich ab, ist auch das der Bewerbung nicht gerade förderlich.

Ab Anfang 1993 erhöhen wir gezielt den Druck auf das IOC und seine Mitglieder. Wir sind Ende Januar in Lausanne bei der offiziellen Abgabe der Berliner Bewerbung dabei und Judith Demba und der heutige Berliner Wirtschaftssenator Harald Wolf werden am Anfang von den IOClern mit der offiziellen Delegation verwechselt. Nächtens gibt es noch ein paar Farbeier auf das IOC-Headquarter, welche eine ungeheure Wirkung zu haben scheinen (IOCler Marc Hodler: „Wer unser Haus beschmiert, den wählen wir nicht"). Wir machen Korruptionsangebote über einen Dollar an jeden IOCler. Gerade sieben schicken uns den Dollar zurück, der Rest ist offensichtlich käuflich. Eine zweite Fahrt nach Lausanne im Juni endet mit Farbeiwürfen auf seine Majestät Samaranch himself und für nicht wenige mit einer Innenbesichtigung des Knastes. Eine Hochglanzbroschüre für alle Mitglieder über die Vorzüge der Krawallhauptstadt Kreuzberg soll kurz vor der Abstimmung im September 1993 ihre Wirkung nicht verfehlen.

Im April und September gibt es jeweils Großdemos in Berlin mit ca.15.000 – 20.000 TeilnehmerInnen und, nicht zu vergessen, eine steigende Anzahl von militanten

Anti-Olympia-Wandbild im Mehringhof
Unten: Die Vorzüge der Krawallhauptstadt Berlin, grafisch aufbereitet für die Mitglieder des IOC

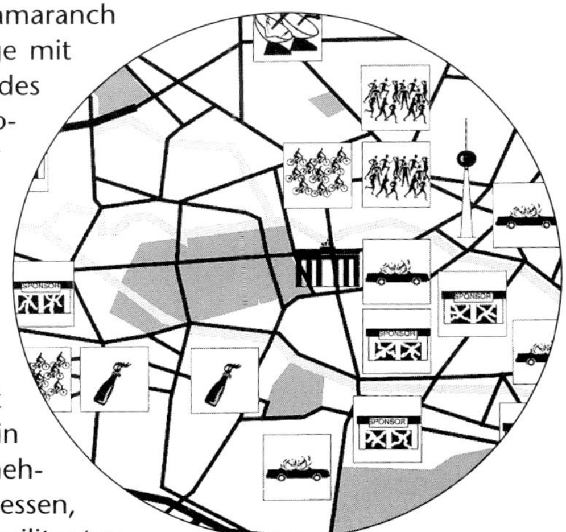

ZEITLEISTE 1993

burg verboten
06.09. Arafat erklärt den Friedensprozess im Nahen Osten für unumkehrbar
10.09. Die PLO erkennt das Existenzrecht Israels an und Israel die PLO als Vertreterin der Palestinenser
15.09. Georgische Truppen erleiden Niederlage gegen abtrünnige Abchasen
15.09. Mal wieder ein Waffenstillstand in der Krajina
19.09. Die arabische Liga billigt das Abkommen zwischen Israel und der PLO

Aktionen gegen Sponsoren und andere geben das nötige Salz in die Suppe einer erfolgreichen Kampagne. Auch während der Bündnisdemos halten die Absprachen mit den ParteivertreterInnen durch den gegenseitigen Respekt, den wir in der Zeit der Zusammenarbeit voreinander gewonnen haben. Getreu dem „Strategiepapier" gibt es drei Ebenen. Das offizielle Bündnis BAK (Berliner Anti-Olympia Koordination), das autonome AOK und die nächtlichen Volxsport-AktivistInnen, was sich hervorragend ergänzt. Nervig sind lediglich diejenigen von Grünen und PDS, die nur zur Vorbereitung der Großdemos kommen und alle stören, auch ihre eigenen ParteifreundInnen. Ansonsten ist die Arbeitsteilung allseits akzeptiert, wonach die Autonomen die zentralen Punkte der Demoinfrastruktur stellen und freie Hand bei ihren Aktionsformen bekommen und die ParteivertreterInnen eher von den Medien angesprochen werden. Die Absprachen halten bspw. so gut, dass der autonome Vertreter auf der Pressekonferenz vor der letzten Demo im September 1993 unwidersprochen von Grünen, PDS und Jusos sagen kann: „Brandanschläge ohne Menschengefährdung sind integraler Bestandteil der Anti-Olympia-Kampagne".

Bei der Abstimmung am 23. September 1993 bekommt Berlin gerade neun Stimmen und scheidet nach Istanbul im zweiten Wahlgang aus. Die Abstimmung wird live auf der Oberbaumbrücke übertragen, wo sich mehr als tausend Menschen zusammengefunden haben. Es wird ein großes Fest. 🌐 36

Wir hatten sehr viel Spaß bei dieser Kampagne und haben vieles gemacht, woran wir uns auch heute noch gerne erinnern. Bei einer Mobilisierungsparty im April 1993 hatten wir z.B. jedem und jeder eine Flasche Sekt versprochen im Tausch gegen eine mitzubringende Olympiafahne. Wir mussten getreu unserer öffentlichen Ankündigung 47 Flaschen Sekt rausrücken und konnten ein riesiges Transparent aus diesen Fahnen nähen, was im Haus der Demokratie, wo gegenüber die IOC-Bewerbungsdelegation residierte, aufgehängt werden konnte.

ZEITLEISTE 1993

21.09. Der russische Präsident löst das Parlament auf, dieses besetzt das Parlamentsgebäude
25.09. Black hawk down life in Mogadischu
25.09. Die Zulus der rechten Inkatha-Partei kündigen die Gründung bewaffneter Milizen in Südafrika an
27.09. Die von Russland unterstützten Abchasen erobern ihre Hauptstadt Suchumi von den Georgiern zurück
29.09. Die Sanktionen gegen Südafrika werden aufgehoben

4. Organisierungs-debatte

Nach dem Fall der innerdeutschen Grenze Ende 1989 finden sich die Autonomen in der Defensive, an den Rand gedrängt, hilflos. Die alten Bewegungsrezepte laufen gegen die Wand: Skandalisieren, demonstrieren, zuspitzen, radikal linke Inhalte hochhalten – all das erweist sich als nutzlos im Angesicht der nationalistischen Vereinigungs-Offensive. Ohnmachtsgefühle und Unsicherheit verbreiten sich. Schon früher geäußerte Kritik am politischen Modell „Autonome" bekommt in dieser Zeit verstärkt Nahrung. In der *radikal* und der *Interim* melden sich Stimmen zu Wort, die die Autonomen als „unreformierbar" ansehen, als historisches Relikt, das beseitigt werden muss zugunsten einer offenen, theoretisch sattelfesten, strategisch überlegten und nicht „um den eigenen Bauchnabel" kreisenden linksradikalen Politik. Den Autonomen wird dabei vorgehalten, sie entwickelten keine kontinuierliche Politik, sondern seien nach jeder Kampagne gezwungen, sich „neu zu sammeln", soweit sie nicht in abgeschotteten Klüngeln lebten; sie seien fixiert auf „Bewegungskonjunkturen" und darauf, „radikaler Teil" von Ein-Punkt-Bewegungen (wie etwa Anti-AKW-, Antifa-Arbeit) zu sein; sie grenzten sich subkulturell vom Rest der Gesellschaft ab; ihre Subkultur selbst sei unverbindlich und fördere Vereinzelung, zudem gebe es versteckte und darum schwer angreifbare Hierarchien. Schließlich seien sie geschichts- und theoriefeindlich und bevorzugten stattdessen einen „Militanzfetisch".

Foto: Vorlage für ein berühmt gewordenes Plakat der „Autonomen Antifa (M)"

Die Auseinandersetzung darüber ist vielfach ziemlich emotional. Während die einen den „Altautonomen" Ignoranz, Rücksichtslosigkeit und völliges politisches Scheitern vorwerfen, vermuten jene bei den KritikerInnen Rechthaberei, Machtstreben und Parteigründungsallüren. Folgerichtig gibt es keinen gemeinsamen Prozess, die Diskussionen enden meist mit wechselseitigem Misstrauen. Gruppen bilden sich, oft in Abgrenzung zu „den (alten) Autonomen", um etwas neues zu versuchen. Bekannt werden dabei vor allem Antifa-Gruppen wie die Göttinger „Autonome Antifa (M)", die Vorbild für zahlreiche organisierte Antifa-Gruppen der 90er Jahre wird, und die Berliner Gruppe FelS („Für eine linke Strömung").

In der Praxis begegnen sich „Alte" und „Neue" des öfteren. Manche Differenz, die in der theoretischen Debatte erheblich ist, verblasst vor den begrenzten Auswahlmöglichkeiten praktischer Politik – einer politischen Kampagne ist nicht unbedingt anzusehen, wie strategisch geplant sie ist, und vor dem Bullenknüppel sind auch alle gleich.

In den 80er Jahren war das Bewegungs-Modell der Autonomen ziemlich stabil gewesen und hatte die Politik der undogmatischen radikalen Linken geprägt. Dazu gehörte die Ablehnung politi-

ZEITLEISTE 1993

04.10 Russische Truppen stürmen das Parlament mit Panzern, 100 Tote

07.10. Die USA schicken zusätzliche 5300 Soldaten nach Somalia

09.10. Die somalische Aidid-Miliz will verhandeln und ruft eine Waffenruhe aus

10.10. Hamas und Dschihad wollen den Kampf gegen Israel fortsetzen

14.10. Die Prawda und andere Zeitungen in Russland werden verboten

scher Organisierung mit formalen Strukturen (eine Reaktion auf die 70er Jahre mit ihren sektenartigen Kader-Gruppen). Nicht, dass es keine Strukturen gegeben hätte, aber sie hingen ganz entscheidend von den Einzelpersonen und deren Motivation ab, von Eigeninitiative und einem Fundament aus sozialen Beziehungen zwischen den Beteiligten. Auf dieser Basis gab es durchaus stabile und über lange Zeit funktionierende Gruppen, die einzelne Themen („Teilbereiche") bearbeiteten oder Infrastruktur gewährleisteten (wie etwa Ermittlungsausschuss, Zeitschriften, Infoläden). Diese Strukturen waren aber im Allgemeinen weder transparent noch offen zugänglich, niemand konnte einfach „eintreten" oder „hineingewählt" werden. Die Mitarbeit ergab sich aus politischen und persönlichen Vertrauensverhältnissen bzw. daraus, dass ein paar Leute einfach etwas gründeten. Eine Gruppe konnte ebenso schnell wieder verschwunden sein, wie sie aufgetaucht war, um sich kurz darauf in ähnlicher oder ganz anderer Zusammensetzung wiederzugründen. Wer da den Überblick behalten wollte und die bestehenden Strukturen nutzen wollte, musste viele (oder bestimmte) Leute kennen und viel Zeit haben. Daraus ergaben sich zwangsläufig informelle Hierarchien. Auch stießen die bestehenden Formen der persönlich-sozialen Vernetzung früher oder später an Grenzen: Wer die nötige Zeit oder Energie nicht aufbrachte, verlor den Kontakt. Andere verbrauchten sich selbst im politischen Funktionärstum.
Der Mangel an kontinuierlicher Arbeit und Strategie wurde von vielen als schmerzlich empfunden, und es gab zahlreiche Versuche, Plena und Vernetzungstreffen einzurichten, um dem abzuhelfen. Doch das blieben stets kurzlebige Projekte, denn die beteiligten Gruppen wechselten, und innerhalb der Gruppen wechselten die Menschen.
All das wurde vielfach kritisiert, aber es änderte sich nichts an der Situation. Die „Organisierungsdebatte" begleitete die Autonomen die ganzen 80er Jahre hindurch.

Diese Situation spitzte sich Ende der 80er zu. Viele persönliche Bindungen, die noch aus der starken Bewegungszeit zu Anfang der 80er stammten, lösten sich auf oder hatten keine politische Funktion mehr. Die seit Mitte der 80er Dazugekommenen hatten Schwierigkeiten, sich in den eingespielten alten Strukturen einen Platz zu verschaffen. Das Nebeneinander verschiedener informeller Szenestrukturen nahm zu, gegenseitige Abgrenzungen halfen bei der Identitätsfindung.
Mit dem Umbruch 1989/90 wurde die autonome Linke kräftig durchgeschüttelt und verlor noch einmal erheblich an Geschlossenheit. Die Szene-Strukturen erwiesen sich als träge und unflexibel, so dass für viele eine Kluft zwischen den unübersehbaren gesellschaftlichen Veränderungen und der (eigenen) unveränderten politischen Praxis entstand. Dazu kam die Konfrontation mit ganz anders sozialisierten, dennoch radikalen Linken aus der DDR – vor allem in der Berliner Besetzungsbewegung – und die politische Defensive, die den etwa ab 1987 aufkommenden Bewegungsgefühlen bei den meisten den Garaus machte.

ZEITLEISTE 1993

14.10. Endlich: Ein Bundeswehrsoldat wird in Kambodscha erschossen
15.10. Die USA beenden ihre Sanktionen gegen die PLO
16.10. Seeblockade der USA gegen Haiti, um die Militärjunta zu stürzen
16.10. Krawalle in London bei bisher größter Antifa-Demo der britischen Nachkriegszeit
19.10. Gefangenenaustausch in Bosnien begonnen
21.10. Hunderttausende fliehen nach blutigem Putsch in Burundi

Für diejenigen, die 1989/90 die Organisierungsdebatte wieder einmal auf die Tagesordnung setzen, hat die klassische autonome Szene kein verlockendes Integrationsangebot mehr zu bieten: keine „Posten", keine siegreichen Kämpfe, keine gesellschaftliche Wichtigkeit, kein soziales Netzwerk aus Wohngemeinschaften und Arbeitskollektiven.
In der Besetzungsbewegung 1990 in Ost-Berlin wiederholen sich zwar einige Entwicklungen der West-Berliner Besetzungsbewegung von 1981. Wie damals im hinteren Kreuzberg entsteht jetzt in Teilen Friedrichshains eine subkulturelle autonome Szene und baut sich ihr „gallisches Dorf", das auch nach dem Niedergang der Bewegung fortbesteht.
Doch gleichzeitig gibt es konkrete Schritte der Organisierung. Neben Berlin sind es vor allem Bonn und Göttingen, wo die Abgrenzung gegenüber der „altautonomen" Szene und die Suche nach neuen politischen Wegen praktische Konsequenzen hat. Die Kritik an der „Theorie-

Unverhoffte Resonanz
Als Autonome Antifa (M) hatten wir uns im März 1990 gegründet. Das Unterschreiben unserer Publikationen mit einem wiedererkennbaren Namen war bereits eine Konsequenz aus unserer Erkenntnis, dass die Autonomen sich in einer isolierten gesellschaftlichen Situation befanden. Außerdem hatten wir als SchülerInnen, die Ende der 80er in die autonome Szene kamen, selbst genügend Erfahrungen mit Scheinkonspirativität, „Wichtig-wichtig-Gehabe" und mangelnder Verantwortung älterer Autonomer, was die Weitergabe von Informationen und Kenntnissen angeht, machen müssen. Das wollten wir ändern. Wir gaben uns weniger einen Namen, weil wir uns von den Autonomen abgrenzen wollten – im Gegenteil, wir legten großen Wert darauf, dass wir Autonome Antifa hießen –, sondern wir wollten für Interessierte erkennbar und ansprechbar sein.
Wir verfassten das Papier aus der unmittelbaren Erfahrung unserer eigenen zweijährigen Gruppengeschichte. Allerdings hatten wir das Glück, dass es 2-3 ältere Genossen gab, die ihre Erfahrungen aus der Organisierung der norddeutschen Antifa-Koordinierung weitergaben und wir so nicht nur aus unserer eigenen Unmittelbarkeit argumentierten.
Dass das Papier eine so heftige Resonanz und vor allem einen so starken Widerspruch in Teilen der Szene auslösen würde, hätten wir alle nicht gedacht. Für uns bleibt es bis heute ziemlich unverständlich, woher die Organisationsfeindlichkeit großer Teile der Szene herrührt.
Auch der damalige Vorwurf, wir würden eine neue KPD aufbauen wollen oder in alte K-Gruppen-Zeiten zurück, schien uns meilenweit weg von der Realität, einmal, was die gesellschaftlichen Bedingungen und zum anderen, was den Zustand der Autonomen anging.

ZEITLEISTE 1993

23.10. IRA-Bombe in Belfast, zehn Tote
04.11. PKK-Anschläge in mehreren europäischen Städten, ein Toter
09.11. Kroaten zerbomben die Türkenbrücke in Mostar
09.11. Hisbollah-Anschläge auf französische Einrichtungen in Teheran
14.11. Volksabstimmung in Puerto Rico verhindert Anschluss an die USA
16.11. LKW-Blockade an der Grenze bei Frankfurt oder wegen lahmer Zöllner

feindlichkeit" der Autonomen und ihrem „Subjektivismus" wird vor allem aus einer (vergleichsweise) undogmatisch-kommunistischen Perspektive vorgetragen, die besonders in Kreisen der wachsenden Antifa-Bewegung populär ist. Mit der Antifa-Organisierungsdebatte, die letztlich zur Gründung der „Antifaschistischen Aktion/ Bundesweite Organisation" (AA/BO) führt, geht ein positiver Bezug auf die historische kommunistische Antifa-Aktion mitsamt Wiederbelebung ihrer Ästhetik und Symbolik einher, mit dem viele ältere Autonome rein gar nichts anfangen können und der für sie den Verdacht, hier ginge es in Richtung Parteigründung, verstärkt. Das klassische Fahnen-Bild der historischen Antifaschistischen Aktion war in den 80ern von ein paar autonomen Antifa-Gruppen sehr vereinzelt und ohne große Hintergedanken verwendet worden, nun symbolisiert es für die einen plötzlich die erhoffte verbindliche Organisierung, für die anderen die befürchtete Wiederkehr der K-Gruppen.

Die Gruppen der AA/BO, vor allem die Göttinger Autonome Antifa (M), die Berliner „Antifaschistische Aktion Berlin" (AAB) und später auch das Leipziger Bündnis gegen Rechts (BgR), beeinflussen die organisierte Antifa-Arbeit der 90er Jahre nachhaltig und sind über Jahre sehr mobilisierungsfähig, zumal Antifa-Arbeit (und teilweise angekoppelt Antirassismus) angesichts des gesellschaftlichen Rechtsrucks und der faschistischen Offensive zu einem bestimmenden Thema der radikalen Linken wird. Dabei bleibt der kommunistische Aspekt meist oberflächlich, denn die politische Praxis der neuen Grup-

Wiederbelebte Symbole der historischen Antifaschistischen Aktion – heute auch im Streetwearversand

links: Plakat der Autonomen Antifa (M) Mai 1993

ZEITLEISTE 1993

17.11. Putsch in Nigeria
19.11. Neue Gesetze gegen Flüchtlinge in Frankreich
26.11. Die PKK wird in der BRD verboten
27.11. Die britische Regierung gibt Kontakte mit der IRA zu
04.12. In Dortmund Waffenfunde bei Nazis, 63 Festnahmen
05.12. Nazi-Briefbombenanschlag auf Wiener Bürgermeister
16.12. In Santiago del Estero Randale und Plünderungen von argentinischen Beamten
20.12. Abschiebungspakt zwischen der Schweiz und der BRD
28.12. Aus Sarajevo werden 950 Leute evakuiert

Provinzperspektive
In einer süddeutschen Kleinstadt verfolgten wir die Diskussionen um Organisierung wie viele in der Provinz nur über die ‚radikal'. Organisierung verbanden wir zu aller erst mit praktischem Nutzen: Zu oft hatten wir bei einer alljährlichen Nazigroßveranstaltung festgestellt, wie wichtig eine bessere Vernetzung und verbindliche Unterstützung aus den „autonomen Metropolen" wäre. Die Vorschläge der Göttinger Autonomen hielten wir schlicht und ergreifend für vernünftig und notwendig. So war es dann auch gar keine Frage, dass wir uns an den ersten Treffen beteiligten. Die Aussicht als Provinzantifas in bundesweite Diskussionen miteinbezogen zu sein, künftig berechenbare praktische Unterstützung zu erfahren und die geographische Isolierung zu überwinden, löste einen großen Motivationsschub aus. Das Klima auf den Treffen war freundschaftlich und offen, anders als wir es von Besuchen in Berlin oder Hamburg kannten, wo man nur schwer Kontakt zu AktivistInnen bekam.

pen ist überwiegend klassisch autonom: Der eigene thematische Teilbereich wird zum Angelpunkt für Kampagnen, Bündnisse und Aktionen, alles in der Hoffnung, die anhand dieses begrenzten Widerspruches politisierten Menschen für eine revolutionäre Gesamtperspektive zu gewinnen – letztlich nichts anderes, als autonome Ansätze im Kampf gegen AKWs oder für besetzte Häuser. Allerdings bemühen sich die neu entstandenen Gruppen um mehr Transparenz, schaffen formale Strukturen und entwickeln eine stärker nach außen gerichtete Politik, die sowohl Medien als auch Zielgruppen, etwa Jugendliche an Schulen, bewusst ansprechen soll. Auch ihr Verhältnis zu Bündnispolitik ist reflektierter und weniger radikal-moralisch als das der meisten Autonomen in der zweiten Hälfte der 80er.

Ein zweiter Zugang zur Organisierungsdebatte ist der ab Ende der 80er in der radikalen Linken wieder populärer werdende Begriff des Kommunismus an sich, ohne dass damit eine einheitliche Vorstellung verbunden gewesen wäre. Das reicht vom Entstehen klassischer Splittergruppen über studentische Kapital-Lesekurse bis zum bloßen Abfahren auf rote Fahnen. Je weniger „real existierenden Sozialismus" es gibt, desto diffuser und allgemeiner kann eine kommunistische Identität hergestellt werden.
Ganz generell kann Mensch feststellen, dass die Organisierungsdebatte die gesamte autonome Szene erfasst und für die 90er Jahre zu Veränderungen führt. Infrastrukturelle Projekte entwickeln mehr Eigenleben und Existenzberechtigung aus sich selbst heraus. Das gilt z.B. für die Lautsprecherwagengruppe, für Zeitungsprojekte, für Fotoarchive, für Grafik und Gestaltung, für Infoläden, auch für manche klandestinen Bereiche. Der Unterschied zwischen dem 1993/94 gescheiterten überregionalen Projekt „Initiative Linke Organisation (ILO)" der Gruppe FelS und dem 1998 gescheiterten Berliner Projekt „Linke Entwicklung Gemeinsam Organisieren (LEGO)"

ZEITLEISTE 1994

1994
01.01. Die Zapatisten beginnen ihren Kampf und besetzen mehrere Städte im mexikanischen Chiapas
04.01. Litauen bittet um Aufnahme in die Nato
11.01. Die IRA darf ab jetzt im irischen TV interviewt werden
13.01. Der Atommüll aus Greifswald wird nach Morsleben gebracht
16.01. Somalia: Die beiden wichtigsten Milizen vertragen sich
18.01. Aufhebung von Preisbindung in Albanien, Mieten verdoppeln sich

autonomer Gruppen dürfte letztlich nicht allzu erheblich sein.

Manche Gruppen, die sich in bewusster Ablehnung „der" Autonomen gegründet haben (wie etwa FelS: „Die Autonomen haben keine Fehler, sie sind der Fehler"), versuchen, einen Weg zwischen subjektivistischer Beliebigkeit und formaler Apparatelogik zu finden. Aus den Autonomen „auszutreten" erweist sich aber als schwierig, weil es völlig verschiedene Vorstellungen davon gab und gibt, wer überhaupt dazugehört. Die Kritik am theoretisch inkompetenten Hasskappenträger Otto Normalautonom ist vielfach auch die Kritik an einem Klischee, an dem die Autonomen selbst eifrig mitgestrickt haben, das aber deswegen noch lange nicht der Realität entsprechen muss. Der Begriff der „Autonomen" verschwimmt zunehmend. Während bürgerliche Medien an ihrem Dumpfe-Gewalttäter-Klischeebild festhalten und sich sogar dazu versteigen, die Beteiligung von Autonomen am Pogrom von Rostock-Lichtenhaben 1992 zu behaupten und in der Folgezeit „Linksautonome" erfinden, verliert der Begriff an identitätsstiftender Wirkung innerhalb der Linken. Viele autonome Antifas finden Altautonome blöd, sehen aber genauso aus (nur dass sie eben jünger sind). Kommunistische Grüppchen nennen sich autonom, ohne sich auf die fast ausschließlich anarchistischen historischen Grundlagen der Autonomen zu beziehen. Altautonome machen das, was sie schon vorher gemacht haben, nennen sich aber nicht mehr Autonome ... Nicht selten bleibt von der politischen Kritik an „den" Autonomen eine eher persönliche übrig: die oder der passte welchen

Ja ja, die Jugend...
Ich sah die Organisierungsdebatte mit gemischten Gefühlen. Selbst ein „Altautonomer", hatte ich mich stets für straffere Organisierung ausgesprochen, damit aber wenig Erfolg gehabt. Die kommunistische Rhetorik der KritikerInnen ging mir auf die Nerven, aber grundsätzlich hatten sie meine Sympathie, weil sie etwas Neues versuchten und sich gegen die überkommenen Szenestrukturen durchsetzen mussten. Ich sah die ganze Auseinandersetzung mehr als Generationskonflikt denn als politischen, und die Altautonomen reagierten in meinen Augen auch genauso wie Ältere, die Angst vor den Jungen haben und sie nicht hochkommen lassen wollen. Viele alte FreundInnen und GenossInnen von mir waren persönlich getroffen und beleidigt, konnten das aber nicht zugeben (und können es bis heute nicht). Weil der Begriff „Autonome" in meinen Augen niemandem gehörte und inhaltlich wenig bedeutete, verteidigte ihn auch nicht gegen die unverschämten Angriffe. Gleichzeitig war ich mir ziemlich sicher, dass diese neue Generation praktisch viel autonomere Politik machen würde, als sie es jetzt selbst für möglich hielten.

ZEITLEISTE 1994

20.01. Zur Zeit 7,2 Mio. Arme in der BRD
21.01. Bewaffnete Bundeswehr-Helden erschießen Benzin-Dieb in Somalia
22.01. Sechs tote Kinder bei Artillerieangriff auf Sarajevo
27.01. Generalstreik gegen neues Arbeitsrecht in Spanien
28.01. Türkische Flieger greifen PKK-Lager im irakischen Teil Kurdistans an
03.02. USA heben Embargo gegen Vietnam auf
04.02. Bretonische Fischer legen bei Krawallen Brand im Parlament von Rennes

der
hürdenreiche Weg
zur erfolgreichen
Organisierung

nicht, hatte zu viel Macht, hörte die falsche Musik, war zu alt oder zu jung, um zu kapieren, was angesagt war. Insofern ergibt sich aus der Kritik an „den“ Autonomen ebenso ein Distinktionsgewinn (Identität durch Abgrenzung) wie aus diversen anderen Abgrenzungen innerhalb der radikalen Linken und angrenzenden Subkulturen.

ZEITLEISTE 1994

05.02. Artilleriebeschuss tötet in Sarajevo 68 Bewohner
13.02. Die ersten hundert BRD-Soldaten verlassen Somalia
14.02. Das metrische System gilt jetzt auch in den USA
17.02. Stammeskämpfe in Ghana, 1000 Tote
20.02. Kämpfe zwischen Nord und Süd beginnen im Jemen
25.02. Selbstmord-Attentat von israelischem Siedler auf Moschee in Hebron, 29 Tote
28.02. Bullenkessel beim WWG in München 1992 für illegal erklärt, es gibt Schmerzensgeld

Nach den Pogromen in Hoyerswerda 1991 stoppen Polizei und BGS die antifaschistische Demonstration zum Flüchtlingsheim

5. Antifaschismus - die Bewegung der 90er

Beim folgenden Beitrag zum Thema Antifaschismus sind wir von unserer sonstigen Linie abgewichen, nur über das zu schreiben, wo wir mittendrin beteiligt waren. Wir alle waren irgendwo an Antifa-Aktionen beteiligt, gleichzeitig war aber keiner von uns Teil der organisierten Antifa. Diese scheint uns für die 90er Jahre jedoch von zentraler Bedeutung für autonome Politik zu sein, deshalb haben wir aus eigenen Erfahrungen und Gastbeiträgen einen Text zusammengestellt.

„Mir reichts!"

Autonome Antifa

Zuerst ein Rückblick: Autonome Antifa-Arbeit gab es die ganzen 80er Jahre über. Dabei bestand eine klare Aufgabenteilung. Im Normalfall war das Thema das Spezialgebiet einiger weniger Personen oder Gruppen, die vor allem in Norddeutschland und West-Berlin systematische Recherche-Arbeit betrieben. Zu bestimmten Gelegenheiten waren dann viele Autonome bereit, sich an Aktionen zu beteiligen. Die Demo von 2500 überwiegend Autonomen gegen den NPD-Parteitag in Fallingbostel im Oktober 1983, bei der etliche Neonazis und deren Autos angegriffen wurden, war ein erster Mobilisierungshöhepunkt (damals wurden sie noch allgemein „Neonazis" genannt, später ist von „Faschisten" und „Nazis" die Rede, was im Sprachgebrauch der 90er gleichbedeutend ist und ausdrücken soll, dass es sich immer weniger „nur" um rückwärtsgerichtete Dritte-Reich-Nostalgie handelte). Kurz danach mobilisierten Neonazis in West-Berlin zu rassistischen Aktionen anlässlich des Fußball-Länderspiels BRD gegen Türkei. Ein breites Bündnis stellte sich dagegen, die Autonomen übernahmen den praktischen Teil: Es entstand ein Meldesystem mit Fahrwachen, Treffpunkten und aktionsbereiten Gruppen, die die Neonazis angreifen würden, sobald sie irgendwo auftauchten – was sie letztlich nicht taten. In dieser Zeit gründete sich das Norddeutsche Antifa-Plenum, der Beginn einer (wenn auch begrenzten) autonomen Antifa-Bewegung.

Über die 80er Jahre ließ sich eine langsame, aber stetige Zunahmen faschistischer Aktivitäten und Organisierung feststellen. Nach dem Verbot von Gruppen wie der Hamburger „Aktionsfront Nationaler Sozialisten/Nationale Aktivisten" (ANS/-NA) oder der „Volkssozialistischen Bewegung Deutschland/Partei der Arbeit" (VSBD/PdA) 1983, die eher kleine Kadergruppen mit fließendem Übergang zu organisiertem Terror und Wehrsportgruppen gewesen waren, war ab 1984 die „Freiheitliche Arbeiterpartei (FAP)" zu einem bundesweiten Sammelbecken von Faschisten geworden. Vor allem in Norddeutschland war sie aktiv, und dort wuchs auch die Antifa-Bewegung rasch an. Mitte der 80er gab es alle paar Monate eine größere Antifa-Demo gegen irgendeinen Parteitag und nebenbei einige höchst erfolgreiche Brandanschläge gut organisierter Kleingruppen gegen die Infrastruktur von Faschisten (Treff-

ZEITLEISTE 1994

28.02. Nato schießt vier serbische Flugzeuge vom bosnischen Himmel

28.02. Generalstreik in Rumänien gegen die Inflation

06.03. Moldawien stimmt für Unabhängigkeit

07.03. UN-Soldaten übernehmen Flughafen im bosnischen Tuzla

08.03. Weitere Anti-Flüchtlingsgesetze in der Schweiz

10.03. Anti-Homo § 175 in der BRD gestrichen

10.03. Algerische Fundamentalisten stürmen Knast und befreien 900 Häftlinge

punkte, Ausrüstung etc.). Das blieben aber zeitlich isolierte Ereignisse.
Das autonome norddeutsche Antifa-Plenum organisierter Gruppen hatte seine Blütezeit in den späten 80ern. In West-Berlin in dieser Zeit entstandene Strukturen wie das „Antifa-Info-Blatt“ und das „Antifa-Archiv“ etablierten sich und wurden fester Bestandteil der linksradikalen Antifa-Bewegung auch der 90er Jahre. Es gab, vor allem in Hamburg und Berlin, erste Kontakte zu den sich zunehmend bildenden (vorwiegend migrantischen) Jugendgangs. Einige Antifas erwarteten, dass sie in den kommenden Jahren ein „Faktor auf der Straße“ werden würden und ihre unausweichliche Konfrontation mit den Faschisten gleichzeitig ein guter Ansatz für eine Politisierung sein könnte.
Für autonome Verhältnisse war „die Antifa“ 1987 gut organisiert. In den folgenden zwei Jahren änderte sich das aber. Es gab interne Streitereien über die Organisierungsfrage, über den Umgang miteinander. Gruppen spalteten sich und erste staatliche Repressionen gegen die teils sehr militante Antifa setzte ein. Vor allem in Hamburg, über Jahre bundesweit bestimmend für die autonome Antifa-Arbeit, lösten sich die festen, zum Teil auch sehr rigiden, Gruppenstrukturen in heftigen Streits auf. Die Hamburger Antifa-Arbeit war dadurch für die nächsten Jahre praktisch lahm gelegt.
In Göttingen ergibt sich schon seit einer Weile eine Konstellation von politischen Kräften, die sich deutlich von der Politik anderer autonomer Gruppen abhebt. Nicht mehr „auf die eigenen Kräfte bauen“ ist hier die Leitparole, sondern

Lehrgeld
Im Herbst 1984 wollten wir eine NPD-Veranstaltung im Wedding sprengen. Wir kannten das Spiel: Ein paar halbtote Nazi-Opas, ein paar kurzhaarige junge Schlägertypen, vielleicht ein paar Bullen zum Schutz – so war es meistens in den 80ern. Gefährliche Nazis gab es nur in Hamburg. Wir fuhren unvorbereitet los, sammelten uns gemütlich auf offener Straße und wurden unvermutet von einer organisierten Gruppe Neonazis angegriffen und innerhalb von Sekunden auseinandergenommen, einer von uns blieb schwer verletzt liegen.
Das war die Geburtsstunde einer „neuen“ Antifa in Berlin. Wir gründeten ein Antifa-Plenum und eine Info-Zeitschrift, fingen an, mit Fotoapparaten zu arbeiten, nahmen erkannten Nazis die Ausweise ab, hatten die Knüppel schnell griffbereit und fuhren zu den norddeutschen Antifa-Treffen. Die wenigen „alten“ autonomen Antifa-Leute, die teils schon seit vielen Jahren zähe Recherche-Arbeit geleistet hatten, bekamen endlich breitere Unterstützung. Die meisten Szene-Leute betrachteten es aber unverändert als eine Art Hobby, viele meinten, es ginge uns vor allem darum, sich ordentlich prügeln zu können …

Antifaschistisches INFO 19 BLATT
Juli/August 1992 4,- DM
Wunsiedel
Berliner Wahlen
Lebenslänglich für Antifaschisten
HIAG - die SS heute
Banknotenfälschung im deutschen KZ
Internationales: Kroatien, CSFR, Südafrika
Diskussion
In einem Dorf bei Berlin Bauern verprügelten 50 Skins Mit Mistgabeln, Sensen und Feuerspritze
BINGO

Das „Antifa-Infoblatt“ in den Anfängen. Juli/August-Ausgabe 1992

ZEITLEISTE 1994

12.03. Die ersten Priesterinnen der anglikanischen Kirche werden in Bristol geweiht
13.03. Israel verbietet die rechten Siedler-Organisationen Kach und Kahane
19.03. Kurden-Krawall in Augsburg
25.03. Brandanschlag auf Synagoge in Lübeck
28.03. Proteste in Frankreich verhindern Gesetz zur Lohnsenkung für Junge
29.03. Kroatisch-moslemisches Bündniss in Bosnien
31.03. Alle Nato-Truppen verlassen gedemütigt Somalia

„heraus aus der Isolation“, heraus aus der Isolation linksradikaler Positionen und Aktionsformen. Noch spielt der Ansatz des Antifaschismus keine so große Rolle innerhalb der Autonomen, dies ändert sich jedoch schlagartig mit der veränderten gesellschaftlichen Situation nach 1989.

Mit dem Fall der Mauer erhebt sich eine nationalistische Welle, in deren Verlauf die Faschisten in Ost und West enormen Auftrieb bekommen. Wie Pilze schießen faschistische und neonazistische Gruppen aus dem Boden. Die begrenzten Möglichkeiten der autonomen Antifa der 80er können da nicht ansatzweise mithalten. Die Zahl der faschistischen und rassistischen Morde sprengt bald jedes Vorstellungsvermögen der vergangenen Jahre.

Die Göttinger Autonome Antifa (M) schlägt im August 1991 in ihrem „Diskussionspapier zur autonomen Organisierung“ eine Reorganisierung der in der Isolation und weiterem Zerfall befindlichen Autonomen vor. Aus den Schwächen der Antifa-Organisierung der 80er Jahre sollen Schlüsse gezogen werden. Antifaschismus als kommendes ge-

Wann es losging – Göttingen
Meine Politisierungsphase und damit mein Kontakt zur autonomen Szene fiel noch in die 80er Jahre. Soli-Veranstaltungen zu El Salvador und Nicaragua, der Angriff auf Libyen durch die USA, Wackersdorf und die Startbahn Das alles waren Ereignisse, die ich als Schüler ungeheuer bewegend fand. Jeden Tag war faktisch etwas über Autonome in der Zeitung zu lesen. Mich begeisterte die Konsequenz der AktivistInnen, für eine grundsätzliche Veränderung der Gesellschaft ihr Leben in die Waagschale zu werfen und auch persönlich vor Militanz nicht zurückzuschrecken; eben nicht die andere Backe hinzuhalten.
Eine endgültige Radikalisierung erfuhr ich durch die in Göttingen sehr präsente Anti-AKW-Bewegung und vor allem durch den GAU im April 1986 in Tschernobyl. Den Entschluss, selbst militante Politik zu betreiben, fasste ich jedoch nach meiner ersten handgreiflichen Auseinandersetzung mit der Polizei, als diese eine von uns im Zuge unseres Engagements gegen eine anstehende Schulreform in Niedersachsen besetzte Schule irgendwann 1987 knüppelnd räumten. Als dann der erste Stress mit Nazis begann, das war schon 1987/88 in Göttingen, fühlte ich mich bereits der militanten Linken zugehörig.
Aber dann, Sommer 1990, die BRD wurde Fußball-Weltmeister: Im Fahrwasser des Wiedervereinigungstaumels fuhren plötzlich Menschen in ihren Autos mit Deutschlandfahnen durch die Straßen und ließen die verhasste BRD hochleben. Es kam zu skurrilen Szenen, als einige (Alt-)Autonome, in Überforderung mit der neuen Realität fertig zu werden, Steine auf die deutschlandbesoffenen Insassen der vorbeifahrenden Autos warfen. Willkommen in der Realität der 90er. „Wir gegen den Rest der Welt …“

Aufruf zur Demo nach Connys Wessmanns Tod

ZEITLEISTE 1994

01.04. Erste Frau in der BRD wird General
05.04. Im Iran werden Satelliten-Schüsseln verboten
06.04. *Hamas* tötet 8 Israelis in Afula
06.04. Englands Fußballer weigern sich aus Angst vor Nazi-Randale zum Führergeburtstag in Berlin zu spielen
08.04. Das letzte, was Kurt Cobain durch den Kopf geht, sind seine Zähne
10.04. NATO bombardiert serbische Stellungen in Bosnien
14.04. US-Flugzeuge schießen UN-Hubschrauber im Irak ab, 26 Tote

Wann es losging – Berlin
Ich weiß noch, wie es 1990 beim ersten großen Rudolf-Hess-Gedenkmarsch in Wunsiedel war. Davor hatte es zwar im Zuge der Republikaner-Wahlerfolge öfter Ärger mit Nazis gegeben, aber dass plötzlich 2000 Nazis aufmarschierten war schon krass. Während der Demo hatten es die Bullen zwar ganz gut hinbekommen, die Demonstrationen zu trennen, aber eine kleine Gruppe von uns schaffte es dann trotzdem, auszubrechen und in einer Seitenstrasse auf die Nazi-Demo zu treffen. Zum Glück waren die Nazis über den Anblick unserer Zaunlatten so erschrocken, dass wir trotz zahlenmäßiger Unterlegenheit eine größere Bresche in ihre Reihen schlagen konnten. Ohne diesen Überraschungseffekt hätte es für uns ganz schön Scheiße ausgehen können. Als dann die ganze Nazi-Demo an uns vorbei marschierte wurde uns klar, dass sich jetzt wohl einiges ändern würde im Kräfteverhältnis auf der Straße.
Ich kann mich auch noch an die Nacht erinnern, als Silvio Meyer (Hausbesetzer und Antifa-Aktivist) in Berlin-Friedrichshain von Nazis erstochen wurde. Ich saß in Friedrichshain in einer Kneipe in einem besetzten Haus. Plötzlich kamen völlig aufgelöste Leute rein, die erzählten, dass gerade in der U-Bahnstation Samariterstraße ein Antifa von Nazis erstochen worden war. Es gab dann ziemlich schnell eine Spontandemo von so 150 Leuten. Keiner wusste so recht, wohin gehen und was machen. Vorne liefen Leute die durch ein Megaphon erzählten, sie wären unten in der U-Bahnstation gewesen, alles sei voll Blut. Sie weinten teilweise. Irgendwann standen wir dann vor einer Kneipe, in der sich öfter Nazis trafen. Heute waren keine da. Der Wirt kam raus und versuchte, uns zu beschwichtigen. Alle waren völlig hilflos. Dann sind wir auf die Frankfurter Allee und haben ein Feuer gemacht. Die Bullen kamen ziemlich schnell, ziemlich aggressiv und verjagten uns. Ich konnte die ganze Nacht nicht schlafen. Am nächsten Tag gab es eine Spontandemo mit 2000 Leuten. Jetzt war der Hass da. Wir zogen zum nächsten Naziclub. Immer wieder lösten sich Gruppen aus der Demo heraus, die sich mit allem, mit Feuer und Eisenstangen dem Gebäude annahmen, in dem sich zu dem Zeitpunkt kein Mensch befand. Als die Demo vorbei war stiegen Rauchschwaden aus dem Laden auf. Im Anschluss verjagten wir dann die Bullen.

Silvio Meyer,
am 21. November 1992
von Faschisten
in Friedrichshain
ermordet

ZEITLEISTE 1994

16.04. Italienisches Gericht urteilt, P 2-Loge sei normaler Kapitalismus
17.04. Jordanien verbietet die *Hamas*
20.04. Nazi-Brandanschlag auf Wohnhaus in Bielefeld
21.04. Statt zwei können jetzt 65 Delikte in den USA mit der Todesstrafe belegt werden
22.04. Berlin trauert: Dagobert geschnappt
28.04. THC-Besitz muss bei kleinen Mengen nicht mehr verfolgt werden
28.04. Eva Haule aus der RAF kriegt lebenslänglich

sellschaftliches Konfrontationsfeld wird als inhaltliche Klammer vorgeschlagen. Die Idee ist, einerseits auf die Verankerung der jeweiligen Antifa-Gruppe vor Ort zu setzen (z.B. Jugendarbeit oder historische Aufarbeitung) und andererseits in einem kontinuierlichen Austausch auf bundesweiten Treffen eine permanente Diskussion zur Erarbeitung von Orientierungs- bzw. Eckpunkten im Rahmen der verbindlichen Organisation zu kommen. Hierbei spielt sowohl ein nicht-hierarchischer Aufbau der Organisation – trotz Delegiertenprinzip – eine zentrale Rolle, wie auch das Bemühen um einen Ausgleich zwischen sogenannten strukturschwachen Gruppen und stärkeren Gruppen. Zumeist wird das an der Frage Region oder Stadt festgemacht.

Es ist einerseits im gesellschaftlichen Rahmen der Versuch, auf die wachsende Nazi-Bewegung aktiv zu reagieren, andererseits in Bezug auf das eigene Spektrum der Versuch, vom Subjektivismus (wieder) zur Politikfähigkeit zu gelangen.

Bild rechts:
Nach den Pogromen in Hoyerswerda 1991

Bild unten:
Rostock, September 1992

1991 und 1992 schüren organisierte Faschisten nach Kräften und mit erschreckenden Erfolgen rassistische Grundstimmungen in der Bevölkerung. Es kommt zu immer häufigeren tätlichen Angriffen auf dunkelhäutige Menschen, zu Brandanschlägen auf Flüchtlingsheime und Wohnhäuser und schließlich zu mehreren rassistischen Pogromen: Im September 1991 wird ein Wohnheim für ausländische VertragsarbeiterInnen in Hoyerswerda (Sachsen) tagelang von einer Menschenmenge belagert und angegriffen, das wiederholt sich im Mai 1992 in Mannheim (Baden-Württemberg) und besonders schlimm im September 1992 in Rostock-Lichtenhagen. Obwohl die Faschisten im relativen Macht-Vakuum der Ex-DDR besonders dreist auftreten, Jugendclubs übernehmen, Häuser besetzen und eine Strategie der

ZEITLEISTE 1994

01.05. Und wieder muss ein Berliner Innensenator erklären, warum sich Randale nicht verhindern lässt
04.05. Die BRD-Regierung liefert wieder Waffen an die Türkei
06.05. Der Tunnel unterm Ärmelkanal wird eröffnet
09.05. Mandela wird Präsident Südafrikas
12.05. In Magdeburg prügeln die Nazis ungestört Ausländer durch die Stadt
16.05. Waffenstillstand in Berg Karabach
19.05. In den USA dürfen Gen-Tomaten verkauft werden
21.05. Jemen: Der Süden erklärt sich wieder für unabhängig

Provinzperspektive

Nach 1989 traten die bisher vom repressiv-katholischen Deckmantel sozialkontrollierten Nazidumpfbacken plötzlich nicht nur zur einmal jährlichen DVU-Großveranstaltung auf die Bildfläche. Während wir bisher Aktionen gegen Shell, für ein eigenes Jugendzentrum oder einfach gegen die CSU durchführten und manchmal auch mitleidiges Gehör in den lokalen Medien fanden, war da plötzlich eine alltägliche, konkrete Bedrohung. Jeder hatte einen Nazi an der Schule, die ersten Pöbeleien gegen Asylbewerber wurden registriert, und es tauchten erste Naziaufkleber auf. Das mobilisierte: Relativ schnell konnten wir ein regelmäßiges Antifa-Cafe einrichten, verteilten monatlich eine Antifa-SchülerInnenzeitung vor allen Schulen, und waren in Kürze zu einer Szene geworden, die sich für unser Kaff sehen lassen konnte.

Es entstand eine beachtliche Struktur über einen eigenen Infoladen, Kneipen mit linker Hegemonie, Telefonketten, mehrere AktivistInnen-WGs bis hin zu regelmäßigen und selbstorganisierten Konzerten. Nach mehreren militanten Aktionen gegen Naziansammlungen und dem Aufmischen ihrer Treffpunkte war das Stadtgebiet innerhalb weniger Monate zur „No-Go-Area" für Nazis geworden. Diese erfahrbare Gegenmacht machte linksradikale Politik gerade für die Jüngeren in der Stadt attraktiv.

Inzwischen wurde die „Antifa" auch in der Öffentlichkeit und in den Medien als Faktor wahrgenommen. Nach einer Entglasungsaktion gegen einen Plattenladen, der unter dem Ladentisch indizierte Nazimusik verkaufte und nach mehreren Aktionen gegen Zeitungsläden, die Faschopresse im Sortiment anboten, empörte sich der örtliche Polizeidirektor, dass es nicht angehe, dass die Antifa bestimme, was in der Stadt verkauft werden dürfe. Wegen einer bevorstehende Veranstaltung des Vertriebenenverbandes im Rathaus strahlte das Lokalfernsehen ein Interview mit der Antifa aus, die ankündigt, die Revanchistenveranstaltung zu verhindern. Die Antifa war plötzlich wahrnehmbar, militant und pressewirksam. Und sie hatte im Kampf gegen Nazis ein überzeugendes Konzept, das selbst in linksliberalen Kreisen in der Provinz Anerkennung fand.

ZEITLEISTE 1994

01.06. ETA erschießt spanischen General
02.06. Israelischer Angriff auf Hisbollah im Libanon, 45 Tote
04.06. In Prenzlau nehmen die Bullen eine von einem Bundeswehr-Unteroffizier geführte Nazi-Gruppe hoch
12.06. Die Schweizer stimmen gegen Beteiligung an UN-Truppen
20.06. Bombenanschlag auf Pilger im Iran, 70 Tote
23.06. Intervention französischer Truppen in Ruanda
24.06. Mehr Rechte des BGS im Anti-Flüchtlingskampf beschlossen

Rostock 1992
Wir fahren mit vier Autos los: In Rostock drehen die Nazis auf und versuchen Menschen zu töten. Mit den knapp 300 Leuten, die wir dort insgesamt sind, haben wir keine Chance die tausenden von Rassisten zu vertreiben. Na ja, die Bullen schützen ja das Haus vor den Nazis. Was wir tun können, ist, uns welche von den Schweinen auf dem Hin- oder Rückweg vorzuknöpfen. Da wir gut getarnt sind, können wir sie einfach fragen, ob's Spaß macht da vorne – wenn sie „ja" sagen, schnappen wir sie uns. Glücklicherweise war ich klug genug, nur einen kleinen Gummiknüppel mitzunehmen, sonst hätte ich vor Wut jemanden totschlagen können. Die Ohnmacht, diese Schweinerei dort nicht verhindern zu können, lässt mich fast durchdrehen. Das Verprügeln von versprengten Nazis ändert nichts an der Gesamtlage, ist aber immer noch besser, als nichts zu tun.
Und dann ziehen die Bullen ab. In diesem Scheißland wird jeder Mist besser geschützt als so'n paar „Schlitzaugen und Zigeuner". Und wir? Wir sitzen im linken Zentrum und überlegen, was wir tun können. Hingehen und vielleicht vom Mob gelyncht werden – 300 gegen 3000? Wir wissen nicht, ob noch Menschen in den belagerten Häusern sind. Ab und zu ziehen Gruppen los, um wenigstens irgendwas zu tun. Ich glaube, wenn jemand zehn Schrotflinten auf den Tisch gelegt hätte, wäre die Hälfte von uns losmarschiert und hätte den Mob auseinandergejagt, auch wenn wir danach jahrelang in den Knast gewandert wären.

„national befreiten Zonen" entwickeln, sind sie beileibe kein ostdeutsches Phänomen. Die meisten und schwerwiegendsten Brandanschläge auf Wohnhäuser (mit zahlreichen Toten) und viele Einzelangriffe auf „Ausländer" „Linke" und Obdachlose finden in Westdeutschland statt. Anfang der 90er ist es durchaus nicht ungewöhnlich, am Wochenende mit 100 Leuten zu Flüchtlingswohnheimen zu fahren, um sie vor drohenden Angriffen zu beschützen; dabei wird oft auch die Gelegenheit wahrgenommen, dem örtlichen Nazi-Treffpunkt einen Besuch abzustatten.
Die staatliche Reaktion ist scheinheilig. Auf der einen Seite wird der von Nazis bis „Bild-Zeitung"

ZEITLEISTE 1994

25.06. In Frankfurt 50.000 bei Kurdendemo
01.07. Hannoveraner Bullen knallen 16-jährigen kurdischen Plakatkleber ab
02.07. Wegen eines Eigentores wird ein kolumbianischer Nationalspieler getötet
04.07. Die ruandischen Tutsi-Rebellen erobern die Hauptstadt
11.07. PLO-Hauptquartier nach Gaza verlegt
15.07. Schärfere Gesetze in Norwegen gegen Anti-Walfang-Aktivisten beschlossen
17.07. Paläst. Anschlag auf israelisches Militär, zwei Tote

geschürte Rassismus als Rückenwind für die weitgehende Abschaffung des Asylrechts (beschlossen im Mai 1993) ausgenutzt, andererseits wird z.B. am 8. November 1992 in Berlin eine Großkundgebung samt Bundespräsidenten-Rede gegen Rassismus organisiert. Linksradikale stören diese Kundgebung lautstark und mit vielen Transparenten nach dem Motto „Die Biedermänner sind die Brandstifter", es fliegen Eier und Obst auf die Herren Weizsäcker und Co.
Innerhalb der radikalen Linken gibt es Uneinigkeit darüber, was zu tun ist: Noch massiver auf der Straße zurückschlagen oder die politische Überzeugungsarbeit verstärken? Auf einer 1991 hauptsächlich von Menschen aus Berlin getragenen Demonstration in Hoyerswerda gegen die Pogrome geht das bis zu körperlichen Auseinandersetzungen. Einige sind so wütend, dass sie am liebsten jedes Auto am Straßenrand kaputtschlagen wollen. Andere machen das theoretisch, indem sie die gesamte Bevölkerung (Hoyerswerdas, Ost-Deutschlands oder auch ganz Deutschlands) unterschiedslos zum rassistischen Mob erklären. Dagegen stehen die, die selbst in Hoyerswerda Linke, AntifaschistInnen oder zumindest Unbeteiligte (er)kennen und deren Hauptanliegen weniger eine Strafexpedition als eine politische Stellungnahme mit Überzeugungskraft ist. Mehrere Hundertschaften Bullen, die gegen die Demo die Entschlossenheit zeigen, die ihnen beim Schutz von Flüchtlingsheimen sonst fehlt, steigern den Stress. Die Nerven liegen auch in der Folgezeit schnell blank zwischen „dumpfen Draufschlägern" und „arroganten Schwätzern."

Organisierter Antifaschismus der 90er: Antifa heißt Angriff!

Nach über einjähriger Debatte gründen fast zwanzig Gruppen aus mehreren Städten im Juli 1992 die AA/BO. Allerdings trennen sich bereits im Februar 1993 etwa ein Drittel der beteiligten Gruppen wieder von ihr. Das „Bundesweite Anti-

Foto oben: Antifas in Rostock 1992
Foto links: 8. November 1992: „DIe Würde des Menschen ist unantastbar": Wohlfeile Reden vor faktischer Abschaffung des Asylrechtes

Zeitleiste 1994

18.07. Bombenanschlag auf jüdisches Zentrum in Argentinien, 100 Tote
23.07. Naziprovo im Ex-KZ Buchenwald, sieben Haftbefehle
25.07. In Kassel schlägt der BGS Proteste im Abschiebeknast nieder
25.07. Jordanien und Israel im offiziellen Friedenszustand
27.07. Alle Wege nach Sarajewo von serbischen Einheiten abgeriegelt
30.07. Angriff von somalischen Milizionären gegen UN-Truppen

Aufbaugedanken

Die ersten Jahre innerhalb der AA/BO erlebte ich als unglaublich produktiv. Sicherlich gab es ungeheure Reibungspunkte unter den Gruppen. Anfänglich waren auch orthodoxere Gruppen dabei, die etwa eine gründliche „parteigeschichtliche" Auffassung von Geschichtsarbeit hatten. Andererseits gab es Gruppen, die sich das erste Mal überhaupt mit dem Bezug zur linken Geschichte befassten. Wir als GöttingerInnen standen mit unserem Pragmatismus wieder an einer anderen Stelle. Wir waren stets der Ansicht, lieber mit einem unausgereifteren Diskussionsstand zusammen etwas praktisch umzusetzen, als sich in nicht enden wollenden Diskussionen mit sich selbst zu beschäftigen. Wir begriffen schon bald, dass nicht nur die Revolution, sondern selbst ein so kleiner Schritt wie der Aufbau handlungsfähiger Strukturen, die dem Begriff der Organisation annähernd gerecht werden wollen, ein nimmer endender Prozess ist. Wir realisierten mehr und mehr: Aufbau ist angesagt, um überhaupt in die Situation kommen zu können, gesellschaftlich nicht immer nur als Randnotiz oder irgendwie alternative Jugendliche aufzutauchen.

fa-Treffen" (BAT) entsteht, ein offeneres Bündnis, das sich nicht als Organisation versteht. Beide Zusammenschlüsse prägen in den 90er Jahren die öffentliche Antifa-Politik der radikalen Linken stark und arbeiten trotz ihrer Differenzen auch immer wieder bei Kampagnen zusammen.
Antifaschismus bzw. die unmittelbare Anti-Nazi-Arbeit ist von Beginn an der gemeinsame Nenner der an der AA/BO beteiligten Gruppen. In den Jahren 1992-94 gibt es fast jede Woche irgendwo in Deutschland antifaschistische Demonstrationen oder Aktionen. Die erste Kampagne der AA/BO besteht darin, unter der Parole „Gegen faschistische Zentren vorgehen!" nicht mehr auf das Agieren der Nazis zu warten, sondern Ort und Zeit der Aktionen gegen die Nazis selbst zu bestimmen, um dadurch eine offensivere Politik betreiben zu können. In dieser Kampagne, die 1993/94 in der BRD ihre Umsetzung findet, geht es vor allem um die Verbreiterung von Bündnispolitik als Möglichkeit, mit linksradikalen Positionen in eine breitere Öffentlichkeit vorzudringen und damit der anhaltenden Isolation autonomer Kräfte entgegenzuwirken. So zeichnen sich die verschiedenen Aktionen vor allem durch eine vergleichsweise professionalisierte Öffentlichkeitsarbeit (Einheitlichkeit der eigenen Publikationen, Pressearbeit mit den bürgerlichen Medien) und ihren Bündnischarakter aus. Zu der Kampagne gehören Aktionen gegen das NPD-Haus in Adelebsen bei Göttingen am 20.3.1993, gegen den bundesweiten Nazi-Treffpunkt der faschistischen Familie Müller in Mainz/Gonsenheim im April 1993, gegen das Nazi-Anwesen in Detmold/Pivitsheide im Februar 1994 und gegen

ZEITLEISTE 1994

31.07. Generalstreik in Bangladesch
02.08. Generalstreik in Argentinien
05.08. Fette Krawalle in Kuba
05.08. Nato greift serbische Stellungen um Sarajewo an
06.08. Chaostage in Hannover, trotz 600 Wegjefangenen, schöner Krawall und Riesenspaß
11.08. Mobilmachung in Tschetschenien wegen des Aufmarsches russischer Truppen
13.08. Deutsche Nazis kriegen bei Demoversuch in Luxemburg von den Bullen aufs Maul

In der Großstadt

Als ich im Winter 93/94 aus der Provinz zum Studium nach Berlin kam, schloss ich mich sofort der Antifa A&P (später AAB) an, die sich zu diesem Zeitpunkt gerade gründete. Die Gruppe war ansprechbar, hatte Namen und Adresse und es gab dort keine Wichtigtuerei. Die Antifa-Bewegung in Berlin war gerade voll mit dem Kaindl-Verfahren beschäftigt, und das Auftauchen einer neuen Gruppe, die sich an der vielgeschmähten AA/BO beteiligte, war wohl das letzte, worüber sich die Berliner Szene freute. Wir stießen allerorten auf Misstrauen, was wir auch darauf zurückführten, das uns einfach niemand richtig kannte: Ein Haufen von bis dahin „Unorganisierten" und „Zugezogenen". Wir bemühten uns erstmal zu zeigen, dass wir eine zuverlässige Gruppe sind. Wir gingen zu allen uns bekannten Treffen und übernahmen Aufgaben, die oft keiner machen wollte. Lauti-Schutz war hoch im Kurs; und als wir dann bei einer Soli-Demo für die Kaindl-Gefangenen vor dem Moabiter Knast richtig von den Bullen verlattet wurden, ohne einen Zentimeter vom Lauti zu weichen, erhielten wir das erste Mal Lob. Gegen alle Widerstände der „Alteingesessenen" legten wir voll los. Wir waren nach einem Jahr schon auf eine 20-köpfige Gruppe angewachsen. So war es möglich, in mehreren Bereichen mitzumischen. Jugendantifa-Gruppen wurden gegründet, die Unterstützung der Antifas in der Region war uns ein Anliegen. Alle wichtigen politischen Events wurden von uns soweit wie möglich abgedeckt. Überall traten wir in Fettnäpfchen, stießen auf Beleidigtheiten und andere Empfindlichkeiten. Als wir für eine Demo, die wir mit einem breiten Bündnis bis ins linksliberale Lager gegen den Nazikader Arnulf Priem vorbereiteten, Hintergrundinformationen suchten, wurde uns der Zutritt zum Antifa-Archiv verwehrt. Die Ablehnung durch große Teile der Szene, die Arroganz mancher „Altautonomer", führte innerhalb unserer Gruppe zu Abgrenzungsreflexen, die leider das reproduzierten, was wir nicht mehr wollten: Die Selbstdefinition über den Mikrokosmos „autonome Szene". Die meisten von uns fühlten sich als Autonome, die Neues, weniger Abgrenzung, mehr Geschichtsbewusstsein und aus Fehlern lernen,versuchen wollten. Und wir fühlten uns missverstanden, verarscht, und empfanden den oft geäußerten Vorwurf der „Machtpolitik" als Farce von Leuten, die alle Mittel ausschöpften, unseren Tatendrang auszubremsen. Die Wogen der Anfeindungen und Widerstände glätteten sich im Verlauf der Jahre, was zu einem wohl an der Erkenntnis auf beiden Seiten lag, das viele Positionen und Politikansätze gar nicht so weit auseinander lagen, zum andern aber einfach an der Tatsache, dass zwar viele „Aufgeregte" kommen und gehen, aber kontinuierliche Präsenz und persönliche Kontinuitäten mehr verbinden als trennen.

Ein Beispiel von vielen: Angriff auf den Lautsprecherwagen, hier bei einer Demonstration gegen *Die Republikaner* 1989

ZEITLEISTE 1994

14.08. Carlos wird im Sudan abgegriffen und nach Frankreich transportiert
21.08. Die französischen Truppen verlassen Ruanda
22.08. Wegen Brutalität gegen einen Flüchtling wird ein Bulle zu über 3 Jahren verdonnert
31.08. IRA verkündet Waffenstilstand
09.09. USA verpflichten Kuba, die Flüchtlinge zu stoppen und nehmen dafür 20.000 jährlich auf
12.09. Versuchter Anschlag mit Kleinflugzeug auf das Weiße Haus

das FAP-Zentrum in Northeim am 4. Juni 1994. Auch an der „Aktion 94", der Mobilisierung der gesamten Antifa-Bewegung gegen den jährlichen „Rudolph-Hess-Gedenkmarsch" in Wunsiedel, beteiligt sich die AA/BO. In der Vorbereitung geht es ebenfalls um die Frage des Agierens anstelle der bloßen Reaktion auf Nazi-Aktivitäten.

Plakat der Antifa M: schwarzer Block in ganz bunt

Von Beginn an wird innerhalb der AA/BO aber auch auf einen Ansatz gesetzt, der später als Revolutionärer Antifaschismus bezeichnet wird. Mit Kampagnen und Aktionen zum 9. November 1918/1938, dem 8. März (internationaler Frauenkampftag), den Bundestags-Wahlen 1994, zu dem politischen Gefangenen Mumia Abu Jamal in den USA, zur „Inneren Sicherheit", zum Verbot der PKK, zur Unterstützung der peruanischen Guerilla MRTA (Movimento Revolutionario Tupac Amaru), bis hin zu Krieg und zum EU-Gipfel 1999 versucht der Organisationsansatz, Antifa-Arbeit mit antiimperialistischer Ausrichtung zu verbinden. Und es ist ein Versuch, das Abflauen der klassischen autonomen Bewegung im Verlauf der 90er zu kompensieren. Trotz der Bemühungen der Gruppen andere Themen aufzugreifen, bleiben diese Versuche meistens auf die Wahrnehmung innerhalb der radikalen Linken beschränkt, von wenigen lokalen Ausnahmen abgesehen. Wahrnehmbar und intervenierend sind eben vor allem die zuvor genannten Anti-Nazi-Aktionen.

Das von der Göttinger Autonomen Antifa (M) vorgezeichnete Politik-Modell der AA/BO ist in der ersten Hälfte der 90er Jahre Orientierungspunkt zahlreicher, vor allem ländlicherer, Antifagruppen in Sachen Öffentlichkeitsarbeit und Bündnispolitik.

Eine besondere Spezialität der Autonomen Antifa (M) in Göttingen ist, durch einen maskierten „Schwarzen Block", der aber erklärtermaßen friedlich bleibt, eine militante Haltung zu verdeutlichen, ohne in eskalierende Auseinandersetzungen mit der Polizei zu geraten. Die Polizei in

Hinterherfahren

Unsere Bande wird größer, sechs Autos kriegen wir voll. Einige von uns sind Autonome, alle irgendwie links, aber eigentlich spielt Politik keine Rolle. Die Organisierungsdebatte geht uns am Arsch vorbei, wichtig ist, wem wir vor Ort begegnen. Wir vertrauen uns. Wir sehen, dass den Nazis auf der Straße etwas entgegengesetzt werden muss. Also fahren wir fast jedes Wochenende raus, suchen sie, schützen linke Häuser oder Flüchtlingsheime im Berliner Umland.

Ein Wochenende in einer Kleinstadt, Nazihochburg nahe Berlin. Die Nazis wollen nicht einsehen, dass es hier nichts wird mit „national befreiter Zone", obwohl sie sogar einen Hausbesetzer anschießen. Die alten Ex-Ost-Bullen haben Angst vor den Nazis, geben uns Infos, bieten uns Tränen-

Zeitleiste 1994

17.09. Waffenstillstand im tadschikischen Bürgerkrieg
19.09. US-Truppen landen auf Haiti
19.09. „Soldaten sind Mörder" als Zitat erlaubt
22.09. Nato-Flieger greifen serbischen Panzer bei Sarajewo an
23.09. Pest im indischen Surat, 250.000 fliehen
25.09. Schweizer stimmen für Anti-Rassismus-Gesetz
28.09. Die Fähre Estonia sinkt, 900 Tote. Umstritten, ob Absicht oder Schlamperei
02.10. Berber-Demo in Algerien für Zulassung ihrer Sprache, 100.000 trauen sich

gas an. Nazi-Autos patrouillieren vorbei, an manchen Wochenenden herrscht Belagerungs-Atmosphäre. Das besetzte Haus hält sich trotz der Angriffe, Jugendliche aus der Gegend trauen sich dorthin, gestalten es, haben so endlich einen sicheren Ort für sich.
Wo in den Kleinstädten eine linke und/oder punkige Szene entstehen kann, gibt es oft eine gewisse Distanz zu „den Politischen" aus der Großstadt. Bei Alarm rufen sie manchmal lieber Leute wie uns, weil „man da nicht so aufpassen muss, was man sagt". Sie sind selbstbewusst genug, um zu sehen, dass sie auch uns helfen, wenn sie bei sich zu Hause die Nazis in Schach halten. Sie kommen dann auch mal nach Berlin zum Fußballturnier …
Es geht nicht immer alles gut. Einmal sehen wir irgendwo anders einen Typen in einen ranzigen Jugendclub gehen, er sieht wie ein rechter Hool aus. Wir zu acht hinterher, ich gehe voraus und riskiere einen Blick durch die Tür. Drinnen sind fünfzig Nazis. Draußen begegnen wir drei weiteren. Sie checken uns ab, wir sie – sie kapieren, dass sie vor die Glocke kriegen könnten, wir kapieren, dass wir dann nicht mehr alle heil wegkämen. Ich gebe einem die Hand (möge sie mir abfaulen!), wir empfehlen uns und fahren da nie wieder hin. Es geht auch schlimmer, einmal werden wir zu fünft von 200 Nazis gejagt und dürfen das Wort „Panik" schmecken lernen.
Ein anderes Mal besuchen wir eine Schule, deren Schüler mehrheitlich dafür gestimmt haben, sie in „Adolf-Hitler-Schule" umzubenennen. Wir wollen eigentlich nur Flugblätter davor verteilen, aber der Unterricht hat schon angefangen. Also, rein in die Klassenzimmer. Die Ober-Nazis der Schule zwingen wir, unsere Flugis anzunehmen – die Geste ist wichtiger als der Inhalt: Wir hoffen, dass der Nimbus der Unbesiegbarkeit darunter leidet.
In Berlin begegne ich einmal einem Nazi in einem kleinen Laden, schlecht geeignet für Hauereien. Ich denke an Tucholsky: „Küsst die Faschisten…!", setze ihm also einen dicken Schmatzer auf den Mund und biete ihm an, mit vor die Tür zu kommen. Ich glaube, der Kuss hat ihn mehr verunsichert als mögliche Schläge …

Rosen auf den Weg gestreut

Ihr müßt sie lieb und nett behandeln,
erschreckt sie nicht – sie sind so zart!
Ihr müßt mit Palmen sie umwandeln,
getreulich ihrer Eigenart!
Pfeift eurem Hunde, wenn er sie ankläfft:
küßt die Faschisten, wo ihr sie trefft!

Wenn sie in ihren Sälen hetzen,
sagt, „Ja und Amen – aber gern!
Hier habt ihr mich – schlagt mich in Fetzen!"
Und prügeln sie, so lobt den Herrn.
Denn Prügeln ist doch ihr Geschäft!
Küßt die Faschisten, wo ihr sie trefft!

Und schießen sie: du lieber Himmel,
schätzt ihr das Leben so hoch ein?
Das ist ein Pazifisten-Fimmel!
Wer möchte nicht gern Opfer sein?
Und spürt ihr auch in euerm Bauch
den Hitlerdolch, tief, bis zum Heft:
Küßt die Faschisten, wo ihr sie trefft!

Kurt Tucholsky 1931

ZEITLEISTE 1994

03.10. Deutschlandeinheitbrimborium in Bremen wird gestört
04.10. Panama schafft das Militär ab
05.10. Sekten-Selbstmord in der Schweiz, 48 Tote
13.10. Waffenstillstand der Loyalisten in Nord-Irland
14.10. Generalstreik in Italien
16.10. Finnen stimmen für EU-Beitritt
19.10. Hamas-Anschlag auf Bus in Israel, 22 Tote
24.10. Tamilischer Anschlag auf Wahlveranstaltung in Sri Lanka, 58 Tote

Stillstand
Die zwei Jahre vor dem Regierungswechsel 1998 und kurz danach habe ich als totalen Stillstand in Erinnerung. Einerseits waren wir immer darauf angewiesen, zu den Nazis zu mobilisieren, weil du eben auf dieser Ebene viele sein musst, um was ausrichten zu können. Andererseits waren nur wenige zu mobilisieren, wenn es mal nicht ganz direkt und unmittelbar gegen die Faschos ging. Zwar war mittlerweile in allen Publikationen verschiedenster Antifa-Gruppen zu lesen, dass das Problem von faschistischen Gruppen oder des Rassismus ein durch das System verursachter Zustand ist, aber in der politischen Praxis oder Gesamtorientierung drückte sich das nicht aus. Auch die Frage der Organisierung war im Laufe der Zeit mit JA beantwortet worden. Warum wurden keine Schritte eingeleitet? Zumindest nicht bei der Mehrzahl der Gruppen?
Die Ursache lag aus meiner Sicht nicht mehr im Einflussbereich der eigenen Möglichkeiten, wenn es um die Veränderung der Bewegung gehen sollte. Fragen wie die Zusammensetzung einer linken Identität, eines Bewusstseins jenseits dessen"gegen Nazis" zu sein, der Aufbau verbindlicher politischer und sozialer Strukturen stellten sich. Die gesellschaftlichen Veränderungen, die Defensive linker Ideen und Konzepte machte auch vor der Antifa nicht halt. Es fehlte einfach an allen Ecken und Enden.

Göttingen akzeptiert das de facto (im Gegensatz zu anderen Städten). Der Göttinger „Schwarze Block" verliert aber nach und nach sein Drohpotential und seinen Handlungsspielraum. Mit der Demo gegen das FAP-Zentrum in Northeim im Juni 1994 ist es zu Ende damit: Autonome kritisieren das Konzept zunehmend als wirkungslos, weil es darauf beruht, die militante Option nie einzusetzen – und die Sicherheitsbehörden beenden ihrerseits die Politik der Zurückhaltung gegenüber der organisierten Antifa. Es bleibt aber dabei, dass auf den meisten Demos das, was in den 80ern als der Block der Autonomen galt, nun ein Block von Leuten aus der Antifa-Bewegung ist.

Als Alternative zur AA/BO hat sich das BAT gebildet, das zeitweise von bis zu 40 Gruppen getragen wird. Das BAT legt seine Priorität auf die Vernetzung der Gruppen und die gemeinsame Auswertung der Recherche-Ergebnisse. Recherche ist unverändert ein wichtiger Teil der Antifa-Arbeit. Sie dient zum einen dazu, Nazi-Gruppen und –Strukturen zu identifizieren, den Tätern Namen und Gesichter zu verleihen und diese öffentlich zu machen. Zum anderen wird damit militanten Antifa-Gruppen das nötige Hintergrundwissen vermittelt, um aktiv gegen Nazis vorgehen zu können. Das BAT startet aber auch eigene Kampagnen, so wird 1996 unter dem Motto „Tuu matsch Nazis" gegen die NPD-Jugendorganisation JN (Junge Nationaldemokraten) mobilisiert.

Mitte der 90er Jahre verändern sich die gesellschaftlichen Bedingungen im Umgang mit Nazis.

ZEITLEISTE 1994

04.11. Kämpfe zwischen Mujaheddins in Kabul, 19 Tote
09.11. Wiking Jugend wird verboten
11.11. Selbstmordattentäter im Gaza-Streifen tötet 3 israelische Soldaten
14.11. Serben und oppositionelle Bosnier erobern den größten Teil von Bihac
18.11. Paläst. Bullen bekämpfen Islamisten in Gaza, elf Tote
20.11. Noch ein Friedensvertrag zwischen Unita und angolanischer Regierung
21.11. Nato bombardiert serbische Milizen in der Krajina

1. Mai 1998 – Die NPD in der Heldenstadt Leipzig war richtig geil. Wir sind da mit vollen Bussen hingefahren. Es war das letzte Mal, das ich das Gefühl hatte, dass wirklich alle strömungsübergreifend wohin gefahren sind. Als wir in Leipzig angekommen waren, ging es sofort los. Kaum waren wir um die Ecke, trafen wir schon auf eine größere Gruppe Nazis, die nach einer kurzen Auseinandersetzung panisch flüchteten. So ging's dann den ganzen Tag weiter. Die Gegend um's Völkerschlachtdenkmal war einfach zu klein für die Masse an Nazis und Antifas die da war. Das bekamen auch hauptsächlich die Busse der Nazis zu spüren. Nur schade, dass es an dem Tag so warm war, bei der Menge an Nazis die dann ohne Scheiben nach Hause fahren mussten. Und die Bullen konnten zwar die Nazi-Kundgebung schützen und deren Ausbruchsversuch verhindern, aber bei der Antifa-Demo mussten sie ab und zu selbst die Beine in die Hand nehmen.

Es gibt mehrere Repressionsschläge gegen AntifaschistInnen. In Berlin werden Ende 1993 fünf Menschen verhaftet, fünf andere tauchen unter, nachdem eineinhalb Jahre vorher bei einem spontanen Überfall auf ein Treffen einer Nazi-Splittergruppe der Faschist G. Kaindl tödlich verletzt worden war. Ein Mordprozess gegen mehrere Personen ist die bisher schwerwiegendste Bedrohung der Berliner Antifa und bestimmt die Politik etlicher Gruppen z.T. für Jahre (der Prozess endet 1997 mit relativ milden Strafen für alle, bis auf einen: Cengiz kann nicht nach Deutschland zurückkommen. Er stirbt nicht lange danach im Befreiungskampf in Kurdistan). In Niedersachsen wird 1994 gegen die Autonome Antifa (M) wegen krimineller bzw. terroristischer Vereinigung ermittelt, abgehört und durchsucht. Erst zwei Jahre später, im September 1996, wird das Verfahren eingestellt. Die Betroffenen hat es 51.000 DM und viel Stress gekostet. Im Mai 1998 erfolgt nach einem ähnlichen Muster wie gegen die Göttinger AntifaschistInnen ein Schlag gegen die Antifaschistische Aktion Passau.

Knastdemo wegen Kaindlverfahren

ZEITLEISTE 1994

24.11. PLO und Hamas schließen Waffenstillstand
24.11. In irakisch Kurdistan beenden KDP und PUK ihre Kämpfe
01.12. Krawalle bei Amtseinführung des Präsidenten in Mexiko-Stadt
02.12. Erster Junk-Raum der BRD in Frankfurt öffnet
02.12. Anti-Flüchtlingsgesetze in den NiederenLanden
04.12. Die Schweizer stimmen für härtere Flüchtlingsgesetze
08.12. Hohe Haftstrafen für kurdische Abgeordnete in der Türkei wegen Separatismus

1. Mai 1992, so geht's doch auch: FAP-Nazis flüchten nach einem verhinderten Aufmarsch in die S-Bahn

Hin zum 1. Mai

Bei aller Normalisierung im Berliner „Szenebetrieb" blieb für unsere Gruppe über die Jahre trotzdem ein Moment bestimmend: Das Sitzen zwischen den Stühlen. Unser Anspruch alles was sich linksradikal nennt, zu Aktionen zusammenzubringen, war vielleicht manchmal naiv und provinziell, aber der dafür notwendige Pragmatismus war erfrischend für die von Grabenkämpfen bestimmte Berliner Linke. Als Folge wurden wir von fast allen Fraktionen orthodoxer Kommunisten, Altantifas, Ostlinken, HausbesetzerInnen, die sich selbst verfeindet gegenüberstanden, als prinzipien- und theorielos, als dumm und kleinbürgerlich bezeichnet. Den Höhepunkt bildete hier unser Versuch, die revolutionäre 1. Mai-Demo wieder zu einer breiteren und wahrnehmbareren linksradikalen Veranstaltung zu machen. Neben der alltäglichen Faschoscheiße war für uns von Anfang an wichtig, Antifa als „Kampf ums Ganze" zu begreifen. Wir wollten uns von den Nazis diesen Tag nicht nehmen lassen. Ab 1996 begannen wir uns massiv an der Vorbereitung zu beteiligen und versuchten, was uns fast unmöglich schien: Die Wiederbelebung der Demo als Ausdruck des ungebrochenen Willens zu Widerstand, die Gemeinsamkeit der Linken als erfahrbares Ereignis. Obwohl es misslang alle Kräfte an einen Tisch zu bringen, war die Außenwirkung der Mobilisierung (außerhalb der Szene) nicht mehr von Abgrenzung und Grabenkämpfen geprägt. Als am 1. Mai wieder mehr als 10.000 Menschen zur Demo kamen, hatten wir Anlass zu Hoffung. Zwischen den Stühlen saßen wir allemal, jetzt aber mit mehr Selbstbewusstsein.

Zeitleiste 1994

11.12. Russische Truppen beginnen mit der Eroberung Tschetscheniens

17.12. Nordkoreas Flugabwehr schießt US-Hubschrauber vom Himmel

23.12. Feuerpause in Bosnien

26.12. Von Dschihad entführtes Flugzeug wird in Marseille gestürmt, vier Tote

Die organisierten Antifa-Gruppen müssen feststellen, dass der Kampf gegen die Kriminalisierung immer eine Verteidigung vergangener Politik ist und selten neue politische Wege aufzuweisen vermag, und dass kontinuierliche linksradikale Politik schnell der Repression des Staates ausgesetzt ist.

Inwieweit die Kriminalisierung darüberhinausgehende konkrete Ziele verfolgte, etwa gegen die Bündnispolitik der Gruppen und das damit einhergehende punktuelle Durchbrechen der Isolation linksradikaler Politik vor Ort oder auch gegen die öffentliche Nichtakzeptanz des Gewaltmonopols des Staates per „Schwarzem Block", bleibt spekulativ.

Mit der Kriminalisierung der Autonomen Antifa (M) endet gleichzeitig deren Initiativ-Charakter bezüglich innovativer Bündnispolitik im Antifa-Spektrum. In der AA/BO stehen weniger als noch in der euphorischen Anfangszeit strategische Überlegungen, wie welche Kampagnen mit welchen Mitteln umzusetzen seien, im Vordergrund. Vielmehr wird auf vertraute Mittel und auf die vergleichsweise hohe Mobilisierungsstärke der Antifa gesetzt.

Parallel dazu lässt die faschistische Mobilisierungskraft vorübergehend nach, und innerhalb der Antifa-Szene zeichnet sich ein Generationswechsel ab. Die neue Generation unterscheidet sich noch deutlicher von den „Altautonomen". Konsumverweigerung und „politically correctness" werden als Befindlichkeitspolitik und Kreisen um den eigenen Bauchnabel abgetan. Der Vorwurf der Mackermilitanz und des Sexismus, der den Antifas von Teilen der autonomen Szene gemacht wird, vertieft die Gräben zusätzlich. Viele Antifas tun die „herkömmliche" Szene von HausbesetzerInnen und Autonomen als konservatives Überbleibsel der längst vergangenen 80er ab. Bei Antifas ist es angesagt, Wert auf ein dem Hooligan-Style entlehntes gepflegtes Äußeres zu legen (New Balance, modische Kurzhaarschnitte und Carhartt). Das ist nebenbei auch oft ungemein praktisch, um unauffällig nah an den Gegner heran zu kommen. Die Nähe mancher Antifas zu Hooligans ergibt sich aus den zahlreichen körperlichen Auseinandersetzungen mit Nazis und daraus, dass bei etlichen Gelegenheiten – etwa bei Fußballspielen – alle drei Seiten aufeinandertreffen. In einigen Fällen sorgen Antifas und Hooligans gemeinsam dafür, dass der Nazi-Einfluss bei den Fans zurückgedrängt wird (etwa in Rostock).

Die verschiedenen Antifa-Gruppen und -Organisationen erreichen Mitte der 90er Jahre den Höhepunkt ihrer Mobilisierungskraft. So kommen etwa Ende 1996 rund 6000 Menschen nach Wurzen zur Demo gegen „national befreite Zonen".

Das, was vereinzelt in antifaschistischen Publikationen bereits länger zu lesen ist, wird aber jetzt zunehmend auf der Straße praktiziert: Totalitarismus

Zeitleiste 1995

1995

01.01. Waffenstillstand in Bosnien
01.01. Finnland, Österreich und Schweden jetzt in der EU
01.01. Telekom wird Aktiengesellschaft
02.01. Islamistische Anschläge in Ägypten, 11 Tote
12.01. Abschiebestopp für Kurden wird verlängert
19.01. Russische Truppen erobern die tschetschenische Hauptstadt Grosny
22.01. AIZ-Anschlag auf Haus eines CDU-Abgeordneten
22.01. Anschlag auf israelischen Busbahnhof

seitens des Staates, vor allem der Sicherheitsbehörden. Der Handlungsspielraum außerparlamentarischer, antifaschistischer Gruppen wird eingeschränkt und gleichzeitig der Staat als der bessere Antifaschist abgefeiert. Die AA/BO will das 1997 durchbrechen, als sie nach Saalfeld (Thüringen) zu einer Demo gegen faschistische Morde und politische Pogromstimmung mobilisiert. Hunderte AntifaschistInnen werden von einem polizeilichen Großaufgebot auf der Autobahn gestoppt, festgenommen und schikaniert. Danach bewegt sich nicht mehr viel bei der AA/BO, und auch mit anderen Gruppen wie dem BAT geht es bergab. Unzählige Verfahren wegen Landfriedensbruchs, Widerstand und Körperverletzung machen das Konzept der Großmobilisierungen mürbe.

Mit dem Regierungswechsel Ende 1998 kommt zum Muskelspiel der Polizei noch das ideologische Korsett des staatlichen Antifaschismus ehemaliger 68erInnen dazu. Dem „Staats-Antifa-Sommer" 1999, in dem die Bundesregierung als oberster Antifaschist zum „Aufstand der Anständigen" antritt, hat die AA/BO politisch kaum etwas entgegenzusetzen. Auch zwei bundesweite Antifa-Kongresse, die im Juli 1998 und im Oktober 1999 stattfinden, können daran nichts ändern.

„Anti-Nazi-Scheiß"
Ende der 90er dominierte mehr und mehr die „Event-Politik" mit ihrer notwendigen pop-kulturellen Ausrichtung, weil sonst kaum mehr jemand auf die Straße zu bringen war. Das jeweilige Event wurde aufgenommen, mit dem persönlichen Erscheinen honoriert. Der Charakter der Beteiligung war aber der gleiche, wie an einem Einkaufserlebnis am Tag der offenen Tür bei H+M teilzunehmen. Ansonsten funktionierte es nur noch über die unmittelbare Mobilisierung gegen Nazis, wo Auseinandersetzungen (meist körperliche) zu erwarten waren. An organisatorischer oder politischer Schlussfolgerung für die Gruppen, deren Praxis oder den Gesamtansatz blieb wenig übrig. Eine gemeinsame Stoßrichtung, zumindest mal für ein Jahr oder für eine Kampagne, versackte im selbstzelebrierten Auflösungstaumel. Als sich im Sommer 2001 die AA/BO auflöste, um mit der hohlen Phrase „den Weg freimachen zu wollen für neue Ansätze" ihr Zeitliches zu segnen, war doch allen Beteiligten klar, dass keine Fortsetzung, Transformation oder Weiterentwicklung im Antifa-Spektrum möglich sein würde. Alles war analysiert und selbstbezweifelt worden, ohne annähernd eine Antwort auf veränderte gesellschaftliche Bedingungen finden zu können. Weitergehende Analysen oder meinetwegen Theorie wurde komplett abgekoppelt von der politischen Praxis. Da wo die „neuen" Erkenntnisse die Leute erfassten, ergriffen diese vielfach die Flucht aus dem Bereich der interventionistischen Politik und bildeten Diskussionszirkel der Wirkungslosigkeit.

ZEITLEISTE 1995

22.01. USA erlauben ihren Firmen, in Nordkorea zu investieren
26.01. Gefechte an umstrittener Grenze zwischen Ecuador und Peru
30.01. Autobombe in Algier, 42 Tote
02.02. Autonome sabotieren Telekom-Leitungen um den Frankfurter Flughafen
04.02. Nazi-Anschlag auf Roma in Österreich, 4 Tote
07.02. Irland entschärft Anti-IRA-Gesetze
08.02. Eintägiger Streik in mehr als 90% der russischen

Eventpolitik

Standen zuvor jahrelang vor allem die Kampagnen gegen faschistische Zentren im Mittelpunkt der Antifa-Arbeit, werden Ende der 90er Jahre die Faschisten politisch offensiver. Nach dem Verbot der FAP 1994 haben sie sich in der alten „Nationaldemokratischen Partei Deutschlands" (NPD) und in den radikaleren „Freien Kameradschaften" neu gesammelt und versuchen nun, durch häufiges Demonstrieren die Straße für sich zu behaupten. 1997 trumpfen sie mit einer spektakulären Demonstration von 6000 Anhängern gegen die Wehrmachtsausstellung in München auf. Von nun an nehmen die Aufmärsche deutlich zu, und die Bilder wiederholen sich: Zu nahezu jeder Nazi-Demo gibt es ein entwürdigendes Schauspiel staatlichen Gehampels, indem über juristisch wacklige Demo-Verbote, die per Gerichtsbeschluss wieder kassiert werden, dem demokratischen Rechtsstaat Genüge getan wird. Linke betrachten das misstrauisch, wissen sie doch, dass das Mittel des Verbots im Zweifelsfall auch schnell gegen sie gedreht wird. Autonome Antifa-Mobilisierungen richten sich jetzt verstärkt gegen Nazi-Aufmärsche, so etwa am 1. Mai oder bei den wiederholten Demos gegen die kritische Wehrmachts-Ausstellung. Dabei gibt es Licht und Schatten: Öfters wird der Aufmarsch zum Desaster für die Nazis, manchmal ist die Antifa die schwächere Partei und würde ohne die Anwesenheit der Bullen schlecht aussehen, meistens aber prügeln die Bullen den Nazis streng rechtsstaatlich den Weg frei.

Früher sind wir oft nachts losgezogen, in die Plattenbausiedlung gefahren und haben uns ein paar Nazis gesucht, um uns mit denen zu schlagen. Das gab einerseits einen ordentlichen Adrenalin-Kick und andererseits haben wir damit die Nazis immer wieder eingeschüchtert. Sie wussten einfach, was passieren würde, wenn sie bei uns in der Stadt irgendeinen Scheiß bauten, außerdem gehört denen schon immer was aufs Maul. Natürlich gab es auch ab und zu brenzlige Situationen. Heute glaub ich nicht mehr so richtig daran, dass man soviel ändert, wenn man denen aufs Maul haut. Ich hatte auch schon zu oft Ärger mit den Bullen. Aber es ist immer noch so, dass wenn ich in der U-Bahn oder so ein Arschloch sehe, dann werd ich sauer. Dann kann ich auch den Mund nicht halten. Und wenn es dann 'ne Schlägerei gibt, dann gibt's die eben.

Nazi-Demonstration am 1.12.2001 gegen die Wehrmachtsausstellung in Berlin wird zum Abdrehen gezwungen

ZEITLEISTE 1995

Kohlegruben
09.02. Keine Wehrpflicht mehr in Belgien
13.02. Mexikanische Armee hat alle von der EZLN eroberten Städte wieder eingenommen
14.02. In Zürich wird Europas größte offene Junkscene am Bahnhof Letten verjagt
15.02. Antibritische Krawalle in Dublin erzwingen Abbruch eines Länderspiels
21.02. Algerische Truppen bekämpfen Gefangenenaufstand, ca. 200 Tote

April 2002: wir erfahren am Dienstag aus dem Bezirksamt, dass die NPD einen „Info-Stand" vor dem Haupteinkaufszentrum für Samstag Vormittag angemeldet hat (9-14 Uhr. O je!). Verschlafen kommen wir zu dritt kurz vor 9 an: Wannen, Zivis, eine Gruppe von Jüngeren steht da mit Trommeln und einem Transparent. Erst jetzt sehen wir: Es sind unsere Leute von der evangelischen Jugend, dazu Leute von der örtlichen Antifa.

Um 10 ist von den Nazis nix zu sehen, aber etwa 50 Leute, jetzt auch einige Ältere, verteilen Flugblätter, einige sammeln Unterschriften. Dann kommen vier NPDler und eine junge Frau und stellen unter Bullenschutz ihren Tapeziertisch auf. Wir lassen uns einzeln das Material geben, um es demonstrativ im mitgebrachten Müllsack zu entsorgen. Einige Kaufhaus-Besucher trauen sich auch, dabei mitzumachen, und werden durch großen Beifall unterstützt. Ein Sympathisant der NPD geht an den Stand – alle anderen machen große Kurven um den undurchsichtigen Haufen von Antifas, die die Bullen umringen, die die Nazis umringen. Nach einer dreiviertel Stunde packen die Nazis ihren Tisch ein– ihre Propaganda ist im Sack und wir dürfen endlich wieder ins Bett.

Parallel zum Niedergang der Antifa-Arbeit entwickeln einige AA/BO-Gruppen verstärkte Aktivität in anderen Bereichen. Vor allem die Antifaschistische Aktion Berlin (AAB) konzentriert sich ab 1997 auf zwei große, regelmäßig wiederkehrende Ereignisse: Die Mobilisierung zu einem Antifa-Block auf der Rosa-Luxemburg/Karl-Liebknecht-Demonstration im Januar jeden Jahres in Berlin sowie die Wiederbelebung des „revolutionären 1. Mai". Mit dem 10-jährigen Jubiläum des Kreuzberger Kiez-Aufstandes 1997 hat die AAB nicht nur den 1. Mai als attraktives (Pop-)Event wieder aufgegriffen, sondern damit auch gleichzeitig die Wahrnehmung der AA/BO neubestimmt. Andere Politik-Felder und Aktionen innerhalb der AA/BO treten in den Hintergrund. Lediglich den letzten Versuch einer Öffnung und einer Antwort auf die veränderten Bedingungen unter Rot-Grün bildet die Kampagne „Antifa-Offensive '99", die eigentlich vom gesamten Antifa-Spektrum aufgegriffen wird und auch in einigen europäischen Ländern Widerhall findet (Skandinavien, Spanien).

Schon die Auswertung der Kampagne kann die AA/BO, trotz des großen Zuspruchs, als Organisation nicht mehr leisten. Mit dem dritten großen Antifa-Kongress im September 2001 vollzieht die AA/BO offiziell die Auflösung, die bereits seit Monaten praktisch stattfindet.

Nicht nur die AA/BO zerfällt, auch die Antifa-Bewegung insgesamt ändert sich. Sie wird wieder das, was man Teilbereich nennt, ohne sich die Perspektive der grundsätzlichen

ZEITLEISTE 1995

24.02. Erster Stahlstreik in Bayern seit 1954
27.02. Autobombe in irakisch Kurdistan, 76 Tote
02.03. Kurdische Anschlagswelle auf türkische Reisebüros in der BRD
03.03. Die letzten UNO-Soldaten verlassen Somalia
11.03. Hunderte Tote bei Kämpfen zwischen Hutus und Tutsis in Burundi
12.03. Nach Fascho-Angriffen auf Alewiten Krawalle in Istanbul und Ankara, 23 Tote
16.03. Mississippi schafft Sklaverei auch formell ab

gesellschaftlichen Veränderung zu geben. Die heimliche Hoffnung, die Nazis wenigstens wieder auf den Stand der 80er Jahre zurückzudrängen – durch direkte Konfrontation, durch antifaschistische Bündnis- und Aufklärungsarbeit, durch eine allgemeine Stärkung der Linken – hat sich nicht erfüllt. Auch nach 2001 trägt Antifa-Arbeit zur Politisierung von Jugendlichen vor allem in der „Provinz" bei und bleibt vor allem eine Notwendigkeit angesichts unverändert mordender Nazis und staatlicher Geschichtsentsorgung.

Heißt Antifa Angriff? Eine andere Sicht

Vier Wochen nach dem Pogrom in Rostock September 1992 beschließt der Berliner Senat, die Zentrale Asylbewerberstelle (ZAST) aus der Stadtmitte in ein Plattenbaugebiet nach Berlin-Hohenschönhausen zu verlegen, das dem in Rostock-Lichtenhagen sehr ähnelt.
Im Bezirk werden die ersten rassistischen Flugblätter verteilt. Dagegen fordert eine Bürgerinitiative aus Hohenschönhausen die BürgerInnen auf, „ausländerfreundliche Zeichen zu setzen", eine Jugendgruppe der evangelischen Kirche beschließt, zur ZAST-Eröffnung ein Willkommenszelt mit Tee und Essen aufzustellen.
Eine kleine Gruppe von Kreuzberger Autonomen erkundet die Lage. Bei einem Treffen in Hohenschönhausen mit den dort Aktiven sind die Gemeinsamkeiten bald klar: Es geht nicht darum, den Bezirk vor Konflikten zu verschonen, sondern an diesem konkreten Beispiel den staatlichen Rassismus zu kritisieren – und gleichzeitig die Situation der AusländerInnen nicht zusätzlich zu belasten. Die Trennlinie wird auch deutlich: Die lokalen AktivistInnen wollen die Polizei dazu bringen, die Anfahrtswege vor Nazis zu schützen, wir misstrauen den Bullen und schlagen eigenständiges Verhalten vor.

Normal wäre nun gegenseitiges Appellieren, Frust, weil die anderen nicht nachgeben, Anschuldigen und Auf-Positionen-Bestehen. Alle Beteiligten verhalten sich aber unnormal: Es wird zugehört, die jeweiligen Bedenken teilweise akzeptiert („Linksradikale verschrecken nur die BürgerInnen aus Hohenschönhausen, die wir erreichen wollen" gegen „es ist kaum mit BürgerInnen zu rechnen, die Polizei kommt sowieso erst, wenn es die ersten Verletzten gegeben hat") – und trotz aller Fremdheit erwächst in der kleinen Vorbereitungsgruppe Vertrauen.
Die BI und die Jugendlichen organisieren das Zelt, demonstrieren gewaltfreien Widerstand für ihre ausländerfreundliche Aktion und versuchen eine Absprache mit der Polizei. Wir suchen UnterstützerInnengruppen für Fahrwachen in der Umgebung (zusammen mit kundigen einheimischen Jugendlichen) und fordern ein aktives Umsetzen der Parole „Gib Nazis keine Chance". Trotz der Kurzfristigkeit, trotz der Mobilisierung zu dieser nicht vollautonomen UnterstützerInnen-Haltung kommen viele der von uns angesprochenen

ZEITLEISTE 1995

17.03. Putsch in Aserbeidschan scheitert
18.03. Armeeangriff auf Islamisten in Algerien, 800 Tote
20.03. 34.000 türkische Soldaten greifen Kurden im Irak an
20.03. Giftgasanschlag einer Sekte auf U-Bahn in Tokio fordert zwölf Tote
20.03. Bosnische Armee greift serbische Milizen bei Tuzla an
25.03. Britische Armee stellt ihre Patrouillen in Belfast ein
29.03. Pause der BRD-Rüstungsexporte an die Türkei
07.04. Russische Truppen greifen tschetschenischen Ort an, 300 Tote

Kleingruppen. Die Stimmung zwischen den Autonomen und den Menschen aus Hohenschönhausen ist zumindest aufmerksam interessiert, und auch unter den „Einheimischen" gibt es ungewohnte Begegnungen. Wehrdienstverweigerer treffen auf alte Ex-NVA-Oberste, junge Punk-Frauen auf engagierte Hausfrauen. Das ist schon sehr viel in den Zeiten von Trennung und Verwirrung.

Nazis fahren Patrouille, bleiben nicht alleine, verziehen sich sehr eilig. Ein sie möglicherweise unterstützender Mob lässt sich nicht blicken.

Bullen sind in der Umgebung präsent, weil sie gehört haben, dass die autonomen Chaoten dort sein werden.

Die wenigen AusländerInnen, die beim Zelt vorbei schauen, kriegen davon wenig mit und sind angenehm überrascht von dem gastfreundlichen Bezirk.

10 Jahre später:

Der NPD wird 2001 von den Bullen erlaubt, ihre 1. Mai-Demonstration in Hohenschönhausen durchzuführen. Wir sind zwar zunächst nur der kleine harte Kern von der ZAST-Aktion, der kurzfristig mobilisiert, aber es stoßen bald Neue dazu. Die Nazis können jedenfalls nicht glauben, dass sie auf „heimischen Gebiet" demonstrieren. Viele Nazi-Gegner aus der ganzen Stadt kommen trotz der zahlreichen Bullen-Schikanen, und auch einzelne Menschen aus Hohenschönhausen trauen sich auf die Straße.

Am 1. Mai 2002 schützen erneut Bullen die Nazis in Hohenschönhausen. Immerhin trauen sich diesmal mehr BürgerInnen aus Hohenschönhausen dazu, eine Kirchengemeinde hat eine Telefonkette organisiert, wieder kommen viele aus der Stadt. Schon am Nachmittag des diesjährigen 1. Mai bereiten wir uns auf den 1. Mai 2003 vor. Mühselige Alltagsarbeit, aber mit dem Gefühl, dass es in dieser blöden Republik mehr Menschen als nur „junge angreifende autonome Antifas" gibt, die sich verhalten, und (es ist kaum zu glauben) auch ältere Menschen können ein prinzipiell antagonistisches Verhältnis zu dieser Gesellschaft haben. Tja, gaaanz theoretisch könnte da was zusammen kommen ...

ZEITLEISTE 1995

09.04. Anschlag auf israelischen Bus, zehn Tote
12.04. Kurdisches Exil-Parlament in Den Haag gegründet
17.04. Elf Mitglieder von Kurdistan-Soli-Gruppen werden aus der Türkei ausgewiesen
19.04. Nazi-Bombe in Oklahoma City, 167 Tote
19.04. Tamil Tigers sprengen zwei Kriegsschiffe Sri Lankas
20.04. Angriff christlicher Fundamentalistenmiliz auf ugandisches Dorf, 82 Tote
22.04. Ruandische Armee tötet 2000 Unbewaffnete bei Angriff auf Flüchtlingslager

6. Autonomer Antirassimus

Die Mobilisierung gegen den IWF 1988 hat auch in unserer Stadt Hanau Spuren hinterlassen. Aus den inhaltlichen Auseinandersetzungen um neuen Internationalismus, Antipatriarchalismus und soziale Frage entwickelt sich zunächst ein recht lebendiges, lokales Projekt, das direkte Flugblatt- und andere Aktionen auf den Fluren des Sozialamtes mit einem Beratungscafé in einem besetzten autonomen Zentrum kombiniert. Doch mit dem letztlich erfolglosen Versuch, an oder in diesem sozialen Brennpunkt eine Selbstorganisierungsstruktur in Gang zu bringen, scheitert das Projekt als politische Initiative nach einigen Jahren. Erhalten bleibt allerdings das Cafe als soziale Anlaufstelle und Treffpunkt. Und gleichzeitig haben sich über diese Auseinandersetzung erstmals vielfältige Kontakte zu Flüchtlingen entwickelt. Denn bis Ende 1993, dem Inkrafttreten des Asylbewerberleistungsgesetzes, sind asylsuchende Flüchtlinge den SozialhilfebezieherInnen mit deutschem Pass offiziell noch gleich gestellt. Wir übersetzen in dieser Phase einen Sozialhilfeleitfaden in mehrere Sprachen, werden aber zunehmend mit den letztlich viel existenzielleren Problemen der Flüchtlingsfamilien konfrontiert: Ihrem unsicheren Aufenthaltsstatus und der drohenden Abschiebung.

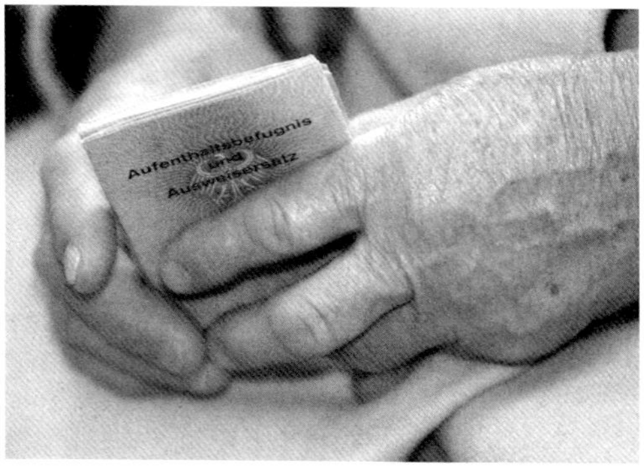

Vor diesem Hintergrund und dem der Erfahrungen des konkreten Alltagsrassismus gegenüber den Flüchtlingen im Rhein-Main-Gebiet entwickelt sich unsere „antirassistische Gruppe für freies Fluten" (ag3f). Als zentrale inhaltliche Bezugspunkte dienen die Analysen des staatlichen institutionellen Rassismus durch die RZ seit Mitte der 80er Jahre und der Text „Drei zu Eins" von Klaus Viehmann und FreundInnen.

Antirassismus ist damals für die bundesdeutsche Linke ein ziemlich neues Thema. Die RZ haben ihre Flüchtlingskampagne mehr aus antiimperialistischen Motiven heraus entwickelt. Erst Anfang der 90er Jahre entsteht durch die Konfrontation mit den Pogromen und den zunehmenden Abschiebungen die Debatte um den Rassismus als Herrschaftsform. Das Papier „Drei zu Eins" regt eine intensive Diskussion unter uns über die Gleichrangigkeit von sexistischer und rassistischer Unterdrückung neben der in der Linken allseits anerkannten ökonomischen Herrschaft des Kapitals an. Auf der praktischen Ebene erhalten wir viele Anregungen aus Großbritannien, über die dort seit längerem entwickelte antirassistische Theorie und Praxis.

Unsere Gruppe engagiert sich in der 1992 entstandenen bundesweiten Koordination antirassistischer Initiativen. Dort geht es zunächst um die Kampagne gegen die Lager, die damals flächendeckend als Abschreckungs- und Kontrollmaßnahmen eingeführt werden.

Unsere Herangehensweise steht für den Versuch, antirassistische Politik als Teil einer autonom-sozialrevolutionären Perspektive zu bestimmen und in konkreten sozialen Auseinandersetzungen weiterzuentwickeln.

Die wirtschaftliche Bedeutung und die Stellung

ZEITLEISTE 1995

23.04. AIZ-Bombe vor Haus eines CDU-Abgeordneten
25.04. Castor nach Gorleben
25.04. Hamas-Mitglied stirbt bei Folter durch israelische Bullen
29.04. Russischer Präsident verlängert Wehrdienst um sechs Monate
01.05. Bullen stürmen Demo in Berlin-Prenzlauer Berg und verletzen sich 99fach dabei
01.05. Israelische Siedlungen sollen um 7000 Wohnungen erweitert werden

der MigrantInnen charakterisieren wir wie folgt: Um das patriarchale und rassistische Ausbeutungsgefälle in den Metropolen aufrecht zu erhalten, wird ein immer schneller anwachsendes Heer von hochmobilen, flexiblen und billigen Arbeitskräften benötigt. Hierfür eignen sich besonders jüngere, alleinstehende MigantInnen, die über den legal-illegalen Arbeitsmarkt in den kapitalistischen Verwertungsprozess eingebunden werden. Zugleich findet eine räumliche Ausdehnung dieser Ausbeutungsformen über die „verlängerten Werkbänke“ in den Niedriglohnzonen der Peripherie statt. Hinzu kommt ein immer größer werdendes Segment von WanderarbeiterInnen, die scheinbar an keinen Ort mehr gebunden sind. Für das Kapital sind das paradiesische Bedingungen. Die Reproduktion der Ware Arbeitskraft entfällt nahezu komplett: Die Kinder, Kranken- und Altersversorgung wird auf die Sozialstrukturen der Herkunftsländer abgewälzt.

Die Migrationsbewegungen bleiben jedoch ambivalent. Einerseits sind sie für das Kapital in der globalen Konkurrenz notwendig, andererseits ist der weltweit zu beobachtende Migrationsprozess zugleich ein Ausdruck von widerständigem Verhalten und der Aneignung von unten. Ein Ansatz von uns soll darin bestehen, sowohl den Widerstand gegen die Niedriglöhne wie den gegen die Abschottung der Grenzen zu unterstützen. In einem Artikel für das Buch „Zwischen Flucht und Arbeit“ schreiben wir 1995: *„Zentral stellen sich die Fragen, wie wir soziale Orte, selbstbestimmte Bewegungs- und Aneignungsformen von MigrantInnen unterstützen können und wie dem Selektionsdruck entgegengewirkt werden kann, der insbesondere Familien und alleinstehenden Frauen immer weniger Chancen lässt, hierher zu gelangen bzw. sich zu behaupten.*

Nicht zuletzt konfrontiert uns ein praktisches Einlassen auf diese Fragen mit unseren eigenen Privilegien, unseren Sexismen und Rassismen. Wir sollten uns hüten, neue linke, gar universelle Widerstandsperspektiven zu verkünden. Wir haben viele Gründe, unsere theoretischen wie praktischen Bemühungen bescheiden zu formulieren. Aber die Mühsal 'Strohhalme zu errichten', unsere Versuche, beständigere Fäden für eine solidarische Vernetzung mitzuspinnen, sehen wir nicht als beliebiges Feld der Selbstbeschäftigung einer krisengebeutelten Linken.

19. Mai 2001
Demonstration gegen die Residenzpflicht in Berlin

Es ist vielmehr der Versuch, Konfrontationslinien aufzunehmen, die mit der Migration in die hiesige Realität hineingetragen werden. Diese Linien sind

ZEITLEISTE 1995

02.05. Serbische Milizen feuern auf Zagreb
03.05. Es gibt wieder „Chain Gangs“ in Alabama
11.05. Unruhen im indisch besetzten Teil von Kaschmir, 32 Tote
12.05. Gegen die Sperrstunde demonstrieren gut 20.000 Münchner
16.05. Amnesty belegt 70 Fälle von Bullenbrutalität gegen Flüchtlinge in der BRD
27.05. In München demonstrieren 60.000 Tekknoten gegen Drogen

widersprüchlich und Vereinfachungen in Richtung „revolutionäre Flüchtlingsbewegung" gehen völlig fehl. Offene oder massenhaft unterlaufene Grenzen, das „freie Fluten", hätte doch wahrscheinlich die „Sao-Pauloisierung der Metropolen" zur Folge. Aber wäre das – unter den bestehenden Verhältnissen – nicht gerecht? Wie auch immer: Die Entwikklung sozialer Gegenmacht können wir uns nur als international zusammengesetzte und orientierte Bewegung vorstellen, an deren Vernetzung wir mitknüpfen wollen." [37]

Sozialrevolutionäre Perspektiven und Anforderungen antirassistischer Initiativen

Zentrale Aufnahmesammelstelle ZAST für Flüchtlinge in Hohenschönhausen

1988 wurden knapp 3000 Abschiebungen durchgeführt, fünf Jahre später hat sich die Zahl mehr als verzehnfacht. Abschiebeprogramme und rassistische Pogrome wirken in wechselseitiger Dynamik. Gesellschaftlicher Rassismus eskaliert in Hoyerswerda oder Rostock-Lichtenhagen. Hinter den Rauchschwaden abgebrannter Flüchtlingsheime wird zunächst das Lagerregime verschärft, dann die letzten Reste des Asylrechts faktisch abgeschafft und die soziale Entrechtung von Flüchtlingen vorangetrieben.

Vor diesem Hintergrund kommt es in der jungen antirassistischen Bewegung auch zu Positionierungen, die als Vorläufer der heutigen Antideutschen gelesen werden können. Mit Verweis auf die „deutsche Otto-Normalvergaser-Mentalität" wird jeder weitere Versuch, Verbindungslinien zwischen Flüchtlingen/MigrantInnen und deutsch/metropolitanen Unterklassen herzustellen, als hegemonialrassistisch denunziert. In der eigenen scharfen Abgrenzung von der „rassistischen Gesamtbevölkerung" wird ein neues identitätsstiftendes Ideologiemuster gesucht, dessen polarisierte Weiterentwicklung im heutigen antideutschen Irrsinn seine Zuspitzung gefunden hat.

„Suchprozesse gegen starre Pole", so heißt bereits 1994 ein Text, in dem daran festgehalten wird, einerseits *„Trennlinien aufweichen zu wollen, wie sie ja auch in der konstruierten Kategorie 'Flüchtling' stecken. Und andererseits nicht den rassistischen Konsens zu verharmlosen, wie er sich durch alle sozialen Gruppen mit deutschem Pass zieht."* [38]

Ein übergreifender Ansatzpunkt besteht damals im Versuch, die sich extrem ausweitenden Maßnahmen der Kontrolle und Überwachung zurückzudrängen.

„Dagegen gab es in den letzten Jahren in einigen Städten Initiativen: in Bremen gegen die rassistischen Platzverweise und Misshandlungen durch die Polizei, in Frankfurt gegen die Dauerrazzien auf der Zeil. Im letzten Jahr wurden auch in Berlin und vor allem in Köln Aktionen durchgeführt, die die innerstädtischen Säuberungen als sozialrassistische Angriffe thematisierten. Denn neben MigrantInnen sind Obdachlose und Punks, DrogengebraucherInnen, Prostituierte und SchwarzhändlerInnen, HausbesetzerInnen und BauwäglerInnen in ähnlicher

ZEITLEISTE 1995

30.05. China testet erfolgreich Langstreckenrakete mit 12.000 km Reichweite

01.06. Der Ex-RZler und Carlos-Kumpel Weinrich wird von Jemen an die BRD ausgeliefert

06.06. Südafrika schafft Todesstrafe ab

08.06. Serbische Milizionäre lassen UN-Konvoi nach Sarajewo passieren

09.06. Nazi-Briefbombe gegen schwarze TV-Moderatorin in Deutschland

13.06. Tschetschenische Kämpfer nehmen Geiseln in

Weise von den 'Maßnahmen für Sicherheit und Ordnung' betroffen. Die Angriffe durch denselben Gegner, die Parallelen in der Stigmatisierung und Ausgrenzung, stellen die Frage nach möglichen, zumindest punktuellen Gemeinsamkeiten. Ge- und versucht wird eine Rückbeziehung antirassistischer auf gesamtgesellschaftliche Auseinandersetzungen." 39

Zweifellos kommen diese Ansätze in den darauffolgenden Jahren nicht über punktuelle Initiativen hinaus. Die zu wenigen, personell meist überlasteten antirassistischen Gruppen stehen häufig vor der ungewollten Alternative, unmittelbare Zufluchtsstrukturen aufzubauen oder Initiativen gegen die Sozialkontrolle zu betreiben. Vor dem Hintergrund eines ungebrochenen Abschiebeterrors fällt die Entscheidung oft zugunsten der ersten Option aus. Und diese beinhaltet gleich ein nächstes Auseinandersetzungsfeld:

„Als 'Projekt Zuflucht' diskutieren autonome Flüchtlingssolidaritätsgruppen seit 1992 erneut und verstärkt die Frage der Unterbringung und Unterstützung der von Abschiebung bedrohten Flüchtlinge. In einigen Städten auch als öffentliche Kampagne initiiert, in anderen von vornherein auf stille Versteckstrukturen beschränkt, dominieren bald überall die sozialen Auseinandersetzungen und Anforderungen, die sich aus diesen Projekten ergeben. Anfänglicher Schwung, der sicher auch der autonomen Mystifizierung allen illegalen Handelns entspringt, kam schon bald in der (angeblichen) Überforderung durch die praktischen Erfordernisse zum Erliegen. (...) Eigene Überforderungen zu erleben und Grenzen zu stecken (oder stecken zu müssen) kann kein Grund sein, Zufluchtsprojekte als im wesentlichen 'aufreibende Kleinarbeit' abzutun. Diese Logik entspricht einer Herangehensweise, die sich den Mühen der sozialen Auseinandersetzungen und Verantwortlichkeiten nicht stellen will, auf denen – wenn überhaupt – alles 'Politische' doch nur aufbauen kann. Sie spiegelt eine Politikvorstellung wieder, die sich einmal mehr und in bester patriarchaler Tradition den konkreten alltäglichen Sozialprozessen, dem 'Privaten', den Anforderungen der Reproduktion entzieht, um statt dessen 'abstrakte Politik' machen zu können.

Damit widersprechen wir weder medienwirksamen Kampagnen noch militanten Interventionen, die beitragen können, rassistische Verhältnisse anzugreifen oder gar zu blockieren. Aber die Entwicklung sozialer Gegenmacht im o.g. Sinne wird vor allem davon abhängen, wie Alltagsstrukturen aussehen und wie tragfähig sie sich sowohl gegen äußere Angriffe als auch in inneren Widersprüchlichkeiten erweisen. Das beinhaltet viele Konfrontationen und (Über-)Forderungen, das trifft unsere Privilegien, unsere Bequemlichkeiten, unser vollautonomes Unabhängigkeitsgefühl. Und es verlangt von uns Ausdauer und Offenheit zugleich. Kurzum: Wir gehören zu denen, die dem sozialen Gehalt der Zufluchtsprojekte in mehrfacher Hinsicht einen zentralen Stellenwert zuschreiben und am Aufbau solcher Strukturen festhalten." 40

Normalzustand nicht nur in Berlin

ZEITLEISTE 1995

russischem Krankenhaus, 123 Tote

15.06. Bosnische Truppen versuchen, Belagerungsring um Sarajewo zu knacken

18.06. Wegen franz. Atomwaffentests wird ihre Botschaft im australischen Perth bumm

20.06. Wegen Greenpeace-Aktionen muss Shell die Versenkung der Brent Spar Ölplattform lassen

27.06. Räuber nehmen in Berliner Bank Geiseln und entkommen durch vorbereiteten Tunnel

30.06. Bundestag schickt 1500 Soldaten nach Bosnien

Der beschriebene Konflikt scheint sich, wenn auch unter veränderten Bedingungen und anderen Vorzeichen, bis heute in den autonom-antirassistischen Initiativen zu verlängern.

Spätestens seit 1998, mit der Gründung der Karawane für die Rechte der Flüchtlinge und MigrantInnen, entwickeln sich neue stabilere Selbstorganisierungsprozesse von Betroffenen. Viele AktivistInnen dieser erstmals bundesweit und vor allem herkunftsländerübergreifenden Initiative sind oder waren selbst von Abschiebung, Kriminalisierung und Illegalisierung bedroht. Bleiberechtskampagnen für einzelne Personen haben entsprechend zentrale Bedeutung, die sozialen Bedingungen (keinerlei Einkommen) blockieren ihre Organisierungsmöglichkeiten und weitaus unmittelbarer sind viele politische Projekte der Karawane an die Erweiterung der eigenen Handlungsmöglichkeiten geknüpft, wie es am Beispiel der Kampagne gegen die Residenzpflicht deutlich wird.

Demonstration gegen den Schily-Entwurf zum Zuwanderungsgesetz Ende September 2002 in Berlin

Nicht wenige autonome AktivistInnen stellt dies einmal mehr vor gewaltige Probleme: Sie fühlen sich in die Rolle reformistischer UnterstützerInnen gedrängt; die sozialen, alltäglichen Fragen der Flüchtlinge erscheinen allzu wiederholend auf der Tagesordnung und gelten dann bisweilen als die politische Seite funktionalisierend oder gar blockierend. Der mangelnde Wille oder die Unfähigkeit, die unterschiedlichen sozialen Realitäten nicht nur anzuerkennen, sondern sich in dieser Differenz zu bewegen, spricht einmal mehr für die extreme Selbstbezogenheit vieler Autonomer. Die alltäglichen „Mühen der Ebene" scheinen dem Ausblick aus dem autonomen Elfenbeinturm zu banal („zu reformistisch"), die Ambivalenzen und Widersprüche der Autonomie der Migration wiederum zu komplex („zu unpolitisch"). Doch gerade auch in diesen Fragen spiegeln sich zentrale Herausforderungen wieder, an denen sich ein sozialrevolutionärer Anspruch messen lassen muss.

kein mensch ist illegal (kmii)

Von vor allem autonomen, antirassistischen Gruppen im Juni 1997 mit einem gleichnamigen Appell ins Leben gerufen, ist diese Initiative zunächst wenig mehr als ein Öffentlichkeits- und Vernetzungsprojekt.

Auf Grund der immer restriktiveren Asyl- und Ausländerpolitik wird die Illegalisierung von Flüchtlingen und MigrantInnen in Deutschland in den 90er Jahren zum Massenphänomen. Schätzungen zufolge leben hierzulande zwischen 1 und 1,5 Millionen Menschen ohne Papiere.

Vor diesem Hintergrund sowie mit dem Impuls der französischen Bewegung der Sans Papiers entwickelt sich kmii zu einem gemeinsamen Bezugsrahmen ganz unterschiedlicher Projekte: Lokale Beratungs- und Zufluchtgruppen, medizinische Hilfsprojekte oder sonstige Unterstützungsprojekten für illegalisierte oder von Abschiebung

ZEITLEISTE 1995

03.07. Beginn mehrtägiger anti-britischer riots in Nordirland
05.07. Türkische Truppen bekämpfen wieder Kurden im Irak
09.07. Die französische Marine entert Greenpeaceschiff bei Atomwaffentestprotest
09.07. Armeeoffensive in Sri Lanka, hunderte sterben und 100.000 flüchten
11.07. Serbische Milizen stürmen Srebrenica und töten tausende Zivilisten
11.07. Normale Beziehungen zwischen USA und Vietnam beschlossen

bedrohte Flüchtlinge und MigrantInnen, sowie Unterstützungsgruppen für das sich in NRW ausweitende Wanderkirchenasyl (Kirchengemeinden „verstecken" die Flüchtlinge für eine Zeit in ihren Kirchen- oder Gemeindenhäusern und vermitteln sie dann an andere Gemeinden weiter).

Im Appell von „kein mensch ist illegal" wird offensiv zur Unterstützung illegalisierter Menschen aufgerufen, Bleiberecht und volle Freizügigkeit sind Ausgangspunkte dieses Vernetzungsprojektes. Das Logo der Kampagne wird immer öfter und später auch international aufgegriffen.

Erstmals wird sogar Fluchthilfe in öffentlichen Veranstaltungen thematisiert und gegen die sich ausweitende Kriminalisierung der „illegalen Migration" verteidigt. Das Projekt Grenzcamp folgt erstmals 1998 bei Görlitz als praktischer Ausdruck dieser Debatten. Zunächst ein Experiment im deutsch-polnischen Grenzgebiet, dem „ersten Brennpunkt der Illegalisierung von Flüchtlingen und MigrantInnen", zielt der Protest auf die Thematisierung und Provokation eines Grenzregimes, das nicht allein die Hochrüstung des BGS beinhaltet, sondern auch die Denunziationsstimmung großer Teile der anwohnenden Bevölkerung vorausetzt. Aus der Auseinandersetzung mit der Vorverlagerung der Abschottung an die Außengrenzen der neuen EU-Kandidaten entwickeln sich verstärkte Kontakte nach Osteuropa, auch dort wird es in den Folgejahren Nobordercamps geben. Als Treffpunkt der antirassistischen, autonomen Linken entwickelt sich für das Grenzcamp bereits im zweiten Jahr eine eigene, von kmii unabhängige Vorbereitungsstruktur. Beim Camp in Frankfurt am Main gewinnt das Projekt erstmals bundesweite Öffentlichkeit.

„Stop Deportation", die hier in der BRD vor allem gegen die Lufthansa gerichtete Kampagne gegen die Beteiligung der Fluggesellschaften an

Fälschung oder Original? Lufthansa Plakat der Stop-Deportation-Kampagne

Unkonventioneller Grenzübertritt durch die Neiße beim Grenzcamp 2000 in Forst

ZEITLEISTE 1995

24.07. Selbstmordanschlag auf Bus in Israel, sieben Tote
28.07. Erfolge der kroatischen Armee gegen serbische Milizen in der Krajina
01.08. Demo der PKK in Berlin wegen einer toten Hungerstreikenden, 10.000 Teilnehmer
04.08. Kroatische Armee erobert die Krajina und vertreibt die serbische Bevölkerung
06.08. Chaostage in Hannover: Heidenspaß für alle erlebnisorientierten Bunthaarigen
10.08. In Bayerns Schulen kann man die Kruzifixe entfernen

den Abschiebungen, markiert sicherlich einen neuen Höhepunkt des Netzwerks „kein mensch ist illegal". Mittels einer Imagebeschmutzungskampagne, die von Gruppen in vielen Städten aufgegriffen und mitgetragen wurde, gelang es effektiver denn je, Sand ins Getriebe der Abschiebemaschinerie zu streuen. Die rumänische Airline Tarom kann gar ganz aus dem Geschäft mit den Charterabschiebungen gedrängt werden.

Mit „Nobordercamps" wie auch der „Stop-Deportation"-Kampagne gelingt es zudem, die internationalen Kontakte auszuweiten bzw. im europaweiten Netzwerk „noborder" zu stabilisieren. Die 2002 mit dem internationalen Camp in Strasbourg gewonnenen Querverbindungen zum radikaleren Teil der so genannten globalisierungskritischen Bewegung beinhalten zudem wichtige neue Ansätze einer internationalistischen Ausrichtung.

Beständiger Bezugsrahmen antirassistischer Gruppen, Katalysator der Vernetzung dezentraler Projekte, neue Kommunikationsstrukturen via Internet, Impulsgeber für neue Kampagnen und Verstärkung auch internationaler Kontakte ... insofern ließe sich kmii für die ersten Jahre zweifellos positiv bilanzieren.

Den Fluktuationen und Ermüdungen, die (autonomen) Kampagnenzyklen gewöhnlich innewohnen, kann kmii allerdings ebenfalls nicht entkommen. Von einer lebendigen und sich kontinuierlich verstärkenden bundesweiten Struktur kann keine Rede sein.

Der Kernpunkt einer Selbstkritik bezieht sich allerdings auf die in diesem Text schon für Mitte der 90er Jahre reflektierte Problemstellung: Die Frage der Rückbeziehung antirassistischer Initiative auf das gesamtgesellschaftliche Feld. Auch wenn kmii nicht so „reduktionistisch" angelegt ist, auch wenn es immer wieder „gute Gründe" und viele Notwendigkeiten dafür gibt, so steckt auch dieser Anlauf letztlich im defensiv-reaktiven Kampf gegen das Abschieberegime fest. Es gelingt nicht, beständige Verbindungslinien in andere soziale Terrains herzustellen, nicht bei den genannten Innenstadtkontrollen und schon gar nicht, was Fragen der Ausbeutung und Lohnarbeit anbelangt.

Abschiebung und soziale Ausgrenzung von Flüchtlingen als Speerspitze der Entrechtung zu bezeichnen reicht alleine nicht aus, um über das Einklagen einer moralischen Solidarität hinauszukommen. Die Ambivalenz von Ausbeutungs- und Aneignungsprozessen der Gesamtmigration, der Zusammenhang zwischen rassistischen Gewaltverhältnissen und kapitalistischem Krisenangriff spielen in den Diskussionen kaum und in der Praxis fast gar keine Rolle.

Doch neben der nötigen Auseinandersetzung mit den selbstorganisierten Flüchtlingsgruppen sowie einer verstärkten Internationalisierung der Kampagnen wird die Perspektive antirassistischer Initiativen entscheidend davon abhängen, einen praktischen Zugang zu den sozialen Dimensionen der Migration zu gewinnen und damit die Rückbeziehung in den gesamtgesellschaftlichen Prozess zu suchen.

Die Verdichtung der Kontakte beispielsweise zu Kanak Attak, zu Arbeitsloseninitiativen oder zu Betriebs- und Gewerkschaftslinken wird dabei dringend erforderlich sein.

ZEITLEISTE 1995

lassen, wenn sie einen nerven

12.08. St. Pauli Tabellenführer vor Bayern

14.08. Serbische Milizen vertreiben die kroatischen und muslimischen Bewohner Banja Lukas

15.08. Die Bullen beenden in Peking sofort Greenpeace Aktion gegen Atomwaffenversuche

21.08. Hamas-Anschlag auf israelischen Bus, 6 Tote

28.08. Artillerieüberfall auf Markt in Sarajewo, 37 Tote

30.08. NATO-Angriffe auf Stellungen serbischer Milizen

Was machen eigentlich...?

7. Die militanten Gruppen

Die Militanten in den 90ern –

Vom Ende der Illusion zum Ende der Politik?

In diesem Abschnitt wird ein kurzer Überblick über die Krise und Auflösung der RAF, RZ, Roten Zora und einiger (nicht aller!) militanten Gruppen der Autonomen gegeben.

Das Ende der bipolaren Welt und der Zusammenbruch des realexistierenden Sozialismus hat einschneidende Folgen für die revolutionäre, antiimperialistische Linke weltweit. „Soviel Ende war noch nie", schreibt Robert Kurz prophetisch in der Einleitung seines Buches über den „Kollaps der Modernisierung". Wie umfangreich und wie weitreichend dieses „Ende" besonders für die militante Linke ist, machen sich unter Autonomen zunächst nur wenige klar. Für viele Autonome ist das Ende des Realen Sozialismus vor allem ein Ende der Illusion – und das bietet die Chance auf was Neues in Ost und West.

Die RZ ist Anfang der 90er Jahre stark mit einer Aufarbeitung ihrer Internationalismuspolitik, insbesondere ihrer Palästina-/Israelsolidarität beschäftigt. Zwei Ereignisse aus den 70er und 80 er Jahren stellen die RZ/Rote Zora vor eine Zerreißprobe: Zum einen die Entführung einer israelischen El-Al-Maschine durch eine gemeinsames Kommando von RZlerInnen und PalästinenserInnen und dem unter den RZlerInnen umstrittenen Vorwurf der Selektion israelisch/jüdischer Passagiere von den übrigen, nebst dem desaströsen Ende der Entführung in Entebbe. Zum anderen die Ermordung ihres Genossen Gerd Albartus durch eine befreundete Gruppe im Nahen Osten. In einer langen Erklärung vom Dezember 1991 „Gerd Albartus ist tot" versucht eine RZ-Gruppe, das Verhältnis zu Israel und allgemein zu ihrer bisherigen Nah-Ost-Politik neu zu bestimmen.

Für viele Kommunisten im Westen, aber auch für viele Antiimperialisten war eine Welt zusammengebrochen. Ihre Revolutionserwartungen und Hoffnungen waren doch enger mit der Sowjetunion verknüpft, als wir je gedacht hatten. Selbst unter den Autonomen gab es etliche, die gefühlsmäßig der SU recht nahe standen und jetzt ohnmächtig den Vormarsch des Kapitalismus in Osteuropa beklagten. Die Verknüpfung von Weltrevolution, Solidarität mit den nationalen Befreiungsbewegungen und der strategischen Rolle des Ostblocks darin war unter uns spätestens seit der IWF-Kampagne vorbei. Ebenso erstaunt waren wir über Papiere und Debatten der RAF und einiger RZ-/Rote Zora-Gruppen. Offenbar hatte der Fall der Berliner Mauer radikal die Koordinaten für die klandestinen Gruppen verändert.

Ein halbes Jahr später weist dieselbe Gruppe auf Lücken und Fehler in ihrer Antisemitismus-Position hin: „Wir sind mittlerweile davon überzeugt, dass in Sachen Antisemitismus für uns ein immenser Nachholbedarf besteht." 🌐 41

ZEITLEISTE 1995

01.09. Französische Truppen entern wieder Greenpeace Schiff im Atomwaffentestgebiet
02.09. Generalstreik in Bangladesch zur Erzwingung von Wahlen
05.09. Weitere NATO-Luftangriffe in Bosnien
06.09. Anti-kolonialistische Krawalle im französisch besetztem Polynesien
11.09. Chilenische Bullen feuern in linke Demo, ein Toter
12.09. Unruhen im sudanesischen Khartum wegen der Inflation, drei Tote

In diesen politischen Debatten und insbesondere bei der Diskussion um die Rolle des Kampfes gegen das Patriarchat können die RZ-Gruppen keinen Konsens mehr finden.
Die gescheiterte „Flüchtlingskampagne" führt dann zum „Ende der Politik" einer RZ-Gruppe aus NRW im Jahr 1992. Diese RZ-Gruppe kann kein revolutionäres Subjekt mehr lokalisieren. Zudem hätten sich durch das Ende des Realen Sozialismus die Bedingungen für linksradikale Politik „vollkommen verändert". Die RZ-Gruppe beklagt in dem Papier den „Wandlungs- und Auflösungsprozess der Linken insgesamt." Am Schluss ihres Papiers taucht wieder die alte Sorge um die Zersplitterung der Linksradikalen auf. Die RZ-Gruppe meint selbstkritisch, der „zunehmenden Zersplitterung autonomer Zusammenhänge setzten wir keine vereinheitlichende Perspektive entgegen".
Am Ende ihrer Existenz beziehen sich plötzlich die RZ auf die Autonomen, meinen gar, sie hätten bei besserer Politik die militante Organisierung der Autonomen vorantreiben können: „Es war uns jedoch nicht gelungen, in den Teilbereichsbewegungen Fuß zu fassen oder die Militanten aus ihren Zusammenhängen heraus für eine revolutionäre Perspektive und Organisation zu gewinnen." Abgesehen von diesem schon recht anmaßenden Avantgardeverständnis ist diese Sorge um die Zersplitterung der Linksradikalen in puncto Antirassismus in den 90er Jahren fehl am Platze. Der Einschätzung der RZ-Gruppe aus NRW widersprechen sowohl einige andere RZ-Gruppen als auch diverse autonome Gruppen. 🌐 42

Der Politikansatz der RZ wird u.a. von der militanten Autonomen und vielen Antirassismusgruppen Anfang der 90er Jahre aufgegriffen und fortgesetzt. Die Schwerpunkte liegen im Bereich Flüchtlingspolitik und Antirassismus. Vielfältige Aktionsformen kommen überall in der BRD zum Einsatz. Von konkreten Unterstützungsaktionen für die Flüchtlinge über Aktionen vor Abschiebeknästen bis zu Brandanschlägen reicht die Palette der Aktionen. Die RZ-Gruppe aus NRW hatte das nicht zur Kenntnis nehmen wollen.
Einzelne RZ-Gruppen machen nach 1990 noch weiter (siehe der Anschlag auf die Berliner Siegessäule während des Golfkrieges 1991). Die letzte Aktion der Roten Zora ist der Anschlag auf die Lürssen-Werft in Lemwerder 1995. Sie veröffentlicht dazu eine viel beachtete Erklärung („Ihr habt die Macht, uns gehört die Nacht"), in der sie noch einmal ihre vorrangige Solidarität mit dem Befreiungskampf der Frauen im Trikont hervorhebt und den „Befreiungsnationalismus" nicht nur der PKK kritisiert.
Die nicht geklärten Streits unter den RZ-Gruppen um die Aktionen in den 70er Jahren wie um die Aufgaben und Perspektiven in den 90er Jahren reichen bis in den Berliner RZ-Prozess 2001.

Die Auflösung der RAF

Der Fall der Mauer öffnet auch Geheimnisse. Etliche sind für die politische Klasse zu heiß und wandern sofort in die Panzerschränke von CIA oder BND. Wiederum andere werden der erstaunten Öffentlichkeit präsentiert: Auf den Fahndungsplakaten des BKA können einige Namen

Broschüre der „Roten Zora" - Debatte über Militanz im Dezember 1993

ZEITLEISTE 1995

14.09. Serbische Milizen beenden Belagerung Sarajewos, NATO beendet Luftangriffe
15.09. Herero-Demo gegen Besuch des BRD-Kanzlers in Namibia
15.09. Die Offensive der bosnischen Truppen während der NATO Angriffe lässt viele flüchten
17.09. Noch ein AIZ-Anschlag auf Haus eines weiteren CDU-Abgeordneten
26.09. Sieglinde Hoffmann aus der RAF kriegt lebenslänglich
30.09. Bewaffnete israelische Siedler randalieren in Hebron

gestrichen werden. Mehrere hochrangige mutmaßliche Mitglieder der RAF waren in der DDR untergetaucht und stellen sich nun als Kronzeugen der bundesdeutschen Justiz zur Verfügung. Für die Gefangenen der RAF bedeutet dies noch mehr Jahre Knast.
1992 verkündet die RAF die vorläufige "Rücknahme der Eskalation", um die sogenannte Kinkel-Initiative einer möglichen Freilassung der Gefangenen nicht weiter zu gefährden. Zugleich versucht die RAF mit der Rücknahme der Eskalation, eine Diskussion unter den bundesdeutschen Linksradikalen über mögliche neue gemeinsame Wege zu entfachen.

Die letzte Aktion der RAF, die Sprengung des Knastrohbaus in Weiterstadt, war zugleich ihre populärste

Diesem Versuch der RAF wird seitens den Autonomen mit großer Skepsisbegegnet. Nach dem viel umjubelten Anschlag auf den Knastneubau in Weiterstadt im März 1993 ist es ein paar Monate später zu der Schießerei in Bad Kleinen gekommen, bei der Wolfgang Grams von einem GSG9-Bullen umgebracht worden ist. Damit ist die Kinkel-Initiative gestorben: Der angestrebte Deal, Gewaltverzicht der RAF auf der einen Seite gegen Haftverschonung durch den Staat, lässt sich nicht mehr realisieren. Als kurz danach auch noch der V-Mann Steinmetz aus Wiesbaden enttarnt wird, sind auch die zaghaften Versuche einer Annäherung zwischen einigen Autonomen und einigen Antiimps im Rhein-Main-Gebiet wieder zu Ende.
Die RAF gerät nach der Erschießung von Wolfgang Grams und der Verhaftung von Birgit Hogefeld in ihre finale Krise.
In einer für Außenstehende so ohne weiteres nicht nachvollziehbaren Erklärung verkündet eine Fraktion der RAF die „Spaltung" von einem Teil der RAF-Gefangenen. Offenbar kommt es zu dem Bruch in dem Diskussionsprozess um das Für und Wider von Verhandlungen über die Freilassung einzelner Gefangener und um die Kronzeugenaussagen einzelner Ex-RAFlerInnen, die in der DDR gelebt hatten.
Danach gibt es von autonomer Seite fast nur noch Solidaritätsbekundungen zu der Gefangenen Birgit Hogefeld, die am offensivsten die bisherige RAF-Politik kritisiert. Eine Debatte zwischen RAF, Antiimps und Autonomen um Perspektiven sozialrevolutionärer Politik kommt aber nicht mehr in die Gänge.
Im April 1998 löst sich dann die RAF auf. Mit einer schlichten Erklärung 🌐 43 verabschiedet sich eine Gruppe, die wie keine andere bewaffnete Gruppe die Geschichte der BRD über zwei Jahrzehnte mitbestimmt hat.
Diese Auflösungserklärung ruft allgemeines Erstaunen, aber auch Erleichterung bei vielen hervor. Die Reaktionen sind vielschichtig, reichen von Bedauern über „na endlich" bis zu „ist mir doch egal". Eine „Grabrede" erscheint damals in der *Interim*, aus der eine längere Passage zitiert werden soll:

ZEITLEISTE 1995

01.10. Anschlag auf Bus in Algerien, 18 Tote
01.10. Die Briten müssen das metrische System bei Nahrungsmitteln verwenden
05.10. Französische Truppen befreien die Komoren von einer Bande französischer Söldner
06.10. Israelisches Parlament akzeptiert den Vertrag mit der PLO über Truppenabzug
10.10. Die US-Nazis von „Söhne der Gestapo" attackieren Zug, ein Toter
12.10. Waffenstillstand in Bosnien

„Nun löst sich also ein Verein auf, der eine Generation von Linken und Linksradikalen mitgeprägt hat. Ein Verein, der zu starken Widerspruch immer wieder herausforderte, dessen Aktionen vielfach nur Kopfschütteln unter uns hervorriefen.
Die frühen bewaffneten Aktionen z.B. gegen das US-Headquarter in Heidelberg und die letzte Aktion gegen den neuen Superknast im Weiterstadt bleiben in meinem Gedächtnis als die fast einzig gelungenen im Sinne von „Volltreffer" haften. Jahrelang ging's nahezu ausschließlich um die Befreiung der Gefangenen und dies drückte mehr die politische Isolierung der RAF als eine „Offensive" aus. So sehr der Tod von Herrhausen oder Buback auch bei mir die berühmte 'klammheimliche Freude' aufkommen ließ, so sehr war uns doch immer klar, hier wird nur eine Charaktermaske beseitigt und durch eine andere ersetzt. Das System kam dadurch nicht ins Wanken.
Am Ende ihres Projektes redet die RAF unmissverständlich über „Fehler" und „schwere Fehler". Diese Selbstkritik hat's vorher nie gegeben. Im Gegenteil, all diejenigen, die die aktuelle Politik der RAF wagten zu kritisieren, waren in den Augen der RAF fast schon auf Seiten der Schweine. Die Kritik der anderen bewaffneten Gruppen Mitte der 70er Jahre am Mittel der Flugzeugentführung wurde vom Tisch gewischt. (...) Die RAF hat in ihren Erklärungen die BRD-Gesellschaft immer aus der Sicht des Krieges, der militärischen Auseinandersetzung interpretiert. (...) Den politischen Kampf um die Köpfe und Herzen der oppositionellen Menschen hatte die RAF schon längst aufgegeben – wegen ihres militaristischen Befreiungskonzepts auch aufgeben müssen. Dafür ist sie massiv von anderen militanten Gruppen wie der RZ und dem 2. Juni kritisiert worden".

Warum zerfallen militante autonome Kleingruppen?

Auch viele Autonome waren im Windschatten der Sowjetunion gesegelt. Mit dem Ende der SU gibt es aber nun keine Macht mehr, die den Vormarsch des westlichen Imperialismus und der Konterrevolution stoppen könnte. Der Waffenstillstand in Salvador und das Ende der Revolution in Nicaragua haben ihre Ursache nicht nur in der fehlerhaften Politik der Guerilla, sondern haben auch etwas mit dem Rückzug der Sowjetunion als Waffenlieferant für die Guerilla in den Trikontstaaten zu tun. Die Hoffnung auf revolutionäre Veränderung gehen weltweit in den Keller. In den ersten Jahren der neuen Zeitrechnung wird das unter militanten Autonomen erfolgreich ignoriert; dennoch müssen auch sie sich langsam eingestehen, dass sie ohne die Hoffnung auf radikale, revolutionäre Veränderung nicht einfach so weitermachen können.

ZEITLEISTE 1995

15.10. Der irakische Präsident gewinnt die Wahlen mit überraschenden 99,96 %
16.10. Weitere Nazi-Briefbomben in Österreich
20.10. Angriff der Tamil Tigers auf Erdöltanks in der Hauptstadt Sri Lankas, 26 Tote
24.10. Sechs Hakenkrallen von AKW-Gegnern auf Bahnoberleitungen geworfen
27.10. In der BRD wird der Kriegsdienst verkürzt
30.10. Die Bewohner Quebecs stimmen knapp für Verbleib bei Kanada

> *Ein Grund für den Zerfall bzw. die Auflösung militanter Aktionsgruppen lag meiner Erfahrungen nach in der Polarität von notwendiger Verschlossenheit/Verschwiegenheit nach außen und der von der Gruppe eingeforderten Sensibilität und Offenheit. Dieser Widerspruch war fast nie aufhebbar; es sei denn, es gab Zweierbeziehungen in den militanten Kleingruppen. Zudem durftest du mit keinem/r außerhalb der Gruppe drüber reden. Die eigenen Zweifel an der Richtigkeit des Tuns konnte mensch nur selten in der Gruppe äußern; denn gerade in Phasen des Abschwungs wirkte der Zweifel wie ein zersetzender Virus.*

Ohne diese Hoffnung hat keine militante Strategie den nötigen langen Atem. Militante Aktionen verkümmern so immer mehr zur Feuerwehrpolitik, von einem Ereignis, von einer Sauerei zur anderen springend.

Von „Sinnkrisen", Aufhören, Nichtweiterwissen sind die militanten Autonomen spätestens ab Mitte der 90er Jahre betroffen. Militanz ist nicht mehr automatisch gleich links: Dieselben militanten Mittel werden nun auch massenhaft von den Nazis eingesetzt.

Wieder einmal betritt eine neue Generation, besonders unter den Antifas, die Bühne. Und hier spielen Angriffe auf Personen, wie z.B. auf Nazikader, eine wichtige Rolle in den Debatten. Ältere militante autonomen Gruppen isolieren sich immer mehr von der Bewegung – oder anders herum betrachtet, flaut die übrige Bewegung immer mehr ab und bezieht sich nur noch sehr sporadisch auf die Initiativen und Debatten der militanten Gruppen.

So geraten nur wenige Jahre nach der Auflösung der RZ und Roten Zora viele militante autonome Gruppen in dieselbe politische Sackgasse.

Dass Widerspruch und Zweifel auch ein Ausdruck von Diskussionsfreudigkeit und undogmatischer Strategiedebatte sein kann, kommt den Wenigsten in den Sinn. So bleibt vielen ZweiflerInnen nur das Schweigen, der Rückzug und letztendlich der Ausstieg. Nur in wenigen Gruppen gelingt es, solche Gespräche in einer ruhigen und solidarischen Art und Weise zu führen, so dass die AussteigerInnen erhobenen Hauptes die Gruppe verlassen können. Trotzdem gibt es keine „VerräterInnen". Vermutlich sind solche vor allem dort anzutreffen, wo sehr rigide und dogmatische Gruppenstrukturen vorherrschen.

Ein Unterschied der Autonomen zu RAF und RZ/Rote Zora liegt vielleicht auch darin, dass das militante Potenzial mit dem Ende der Gruppe nicht automatisch verschwunden ist. Häufig mag das der Fall gewesen sein. Aber es kommt auch heute noch vor, dass die „Alten" die Logistik bereithalten und zumindest ihre Erfahrungen in das Auf und Ab eines neuen Bewegungszyklus militanten Widerstands einbringen.

Durch die fehlende politische Perspektive und die fragmentierten Strukturen in der deutlich kleiner gewordenen autonomen Szene werden die gruppendynamischen und politischen Prozesse in den Gruppen nicht gerade erleichtert. Die Debatte über militante Politik hat seit dem Ende der *radikal* 1998 keinen zentralen Ort mehr. Die *Interim* kann die *radikal* nicht ersetzen. So

ZEITLEISTE 1995

02.11. Salzstock in Gorleben darf weiter für Atomscheiß erkundet werden

04.11. Israelischer Regierungschef wird von israelischem Fascho erschossen

12.11. Europäischer Filmpreis für „Land and Freedom" und „Hass", Spitzenfilme! Sehen!

13.11. Anschlag in Saudi Arabien auf US-Militärobjekt, sieben Tote

19.11. Selbstmordanschlag auf ägyptische Botschaft in Pakistan, 15 Tote fehlt seitdem z.B. der Erfahrungsaustausch über die eingesetzten Mittel und das dazugehörende Handwerkszeug. Strategische Debatten über das Wechselspiel von militanten Aktionen und öffentlichen Aktionen werden in der *Interim* nur gelegentlich geführt. Militante Politik verkommt immer mehr zu einem SpezialistInnenthema und besitzt so nur noch eine geringe Ausstrahlungskraft auf die breitere linksradikale Szene.

Die in der *Interim* im Jahr 2001 und 2002 geführte „militante Debatte" findet (sehr) wenig Resonanz und Bezugnahme durch andere Gruppen. Vielen scheint diese Debatte nur alter Wein in neuen Schläuchen zu sein, und Aktionsformen wie das Verschicken von Patronenhülsen erinnert ungut an die aufgelöste KgK-Gruppe. Wichtiger als diese Kritik ist eher, dass eine neue Generation sich ihren Weg selbst sucht und nicht einfach Altes abkupfert. Und so gering die mediale Resonanz ist, so wichtig sind doch solche Brandanschläge wie der „militanten Gruppe" gegen Bundeswehrfahrzeuge während des Irakfeldzuges. Nur kommt es offenbar nicht zu einem Zusammenspiel zwischen zivilen Massenaktionen (wie vor der Air Base in Frankfurt) und militanten Kleingruppenaktionen.
Hinzu kommt, dass die Repression bedrohlicher geworden ist: Neben „arbeitsplatzsichernder Verfolgungs-

Beispiel einer gelungenen Vermittlung militanter Politik: Geschäftsbericht der Autonomie AG 1993 in der Interim

Das Doppelleben des legalen Alltags mit illegalen Auszeiten war auf Dauer für keine/n von uns ein Zuckerschlecken. Längst nicht jede Aktion klappte, vieles ging schief, wurde abgebrochen oder verfehlte die erhoffte mediale Wirkung. Dem schlossen sich zumeist nervende Gruppengespräche über die Ursachen des Misserfolges an, oft verbunden mit persönlicher Anmache. Wenn dann noch die Zeiten eher auf Flaute oder Abschwung standen, brauchte mensch schon ein ziemliches Stehvermögen. Hinzu kamen materielle Sorgen und der normale Alltagsstress in Beruf, Studium oder Beziehung. Blieb zudem über längere Zeiträume das politische Feedback aus und wurde es um die Gruppe politisch immer einsamer oder wurden die Repressionsdrohungen immer heftiger, gab es die ersten Risse. Einzelne wurden unzuverlässig, machten erst bei der einen Aktion nicht mehr mit. Dann kam die nächste Etappe, die Aktionspause, und irgendwann gingen sie dann ganz raus. Wenn es an diesem Punkt der Gruppe nicht gelang, in einer freien und offenen Atmosphäre über alles zu reden, drohte häufig sehr schnell das Ende der Gruppe. In meiner Gruppe haben wir die Auseinandersetzungen um „Pause" oder Ausstieg manchmal ganz gut hinbekommen. Einige derjenigen, die gingen, verschwanden nicht völlig aus unserem Blickfeld, die Achtung voreinander blieb bestehen, häufig auch die Freundschaften.

ZEITLEISTE 1995

21.11. Friedensabkommen für Bosnien vereinbart
22.11. Eine vernünftige Verrückte wirft Molli auf Auto mit Innenminister Sachse-Anhalts
24.11. In Irland darf man sich jetzt scheiden lassen wenn man so blöd war zu heiraten
24.11. Beginn eines wochenlangen Streiks des öffentlichen Dienstes in Frankreich
04.12. Anschlag auf von Moskau eingesetzte Verwaltung in Grosny, fünf Tote
05.12. Truppen Sri Lankas nehmen Hauptstadt des Tamilen-

Spinnerei der einschlägigen Behörden" nach Auflösung von RAF und RZ kommt die Hysterie nach dem 11.9.2001 hinzu, die beispielsweise 2003 im Fall von jungen Linken aus Magdeburg 🌐 44 über Monate aus zwei Beschuldigten und zwei vergleichsweise harmlosen Aktionen schon eine „terroristische Vereinigung" zu basteln versucht. Trotzdem, auch diese autonome Aktionsform kriegen sie offensichtlich nicht platt gemacht.
Autonomen ist es vermutlich aber leichter als z.B. den RAFlerInnen gefallen, wieder zur kleinteiligen und unspektakulären Basisarbeit zurückzukehren; eben weil diese Ebene auch in der militanten Phase nie ganz verlassen wurde und die Basisanbindung zu einem zentraleren Bestandteil des politischen Selbstverständnisses gehörte.
Wenn unter Politik gesellschaftliche Intervention verstanden wird, dann sind die autonomen Militanten derzeit aber politisch so marginal wie lange nicht mehr.
Doch mensch denke daran: Nichts ist von Dauer, und das Neue kündigt sich zumeist unerkannt im Verborgenen an!

Ungleichzeitigkeiten
Die Erfahrungen in der IWF-Kampagne waren für mich positiv. In der Shell-Kampagne 1989/90 kam es zum ersten mal zu einer europäischen militanten Koordination autonomer Gruppen.
Das Ende der Geschichte des Realen Sozialismus entmutigte uns nicht. Zwar hörten die RAF und kurz danach auch die RZ-Gruppen auf, aber wir waren vom „Ende der Politik" Lichtjahre entfernt und bewegten uns in Berlin in einer Struktur militanter Gruppen. Wir mischten u.a. in der Wagensportliga, in der Anti-Olympiakampagne mit. Wir bastelten an unserer Infrastruktur, versuchten außerhalb der kleinen Teilbereichsbewegungen durch militante „Propaganda der Tat" neue Bewegungen mit zu entfachen, was aber zumeist misslang. Zwar diskutierten wir viel über die „Sinnkrise", aber trotz aller Zweifel über die Wirkungsmächtigkeit der militanten Intervention machten wir weiter.
Mitte der 90er Jahre zerfiel unsere Struktur und wir blieben als einzelne größere Gruppe übrig. Wir dachten trotz des Rückzugs vieler GenossInnen nicht ans Aufhören. Warum auch? Wenn schon keine Bewegung, wenn schon keine Hoffnung auf radikale Veränderung – dann jedenfalls die genau geplante nächtliche Aktion. Die führten wir nicht nur gegen die Schweinereien des Herrschaftssystem durch, sondern auch für uns selbst. Denn dieses Etwas-riskieren, sich voll einsetzen und das offensive Umsetzen der politischen Analysen in eine militanten Praxis war das einzige für mich, für uns, was von autonomer Politik übrig geblieben war.

ZEITLEISTE 1995

gebiets, 2500 Tote
09.12. Box-Weltmeister wird Botha, später verliert er den Titel weil er bekifft kämpfte; Respekt
11.12. Autobombe in Madrid, fünf Tote
12.12. Gewerkschaftsaktionen legen Verkehr in Frankreich lahm
18.12. Hakenkrallenanschläge in Hessen und Rheinland Pfalz
22.12. ETA-Anschlag tötet spanischen Major in Leon

Abschlussdemonstration des Autonomie-kongresses. Kurz vorher scheiterte ein Anschlag des „K.O.M.I.T.E.E." auf den Neubau des Abschiebeknast in Berlin-Grünau

8. Autonomie Kongress 1995

In einer Phase der Stagnation kommt die Idee auf, einen Kongress zur Bestandsaufnahme und zur Entwicklung neuer Perspektiven autonomer Politik durchzuführen. Die Situation in Berlin ist damals davon geprägt, dass es kaum noch funktionierende alte Strukturen gibt. Die Demos am 1. Mai werden in dieser Zeit anderen Kräften überlassen. So bilden am 1. Mai 1993 in der Mehrzahl türkische ML-Gruppen die ersten Reihen der Demonstration und als Leittransparent werden die fünf Köpfe von Lenin bis Stalin getragen. Eine Reihe von GenossInnen verlässt daraufhin die Demo. Es kommt wieder mal zu heftigen Hauereien mit den MaoistInnen von der RIM (Revolutionary Internationalist Movement), als diese sich mit einem Lautsprecherwagen in die Demo reinprügeln wollen. Eine Reihe von Leuten beklatscht das anschließende Abräumen der RIM durch die Bullen. 1994 wird durch Autonome nur ein Straßenfest am Oranienplatz veranstaltet, auf die Durchführung einer Demo wegen der letzten Negativerfahrungen völlig verzichtet. Mit der AAB etabliert sich ein Ableger der AA/BO in Berlin, und gerade die AAB gewinnt in dieser Zeit personell und politisch an Stärke. Sie wird bspw. in den folgenden Jahren in der 1. Mai-Mobilisierung eine tragende Rolle übernehmen.

Die Erfahrungen vom 1. Mai 1993 sind für die Kongress-Idee ausschlaggebend. Ein Vorschlag für den Kongress ist zunächst, diesen regional für Linksradikale in Berlin und Brandenburg durchzuführen, dieser setzt sich aber nicht durch. Ein Kreis von Leuten findet sich ab Januar 1994 zusammen, um den Kongress praktisch und inhaltlich vorzubereiten. In der Berliner Vorbereitungsgruppe sind eine Reihe von Personen, denen das in dieser Zeit aufkommende Etikett „Altautonome" (was ich als denunziatorisch empfinde) angepappt wird. Dazu kommt eine Reihe von sehr jungen GenossInnen, teilweise unter Zwanzig. Es ergibt sich also eine auffällige Alterslücke von Mitte bis Ende Zwanzig.

Einige der Älteren versuchen sich in dieser Zeit neu zu orientieren. In Antifa-Arbeit wollen sich die wenigsten voll einklinken, auch wenn die Notwendigkeit durchaus gesehen wird. Im Anti-AKW-Bereich läuft zu dieser Zeit kaum etwas, die letzte größere antirassistische Mobilisierung zur Bundestagsblockade im Juni 1993 ist auch schon etwas her und die Anti-Olympia-Kampagne ist im Herbst 1993 erfolgreich abgeschlossen worden. Von viel Bewegung kann also nicht gerade die Rede sein.

Der Kongress soll möglichst breit und subjektiv angelegt sein; jede Kritik von außen, dass die angeblich wirklich wichtigen Themen auf diesem Kongress nicht Beachtung finden würden, wird mit dem ehrlichen Angebot zur Mitarbeit gekontert. Alle Linksradikalen werden zur Beteiligung aufgefordert und auf einer Reihe von Vorbereitungstreffen in Halle, Kassel, Erfurt, Hamburg und Berlin bekommt die Kongressidee Kontur. In

ZEITLEISTE 1996

1996

03.01. Wegen der Besetzung Kaschmirs Bombenanschlag in der indischen Hauptstadt, sechs Tote

05.01. Durch eine in seinem Handy versteckte Bombe wird ein Hamas- Mitglied getötet

09.01. Über 300 tschetschenische Bewaffnete nehmen im russischen Kisljar 2000 Geiseln

18.01. Nazi-Brandanschlag auf Ausländer in Lübeck, zehn Tote

30.01. Militärpflicht in den Niederlanden ist Geschichte

der Vorbereitungsphase kommt es zu einer Reihe von Konflikten zwischen Alten und Jungen, Frauen und Männern, Wessis und Ossis. Der eingeschlagene Zeitplan wird mehrere Male über den Haufen geworfen und erst zu Ostern 1995 wird der Kongress in der TU-Berlin durchgeführt. Ursprünglich soll er in der HU stattfinden, doch die bereits fest zugesagten Räume werden auf Intervention des Innensenats gekündigt. Mit großer Gelassenheit und in aller Selbstverständlichkeit wird die Veranstaltung in die TU verlegt, und es sind keine großen Drohgebärden notwendig, damit die vom AStA angemieteten Räume für den Kongress genutzt werden können.

Mehr als 2000 Linksradikale kommen, was allgemein als Erfolg gewertet wird. Ein buntes Sammelsurium von Autonomen, AnarchistInnen, Kommunemenschen, Antiautoritären, FeministInnen, Libertären, Undogmatischen, sonstigen Linksradikalen und auch KommunistInnen kommt zusammen. Es gibt diverse Arbeitsgruppen, die zum Teil spontan und ohne jede Absprache mit der Vorbereitungsgruppe stattfinden. So gut wie jedes linksradikale Thema ist in diesen vier Tagen in der TU präsent. Das Niveau der Veranstaltungen und die Anzahl der TeilnehmerInnen ist wie zu erwarten höchst unterschiedlich. Die einzelnen Tage beginnen mit einer gemeinsamen Großveranstaltung und stehen unter einem bestimmten Motto. Der Autonomie-Begriff, die Differenzen und Spaltungslinien der Bewegung, sowie die Revolution – täglich oder gar nicht – sind die zentralen Leitlinien für die einzelnen Tage. Die Geschlechterfrage sowie eingeschränkt die Militanzdebatte sind weitere bestimmende Themen des Kongresses. An jedem Abend gibt es dann gemeinsame Abschlussplena nach den diversen Arbeitsgruppen. Wirklich auffällig ist die gute Stimmung auf dem Kongress. Es gibt trotz teilweise harter inhaltlicher Auseinandersetzungen wenig Geätze, wenige persönliche Diffamierungen, sondern bei den allermeisten eine Neugier auf andere Menschen und Auffassungen.

Mehr als 2000 Linksradikale kommen zum Kongress auf das Gelände der TU Berlin

Die Erwartungen in der Vorbereitungsgruppe sind sehr unterschiedlich. Einige haben sehr hohe Ansprüche, sehen den Kongress als Gesamtkunstwerk, bei dem die einzelnen Tage aufeinander aufbauen und jede AG sich am Tagesmotto orientieren soll. Andere sehen eher das Zusammenkommen so vieler unterschiedlicher Leute als Wert an und messen den Begegnungen zwischen den einzelnen Veranstaltungen, den „Zwischenräumen" und den sich so anbahnenden Kontakten große Bedeutung bei. Die AGs sollen nicht zwingend einem roten Faden folgen, sondern können entsprechend der Vielfältigkeit der Bewegung auch nebeneinander stehen. Dies wird wiederum als „Markt der Möglichkeiten und Beliebigkeiten" kritisiert. Wieder andere wollen die Differenz zwischen den politischen Ansätzen austragen und sich auf dem Kongress möglichst viel streiten, nochmals andere eher eine

ZEITLEISTE 1996

31.01. Sri Lanka: Anschlag auf Zentralbank, über 80 Tote
01.02. Viertägiger Streik in 80% der russischen Kohlengruben beginnt
07.02. Ende der US-Sanktionen gegen China
09.02. Nach 17 Monaten Waffenruhe IRA-Anschlag auf Bürohaus in London
09.02. Seit fünf Tagen Demonstrationen in Grosny für russischen Truppenrückzug
14.02. ETA erschießt Ex-Verfassungsrichter in Madrid
25.02. Zwei Hamas-Bomben in Israel, 27 Tote

politische Geschlossenheit nach innen und außen demonstrieren und dadurch den Führungsanspruch im linksradikalen Lager untermauern.

Von heute aus gesehen stellt sich die Fragen, ob der Autonomie-Kongress das letzte Aufbegehren der älteren Generation um Macht und Einfluss war, indem die alten Konzepte für die Zukunft positioniert wurden und im Grunde genommen für ein Weitermachen wie bisher aufgerufen wurde. Die Antwort ist nicht leicht. Klar ist, dass dies keine bewusste Strategie für den Kongress war. Es gab allerdings auch keinen Versuch, aus diesem Kreis neue Konzepte anzudenken. Trotz anderslautenden öffentlichen Äußerungen wurden die zu dieser Zeit auch nicht mehr ganz taufrischen Zusammenhänge wie Antifa (M) und FelS damals eher als Konkurrenz begriffen denn als Ergänzung. Ein wenig mehr Gelassenheit hätte den traditionellen autonomen Gruppen gut zu Gesicht gestanden, auch wenn es denen durch die „Neuen" nicht immer leicht gemacht wurde. Aber mensch hätte nicht auf jede inhaltliche Provokation einsteigen brauchen.

Feuriger Höhepunkt der Abschlussdemonstration

Aber auch durch den Versuch der Selbstreflexion wurde auf dem Kongress weder eine Initialzündung gestartet, noch wurde in dieser bewegungsarmen Zeit eine neue Praxis für Massenmobilisierungen entwickelt und natürlich entstand auch keine neue Bewegung. Bei Anlässen wie einem Kongress fällt es schwer festzustellen, ob etwas und wenn ja, was bewirkt worden ist. Wahrscheinlich kann es auf diese generelle Frage gar keine einfache Antwort geben, weil für fast alle der 2000 BesucherInnen unterschiedliche subjektive Einschätzungen existieren. Die Feststellung, dass dieser Kongress nicht der Kracher war, fällt dagegen leicht.
Für die meisten dürfte es ein nettes, entspanntes Treffen einer selbstgewählten Familie gewesen sein, ohne viel Folgen für die eigene Praxis und auch ohne grundlegende Anregungen für Diskussionen und so weiter. Auch wenn es schön ist zu sehen, dass so viele Leute über mehrere Tage zusammenkamen und viele interessante neue und alte Kontakte hergestellt wurden, ist es auf Dauer nicht möglich, sich nur auf ein Überwintern in harten Zeiten einzurichten und die alleinige Existenz einer Reihe widerständiger Charaktere als Wert an sich zu sehen.

Für einige war der Kongress mit wiedergewonnener Aufbruchstimmung verbunden und es fanden sich Zusammenhänge, die bis heute politisch aktiv sind. Allein das hat den Aufwand und die Mühen gelohnt. Es war jedenfalls alles andere als eine „Beerdigung" der Autonomen, wie die *taz* und andere es unbedingt verstanden wissen wollten.

ZEITLEISTE 1996

25.02. Die zwei AIZler werden verhaftet
03.03. Anschlag der Hamas auf Bus in Israel, 19 Tote
04.03. Hamas-Anschlag auf Kaufhaus in Tel Aviv, 13 Tote
09.03. In Belgrad fordern 20.000 Serben den Rücktritt des Präsidenten
16.03. In Dortmund verhindern 10.000 Bullen Kurdendemo
20.03. Die britische Regierung räumt ein, dass BSE eventuell doch auf den Menschen...
20.03. Waffenruhe der Guerilla in Guatemala nach Verhandlungen mit der Regierung

9.
Der Castor kommt

Castoren rollen gen Gorleben 1996

Mitte der Neunziger Jahre wird nach einer längeren Pause das Wendland als Aktionsterrain für Autonome wieder interessant. Denn nun soll er wirklich kommen: der Castor. Jahrelang geisterte er als Phantom durch das Wendland, zuletzt wurde ein Transport im November 1994 in letzter Minute gerichtlich untersagt. Im Wendland hatten jahrelang immer wieder Aktionen gegen Atommülltransporte, gegen die geplante PKA (Pilotkonditionierungsanlage) und gegen staatliche Repression und Einschüchterungsversuche stattgefunden. Diese wurden in erster Linie regional getragen und mit Unterstützung von Anti-AKW-Gruppen aus den Städten bedacht, allerdings unter geringer Beteiligung autonomer Gruppen.

Im Frühjahr 1995 wird es nun wirklich ernst mit dem Castor und alle, die dachten, der kommt nie, werden leider eines Schlechteren belehrt. Der autonome Widerstand äußert sich in erster Linie in Anschlägen auf die Bahn und dem Umsägen von Strommasten. Ein handliches Werkzeug, die Hakenkralle, ist bald in aller Munde und mancher Hand. Ein solches Werkzeug ziert eine Oberleitung, bis ein Zug des Weges kommt, mit dem Stromabnehmer die Kralle mitnimmt und kräftig alles herunterreißt, um alsbald wegen Elektrizitätsmangel auf offener Strecke stehen zu bleiben. Es wird allseitig versucht, die Parole „den Castor stoppen, bevor er losfährt" umzusetzen, was natürlich nur zum Teil gelingt. Ins Wendland fahren von den Älteren viele angeblich nur aus Nostalgie, weil sie in den Achtzigern oft dort waren und vieles Positives erlebt hatten. An einen großen Aufschwung im Anti-AKW-Kampf denken dabei die Wenigsten. Es geht eher darum, alte Bekanntschaften und Freundschaften aufzufrischen und zu schauen, ob an diesem Symbol der Anti-AKW-Bewegung noch einmal etwas in Schwung kommt.

Es kommt! Und der erste Castor-Transport schlägt für den Staat mit 55 Mio. DM (ca. 28 Mio. Euro) allein an Polizeikosten zu Buche. Diese Summe ist immens, indessen dürfte der politische Preis sehr viel höher anzusetzen sein. Die Parole aus dem Widerstand verändert sich in die Richtung, dass jeder weitere Transport finanziell und politisch noch teurer werden soll. Die Anschläge auf Einrichtungen der Bahn nehmen nach dem ersten Transport zu: Weit mehr als hundert Hakenkrallen finden ihren Weg in die Oberleitungen und auch so mancher Brandsatz zündet. Die Bahn ist vom Widerstand als allererste

Zeitleiste 1996

27.03. Neue Gesetze gegen demonstrierende Ausländer
03.04. Der Una-Bomber wird in den USA verraten und verhaftet
05.04. Säuberungen der türkischen Armee in Türkisch-Kurdistan, 127 Tote
11.04. Israelische Luftangriffe auf die Hisbollah in Beirut
16.04. Angriff in Tschetschenien auf russischen Militärkonvoi, 53 Tote
17.04. Militärbullen schießen in Brasilien auf Demo landloser Bauern, 19 Tote

Adresse für Aktionen auch militanter Art benannt. Ohne sie sind Castor-Transporte so nicht möglich und sie ist bundesweit angreifbar. Die Focussierung macht der Bahn zunehmend zu schaffen und angeblich werden in dieser Zeit Überlegungen angestellt, ob ein Ausstieg aus den Transporten zu verantworten ist.

Eine der spektakulärsten Aktionen ist ein Ablenkungsangriff mehrerer Dutzend AktivistInnen auf das Zwischenlager in Gorleben. Im Schutze dieser Aktion versuchen andere, den Verladekran in Dannenberg mit Hilfe von Schweißbrennern umzustürzen. Die Bilder der Überwachungskameras des Verladekrans laufen zwar auf Monitoren im Zwischenlager, aber durch das entstandene Chaos will mensch die nötige Zeit gewinnen. Die Aktion scheitert nur knapp.

Im Wendland ist über die Jahre eine für BRD-Verhältnisse einmalige Struktur entstanden. Die vielen zugezogenen AktivistInnen aus den Städten sind Mitte der Neunziger lange genug ansässig, um von den BäuerInnen und anderen Alteingesessenen als zuverlässige und korrekte MitstreiterInnen akzeptiert zu sein. Nicht zuletzt dadurch ist die Stimmung gegenüber angereisten Autonomen offener als noch in den Achtzigern. Die Militanten aus dem Landkreis und auch die Auswärtigen sind als diejenigen akzeptiert, die zwar Putz machen, auf die aber hinsichtlich Absprachen Verlass ist. Und ein bisschen Gewalt gegen Bahnschienen oder Straßen erscheint vielen aus dem Landkreis als nicht mehr richtig schlimm. Natürlich gibt es immer noch dogmatische Gewaltfreie. Der Umgang untereinander ist dennoch eher pragmatisch. Man versucht halt, sich bei den unterschiedlichen Aktionsformen nicht in die Quere zu kommen. Ein wichtiger Faktor als Bindeglied zwischen Bürgerinitiative und Militanten ist die „bäuerliche Notgemeinschaft". Diese akzeptiert radikale Aktionsformen, solange die Gewalt sich gegen Sachen richtet. Wenn

Einer der durchtrennten Stützpfeiler des Verladekrans in Dannenberg.

ZEITLEISTE 1996

18.04. Anschlag auf Touristen in Ägypten, 18 Tote

22.04. Russische Truppen töten tschetschenischen Präsidenten mit einer Rakete

22.04. Feuergefecht zwischen bewaffneten Kosovo-Albanern und serbischen Bullen, fünf Tote

26.04. Zum zehnten Tschernobyl-Jahrestag Demos in Russland, Weißrussland und der Ukraine

27.04. Waffenruhe zwischen den israelischen Truppen und der libanesischen Hisbollah

28.04. Bombe in pakistanischem Bus, 52 Tote

Kein Durchkommen in Splietau, auf einer der beiden Routen nach Gorleben

Bild rechts: Nicht nur im Wendland hat die Bahn Probleme

Bild unten: Sitzblockade beim Castortransport X²

sie ihre Trecker ineinander verkeilen, ist es für die BäuerInnen überhaupt kein Problem, wenn im Schutz dieser Blockade die Strasse unterhöhlt wird. Es gibt konkrete Absprachen, sie stellen gerne Material zur Verfügung und fragen auch schon mal bei den Autonomen an, ob es nicht möglich wäre, die Bullen an einem bestimmten Ort zu beschäftigen und abzulenken, damit sie ein gutes Stück entfernt eine Aktion machen können. Dabei wissen sie natürlich genau, was Autonome in der Regel unter „Bullen beschäftigen" verstehen. Anders dagegen agiert die Gruppe „X-Tausend-mal-quer", die sich unabhängig von der BI organisiert, aber die gleichen Aktionsformen wie Sitzblockaden durchführt und daher ein Stück weit von der BI als Konkurrenz begriffen wird. Dazu kommen quasi hierarchische Strukturen durch den immer gleichen Sprecher und das Durchdrücken von medial wirksamen Orten als alleiniges Aktionsterrain von X-Tausend-mal-quer. Dies führt dazu, dass viele dieser Gruppe mit deutlicher Distanz begegnen. Zum zweiten „Tag X" im Mai 1996 kommen sehr viele Auswärtige, darunter nicht wenige Autonome, angereist. Unmittelbar am Verladekran kommt es zu schweren Auseinandersetzungen mit den Bullen, der Transport kommt nur im Schneckentempo voran. Die Bullen stellen über Funk offen Überlegungen an, den Transport auf Grund der Heftigkeit des Widerstands zum Verladekran zurückzuziehen. Sie entscheiden sich für das Durchziehen und brauchen für die 20 Kilometer bis zum Zwischenlager mehr als sechs Stunden. Insgesamt sind 20.000 Schergen im Einsatz, die die Transportkosten auf 110 Mio. DM (ca. 56 Mio. Euro) hochtreiben.

Das Wendland und die Castor-Transporte sind damit endgültig ein Kristallisationspunkt der Autonomen. In dieser Zeit gibt es nahezu keine anderen Mobilisierungen, wo mehrere tausend Autonome mit vielen anderen zusammenkommen, es dem Staatsapparat dermaßen schwierig machen und ihn herausfordern. Auch die militante Unterstützung vieler Kleingruppen ist ungebrochen, die Bahn erleidet eine Vielzahl von Verspätungen durch Hakenkrallen. Weitere Sabotageaktionen verursachen Sachschaden in Milli-

Dieser Haken legte Berlin lahm

Einer der Wurfanker der Bahn-Terroristen. Ein einziger Eisen-Haken reichte aus, um den Zugverkehr Berlins lahmzulegen
Foto: Hollemann

Attentat auf Bahn-Oberleitung: Verspätungen, viele Züge fielen aus

Von A. FISCHER, D. QUTTAINEH, G. SCHOMAKER

Berlin – **Ausgefallene Fernzüge, Chaos auf Bahnsteigen, stundenlange Zug-Verspä-**

Der Tag X für Berlin. Kurz nach 5 Uhr warfen Attentäter einen Wurfanker auf die Bahn-Oberleitung zwischen Wannsee und Potsdam. Der Stromabnehmer eines leeren Güterzuges blieb hängen –

Fast zeitgleich kappten Wurfanker Oberleitungen in Brandenburg: Bei Trebbin, Potsdam-Wildpark, Blankenfelde, Biesenthal.

Ein Polizei-Ermittler: Das Attentat auf den Berlin-Ver-

militanten Castor-Gegnern.

Im niedersächsischen Gorleben wollen Atomkraftgegner die Einlagerung von radioaktiven Brennelementen verhindern – ihr Tag X. Die Transport-Behälter heißen

ZEITLEISTE 1996

01.05. Wie auch in den letzten Jahren kommt es in Berlin ...
05.05. Brandenburger verhindern Zusammenschluss mit Berlin
08.05. Größter Bulleneinsatz in der BRD-Geschichte für Castor nach Gorleben
16.05. In Russland wird die Todesstrafe abgeschafft
31.05. Proteste gegen Rekrutenvereidigung in Berlin
05.06. Britisches Rindersperma wieder in der EU erhältlich. Wer kauft sowas ?
11.06. Vier Tote bei Bombe in Moskaus U-Bahn

onenhöhe und politischen Schaden in ungeahnter Höhe. Die Heftigkeit des Widerstands trifft den Staat völlig unvorbereitet. Auch in den Neunzigern ist es für dieses System unangenehm, wenn Tausende ganz normaler BürgerInnen sagen, „wenn ihr unser Leben nicht achtet, achten wir eure Gesetze nicht", wenn Loyalität zumindest punktuell aufgekündigt wird, wenn angereisten Militanten Übernachtungsmöglichkeiten und Schutz in der Masse der DemonstrantInnen gewährt wird und alle staatlichen Spaltungsversuche scheitern. Die Bullen und ihr nicht gerade zurückhaltendes Vorgehen tragen ihren Teil dazu bei. Um nur eine von ihren ekligsten Heldentaten zu erwähnen: Dem ca. 70jährigen gehbehinderten Adi Lemke werden von mehreren Schlägerbullen die Scheiben seines Treckers zertrümmert, er selbst wird runtergezerrt und vor laufenden Kameras verprügelt. Der damalige Bundesinnenminister und heute aktenkundige Straftäter Manfred Kanther, selbsternannter Saubermann, spricht vom „Krieg in Gorleben" und bezeichnet alle, die da waren, als „unappetitliches Pack".

Dem dritten Transport im März 1997 geht eine Vielzahl von teilweise bundesweit koordinierten Angriffen auf die Bahn voraus. Im Wendland selbst nehmen allein ca. 15.000 Auswärtige an den Widerstandsaktionen teil, die sich über insgesamt fünf Tage erstrecken. Das autonome Konzept ist diesmal von der reinen Straßenverbindung vom Verladekran Dannenberg bis zum Zwischenlager Gorleben auf einen Teil der Schienenstrecke Lüneburg – Dannenberg und damit über den Landkreis hinaus ausgeweitet. Für diese letzten fünfzig Kilometer braucht der Castor-Zug mehr als sechs Stunden. Einigen AktivistInnen ist es gelungen, sich auf der Bahnstrecke anzuketten bzw. festzubetonieren. Bundesweit werden mehr als 30.000 Bullen eingesetzt, davon allein im Wendland 18.000.

Trotzdem gelingt es im Schutz einer Treckerblockade in Splietau, die Strasse zu unterhöhlen und damit eine von zwei möglichen Transportstrecken zu sabotieren. Die sogenannte Nordstrecke wird darauf von den Bullen besetzt, so dass es weder Kleingruppen gelingt noch durch Massenmilitanz möglich ist,

Schienenaktionstag.

Bild unten: Berliner beider Seiten treffen sich im Grünen

Zeitleiste 1996

13.06. Belgien schafft die Todesstrafe ab
15.06. Etwa 350.000 Gewerkschafter auf Kundgebung in Bonn
15.06. IRA legt Bombe in Einkaufzentrum in Manchester
17.06. Rassistische Anschlagsserie in den USA, die 36ste Kirche von Schwarzen brennt
25.06. Autobombe von Islamisten tötet 19 US-Soldaten in Saudi-Arabien
28.06. Granaten-Anschlag auf britische Kaserne in Osnabrück
09.07. Krawalle gegen die libysche Regierung in Tripolis nach

Die Nacht in Gusborn
Konspirative Mobilisierung unter ca. 300 Personen, soweit dies möglich ist. Unser „Auftrag": die auf der Nordstrecke massiv vertretenen Bullenkräfte angreifen. Ziel: Auf die für den Transport einzig noch mögliche Straße zu kommen, diese zu unterhöhlen oder im Schutze dieser Aktion dies zumindest anderen zu ermöglichen, die das zu erwartende Chaos bei den Bullen zeitgleich an einem anderen Ort ausnutzen wollen. Wenn wir an der Straße sind, sollen viele andere aus dem großen Camp in Gusborn in den Wald mobilisiert werden. Zusammen werde wir es schaffen – so die Hoffnung.
Auf der Strecke im Wald sind über uns Hubschrauber im Tiefflug mit eingeschalteten starken Scheinwerfern. Unklar, ob unser Losgehen nicht ganz unbeobachtet blieb oder dies polizeilicher Routine entspringt. Vor Ort sind denkbar ungünstige Voraussetzungen – am Ende des Weges steht direkt ein Wasserwerfer, also gehen wir runter vom Weg direkt durch den Wald, der an dieser Stelle sehr viel lichter wird. Die Bullen erwarten uns anscheinend, entgegen meinen Erwartungen wagen sie sich sehr wohl in den Wald und bleiben nicht nur auf der Straße. Sie haben das Licht ihrer Wasserwerfer und Wannen im Rücken, ich gucke direkt rein und kann kaum unterscheiden, wer sich direkt vor mir aufhält. Die Aktion endet in einem totalen Desaster, nicht wenige werden zusammengeschlagen und verletzt. Zum Glück hält sich wenigstens die Zahl der Festgenommenen in Grenzen.

auf die Strasse zu kommen. Die gewaltfreie Aktionsgruppe X-Tausend-mal-quer hat sich die medienwirksamsten Plätze direkt vor dem Verladekran gesichert, wo auch grüne SpitzenpolitikerInnen zum letzten Mal vor der Regierungsbeteiligung im Bund ihre angebliche Solidarität mit dem Widerstand ausdrücken. Nachdem die anwesenden BGS-Einheiten nur sehr langsam in der Lage sind, die Sitzblockade aufzulösen, werden Berliner Schlägerbullen herangezogen, die die friedlichen BlockiererInnen mit Knüppelschlägen, Fausthieben und Fußtritten von der Straße befördern. Die Autonomen haben an diesem Transporttag nur wenig zu bestellen, ein letzter militanter Versuch von mehreren hundert Leuten auf die Nordstrecke zu kommen, ist in der Nacht zuvor gescheitert. Am Transporttag ist der Wald zwar bis an die Strecke bullenfrei, aber nur wenige sind vor Ort. Aus dem Camp in Gusborn wird der hoffnungslose Versuch gestartet, über freies Feld auf die Straße zu kommen, bereits der erste Angriff ist auch der Letzte und verpufft völlig.

ZEITLEISTE 1996

Fußballspiel, 20 Tote
11.07. Die irischen Republikaner Portadowns können loyalistische Demo nicht verhindern
18.07. Die Tamil Tigers töten 1200 Sri Lankenische Soldaten bei Angriff auf Stützpunkt
19.07. Angriff von Hutu-Milizen auf Flüchtlingslager in Burundi, 330 Tote
24.07. Anschlag auf Zug in Sri Lanka, 78 Tote
27.07. Bombenanschlag bei Olympia in Atlanta, zwei Tote
28.07. Ende des Hungerstreiks in der Türkei, zwölf Häftlinge

Trotzdem werden die Aktionen rund um Tag X³ allgemein als Erfolg gewertet, nicht umsonst dauert es vier Jahre bis der nächste Transport nach Gorleben rollt. Die Polizeikosten sind ähnlich hoch wie beim Transport 1996, Spaltungen im Widerstand hat es nicht gegeben, aber eine sehr große Mobilisierung.

Der vierte Transport findet im März 2001 zum ersten Mal unter einer rot-grünen Regierung statt. Die bange Frage geht um, ob die grünen Spaltungsversuche und ihr Ausstiegsblabla ihre Wirkung zeigen. Weit gefehlt, die Grünen sind definitiv irrelevant für die Mobilisierung. Viele kommen auch von außerhalb und das Geschehen hat sich von der Straße fast vollständig auf die Schiene verlagert. Der Widerstand gegen diesen Transport wird allgemein als der wirksamste angesehen. Menschen aus dem gewaltfreien Spektrum, die sich auf den Schienen festbetoniert haben, zwingen den Zug mit den Castoren erstmals zum Umdrehen. Er verspätet sich gegenüber dem Bullenzeitplan um mehr als einen Tag. Dementsprechend geraten alle Einsatzpläne aus den Fugen und die Bullen sind nur noch sehr bedingt Herr der Lage. Es ist fast überall möglich auf die Schienen zu kommen, nur meistens stellt sich sofort die anschließende Frage, was denn jetzt und vor allem womit tun? Ein bisschen den Schotter beiseite schieben ist ja schön und gut, nur bringt das nicht viel. Das geeignete Werkzeug haben leider nur die wenigsten dabei. Die Stimmung ist trotzdem bestens und eigentlich sagen alle auf Wiedersehen beim nächsten Transport. Leider kommen längst nicht alle wieder.

Trotz großer Mobilisierungen und auch nicht gering zu schätzenden Erfolgen bleibt es eine reine Anti-Castor-Bewegung, die sich dort regt. Der laufende Betrieb von AKWs spielt keine größere Rolle und es gelingt auch nicht, in die Ausstiegsmätzchen der rot-grünen Regierung bspw. durch Großdemos zu intervenieren und einen gesellschaftlichen Druck aufzubauen. Über die Jahre powern sich die DaueraktivistInnen durch eine Reihe von Aktivitäten aus, aber „die Massen" lassen sich wirklich nur ins Wendland und mit größeren Abstrichen zum bisher einzigen Transport

Schienenaktionstag.

Bild links: Durch diese Einbetonierungssaktion von Robin-Wood in Süschendorf wurde der Castorzug zum ersten Mal zum Rückzug gezwungen März 2001

ZEITLEISTE 1996

starben
28.07. Schwere Unruhen in der indonesischen Hauptstadt, zwei Tote
02.08. In Hannover feiern 6000 Bullen Chaostage, Punks verzichten auf Teilnahme
07.08. Kommunistisch-nationalistisches Bündnis in Russland gegründet
14.08. Unruhen auf Zypern nach tödlichem Schuss eines türkischen Soldaten an der grenze
15.08. Armutsunruhen in Jordanien

nach Ahaus 1998 mobilisieren lassen. Hintergrund dürfte die eben einmalige wendländische Widerstandstradition unter Beteiligung vieler aus der Bevölkerung sein, die den Angereisten mal das Gefühl gibt, nicht immer nur eine totale Minderheit zu sein. Aber auch dies scheint mit dem November Transport 2001 zumindest unter Linksradikalen vorbei zu sein. Deren Beteiligung an den Aktionen zu diesem Transport lässt stark zu wünschen übrig und kann auch nicht mit der übergroßen Beanspruchung durch Anti-Kriegs-Aktivitäten erklärt werden, da in diesem Bereich ebenfalls nicht gerade der Bär tanzt. Auch beim Transport im November 2002 kommen – im Vergleich speziell mit 1997 – nur relativ wenig Autonome und andere AktivistInnen im Wendland zusammen. Dennoch müssen wieder 16.000 Bullen eingesetzt werden und die Transportkosten liegen bei rund 28 Mio. Euro. Viele Linksradikale bleiben zu Hause, weil sie nur bereit sind ins Wendland zu fahren, wenn der Widerstand wieder so gewaltig wird wie 1997. Das wird er aber nicht von selbst. Zur Zeit werden im Wendland leider kleinere Brötchen gebacken, aber der Widerstandswille vor Ort ist ungebrochen.

Autonome begleiten den letzten Transport u.a. mit einer Scherbendemo in Hamburg. Ein gelungener Weg, den im Landkreis anwesenden Bullenmassen aus dem Weg zu gehen und dennoch wirksam zu agieren...

AKW-Gegner innerhalb der Polizei zerstören ihre Einsatzmittel per Auffahrunfall

ZEITLEISTE 1996

19.08. Linke Demo kann Bundesparlament Australiens stürmen

20.08. Nach acht Tagen des Krawalls stürmen tausende südkoreanischer Bullen eine Uni in Seoul

23.08. Waffenstillstand in Tschetschenien

23.08. Französische Bullen stürmen von illegalen ImmigrantInnen besetzte Kirche in Paris

30.08. Israelisches Militär verhindert palästinensische Demo in Jerusalem

10. Kommunikations-guerilla

Bild rechts: Büßer und Geißler auf dem Weg zur Demo

Also, Leute, eigentlich heißt das ganze Ding natürlich Spaßguerilla. Aber das war den StudentInnen zu einfach, als sie es entdeckt hatten. Spaßguerilla ist ganz leicht, jedenfalls in der Theorie: Die Grenzen zur „ernsthaften" Politik sind stets fließend: die Spaßguerilla lebt davon, dass sie an irgendeinem Punkt als subversiv und radikal erkannt wird, sonst wird sie zu Klamauk. Sie muss also in einem linken politischen Rahmen agieren – etwa bei Demos –, oder durch die Akteure und das Thema die Verbindung herstellen.

Inoffizielles Symbol der Spaßguerilla, seitdem die Bewegung 2. Juni bei einem Banküberfall an die Kunden Schokoküsse verteilt hatte

Und bei den 68ern gab es das auch schon: Gefälschte Briefe irgendwelcher Behörden, die dich aufforderten, umgehend irgendeinen Schwachsinn zum Wohle des Staates zu machen. Lächerlichmachung öffentlicher Debatten und prominenter Personen, z.B das berüchtigte „Pudding-Attentat" auf den US-Vizepräsidenten 1967 in Berlin. Und das Scheißen auf den Richtertisch in einem politischen Prozess in Berlin war sicherlich – allein schon aus Respekt vor der artistischen Leistung – ein absoluter Höhepunkt der 68er-Bewegung.

Nun galt es in den 80er Jahren, diese Tradition fortzusetzen. Die Latte war durch die Züricher Bewegung 1980 und den Auftritt von „Herrn und Frau Müller" in einer Fernseh-Talkshow, wo sie alle bürgerlichen Politiker rechts überholten und damit blamierten, oder auch durch die öffentliche Überreichung einer Schale Gurkensalat an einen Stadtrat (damalige Demo-Parole: „Machet aus dem Staat Gurkensalat!") hoch gelegt. Damit, und deswegen haben die StudentInnen letztendlich doch recht, erschloss sich die Spaßguerilla endgültig die Massenmedien und verdiente sich den Namen Kommunikationsguerilla.

1983: Der Berliner Senat erklärt, besetzte Häuser könnten Mietverträge bekommen – wenn sie sich brav verhielten und keine „kriminellen Fluchtburgen" seien. Wir nahmen ihn beim Wort und organisierten einen Zug der Büßer und Geißler inmitten einer Besetzer-Großdemo. Vorneweg ein Priester, flankiert von Weihwasser-Schwenkern, gefolgt vom Kreuz-Träger und einer Flagellanten-Prozession, die sich halbnackt selbst peitschte. Wir merkten: Demonstrieren und ran-

ZEITLEISTE 1996

02.09. Friedensvertrag beendet die Kämpfe auf Mindanao
13.09. Bundestag beschließt Lohnkürzung für Kranke
25.09. Nach Öffnung eines Tunnels unter dem Tempelberg in Jerusalem Randale
27.09. Die Taliban erobern Kabul
01.10. Alle Sanktionen gegen Serbien und Montenegro werden aufgehoben
01.10. Über 100.000 bei Demo gegen Lohn-Kürzung bei Krankheit
06.10. In Kopenhagen zwei tote Hells Angels bei Panzerfaust-

dalieren ist gut – aber karikieren macht ja auch richtig Laune!

In West-Berlin gab es in den 80ern nur vereinzeltes Aufblitzen von Spaßguerilla. Vielleicht war die Besetzerbewegung zu nett, zu wenig sarkastisch – sie hatte viel Spaß, aber selten bösartigen. Sie war romantisch, träumte von Stadtindianern, von TUWAT, von „einem Lachen", das „euch beerdigt". Dann entstand das „Büro für ungewöhnliche Maßnahmen" (BUM), das die ersten Spaßguerilla-Demos und Aktionen als eigenständige politische Ausdrucksform anschob, etwa eine „Mummenschanz-Demo" gegen das neue Vermummungsverbot. Das BUM war auch verantwortlich für eine „Mauerbau-Aktion", um gegen die Abriegelung von Kreuzberg 36 anlässlich des Reagan-Besuchs im Juni 1987 zu protestieren, und rief im September 1988 zu einer verkleideten Pro-IWF-Demonstration auf. Es ist wichtig, festzuhalten, dass solche Aktionen immer dann gut sind, wenn sie nicht von einer Gruppe allein gemacht werden, sondern wenn sie viele andere aktivieren, selbst kreativ zu werden. Die Spaßguerilla folgt ihrer ganz eigenen Focus-Theorie!
Die Autonomen haben sich immer ein bisschen schwer getan mit Humor und Lockerheit, auch wenn nahezu alle Einzel-Autonomen der Meinung waren, dass politische Überzeugungsarbeit besser läuft, wenn sie sowohl den Akteuren als auch den Adressaten Spaß macht. Versuche von Autonomen dazu blieben oft auf halbem Weg stecken, wie etwa der Versuch, kabarettistisch aufzutreten („Heiter bis wolkig" Ende der 80er Jahre), oder die Aufrufe zur „Hönkel"-Aktionswoche beim Reagan-Besuch 1987. Da machte ihnen der alte 68er Kunzelmann noch was vor, wenn er im Gerichtssaal Bürgermeister Diepgen ein Ei auf dem Kopf zerschlug.

Bild oben:
...sagt manchmal mehr als alle Transparente

Bild links:
Mauerbauaktion des BUM

ZEITLEISTE 1996

Angriff der Bandidos
10.10. Die afghanische Nordallianz gründet sich
23.10. Bauernkrawalle in der Schweizer Stadt Bern
24.10. Der Papst meint, es gäbe keinen Widerspruch zwischen Bibel und Evolutionstheorie
24.10. Nachdem die Bullen einen Schwarzen erschossen haben, gibt's Riots in Kalifornien
04.11. In Bayern gehen 100.000 gegen Krankengeld-Kürzungen auf die Straße
05.11. Proteste gegen ein Schiff, dass Gen-Soja nach Ham-

Als sich Ende der 80er der Kolbenfresser der autonomen Szene abzeichnet und einige die Organisationsdebatte anstoßen, kommen andere auf ganz andere Ideen. Sie sitzen 1988 bekifft auf dem „Graciano-Rocchigani-Gedächtnis-Minarett", einer mächtigen Hütte auf dem besetzten Kubat-Dreieck, und überlegen, ob sich dem aktiven Wahlboykott (vulgo: „Ungültig wählen") nicht neue Frische verleihen ließe, indem auf dem Wahlzettel – sehr zum Ärger der bürgerlichen Parteien – unerwünschte Namen stehen. Die Kürzel KPD und RZ scheinen dafür gut geeignet, denn die spätere stalinistische Sekten-Partei KPD gibt es damals noch nicht, und die *Revolutionären Zellen/Rote Zora* sind allgemein bekannt.

Dann entwickelt die Sache ein Eigenleben. Ein erstes Papier mit völlig abwegigen Wahlforderungen wird im Herbst entwickelt, und der Gedanke, wirklich eine Partei zu gründen, nimmt Gestalt an. Dreh- und Angelpunkt dabei sind natürlich zwei Dinge. Erstens: Eine solche Partei wird jederzeit antiparlamentarische Politik machen, ihr ganzes Sinnen und Trachten wird darauf gerichtet sein, den bürgerlichen Parlamentarismus lächerlich zu machen, subversiv zu untergraben, niemals darf sie der Ernsthaftigkeit den kleinen Finger geben. Zweitens: Um das sicherzustellen, muss stets gewährleistet sein, dass die Macht in der Partei informell ist und bei denen liegt, die für „Erstens" eintreten – das letzte, das sie brauchen können, sind Querulanten oder linke Partei-Fans, die Gremienwahlen einfordern und darüber Posten besetzen wollen. Ein Kreis von zehn bis zwanzig Menschen reicht vollkommen aus, flankiert von SympathisantInnen und von JournalistInnen, die sich auf die Geschichte stürzen.

Verändertes Wahlplakat der CDU: Das „Keine" ist durch „Mehr" ersetzt

Mit etwas Mühe wird den formalen Notwendigkeiten entsprochen, indem ein Programm und eine Satzung verfasst werden – die kaum ein Mensch je gelesen hat, außer dem Bundeswahlleiter, der sogleich die fehlende Finanz- und Parteigerichtsordnung moniert. Diese wird etwa zehn Jahre später nachgereicht.

Zentrales Element der Mobilisierung ist der Katalog mit den Wahlforderungen, der zwischen 1988 und 1999 immer wieder ergänzt und verbessert wird, im Kern aber von Anfang an feststeht. Er hat mehrere Ziele. Indem er die Sprache „seriöser" Wahlpropaganda imitiert, soll er den Wahlkampf der etablierten Parteien (womit *alle* anderen Parteien gemeint sind) bloßstellen („Verbot von Kriminalität aller Art"). In seiner Themen-Auswahl soll er als politisch links identifizierbar werden, ohne agitpropmässig zu klingen („Beschränkung der Mietzahlungen auf 87% des Haushaltseinkommens";" Ausgehverbot für Männer bei mehr als 30 Grad"). Durch das Nebeneinanderstellen von absurden und scheinbar vernunftbegabten Forderungen soll er klarstellen, dass die Partei sowohl Inhalte als auch Form des Parteiengeschwafels angreift („Rauchverbot in Einbahnstraßen";" Förderung der Kreuzberger

ZEITLEISTE 1996

burg liefert
05.11. Die RAF-Frau Brigitte Hogefeld bekommt lebenslang
13.11. Wieder Krawalle in Kalifornien wegen rassistischer Bullen
15.11. Hunderttausende Hutu-Flüchtlinge kehren nach Ruanda zurück
21.11. Zwei ETAras werden zu je 1170 ! Jahren verurteilt
28.11. Ehebruch in Österreich nicht mehr strafbar
29.11. Streik der französischen LKW-Fahrer endet erfolgreich
29.11. England gibt den Stone of Scone nach über 600 Jah-

Zeppelinindustrie"). Schließlich, das ist vielleicht am brisantesten, werden Ressentiments und Lokalpatriotismus erlaubt und kanalisiert („Erhöhung der Hundesteuer um 700%";" Zuzugsverbot für Schwaben"). Schon wegen dieses letztgenannten Spiels mit Ressentiments ist klar, dass der harte Kern der Initiatoren jederzeit die Kontrolle darüber behalten muss, wie sich die Partei präsentiert.

Weil nichts erreicht werden muss, geht die Gründung leicht vonstatten. Im Februar 1989 – die rechtsextremen Republikaner sind gerade ins West-Berliner Abgeordnetenhaus eingezogen, das Parlament ist für viele unpopulärer denn je – wird ein sehr formeller Gründungsparteitag der KPD/RZ in einer Punk-Kneipe veranstaltet. Alles ganz seriös, mit Protokoll, Anrede beim Nachnamen und Wahl der Parteiposten (streng demokratisch per Los). Wichtige Posten: Parteivorsitzender wird ein Genosse, der jeder Machtallüren vollkommen unverdächtig ist („Wer zahlt mir das?"); Kassenwart wird ein befreundeter Junkie (zum Glück ist nie Geld da, und wenn doch, dann nicht in der Kasse); Hauptpropagandist ein zufällig anwesender Kneipengast – ein Glücksgriff, er wird später zu einem der wichtigsten Aktivisten. Anfangs beschäftigt die Partei sich mehr mit sich selbst als mit öffentlicher Politik, ein interner Rundbrief wird hergestellt, der sich mit dem Partei-Emblem befasst oder auch mit der Frage, ob Pol Pot in Kambodscha Rosen züchtet.

Als Parteifarbe wird schwarz-gelb gewählt, als Zeichen ein Kreuz genommen. Die KPD/RZ präsentiert sich als „Partei der extremen Mitte". Dadurch wird bei den Medien erfolgreich der „Ach-das-sind-wieder-so-linke-Sektenparteitypen"-Reflex ausgeschaltet. In der Kreuzberger Szene haben die KPD/RZ-Mitglieder viele FreundInnen und Bekannte, und bevor die Partei wirklich öffentlich wahrnehmbar wird, hat sie sich dort bereits eine gewisse Verankerung verschafft – manche finden

Bild oben:
Weder Skins noch Christen, Hamburger Punkband bringt die Nazis zum Schäumen (Ihr Slogan: Unser Kreuz braucht keine Haken)

Bild links:
1. Mai Demo der KPD/RZ

Pol Pot als „Sympathie"-Träger im Uniwahlkampf Hamburg

ZEITLEISTE 1996

ren an Schottland zurück
03.12. Soldaten töten in Ruanda 500 Hutu in einer Kirche
11.12. Anschlag auf israelische Siedler im Westjordanland, eine Tote
17.12. Die peruanische Tupac Amaru nimmt Geiseln in der japanischen Botschaft
24.12. Regierungsfeindliche Krawalle in Belgrad, ein Toter
28.12. Angriff auf algerisches Dorf, 28 Tote
29.12. In Guatemala Ende des 36jährigen Guerillakrieges
31.12. Anschlag auf Bus in Syrien, neun Tote

Selbstgebauter Wasserwerfer der FAZ. Die alljährliche Wahlschlacht mit fliegendem Catering auf der Oberbaumbrücke...

sie gut, andere wenigstens harmlos oder schlimmstenfalls überflüssig. Stress gibt es nur, wie auch beabsichtigt, mit linken Sekten: Eine kurzlebige linke Kreuzberg Splitterpartei glaubt im Wahlkampf 1992 die KPD/RZ als „faschistische Tarnorganisation" entlarven zu können, und die maoistische „RIM" pflegt bald eine Intimfeindschaft, die bis zu Handgreiflichkeiten führt (wobei zugegeben werden muss, dass die KPD/RZ dabei weniger austeilt als einsteckt). Die Teilnahme an wirklichen Wahlen, anfangs eher zweitrangig behandelt, erweist sich als hürdenreich. Es muss eine „Ernsthaftigkeitsprüfung" durch den Landeswahlleiter überstanden und „Unterstützungsunterschriften" abgeliefert werden. Ersteres erweist sich als problemlos, letzteres ist mühsam.

Als KandidatInnen für die Wahlen aufzustellen sind (natürlich per Los), gibt es nur ein Tabu: Niemals ernsthafte Politik im Parlament. Die Erfahrung von „Spaßparteien" in anderen Städten lehrt, dass dem Parlamentarismus nicht das kleinste Zugeständnis gemacht werden darf. (Ansonsten soll aber alles erlaubt sein, selbst die Veruntreuung irgendwelcher Aufwandsentschädigungen). Als dann 1999 wirklich ein Sitz in der

Zeitleiste 1997

1997

05.01. In der Türkei demonstrieren 100.000 Gewerkschafter gegen die Korruption

13.01. Der taiwanesische Atommüll soll laut Vertrag nach Nordkorea verschifft werden

15.01. Schnellere Abschiebung von bosnischen Flüchtlingen in der BRD beschlossen

17.01. Israelische Armee räumt Hebron

17.01. Bombenanschläge auf Abtreibungskliniken in den USA

21.01. Antisemitische Äußerungen laut Arbeitsgericht Kündi-

Kreuzberger Bezirksverordnetenversammlung erobert wird, gelingt das den rotierenden KPD/RZ-VertreterInnen auch wunderbar in Form von öffentlichem Nasebohren, unsinnigen Anträgen, störenden Redebeiträgen und Abstimmungen per Würfel.
Zu einem zentralen Moment wird das produktive Zusammenspiel von aktiven Linksradikalen und der subkulturellen Kleinkunst-Szene, die normalerweise das ganze Autonomen-Ding langweilig findet. Dadurch hat die Partei eine breite Palette von Aktionsformen und entsprechendes Publikum: Sie kann zur Demo aufrufen, ein Konzert mit befreundeten Bands veranstalten, in einem Kabarett auftreten oder selbst welches machen, Fernseh-Interviews geben, T-Shirts und Anstecker verkaufen… Vieles davon gehört eigentlich zum normalen Parteigebaren von Organisationen und wurde später auch z.B. von der organisierten Antifa aufgegriffen, aber nur von der KPD/RZ stets mit viel Selbstironie inszeniert. Und wie oben schon einmal gesagt, die Partei sind nicht viele, das ganze lebt davon, andere zu aktivieren.

…zieht junge PrenzelbergerInnen und alte KreuzbergerInnen an

Anfang 2001: Nach rund zehn Jahren haben die meisten genug. Es hat zwar großen Spaß gemacht, aber zwei Umstände sprechen gegen eine Fortsetzung: Erstens, es fehlt an Erben. Am Anfang gab es die Hoffnung, dass andere diese Form der Politik übernehmen und weiterführen würden, aber weder die etwas ernsthaftere Combo „Bewegung 25.9. (b259)" (die an die Gruppe FelS angeschlossen war) von 1997 noch die „Friedrichshainer Amorphen Zentralisten (FAZ)" von 1999 bewiesen genug Durchhaltevermögen. Zweitens, die bürgerliche Politik ist während der 90er Jahre noch mehr zum leeren Spektakel geworden und entsprechend schwieriger zu skandalisieren. Als im Wahlkampf 2001

Zeitleiste 1997

gungsgrund
22.01. Scharia in Kuwait eingeführt
27.01. Tschetschenen wählen neuen Präsidenten
01.02. Bullen verhindern Kurdenkundgebung in Frankfurt
04.02. Deutscher Atommüllzug entgleist in Frankreich
05.02. China: Unruhen für Unabhängigkeit der Provinz Xinjian, 200 Tote
06.02. Der Präsident von Ecuador wird wegen Unzurechnungsfähigkeit abgesetzt
09.02. Die Faschos von der französischen FN stellen Bürger-

Pro-Kriegsdemo der KPD/RZ während des Kosovokrieges bringt Grüne in Verlegenheit

KPD/RZ und FAZ zusammen die Partei SED gründen und am 13. August symbolisch „die Mauer" wieder aufbauen, ist das den bürgerlichen Zeitungen kaum eine Zeile wert – zehn Jahre vorher hätten sie geschäumt.

In Anzug und Krawatte auf der Bühne stehen und ernsthaft Scheiße reden – das machte mir nicht nur Spaß, sondern teilte mir auch Gefühle mit, die ich sonst nicht kannte: Die seltsame Wirkung bürgerlicher Codes von Macht – die Kleidung lässt dich wachsen, macht dich wichtiger, in Lackschuhen schreitet es sich bedeutungsvoller… Ich stand vor SFB-Kameras im Studio, vor intellektuellem Kabarett-Publikum, vor tausend tobenden Teenagern beim Ärzte-Konzert, und musste – oder durfte – all den Scheiß erzählen, ohne die Miene zu verziehen, ohne irgend jemandem zuzuzwinkern. Der „seriöse" Auftritt lehrte mich auch, wie mit „seriösen" Gegenübern umzugehen ist. Auch der größte Autonomenfresser unter den Bullen antwortet verwirrt und gemäß der Etikette, wenn ich ihm auf der Demo zur Begrüßung die Hand gebe und sage „Guten Tag, meine Name ist …, was kann ich für Sie tun?" – und die Durchsuchung des Lautsprecherwagens kann so abgewendet werden. Ja, so kann man noch Außenminister werden…

Dass die KPD/RZ bei irgendwelchen radikalen Linken die ernsthafte Beteiligung an Wahlen wieder salonfähig gemacht hätte, halte ich für kompletten Blödsinn. KPD/RZ wählen war immer ausdrücklich aktiver Wahlboykott. Die Begeisterung mancher Autonomer für die sozialdemokratische PDS war und ist mir unheimlich, hat aber ganz andere Hintergründe.

Beunruhigt war ich dennoch, als ich Ende der 90er zum ersten Mal mitbekam, dass es Leute gab, die die KPD/RZ als politische Gruppe ansprachen: Ey, ihr könnt doch hunderte Leute auf die Straße bekommen, macht doch mal was zu XYZ … Sie verlor dadurch – zumindest virtuell – ihre Flüchtigkeit, ihre Kraft der unbedingten Verneinung, die davon lebte, dass es die Partei eigentlich gar nicht gab. Deshalb war es richtig, mit dem Spiel aufzuhören, bevor irgendjemand ankam und ernst machen wollte. Wenn das wieder vergessen ist, wird sie wiederauferstehen, vielleicht.

ZEITLEISTE 1997

meister in Vitrolles
11.02. Schwere israelische Luftangriffe im Libanon
14.02. Mehr als 200.000 Demonstranten für Erhalt des Steinkohle-Bergbaus in NRW
15.02. Mehrere tausend Frauen auf Ankaras Straßen gegen Islamisierung
17.02. Straßenkämpfe für Auszahlung der Löhne in Belgrad
22.02. In Frankreich große Demos gegen schärferes Flüchtlingsgesetz
22.02. Friedensabkommen in Tadschikistan

11.

Zeit der Verwirrung

Zeiten der Verwirrung

Vorsichtige, differenzierte, zurückhaltende und abgewogene Bemerkungen zu kruden Themen

Mit dem Fall der Mauer und dem Ende der Bipolarität zog auch in die Reihen der Autonomen eine Phase der Unsicherheit, der offenen Fragen und bei nicht wenigen eine Verwirrtheit ein, die teilweise bis heute anhält. Natürlich ist das Hinterfragen von alten scheinbar ehernen Wahrheiten weder verkehrt noch verwerflich und die Bewegung war in den 80ern natürlich nicht am letzten Schluss der politischen Wahrheit angelangt. Weder die teilweise bedingungslose Solidarität mit den Kämpfen der PalästinenserInnen noch das ewige männliche Lavieren in bzw. Negieren der Geschlechterfrage und einiges mehr hatten verdient, so fortgesetzt zu werden. Der veränderte linksradikale Blick auf Israel als Zuflucht der Überlebenden der Shoa und nicht mehr nur als NATO-Bollwerk im Nahen Osten gehört zu den wichtigsten Errungenschaften der letzten Dekade. Aber da es unter Linksradikalen möglichst immer zugespitzt zugehen muss und auch der letzte Unfug Beachtung findet, wenn er nur im radikalsten Outfit daherkommt, schossen einige ehemalige GenossInnen so weit über das Ziel hinaus, dass sie heute in Bezug auf ihre Position zum Konflikt Israel/Palästina politisch beim Likud-Block des Rechtsextremisten Scharon einzuordnen sind. Dies ist nicht die einzige, aber zugespitzteste Verwirrung der letzten Jahre.

Historisch lässt sich der Beginn dieser Ära der Verwirrung leicht bestimmen. Zum Beginn des zweiten Golfkrieges stimmten die alten Koordinaten autonomer Politik noch insoweit, dass mensch uneingeschränkt gegen die Yankee-Invasion am Golf war. Eine positive Bezugnahme auf Saddam Hussein fand zu keinem Moment statt. Er war der Massenmörder, der gegen die KurdInnen im Norden des Iraks Giftgas eingesetzt hatte, die Bevölkerung blutig unterdrückte und mit Hilfe von Waffen und weiterer logistischer Unterstützung der USA und westeuropäischer Staaten in den 80ern einen Stellvertreterkrieg gegen den Iran führte, in dem Millionen von Menschen umkamen. Gegen die Kriegsvorbereitungen der USA protestierten auf einer lediglich von Autonomen und Friko (Friedenskoordination) vorbereiteten Demo in Berlin kurz vor Kriegsausbruch ca. 20.000 Menschen. Nach den ersten Bombenangriffen im Januar 1991 kamen ungefähr 80.000 zusammen. Autonome konnten in aller Ruhe der Glaserinnung immense Aufträge für den nächsten

ZEITLEISTE 1997

23.02. Nazi erschießt Bullen und wird abgegriffen
24.02. Nazidemo gegen Wehrmachtsausstellung in München
02.03. Ausnahmezustand nach Riots in Albanien
03.03. Paläst. Generalstreik gegen israelische Siedlungen
05.03. Trotz Ärger kommt der Castor nach Gorleben
10.03. Nach Protesten muss neues Arbeitsgesetz in Südkorea zurückgezogen werden
11.03. Unfall in japanischer Atomanlage verstrahlt 30 ArbeiterInnen
14.03. Bauarbeiter randalieren ein wenig durch Berlin

Tag garantieren. Die weiteren Mobilisierungen liefen an, und es war fast wie immer. Frühmorgens wurde versucht die Rüstungsfirma Siemens zu blockieren, SchülerInnen gingen fast jeden Tag auf die Straße und eine Unmenge sonstiger Anti-Kriegs-Aktivitäten fand statt. Mit den Scud-Raketenangriffen des Irak auf Israel kippte dies. Eine Mischung aus *taz*, *Konkret* und Intellektuellen schwenkte auf Kurs der US-Militärmaschinerie und die hardcore ProtagonistInnen des Krieges meinten auf einmal in uns Autonomen einen Haufen „SS-Werwölfe" (O-Ton *konkret*) zu sehen. Auf einmal galt zunächst bei einigen - später bei mehreren – ein Bekenntniszwang, der sich bis heute fortsetzt. Die selbstbewusste Situation des Sich-nicht-entscheiden-müssen-auf-welche-schlechten-Seite-man-und-frau-steht war aufgehoben. Fortan galten Bekenntnisse im Sinne des aktuellen Bush´schen Verdikts, „wer nicht für uns ist, ist gegen uns".

Mit dem Jugoslawienkrieg begannen neue Formen der Verwirrung und auch gestandene Autonome billigten auf einmal der NATO zu, für das Gute zu kämpfen. Die Bombardierungen serbischer Stellungen 1995 stellten weitere, früher klare Frontenstellungen auf den Kopf. Statt sich auf die Suche nach unterstützenswerten Bewegungen von unten zu machen (was nicht einfach war), wurden die herrschenden Machtverhältnisse als gegeben hingenommen und eine Intervention des größten Militärblocks der Welt (NATO) mit den USA als Hegemonialmacht akzeptiert. Die Situation in Jugoslawien eskalierte weiter, die damals neue rot-grüne Regierung gab sich alle Mühe, die BRD-Gesellschaft auf eine Kriegsbeteiligung der Bundeswehr im Kosovo 1999 einzuschwören. Nicht wenige Linke und Linksradikale fielen auf die Propaganda herein und glaubten, eine NATO-Intervention müsse sein. Andererseits existierte eine linksradikale Fraktion, die auf einmal mit dem jugoslawischen Ministerpräsidenten Milosevic und seinem autoritären Regime politisch keine Probleme mehr hatte und das vorbei geglaubte Spiel „der Feind meines Feindes ist mein Freund" wiederbelebte. Da war es nur folgerichtig, nichts gegen die Beteiligung nationalistischer und monarchistischer Gruppen auf Demos zu haben und dafür aber diejenigen zu kritisieren, die sich von solchen obskuren Vereinen distanzierten. Auf wenigen Metern waren jugoslawische Fahnen mit rotem Stern, welche mit monarchistischen Emblemen, weitere mit dem Tschetnik-Symbol und welche ohne jeden Zusatz zu sehen. Gruppen also, die politisch so weit voneinander entfernt sind, dass sie sich im Normalfall offen bekämpfen. Die Ethnisierung des Sozialen feierte fröhliche Urstände.
Zurück auf Los: Schon Anfang der Neunziger entdeckte in Kreuzberg die militante Gruppe

Zeitleiste 1997

17.03. Bundeswehrsoldaten greifen in Detmold Ausländer an
21.03. Polen ohne Todesstrafe
26.03. In Kalifornien bringt sich eine Sekte um, 39 Tote
26.03. Schärferes Ausländerrecht in France
27.03. Russland: Etwa 2 Mio. demonstrierten für Auszahlung ihrer Löhne
28.03. Italien bekämpft Flüchtlinge, 89 sterben im Mittelmeer
29.03. Krawall und Antifa-Demo in Straßburg
01.04. KSK der Bundeswehr einsatzbereit
03.04. Trotz Unwillen der Bevölkerung Verlängerung der

„Klasse gegen Klasse" in der Mittelschicht ihren Hauptfeind und identifizierte den u.a. in allen BewohnerInnen von Dachgeschossen und schickte wüste Drohbriefe an diese, welche mit fragwürdigen Vokabeln („Parasiten") und verbal-militanten Phrasen („euer Platz ist zwischen Mündungsfeuer und Einschussloch") garniert waren.

Zur gleichen Zeit entlarvten die Revolutionären Kommunisten/Sympathisanten der Revolutionären Internationalistischen Bewegung in einer Reihe von Autonomen das „Kapitulatoren-ZK" und inszenierten handfeste Prügeleien unter den TeilnehmerInnen der 1. Mai- und anderer Demos. Kritik an einzelnen MigrantInnen-Organisationen hinsichtlich ihres ML-Stils bekam das Rassismus-Etikett aufgedrückt. Diese Klaviatur wurde zuerst und sehr virtuos vom Café Morgenland aus Frankfurt angestimmt.

Es gab auch bedauerliche Beispiele, wie richtige Fragen in eine politische Sackgasse führen, wenn sie eindimensional angegangen und vom Wunsch, widerspruchslos leben zu können, dominiert werden. So führten die „Anti-Identitären" eine Reihe von Personen in die politische Passivität. Diese Praxislosigkeit war folgerichtig, da jene davon ausgingen, dass Macht uns alle durchzieht, auch Revolutionäre von Rassismus durchdrungen sind, Herrschaft nicht nur die Angelegenheit der Herrschenden ist, sondern sich alle dort wiederfinden und deshalb alles eine Soße ist. Auch bestimmte VeganerInnen trugen zur Verwirrung bei, indem sie ihre Ernährungsweise ideologisch mit bedenklichen Analogien untermauerten („Milch ist weißes Blut") und versuchten, den Triple-Oppression-Ansatz auf die Ausbeutung von Tieren im Hinblick auf Milchprodukte und Honig zu erweitern.

Auch einige verdiente GenossInnen der RZ blieben von den Verwirrungen nicht verschont. Konfrontiert mit Straßenmilitanz von Neonazis unter Verwendung von Mollis erklärten sie das Ende ihrer Politik u.a. aufgrund des verloren gegangenen Monopols auf solche Aktionsformen. Auch wenn sie mittlerweile sagen, dass ihnen der Unterschied zwischen brennenden Flüchtlingsheimen und eben solchen Ausländerbehörden sehr wohl klar ist, schien dies 1992 ganz offensichtlich nicht so zu sein.

Ein weiteres sehr prägnantes Zeichen von Verwirrung war die Praxis der AIZ (Antiimperialistische Zellen) und speziell die Begründungen ihrer Aktionen: Einigen eher unbekannten Bundestagsabgeordneten wurden Sprengsätze vor ihre privaten Haustüren gelegt (die AIZ selbst bezeichnete diese Art von Anschlägen als „potentiell tödliche Aktionen") und in den Bekennerschreiben wurde die „Schönheit und Schärfe des Islam" gelobt. Während schon viele Autonome die AIZ

Zeitleiste 1997

Pachtverträge für US-Armee in Japan
22.04. Peruanische Bullen stürmen besetzte japanische Botschaft, alle Genossen erschossen
01.05. Ein schöner Tag zum randalieren
03.05. Demo gegen Sozialkürzung in Mailand, tausende Demonstranten
05.05. Keine Todesstrafe in der Ukraine mehr
11.05. Schachcomputer besser als Weltmeister
11.05. Türkische Armee marschiert wieder im Nordirak ein
15.05. BRD: Vergewaltigung auch in der Ehe strafbar

nicht gerade als fortschrittlich und schon gar nicht als revolutionär empfanden, warnten andere – eher aus dem antiimperialistischen Spektrum – vor Distanzierungen, die nur der Gegenseite nützen würden. Nach der Verhaftung von zwei Personen war die Praxis der AIZ beendet, einer der Akteure ordnet sich heute politisch bei Metin Kaplan und seinem autoritär-patriarchalen Kalifatstaat ein.

Weniger eine Verwirrung als ein klares Rollback ergab sich in der Geschlechterfrage. Neben dem wohl völligen Verschwinden autonomer anti-patriarchaler Männergruppen wurden erkämpfte Frauenpositionen Stück für Stück zurückgedrängt. Angefangen von der teilweisen Nichtakzeptanz von FrauenLesbenblöcken auf Demos über das Nichtanerkennen der Definitionsmacht bei Vergewaltigungen und sexistischen Übergriffen zur Wiederkehr alter und vermeintlicher Hauptwidersprüche hatte das Jahrzehnt einiges zu bieten. Die Schwelle von der Ignoranz feministischer Positionen zum offenen Angriff auf dieselben wurde häufig und vorsätzlich überschritten. Die verhängnisvolle Avantgarde bildete hierbei die *bahamas*-Redaktion, die sich nicht nur dadurch aus allen linken Zusammenhängen selbst verabschiedete. Aber auch einige Antifas hatten keinerlei Probleme bspw. gröbste sexistische Vokabeln bedenkenlos zu benutzen und alle KritikerInnen daran, als „PC-Autonome“ zu denunzieren.

Der vorläufige Höhepunkt der Verwirrungs-Tendenzen ergab sich in der Folge der Anschläge auf New York und Washington im September 2001. Nicht nur die Verwirrten von der bahamas-Redaktion verfielen in aktive Kriegsbegeisterung und hofften, dass die Militärschläge der USA „hart und wirkungsvoll“ ausfallen mögen. Die physische Vernichtung von Bin Laden und Al-Qaida wurde von vielen herbeigesehnt, die dem Irrglauben verfallen waren, dass die Anschläge auch ihnen gegolten haben und sich dementsprechend bedroht sahen. Andere glaubten, dass es diesmal wirklich so ernst sei und sie nur die Wahl hätten, sich zwischen „westlicher Zivilisation“ und „islamistischem Terror“ zu entscheiden. Vor dem Hintergrund einer westlichen Sozialisation und dem Wissen um den reaktionären Charakter der Anschläge vom 11.9. fiel einigen ehemaligen GenossInnen die Wahl zwischen Pest und Cholera nicht schwer.

In dieser Situation wurden nicht wenige beschuldigt, die Anschläge zu legitimieren, obwohl sie lediglich versuchten, die Situation zu analysieren. Der denunziatorische Begriff des Antiamerikanismus wurde ph(r)asenweise um den des Antiimperialismus erweitert und mit der entsprechenden Verwendung nicht gerade gegeizt. Gefüllt wurde dieser Kampfbegriff aus dem Arsenal der bürgerlichen Hetze nicht. Ein Hinweis auf die Armut im Trikont,

Zeitleiste 1997

15.05. Urteile der Wehrmachtsjustiz ab jetzt ungültig
17.05. Rebellen erobern die Hauptstadt des Kongo
24.05. Bundeswehr in Bosnien beschießt sich selbst, 2 Tote
03.06. Schwedische Regierung will nicht beim Euro mitmachen
04.06. Residenzpflicht verfassungsgemäß
09.06. Europaweite Blockaden von Fernfahrern für Arbeitszeitverkürzung
10.06. Schwedisches Parlament will Ende der Atomkraft, aber später

verschuldet von den westlichen Industrienationen und der US-Hegemonie in weiten Teilen der Welt, konnte schon dazu führen, dass einem das Etikett des Antisemiten verpasst wurde. Die Proteste gegen den Krieg in Afghanistan wurden mit dem Hinweis denunziert, dass schließlich auch die NPD gegen den Krieg und die USA sei und die Parolen nicht unterscheidbar wären. Der krasseste Ausdruck war lange Zeit eine gesprühte Parole am Spreewaldplatz in Kreuzberg, die „Solidarität mit USA und Israel" einfordert. Also genau das, was auch die Bundesregierung seit Jahrzehnten propagiert. Spätestens seit Dezember 2002 wurden auf einigen angeblich „linksradikalen" Demos in Berlin Sternenbanner begeistert geschwungen.

Fast jegliche Kapitalismuskritik wird seit geraumer Zeit auf angeblich antisemitische Stereotype abgeklopft und jede Analyse über das Agieren transnationaler Konzerne wird von einigen sofort als antisemitisch denunziert. Linke Praxis lässt sich so jedenfalls nicht entwickeln, aber darum geht es den antideutschen ProtagonistInnen auch nicht. Deren Programm konsequent zu Ende gedacht heißt, die Hände in den Schoß zu legen und die bestehende Ordnung widerstandslos zu akzeptieren. Denn zumindest die WortführerInnen der Anti-Deutschen sind nicht oppositionell gegen die herrschenden Verhältnisse, sondern allemal gegen linke und linksradikale Strömungen und Gruppen. Sie haben einen Herrschaftsblick, „analysieren" nur mit der Sicht von oben nach unten, wollen selbst zur herrschenden Elite gehören und betreiben somit neo-rechte Politik. Ihr Ansatz ist nicht antagonistisch zum System, „Solidarität mit Israel" ist Regierungsdoktrin seit Gründung der BRD. Sie profilieren sich an einem Punkt, der noch nicht einmal ins System (re)integriert werden muss, weil er nie außerhalb war. Dieses Außen kennen viele von denen gar nicht, weil sie sich schon immer innerhalb dieses Systems befunden haben. Der Rest war dankbar für das Ticket zurück ins Boot der Volksgemeinschaft. Solche Leute müssen noch nicht einmal „abschwören", um lukrative Jobs zu bekommen. Auch wenn die Anti-Deutschen keine Erfindung des Verfassungsschutzes sind, wird dieser genau das bedauern und ansonsten angesichts der Verwirrungen, Spaltungen und Desorientierungen höchst amüsiert in die Hände klatschen. Denn das eigentliche Programm der Anti-Deutschen wird auf einem Aufkleber der „Antideutschen Aktion" (Signet: israelische und rote Fahne) kurz und knapp vorgestellt: Der Aufkleber zeigt eine vermummte Person und trägt den Text, „ihr wollt die Geschichte entsorgen, wir wollen die Linke entsorgen".

Eine weitere – heute noch anhaltende – Verwirrung in den 90ern war eine Reorientierung auf Wahlen und Organisationen. Nicht weni-

ZEITLEISTE 1997

18.06. Türkischer islamistischer Präsident vom Militär zum Rücktritt gezwungen
21.06. Bisher 2700 Tote bei türkischem Krieg gegen Kurden
26.06. Ungefähr 4% der Menscheit nehmen regelmäßig illegale Drogen zu sich
28.06. In Berlin Demo für Homo-Ehe, 250.000 sind dabei
02.07. USA: Trotz Protesten neue Atomwaffentests in Nevada
07.07. Sieg der vietnamfreundlichen Fraktion der roten Khmer im Kampf in Kambodscha
08.07. Unruhen in Nordirland, ein Loyalist jagt sich selbst in

ge glaubten offensichtlich, dass eine Organisation ein positiver Wert sei und bauten die AA/BO auf. Nach zehn Jahren wurde diese Organisation wieder abgebaut. Gleichzeitig konnte mensch viele GenossInnen beim Betreten unbekannten Terrains beobachten, nämlich einem Wahllokal. Auch wenn mensch sich keine Illusionen über die PDS und vor allem ihrer mindestens kleinbürgerlich-spießigen bis reaktionären Basis speziell und dem Parlamentarismus allgemein machte, glaubten nicht wenige, dass ein Kreuz auf einem Wahlzettel nicht nur nichts schaden, sondern sogar 'was nützen könne. Diese Illusion wurde, wenn auch ungewollt, von Spaßparteien wie der KPD/RZ und anderen geschürt und auch ich hab mir einen gegrinst, wenn die in Wahllokalen rund um die Oranienstraße in Kreuzberg mehr als 17% der Stimmen bekamen. Auch Autonome aus Wuppertal traten 1994 mit der Liste „Die Unregierbaren" zur Europawahl an und bekamen bundesweit knapp 40.000 Stimmen. Die Geschichte der Grünen Partei, vom außerparlamentarischen Stand- und dem parlamentarischen Spielbein, ihre Entwicklung von der angeblichen Protestpartei bis hin zur ersten Beteiligung einer deutschen Armee an einem Krieg seit 1945 und eine Reihe von weiteren Schweinereien war offensichtlich nicht ausreichend reflektiert worden. Natürlich macht die PDS die gleichen Schweinereien, wenn sie an der Regierung ist und natürlich giert die PDS völlig unverhohlen nach möglichst viel Machtbeteiligung und wird alles dafür tun. Die höchste Form des Treppenwitzes wurde mit der Gründung „Autonomer Gruppen in und bei der PDS" kreiert.

Auch beim dritten Golf-Krieg 2003 wurde die alte Linie fortgesetzt. Anti-Kriegs-Aktionen waren „pfui bäh", weil irgendwelche Haare in der Suppe schwammen, bzw. Herr und Frau Anti-Deutsch waren gleich voll auf Kriegskurs. Altbackene orthodoxe Vorstellungen („Etappenmodell") wurden relauncht, um den imperialistischen Krieg zu legitimieren. Die „Feudalstruktur" müsse weg und durch die „Entfesselung der Produktivkräfte" im modernen Kapitalismus ersetzt werden, um die Voraussetzungen für den Kommunismus (welchen auch immer) zu schaffen. (Dieser Bellizismus gilt aber merkwürdigerweise nur, solange die USA bombt. Sobald die BRD dies tut, sieht das ganz anders aus.) Der olle Marx würde sich totlachen, wenn er einen solchen Vulgärquatsch hören würde.

Mein Vorschlag für in die linksradikale Szene reintegrationswillige Anti-Deutsche: Sechs monatiger Aufenthalt in einem Trikontland mit Anbindung an emanzipatorische Basisprojekte, damit ein paar Realitäten und Prioritäten zurecht gerückt werden.

ZEITLEISTE 1997

die Luft

12.07. Guerilla-Angriff auf Ölpipeline in Kolumbien, zehn Soldaten sterben

17.07. Europarat gegen Isohaft und Bullenterror gegen Flüchtlinge in der BRD

20.07. Neue Waffenruhe der IRA

28.07. Armeeoffensive gegen Islamisten in Algerien, 300 Tote

30.07. Türkische Bullen zerschlagen Demo von Islamisten für Koranschulen

30.07. Selbstmordanschläge in Jerusalem, 14 Tote

Kurt Tucholsky
Der Mensch

(...) „Jeder Mensch hat eine Leber, eine Milz, eine Lunge und eine Fahne; sämtliche vier Organe sind lebenswichtig. Es soll Menschen ohne Leber, ohne Milz und mit halber Lunge geben; Menschen ohne Fahne gibt es nicht." (...)

Deutsche-Antideutsche beim „Israel-Soliblock" am 1. Mai 2003 in Berlin

Zeitleiste 1997

05.08. Vertreibung von Muslimen durch kroatische Bullen in Jajce
06.08. Anti-Nazi-Razzien in der BRD
08.08. Nazi-Überfall auf Campingplatz am Bodensee
09.08. Greenpeace besetzt Plattform in der Nordsee wegen der geplanten Ölförderung
12.08. Tschetschenische Regierung macht Russisch zur Fremdsprache
16.08. Trotz Protest der Islamisten, neues Gesetz in der Türkei entmachtet Koranschulen

12. Internationalismus Anti-Globalisierung

Nach dem Ende der IWF-Kampagne 1988 verschwindet das Thema Weltwirtschaft und internationale Solidarität für Jahre aus dem Blickwinkel der Autonomen und Linksradikalen.
1998/99 gelingt es der nordamerikanischen und westeuropäischen Anti-MAI-Bewegung (MAI: Multilateral Agreement on Investment), Teile der Linksradikalen für den sich vollziehenden grundlegenden Wechsel in der Vorherrschaft der transnationalen Konzerne zu sensibilisieren. Durch die Auseinandersetzungen im Verlaufe der WTO-Konferenz (WTO: World Trade Organisation) von Seattle 1999 ist dann plötzlich die *Globalisierung* in aller Munde.

Sozialdemokratisch regierte Länder sind in den 90er Jahren auf neoliberalen Kurs umgeschwenkt und geben immer mehr Handlungsvollmachten an supranationale Organisationen wie die WTO oder die EU ab. Und dies im vollem Bewusstsein, damit die Macht der Lobbygruppen der Multis nur noch zu stärken.
Die Folgen sind einschneidend. In vielen wirtschaftlichen Fragen haben die Parlamente nichts mehr zu sagen. Hier entscheiden die WTO, die OECD oder die EU-Kommission allein – im Einvernehmen mit den Bossen aus den Konzernzentralen der Multis.
Liberalisierung, Deregulierung und Globalisierung werden seit ein paar Jahren auch in den Metropolen spürbar. Auch hier beschleunigt sich die Umverteilung des gesellschaftlichen Reichtums. Auch hier wachsen Armut und Sozialabbau. Im Zuge der „Standortkonkurrenz" auf dem Weltmarkt tobt eine gnadenlose Rationalisierungswelle durchs Land. Immer mehr Menschen müssen für immer weniger Geld malochen. Die „dritte Welt" ist in den Metropolen angekommen.

Dies ist der materielle, polit-ökonomische Hintergrund für das Entstehen von etwas völlig Neuem, der *Antiglobalisierungsbewegung*.
Diese neue Form des Internationalismus entpuppt sich allmählich aus dem alten Kern der Kampagnen-Solidarität. Ist die Kampagne gegen die weltweiten Columbusfeiern 1992 („500 Jahre Ausbeutung und Unterdrückung sind genug") und der massive Widerstand gegen die IWF-Weltbanktagung im Herbst desselben Jahres in Ma-

ZEITLEISTE 1997

25.08. Der neunte Anschlag in der schwedischen Anti-Olympia Kampagne
28.08. Überfall auf algerisches Dorf, 300 Tote
04.09. Hamas-Anschlag in Jerusalem, acht Tote
04.09. Anschlagswelle gegen kubanische Hotels, ein Toter
09.09. Neue Zeitrechnung in Nordkorea ausgerichtet nach Geburt des verstorbenen Staatschefs
11.09. Schotten stimmen für eigenes Parlament
15.09. Friedensverhandlungen in Nordirland beginnen
18.09. Auch die Waliser wollen eigenes Parlament

drid noch eher etwas Altes, schon Bekanntes – so kündigt sich mit dem Ya-Basta-Aufstand der EZLN am 1.1.1994 eine neue Ära an.

Die Zapatistas machen von Anfang deutlich, das es ihnen weniger um die Eroberung der Staatsmacht geht, als um die Erlangung von Autonomie und Würde für die indigenen Völker in der ganzen Welt. Die uralten Forderungen nach „Demokratie, Freiheit, Gerechtigkeit!" werden mit neuem Leben gefüllt. Die indigene Guerilla kämpft ihrem Anspruch nach nicht um, sondern gegen die Macht.

Die EZLN stürmt nicht die Regierungspaläste der Hauptstadt, sondern beginnt unmittelbar nach dem Aufstand mit der Selbstorganisation der indigenen Dörfer und Gemeinden.

Die Briefe und Erklärungen des Subcommandante Marcos sind etwas völlig Unbekanntes. Hier demaskiert ein Guerillero mit Witz und Ironie die überkommene Herrschaft des weißen Mannes und des globalen Kapitals. Hier spricht die politische Macht der Guerilla weniger aus den Gewehrläufen, sondern eher aus der geschickt eingefädelten internationalen Solidaritätskampagne mit Internet und Laptop im lakandonischen Urwald. Die weltweite Kommunikation und Koordination von Soli-Aktionen per Internet stellen eine neue Qualität dar.

Mit den ersten „intergalaktischen Treffen" wird eine neue Form des Internationalismus und vor allem des internationalistischen Bewusstseins eingeleitet. Die Einordnung dieser Bewegung durch die Medien als *Antiglobalisierungsbewegung* stellt die Verhältnisse auf den Kopf. Tatsächlich hat der neue Internationalismus ein hohes Bewusstsein von der globalen, wechselseitigen Abhängigkeit von Ökonomie, Ökologie, Reichtum und Unterdrückung. Aber weil bisher nur das Gesetz des Weltmarkts alles regelt und beherrscht, wendet sich die Bewegung gegen *diese* Form der Globalisierung.

Was den Widerstand zu Beginn des 21. Jahrhunderts von dem des vergangenen Jahrhunderts positiv unterscheidet, ist sein wesentliches höheres Bewusstsein von der Globalität des Angriffs und der Einsicht in die Notwendigkeit der Entwicklung einer Globalität des Widerstands.

Im Zuge des neuen Aufschwungs der Internationalismusbewegung entstehen auch neue Formen der Vernetzung: Peoples Global Action (PGA) oder *Indymedia* sind Ausdruck davon. Auch die seit 1999 in Europa durchgeführten Grenzcamps sind eine neue Form, das Thema der internationalen Migration ins Bewusstsein zu rücken.

„Manchmal muß man eine Maske tragen, um sich erkennbar zu machen."

Wie setzt sich diese neue Bewegung politisch zusammen?

1. Von der zapatistischen „Internationale der Hoffnung" zu PGA

Im Sommer 1996 lädt die EZLN zu einem 1. interkontinentalen, „intergalaktischen Treffen gegen den Neoliberalismus und für eine menschliche Gesellschaft" zu sich in den lakandonischen Urwald ein. Über 3000 Menschen aus aller Welt folgen dem Aufruf zur Bildung eines „weltweiten Netzwerkes der Widerständigkeiten gegen den Neoliberalismus".

Zeitleiste 1997

20.09. Italien: Knapp 1 Mio. demonstrieren gegen Lega Nord
22.09. Angriff auf Vorort von Algier, 200 Tote
28.09. Massenstreik gegen die Regierung in Israel
30.09. Artilleriegefechte an der indisch-pakistanischen Grenze, 15 Tote
01.10. Israel lässt gelähmten Chef der Hamas frei
01.10. Österreichischer Nazi-Briefbombenattentäter in Haft, Handschellen anlegen unmöglich
01.10. UN-Soldaten schalten nicht genehme Sender in Bosnien ab

Auf einer Konferenz in Genf im Februar 1998 wird dieses Netzwerk dann offiziell unter dem Namen „People's Global Action gegen Freihandel und die WTO" (PGA) ins Leben gerufen. Die bis dahin wenig beachtete Welthandelsorganisation (WTO) wird auserkoren, weil sie besser als jede andere die neuen ökonomischen Machtverschiebungen deutlich macht.

PGA versteht sich als offenes Netzwerk und Mittel zur Kommunikation und Koordination, nicht als Organisation, d.h. die Gruppen und Bewegungen, die an PGA teilnehmen, sind weiterhin völlig autonom in ihren Entscheidungen. Es gibt weder eine Mitgliedschaft noch ein „ZK", welches Aktionen zentral plant und dann an die jeweiligen Gruppen zur Ausführung weiterleitet.

Allerdings sind folgende Eckpunkte von PGA, wie sie auf der Konferenz in Cochabamba, Bolivien, im September 2001 beschlossen werden, für alle verbindlich:

„1. Eine klare Ablehnung von Kapitalismus, Imperialismus und Feudalismus und aller Handelsabkommen, Institutionen und Regierungen, die die zerstörerische Globalisierung vorantreiben.

2. Ablehnung aller Formen und Systeme von Herrschaft und Diskriminierung, einschließlich (aber nicht beschränkt auf) Patriarchat, Rassismus und religiösen Fundamentalismus aller Art. Wir erkennen die vollständige Würde aller Menschen an.

3. Eine konfrontative Haltung, da wir nicht glauben, dass Lobbyarbeit einen nennenswerten Einfluss auf die undemokratischen Organisationen haben kann, die maßgeblich vom transnationalen Kapital beeinflusst sind.

4. Ein Aufruf zu direkten Aktionen und zivilem Ungehorsam, Unterstützung für die Kämpfe sozialer Bewegungen, die sich für Respekt vor dem Leben und den Rechten der unterdrückten Menschen einsetzen, wie auch den Aufbau von lokalen Alternativen zum Kapitalismus.

5. Eine Organisationsphilosophie, die auf Dezentralisierung und Autonomie basiert."

ZEITLEISTE 1997

23.10. Börsenkrach in Hongkong hat weltweite Auswirkungen, Wirtschaftskrise in Asien
08.11. Für den Frieden demonstrieren 200.000 Israelis
16.11. Ungarn stimmen für NATO-Beitritt
17.11. Anschlag auf TouristInnen in Ägypten bei Luxor, 68 Tote
23.11. Gefechte der Amal mit israelischen Truppen im Libanon, neun Tote
27.11. In Bonn 40.000 bei StudentInnendemo
09.12. Atombunker für die Regierung wird geschlossen

PGA schreibt in einer Stellungnahme: „So erfolgreich die Idee der Globalen Aktionstage ist, die mit wenigen AktivistInnen begann und wie im März 2002 in Barcelona, hunderttausende Leute auf die Beine bringt, so ist sie dennoch nicht ganz widerspruchsfrei. Die noch sehr junge Bewegung (...) hat es geschafft der angeblichen Alternativlosigkeit des Kapitalismus ein trotziges 'Eine andere Welt ist möglich!' (Motto des Welt-Sozialforums) entgegenzusetzen." Dieses Motto ist dann aber auch der kleinste gemeinsame Nenner der sehr vielfältigen Bewegung. Während für einige eine andere Welt ein anderer, besserer Kapitalismus bedeutet, suchen andere nach Perspektiven jenseits des Kapitalismus. Diese Vielseitigkeit ist für die einen Beliebigkeit, für die anderen Zeichen demokratischer Reife, weil die Bewegung sehr unterschiedliche Positionen nebeneinander stehen lassen kann, ohne sich in fruchtlose Grabenkämpfe nach der einzigen richtigen Position zu verrennen. Gleichzeitig findet eine klare Abgrenzung gegen rechts statt.

Ganz so harmonisch ist das Nebeneinander von außerparlamentarischen SozialdemokratInnen, TrotzkistInnen und antiinstitutioneller Opposition, die ihrerseits von Autonomen über Ökos bis FeministInnen reicht (bisweilen auch in Personalunion), freilich nicht. So werfen eher reformistische Teile der Bewegung, insbesondere aus dem Umfeld von „Attac", radikaleren Teilen vor, zu militant zu sein und dadurch dem öffentlichen Eindruck zu schaden, während viele Basisbewegungen ihnen ihrerseits vorwerfen, die Proteste zu instrumentalisieren und sich als Alleinvertreter „der" Bewegung darzustellen.

Und auch wenn viele Umfragen gezeigt haben, dass die Proteste durchaus auf Sympathien stoßen, ist und bleibt die Bewegung gesellschaftlich noch immer isoliert, vor allem die radikaleren Teile.

In Deutschland ist zudem die Einbindung von PGA in lokale Basisbewegungen bzw. Basisgruppen sehr dürftig. Die Menschen, die sich bei PGA engagieren, balancieren auf einem hohen und

ZEITLEISTE 1997

10.12. Dario Fo bekommt Literaturnobelpreis
14.12. Fette Krawalle von Republikanern in Derry
20.12. Krawalle in Paris und Lyon weil die Bullen 2 Jugendliche getötet haben
22.12. Angriff von Paramilitärs auf Indio-Flüchtlingslager in Mexiko, 45 Tote
24.12. Carlos kriegt in Paris lebenslänglich
25.12. Weihnachten wieder Feiertag auf Kuba
27.12. Ein einsitzender Loyalistenführer wird von INLA-Knackis in nordirischem Knast erschossen

dünnen Seil, einfach weil es an politisch bedeutsamen und größeren lokalen Antiglobalisierungsgruppen in der BRD mangelt. So ist eine Rückkoppelung zwischen den weltweiten PGA-Treffen und der politischen Basis äußerst schwer bzw. der Willensbildungsprozess von unten, was will die radikale Linke von PGA, nur sehr dürftig entwickelt. Die Gefahr, wieder mal nur abgehobene Politik zu machen, ist auch bei diesem globalen Basis-Netzwerk durchaus vorhanden.

2. Attac!

Ein zentraler Akteur der Antiglobalisierungsbewegung ist „Attac. Die in Frankreich 1997 aus Kreisen aus der Zeitschrift *Le monde diplomatique* gegründete „Vereinigung zur Besteuerung von Finanztransaktionen im Interesse der BürgerInnen" fand rasch eine weltweite Ausbreitung. Seit Seattle 1999 und dem Welt-Sozialforum in Porto Alegre gehört Attac zumindest in den Medien zu den Sprechern der Antiglobalisierungsbewegung.

In Deutschland setzt der Run auf Attac erst richtig nach Genua 2001 ein. Hier vereinen sich sowohl ehemalige linke Grüne und GewerkschafterInnen wie viele jüngere AktivistInnen. Attac hat kein Programm. Doch weisen die Erklärungen und Statements ihrer SprecherInnen eindeutig in die Richtung der Wiederbelebung der staatlichen Lenkungsfunktion. Durch eine gestärkte staatlich regulierte Wirtschafts- und Finanzpolitik soll die „Entfesselung" des Kapitalismus wieder rückgängig gemacht werden. Die internationalen Finanzmärkte werden dabei als die Verursacher angesehen und sollen mit der Tobin-Steuer gezähmt werden.

Die Aufgabe der gesellschaftlichen Bewegung ist es, auf nationaler und internationaler Ebene Druck auf die Politiker zu erzeugen: „Nur dann wird die etablierte Politik die Interessen der Mehrheit der Menschen gegen die Interessen der Wirtschaft vertreten" (*taz*-Beilage vom Juni 2001).

Wie so oft erscheint der Staat in den Aussagen dieser GlobalisierungsgegnerInnen als ein im Grunde neutrales Instrument. Ganz gemäß dem Mainstream sind die SprecherInnen stolz darauf, als „pluralistisch, unideologisch, radikal und pragmatisch" angesehen zu werden (so Peter Wahl, ebd.). Dass sie damit neue Illusionen, neue Ideologien produzieren, fällt nur den NörglerInnenn aus der linken Ecke auf.

Dennoch – in Deutschland gelingt es einzig Attac, breitere Kreise für das Thema Globalisierung zu sensibilisieren. Die Teilnahme von 1000 Menschen an der Sommerakademie in Marburg im Sommer 2002 belegt das hohe Interesse. Und sowohl die Themenauswahl wie das Spektrum der TeilnehmerInnen lassen eine politische Einordnung als „reformistisch" nicht so einfach zu.

Attac hat eine sehr offene Struktur und es liegt mehr an den Autonomen selbst, dass sie keinen Zugang zu diesem Teil der Antiglobalisierungsbewegung finden. Die schon bekannte Mischung aus Vorurteilen („alles Reformisten"), Scheu und Unfähigkeit (sich mit politisch Andersdenkenden auseinander zu setzen) tritt hier wieder zu Tage.

3. Die Autonomen

In dem neuem europäischen Bewegungszyklus

ZEITLEISTE 1998

1998

01.01. Hutu-Milizen greifen Kaserne in Ruanda an
03.01. Nazi-Krawalle in Schweden, 314 Festnahmen
03.01. Mexikos Innenminister muss wegen Aktionen der Paramilitärs zurücktreten
11.01. Angriff auf algerisches Dorf, 428 Tote
16.01. BRD-Verfassung geändert um großen Lauschangriff zu ermöglichen
16.01. Islamistische Regierungspartei in der Türkei verboten
25.01. Sri Lanka: Selbstmordanschlag der Tamil Tigers, 16 Tote

von Prag über Göteborg nach Genua bewähren sich die Autonomen im positiven Sinne als ReisechaotInnen: Es gibt relativ wenig koordinierende Vorbereitung und inhaltliche Debatten über die richtige Strategie vor Ort, sondern mensch fährt einfach hin, fügt sich in die vorhandene logistische Struktur ein und beteiligt sich an den Kämpfen.

Die Rolle des Theoretikers der linken Globalisierungskritik übernehmen der BUKO und „medico international". Autonome kümmern sich wie nach Göteborg und Genua mehr um die Opfer der Bullenrepression. Debatten wie z.B. um die reformistische Rolle der NGOs in der Anti-Globalisierungsbewegung bleiben auf einen kleinen Kreis, wie bei PGA, beschränkt.

Versuche autonomer Gruppen – die Globalität des Angriffs, wie am Beispiel Argentinien, mit den lokalen Verhältnissen (die horrende Verschuldung Berlins und die drastische Sparpolitik des Senats auf Kosten der Armen) in Beziehung zu setzen – bleiben in den Anfängen stecken und vermögen noch nicht einmal die kleine radikale Linke Berlins am „global action day" im Dezember 2002 zu mobilisieren.

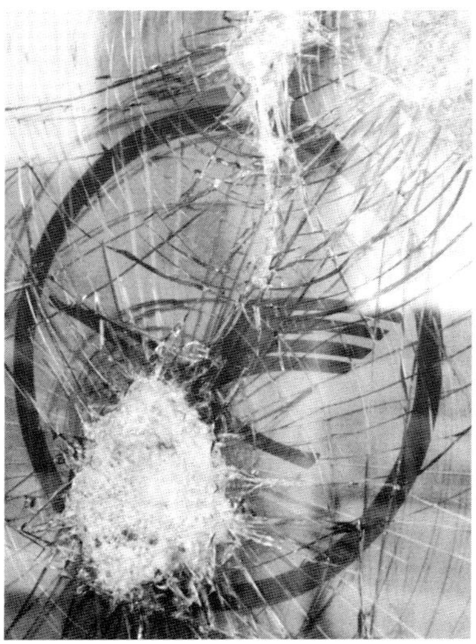

Das Eventhopping: Von Amsterdam über Prag nach Genua

In Westeuropa konzentriert sich die Linke in der zweiten Hälfte der 90er Jahre zunächst auf die EU. Vor allem linke GewerkschafterInnen aus Südeuropa mobilisieren für die Euromärsche nach Amsterdam 1997, wo es zu heftigen Auseinandersetzungen mit der Polizei kommt. Zwei Jahre später beim Kölner EU-Gipfel beteiligen sich zwar auch einige bundesdeutsche autonome Gruppen an den Vorbereitungen, aber insgesamt bleibt doch fast alles in gewohnten, ordentlichen Bahnen.

Dafür überrascht Seattle im Spätherbst 1999 die Weltöffentlichkeit. Zum ersten Mal knallt es in neuerer Zeit in den USA gewaltig, die WTO-Tagung kann nur mühsam zu Ende gebracht werden. Zehn Monate später gelingt den europäischen GlobalisierungsgegnerInnen und insbesondere dem linksradikalen, militanten Flügel darin, ein bisher noch nicht da gewesener Erfolg. Die Herbsttagung von IWF und Weltbank vom 25.-28.9.2000 in Prag muss abgebrochen werden. Darüber ist in den deutschen Medien nichts zu lesen, dafür bringt die *Interim* eine ausführliche Berichterstattung.

ZEITLEISTE 1998

30.01. ETA erschießt rechten Kommunalpolitiker in Sevilla
06.02. Der korsische Präfekt wird von Separatisten erschossen
07.02. Krawall gegen NPD-Treffen in Passau
08.02. Krawall bei Antifa-Demo in Magdeburg nach Nazi-Mord an Punk
11.02. Nazi-Zentrale in Hetendorf wird von den Bullen geschlossen
14.02. Unruhen in Indonesien gegen hohe Lebensmittelpreise
15.02. Bombenanschläge in Indien während der Wahlen, 81 Tote

„Smash the IMF"!
Am Montag wurde in einem alten Fabrikgebäude in allen Ecken in einem babylonischen Sprachgewirr diskutiert, Schilder, Transpis gemalt. Die Delegiertentreffen mit über 500 Delis aus ganz Europa waren ein Erlebnis für sich.

Es wurden beschlossen, in drei Zügen trotz Demoverbot nach der Kundgebung zum IWF-Konferenzsaal zu marschieren.
Am nächsten Morgen versuchten einige Hundert, die IWF-Bonzen an der Abfahrt aus ihrem Hotel zu hindern, vereinzelt gelang dies auch. Zum Beispiel wurde der finnische Außenminister in einem Hotel beim Frühstück gesichtet und der durfte dann 3 Stunden vor seiner Kaffeetasse sitzen, weil ihn die DemonstrantInnen nicht mehr rausließen.
Nach der Kundgebung trennten sich die drei Züge und begannen ab 12 Uhr die Blockaden. Wie vorher, in vielen Koordinationstreffen abgesprochen, wurden nun mit den unterschiedlichsten Kampfformen von Sitzblockaden, Menschenketten, Durchbruchversuchen mit bzw. ohne Steine und Mollis die 11.000 Prager Bullen beschäftigt. Der militärischen Überlegenheit setzten die 15.000 IWF-Gegner ihre Phantasie und Kreativität, aber auch ihre Entschlossenheit entgegen.
So kam es zur der Blockade durch das Ya-Basta-Bündnisses auf der Brücke, hier standen mit Schaumstoff und Bauhelm „bewaffnete" Gruppen einer mit Panzern und Wasserwerfern schwer ausgerüsteten Römergarde gegenüber. An anderer Stelle war es wie zu besten Zeiten am 1. Mai in Kreuzberg. Dem blauen Zug war es recht schnell gelungen bis 100 Meter ans Kongressgebäude vorzudringen. Erst nach mehr als einer Stunde schafften es die Bullen mit Wasserwerfern und massivem Tränen-

ZEITLEISTE 1998

24.02. Das letzte nicht legalisierte Haus in Berlin wird geräumt
05.03. Anti-UCK-Offensive der serbischen Armee im Kosovo
22.03. Kosovo- Albaner wählen von der serbischen Regierung nicht anerkanntes Parlament
26.03. In Berlin werden die Bezirke Friedrichshain und Kreuzberg zusammengeschmissen
28.03. Antifa-Demos in vielen Städten Frankreichs
01.04. Schengener Abkommen reduziert Grenzkontrollen in der BRD

gaseinsatz die 5000 „blauen" DemonstrantInnen, vorwiegend GenossInnen aus Spanien, Deutschland und Osteuropa, wieder einige hundert Meter zurückzudrängen. In dem Stadtteil unterhalb des Kongressgebäudes wurden dann Barris gebaut und es flogen reichlich Klamotten. Zwischendurch war es gelungen, einige Shuttle-Daimler mit IWF-Bonzen anzuhalten, einem hochrangigen japanischen Politiker wurde die Fresse poliert und sein Auto demoliert.
Derweil hatte der „rote" Zug mit ebenfalls 5000 Menschen mit so genannten gewaltfreien Mitteln die übrigen Zufahrten zum Kongressgebäude blockiert. Ab 16 Uhr ging für die IWF-Bonzen nix mehr. Es gelang sogar einer Gruppe von 50 Menschen, in das Gebäude einzudringen!
Abends vor der Oper trafen sich mehr als 4000 Leute und blockierten ein geplantes Festessen. Unterdessen, was die meisten erst am nächsten Tag in der Zeitung lasen, wurden die IWF-Bonzen mit der U-Bahn weggekarrt. Was für eine Pleite für die Bullen!
Als es auf dem Wenzelsplatz dunkel wurde, klirrten plötzlich die Scheiben von McDonalds und binnen Minuten waren Dutzende in dem Laden und räumten dort mehr als gründlich auf. Danach gingen noch die Scheiben von Kentucky-Fried-Chicken zu Bruch und eine tschechische Bank und ein Kaufhaus wurden besucht. Am späteren Abend standen wir vor einem Edelpuff und warteten auf die Kundschaft aus den IWF-Hotels. Doch die kam nicht. Wie sich dann in der Nacht herausstellte, hatte die IWF-Security allen KongressteilnehmerInnen ein Ausgehverbot erteilt! Alle großen Hotels waren mit Hunderten von Bullen umstellt.
Wann hat's das schon mal bei internationalen Events dieser Größenordnung gegeben?
Wir gingen mit dem Gefühl ins Bett, dass wir ihnen gehörig die Suppe versalzen hatten.
Am Donnerstag in Berlin rieben wir uns dann doch etwas verwundert die Augen, als wir in deutschen Zeitung lasen, dass der Kongress „erfolgreich vorzeitig beendet" wurde. Die deutschen Medien haben mehr als verzerrend über die Massivität des Widerstandes in Prag berichtet. Im Gegensatz z.B. zur International Herald Tribune, *die von einem „Abbruch" des Kongresses schrieb oder vom englischen* Guardian, *der von einem „vollen Erfolg" der Globalisierungsgegner schrieb, waren sich die deutschen Medien nicht zu blöde, den Prager Global Action Day völlig totzuschweigen.*
Die Prager Aktionstage waren ein Treffen von GlobalisierungsgegnerInnen aus sehr vielen europäischen Ländern, besonders auch aus Osteuropa. Im Gegensatz zur IWF-Kampagne 1988 in Berlin war dies wirklich eine europaweit koordinierte Geschichte gewesen. Wir wollten aus diesem augenblicklichen Erfolg nun kein Sieg über den IWF herbeiphantasieren. Aber so schnell würden diese Herrn nicht wieder nach Europa kommen!

ZEITLEISTE 1998

08.04. Neues Flüchtlingsschikanegesetz in Frankreich beschlossen
08.04. Das neue Zugangsprogramm von t-Online wird von 16jährigem geknackt
09.04. Generalstreik in Griechenland
10.04. Tausende Kosovo-Albaner demonstrieren für Unabhängigkeit
11.04. Gefechte zwischen Soldaten und PKK-Kämpfern in der Türkei, zehn Tote
20.04. RAF löst sich auf

Genua

Im Juli 2001 versammeln sich in Genua mehr als 300.000 Menschen, um gegen die Propagandashow des G8-Gipfels zu demonstrieren. Die Anti-Globalisierungsbewegung vereinigt in Genua auf beeindruckende Art und Weise die europäische Linke. Die Spaltungsversuche der Gewaltfreien von den Militanten durch die Regierung wie von einzelnen Organisatoren gelingt nur teilweise.
Der gleich folgende Bericht eines Aktivisten klammert die üble Bullenrepressionswelle mit dem Überfall auf die Diaz-Schule und den Folterungen in den Carabinieri-Knästen aus und konzentriert sich auf die Darstellung der „Action".

Nach den Ereignissen setzt in den bürgerlichen Medien ein heftiges Trommelfeuer gegen die Militanten von Genua ein, die fälschlicherweise als einheitlicher „black bloc" beschrieben werden. Susan George und andere SprecherInnen von Attac übernehmen den Sprachcode der Bullen und denunzieren die Militanten als „Terroristen". In Italien werden wieder die üblichen Verschwörungstheorien hervorgekramt: Der „black bloc" sei von Zivilpolizisten unterwandert bzw. ferngesteuert, da eine bestimmte Fraktion aus dem von einem Faschisten geleiteten Innenministerium ganz bewusst den Krawall wollte, um anschließend die gesamte außerparlamentarische Linke Italiens um so leichter kriminalisieren zu können, und so weiter.
In dieser erhitzten Debatte geht völlig unter, dass eine vierstellige Zahl von Militanten aus ganz Europa nach Genua gefahren ist mit dem erklärten Ziel, die hermetisch eingezäunte Innenstadt, die „Rote Zone", zu stürmen, um den G8-Gipfel so zu blockieren.

Für uns war klar: In Genua wird's abgehen. Die ItalienerInnen sind gut drauf. Tute Bianche hat viel Power und die Massen werden kommen.
Unser Ziel war auch klar: Den Gipfel stören und möglichst zum Abbruch bringen. Gerade der militante Angriff auf die Rote Zone sollte ein Zeichen setzen, dass wir diese Ordnung der Herrn der Welt mit allen uns zur Verfügung stehenden Mitteln bekämpfen. Mit ihnen ist kein Dialog und keine Reform möglich!
In Genua gab es dann leider wenig Koordination und Kommunikation zwischen Cobas-Gewerkschaften, Attac, Gewaltfreien, Militanten und Tute Bianche. Alle waren voneinander getrennt. Letztendlich lief die Koordination zwischen den Zügen wesentlich schlechter als in Prag. Unsere Gruppe verständigte sich darauf, zusammen mit den Cobas und vielen tausend anderen Autonomen und AnarchistInnen die Rote Zone von Norden aus anzugreifen, und falls wir

ZEITLEISTE 1998

01.05. Nazis versuchen in Leipzig zu demonstrieren, Antifa erwischt einige trotz Bullenärger
01.05. Danach kann man in Berlin noch bei den Maifestspielen teilnehmen
08.05. In Dänemark wird ein Streik verboten
12.05. Türkische Faschos erschießen Vorsitzenden des Menschenrechtsvereins
14.05. Hunderttausende Palästinenser demonstrieren gegen Israel
19.05. Der RAF-Gefangene Helmut Pohl wird begnadigt

das nicht schaffen, die Tute Bianche zu unterstützen.
An Freitag kam dann alles anders. Der riot fing zwei Stunden früher als geplant an. Das lag auch daran, dass einige Jüngere es nicht abwarten konnten und sich an einigen Banken verlustierten. Das lag aber auch an den recht schnell einsetzenden brutalen Angriffen der Bullen, die den geplanten Demozug in zwei Teile spalteten. Der deutlich kleinere, überwiegend schwarz gekleidete Block zog marodierend nach Norden. Gegen 15 Uhr scheiterte der Angriff der ca. 700 Militanten auf die Zona Rossa von Norden her, weil sich 100 Gewaltfreie vor die Bullen gestellt hatten. Danach löste sich der sogenannte black bloc auf. Die Medienberichte über den black bloc sind eine Mischung aus Bullenberichten und dem Gewäsch verständnisloser JournalistInnen, die noch nie eine größere Randale mitbekommen haben. Den Vogel schoss dabei der Korrespondent der Süddeutschen Zeitung ab, der sich zu der Behauptung verstieg, der „Schwarze Block habe agiert wie eine Armee" und sei von IRA- oder ETA-Leuten angeführt worden. Die Realität sah auch am Samstag völlig anders aus. Auf der Großdemo war alles durchmischt und es gab keinen Schwarzen Block. Nach den tödlichen Schüssen vom Vorabend hatten wir nicht erwartet, dass die einzige vor Ort anwesende Armee, die 18.000 Bullen, ihr militärisch-brutales Vorgehen noch steigern würden. Die Antwort auf das Tränengasbombardement in die Demo am Convergence-Center waren Gegenangriffe von vielen Kleingruppen. Bei diesen Auseinandersetzungen gingen dann auch eine Bank und ein Reisebüro in Flammen auf, über denen Wohnhäuser waren – Aktionen, die bei uns auf großes Unverständnis stießen.
In Genua ist das, was in den 80er Jahren einige antiimperialistischen Gruppen sich erträumt hatten, Realität geworden: Zusammen kämpfen auf europäischer Ebene. Das ist für uns eine neue Erfahrung. Trotz der Ermordung von Carlo, trotz der vorher nicht vorstellbaren Bullenbrutalität, sind wir am Sonntag zufrieden nach Hause gefahren. Hunderte von uns haben einen sehr hohen Preis bezahlen müssen. Aber wir alle haben dazu beigetragen, die Show der Herrn der Welt gehörig durcheinander zu bringen. Wenn in den Tagen von Genua jeden Abend im italienischen Staatsfernsehen 20 Minuten über die Aktionen der GlobalisierungsgegnerInnen berichtet werden musste und nur fünf Minuten über Berlusconi, Schröder, Bush und Konsorten, ist wohl die Frage geklärt, wessen Strategie und Taktik aufgegangen ist.

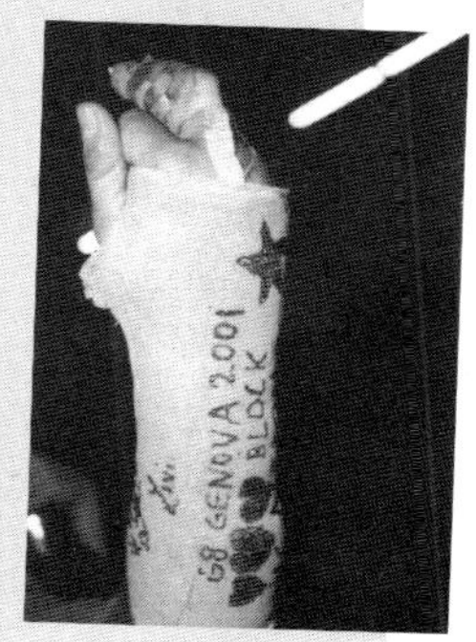

Diese und vorherige Seite: Fotos vom G8-Gipfel in Genua

ZEITLEISTE 1998

21.05. Durch wochenlange Unruhen wird der indonesische Präsident zum Rücktritt gezwungen
22.05. Iren und Nordiren stimmen für Frieden
28.05. Die Dänen stimmen für den EU-Vertrag
30.05. Krawalle bei Loyalisten-Parade in Portadown, Nordirland
05.06. Grenzkrieg zwischen Eritrea und Äthiopien beginnt
08.06. Neues AKW in der Slowakei geht ans Netz
30.06. US-Luftangriff auf Irak
03.07. Russische Bergarbeiter blockieren die transibirische Bahn um ihre Löhne zu kriegen

Der 11.9. erstickt dann die unerquickliche Auseinandersetzung nach Genua. Bis zum zweiten Welt-Sozialforum in Porto Alegre im Frühjahr 2002 ist das Thema Globalisierung weitgehend aus den Schlagzeilen verschwunden.

Die Resonanz in den bundesdeutschen Medien auf das europäische Sozialforum in Florenz Ende 2002 ist im Vergleich zu Genua äußerst bescheiden. Obwohl inhaltlich und von der TeilnehmerInnenzahl Florenz bedeutsamer ist, zeigt der Vergleich Genua 2001 mit Florenz 2002, dass es zumindest für die Medien und wahrscheinlich auch für die herrschenden Politik sehr auf die richtige Mischung von Militanz und Propaganda ankommt: Will die radikale Linke weltweit gehört werden, muss sie auch den Krawall immer wieder neu inszenieren!

Florenz
Anfang November 2002 versammelten sich in Florenz über 50.000 TeilnehmerInnen zum Europäischen Sozialforum (ESF). Diese unerwartet hohe Resonanz eines im Vorfeld durch die italienische Regierung kriminalisierten Treffens der Globalisierungs- und KriegsgegnerInnen wurde noch durch die eine Million, die sich zur Abschlussdemonstration einfand, übertroffen. Einige GenossInnen von FelS (Für eine linke Strömung) fuhren aus Berlin hin und kamen euphorisiert zurück:
„Die vielfältige Beschreibung des ESF als linker „Kirchentag", als „Jahrmarkt", „linke Messe" oder „bella confusione" deuten auf seine wesentliche Funktion hin: Die Selbstvergewisserung der Bewegung, zu existieren und stark zu sein. Wir sind jung, wir sind viele und wir hören die bessere Musik! (...) Der Aufmarsch der unzähligen Kleingruppen vom orthodox-kommunistischen über das anarchistische bis zum christlich-ökologischen Spektrum war ein einziges Babel und der Verzicht auf die konkrete politische Debatte das einzige Mittel, dieses Babel friedlich zusammenzuhalten. Dennoch: Es war ein grandioses Babel!"

Plakat zum Tod von Carlo Guiliani

ZEITLEISTE 1998

07.07. Unruhen in Nigeria nach dem Tod eines oppositionellen im Knast
09.07. Die Taliban verbieten den Afghanen Videos und Satellitenschüsseln
12.07. In Nordirland loyalistischer Anschlag auf gemischt christliche Familie, drei Tote
16.07. Erste Feuerpause im sudanesischen Bürgerkrieg seit 16 Jahren

13. Krieg ist Frieden

Auf der ersten Großdemo nach dem Beginn des Golfkrieges im Januar 1991 ziehen 80.000 mit der populistischen Parole „Kein Blut für Öl" durch die Straßen Berlins. Vorneweg marschieren die SPD und die Reste der Friedensbewegung, die Autonomen laufen mittendrin. Die Linksradikalen können sich so richtig austoben und demolieren die Innenstadt, denn für sie ist der Hauptfeind Bush und seine „neue Weltordnung" des imperialen Kapitalismus.

Für die Autonomen kommt nicht in Frage, sich mit Hussein zu solidarisieren. Die jahrelange Hofierung des Diktators durch die BRD, die gute rüstungspolitische Zusammenarbeit der BRD-Konzerne mit dem Irak sowie die Unterdrückung der kurdische Minderheit im Norden des Iraks machen aus Hussein einen ebenso verachtenswerten Gegner wie George Bush. Die Koordinaten des althergebrachten Freund-Feind-Schemas stimmen offenbar nicht mehr.

Die vorherrschende Parole der Antikriegsbewegung ist zwar „Kein Blut für Öl", aber die Autonomen kritisieren diesen verengten Kriegsbegriff: „Kampf dem Krieg am Golf ist für uns auch eine radikale Parole, die über die militärische Auseinandersetzung im Nahen Osten hinausgeht. Wir meinen damit den Krieg, der schon seit langem gegen die dortige Armutsbevölkerung geführt wird. Und dieser Krieg hat die unterschiedlichsten Gesichter: IWF- und Strukturanpassungsprogramme der Weltbank, Vertreibung und Vernichtung in Flüchtlingslagern, Zerstörung der eigene Lebensmittelversorgung oder UNO-Hungerblockaden gegen die irakische Bevölkerung". In ihrem Redebeitrag auf der Berliner Groß-Demo warnen die Autonomen davor, nicht wieder denselben Fehler wie in „Hochzeiten der Friedensbewegung, als ausschließlich die Raketenfrage im Blickfeld stand", zu wiederholen. „Genauso wie der Profit aus dem Giftgasgeschäft ist das tägliche Funktionieren der kapitalistischen Normalität hier verantwortlich für die Eskalation in der Golfregion". Dagegen müsse auch der Widerstand in der Antikriegsbewegung forciert werden (*Interim*, Nr. 131 vom 24.1.91).

Diese politische Grundposition, beim Kampf gegen die militärische Kriegspoli-

ZEITLEISTE 1998

22.07. Iran testet Rakete mit 13.000 km Reichweite
23.07. Das Kosovo-albanische Parlament erkennt UCK an
25.07. Der Ku-Kux-Klan muss wegen der Anschläge auf Kirchen 38 Mio. $ Strafe zahlen
02.08. Die tagelangen Gefechte an der indisch-pakistanischen Grenze töten 100 Menschen
07.08. Anschläge auf US-Botschaften in Nairobi und Daressalam, 263 Tote
07.08. Schwere Kämpfe zwischen Soldaten und Guerilleros in Kolumbien

tik den Kampf gegen den sozialen Krieg nicht zu vergessen, betonen seitdem die radikaleren Teile der KriegsgegnerInnen, sei es im Kosovokrieg 1998, sei es bei den Demonstrationen gegen NATO-Tagungen in München oder Prag im Jahr 2002.
Zu Beginn des Golfkrieges 1991 kommt es bundesweit zu vielen Massenaufmärschen, doch die politische Position der Autonomen findet nur wenig Widerhall.
Wenige Wochen später, als die ersten Scud-Raketen aus dem Irak auf Israel geschossen werden, tritt u.a. die linke Zeitschrift *Konkret* eine Hetzkampagne gegen alle KriegsgegnerInnen los. Plötzlich outen sich viele deutsche Linksintellektuelle als Bellizisten. Gegen den US-Imperialismus zu sein, ist auf einmal „rückwärtsgewandt", „israelfeindlich" „antiamerikanisch" und so weiter.

Durch die Wiedervereinigung und das Ende der Blockkonfrontation fehlt sowohl der Bundeswehr wie der NATO der militärische Feind. Neue Feindbilder, neue Aufgaben müssen her. Deutschland als neue Großmacht müsse „Krisenreaktionskräfte" aufbauen und Elitesoldaten ausbilden, um die „sicherheitspolitischen" oder „ökologischen Interessen" auch „fern der Heimat" zu wahren, so der Generalinspekteur Naumann 1994. Dieses Bedrohungsszenario und dementsprechend das neue Aufgabenfeld der Bundeswehr versteht sich global, „out of area" eben.
Der schrittweisen Militarisierung der Außenpolitik folgt eine offensive Aufrüstung der Innenpolitik als Sicherheitspolitik: Warnungen vor Überfremdung folgen wellenförmige Hysterien vor terroristischen Anschlägen, Bedrohung des deutschen Eigentums durch „Banden aus Osteuropa". Mit der „organisierten Kriminalität" ist natürlich nicht die der Vorstandsetagen der Banken und Konzerne gemeint, sondern die der „Autoschieber", der „professionellen Schleuser" des MigrantInnen-„Stroms" aus den Armutsregionen und so fort.

Nicht nur die Konservativen faseln wieder von nationalen Aufgaben, von Nation und von Deutschland als Großmacht. Seit 1998 setzen dies Schröder und Fischer bruchlos fort und in Taten um. Dazu zählt die Ausweitung des Einsatzbereichs des Bundesgrenzschutzes. So wird die Bundeswehr für „friedenstiftende Maßnahen" und „humanitäre Aktionen" auf den Balkan, nach Kuwait und Afghanistan geschickt.

ZEITLEISTE 1998

12.08. Nigerianische Regierung hebt Streikverbot auf
15.08. IRA-Abspaltung legt Bombe in Omagh, 28 Tote
25.08. BRD-Innenministerium: deutliche Zunahme von ausländerfeindlichen Angriffen
05.09. Bombenanschlag in Dagestan, 14 Tote
08.09. Der RZ-Aussteiger Klein wird in Frankreich abgegriffen
18.09. Waffenruhe der ETA
19.09. Über 3000 Nazis marschieren durch Rostock
26.09. Nigerianerin wird bei Abschiebung getötet. Belgiens Innenminister muss zurücktreten

Mit öffentlichen Rekrutengelöbnissen soll die Bundeswehr als Symbol des wiedererstarkten deutschen Vaterlandes gewürdigt werden. Deutsche Soldaten sind wieder wer. Die nazistischen Verbrechen der Wehrmacht kommen in die öffentliche Debatte, einige Kasernen werden umbenannt und eine gewisse Mittäterschaft einzelner Abteilungen der Wehrmacht am Holocaust wird eingeräumt, aber der Grundtenor bleibt erhalten: „Deutsche Soldaten waren keine Verbrecher". So hieß es unter Kohl und so heißt es auch unter Schröder. Deutschland ist endgültig in den Schoß der „Völkerfamilie" zurückgekehrt, Deutschland ist wieder normal.

Gegen diese Entsorgung der Geschichte erhebt sich bei den ersten öffentlichen Rekrutengelöbnissen noch stärkerer Protest. In einigen Städten werden diese daraufhin abgesagt, in anderen Städten werden die Zeremonien durch Autonome und AntimilitaristInnen z.T. empfindlich gestört. Tucholskys Aussage „Soldaten sind Mörder" steht wieder am Pranger der Staatsschutzjustiz.

In Berlin versuchen 1998 einige Autonome bei den Agitationen gegen die Gelöbnisse den Zusammenhang von Krieg, Sexismus und Patriarchat zu thematisieren:

„Bei allen Kriegen geht es um Eroberung und Unterjochung des Fremden. Dabei gewinnt der tief in den gesellschaftlichen Strukturen verankerte Rassismus und Sexismus eine explosive Kraft. In allen Kriegen können dabei die erobernden Krieger ihren geheimen Wünschen freien Lauf lassen. Die männlichen Gewaltphantasien und das Dominanzstreben gegenüber Frauen können sich unbehelligt austoben.

Öffentliche Massen-Vergewaltigung, Plünderungen und Massaker sind fast in allen Kriegen der Moderne anzutreffen. Wie im Russlandfeldzug der Deutschen im 2. Weltkrieg – so auch im jugoslawischen Bürgerkrieg der 90er Jahre – werden häufig nach den öffentlichen Vergewaltigungen die zum Zuschauen verdammten Männer der überfallenen Dörfer und Städte in die Wälder getrieben und dort erschossen.

Es erweist sich immer wieder, dass die Schale der Zivilgesellschaft in den entwickelten Staaten äußerst dünn ist, und darunter die Bestialität patriarchaler Herrschaft lauert. Oder anders gesagt: Die tagtägliche, scheinbar normale Gewalt der Männer gegen die Frauen, die Schikanierungen, Anmache und sexuellen Übergriffe werden in Kriegszeiten nur ungezügelter und brutaler.

Die soldatischen Männer verwandeln sich nicht zu Bestien. Nein, sie werden zu Gewalttätern und Mördern schon zu Friedenszeiten in der Familie, Schule und Armee erzogen!

Angesichts des Gemetzels während des jugoslawischen Bürgerkrieges schreibt die jugoslawische Feministin Lepa Mladjenovic: 'Ob er nun in Kroatien, Bosnien, Serbien, in Indochina oder Uzbekistan kämpft, der Krieger vergewaltigt Frauen. Er fühlt es in seinem Kopf, in seinem Gewehr und in seinem Geschlechtsteil: Dass sämtliche Errungenschaften der Zivilisation ihn dazu ermutigen. Es geht weniger um die Wiederherstellung des Kriegers, denn um die Selbstvergewisserung der eigenen Macht, und die Befriedigung des Gefühls, zu den wahren Männern zu gehören.'

Genau dies vollzog sich in den 90er Jahren vor unserer Haustür – und um einen anderen Kriegs-

ZEITLEISTE 1998

28.09. Albanischer Präsident tritt nach 14 tägigen Unruhen zurück

07.10. 100.000 auf Gewerkschafts-Demos in Russland

12.10. Rebellen im Kongo erobern die letzte Stadt im Osten, die noch von der Armee gehalten wird

16.10. Bundestag will bei Krieg gegen Serbien mitmachen: Begründung ist Kosovo

16.10. Der ehemalige Militärdiktator von Chile wird in London unter Hausarrest gestellt

20.10. PKK muss sich aus Syrien zurückziehen. PKK-Chef

schauplatz zu wählen, vor 25 Jahren in Vietnam durch die angeblich so zivilisierten US-Soldaten." (aus einem Redebeitrag gegen das Rekrutengelöbnis vor dem Berliner Roten Rathaus 1998)
Diese notwendige Debatte über die patriarchale Zurichtung des soldatischen Mannes und über die dünne Schale der Zivilgesellschaft bleibt allerdings auf sehr kleine Kreise beschränkt.

Mit dem Ende der bipolaren Welt ist auch schon während des Jugoslawienkriegs von 1991 bis 1995 eine zurückgehende Mobilisierungsfähigkeit bzw. ein kollektives öffentliches Nichtverhalten der Linksradikalen festzustellen. Außer in wenigen guten Broschüren wird der Krieg auf dem Balkan nicht thematisiert.
Statt sich auf die Suche nach unterstützenswerten Bewegungen von unten zu machen (was zugegeben nicht einfach ist), werden die herrschenden Machtverhältnisse als gegeben hingenommen und eine Intervention des größten Militärblocks der Welt mit den USA als Hegemonialmacht von vielen akzeptiert.
Dieses (öffentliche) Wegschauen rächt sich politisch im Kosovo-Krieg, der kurz nach dem Amtsantritt der neuen rot-grünen Bundesregierung im Winter 1998/99 in seine heiße Phase tritt. Zum ersten Mal seit dem Ende des 2. Weltkriegs zieht die bundesdeutsche Armee in den Krieg. Sehr schnell bilden sich nun unter den Linksradikalen neue Fronten und schwächen dadurch das zarte Pflänzchen des Antimilitarismus noch mehr. Manche Gruppen fallen in alte bipolare Reflexe zurück: Gegen den NATO-Krieg, aber für das serbisch dominierte Jugoslawien. Kurz nach der Ostermarschdemo 1999 in Berlin kommt es fast zu Handgreiflichkeiten zwischen einem kleinen Pro-Milosevic-Block und Autonomen. In den Wochen danach beherrscht das „Pro & Contra Milosevic" die Szene und lähmt die weitere Mobilisierung.
Die Autonomen sitzen zwischen allen Stühlen. Neben der Ablehnung kriegerischer Intervention durch die NATO und die Bundeswehr lehnen sie eine Solidarisierung mit nationalistischen Kräften gleich welcher Couleur auf dem Balkan ab. Sie weisen zudem die Schuldzuweisung, die BRD trage die Hauptverantwortung für die Zerstörung Jugoslawiens durch die vorschnelle Anerkennung von Slowenien und Kroatien, als vereinfachend zurück. Der Nationalismus sei auch unter Marshall Tito nie ganz aus dem Alltag verschwunden

Die Prophezeihung aus dem Wahlkampf 1999 erfüllte sich sofort.

ZEITLEISTE 1998

flieht nach Moskau
21.10. Französische SchülerInnen erfolgreich beim Kampf um mehr Geld für Schulen
27.10. Schröder heißt der neue Bundeskohl der BRD
29.10. Selbstmordanschlag auf israelische SoldatInnen im Gazastreifen, zwei Tote
08.11. Kolumbianische Truppen ziehen sich aus Gebiet der FARC-Guerilla zurück
12.11. PKK-Chef wird in Rom festgenommen
20.11. Weitere israelische Truppen verlassen das Westjordanland

gewesen. Wer die patriarchale Herrschaft und ihre Auswüchse im Bürgerkrieg (siehe die Massenvergewaltigungen im Bosnienkrieg) immer beiseite schiebe, der könne nicht hinreichend die Ursachen des Nationalismus und Rassismus in Jugoslawien erklären. Besonders wütend sind die Autonomen auf die neuen KriegsbefürworterInnen aus der ehemaligen „gewaltfreien" Partei der Grünen, deren SprecherInnen die jetzige „Krisenintervention" als „Fortsetzung" bzw. „Modernisierung" des Pazifismus bezeichnen. Viele sagen, solchen PolitikerInnen könne nicht mehr gewaltfrei auf der Straße gegenübergetreten werden!

Diese Analyse befördert die Autonomen wie schon im Golfkrieg in die politische Ohnmacht. Sie wollen sich auf keine der beiden Seiten der Kriegsparteien schlagen.

Grüner Kriegsparteitag in Bielefeld
Foto rechts: Farbbeutel im Anflug auf Fischer

Die Aufforderung, die „Ruhe im Hinterland" nachhaltig zu stören, wird während des Kosovokrieges nur vereinzelt umgesetzt. Ein paar Kreiswehrersatzämter werden blockiert, in Berlin-Gatow wird das Luftwaffenmuseum bei einem Anschlag nur leicht beschädigt, anderen Orts gehen ein paar Bundeswehrfahrzeuge in Flammen auf. Von einem bundesweiten und breiten Widerstand gegen die rot-grüne Kriegspolitik kann keine Rede sein. Die Friedensbewegung ist auf ein im Verhältnis zu den 80er Jahren kleines Häuflein zusammengeschrumpft. Der autonomen Antikriegspolitik fehlt der Resonanzboden.

Nur beim Kriegsparteitag der Grünen in Bielefeld gelingt es den Autonomen, bundesweit ihren Protest in die Medien zu transportieren. Vor dem Parteitagsgebäude finden sich ca. 2000 KriegsgegnerInnen ein und versuchen zunächst, die Delegierten der Grünen Partei am Eintritt in den Saal zu hindern. Vereinzelt gelingt dies auch und einige Parteitagsdelegierte erklären noch mal lautstark ihrer Ablehnung des Fischer-Kurses. Die völlige Blockade des Parteitags kann aber wegen der knüppelharten Intervention der Bullen nicht erreicht werden. Um so erfolgreicher ist die Farbbeutelwurfaktion auf Außenminister Fischer.

Zeitleiste 1998

28.11. Nach Hisbollah-Anschlag israelische Luftangriffe im Libanon
16.12. Anfang viertägiger anglo-amerikanischer Luftangriffe im Irak
19.12. Nazis sprengen Grab auf jüdischem Friedhof in Berlin
24.12. UCK beendet Waffenruhe im Kosovo
26.12. Iraks Präsident lehnt weitere Waffen-Inspektionen ab
30.12. Weiterer US-Luftschlag im Irak

Zur rechten Zeit am rechten Ohr
Rot trifft Grün

Ein bisschen Abtönfarbe, ein sehr dünner Frühstücksbeutel, etwas Wasser, um die Farbe dünnflüssiger zu machen, damit der Beutel gut zerplatzt. Und klein und nicht so schwabbelig sollte er auch sein, damit der Beutel gut in der Hand liegt und gerade fliegt.
Das Ergebnis ist bekannt: Ein farbenfrohes Bild ging auf die mediale Weltreise und präsentierte einen – im wahrsten Sinne des Wortes – getroffenen Fischer. Sein Ministerohr: Das erste Kriegsopfer an der Heimatfront. An dieser Heimatfront kämpften aber die Medien fleißig mit. Um die Aktion zu entpolitisieren, entfalteten die Medien eine Schmuddelberichterstattung auf meine Person konzentriert: Mit „Mann im Rock" (Der Spiegel) und „Das Bielefelder Beutelluder" (Niedersachsenradio), „Verletzung war nicht Ziel der Aktion, winselt die militante Tucke" (taz) oder „Transvestit besudelt Fischer" (Bild) wurden die heterosexistischen Schubladen genüsslich zur Diffamierung aufgezogen.
Mit Fischer war dann auch eine zentrale verantwortliche Figur der ehemaligen 68er Generation zur rechten Zeit am rechten Ohr markiert, verkörperte er doch jene, die sich in dem Marsch durch die Institutionen bis an die Schalthebel der Macht hochgedient haben. Diese Generation war bereit über Leichen zu gehen, indem sie, wie Fischer, den Krieg mit Auschwitz zu legitimieren versuchten.

BINGO 1 69 93 80 5 22 86 66 7 Dreiern 611,92
Es geht in Runde 32 um Spiel 11 und um 10000 Mark
B.Z.
90 Pfennig
Die größte Zeitung Berlins
Tiger-Babys in Berlin geboren
Ihr 1. zärtliches Miauen
Das Doppel-Leben von Joschkas Farbbeutel-Werfer
Jürgen war's, ein Transvestit aus Berlin
Am Tag Computer-Experte, abends in Frauenkleidern
Wieder Bombe daneben. 100 Unschuldige tot
Spaß und gute Noten!

Ein anderer wichtiger Aspekt dieser Aktion war sicherlich, dass Widerstand sichtbar wurde und somit Ohnmacht und Resignation durchbrochen wurden – denn die meisten linken Strukturen wirkten zerstritten, paralysiert und desorientiert.
Das Konzept der autonomen Vorbereitungsgruppe war erfrischend offensiv angelegt; einer Diskussion über ja oder jein zum Krieg wurde nach Wochen der Bombardierung jede Berechtigung entzogen.

ZEITLEISTE 1999

1999
16.01. Der Chef der PKK haut aus Italien ab
09.02. Das ungarische Parlament sagt Ja zur Nato
13.02. Nazis jagen MigrantInnen in Guben, ein Toter
15.02. PKK-Chef von türk.Diensten aus Kenia entführt
17.02. Drei Kurden werden in Berlin beim Versuch, das israelische Konsulat zu besetzen, von Israelis erschossen
23.02. Die Kosovokonferenz endet ohne Einigung
09.03 Saarbrücken: Bombenanschlag auf Wehrmachtsausstellung

Der Parteitag war zu sprengen und bestenfalls in einen Antikriegskongress umzudrehen. Tatsächlich waren die geschriebenen Reden mitgebracht worden, aber wohl auch beim Sturm auf das Gebäude mitsamt den organisierten Gruppen an der Polizei hängen geblieben.
Am Tag vor dem Himmelfahrtstag gab es einen Versuch, über einige kriegskritische grüne Delegierte einen Zutritt zum Parteitag zu bekommen. Das aber scheiterte an deren Opportunismus und fehlender Courage.
Es drängten sich vier kleine schwabbelige Beutel in der Jacke, als tags darauf die Blockaden des Grünen Sonderparteitages begann. Wir waren an die tausend Menschen, einige mit sehr viel Wut. Das Spektrum reichte von erbosten GrünwählerInnen über PazifistInnen und Menschen aus Ex-Jugoslawien bis hin zu einigen organisierten autonomen Gruppen. Grüne Delegierte konnten es nicht fassen und versuchten zum Teil mit Gewalt die Blockaden der KriegsgegnerInnen zu durchbrechen. Offenkundige BefürworterInnen der Grünen mussten dann auch Schläge einstecken.
Als autonome und antifaschistische Gruppen in gemeinsamer Absprache die Absperrgitter der Polizeikette öffneten und bis zur Halle stürmen konnten, waren auch die vier Beutel wohlbehalten durch die erste Sperre gekommen. Der Versuch, in das Gebäude zu kommen, konnte durch die Polizei gerade noch verhindert werden. Als die Polizei uns zurückdrängte, zog ich es vor, mich abzusondern. Es fiel schwer, mitanzusehen, wie die Polizei den mittlerweile offensiv agierenden Lautsprecherwagen massiv bedrängte und an die 60 Menschen nach und nach festnahm. Aber die Beutel hatten ja noch eine Verabredung.
Plötzlich kam eine Kriegsgegnerin und drückte mir für die Einlasskontrolle in der Halle einen Stempel auf. Ich konnte es kaum fassen, denn nun stand ich in der Halle und sah, wie viele KriegsgegnerInnen den Weg in die Halle gefunden hatten. Und wie viele obskure Männer und Frauen verschiedenster Dienststellen potentielle StörerInnen im Auge behielten. Ich versuchte noch einen Beutel an Bekannte weiterzureichen, aber auch wenn es im näheren Umfeld keine Bereitschaft für eine gemeinsame Farbattacke zu geben schien, so sorgten doch verschiedenste Personen dafür, dass ich unbehelligt zwischen Kamerateams und BKA-PersonenschützerInnen zehn Meter entfernt vom Podium stehen konnte. Fischer saß bereits auf dem Podium. Auch die Delegierten hatten brav Platz genommen, und es wurden langweilige Parteitagsformalitäten wie in einem Kaninchenzüchterverein abgehandelt. Es war absurd.
An der Stelle, wo ich stand, sollten sich, wie vorher verabredet, autonome Gruppen sammeln. Nun kam aber niemand und ich stand da zwischen den ganzen Kamerateams mit einem Anarcho, den ich eingeweiht hatte. Dieser half spontan die Situation einzuschätzen, denn gerade wurden auch

ZEITLEISTE 1999

11.03. BRD-Finanzminister tritt überraschend zurück
12.03. Polen, Ungarn und Tschechien ab heute offizielle NATO-Mitgliedsstaaten
20.03. Serb. Kosovo-Offensive gegen alb. UCK-Miliz
24.03. Erste Nato-Bomben fallen auf Jugoslawien
07.05. „Versehentlich" bombadiert die NATO die chinesische Botschaft in Belgrad
28.05. Ein Sudanese stirbt bei seiner Abschiebung: Ihm war ein Motorradhelm im Flugzeug aufgesetzt worden
09.06. Der Kosovo-Krieg endet mit einem Sieg der NATO

wir und die Kamerateams von Securitys nach hinten geschoben ... "Wenn, dann jetzt", flüsterte er noch. Die Zeit blieb stehen. Doch der Moment kam, der stärker als die Angst vor allen Folgen war. Ich rannte los und schmiss aus dem Sprint heraus mit aller Kraft. Eigentlich hatte ich mir überlegt, erst das riesige Transparent („Frieden und Menschenrechte vereinbaren") hinter dem Podium zu bewerfen und dann sofort Fischer. Mitten während des Sprints fiel dann aber die Entscheidung gleich den Kriegsaußenminister zu bewerfen. Ein zweiter Wurf wäre auch wahrscheinlich von dieser Ansammlung von Securities und PersonenschützerInnen verhindert worden. Durch Trittins Leibwächter wurde ich niedergerungen, aber von grünen Delegierten freigerissen. Ich stand mit butterweichen Knien wieder auf, als sich neben mir spontan ein Kriegsgegner nackt auszog. Auf ihn konzentrierten sich nun die Kameras und lenkten von meiner Person ab. Ein grüner Delegierter vermittelte kurz zwischen den Sicherheitskräften über meinen freien Abzug. Der Saal tobte, laute Antikriegsparolen wurden gerufen. Der Delegierte nahm sich meiner an, flüsterte „Das hast du gut gemacht" und geleitete mich sicher bis vor die Tür. Damit hatte ich nun am wenigsten gerechnet. Verdaddert umarmte ich ihn draußen und sah zu, so schnell wie möglich durch die Sperren rauszugehen. Ab nach Hause.

Warum ich aber diese Geschichte in diesem Buch zum Besten gebe, hat neben den Anekdoten-Charakter einen besonderen Grund: Es war möglich gewesen, widerständig zu handeln, obwohl es kaum organisierte Zusammenhänge gab, die inhaltlich wie praktisch handlungsfähig gewesen wären. Es war eine Stimmung, die den Beutel zu Fischer trug, und viele Menschen, die dies oft wissentlich ermöglichten.

Auch wenn wir, die wir gegen jeden Krieg sind, in zukünftigen extremen Situationen nicht immer auf organisierte Zusammenhänge zurückgreifen können, Widerstand bleibt nicht nur nötig, sondern auch möglich. Das war das, was mir nach dem Wurf so wertvoll vorkam. Vielleicht könnten WIR das aus dem Wurf mitnehmen.

Der 11. September 2001 stellt weltpolitisch eine Zäsur dar. Die absolute Vorherrschaft des US-Imperialismus wird seitdem durch eine aggressive weltweit operierende Militärstrategie der Bush-Regierung untermauert, die sich gegen alle und alles richtet, was „amerikanische Interessen" bedroht. Die „Bedrohung durch internationalen Terrorismus" ist auch für die NATO-Staaten global und dementsprechend der Kampf dagegen. Bundesverteidigungsminister Struck begründet im Berliner „Tagesspiegel" vom 15.12.02 die neue Rolle der Bundeswehr: „Die Wahrscheinlichkeit,

ZEITLEISTE 1999

29.06. Todesstrafe für PKK-Chef in der Türkei verhängt
04.07. Der umstrittene Marsch der Loyalisten durch das nordirische Portadown wird von der Polizei gestoppt
14.07. Kunzelmann stellt sich nach 1 1/2 Jahren Versteck
05.08. PKK erklärt den bewaffneten Kampf für beendet
19.08. 150.000 demonstrieren in Belgrad gegen Milosevic
15.09. In Wien wird der ehemalige RAFler Horst Ludwig Meyer bei einem Schusswechsel mit den Bullen erschossen, Andrea Klump wird festgenommen
12.10. In Pakistan wird der Präsident gestürzt

dass sich Deutschland gegen anrückende Panzerarmeen an seinen Grenzen verteidigen muss, tendiert auf absehbare Zeit gegen Null." Hingegen kommen neue Einsatzaufgaben auf die Bundeswehr zu, diese liegen „vorrangig in der internationalen Konfliktverhütung und Krisenbewältigung. Denn in der Welt der grenzüberschreitenden Entwicklungen gibt es keine nationalen Friedensoasen mehr."

Das Militär hat es im Jahr 2003 nicht mehr so nötig wie noch Ende der 90er, sich der Sprache Orwells zu bedienen. Die „humanitären Aktionen" in Somalia oder in Bosnien liegen hinter uns. Jetzt geht es um „friedensstiftende Kriegseinsätze". Krieg ist also immer noch Frieden, während der Frieden keine Oasen mehr hat – das ist die Botschaft, die der Bevölkerung durch die Medien eingehämmert wird.

Der Irakfeldzug der britischen und amerikanischen Regierungen wird im Frühjahr 2003 durchgezogen – trotz der Proteste einer seit dem Vietnamkrieg beispiellosen, aber in sich sehr widersprüchlichen „No-War"-Bewegung, die am 15.2.03 mehr als zehn Millionen Menschen weltweit auf die Beine bringt. Vorläufig kann die globale Friedensbewegung die imperiale Militärmaschinerie der kapitalistischen Zentren nicht stoppen.

In Deutschland ist in dem dreiwöchigen Irakkrieg eine zumindest dreigeteilte Antikriegsbewegung aktiv geworden. Einmal ist es die altvordere „klassische" Friedensbewegung von DKP bis DBG, der sich auch Attac anschließt. Wobei die Zwiespältigkeit dieses Teils der Bewegung sich darin ausdrückt, die Militarisierung der EU-Politik durch Kanzler Schröder mit Friedenspolitik zu verwechseln, was sicherlich nicht für alle gilt: Viele Menschen wollen einfach ihre grundsätzliche Abscheu vor Krieg zum Ausdruck bringen. Zum anderen sind es die Linksradikalen, die sich besondern auf die NATO-Sicherheitskonferenz in München konzentrieren und dort eine für bayrische Verhältnisse sehr starke Mobilisierung organisieren. Ansonsten gehen die Linksradikalen in der Masse unter, ebenso die wenigen militanten Aktionen gegen Militäreinrichtungen.

Als dritter Zweig entsteht in sehr vielen bundesdeutschen Städten eine ganz junge, vornehmlich von SchülerInnen getragene Antikriegsbewegung, die sich nicht nur gegen die „Großmacht USA", Hussein und Bush wendet, sondern auch die deutschen Rüstungskonzerne wie Daimler und Siemens ins Visier nimmt. Mit einer in autonomen Kreisen eher selten gewordenen Frische und Emotionalität wird binnen Tagen eine Bewegung entfacht, die allerdings nach dem vorläufigen Ende des Irakkriegs auch wieder schnell abflaut.

Aber die Demostration der 70.000 SchülerInnen Unter den Linden in Berlin am Tag X oder die Bullenübergriffe und Wasserwerfereinsätze in Hamburg und die breite Solidarität danach können bei vielen einen politisierenden Kick für Jahre auslösen...

ZEITLEISTE 1999

17.10. In Minsk Randale gegen Staatenbund mit Russland
21.10. Russischer Raketenangriff auf Grosny: 282 Tote
27.10. Armenischer Präsident wird bei Anschlag getötet
30.11. Schwere Randale bei der WTO-Konferenz in Seattle, der Ausnahmezustand wird verhängt
17.12. Nach jahrelangen Verhandlungen werden von der BRD-Regierung und Wirtschaftsverbänden 10 Milliarden DM „Entschädigung" für NS-ZwangsarbeiterInnen zugesagt. Viele Konzerne weigern sich, auch nur einen Pfennig zu zahlen

Teil 5 und die nächsten 23 Jahre?

Wenn wir am Ende dieses Buches Resümee ziehen, dann jedenfalls mit dem Blick nach vorne. Wir hoffen, dass das Buch – trotz seiner zahlreichen Lücken – einen Eindruck vermittelt, was autonome Politik der letzten dreiundzwanzig Jahren war (und was nicht). Wir stehen zu der politischen Klammer [undogmatischer, linksradikaler, antagonistischer Politik], die unser tägliches Leben in dieser Zeit bestimmt hat.

Oft wird geklagt über das immer wiederkehrende Anfangen bei Null, die immer wieder abreißenden Traditionen, die harten Generationsbrüche, das frustrierte Aufhören vieler Älteren. Es liegt auch an uns „Älteren", etwas dagegen zu unternehmen.

Wir brauchen wohl kaum zu betonen, dass der Wille weiterzumachen bei *uns* ungebrochen ist. Doch das ist der leichtere Teil der Übung. Wie wir uns das genau vorstellen, was uns die wichtigen Lehren unserer Geschichte scheinen, welche Konsequenzen wir für die Zukunft daraus ziehen – da fangen die Schwierigkeiten an. Weder schwebt uns die große vereinheitlichte Bewegungstheorie vor, noch der endgültige Rundumschlag zum Zwecke des Beweises, dass wir alles sowieso besser durchblicken. Und akademische Höhenflüge haben wir auch nicht anzubieten, dafür gibt es andere, noch dickere Bücher, die es zu lesen lohnt.

Nach den vielen Jahren, in denen wir unsere jeweils eigenen Erfahrungen gemacht haben und verschiedene Wege gegangen sind, wäre es absurd, zum Abschluss ein einheitliches Resümee ziehen zu wollen. Dennoch gibt es einige Vorstellungen, auf die wir uns rasch einigen konnten – bevor wir abschließend in fünf individuellen Beiträgen unsere persönlichen Gedanken als Autonome in Bewegungen ausbreiten.

Wir betrachten nach wie vor **Bewegungsphasen** als wichtigsten Motor linksradikaler Politik. Bewegungen sind nie planbar, selten vorhersagbar und immer ein Durcheinander verschiedener Kämpfe und sozialer Beziehungen. Was oberflächlich als die Besetzerbewegung 1980/81, BesetzerInnen-Bewegung 1990/91, Antifa-Bewegung der 90er, Globalisierungsbewegung 1999-2001 zusammengefasst wird, ist eine Mischung unterschiedlicher politischer Strömungen und Entwicklungen, die niemandem gehören: Keiner Gruppe, keiner Richtung, keiner Ideologie. Sie politisieren neue Generationen, können für Ältere zum Jungbrunnen werden und frustrieren alle, die einen fertigen Revolutions-Fahrplan samt Bahnsteigkarte in der Tasche haben. Ohne linke Bewegungen kommen wir nicht aus, und wo sie sind, wollen auch wir sein – ohne dabei Form mit Inhalt zu verwechseln: Wohin eine Bewegung geht, hängt davon ab, was die Einzelnen in sie hineintragen. Um sich das zu überlegen – dafür gibt es die Zeiten dazwischen.

Militanz ist in unseren Augen notwendiger Bestandteil linksradikaler Politik, sowohl im allgemeinen Sinn der konsequenten, kämpferischen Haltung an sich, als auch im engeren Sinn von politischer Gewalt. Dass dies ein höheres Maß an Verantwortung erfordert als das Bilden von Lichterketten, ist selbstverständlich. Doch wer auf die Option der Militanz verzichtet, beraubt sich selbst der notwendigen Mittel gegen ein System der Herrschaft, dem allein mit den besseren Argumenten nicht beizukommen ist.

Die **Propaganda der Tat**, eine schon etwas verstaubte Bezeichnung, hat nach wie vor ihre Berechtigung. Es ist nicht damit getan, sich für schlauer zu erklären oder in Sachen Theorie am längsten im Sattel zu bleiben. Die Gründung eines Arbeitskollektives kann revolutionärer sein als das Verfassen des zweihundertsiebenundachzigsten Textes gegen den Arbeitszwang. Eine kleine Demo, die frech Grenzen überschreitet, kann mehr bewirken als eine riesige langweilige Latsch-Demo. Linksradikale Politik wird attraktiv durch ihre praktischen Beispiele für subversiven Alltag, für andere Formen der politischen wie sozialen Lebensgestaltung, durch das Ausprobieren von Neuem, durch die kontinuierlichen Nadelstiche in die Arschbacken der kapitalistisch-patriarchal-rassistisch-militaristischen Systemstaatsökonomie-maschinenbestie!

Wir verlieren, wenn wir aufhören, zuzuhören, zuzuschauen, **zu lernen**. Die Autonomen waren nie einheitlich, auch wenn es von außen so aussehen mochte, sondern immer ein Gewimmel verschiedenster Ideen und Personen (armer Verfassungsschutz, der das durchschauen sollte!). Das Aushalten eigener und fremder Unzulänglichkeiten und Unsicherheiten war nicht unsere größte Stärke, aber wir arbeiteten stets daran. Dazu gehörte und gehört die Kommunikation nach innen und außen, das Umgehen mit internen Unterschieden ebenso wie der Kontakt mit der fremden Welt „da draußen", mit denen, die uns nicht kennen oder nicht verstehen, mit den Medien. Sich erkennbar und ansprechbar machen für andere, für die ArbeiterInnen von nebenan ebenso wie für die global nähergerükkten GenossInnen jenseits der sieben Meere betrachten wir als eine der großen Herausforderungen für Autonome in Deutschland.

Unser Programm für die große alles befreiende **Revolution** halten wir vorerst noch geheim. Nur soviel sei hier verraten. Wir denken nicht in schematischen, theoretisch vorhersagbaren Schritten, die folgerichtig von hier nach Utopia führen. Die Auflösung von Herrschaft in ihren verschiedenen Formen und die Erkennbarkeit dieses Zieles auf unserem Weg, das wollen wir erreichen. Da wir nicht wissen, wie die utopische Welt aussehen wird (außer dass viel Sonnencreme gebraucht wird, von wegen „scheint die Sonn ohn' Unterlass"), ordnen wir unsere alltägliche Politik nicht dieser ungewissen Zukunft unter, sondern tun hier und heute das, was uns dem Ziel am nächsten scheint. Wir wollen keine Macht erobern, da wir sie irgendwann ja doch wieder loswerden wollen. Wir wollen keinen Reichtum, es sei denn reich an Erfahrungen, Freundschaften und sozialen Kompetenzen zu werden. Wir wollen nicht warten auf bessere Zeiten. Wir sind ungeduldig.

Eins: Mach' es wie die Sonnenuhr, zähl die heit'ren Stunden nur!

Kein Autonomer und keine Autonome kann mit diesem Buch zufrieden sein. Es fehlt zuviel. Unser Glas ist immer halb leer, niemals halb voll. In diesem Buch mangelt es an Analysen oder wenn es sie gibt, sind es die falschen, und es gibt außerdem zu viele Analysen und wo sie mal ausbleiben, steht auch irgendetwas komisches. Zu wenig Fotos, zu viele Fotos. Zu wenig Selbstkritik, zu wenig Optimismus. Zu viel Eigenlob, zu viel Kritizismus.

Der Begriff der „Autonomen" ist für mich eine Klammer, um dreiundzwanzig Jahre radikale linke Praxis zusammenzufassen. Es fällt mir aber sehr schwer, ihn in die Zukunft zu projizieren. Vermutlich werden auf absehbare Zeit die militanten Flügel der jeweiligen Bewegungen und Strömungen als Autonome gelten und sich zumindest teilweise auch so wahrnehmen. Das ist aber keine eigentlich politische Kategorie, sondern eher eine soziale: „Autonom sein" ist eine radikale Lebensphase, die von vielen Linken durchschritten wird. Ich habe oft gegen das Klischee gekämpft, das Autonome mit „Straßengewalt" gleichsetzt. Aber trotzdem, wenn ich mit fünfzehn Jahre Jüngeren zusammen auf der Straße stehe, das Halstuch hochziehe und die Steine in die Hand nehme, fühle ich mich als Autonomer – in meiner alltäglichen politischen Arbeit dagegen komme ich mir eher fremd vor in den „klassisch" autonomen Subkulturen, seien ihre Moden modisch-hipp oder düster Dreadlock-Hunde-lastig.

Bei allen politischen Thesen, Beschreibungen und Forderungen an Autonome, die wir hier im Resümee aufstellen (und wir fünf Autoren sind uns sicher in manchen Fällen uneinig, wann es sich dabei um Beschreibungen und wann um bloße Wünsche handelt), halte ich den Zug einer politischen Identifizierung „der Autonomen" für endgültig abgefahren. In den frühen 80ern hätte es die Möglichkeit gegeben, sich zu formieren. Wir wollten es damals nicht, aus guten Gründen, aber auch aus realen Zwängen: Wir wären an staatlicher Repression und an inneren Widersprüchen zerbrochen. Für mich war der Begriff „Autonome" programmatisch bereits 1986/87 erledigt – verloren an die bürgerlichen Medien, zerrieben in Szene-Konflikten. So gab es für mich seit etwa 1987 eine Dreiteilung der politischen Perspektive. Es galt, erstens, sich zu organisieren, allerdings, zweitens, mit dem vorrangigen Ziel, Bewegungsphasen zu verstärken und zur linksradikalen Politisierung weiterer Menschen beizutragen – und das war, drittens, schon fast die ganze „autonome Strategie". Und so sehe ich es heute noch unverändert.

Darin liegt die Gefahr, denselben Fehler zu machen wie nach 1981: Etwas einfach weiterzumachen, weil es bisher gut war und nichts besseres zur Verfügung stand, nur um irgendwann zu merken, dass die eingefahrenen Spuren zu tief sind, um sie noch ohne weiteres wechseln zu können. Für viele Ältere ist es schwer, sich auf neue Bewegungen und Ideen einzulassen, und noch schwerer, damit umzugehen, dass andere Ältere sich von anderen neuen Bewegungen und Ideen infizieren lassen. Für mich war das Jahr 2001 wichtig. Nicht wegen einer neuen Bewegung (deren „charismatische Gründungsphase" zwischen Seattle 1999 und Genua 2001 ich ohnehin verpasst hatte), sondern weil ich selbst den Sprung aus den alten tiefen Spuren machte: Rund zehn Jahre lang hatte ich wenig Neues ausprobiert und mich eingerichtet in zwei, drei Politik- und Lebensfeldern, was auch noch zehn Jahre so hätte weitergehen können. Manches war spektakulär, anderes betraf eher politische Sozialarbeit und Infrastruktur (wie bei so manchen „Alten"). Ich hätte mich, wie viele meiner Bekannten, in meiner Teilszene ausgekannt, hätte alles andere immer komischer gefunden, irgendwann die eigene Szene auch komisch gefunden, wäre zynischer und distanzierter geworden – Stopp! Jeder und jede kann sich entscheiden. In der Gruppe FelS (Für eine linke Strömung), für die ich mich entschieden habe, bin ich wahrlich Bewegungs-Opa: Der Älteste, wo ich doch früher immer der Jüngste in den Gruppen war. Und zu meiner Überraschung konnte ich hier nicht nur Erfahrungen einbringen. Vieles, was andere neu erfahren, kenne ich schon und erlebe es jetzt aus einer anderen Perspektive noch einmal, was ich ebenso spannend wie unvermeidlich finde. Und neu zu lernen gibt es ja sowieso immer etwas. Nicht das jetzt alles ganz anders wäre: Ich lebe immer noch gerne in den ökonomischen und sozialen Nischen, die in den 80er Jahren geschaffen

wurden, um der „kapitalistischen Vergesellschaftung" Widerstand zu leisten. Ich handle weiterhin lieber praktisch, als schwergewichtige Theorien oder Seminare durchzukauen.

Die gemeinsame Erarbeitung der eigenen Geschichte ist ein verdammt mühsamer Prozess. Nicht das Erzählen der eigenen Lieblings-Anekdoten, sondern das Sortieren und Abwägen und vor allem der Abgleich mit dem Blick von anderen auf dieselben Ereignisse, der immer wieder die eigene Erinnerung in Frage stellt. Wie mühsam, habe ich unterschätzt und erst im Laufe der zwei Jahre Arbeit an diesem Buch gelernt. Während ich in der Außenwelt etwas Neues ausprobierte, zerrte die Arbeit an der Geschichte mich immer wieder zurück ins Vergangene.
Faszinierend war es aber doch, sich Schritt für Schritt der Gegenwart zu nähern und zu beobachten, wie rote Fäden sichtbar werden, wie sich das 1981 Erlebte mit dem 2001 Erlebten verbindet. Dadurch ist für mich die heutige Zeit nicht etwa irgendwie historisch entrückt worden, sondern im Gegenteil die Vergangenheit lebendiger und aktueller geworden. Diese Vergangenheit war stets Bestandteil meines Lebens, wurde nie abgehängt als unwichtig, verworfen als „Jugendsünden" oder abgehakt als „unvergleichbar". Das Bewusstein, in einer Kontinuität zu leben und zu agieren, hat viel dazu beigetragen, Mut, Neugier und Handlungsdrang zu behalten. Und ich bin so unbescheiden, das auch für ein politisches und soziales Konzept zu halten, nicht nur für eine persönliche Überlebensstrategie. Natürlich muss trotzdem dauernd alles neu erfunden werden: Neue Begriffe, neue Techniken, neue Musik …
Was waren unsere großen autonomen Fehler? Abgesehen von mancher Kritik, die die radikale Linke insgesamt und nicht nur die Autonomen betrifft, wie etwa der Vorwurf der Selbstmarginalisierung und –genügsamkeit, sehe ich drei große Schwächen der Autonomen in den 80ern, die sich historisch bis heute auswirken:
Der *Militanz-Fetisch*, der lange Zeit zu einer naiven Gleichsetzung von politischer Gewalt und emanzipativem Bewusstsein führte. Ja, wir konnten Fehler machen bei militanten Aktionen, aber wer Mollis schmiss, davon waren wir überzeugt, konnte jedenfalls kein ganz schlechter Mensch sein. Wir waren, ohne uns viele Gedanken darüber zu machen, letztlich auch Teil einer *Krawallisierung* politischer Auseinandersetzungen in Deutschland in den 80ern. Es gab zwar auch damals schon gewalttätige Nazis und Hools, die wir aber bloß als Schurken ansahen, die „uns das Feuer stehlen" wollten. Wir machten uns nicht bewusst, dass das vielleicht gar nicht „unser" Feuer war. Spätestens der Rostocker Pogrom 1992 zeigte, dass Militanz auch schrecklich sein kann. Die Konsequenz für mich daraus: Wer loslegt, muss auch steuern können. Dafür tragen gerade die älteren Militanten Verantwortung. Sie müssen es immer wieder versuchen, gegen alle Widerstände.

Der *protestantische Moralismus*, der radikale Strömungen gern begleitet, hat auch die Autonomen nicht verschont – und das meine ich allgemein, nicht nur auf Sexualität gemünzt. Wir haben die Welt moralisch gesehen: Gut oder Böse, Unterdrücker oder Unterdrückte. Die „Politik der ersten Person" führte dazu, sich unter den Leistungsdruck einer komplett revolutionären Persönlichkeit zu setzen. Dagegen gab und gibt es dann irgendwann Rebellionen, die meist mit Adornos Zitat („kein richtiges Leben im falschen") erklären, dass der Genuss der verbotenen Früchte der Vollrevolutionäre irgendwie doch cool ist. Oder aber, was schlimmer ist, diese Tendenz spitzt sich zu auf Sektiererei. Insofern haben wir eine Mitschuld an den Verirrungen der 90er Jahre, am kleinbürgerlichen Nihilismus der „Anti-Deutschen" ebenso wie am pseudo-kommunistischen Gequatsche mancher Kleingruppe.

Unsere reale gesellschaftliche Position haben wir kaum bewusst, meistens nur gefühlsmäßig wahrgenommen. Unsere *Unberechenbarkeit* war zwar eine Stärke, nur leider waren wir auch für uns selbst unberechenbar. Wir wussten oft erst viel später, ob wir irgendwo gewonnen oder verloren hatten, reflektierten unsere Erfahrungen wenig, machten uns die gesellschaftlich wirkenden Kräfte wenig klar. Das lag z.T. auch an dem oben beschriebenen Moralismus, der nicht eben zur Differenzierung ermuntert. Deshalb wurden wir immer wieder kalt erwischt, liefen Entwicklungen hinterher, nutzten Schwächen der Gegenseite nicht aus, um dann dafür an anderer Stelle vor die Wand zu laufen. Bitte keine Missverständnisse: Das ist für mich keine Debatte über Theorie und Praxis – schlechte Praxis wird nicht durch mehr Theorie gerettet, sondern durch bessere Praxis. Reflexion ist nicht unbedingt ein Uni-Seminar, sondern kann auch sehr handfest stattfinden.

Und mein Ausblick? Ich bleibe ein frohgemuter Skeptiker: Es geht bergab, aber was soll's, das tut es schon immer …

Wir sind weiterhin Teil des faktischen gesellschaftlichen Kompromisses des 20. Jahrhunderts, der besagt, dass die radikale Linke in Deutschland mächtig auf den Putz hauen, aber keine Revolution machen darf – bei Strafe des Faschismus. Wir werden in den nächsten Jahren erleben, wie sich die Zersplitterung und Entmächtigung der Ideologien fortsetzt, analog zu der der staatlichen Steuerungs- und Ordnungssysteme. Die politisch-subkulturelle rebellische „Gegengesellschaft" ist nicht mehr ein utopisches Projekt mit dem Ziel der Umwälzung, sondern eine Überlebensstrategie, eine politische Subsistenzwirtschaft, die sich wie eine Zyste in der Gesellschaft einrichtet.

Ist also alles sinnlos? Blödsinn. Entgegen aller Vernunft müssen wir Geduld entwickeln und uns vom kindlichen „Ich-will-aber!" befreien. Unser politisches Wirken ist als lebenslanger Prozess anzusehen, der nicht von einzelnen Höhepunkten, sondern von seiner Gesamtheit bestimmt wird. Erwachsen werden – und weiterkämpfen.

Und jetzt genug gequasselt.

Zwei: Perspektiven und Thesen

Eine der Stärken der Autonomen war und ist es, nicht nur das Ziel einer herrschaftsfreien Gesellschaft zu verfolgen, sondern auch dem Weg dahin eine große Priorität einzuräumen. Die Strukturen sollen möglichst heute schon, ohne Konkurrenz und Hierarchie, vorgelebt werden. Eine der größten strukturellen Schwächen scheint mir dabei zu sein, dass die Szene leider im Hinblick auf Leistungsfähigkeit ein sehr klares Spiegelbild des kapitalistischen Patriarchats/patriarchalen Kapitalismus zu sein scheint. Diejenigen, die viel tun, vieles anschieben, notwendige Kontakte haben, alles Mögliche organisieren etc. sind zum übergroßen Teil weiße, gesunde, belastbare Männer und Frauen, wobei der Männeranteil bisher immer überwog. In diesem Bereich unterscheiden sich die Autonomen in Nullkommanichts vom Rest der Gesellschaft. Die Reproduktion dieser Werte erscheint zwingend und alternativlos. Und wer und welche kennt nicht das Gefühl der Überforderung an bestimmten Punkten und zwingt sich trotzdem weiterzumachen, weil die Kampagne, die Demovorbereitung oder was auch immer an einem entscheidenden Punkt steht und sich in die Hängematte zu legen im Moment echt nicht drin ist? Alle autonomen PolitmanagerInnen hätten auch in der „normalen Welt" Karriere gemacht, wenn sie es denn gewollt hätten. Sie sind in der Lage, teamfähig zu arbeiten, Diskussionen zusammenzufassen, Konzepte für alles Mögliche zu entwerfen, andere zu motivieren und zu überzeugen. Sie sind innovations- und improvisationsfähig, flexibel, mobil, können gut organisieren und dies an vielen Punkten, sich zur Not auch in harten Auseinandersetzungen durchsetzen und das Wohl der Szene und der Erfolg in der Sache steht über den Interessen der eigenen Person. Sie sind loyal bis zur Selbstaufgabe und bereit, vieles, wenn nicht alles zu geben. Kein Wunder also, dass bei diesen Eigenschaften auch unter aufgeklärten Chefs ehemalige und sogar immer noch Linke hoch im Kurs stehen und begehrt sind.

Alternativen dazu? Schulterzucken. Denn die Schluffi-Mentalität, die nie so richtig weiß, was sie will, hilft uns im Kampf gegen das System nur wenig weiter. Beim Erkennen dieser Problematik darf es aber nicht stehen bleiben und für wirklich egalitäre Strukturen braucht es immer alle. Diejenigen, die vieles tun in den Gruppen und damit zu den informellen Häuptlingen werden, können dies auch nur deshalb, weil sie gelassen werden, weil viele eben nicht bereit sind oder sich nicht in der Lage glauben, bestimmte Aufgaben zu übernehmen. So baut sich für viele ein SpezialistInnenbild auf und informelle Hierarchien bilden sich heraus, die wahrscheinlich nicht völlig zu vermeiden sein werden, aber deutliche Eingrenzung erfahren sollten. Auch auf die Vorsichtigen, die Ruhigen, die Bedachten muss gehört werden. Es sollte nicht um Checkerverhalten und Durchziehmentalität gehen. Die gegenseitige Beachtung und der Austausch von Erfahrungen mit Respekt dem und der anderen gegenüber kommen oft zu kurz. Die Abgrenzungen sind Legende und helfen nicht viel weiter - außer bei einer überkommenen Identitätsbildung. Haudraufs vs. TheoretikerInnen, Politfunktionäre vs. Schlaffis, ReformistInnen vs. Revolutionäre usf. Die Liste ist endlos und oft banal.

Ein anderes grundlegendens Problem in diesem Land für die radikale Linke ist die mangelnde persönliche Kontinuität. Speziell in den südeuropäischen Ländern gibt es Linke (allerdings meist eher orthodoxe KommunistInnen) in der zigsten Familiengeneration in Opposition zur herrschenden Macht. In Deutschland ist diese linke Kontinuität nicht gegeben, da die Nazis Tausende von Linken zwischen 1933 und 1945 ermordet haben und danach viele der Übriggebliebenen in der DDR lebten, wo sie als TrägerInnen von Macht versteinerten. In der BRD gab es trotz Ostermarschbewegung in den Fünfziger Jahren erst seit 1968 wieder eine linksradikale Tradition. Die Autonomen bewegten sich in erster Linie in Abgrenzung zu den 68ern, mag dies auch an vielen Punkten berechtigt gewesen sein. Diese Abgrenzung zu Älteren, länger Dabeigewesenen hat sich bis heute fortgeschrieben, wird von jeder neuen Generation mit Feuereifer betrieben und scheint für viele geradezu identitätsstiftend zu sein. Auch dieses treibt viele Ältere dazu, der praktischen linksradikalen Politik den Rücken zuzukehren. Die Älteren sind daher dringend aufgerufen, sich selbst einen Rahmen zu schaffen, in dem sie sich nach ihren Möglichkeiten und Fähigkeiten organisieren und so weiterhin Teil des Ganzen sind.

Mein Blick auf die Szene und mein eigenes Bewegen darin hat sich in den letzten 23 Jahren natürlich gewandelt. Ich gehe heute längst nicht mehr auf jede Demo und jede Veranstaltung. Oft fehlt mir die Zeit, ich sehe die Relevanz nicht oder mache lieber andere Dinge. Ich arbeite knapp 50 Stunden die Woche in einem akademischen Beruf mit Projektcharakter, ein guter Teil der Arbeit ist nach wie vor eine Art Dienstleistung für die Szene. Daneben bleibt trotzdem noch Zeit für politische Aktivitäten in autonomen Zusammenhängen „traditioneller Art". Ab und an machen wir eine Veranstaltung, waren 2002 Teil der 1. Mai-Vorbereitung, fahren ins Wendland o.ä. Alles nichts Spektakuläres, aber es ist für mich schön, solche Zusammenhänge immer noch zu haben, ohne dass dort eine große Generationsschere klafft. Die täglichen politischen Aktivitäten sind weniger geworden, keine Frage, aber die Zeiten haben sich auch verschlechtert. Dennoch fühle ich mich weiterhin als Teil einer antagonistischen Bewegung, auch wenn das Wellental immer tiefer zu werden scheint. Aber

bei allen Unterschieden und Widersprüchen betrachte ich mich selbstverständlich weiterhin als Autonomen.

Zum Abschluss noch der Versuch, einige autonome Schwächen zu benennen und wie diese vielleicht in Zukunft vermieden werden können.
Abgrenzungen politisch offensiv führen und nicht nur durch Verweigerung - soll heißen, mit mehr politischem und persönlichem Selbstbewusstsein in politische Auseinandersetzungen außerhalb der „Szene“ zu gehen. Die eigene Suppe ist wichtig und als Ausstrahlung nach außen, für die eigene Nestwärme und den Aufbau und Erhalt von unseren Strukturen unverzichtbar. Der Blick über den Tellerrand ist dennoch notwendig, die Szene ist nicht der Nabel der Welt. Dabei kann und darf es aber natürlich nicht um Populismus oder Beliebigkeit gehen.
Schluss mit je radikaler, desto korrekter - die Orientierung wird nicht mehr automatisch von denen vorgegeben, welche die vermeintlich radikalsten Aussagen machen. Oft wird sich an denen orientiert, die die vermeintlich härtesten Theorien und Praktiken verkünden. Diese Ansichten werden teilweise nicht einer offenen und solidarischen Kritik unterworfen, sondern sie werden als Beispiel eigener vermeintlicher Unzulänglichkeiten genommen. Dies hemmt Entwicklungen, schreckt Leute ab und ist insgesamt kontraproduktiv. Ultraradikale Positionen sind in der Vielfalt der Autonomen eine notwendige Strömung - nicht mehr, aber auch nicht weniger.
Strategisches Denken als Wert begreifen. Der autonome Maximalismus der 80er Jahre war in den damaligen politischen Verhältnissen gut und richtig. Aber schon im Berliner Häuserkampf wären sicherlich mehr Häuser übrig geblieben, wenn die Forderung „Keine Verhandlungen bevor alle Gefangenen der Bewegung aus den Knästen sind“ modifiziert worden wäre. Damit will ich nicht sagen, dass dies damals ein Fehler war - aber in aller Regel wurde auf eine Eskalation und Verschärfung der Widersprüche gesetzt und mehr nicht. Eine taktische Rücknahme galt und gilt als Verrat, und wer sollte schon über so heikle Fragen entscheiden können, ohne sich ZK-Vorwürfen auszusetzen? Aber das Ziel bspw. einer Kampagne sollte immer genau bestimmt sein und jede Aktion darauf abgeklopft werden, ob sie diesem Ziel nützt, schadet oder neutral ist. Das soll nicht heißen, nur noch taktisch zu agieren, aber mit ein bisschen mehr strategischer Bestimmung hätten die Autonomen wohl mehr erreicht, als ohnehin schon.
Den „Wir“-Begriff mit einer Art Minimalprogramm füllen, wo die unabdingbaren Essentials aufgeführt sind. Also wofür und wogegen wir sind, ohne in epische Breiten zu verfallen. Wäre natürlich ständiger Überprüfung und Erweiterung unterworfen, und Voraussetzung muss sein, dass es nicht um eine Art Vereinheitlichung gehen kann. Als positive Beispiele könnten die Thesen von Padua 1981 und das „militant manifesto“ 2001 dienen 45.

Drei: Älter werden – neugierig bleiben

Der Blick in „unsere Geschichte" hat sich überwiegend auf „starke Momente" konzentriert. Selbstkritische Reflexionen lassen sich viele nachtragen:

- In der Stärke-Phase in den 80ern haben wir auf viele um uns herum wenig geachtet, waren allzu sehr mit uns und unserem Voranstürmen beschäftigt. Viele haben uns als super-moralisch, super-revolutionär, super-abgehoben betrachtet. Das haben wir nicht so recht wahrgenommen – oder es war uns egal – oder wir haben das zwar gesehen, aber gemeint, das hinge eher mit „denen" als mit uns zusammen. Eine deutliche Autonomen-Kritik ist als Klo-Spruch in einem Kreuzberger Alternativ-Projekt zu finden: „Kein Gott, kein Staat, kein Auto-Gnom!"

Mitte der 80er Jahre waren wir noch ein Teil einer Szene, die viele unterschiedliche politische Ausprägungen fand (das reichte von Anti-Imps und RZlerInnen und Rote Zoras bis zu aktiven Links-GewerkschafterInnen und einzelnen Kirchenleuten). Trotz vieler Unterschiede gab es wichtige Gemeinsamkeiten im Alltag: Leben in den Armenstadtteilen, niedriges Konsumniveau, also wenig Arbeitsdruck, also viel Zeit für „anderes Leben" und auch „für Politik", entwickelte „Szene-Kultur" mit Kneipen, Alternativ-Betrieben und -projekten, einer eigenen Infrastruktur – aber auch einer Alltagsauseinandersetzung mit den Menschen unserer Umgebung: im Haus, am Arbeitsplatz, auch auf der Straße. Zugegeben, das ist etwas idealisierend dargestellt, aber es war ein Grundgefühl und galt natürlich auch nur für einen Teil der Autonomen.

Ich bin jetzt nachträglich sicher: Wir haben zu wenig Zeit und Energie in den Erhalt dieser Strukturen gesteckt, haben sie in der Krise nach 1989 nicht neu belebt. Wir haben mehr Zeit in Kampagnen gesteckt als in „Basisarbeit an der Alltagsfront", die nach dem Mauerfall doch so wichtig gewesen wäre. So ist uns eine wichtige Stärke von Autonomen verloren gegangen: Nicht nur Konflikte vorantreiben und Situationen zuspitzen, sondern auch den eigenen Lebensalltag eigenständig und widerständig gegenüber vorherrschenden Normen auszuprobieren. Nur diese (mehr oder minder mühselig) gelebte Praxis mündet in eine „autonome Grundüberzeugung": Es kann ein anderes Leben geben als das der absurden Gesellschaft um uns herum, und das ist nicht Traum, Spinnerei und „revolutionäre Forderung", sondern bestimmt – wenn auch nur in kleinen Ansätzen - unser jetziges Leben.

Viele autonome Flugblätter und Artikel und Analysen klingen heute so abgehoben, besserwisserisch und intellektuell, weil sie nur mit dem Kopf geschrieben wurden: Der Mensch als Schreiberling, der hinter dem Papier steht, erscheint recht lebensfremd, ohne die Praxis der 1000 Gruppenkonflikte, als Individuum, der egoistischen Umgebung recht ähnlich.

ABER: Was lehrt uns das? Wissen wir nach dem Ausflug in die Geschichte denn mehr für die Zukunft, für die nächsten Schritte? Gibt es denn überhaupt relevante Fragen an die Vergangenheit – für die Perspektive von 2025, also für die nächsten 22 Jahre?

Wir fünf waren uns einig: Autonome gibt es und wird es weiter geben. In aller Regel sind es Jüngere, die neu anfangen, denen das Label „Autonome" wurscht ist , die „alte Autonome" kaum oder nur als papierschreibende BesserwisserInnen aus den Großstädten kennen. Sie fangen mit konkreten Konflikten an, große Strategiedebatten würden sie höchstens lähmen, lange VVs auch – und sie wiederholen fast alles: Langsam, im Konfliktverlauf, erkennen sie die Bedeutung der eigenen Strukturen, lernen sie ihre gesellschaftliche Realität kennen, führen Auswertungsdebatten ..., erkennen ihr Älterwerden daran, dass sich vieles wiederholt, sie nicht mehr so spontan begeistert sind und langsam in den Szenebezirken der Großstädte verschwinden.

Dort treffen sie dann auf eher genervte Ältere. Deren Position lässt sich an einer Erklärung verdeutlichen, mit der eine der *Interim*-Redaktionen, die zehn Jahre das Blatt aktiv mitgestaltet hat, ihr Aufhören erläutert. 46

„Der Hauptgrund ist die persönliche Fremdheit gegenüber den Inhalten und dem Erscheinungsbild ... Für die meisten von uns klaffen das im Heft propagierte Leben und der eigene Alltag inzwischen auseinander. Uns langweilen die meisten Texte und Themen in der Zeitung ... Strukturell geht es ums Ein- und Ausgrenzen, nicht aber um eine Diskussion des Problems. Beispielsweise lässt sich unsere Abgegessenheit gegenüber der Militanzdebatte vielleicht biografisch erklären, da wir nicht mehr Mitte 20 sind. Aber warum soll mensch vor zehn Jahren schon mal geführte Debatten wiederholen, nur mit neuem Personal, die nicht einmal beim erreichten Diskussionsniveau der Auflösungserklärungen von RAF und RZ ansetzen ..."

Sicher ist es sinnvoll, dann aufzuhören, wenn einen die Debatten langweilen, aber das Niveau von Debatten hängt doch gerade von den lebendigen Menschen ab – und die fangen doch nicht an mit alten Debatten, sondern mit eigenen Überlegungen, Ausprobieren, Formulierungen. Das ist für sie ganz neu, weil es ihre eigenen Prozesse sind.

Es ist richtig für Ältere, aufzuhören, wenn es langweilt. Aber toll wäre es, zu lesen, was für sie denn nun aktuell anliegt. Und sicher gilt für sie doch auch, dass sie es richtiger finden, mit auch noch so kleinen Nadelstiche nachts gegen Bundeswehreinrichtungen zu pieksen, als lediglich diverse Auflösungserklärungen zu kommentieren.

Allgemeiner: Das Problem der Autonomen sind die Älteren. Sie finden keinen Ort gesellschaftlicher Relevanz in der Szene. Inhaltlich etwas anders formuliert: Die Szene hat keine gesellschaftliche Relevanz mehr für sie – und das wiederholt sich alle paar Jahre.

Was sollen sie auch in der Jungen-Szene, in der Vokü, bei der Spontan-Demo/Hausbesetzung wenn das für sie ausgeleiert ist. Aber wo könnte ihr Ort sein?

Meine These: In der Entwicklung einer autonomen Haltung und Praxis, die kurzzeitige Hochs

und Tiefs selbstverständlich kennt, aber auf einen lebenslangen Prozess orientiert, in dem so simple Tatbestände wie Verantwortung für Kinder, Organisation eines energiefressenden Alltags, Älterwerden, Krankheit, Tod zum Bestandteil der politischen Basisarbeit werden. Das klingt nun wunderschön abstrakt, aber es gibt immerhin auch einige konkrete Beispiele:

Es gibt Gruppen, die sich mit ihrem Älterwerden beschäftigen, mit Altersarmut und Alterseinsamkeit, mit Überlegungen zu anderen Absicherungen als/zusätzlich zur normalen Rente/Grundrente, unabhängig von staatlichen Gesetzen und Sparplänen: Das ist für mich ein Teil autonomer Alltagspolitik.

Einige beschäftigen sich mit der Frage: Was bedeutet unsere Rolle als Ältere/Erfahrenere/MacherInnen in Gruppen und Projekten, was gefällt uns daran, was wollen wir ändern, was ist veränderbar, wie können wir das leben – autonome Alltagspolitik?

Wie gehen wir anders als die kapitalistisch geprägte Normal-Gesellschaft mit Geld, Erbschaften, Altersabsicherungen um? Gerade hat sich in Berlin eine „Projektwerkstatt auf Gegenseitigkeit" gegründet, darin eine SDS (Stiftung für dissidente Subsistenz), die versucht, kollektive, langfristige Experimente zu unterstützen – autonome Alltagspolitik!

In mehreren Archiven wird Wissen über Vergangenheit und Gegenwart zusammengetragen, Perspektivdiskussionen können und könnten auf materialreiche Grundlagen gestellt werden – das könnte zu autonomer Alltagspolitik gehören, tut es aber kaum.

In einer kleinen Broschüre wird über das Berliner Experiment EX berichtet, bei dem die Szenekneipe durch eine Struktur vieler aktiver Gruppen und eine feste Kerngruppe aufrechterhalten wurde. Das hat immerhin 3 Jahre gehalten. Die Auswertung bietet viel Anschauungsmaterial für weitere ähnliche Projekte. 🌐 47

Natürlich sind das alles Marginalien im Verhältnis zu der Lawine, die mit wachsender Geschwindigkeit rollt: Krieg, Klonen, verschärfte Repression weltweit, „Patriarchat" im Kommen geballter denn je, globale Konzern-Herrschaft setzt sich mit leichten Einbrüchen durch, mit den Auswirkungen auf Europa-Deutschland: Entsolidarisierung, Übernahme der Herrschaftsideologie, egoistische Rivalitäten ausgegrenzter Gruppen ...

Dagegen gibt es – teilweise sogar breite – Bewegungen, aber ohne sonderliche Beteiligung „von uns".

Die Reste der emanzipativen Linksradikalen, die Alt-Autonomen, kreisen um sich, z.T. sektiererisch zerstritten, z.T. angehängt an ReformerInnen-Kampagnen gegen Krieg, gegen Hartz, gegen Berliner Bankenskandal, auch bei Anti-AKW eher dabei als originell. Zur Gentechnologie verhält sich die Bewegung so gut wie gar nicht. Sie führen Grundsatzdebatten, klagen darüber, dass eine Bewegung bitter nötig wäre, reiben sich in immerwährenden Versuchen auf, andere in Bewegung zu versetzen und leben gefühlsmäßig in der Vergangenheit, trauern eigentlich den „schönen alten Bewegungszeiten" nach.

Meine These: Schaut ruhig zurück, aber orientiert euch am konkreten Jetzt: Es gibt in der Entwicklung und z.T. Erfindung kollektiver Alltagsstrukturen ein riesiges Betätigungsfeld. Und hier liegt jetzt, in der Phase der tiefen Bewegungsflaute grundlegender Systemopposition, die Grundlage für kollektives Verhalten in den nächsten Bewegungszyklen.

Meine Zukunft: Bin neugierig, was sich noch so ergibt.

Vier: Macht zersetzen!

Rückblickend will ich anhand von zwei Bewegungszyklen und einer „Kampagne ohne Bewegung" ein paar Schlussfolgerungen ziehen:
Die Autonomen haben sich fast nie (Ausnahme: IWF, NOlympic, zeitweise in der Hafenstraße) um die Entwicklung der Bewegung, um strategische Fragen gekümmert, sondern sind dann zur Teilbereichsbewegung geworden, wenn sie wie der Fisch im Wasser schwimmen oder anders gesagt sich ins gemachte Bett legen konnten (siehe Hausbesetzerbewegung, Anti-AKW-, Startbahn-Bürgerinitiativbewegung). Wobei sie dann immer ein sehr instrumentelles Verhältnis zu den ReformerInnen an den Tag legten. Zudem entwickelten sie wenig politisches Gespür für die weitere und breitere Entwicklung der Massenbewegung und nahmen nur in Ausnahmefällen die persönliche Entwicklung, die Sprünge und Brüche bei den einzelnen „Bürgers" wahr. Das subjektive Avantgardedenken war gar nicht so weit entfernt von den K-Gruppen.
Eine Stärke der Autonomen war und ist das Wechselspiel zwischen militanter und gewaltloser Aktion. Besonders dann, wenn die Autonomen dabei unberechenbar für den Gegner (nicht für den Bündnispartner, die BIs und die „Reformer"!) blieben. Die Stringenz, die Unbeugsamkeit und Kompromisslosigkeit im Kampf gegen die Staatsmacht, die sich in militanten Aktionen manifestierte, besaß sehr häufig eine große Anziehungskraft für Außenstehende.

Die Frage, welche Bedeutung das militanten Agieren der Autonomen in den Teilbereichsbewegungen hatte, ob die Militanz dazu beitrug die Widersprüche erfolgreich zuzuspitzen, ist schwer zu beantworten. Relativ einfach fällt die Antwort in Bezug auf die Medien aus. Die Gleichung „ohne Krawall keine Schlagzeile" galt in den meisten Fällen. Häufig reichte ja schon die Androhung von gewaltsamer Intervention wie in der Anti-IWF-Kampagne aus, um für Gehör in den Medien zu sorgen.
In der Rückschau sind sich in der Anti-AKW-Bewegung beide Fraktionen, die gewaltfreien wie die militanten Bauzaunkämpfer einig, dass nur beide Aktionsformen zusammen zum politischen

Erfolg beigetragen haben. Dies gilt meines Erachtens auch für die Anti-IWF-Kampagne in Westberlin.

Weitaus schwieriger ist zu beantworten, inwieweit die Aktionen militanter autonomer Gruppen die Widersprüche zugespitzt haben und eine politische Bewegung vorangetrieben haben. An dieser Stelle müsste ich sehr ins Detail gehen, was ich hier nur punktuell machen kann. Deshalb nur ein paar Beispiele: Das Abfackeln von Baumaschinen von Firmen, die am Bau der Startbahn beteiligt waren, traf bei den Bürgerinitiativen öffentlich auf keine Zustimmung. In der Bewegung und innerhalb der BI hat es aber die Debatte um die wirtschaftspolitische Dimension und um die „Systemfrage" sehr wohl befördert. Insofern war dies eine erfolgreiche Intervention. Ähnlich in der IWF-Kampagne, in der mehrmals sowohl Filialen der Banken wie Autos von deutschen Weltkonzernen angegriffen wurden. Dadurch kamen die Verstrickungen der deutschen Konzerne in den Weltmarkt noch stärker auch unter den Reformern zur Sprache. Politisch weitgehend folgenlos war dagegen der militante Kampf von autonomem Gruppen gegen die Baufirmen der Berliner Oberbaumbrücke Anfang der 90er Jahre. Die kleine Bewegung gegen die Oberbaumbrücke konnte daraus keinen politischen Nutzen ziehen. Wiederum etwas anders stellte sich das in der NOlympic-Bewegung dar. Kennzeichnend für diese Bewegung war das spielerische Zusammenwirken zwischen einer relativ niedrigschwelligen Volxsportbewegung und der kleinen Öffentlichkeitsgruppe von AktivistInnen aus der PDS über Grüne bis zum AOK. Hier war die militanten Aktion tatsächlich einmal der „integrale Bestandteil" einer Kampagne, die von Reformern und Autonomen organisiert wurde.

Ende der 90er Jahre wurde in einigen Papieren von autonomem Gruppen als Begründung für die Legitimität von militanten Aktionen angeführt, damit könne die radikale Linke politische Schweinereien der Herrschenden verhindern (na klar, Weiterstadt wird hier gerne angeführt, aber die RAF spielte in einer anderen Liga), bzw. militante Aktionen könnten manchmal auch die Wirkungen von politischen Bewegung ersetzen. Als Argument wird dafür gerne auch die militante Aktionsreihe der Roten Zora gegen den Adler-Textilkonzern angeführt. Ich denke, das ist schlicht und einfach die Ausnahme von der Regel. Meiner Meinung nach kann keine noch so gut gelungene militante Aktion eine politische Bewegung ersetzen (siehe die erfolglosen Anschläge auf die Treuhand 1992/93). Wenn immer noch gilt, dass es den Linksradikalen um die Eroberung der Herzen und Köpfe der Menschen geht, kann Militanz nur das Salz in der Suppe sein, aber nicht die Suppe!

Wo stehe ich heute?

Genau so wenig wie die bürgerliche Politik eine Alternative zur derzeit herrschenden Politik formulieren kann, gelingt es den Autonomen und anderen Linksradikalen alternative Handlungsperspektiven aufzuzeigen. Besonders in Deutschland nicht. In Südeuropa ist die Antiglobalisierungsbewegung wesentlich stärker und in der bürgerlichen Öffentlichkeit präsenter. Aber ich will an dieser Stelle nicht wehmütig über die Grenzen schauen ... Wir befinden uns einfach seit ein paar Jahren in einem Wellental. Vor 15 Jahren schauten fast alle Linksradikalen aus Süd- und Westeuropa neidvoll auf uns. Heute ist es eben mal umgekehrt.

Die Autonomen sollten sich mehr darauf konzentrieren in die bestehenden kleinen Bewegungsansätze wie die Anti-Castor-Kampagne und Anti-

globalisierungsbewegung politisch zu intervenieren: Sich das genau anschauen, zuhören und das Ganze langsam hin zu einer wirklichen Systemopposition verändern. Der Weg dahin ist verdammt lang, aber einen Versuch allemal wert.
Ich selbst konzentriere mich heute auf weniger Politikfelder: Zuvorderst ist das die Gen- und Biotechnologie, wo ich in eine sehr angenehmen Gruppe im Berliner Umland mitarbeite; dann auf meine WG und nicht zuletzt kümmere ich mich ein wenig um die Realisierung von Alternativen im Umgang mit Privateigentum. Hier kommen viele ehemalige „Alternativis" aus der Selbstverwaltungsszene aber auch jüngere Linke zusammen, die Lust haben sich auf neue Felder vorzuwagen, die eine andere Sicherheit als die des Geldes und des Privatvermögens versprechen. Jenseits von Besitz und Eigentum werden dabei Formen der kollektiven Sicherheit für Alter, Krankheit und Angst vor Wohnungslosigkeit entwickelt, die viel zu tun haben mit Vertrauen, wechselseitiger Hilfe und einer gemeinsamen Ökonomie in selbst entwickelten sozialen Sicherungssystemen.

Ausblick: Was verbinde ich damit, Autonomer zu sein?
Die Anstöße für Debatten über eine sozialistische Utopie und reale Alternativen werden eher von außerhalb Deutschlands zu uns kommen. Teile der Antiglobalisierungsbewegung werden nicht zu einer neuen NGO mutieren. Von diesen könnten solche Impulse kommen. Das Rad muss nicht immer neu erfunden werden, ein paar Essentials können schon heute formuliert werden:

Die Revolution ist ein länger anhaltender Prozess, konzentriert sich sehr lange überhaupt nicht auf die Machtfrage, eher erst im Reifestadium. Es geht vorrangig um die Zersetzung der Macht, um radikale, aber eben auch auf längere Sicht lebbare Systemopposition. Gesellschaftliche und/oder individuelle Veränderung ist anstrengend, macht aber auch Spaß. Die Freude am Experiment, das Ausprobieren von Neuem relativiert die Angst vor dem Scheitern. Schwach sein dürfen. Ein Klima in unserem Mikrokosmos aufbauen, in dem wir Schwäche zeigen dürfen, ohne uns damit auf Dauer abzufinden.
In unserem Arbeitsalltag, in unseren Berufsfeldern weder Versteck noch Kamikaze zu spielen. So weitestgehend wie möglich offen sein, Konflikte und Unrecht thematisieren. Zumindest so sozial und solidarisch zu sein wie es in einer betrieblichen Gewerkschaftsbasisorganisation üblich ist.
Politische Stärke ist eng an politisches Selbstbewusstsein gekoppelt. Keine Partei, kein Anführer kann das ersetzen. Wir akzeptieren Macht in unseren Politstrukturen nur vorübergehend, zweckgerichtet und jederzeit aufkündbar.
Punktuelle, temporäre Avantgarde sein. Aber auch sich zurücknehmen können. Rückzugsräume/Erholungsphasen im Kampagnen gleich mitorganisieren. Avantgardesein führt sehr schnell zu einer arroganten Umgehensweise mit Andersdenkenden. Avantgarde und Arroganz sind häufig bedrohlich nahe beieinander. Und Arroganz ist eher ein Ausdruck von Schwäche, ja ist die Schwäche der Autonomen. Die vermeintliche Überlegenheit des Wissens, der Sprache, der Politikform verhindert das gleichberechtigte Gespräch: Wenn wir nicht zuhören können, können wir auch niemanden überzeugen!

Fünf: Nicht zum Klerus der Revolution werden

Wenn man lange kämpfen möchte, muss man die Sache persönlich nehmen. Mit Trotz, Stolz und Heimtücke sich selbst seine kleinen Siege organisieren: Wenn einen die BVG ankotzt, kann man ganz alleine immer mal wieder einen Fahrscheinautomaten verkleben – und das immer wieder ... oder einen Sexshop ... oder einen Nazi. Natürlich wär's nett, wenn jemand anderes dabei mitmachen würde – aber dass die anderen nicht mitmachen, ist kein Grund, untätig und frustriert zu sein.

2. Wir sind alle Individuen, und kein „Stand der Diskussion" kann die moralischen Grundüberzeugungen des Einzelnen ersetzen.

3. Das Konzept Autonomie-Bewegung ging nach hinten los. Auf einmal kommen all die, die mühselig und beladen sind, die FreundInnen der einfachen Lösungen, die wissen, welchen Schalter man drücken muss, damit alles gut wird, die alles dafür tun, damit auch der Letzte in der Szene ihrer Meinung ist und zwar absolut – und kaum was dafür tun, dass ihre Idee irgendwo anders hin ausstrahlt. Erst überzeugt man die Autonomen und dann die ganze Welt. Ob es nun Feminismus-Antiantisemitismus-Antirassismus-Veganismus ist, die kämpfende Klasse oder die Partei der Arbeit Albaniens oder der Imperialismus.

4. Statt autonomer Bewegung lieber Autonome in Bewegung und Autonome in Bewegungen. Man muss sich Bewegungen anschließen, auch wenn die nicht 100% auf Linie sind und in diesen seine Meinung sagen. Nicht missionieren, sondern als MitkämpferInnen mit auch anderen Ideen – nicht als Autonome, sondern als Individuen, sonst werden wir so unerträglich wie die RIM, Ökolinx oder Linksruck.

5. Ich hab die Weisheit auch mit Löffeln gefressen. Ich weiß, dass der Staat an allem schuld ist, und trotzdem muss das nicht auf allen Flugblättern stehen, muss nicht jeder, mit dem ich zu tun habe, dieser Meinung sein. Ich muss auch nicht zu jeder kommunistischen Veranstaltung gehen mit einem Schild, auf dem ich Stalin dafür danke, dass er so viele Kommunisten ermordet hat.

6. Wir brauchen keine Helden. Natürlich kann ich den Kampf von Frauen in Algerien, KurdInnen in der Türkei, TamilInnen in Sri Lanka, der politischen Gefangenen der PalästinenserInnen, der Zapatistas usw. unterstützen, weil ihr Kampf seine Berechtigung hat. Aber ich muss doch nicht alles toll finden, was sie machen, und beleidigt sein, wenn sie Scheiße bauen.

7. Die Roten sind an allem schuld. Seit mindestens über 20 Jahren sind es die Roten, die am meisten nerven – ob sie nun antideutsche oder autonome Kommunisten sind. Sie träumen davon, endlich selbst im Panzer zu sitzen, finden es richtig, dass auch mal ein dreijähriges Kind für die gute Sache in die Luft fliegt, aber sind empört, wenn die andere Seite solche Taten verübt.

Ob dieses dreijährige Kind 1945 in Dresden, 2002 in Tel Aviv oder Dschenin zerfetzt wird, wer das getan oder angeordnet hat, hat eine Scheißaktion gemacht, egal, wie viele Gründe das rechtfertigen mögen. Wer in der Geschichte oder in anderen Weltgegenden solche Dinge gut findet, wie soll ich dem trauen, solche Scheiße nicht auch hier und übermorgen zu machen.

8. Auf die Inhalte ist geschissen. Ein Scherbenlied hat mehr davon als zehn *Interims*. Ich weiß nicht, was das Gejammer nach mehr Inhalten soll. Ich glaube, niemand hat das Parteiprogramm der FDP, das Kommunistische Manifest, die Lehren des Buddhismus und einen autonomen Reader gelesen und sich dann rein kopfmässig dafür entschieden, Autonomer zu werden, sondern wegen den Kumpels, dem Hass, der Moral oder dem Punk.

9. Mangelnde politkulturelle Praxis in Verbindung mit Studium führen zur Verwirrung. Unter Praxis verstehe ich alles, was nicht Labern im eigenen Saft oder Schreiben ist.

10. Die Vielfalt als Stärke nutzen: Viele Gruppen, Freundeskreise, Banden und Einzelne versuchen, was zu machen. Wenn sie gut sind, das richtige Thema zur rechten Zeit aufgetan haben, machen die anderen mit. Ist Erfahrungssache: IWF, Häuser, AKW, Vobo, Antifa, Olympia, Kubat etc. Es ist geil, wenn man sieht, dass auf einmal das ankommt, was man macht, dass der Stress sich gelohnt hat. Aber schön ist auch, wenn man einfach wo mitmacht bei Dingen, die man nicht so spannend fand, und dann hagelt es Siege.

11. Wenn man seinen Arsch nicht mehr hoch kriegt, so soll man das einfach so sagen und nicht 5000 Gründe dafür suchen, warum das, was läuft, es nicht bringt. So viel Mut sollte man aufbringen können. Das macht einem auch das später wieder Dazustoßen einfacher.

12. Antifa ist anders – Antifa ist Pflicht. Bei der Antifa-Arbeit muss man auch mit diversen Ärschen zusammenarbeiten. Wir dürfen alle Kämpfe verlieren – diesen nicht.

13. Spaß muss sein, Spaß ist Anarchie. Wenn dir deine politische Tätigkeit keinen Spaß macht, dann ist sie falsch. Dann hör sofort auf, mach was anderes. Lasst uns nicht zum Klerus der Revolution werden: Wir wollen schließlich noch, bis wir 90 sind, lustvoll revoltieren. Für immer Punk, das will ich sein. Und deshalb: wenn du sie nicht überzeugen kannst, verwirre sie!

14. Ob ich mit meiner Israelfahne zu einer Palästinademo gehe oder mich mit einer PFLP-Fahne zu einem Pro-Israel-Abend der *Bahamas* einfinde – was auch immer passiert: nicht winseln. Wenn ich eine Fraktion so widerlich finde, dass ich Leute aus Kneipen rauswerfe – nicht heulen, nachdem ich der Person alleine begegnet bin. Wenn ich einen Knüppel in die Hand nehme und jemand aus dem Haus werfe, wird er mir das heimzahlen wollen. Wenn wir gegen den Staat vorgehen, kriegen wir manchmal aufs Maul oder fahren ein. Dann können wir wütend und traurig sein, Angst haben, aber doch bitte nicht so anklagend-wehleidig. Also: Haltung bewahren.

15. Die Logik des Geldes beherrscht die ganze Welt. Damit das so bleibt, hat sich der Kapitalismus eine mächtige Armee gebaut. Der größte Teil davon heißt zur Zeit US-Armee. Dieses Instrument wird jedes revolutionäre oder anders gefährlich abweichende Verhalten aus „humanitär-moralischen" Gründen bekämpfen. Was immer sie sagen, man darf sich nicht mental zu ihnen in den Panzer setzen. Auch in den nächsten 100 Jahren gilt die alte Parole: Keinen Mann und keinen Pfennig für dieses System – auch wenn der Pfennig Cent, der Mann Cyborg und das System Wertegemeinschaft heißen sollte.

POUR LES DROITS E
TRAVAIL A
GRATUITE DES TRANSPORTS POUR LES CHOMEURS
TEMPS

Glossar

GLOSSAR

Worterklärung
Autonomendeutsch als Fremdsprache

Drei gute Gründe für dieses Glossar: 1. Benutzen wir einige Begriffe ganz anders als Nichtautonome
2. Viele Leute, die sehr genau darauf achten, nicht *Neger* sondern *Schwarzer* zu sagen, oder *mensch,* nicht *man*, haben keine Spur von schlechtem Gewissen, wenn sie ihre durch Herkunft erworbene Fähigkeit, mit Fremdwörtern um sich zu schmeißen, voll ausreizen. Wenn diese Leute nicht verstanden werden, sollte dies für sie Grund zur Scham und nicht Anlass zur Überheblichkeit sein. Diesen Gedanken zu fördern, war mir Verpflichtung.
3. Muss ich zugegeben die Gelegenheit zum Schwätzen benutzt zu haben

★ Dieses Zeichen bedeutet Autonomensprache

A

AAB: Antifaschistische Aktion Berlin
Abfackeln ★: Liebevoll für in Brand setzen
Abstrakt ★: Ohne Handlungsfolge, reine Hirnwichserei; ständige Forderung, keine a. Diskussion zu führen
Absurd: Unmöglich, völlig daneben, verrückt
Abwohnen ★: Sich nicht um den Erhalt der Häuser, die man bewohnt, kümmern
Action ★: → Krawall
Action Directe: Linke französische → bewaffnete Gruppe
Adler: Bekleidungsfirma
Adrenalin: Stoff, der im Körper ausgeschüttet wird, um Höchstleistungen bringen zu können. Ist schuld am Zittern wenn man Angst hat. Kann süchtig machen
Ätzend drauf sein ★: Schlechte Laune, die man an anderen auslässt
Agitation: Versuch, jemanden politisch zu überzeugen. Seit den 1970ern kaum mehr positiv benutzt
Akteure: Handelnde
Aktionen ★: Kann alle Tätigkeiten von Straßentheater bis Bomben legen bedeuten. → Militante/nächtliche A. sind immer verboten und eigentlich geht dabei immer etwas zu Bruch
AL: Alternative Liste. Vorläufer der Berliner Grünen
Alternativ-Szene: Gruppe von Menschen die das → System zwar ablehnen, aber nicht alle den Staat zerstören wollen
Ambitioniert: Begeistert dabei
Ambivalent: Doppeldeutig, mehrdeutig
Amnestie: Gnadenweise Freilassung von Gefangenen durch den Staat
Anarchismus: Linke Denkrichtung. „Anarchie ist Ordnung ohne Herrschaft". Geht im Gegensatz zum →Kommunismus davon aus, dass nach der →Revolution die Staatsmacht nicht übernommen wird, da jede Form der staatlichen Macht von Übel ist. „Macht korrumpiert, absolute Macht korrumpiert absolut"
Analyse: Versuch, eine Situation erst genau zu durchdenken bevor gehandelt wird. Beliebter Vorwurf innerhalb der Szene lautet „mangelnde A."
Angeturnt ★: 1. Durch Drogen in einen angenehmen Zustand versetzt. 2. Von Ereignissen so begeistert, dass man selber handeln möchte
Anmache ★: 1. Anpöbelei, Einladung zur Schlägerei. 2. „Blöde sexistische Anmache" so etwas Lästiges wie „na Süße wie wär's denn mit uns beiden"
Antagonistisch: im grundlegenden Widerspruch zu etwas, z.B. Arbeiterklasse-Kapitalistenklasse
Anti-Reflex ★: Grundsätzlich erst mal dagegen sein
Anti-Kriegs-Demo ★: Im Autonomen Weltbild Unterschied zur Friedensdemo, da Frieden in und mit diesem → System unmöglich ist
Antisemitisch: Judenfeindlich
Antifaschismus: → Antifas
Antifas ★: Menschen die gegen die Faschisten/die → Nazis tätig sind
Antifa-Recherche: Sammeln von Informationen über einzelne → Nazis und ihre Verbindungen
Anti-Imperialismus: → Imperialismus, → Anti-Imperialisten
Anti-Imperialisten ★: Menschen, die gegen den Imperialismus tätig sind, sofern das möglich ist
Anti-Imps ★: Fans der →RAF
Anvisiert: Ins Auge gefasst, aufs Korn genommen
AKW: Atomkraftwerk
Apartheid: Rassentrennung in den USA und Südafrika
Apparat der Radikalen Linken: Nicht etwa eine geheime Wun-

dermaschine, sondern die Gesamtheit unserer Zeitungen, Gruppen, Kontakte, und Verbindungen, dasselbe wie unsere Strukturen
Arbeitskollektive ★: → Kollektive
Argument: Begründung, rethorischer Beweis
Arroganz: Sich für was besseres halten und das auch zeigen
Aspekt: Betrachtungsweise, Gesichtspunkt
ASOG: Gesetz, das den → Bullen erlaubt dich festzunehmen wenn sie glauben, du könntest etwas verbotenes tun wollen
Aufstandsbekämpfungsstrategen ★: Im autonomen Weltbild jene Menschen, die im → System versuchen, durch Repression und Terror oder durch Bestechung, Einbindung die Bevölkerung ruhig zu halten
Auschecken ★: 1.Versuchen, etwas rauszufinden;
2. Ausspähen, ob ein Objekt für eine → Aktion geeignet ist.
Ausdifferenzierter Standpunkt ★: Meinung angereichert mit für und wider, sowie sowohl als auch. Gegenteil von platten Parolen
Auseinandersetzung: 1. Auf der Straße → Krawall;
2. Untereinander → Diskussion
Autonomes Jugendzentrum (auch : Selbstverwaltetes Jugendzentrum): Muss nichts mit Autonomen zu tun haben
Autonomia: Oberbegriff für verschiedene Gruppen organisierter italienischer Autonomer.
Avantgarde: Die ersten, die vorangehen und versuchen Leute mitzureißen. Wer das von sich behauptet gilt als → arrogant

B

Background: Hintergrund
Backlash: Rückschlag, Rückentwicklung. Aus feministischer Sicht: Wiedererstarken des Patriarchats
Bambule: 1. → Krawall 2. z.Zt. geräumte → Wagenburg in Hamburg
Barris ★: → Barrikaden
Barrikaden: 1. In besetzten Häusern: je nach Handwerkerstolz mehr oder weniger perfekte Eindringsicherung gegen → Nazis und → Bullen; 2. Auf der Straße: Alles von ein paar hingeworfenen Mülltonnen bis zu meterhohen mit Steinen und → Mollis verteidigte Hindernissen. Brennend eine Augenweide
Basis: 1. Grundlage, Fundament; 2. Einfache Mitglieder/Menschen im Gegensatz zu Delegierten/Chefs
Basisarbeit ★: Der Versuch, lieber mit einfachen Menschen politisch tätig zu sein und nicht mit Vertretern von Organisationen
Basis-demokratisch: Versuch, möglichst viele Entscheidungen von möglichst vielen treffen zu lassen. Gegensatz zur repräsentativen Demokratie, in der die Basis nix zu sagen hat
Bastelanleitung: Anleitung zur Herstellung von Bomben, Mollis, gefälschten Papieren usw.
Baufilz: Die nichtöffentliche Zusammenarbeit von Baufirmen, Beamten der Baubehörden und Politikern, um sich die Taschen zu füllen
Befreiungsbewegung ★: Bewaffnete ausländische Organisation, die dem Benutzer des Wortes politisch nahe steht
Bekennerschreiben: Nach einem Anschlag verbreitete Schrift, die begründet, warum die Tat verübt wurde und wer die Urheber sind. Autonome verwenden den Begriff „Erklärung", Bullen sprechen von „Selbstbezichtigungsschreiben"
Besetzerrat ★: Halboffenes Treffen aller BewohnerInnen besetzter Häuser einer Stadt/eines Stadtteils. Gleichzeitig Klatsch- und Tratsch-Börse sowie Ausgangspunkt etlicher Liebesbeziehungen
Betroffenheit ★: Betroffen sein = in seinen Gefühlen berührt sein. Nicht mehr so populär, seit Kabarettisten den Satz „Du, das macht mich echt betroffen, Du!" benutzen, um die Alternativszene zu veralbern
BEWAG: Berliner Energie Werke Aktien Gesellschaft
Bewegung ★: Die Gesamtheit aller, die gegen den Staat kämpfen und die wir gut finden. Teilweise benutzten/benutzen leider auch die Nazis diesen Begriff für sich
Bewaffnete Gruppen ★: In der BRD: RAF, RZ/Rote Zora, Bewegung 2.Juni
Beziehen ★: ... können wir uns auf Äußerungen anderer oder z.B. „den Kampf der Völker im Trikont". Solches sagt, wer die eigene politische Tätigkeit aufwerten möchte
Beziehungstechnisch ★: Etwas lieblos für „die Liebesbeziehung betreffend"
BI: → Bürgerinitiative
Bilanz: Schlussrechnung, Abschließende Betrachtung
Biologistisch: Die gesellschaftlichen Handlungen werden durch die natürlichen Veranlagungen und Vererbungen gesteuert
Bipolares Weltbild: Die Welt aus dem Gegensatz von den kapitalistischen und den realsozialistischen Machtblöcken erklärend
Bitumen: Schwarze klebrige Masse zum Abdichten von Dächern
Bonzen ★: Die Reichen; die da oben
Bretton Woods: Weltwährungsabkommen mit dem US-Dollar als feste Leitwährung, 1944 in B.W. bei New York gegründet, Anfang der 70er Jahre aufgelöst
Büttel: Staatsdiener wie Bullen, Gerichtsvollzieher, Richter usw.
Bürgerinitiative: Zusammenschluss von Menschen, die sich organisieren, um gegen einen Missstand oder ein Bauprojekt usw. tätig zu sein
Bullen ★: Menschen, deren Moral so gering ist, dass sie im Staatsdienst für Geld auf Befehl andere Menschen zusammenschlagen oder töten
Bullenarmada: Verflucht große Bullen-Ansammlung
Bullenkessel ★: Umzingeln von Demonstranten, die dann stundenlang festgehalten werden
Bunker ★: Ort, um verbotene Dinge aufzubewahren. Abbunkern = etwas Illegales verstekken
BVG: Berliner Verkehrsgesellschaft
BVV: Bezirksverordnetenversammlung. Kommunales Stadtteilparlament in Berlin
BZ: Rechte Berliner Zeitung des Springer Verlags

C

Chaoten: Als Beleidigung für Autonome gedacht. Von einigen Autonomen auch als Selbstbezeichnung übernommen (ähnlich wie „Zecke" oder der Gebrauch des Wortes „Kanacke" von Türken usw. untereinander)
Chronologisch: Zeitlich geordnet
Clique: Freundeskreis / Bande / Leute, mit denen man abhängt
Coming-out: Eigentliche Bedeutung = Erkenntnis von Schwulen und Lesben, solche zu sein. Hier: das Begreifen, auch ein Autonomer, Militanter, Chaot zu sein
Contras: Von den USA unterstützte bewaffnete Einheit, die nach der Revolution in Nicaragua gegen die linken Sandinistas kämpften
Counter ★: Bezeichnung für Kämpfer gegen die autonome/revolutionäre Sache. Hergeleitet von „Counter Insurgency Program" (engl., nicht aussprechbar), mit dem die USA-Oberen versuchten, Aufstände weltweit – schon bevor sie entstehen – zu bekämpfen
CRS-Einheiten: Französische Prügelbullen, bei allen Krawallen im Einsatz
CS-Gas: Wirksameres Tränengas, das zusätzlich auf der Haut brennt

D

Dämonisieren: Zum absolut Bösen erklären
Defensive: Verteidigung. Ständiges autonomes Bemühen ist, aus derselben zu kommen und in die politische Offensive zu gelangen
Delikt: Vergehen, Straftat
Demonstrativ ★: politische Praxis, die nur so tut als ob
Demoralisiert: Wegen empfundener Hoffnungslosigkeit nicht mehr kämpfen wollend
Denunziant: Jemand, der andere an staatliche Stellen verrät
Depression: 1.furchtbar finsterer Seelenzustand
2.wenn es der Wirtschaft ganz Scheiße geht
3.anhaltende Betätigung in Literaturarbeitskreisen
desolat: einfach rundum schlecht
De-Stabilisierung: Versuch, einen Staat ohne Krieg zusammenbrechen zu lassen
Destruktiv: zerstörerisch, Gegenteil von konstruktiv
Deutscher Herbst (1977): Die Stimmungslage in der Linken während der Zeit der großen Terroristenjagd, Angst, Wut, Verbitterung, Resignation
Die-In (engl., gesprochen: dai ins): Bescheuerte Aktionsform der Friedensbewegung, bei der sich viele auf die Straße legen, mit Blut übergießen und tot stellen
Dienstags-Räumungen: Da eine Räumung viele Bullen erfordert, legen sie solche Großaktionen gern auf den statistisch kriminalitätsärmsten Tag
Diffamierend: Böswillig gegen uns lügend
Diffus: Verworren, verschwommen, nicht fassbar
Dilemma: Verzwickte Lage, Zwickmühle
Diskurs: vorherrschende Debatte, Diskussion
Diskurs-Macht: alle müssen von einem abschreiben, um wichtig zu sein/bleiben
Diskussion: Hochtrabend für Gespräch
Distanzieren (sich) ★: Ständige staatliche Forderung an alle Bürger, systemfeindliche TäterInnen öffentlich nicht gut zu finden
Distanzierte Beschreibung: Wie beim Benachrichtigen der Feuerwehr im Notfall: ruhig und besonnen und nicht panisch berichten
DKP: Deutsche Kommunistische Partei = DDR-Fans, in Westberlin: SEW
Dogmatisch: Engstirnig – immer die anderen
Doktrin: Festgelegte, engstirnige Vorgehensweise
Dominiert: Bestimmt, beherrscht von
Drohpotenzial: Womit Drohungen glaubwürdig unterstützt werden können
Durchsuchungen von besetzten Häusern: Die Bezeichnung führt in die Irre. Es ging nicht darum, etwas zu finden, sondern zu zerstören, um die Besetzer zur Aufgabe ihrer Häuser zu bewegen – dazu gehört auch das Klauen von Geld, das Töten von Haustieren usw.

E

EA = Ermittlungsausschuss: In Berlin nach den ersten Besetzerkrawallen (12.12.1980) gegründet, um Anwälte zu vermitteln, nach Zeugen zu suchen usw. Seit 23 Jahren ununterbrochen tätig. Dank und Respekt, Lob und Anerkennung all den vielen sich jemals dort Engagierenden
ED-Behandlung: Erkennungsdienstliche Behandlung. Immer wiederkehrende Polizei-Routine nach dem → Einfahren, auch wenn man erst gestern da war: Foto, Fingerabdrücke, Messen
Einfahren ★: Festgenommen werden
Einklinken ★: Sich beteiligen, mitmachen
Emanzipatorisch: Befreiend
Emotional: Vom Gefühl her
Engagieren: Sich mit Herz und Seele (manchmal auch Verstand) für etwas einsetzen
Entfremdung: marxistischer Begriff, beschreibt die Distanz der Arbeiterin zum Arbeitsprodukt infolge der Einführung der Lohnarbeit und des Tauschwerts
Erklärungen ★: → Bekennerschreiben
Eskalation: Aufschaukeln eines Konfliktes, z.B. Doof lacht Dick aus, Dick tritt Doof, Doof sticht Dick mit dem Finger ins Auge usw.
Essentials: Ideen, die sehr wichtig sind
Etabliert: 1. etwas hat sich e. = ist normal geworden, z.B. hat sich die Ansicht etabliert, die Erde sei rund 2. jemand hat sich e. = ist normal geworden, hat seinen Frieden mit dem System gemacht
Euphorie: Überschäumende Begeisterung
exemplarisch vorgeführt: am Beispiel gezeigt

F

Fahrwachen ★: Während der 81er Häuserbewegung fuhren ständig Autos die Bullenwachen ab, um rechtzeitig Räumungsvorbereitungen erkennen und melden zu können. In den

90ern und heute vor allem aktiv, wenn Nazi-Angriffe zu erwarten sind
Fakt ist... ★: Die Wahrheit ist...
Faschisten: 1. ursprünglich italienische rechte Partei, Parteisymbol Rutenbündel = Fasces. 1923 an die Macht gelangt. 2. von uns in der gleichen Bedeutung wie Nazis, Neonazis, Faschos usw. benutzt
Fatal: sich fürchterlich auswirkend
Fatalismus: Schicksalsergeben, sich nicht über Zustände aufregend, da alles Gottes Wille und nicht zu beeinflussen ist
FDJ: Freie Deutsche Jugend. DDR-Staatsjugend
Feldjäger: Bullen des deutschen Militärs
Feminismus: Vor allem von Frauen geschätzte Denkrichtung, die die Herrschaft des ➞Patriarchats analysiert. Der revolutionäre F. ist im Unterschied zum bürgerlichen F. der Ansicht, die Unterdrückung der Frauen könne nur gleichzeitig mit allen anderen Herrschaftsformen beseitigt werden.
Fixiert: von etwas gefesselt sein, sich davon nicht lösen können
Flugis ★: Flugblätter. Das Schreiben solcher stellt uns immer vor große Probleme. Einerseits sollen sie verständlich sein, andrerseits zeigen, dass es sich nicht nur um die Beseitigung einer konkreten Schweinerei dreht, sondern nur die Revolution allein Abhilfe schaffen kann. Unsere unverständliche Sprache steht uns dabei oft zusätzlich im Weg
FMI: ➞IWF
Fraktion: Hier gemeint: Teil einer Menge mit gemeinsamer abweichender Meinung
Frauendemo: Demo – egal zu welchem Thema – an der nur Frauen teilnehmen sollen
Frauenrolle: Kulturell-gesellschaftliche Ansicht darüber, wie Frauen sich verhalten bzw. sein sollen.

G

Gaddhafi: Regierungschef Libyens. In den 80ern aus US-Sicht Oberschurke
Gegenseite ★: Die Feinde, die uns bekämpfen, oder kurz: SIE
Gehypt ★: Gepusht, zum Modethema gemacht
Gender: englisches Wort für (soziales) Geschlecht. Aus USA kommt die Debatte über geschlechtliche Rollenzuweisungen in den 90er Jahren zu uns
Gewaltfrage ★: Wenn die G. gestellt wird ist sie schon beantwortet, ähnlich wie die ➞ Systemfrage. Eigentlich die Frage, ob im politischen Kampf Gewalt von uns eingesetzt werden darf
Grenzcamps ★: Autonome Ferienlager, die versuchen Sand ins Getriebe der rassistischen Abschiebung- und Abschottungsmaschinerie zu bringen
GSG: Berliner Wohnbaugesellschaft
GSG 9: Anti-Terror-Spezialbullen
GST: Gesellschaft für Sport und Technik. Paramilitärische DDR-Organisation
GSW: Berliner Wohnbaugesellschaft
Guerilla: ➞ Befreiungsbewegung
Guerilla Diffusa: Militantes Konzept, das vorsieht, dass ganz viele autonome Gruppen Anschläge verüben, ohne dass sie in einer einheitlichen Organisation vereinigt sind; kommt aus Italien. ➞ Bastelanleitung
Gummigeschosse: Sogenannte nicht-tödliche Waffen, die mal mehr mal weniger Metall enthalten und doch öfters töten. Es klingt aber besser, als zugeben zu müssen, man habe scharf geschossen.

H

Halluziniert: Nur erdacht, erträumt
Hardliner: Menschen die eine Linie besonders scharf in der Politik vertreten - sind immer die anderen
Hasskappe ★: Vermummungsmützchen. Eigentlich für Motorradfahrer im Handel als sogenannten Sturmhaube
Hegemonial: Über etwas allein bestimmen, etwas beherrschen
Hegemonial-rassistisch: Wortungetüm, das besagen soll, dass irgendwie überall Rassismus mächtig ist
Heroisieren: Etwas übertrieben heldenhaft darstellen
Herz der Bestie: Als US-amerikanische Studenten sich einer südamerikanischen Guerilla anschließen wollten, sagte Che Guevara zu ihnen, dass sie lieber daheim im H. kämpfen sollten
Hierarchien: Machtebenen
Hüttendörfer: Ansammlung von Hütten auf besetztem oder von Sympathisanten überlassenem Gelände, meist zur Verhinderung von Bauprojekten. Schöne Mischung aus Pfandfinderromantik, Indianerdorf und politischem Kampf
Hypersensibel: Übertrieben empfindsam

I

ICC: Internationales Congress Centrum in (West-)Berlin
ID-Card: Ausweis
Identifizieren (sich mit etwas): Sich als Teil von etwas empfinden, voll hinter etwas stehen
Identität: Wesensgleichheit, vollkommene (politische) Übereinstimmung zwischen Personen
Ikone: Held oder Symbol
Illegalität ★: Untergrund
IMF: ➞ IWF
Imperialismus: Der Versuch von Staaten, aus ökonomischen oder politischen Gründen andere Staaten zu besetzen, zu beherrschen oder auszuplündern
Individualistisch: Nur für sich handelnd
Ineffektiv: Zu umständlich, viel Einsatz - wenig Erfolg
Informelle Struktur ★: Versteckte, von außen nicht durchschaubare, aber auch für die Bullen nicht angreifbare, Macht- und Kommunikationsebenen in der Szene
Inhalte, unsere ★: Die Gesamtheit der von den Autonomen als gemeinsam vermuteten Ideen und Meinungen. Beliebte Redewendung: „Erst mal die Inhalte klar kriegen"
Initiativen: Eine I. starten = etwas in Angriff nehmen. Aber auch ➞ Bürgerinitiativen
Instinktiv: Ohne Nachzudenken
Institutionen: All die Verbände, Kirchen, Parteien, die dafür sor-

gen, dass das System so funktioniert, wie es funktioniert
Instrumentalisieren: Etwas oder jemand nur für seinen eigenen Zwecke benutzen
Internationalismus: Versuch, über Staatsgrenzen hinweg sich mit allen Unterdrückten zusammen zu tun und die Kämpfe in der 3. Welt, hier meistens die Befreiungsbewegungen, zu unterstützen
Interventionspolitik: Politik von militärisch oder wirtschaftlich starken Staaten, ihre Machtinteressen durchzusetzen
Intifada: Arabisch: Aufstand. Hier der Aufstand der Palästinenser gegen die israelische Besatzung
Investieren: Etwas ausgeben, um einen Ertrag zu erzielen. I. kann mensch Geld oder Mühe; unsereins eher Mühe
Isofolter: Isolationshaftbedingungen, die auf Dauer persönlichkeitszerstörend wirken. Die RAF-Häftlinge wurden dieser ausgesetzt. Der Kampf gegen die I. war für einige der erste Schritt in den Untergrund
IWF: Internationaler Währungsfond, regelt die Kreditvergabe an die Schuldnerstaaten im Trikont

J

Junkies: Von Heroin abhängige Suchtkranke, sollte mensch sich wegen ihrer Gemeinschaftsfeindlichkeit vom Halse halten

K

Kahlschlagsanierung: Alles abreissen, statt es zu reparieren
Kalter Krieg: Kampf zwischen NATO und Warschauer Vertrag nach dem 2. Weltkrieg
Kampagne: Die Kette von auf einander aufbauenden Handlungen, um ein (politisches) Ziel zu erreichen
Kampf in den Betrieben: Gescheiterter Versuch von kommunistischen Gruppen, die ArbeiterInnen in den Betrieben zu organisieren, um gemeinsam die Revolution zu entfachen
Kapitalismus: Gesellschaftsform, die geprägt ist durch die Herrschaft von Ware und Geld, Profit und Ausbeutung – in der Geld mehr zählt als Menschenleben. ➞ System
Katalysator: Beschleuniger von (gesellschaftlichen) Prozessen
Kategorischer Imperativ: Eine der Grundaussagen des Philosophen Kant: „Handle stets so, dass die Maxime deines Willens jederzeit zugleich als Prinzip einer allgemeinen Gesetzgebung gelten könnte."
K-Gruppen: Kommunistische Parteien in den 70ern in der BRD
Kiez: Stadtteil, Dorf in der Stadt. In Hamburg für die „Sexmeile" Reeperbahn benutzt
Killfahndung ✭: Wenn die Bullen nicht versuchen, jemanden festzunehmen, sondern zu töten
Klandestin: Geheim
Klassenkampf: Der Kampf zwischen Besitzenden und Ausgebeuteten, der erst durch die Abschaffung des Kapitalismus aufgehoben wird
Klischee: Oft richtige Annahme, die falsch wird, wenn sie zur allgemeingültigen Wahrheit erklärt wird
Klitsche: Kleiner Betrieb
Knarre: Schusswaffe
Knast: Gefängnis
Knastgruppen: Gruppen zu Unterstützung unserer Gefangenen
Knebelkette: Je nach Mentalität des Benutzenden, Folter- oder Abführinstrument wie Handschelle
Kokettieren: Liebäugeln; sich gefallsüchtig benehmen
Kollektiv: 1. Betrieb ohne Chef; 2. gemeinsam
Kompensieren: Ausgleichen
Konflikt: Streit, auch verharmlosend für Krieg
Konfliktfelder: Themen, bei denen es zu Konflikten kommt
Konfrontation: Zusammenstoß, Krawall
Konfus: Wirr
Konkret: Fassbar, ehemals linke Zeitschrift
Konsens: Einstimmige Meinung
Konsequent: Auf seinem Standpunkt beharrend, die Folgen tragen
Konservativ: Eigentlich bewahrend, hier für politisch rechts oder veraltet
Konstant: Gleichbleibend
Konsterniert: Beleidigt
Konstrukt ✭: Auch „Staatsschutzkonstrukt", Behördenlüge, um Leute in den Knast zu kriegen
Konsumieren: Hier: nicht selbst etwas auf die Beine stellen, sondern nur mitmachen
Konträr: Entgegengesetzt
Kraaker: Niederländische HausbesetzerInnen
Krawall ✭: Der auf der Straße erlebbare Kampf gegen den Staat. Autonome haben so viele Worte für Krawall wie Eskimos für Schnee
Krawallutensilien ✭: Dinge die beim Krawallmachen helfen z.B. Helme, Masken, Knüppel, Mollis, Armschützer
Kreuzberg: Stadtteil von Berlin; Nabel der Welt
Kriminalisierung: Versuch des Staates, widerständige Handlungen von Gruppen und Bewegungen durch Knast bzw. dessen Androhung zu unterbinden
Kristallisationspunkt: Punkt, an dem etwas am deutlichsten wird, auf den etwas zuläuft
Kritisch: Gefährlich, unvoreingenommen hinterfragt
Kronzeuge: Ehemaliger Mittäter,der alles erzählt und erfindet, was die Behörden hören wollen, um straffrei davonzukommen
Krude: Merkwürdig, komisch
Kudamm-Demos ✭ : Demos in der Innenstadt, bei denen die Bullen damit rechnen müssen, dass bei Angriffen ihrerseits als Antwort Nobelläden entglast werden
Kungelei: Geheime Absprache
KWV: Ost-Berliner Wohnbaugesellschaft
KWU: Kraft Werk Union, Siemenstochter, Atomfirma

L

Landkommunen: Kommunen sind festere Wohngemeinschaften mit gemeinsamen Geldtopf. Scheinen sich auf dem Land besser zu halten als in der Stadt
Lautischutz ✭: Eingeteilte Ketten von Demonstranten, die ihr bestes geben, um Bullenangriffe auf den Lautsprecherwagen zu behindern
Legende: Hier Tarngeschichte
Leittranspi ✭: Das erste Transparent auf einer Demonstration.

Wird manchmal ein ziemliches Tam Tam drum gemacht was draufstehen soll.
Libertär: Das Moment der individuellen Freiheit betonen, die AnarchistInnen sagen: Die Freiheit ist das höchste Gut
Linke Strukturen: → Apparat der Linken
Logistik ★: Hier das Finden von →Bunkern, das Besorgen von Geld für Untergetauchte, das Herstellen von illegalen Zeitungen usw.
Lokal: Örtlich begrenzt
Loyalität: Uneingeschränkte Treue zu Etwas oder Jemandem

M

Männerrolle: Das Gegenteil von sowie dasselbe wie → Frauenrolle
Manifest: Grundsatzerklärung
Marginalisiert: An den Rand gedrängt
Manko: Nachteil
Medienmaschine: Die Gesamtheit der veröffentlichten Meinung. Jeder Journalist weiß auch ohne Anweisung, was „man schreiben kann“, was eine gesellschaftlich akzeptierte Meinung ist. Deshalb Maschine
Metropole: Stadt, nicht Land → Herz der Bestie
Mieterladen: Anlaufpunkt für MieterInnen zum Kampf gegen Vermieter
Migration: (Weltweiter) Zug von ArbeiterInnen und Flüchtlingen auf der Suche nach gesicherten Lebensverhältnissen
Militanz: Allgemein kämpferische Haltung, oft gemeint ist: Gewalttätiges, aber politisches Verhalten
Militarismus: Spaß an militärischen Umgangsformen, Versuch alle Probleme mit militärischen Mitteln zu lösen
Mobilisierungsfähigkeit: Leute für Tätigkeiten z.B. Demos begeistern können
Mollis ★: Molotow-Cocktails mit Brennstoff gefüllte Flaschen die nach dem Wurf ihre flammende Wirkung erzielen
Monolithisch: Aus einem einheitlichen Block bestehend
Montaña: Berg, Gebirge (span.); → Guerilla haust dort oft
Moratorium: Aufschub, hier Unterbrechung der Planung und Bau von Kraftwerken
Mythos: Überhöhte, sich vom Tatbestand verselbständigt habende Beschreibung einer Sache

N

NATO: Militärbündnis mit der US-Army als stärkstem Teil
Nazis ★: Hier nicht die Mitglieder der NSDAP, die wir eher als Altnazis bezeichnen würden, sondern die Mischung aus organisierten Neo-Nazis und rumlungernden rassistischen Schlägern
Neoliberalismus: Begriff aus der Wirtschaft, der Markt soll allein, ohne staatliche Eingriffe, den Wirtschafts- und Sozialprozess lenken; N. beschleunigt die Privatisierung aller öffentlichen Bereiche, unterwirft alles dem Kapital
Nimbus: Besonderes Ansehen
Nirwana: Hier einfach das absolute Nichts gemeint
Normalbürger: Die Masse derer die nicht „Wir“ aber auch nicht „Sie“ sind
Novemberrevolution: Aufstand der 1918 am Ende des 1. Weltkrieg die Monarchie in Deutschland beseitigte, ArbeiterInnen- und Soldatenräte spielten die herausragende Rolle darin
Nudisten: FKK-Anhänger
NVA: Nationale Volksarmee der DDR

O

Objektiv: Etwas ohne Emotion und persönliche Färbung betrachten
Observieren: Beobachten, Bespitzeln
Ölkrise: Künstliche Verknappung der Ölförderung durch die Förderländer (wohl auch in Absprache mit einzelnen Ölkonzernen) mit der Folge eines Preisanstieges in den 70ern
Ostblock: Die Staaten des Warschauer Paktes/realen Sozialismus

P

Pariser Commune: Aufstand der Pariser Bevölkerung 1870-71, von Marx als die erste kommunistische Erhebung gefeiert, von der preußischen Armee zerschlagen
Passiver Widerstand: Gewaltloser Widerstand
Patriarchat: Gesellschaftl. Herrschaftsform der Männer
Pazifistisch: Gegen jede Form von Militär und Krieg, bei einigen auch gegen Gewalt allgemein
Pennplätze ★: Grundbedingung jedes Reisechaotentums bei den derzeitigen Hotelpreisen
Peripherie: Rand, Trikont
Perspektive: Aussicht, Blickwinkel
Physische Auslöschung: Umbringen
Piece: Stückchen der überaus beliebten Droge Haschisch
Plenum: Größeres Treffen, Versammlung
Pogo: Klassischer Tanz des Punkrocks, Vorläufer des Blutpogos
Polarisierung: Entwicklung, an deren Endpunkt nur noch zwei sich ausschließenden Standpunkten bestehen
Politik der ersten Person ★: Politik aus sich heraus und für die eigenen Belange betreiben und nicht für Fahne, Vaterland oder Klasse
Politik exekutieren: Abfällig für Politisch erfolgreich handeln
Politische Arbeit ★: Meint eigentlich nur politische Tätigkeit. Wahrscheinlich ein Restbestand an Protestantismus, der sich da in unserer Sprache zeigt
Politische Gefangene ★: Eine je nach pol. Standort des Benutzenden doch sehr verschiedene Gruppe. Genauer wäre „Unsere Gefangene“
Politisches Bewusstsein ★: Wer so denkt wie wir, hat's, der Rest nicht. Siehe auch → **Arroganz**
Polizeiliche Vorkontrolle: Das Abtasten und Taschen durchsuchen vor der Demo
Potenz: Macht, Kraft
Pragmatisch: Der Lage entsprechend, unideologisch
Primaten: Halbaffen, Affen und Menschen
Profilieren: Sich herausstellen
Projekt: Verfestigter Plan
Projeziert: Auf etwas oder wen übertragen
Propaganda: Darstellung einer Weltsicht. Im Normalfall abwertend benutzt

Propaganda der Tat: Der Versuch, durch sich selbst erklärende Aktionen die Herzen und Hirne der Menschen zu erreichen
Provokation: Herausforderung, Anlass für Schlägereien
Provos ★: Stänkereien der Bullen
Psychos ★: Stress und Nervereien untereinander
Pushen ★: Etwas Vorantreiben
Pyromane: Irrer, der zwanghaft Brände legt

Q

Queer: Quer sich zu der von der Gesellschaft zugewiesenen Geschlechterrolle verhaltend

R

Radikal: An der Wurzel eines Problems ansetzend, auch: ehem. linke Untergrundzeitschrift
Radikalisieren ★: Zunehmend mit dem → **System** brechen
RAF: Linke deutsche bewaffnete Gruppe
Randale ★: Krawall
Randgruppen-Arbeit/-Bewegung ★: Versuch, sich nicht mit „der Arbeiterklasse", sondern mit denen, die unter den Verhältnissen am meisten leiden, zu verbünden
Rassismus: Weltbild, das besagt, dass einige Menschen aufgrund ihrer „Rasse" mehr wert seien als andere
Reader ★: Schriftensammlung
Reaktionär: Rechtes Arschloch
Realität: Die Wirklichkeit. Also für jeden etwas anderes
Rechtsfreie Räume: Orte, an denen andere Regeln als die Gesetze des Staates gelten
Reduktionistisch: Einen komplexen Sachzusammenhang auf ganz einfache Sachverhalte reduzieren, verengen
Reform: Früher: Schrittweise Verbesserung. Heute: Abbau von sozialen Leistungen
Reformisten ★: Linksradikales Schimpfwort für nichtrevolutionäre Linke
Repräsentativ: Allgemeingültig für etwas / jemand stehen
Repression: Unterdrückungshandeln des Staates
Repressionsapparat: Bullen, Justiz, Militär, Geheimdienste und Todesschwadronen
Repressive Toleranz: Durch scheinbare Nachgiebigkeit getarnte Herrschaftsform
Reproduktionsarbeit ★: Unentgeltliche Arbeit, um die Arbeiterklasse arbeitsfähig zu erhalten und am Aussterben zu hindern. Wird üblicherweise von Frauen geleistet
Residenzpflicht: Reiseverbot für Flüchtlinge in der BRD
Resignieren: Aufgeben, verzweifeln
Resümee: Schlussbetrachtung
Revolte: Aufstand
Revolution: Gewaltsame Zerschlagung der staatlichen Strukturen durch die Bevölkerung (dies ist zumindest ein notwendiger Bestandteil)
Revolutionärer Zorn: Untergrundzeitschrift der → **RZ**
Revolutionäres Subjekt ★: Die, von denen wir vermuten, dass sie mit uns die Revolution machen
Rhetorik: Redekunst
Riot: → Krawall
Rituale: In gleicher Form immer wieder durchgeführte Handlungen
Rote Flora: Linkes Zentrum in Hamburg
Rote Zora: Linke bewaffnete Frauengruppe, mit den Revolutionären Zellen verwoben
RZ: Revolutionäre Zellen; Linke bewaffnete Gruppe, mit der Roten Zora verbändelt

S

SA: Sturmabteilung. Naziorganisation im „Dritten Reich"
Sabotage: Zerstörung, Behinderung
Sandinistas: FSLN; linke Guerilla, die in Nicaragua 1979 den Diktator stürzte und ein paar Jahre an der Regierung blieb
Sani-Gruppen ★: Linke Mediziner oder Ersthelfer, die sich organisiert um verletzte Mitdemonstranten kümmern
Scene: → Szene
Scheinbesetzung: Ein Haus so herrichten, dass es den Eindruck macht, besetzt zu sein, um Bullen von anderem abzulenken
Scheißsystem: → System
Schlusskundgebung: Letzter Zeitpunkt, um auf einer Demo Krawall zu machen
Schnösel: Bessergekleidetes arrogantes Backpfeifengesicht
Schwarzer Block: Block der eher dunkel gekleideten Autonomen auf einer Demo
Schweinesystem: → System
SED: Sozialistische Einheitspartei Deutschlands. DDR-Staatspartei
SEK: Spezialbullen
Selbst-Gettoisierung: Wenn wir uns so darstellen, dass uns alle Scheiße finden müssen
Selbstkritisch: Das eigene Tun hinterfragend
Selektionsdruck: Begriff aus der Biologie, hier: gesell. Druck auf Auswahl, Auslese
SEW: Sozialistische Einheitspartei Westberlin. Die Moskau-Kommunisten West-Berlins
Sexismus: In 99% aller Fälle männliches Herrschaftsverhalten, das Frauen nur noch als Sexualobjekt wahrnimmt
Skepsis: Zweifel, Unbehagen
Soli-Arbeit ★: Hilfe für Leute oder Gruppen, denen man sich verbunden fühlt
Soli-Brigaden ★: Zur Unterstützung der Sandinisten fuhren Anfang der 80er etliche US- und Europäische Linke zum Kaffeeernten nach Nicaragua. Dies sollte es der US-Regierung erschweren, offen zu intervenieren
Sowjets: Hier für Bürger oder Behörden der Sowjetunion
Sozi: Sozialhilfe, oder aber auch: Sozialdemokrat
Soziale Beziehungen: Die Kumpels
Sozialer Status: Den Ruf, den man hat; das Vertrauen was einen entgegengebracht wird
Spalier: Bullenketten die an den Rändern einer Demo laufen, um Angst und schlechte Laune zu erzeugen
Spektakulär: Aufsehen erregend
Spekulationsobjekt: Etwas mit dem ein Spekulant (risikofreudiger Unternehmer) Kohle machen will
Spontan: Ungeplant
Spontan-Demo: Ungeplante, unangemeldete Demonstration
Stadt-Guerilla: Bewaffnete Gruppe, die im Gegensatz zur klassischen Guerilla nicht versucht, einen Teil des Staatsgebietes zu erobern und dort ein

befreites Gebiet zu schaffen
Stammheim: Knast, in dem einige RAF-Gefangene geselbstmordet wurden
Startbahn-West: Teil des Frankfurter Flughafens, der gegen starken Widerstand der Bevölkerung gebaut wurde
Stationieren: Truppen aufstellen
Status Quo: Istzustand
Stellvertreterpolitik ★: Politik, die für „das Proletariat", „die unterdrückten Massen" oder „das Volk" gemacht wird
Stigmatisierung: Brandmarkung
Strategien: Langfristige Pläne
SU: Sowjetunion (Rußland +)
Subjektiv: Nur vom eigenen Standpunkt aus betrachtet
Subjektivismus: Alles aus seiner subjektiven Sicht beurteilend; alles nur auf sich beziehen
Subkultur: Gruppe, in der andere kulturelle Regeln herrschen als in der Mehrheitsgesellschaft
Subventionen: Geld, das der Staat der Bevölkerung stiehlt (Steuern), um es an Firmen zu verschenken
Subversiv: Den Umsturz vorbereitend
Supervision: aus neutraler Sicht einen Gruppenprozess, die Dynamik einer Gruppe betrachten und beraten
Suspekt: Fragwürdig, zweifelhaft
Sympathisanten: 1.Fans oder 2.Menschen, die sich weigern, sich von bewaffneten Gruppen zu distanzieren
System(-frage) ★: Weil die Welt so, wie sie organisiert ist, lebensfeindlich ist, muss sie an den Wurzeln, ihrem Gesellschaftssystem verändert werden
Szene: Die Leute, die ähnlich aussehen, denken, fühlen wie wir. Mehr Leute als ➞ unsere Zusammenhänge
Szenebezirk: Wo die Szene am liebsten wohnt

T

Tabu: Ein „das tut man nicht", je nach kulturellem Umfeld verschieden
Teamerin: Leiterin einer Gruppe
Teilbereichsbewegung ★: Bewegung, die sich gegen eine bestimmte Schweinerei richtet und nicht gegen das ganze System
Tendenz: Richtung
Terroristen: Bewaffnete Kämpfer. Je nach politischem Standpunkt des Betrachters entweder Freiheitskämpfer oder blutrünstige Irre
Theorie: System wissenschaftlich begründeter Aussagen zur Erklärung bestimmter Tatsachen oder Erscheinungen und der ihnen zugrunde liegenden Gesetzmäßigkeiten
Theorie-Zirkel: Laberhaufen
Treuhand: Nach der Wiedervereinigung staatliche Einrichtung zur Privatisierung und Stillegung der DDR-Betriebe
Tonfas: Dieser Bullenknüppel mit Haken, den die US-Cops auch benutzen
Trikont ★: Die „dritte Welt"

U

Überbau: Begriff von Marx/Engels. Hier ist die Ideologie- und die Bewusstseinsindustrie gemeint.
Umstrukturierung: Wenn ein Wohnviertel so hübsch gemacht wird, dass die ursprünglichen ärmeren Bewohner wegziehen müssen, weil alles zu teuer wird
Undefiniert: Nicht genau bestimmt
Undogmatisch: Keine Theorie zur absoluten Wahrheit erklärend, selbst denkend
Unkraut Ex: Unkrautvernichtungsmittel, mit dem sich unter Zuhilfenahme von Puderzucker Sprengstoff herstellen lässt
Untertauchen: Sich vor staatlicher Verfolgung in Sicherheit bringen
Utopie: Wunschvorstellung

V

Verbal: Mündlich
Vermittelbarkeit ★: Die Frage bei jeder Aktion, ob von anderen verstanden wird, was man bezwecken will und wogegen sich die Aktion richtet
Vernetzung: Wenn keine Organisation vorhanden ist, muss darauf geachtet werden, dass viele Leute viele andere Leute kennen und Informationen weitertragen.
Vietcong: Die Süd-Vietnamesische Guerilla, die in den 70ern die US-Truppen zum Rückzug aus Vietnam zwang
Volxküche, Vokü ★: Wenn freiwillige Köche zu guten Preisen in linken Zentren kochen. Qualität sehr unterschiedlich. Zur Zeit (2003) die beste V. im Libertären Zentrum in Hamburg: 5 Gänge, Wein, Sherry und kubanische Zigaretten für 7 Euro
VoPo: Volkspolizei. Die DDR-Bullen
VS: Verfassungsschutz, politischer Geheimdienst der BRD

W

WAA: Wiederaufbereitungsanlage, Atommüllerzeuger
Wagenburg ★: Ansammlung von Bauwagen und ihren Bewohnern in der Innenstadt in den dieselbe Stimmung herrscht wie in besetzten Häusern
Wannen ★: Größere Bullenfahrzeuge
Warschauer Pakt/Vertrag: Alle Länder im Machtbereich der SU
WBF: Eine Berliner Wohnbaugesellschaft
WG: Wohngemeinschaft

Y

Yankees: US-Amerikaner, abwertend gemeint
Yuppies ★: Reiche langweilige Fatzkes, die es lieben einen Cafe Latte zu trinken und sich das Elend um sie herum zu betrachten. Meistens Ärzte, Anwälte, Staatsbedienstete im Kulturwesen oder Werbefuzzies, Jungunternehmer und Finanzmakler

Z

Zentralorgan: Parteizeitung
Zirkulieren: In Umlauf befindlich
Zivis ★: Nicht wie in Westdeutschland für Zivildienstleistende benutzt, sondern für Bullen in Zivilkleidung
Zusammenhang ★: Gruppe; auch: inhaltlich verbunden
Zwillen: Katschies, Schleudern, Astgabel mit Gummizug
Zyklus: Wiederkehrende Bewegung, Verlauf

Bildnachweis

Huber 48
Grziwa 19, 24l
Gruchot 207
TAZ Sachschäden 17
Günter Zint 21, 22, 23, 25u, 26, 29-33, 95, 112o, 395
MAUS e.V. 24r, 25o, 114, 115ul, 115ur, 116, 117
HKS 13 12, 13, 27l, 28, 63, 74ur, 91, 121-124, 125o, 130L, 131u, 134, 140, 204, 205, 206L, 294, 319o, 325, 342L, 358, 368, 389
Ralph Rieth 27r, 42l, 49l, 50u, 56l, 59
Wolfgang Krolow 34, 35-37, 38l, 40l, 44r, 66o, 83, 143
Detlef 38o, 45o, 50o
Barbara Klemm 38r
Peter Hebler 40r, 46, 56m, 57, 60, 71, 73, 74o, 75, 103
Peter Homann 15, 41, 42r, 44l, 56r, 74ul, 93, 94u, 128, 226m
Harald 14,69r
Ali Paczensky 64
Mediengruppe Bremen 90
Michael Kipp 66u, 69
Startbahn West Fotos und Interviews 94o, 96, 97, 98r
Umbruch Bildarchiv 18, 77, 98l, 101, 109-111, 112u, 113, 130r, 133, 147, 150, 161-167, 174, 178-189, 192-196, 197l, 198-203, 206r, 218, 224, 225, 226u, 227-229, 233-242, 244, 245, 247, 251-254, 256-262, 267, 268l, 269-280, 282r, 283, 291, 292, 296l, 298-301, 305-313, 316, 319u, 329-333, 335-341, 345-349, 359, 370u, 373, 386, 394
Ute Weller/Umbruch Bildarchiv 214, 230
Maro/Umbruch Bildarchiv 296r, 297
Omer Fadl/Umbruch Bildarchiv 315, 317, 318, 369
Klaus/Umbruch Bildarchiv 356
Theo Heimann 108, 171, 176, 223
Constance Schrall 154
Fotoarchiv Rote Flora 197r
Ingo Stiebing 209, 210, 222
Wagner 216
David Balzer 231
Andreas Schmidt 232
Christian Ditsch/Version 250, 255, 263, 268r, 287o, 314, 334o, 343r, 371, 379
Hinrich Schulz 115or, 115mr
Postkartenserie 131r
Radikal 158
Haci Karaciyan-Berndt 190
Süd Ost Express 191
No Olympia Broschüre 281, 282l
Autonome Antifa (M) 284, 287l, 302
Privat 295
Doris Meyer 342r
Riza Cörtlen 344o
Kerstin Koch 350-355
Markus Haffner 360-364, 366o, 366u, 367, 380

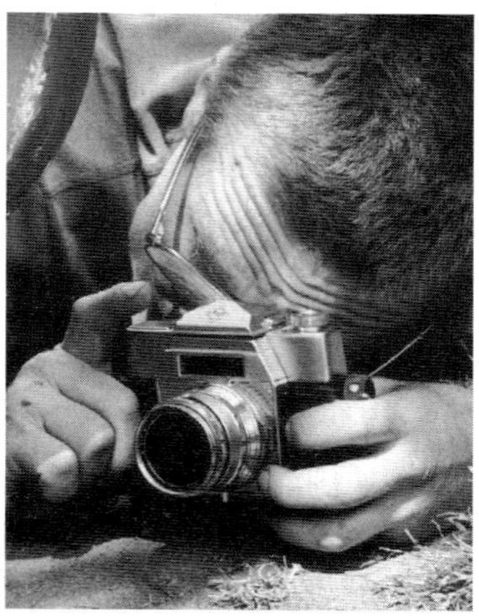

Vielen Dank an alle, die uns Bilder umsonst oder für wenig Geld zur Verfügung gestellt haben!
Für einige Bilder konnten wir trotz Nachforschung den Bildnachweis nicht führen, die Betreffenden bitten wir dafür um Entschuldigung.